케임브리지 세계사 콘사이스

이 책의 한국어판 저작권은 에릭양에이전시(EYA)를 통해 케임브리지대학교 출판부(Cambridge University Press)와 독점계약한 (주)소와당에 있습니다. 저작권법에 의하여 보호를 받는 저작물이므로 무단전재와 복제를 금합니다.

Korean translation copyright © SOWADANG 2018
Korean translation rights arranged with Cambridge University Press through EYA(Eric Yang Agency)

A CONCISE HISTORY OF THE WORLD
Copyright © Merry E. Wiesner-Hanks 2015
All rights reserved. No part of this book may be reproduced or transmitted in any form or by any means, electronic or mechanical, including photocopying, recording or by any information storage and retrieval system, without permission in writing from the Publisher.

이 책의 국립중앙도서관 출판예정도서목록(CIP)은 서지정보유통지원시스템 홈페이지(http://seoji.nl.go.kr)와 국가자료공동목록시스템(http://www.nl.go.kr/kolisnet)에서 이용하실 수 있습니다.
(CIP제어번호: CIP2018004736)

케임브리지 세계사 콘사이스

— 글로벌 시대 새로운 세계사를 위하여 —

메리 위스너-행크스 지음 / 류형식 옮김

A Concise History of the World

소와당

차례

서문		13
CHAPTER 1	포레이저 가족과 농사짓는 가족	
	(기원전 3000년까지)	33
	유인원(hominid)의 사회와 문화	40
	생각하는 인간	56
	포레이저의 생활	66
	가족, 친족, 종족	73
	의례	79
	정착 생활과 식물 재배 및 동물 사육	85
	경운(耕耘) 농업과 음식물 생산 과정	98
	사회적 위계와 성별적 위계	103
	신전, 그리고 사고방식의 변화	113
	선사 시대의 패턴	116
	더 읽어보기	118
CHAPTER 2	도시와 고전 고대 사회	
	(기원전 3000년부터 기원후 500년까지)	123
	도시의 탄생	128
	글쓰기를 비롯한 정보 기술	140
	국가와 혈통	152
	도시와 국가 안에서의 결혼과 가족	163
	부족 사회에서의 가족	173
	사회적 위계질서와 카스트	179
	노예제와 노예 사회	185

	텍스트를 통한 종교와 문화의 교류	196
	고전 고대의 종말?	215
	더 읽어보기	222
CHAPTER 3	상호 교류와 네트워크의 확장 (기원후 500년부터 1500년까지)	225
	이슬람의 발전	230
	무슬림 사회의 분쟁, 다양화, 그리고 융합	237
	군인과 노예, 그리고 신분 탈피	244
	궁정과 궁정 문화	248
	예의범절과 사랑 이야기	258
	농장의 확대와 마을 사회	265
	유목민	282
	도시 생활	288
	문화 및 종교 교류의 중심지	307
	교역로의 변화와 확장	320
	중세 1000년의 시간	328
	더 읽어보기	332
CHAPTER 4	새롭게 연결된 세계 (기원후 1500년부터 1800년까지)	339
	질병의 확산	345
	식민지, 제국, 무역	353
	전쟁	366
	식량 작물의 전파	372
	육류와 살아 있는 동물의 수출입	381
	마약과 여가의 상업화	389

설탕과 노예 무역	399
종교의 변화와 그 결과	405
기독교의 확장과 혼성화	421
식민지 사회에서의 가족과 인종	426
시위, 저항, 혁명	437
근세(초기 근대)와 본격적인 근대	446
더 읽어보기	450

CHAPTER 5 산업화, 제국주의, 불평등 (기원후 1800년부터 2015년까지) 455

목화, 노예, 석탄	459
산업의 확산과 변화	471
산업 사회에서의 계급, 젠더, 인종, 노동	481
사회 변혁 운동	491
인구 성장과 이주	503
신제국주의	513
전면전과 현대 문화	522
탈식민지화와 냉전	536
해방과 자유화	551
종교의 다양성과 근본주의	560
후기 산업 사회와 빈곤	567
제3천년기 속으로	574
더 읽어보기	583

찾아보기 592

그림 목록

1-1 손 그림 동굴의 손자국
1-2 네안데르탈인 여성 모형
1-3 브라상푸이의 비너스
1-4 구석기 시대의 암각화
1-5 괴베클리 테페의 기둥
1-6 고대 이집트의 농경 모형
2-1 쐐기문자가 쓰인 점토판
2-2 마야의 책
2-3 인물채화칠협(人物彩畵漆篋)
2-4 아테네의 운동선수
2-5 어머니와 아들 인형
2-6 프레스코 벽화 속의 노예들
2-7 붓다와 신도들
3-1 아바스 왕조의 천문서
3-2 괵국부인유춘도(虢國夫人游春圖)
3-3 잉카의 감자 수확
3-4 톨루이 칸과 왕비
3-5 시장의 손님들
3-6 아즈텍의 아이들
3-7 관세음보살
4-1 아즈텍의 천연두
4-2 중국 도자기 그림
4-3 묵시록의 네 기사들(1498년)
4-4 이케노 다이가의 수묵화

4-5 오스만의 커피하우스
4-6 설탕을 만드는 노예들
4-7 아크바르의 궁전에 모인 학자들
4-8 카스타 그림(1750년경)
5-1 일본의 실크 공장(1921년)
5-2 브레이커 보이(breaker boy)
5-3 여성 참정권 반대 우편엽서
5-4 우량아 선발대회(1931년 워싱턴)
5-5 플랜테이션 농장의 인도 노동자들
5-6 자전거 포스터(1921년)
5-7 《모택동어록》을 읽는 젊은이들
5-8 마요 광장의 어머니들
5-9 LGBT 행진(2014년 8월)

PICTURE CREDIT

1-1 ⓒ Hubert Stadler / Corbis 1-2 ⓒ Mark Thiessen / National Geographic Creative / Corbis 1-3 ⓒ Walter Geiersperger / Corbis 1-4 Werner Forman Archive / Bridgeman Images 1-5 ⓒ Vincent J. Musi / National Geographic Creative / Corbis 1-6 ⓒ Gianni Dagli Orti / Corbis 2-1 ⓒ Gianni Dagli Orti / Corbis 2-2 Werner Forman Archive / Bridgeman Images 2-3 Werner Forman Archive / Bridgeman Images 2-4 De Agostini Picture Library / G. Dagli Orti / Bridgeman Images 2-5 ⓒ Burstein Collection / Corbis 2-6 ⓒ Corbis 2-7 ⓒ Burstein Collection / Corbis 3-1 Picture from History / Bridgeman Images 3-2 Picture from History / Bridgeman Images 3-3 ⓒ Corbis 3-4 Picture from History / Bridgeman Images 3-5 ⓒ Leemage / Corbis 3-6 Bodleian Library, Oxford / Bridgeman Images 3-7 Private Collection

/ Paul Freeman / Bridgeman Images 4-1 Private Collection / Peater Newark American Pictures / Bridgeman Images 4-2 Private Collection / Paul Freeman / Bridgeman Images 4-3 ⓒ Burstein Collection / Corbis 4-4 Philadelphia Museum of Art, Pennsylvania, PA / Purchased with funds contributed by Mrs John C. Atwood, Jr., 1969 / Bridgeman Images 4-5 Picture from History / Bridgeman Images 4-6 ⓒ Corbis 4-7 Private Collection / De Agostini Picture Library / Bridgeman Images 4-8 Museo de America, Madrid, Spain / Index / Bridgeman Images 5-1 ⓒ Keystone View Company / National Geographic Creative / Corbis 5-2 ⓒ Corbis 5-3 Private Collection / ⓒ Look and Learn / Elgar Collection / Bridgeman Images 5-4 ⓒ Underwood & Underwood / Corbis 5-5 Royal Commonwealth Society, London / Bridgeman Images 5-6 ⓒ Swim Ink 2, LLC / Corbis 5-7 Pictures from History / Bridgeman Images 5-8 ⓒ Eduardo Longoni / Corbis 5-9 ⓒ Rebecca Vassie / AP / Corbis.

지도 목록

1-1 호모 에르가스테르/호모 에렉투스의 이주
1-2 DNA로 본 호모 사피엔스의 이동
1-3 식물 재배와 동물 사육

2-1 고대의 도시들
2-2 기원후 400년경 세계의 민족 분포

3-1 이슬람의 확산
3-2 1492년 이전의 아메리카 대륙
3-3 태평양 진출
3-4 동반구의 무역 네트워크, 주요 도시, 종교(기원후 500~1500)

4-1 1783년의 세계

5-1 잉글랜드와 웨일스의 산업 발달
5-2 주요 세계 제국(1914)
5-3 글로벌 GDP 분포(2010)

Introduction

서문

세계사를 서술하는 방식은 여러 가지가 있을 수 있다.《창세기》,《리그베다(Rigveda)》,《포풀 부(Popul Vuh)》[1] 등은 말로 전해지던 역사가 나중에 글로 기록된 경우다. 이들은 주로 신들의 행적과 신과 인간의 상호 작용에 초점을 맞추었다. 고대 그리스의 역사가 헤로도토스 또한 이러한 구술 전통에 목격자의 증언을 취합했다. 그리고 그 기반 위에서 페르시아와 그리스의 전쟁 이야기를 썼다. 이로써 그의 이야기는 그가 알고 있던 범위에 한정되기는 하지만 어쨌든 세계의 맥락 속에 놓이게 되었다. 고대 중국의 역사가 사마천(司馬遷)은 여러 사건, 업적, 황제나 관료 및 주요 인물의 전기를 백과사전식으로 통합하여 역사를 서술했다. 첫 부분은 중국 초기의 현명한 통치자들 이야기로 시작하는데, 반쯤은 신화적 인물이었다. 10세기 무슬림 역사가 아부 자파르 알 타바리(Abu Ja'far al-Tabari)는 아담과 이브의 탄생 이전부터 이야기를 시작했다. 성서의 내용과 그리스, 로마, 페르시아 자료를 통해 역사가 끊이지 않고 전해지는 문화적 과정임을 보여주었다. 중세 유럽이나 인도 무굴 제국의 연대기 작가들은 "우주적 역사"를 쓰기 위해 세계 창조부터 이야기를 시작하는 경우가 많았다. 그 뒤에는 곧바로 수천 년

---

[1] 《포풀 부(Popul Vuh)》_ 오늘날 과테말라 서부 산악 지대에 있었던 키체 왕국(1225~1524, 스페인에 점령)의 신화와 역사를 서술한 책. 제목은 '공동체의 역사' 혹은 '사람들의 책'을 의미한다. 창조 신화와 계보 및 통치자의 정통성을 내용으로 담고 있다. 중앙아메리카 신화를 연구하는 데 소중한 자료로 평가된다. (이하 모든 각주는 옮긴이 주)

씩 건너뛰어 집필 당시 자기 지역의 정치적 발전에 초점을 맞추었다. 15세기 인쇄술이 발달한 이후 책들이 홍수를 이루었고, 그 속에서 넓은 범위를 포괄하는 역사책도 등장했다. 대부분은 학식이 높은 학자들이 쓴 책이었지만, 시인이나 성직자, 물리학자, 익명의 관료, 전직 노예 등이 쓴 책도 있었다. 18세기와 19세기에 문자가 널리 보급되면서 도덕적 교훈으로 가득 찬 세계사 책들이 나왔는데, 그중 일부는 특히 어린이와 여성을 대상으로 기획된 책이었다.

20세기 역사 학술서들은 대체로 국가(nation)의 역사에 초점을 맞추었다. 그러나 세계사가 사라지지는 않았다. 예를 들어 제1차 세계대전 직후의 폐허에서 웰스(H. G. Wells)는 《세계사 대계(The Outline of History)》를 출간했는데, 대량 학살에 대한 책임감도 일부 작용했을 것이다. 이 책에서는 세계사가 "모든 사람이 행복하게 살고자 하는 공통의 목표를 받아들이기 위해" 인간이 노력해온 과정이라고 말했다. 예전 그의 소설 《우주전쟁(The War of the Worlds)》이 그러했듯이, 독자들은 저렴한 격주간지를 사면 손쉽게 웰스의 세계사를 읽을 수 있었다. 실제로 수백만 명이 그의 글을 읽었다. 20세기의 마지막 4반세기에 이르러 글로벌 시스템이 발달했고, 세계 여러 지역이 점점 더 긴밀히 통합되었다. 이러한 현실에 이끌려 역사학계는 범세계적 차원에서 역사를 바라보게 되었다. 사람과 상품과 사상이 국경을 넘나들며 흘러 다녔고, 역사 또한 이러한 흐름과 상호 작용 그 자체에 더욱 관심을 기울이게 되었다. 그래서 오늘날 제국의 역사, 초-국가적 역사 및 접경지대의 역사, 식민지 이후의 역사, 이주민과 디아스포라의 역사, 그리고 소금이나 은 또는 도자기 같은 개별 상품의 범세계적 역사가 쓰이게 되었다.

사회사와 문화사

이 책은 앞서 언급한 바와 같은 오랜 전통과 최근의 발전 과정 속에서 쓰였다. 다른 모든 세계사와 마찬가지로 이 책도 몇 가지에 중점을 두고 다른 많은 것은 수록하지 못할 것이다. 세계사 전체를 한 사람이 (일생 동안 쓸 수 있는 분량은 말할 나위도 없고) 살아 있는 동안 읽을 수 있을 만큼의 분량에 담아내려면 달리 방법이 없기 때문이다. 이 책에서는 생산자와 재생산자로서의 인간을 이야기할 것이다. 여기서 생산이란 물질적 의미뿐만 아니라 사회 및 문화적 의미도 담고 있다. 인간을 "생산자"로 규정하는 나의 개념에서 인간은 포레이저[2], 농사짓는 자, 공장 노동자일 뿐만 아니라 무당, 필경사, 사무관이기도 하다. 가족과 친족 구조, 성별, 인구 규모 등의 문제를 논의할 때 "재생산"이라는

---

[2] 포레이저_ 포레이징(foraging)은 생태학(특히 행동생태학) 용어로서, 동물들의 먹이 활동을 지칭한다. 이 책에서 저자는 기존의 세계사에서 사용되던 수렵·채집(hunting-gathering) 대신 포레이징(foraging), 수렵·채집인 대신 포레이저(forager)라는 용어를 사용하고 있다. 이에 대한 저자의 의견은 제1장 가운데 '포레이저의 생활'에서 자세히 언급된다. 덧붙여 말하자면, 저자의 입장에는 동물계에서 인간의 특권적 지위를 인정하지 않겠다는 최근 학계의 연구 경향이 반영되어 있다. 구체적으로 세계사의 내용으로 보자면, 포레이징은 수렵과 채집 이외에 약탈이나 찌꺼기 청소 등의 폭넓은 먹이 획득 행동을 포함한다는 차이가 있다. 그러나 아쉽게도 우리나라에는 아직 행동생태학이 충분히 소개되지 않았으며, 포레이징이라는 용어에 대해서도 표준화된 번역어가 통용되지 않고 있다. 그래서 이 책에서는 저자의 의견을 존중하여 수렵·채집과 포레이징을 구별하되, 한국어로 번역하지 않고 그 음을 그대로 따라 쓰고자 한다. 그래서 먹이 획득 행동은 "포레이징", 먹이 획득 행동을 하는 주체는 "포레이저"로 표기한다. 머지않은 시기에 좋은 번역어가 개발되기를 기대한다.

용어가 자주 등장하는데, 재생산이란 여러 문화의 만남 속에서 그러한 문제들이 사회적으로 어떻게 결정되고 변화되는지를 의미한다. 이 책에서는 인간의 역사에서 언제나 긴밀히 연결되어온 생산과 재생산의 관계를 강조하고자 한다. 둘 중 하나의 방식이나 의미가 변하면 다른 하나의 변화를 초래하기 때문이다. 이 책에서 정치 및 군사적 발전을 도외시하지는 않겠지만, 이들이 사회 및 문화적 요소를 만들어가고 또한 그 요소에 의해 이들이 만들어지는 방식을 검토할 것이다. 전통적으로 정치 및 군사 주제는 어떤 식으로든 사회와 동떨어진 것으로 해석되어왔다. 이 책에서는 정치와 전쟁에 대해서도 전통 방식에 비하자면 보다 온전하고 섬세한 그림을 그려 보이게 될 것이다.

이 같은 사회·문화적 중점이 바로 이 책의 새로운 관점이다. 최근 반세기 동안 역사학의 새로운 접근 방식 중에서 사회·문화사는 (그리고 그 속에서 발전된 관련 분야들은) 지구사(global history)와 함께 가장 중요한 위치를 차지하고 있었다. 사회·문화적 접근을 통하여 정치 및 위인에 국한되지 않고 방대한 주제들을 다룰 수 있게 되었다. 노동, 가족, 여성과 젠더, 성별, 어린이, 물질문화, 육체, 정체성, 민족과 민족성, 소비 등등의 주제들이다. 단지 엘리트 그룹에 속하는 사람들뿐만 아니라 광범위한 계층 수많은 사람들의 활동과 생각 또한 우리가 알고 있는 역사의 일부다. 지난 반세기 동안 세계사는 하나의 분야로서 발전해왔다. 그러나 대체로 정치 경제를 강조했고, 정부와 상업적 지도층이 수행한 거대 규모의 정치 및 경제적 과정에 초점을 맞추었다. 또한 강력한 물질주의적 전통에 입각해 있었는데, 지역을 비교하거나 지역

간 교류를 논할 때 물질적 대상들(유물들)이 상대적으로 논란이 적을 것으로 생각했기 때문이다. 이와 달리 사회·문화적 형태나 범주는 각 사회마다 고유한 무언가여서 장소에 따라 전혀 다른 의미를 지니는 것으로 생각했다. 그래서 사회·문화적 측면을 비교하거나 그로부터 일반적 결론을 도출하려면 차이점을 어느 정도 무시할 수밖에 없고 복잡한 문제도 단순화해야 한다고 생각했다. 그러나 이는 사회·문화사 연구자들이 추구하는 방향과는 정반대다. 더욱이 19세기와 20세기 초에 서술된 세계사에서는 사회·문화를 비교하면서 흔히 순위를 매기려 했다. 어떤 그룹은 "원시적" 또는 "선진적"이라거나, 어떤 문화가 "문명화"되었고 어떤 문화는 아니라는 식이었다. 오늘날에는 대부분 학자들이 이러한 서열화를 피하려고 노력하고 있다.

  비교가 서열화를 의미해서는 안 된다. 그렇다고 역사적 분석에서 비교가 포함되지 않을 수는 없다. 시간적으로 어느 한 시점과 이후의 한 시점 사이, 혹은 과거와 현재를 비교해야 한다. 비교해보지 않고는 어떠한 질문에도, 변화나 지속성이나 원인이나 관계에 대한 어떠한 의문에도 답할 수 없다. 또한 역사는 언제나 증거를 취사선택하고 일반론을 도출하기 마련이다. 어떤 한 사건 혹은 한 개인을 매우 면밀히 연구하는 경우에도 역사가는 상대적으로 덜 중요하다고 판단되는 부분은 남겨두어야 하고, 다른 장소와 시간의 사례와 비교해야 한다. 역사가는 패턴을 찾기 위해서 과거를 조직화하고 의미를 부여할 수 있는 범주를 만들어내야 한다. (지나간 사건을 얘기하는 사람은 누구나 마찬가지다. 자신의 어제 경험을 친구에게 얘기하려면 범주를 만들어야 한다.) 시간 순서에 기초한 범주들이 있다. 크게는 고대, 중세, 근대 같은 범주가 있고, 보다 작게는 송대(宋代) 혹은 1950년대 같은 범주가 있다. (오스트레일리아나 아마존 유역 같은) 지리에 기초한 범주, (브라질이나 베를린 같은) 정치에 기초한 범주, (의사나 데이터 분석가 같은) 직업에 기초한 범주, (무슬림이나 모르몬교 같은) 종교에 기초한 범주, (귀족이나 수도승 같은) 사회적 그룹에 기초한 범주 등등 다양한 범주가 있을 수 있다. 이러한 범주들은 때로 잊히기도 하고, 자명해 보이기도 하며, 신성에 의해 규정되거나 자연적으로 발생한 것처럼 보이기도 하지만 대부분은 물론 인간이 만들어낸 것이다. 이러한 범주의 경계는 언제나 논란의 여지가 있다. 구분선이 분명하기보다는 모호한 게 훨씬 더 일반적이다. 그리고 모든 범주는 (심지어 지리적 범주조차, 오늘날의 해수면 상승이나 말라버린 강바닥에서 보듯이) 시간에 따라 바뀌게 마련이다. 이 책에서는 세계적 범위에서 사회 및 문화적 발전을 검토하면서, 예전에 무역과 상품의 흐름을 다룬 세계사나 제국의 세계사가 그러했던 것처럼 비교를 하고 일반화를 시도할 것이다. 그러나 다양성이나 모순되는 사례들에도 주목할 것이다. 음악 용어로 말하자면, 전자는 주제곡이고 후자는 변주곡인 셈이다.

오늘날 세계사 분야의 주요 의문들은 사회·문화적 문제가 핵심을 차지한다. 구석기 시대(초기 호모 사피엔스의 사회 제도, 예술, 복잡한 언어 등은 갑작스런 인지 혁명에서 비롯되었을까, 아니면 점진적 과정에서 생겨났을까?)부터 오늘날(기술과 세계화는 지역 문화를 흡수하여 더 큰 동질 문화를 만들어낼까, 아니면 민주주의와 다양성을 위해 더 많은 기회를 제공할까?)에 이르기까지 모두 그러하다. 또한 정치·경제에 관한 내용처럼 보이는 주제 가운데서도 사회·문화적 문제들이 있다. 예를 들면 19세기 유럽이 세계의 대부분을 압도한 이유는 석탄을 손쉽게 얻은 것 같은 우연의 결과일까, 아니면 프로테스탄트 노동 윤리나 경쟁 같은 학습된 행동의 결과일까 하는 문제들이다.

이 책은 사회·문화적 문제에 초점을 맞춘다는 점에서 다른 세계사 책들과 다르다. 그러나 하나의 분야로서 세계사와 기본적으로 공통점을 지닌다. 가장 뚜렷하게 공통적인 측면은, 세계사 책들이 언제나 세계 전체를 분석 대상으로 삼는 것은 아니지만 어쨌거나 매우 광범위한 공간을 다룬다는 점이다. 개별 국가 혹은 개별 문명을 강조하기보다는 그와 다른 방식으로 규정된 지역 범위에 관심을 기울인다. 예를 들면 상호 작용이 활발했던 지역이나 지역을 가로질러 사람과 상품과 사상이 움직였던 길 등이다. 바다는 육지만큼이나 중요한 공간이었다. 어쩌면 훨씬 더 중요했는지도 모른다. 특히 기계적 교통수단이 발달하기 전까지는 육지보다 바다로 여행하는 것이 훨씬 쉬웠고 비용도 적게 들었다. 섬도 매우 흥미로운 공간이었다. 섬을 둘러싸는 해안은 흔히 상호 교류가 처음으로 일어나는 장소였다.

여느 역사 서술과 마찬가지로 세계사 또한 시간적으로 매우 좁은 틀에서 서술되는 경우가 있다. 10년 동안, 심지어 한 해 동안 일어난 세계적 발전을 검토하기도 한다. 예를 들어 1688년에는 여러 곳에서 드라마틱한 일들이 일어났고, 1960년대 10년 동안도 그랬다. 때로 세계사는 시간적으로 더욱 광범위한 틀을 통해 먼 과거까지 뻗어 나간다. 대부분의 세계사(지구사) 연구자는 국경선을 의미 있는 지역 단위로 강조하지 않는다. 마찬가지로 "선사 시대"와 "역사 시대"를 분명히 구분해주는 문자 발명이라는 계기에도 크게 개의치 않는다. 그래서 고고학과 역사학의 경계가 사라지고, 구석기 시대와 신석기 시대도 역사학의 일부로 편입된다. 간혹 세계사의 시간적 틀이 훨씬 더 과거로 확장되어 빅뱅(Big Bang)부터 역사를 시작하기도 한다. 그래서 천문학, 화학, 지질학, 생물학의 연구 성과를 흡수하여 "거대사(Big History)"라고 지칭하기도 한다. 물론 그렇게까지 먼 과거로 가지 않으려는 사람들도 있다. 어쨌든 대부분의 세계사 연구자는 매우 광범위한 시공간을 연구 대상으로 삼아야 한다는 데 동의하며 제한을 두지 않으려 한다.

세계사 연구자들은 또한 시대 구분에 신중해야 한다는 데 동의한다. 비록 시대 구분과 시대를 나누는 계기에 대해 서로 의견을 달리하는 경우가 많기는 하지만, 우리가 어떻게 시대를 구분해야 하는지, 어떤 사건 혹은 어떤 발전이 한 시대와 다른 시대를 나누는 전기가 되는지를 결정할 때 주의를 기울이고 신중해야 한다는 데는 이견이 없다. 예를 들어 세계의 근대는 13세기 몽골 제국의 성립부터 시작된다고 주장하는 사람들이 있는가 하면, 콜럼버스의 항해로 봐서 1492년을 기점으로 삼는 사람들도 있고, 프랑스 혁명이 있었던 1789년으로 봐야 한다고 주장하는 사람들도 있다. 한편 어느 한 시점을 찾는 일 자체가 잘못된 방향이라고 하는 사람들도 있다. 그것이 근대로 가는 단 하나의 길을 전제로 하기 때문이다. 또는 "근대"라는 개념 자체가 전반적으로 너무 무거운 의미를 담게 되었으므로 더 이상 이 용어를 사용하지 말자는 사람들도 있다.

세계 전체를 연구하는 역사학자들은 언제부터 역사가 시작하는지, 그리고 어떻게 시대를 구분해야 하는지에 대해서뿐만 아니라 이 분야 자체를 뭐라고 불러야 할지에 대해서도 의견 일치를 보지 못하고 있다. 어떤 사람들은 세계사(world history)와 지구사(global history)를 구분하며, 양자의 구분 혹은 관련 분야(국제관계사나 디아스포라의 역사 등)와의 구분을 분명히 하려 한다. 나는 그러한 구분에 대해 별로 관심이 없고 그것이 유익하다고 생각하지도 않는다. 나는 "world(세계, 세계의)"와 "global(지구의)"이라는 용어를 단순히 문맥에 따라 혼용해서 사용할 것이다. "world"는 형용사(세계의 문학world literature, 세계의 음악 world music)로도 사용되고 명사(세계의 역사a history of the world)로도 쓰인다. 한편 "global"은 언제나 형용사로만 쓰인다. 명사형 글로브(globe)를 써서 글로브의 역사(a history of the globe)라고 하면 사람들은 대부분 "지구본의 역사(a history of the globe)"라고 생각할 것이다.

  독자들께서는 내가 왜 이런 이야기를 하는지, 내 연구 방법까지 알아야 하는지 의문을 제기할 수도 있겠다. 역사를 서술한다는 것은 (영화나 텔레비전 프로그램, 또는 웹사이트나 박물관 전시 등 다른 방식으로 역사를 표현할 때도 그렇지만) 결국 무엇을 포함하고 무엇을 제외할지에 대한 선택의 과정이다. 독자 혹은 관람객은 의식적이거나 무의식적인 전제에 대해서 주의할 필요가 있다. 그리고 역사를 표현한 사람의 관점에 대해서도 생각해보아야 한다. 이들은 그 자체로 역사적인 과정에 의해 만들어진 것이다. 과거의 변화에 대해 우리가 (역사학자로서 혹은 단지 인간으로서) 갖는 의문 자체는 그 의문에 답변을 제시하는 방식 못지않게 흥미롭고도 중요하다. 대학과 대학원에 진학하는 노동자 계급 학생들의 수가 크게 증가하면서 역사학에서 사회사와 노동사 분야가 발달한 것은 놀라운 일이 아니다. 마찬가지로 여학생이 많아졌을 때 여성사와 젠더의 역사 분야도 그랬다. 21세기 들어 세계가 서로 긴밀히 얽힌 시기에 세계의 역사, 지구의 역사, 국제관계사, 식민지 이후의 역사, 디아스포라의 역사가 발달한 것도 마찬가지로 놀라운 일이 아니다. 그렇지 않았다면 그게 더 놀라운 일일 것이다.

내용 구성

이 책에는 시대 순에 따라 다섯 개 장이 배치되었다. 뒤로 갈수록 각 장에서 포괄하는 시간 범위가 줄어든다. 각 장에는 그 시대를 다른 사람들이 어떻게 생각했는지, 그리고 그 시대를 연구하기 위해서 주로 어떤 형태의 자료가 이용되었는지에 대한 논의가 포함되어 있다. 따라서 독자들께서는 물론 무슨 일이 일어났는지 보겠지만, 사람들이 그 일을 어떻게 알게 되었으며 그 일에 어떤 의미를 부여했는지도 알게 될 것이다. 제1장을 제외한 모든 장은 당시 사람들이 자신이 속한 사회나 시대에 대해 남긴 글을 포함하고 있다. 세계사가 포괄하는 범위의 규모는 다양할 수 있기 때문에, 각 장에서 그 시대와 관련해서 보다 좁은 범위에 주목하는 몇 가지 미시사(micro-history)나 특수한 사례들을 실어두었다.

어떤 주제들은 대부분 장에서 계속 등장하기도 한다. 가족과 계보, 먹거리의 생산과 음식 준비, 사회적 위계질서와 성별적 위계질서, 노예, 도시, 조직화된 폭력, 종교적 실천, 이주민 등이 그러하다. 남성과 여성이 만들어낸 구조에서, 혹은 그들이 개입된 활동에서 이러한 주제들은 시공간적으로 널리 퍼져 있기도 했거니와 어디서든 중요한 영향을 미쳤기 때문이다. 그러나 그 양상이 언제나 고정적이었던 것은 아니다. 각 장에서는 이러한 주제들이 어떻게 변화되었는지에 주목했다. 변화는 때로는 내부적 발전에 의해, 또 때로는 다른 사람들을 만남으로써 이루어졌지만 대체로 두 측면이 모두 작용한 결과였다. 또한 각 장에서는 해당 시대를 대표하는 특정한 발전 한두 가지에 집중했다. 예를 들면 도시의 발달이나 국제 무역 네트워크의 창출 같은 것들이다. 세계사 연구자들은 대개 이러한 발전에 주목했지만 그 발전의 사회·문화적 측면을 간과해왔다.

제1장은 문자 기록이 곧 역사의 시작은 아니라고 생각하는 세계사 연구자들의 관점을 반영한다. 제1장 '포레이저 가족과 농사짓는 가족(기원전 3000년까지)'에서는 구석기와 신석기 시대를 논의하는데, 인류 역사의 대부분 시기가 여기에 포함된다. 여기서는 보다 복잡해진 사회 구조와 문화적 양상을 검토할 것이다. 이로 인해 식물과 동물을 기를 수 있게 되었기 때문이다. 구석기 시대의 단순한 주먹도끼는 더욱 전문화된 도구로 대체되었고, 소규모 친족 집단이 훨씬 큰 규모의 마을로 바뀌었으며, 평등한 포레이저 사회가 성적 차별과 부와 권력에 따른 구분으로 계급화되었고, 영성이 신격의 위계 구조로 변형되어 인간이 세운 건축물에서 숭배되었다. 기본적인 사회적 패턴은 초기 농경 사회로부터 시작되었다. 땅을 일구는 대다수 사람들과 노동에서 벗

어난 소수 엘리트의 사회 구조는 놀라울 만큼 끈질겨서 20세기까지도 세계 대부분 지역에서 그대로 유지되었다.

마을은 도시가 되고 도시국가가 되었으며, 일부 지역에서는 더욱 큰 규모의 국가 혹은 제국으로 성장했다. 제2장에서는 그 과정을 추적했다. 제2장 '도시와 고전 고대(classical antiquity) 사회(기원전 3000년부터 기원후 500년까지)'에서는 이러한 발전을 촉진시킨 사회 제도와 문화적 규범에 초점을 맞추었다. 세습 왕조, 위계 구조의 가족, 민족 개념 등이 논의에 포함되었다. 정보를 기록하는 글과 기타 수단들은 도시와 국가 안에서 가까이 모여 사는 사람들의 필요에 의해 발명되었다. 그 안에서 모두가 참여한 숭배와 치유와 축하 의례는 구술로 행해지다가 종교와 철학과 학문의 분야가 되었고, 전문가들이 이 일을 담당했다. 유대교와 유교도 여기에 속한다. 사회적 차이는 체계적 형식으로 굳어졌다. 그 체계에 따라 노예와 자유인이 나뉘었고, 혹은 카스트 제도같이 그룹이 나뉘었다. 이러한 차별은 결혼과 문화적 이데올로기로 유지되었다. 힌두교, 불교, 기독교가 탄생해 세계 제국에서 확장되었으며, 이러한 종교를 통해 가족의 삶과 사회적 관습이 형성되었다.

고전 고대의 제국들은 대부분 제1천년기 중반에 무너졌다. 그럼에도 불구하고 세계의 여러 지역들은 제2천년기 시기에 문화적, 상업적, 정치적으로 더욱 통합되었다. 제3장 '상호 교류와 네트워크의 확장(기원후 500년부터 1500년까지)'에서는 그 과정을 추적했다. 상업적 네트워크와 이슬람 같은 종교적 네트워크는 성장하는 도시들을 서로 연결했고 화려한 궁중들도 이어주었다. 그 가운데 통치자가 세습되었고,

그를 둘러싼 엘리트들이 제도와 의례를 발달시켰다. 이를 통해 왕실의 권위가 강화되었으며, 궁정 문화와 차별화된 행동양식이 만들어졌다. 이 모두는 농업의 확산과 집중화에 따른 부를 바탕으로 했다. 농업은 동반구와 서반구에서 모두 발생했고, 사회 및 젠더 구조의 변화와 맞물렸다. 콘스탄티노폴리스, 테노치티틀란, 항주 같은 도시들은 거대한 메트로폴리스로 성장했고, 종교와 무역과 외교가 원거리 여행을 촉발시켰다. 이로써 지역 내에서, 그리고 지역을 넘어서는 시장이 탄생하여 상품과 사상이 유통되었다.

콜럼버스와 그 후계자들의 여행은 동반구와 서반구를 연결했다. 제4장 '새롭게 연결된 세계(기원후 1500년부터 1800년까지)'에서는 이러한 콜럼버스의 교환(Columbian Exchange)이 가져온 생물학적, 문화적, 사회적 결과의 부정적 측면과 긍정적 측면을 탐색해보았다. 질병의 확산과 동식물 및 소비재의 전파와 함께 경제적 변화가 논의되었다. 이들은 사회적 저항과 반란, 전쟁을 야기했고, 갈수록 상호 의존성을 더해가는 세계 속에서 사람들의 이주를 강제하게 되었다. 종교적 변화, 예컨대 프로테스탄트와 종교 개혁 및 시크교(Sikhism)의 탄생 등은 이러한 변화와 긴밀히 얽혀 있었다. 종교 자체도 자리를 옮기고 모양을 바꾸었다. 새로운 사회적 환경과 문화적 제도가 생겨났다. 예를 들면 커피숍이나 찻집, 극장, 살롱이 남성들에게 (가끔은 여성들에게도) 여흥과 사교, 소비, 사상 교류의 기회를 제공했다. 한편 사람들 사이의 교류가 증가한 결과 인간의 차이에 대해 더 엄격한 개념이 생겨나게 되었다.

근대 사회의 변화에 따라 부와 빈곤의 불평등이 광범위한 현실로 이어져왔다. 그러나 또한 전 지구적 규모로 상호 연결된 사람들의 공동체를 만들어내기도 했다. 이러한 과정이 제5장 '산업화, 제국주의, 불평등(기원후 1800년부터 2015년까지)'에서 검토되었다. 급격한 인구 증가와 인간에 의한 생태 환경의 변화라는 큰 틀에서 예컨대 산업화와 경기 둔화, 제국주의와 반-제국주의, 공산주의의 부상과 몰락, 민족주의의 확장 같은 주요 경제 및 정치적 변화들이 사회 및 문화적 변화들과 서로 얽혀 있었다. 정의를 추구하는 국제적 사회 운동이 평등과 상호 이해를 더욱 확대할 것을 호소하는 한편, 인종적·종교적·사회적 차별이 폭력과 인종 학살과 전쟁을 초래했다. 농업, 의약, 무기 산업에서 괄목할 만한 기술 발전이 이루어졌다. 그 결과 이전 시대에는 상상도 못 했을 만큼 인간 수명이 늘어났고, 또 그만큼이나 인간의 생명을 앗아 가기도 했다. 기술 발달은 오래도록 지속되어온 사회 계급과 문화적 패턴에 대한 도전이었지만, 동시에 그를 더욱 강화하는 수단이 되기도 했다.

대규모 인민을 동원한 전쟁 때문에 1세기 전 웰스는 《세계사 대계》를 집필했다. 웰스는 자신이 목격했던 비참한 대량 살상에 반대하는 공통의 목표를, 행복을 추구했던 사례를 역사 속에서 찾고자 했다. 이 책을 쓰는 필자의 목적이 그렇게 거창하지는 않지만, 그래도 세계사 연구자라면 누구나 그러하듯이, 이 책을 통해 인류의 과거에 대한 시각이 넓어질 수 있기를 기대한다. 또한 모든 사회·문화사 연구자들처럼 필자 역시 세계사가 보다 중층적인 (그리고 더욱 흥미로운) 이야기가 되기를 희망해본다.

● 더 읽어보기

이 책을 쓰는 동안 나는《케임브리지 세계사 시리즈》(2015)의 대표 편집자로 참여했다. 모두 7권으로 구성된 시리즈인데, 오늘날 세계사에서 흥미로운 분야를 한눈에 볼 수 있는 뛰어난 글들로 구성되어 있다. 전 세계의 대학에서 역사학자, 미술사학자, 인류학자, 고전학자, 고고학자, 경제학자, 사회학자, 지역전문가 등이 필진으로 참여했다. 그들의 안목이 이 책에도 반영되었다.
세계사와 지구사를 한 분야로 개관하는 단행본으로는 이러한 책들이 있다.
- Bruce Mazlish and R. Buultjens, eds., *Conceptualizing Global History* (Boulder, CO: Westview Press, 1993)
- Ross Dunn, ed., *The New World History: A Teacher's Companion* (New York: Bedford/ St. Martin's, 2000)
- Patrick Manning, *Navigating World History: Historians Create a Global Past* (New York: Palgrave Macmillan, 2003)
- Marnie Hughes-Warrington, ed., *Palgrave Advances in World Histories* (New York: Palgrave Macmillan, 2005)
- Douglas Northrop, ed., *A Companion to World History* (Oxford: Wiley-Blackwell, 2012)
- Kenneth R. Curtis and Jerry H. Bentley, eds., *Architects of World History: Researching the Global Past* (Oxford: Wiley-Blackwell, 2014)

전 세계적으로 세계사가 어떻게 서술되어왔는지를 설명한 책으로는 이러한 책들이 있다.
- Eckhardt Fuchs and Benedikt Stuchtey, eds., *Across Cultural Borders: Historiography in Global Perspective* (Lanham, MD: Rowman & Littlefield, 2002)
- Dominic Sachsenmaier, *Global Perspectives on Global History: Theories and Approaches in a Global World* (Cambridge: Cambridge

University Press, 2011)
- Prasenjit Duara, Viren Murthy, and Andrew Sartori, eds., *A Companion to Global Historical Thought* (Oxford: Wiley-Blackwell, 2014)

오늘날 역사학의 동향에 대한 유용한 연구로 세계사와 지구사를 포함하고 있는 책으로는 이러한 책들이 있다.
- David Cannadine, ed., *What Is History Today?* (London: Palgrave Macmillan, 2003)
- Ludmilla Jordanova, *History in Practice*, 2nd edn. (London: Hodder Arnold, 2006)
- Ulinka Rublack, *A Concise Companion to History* (Oxford: Oxford University Press, 2012)

런던에 있는 역사연구소(Institute of Historical Research)에서 운영하는 다음 웹사이트(Making history: the changing face of the profession in Britain)에는 현재 주요 논점들에 대한 간략한 논평이 실려 있다. www.history.ac.uk/makinghistory/themes/

사회사에 대한 개관은 최근에 출간된 책이 없다. 그러나 문화사 개관은 이러한 책들이 있다.
- Peter Burke, *What Is Cultural History?* (Cambridge: Polity Press, 2004)
- Alessandro Arcangeli, *Cultural History: A Concise Introduction* (London: Routledge, 2011)
- Susan Kingsley Kent, *Gender and History* (London: Palgrave Macmillan, 2011) 이 책은 젠더의 역사에 대한 개관을 제공한다. 물론 젠더의 역사는 사회사와 문화사에 모두 중요한 부분이다. 글로벌한 젠더의 역사에 대해서는 다음 책을 참조하시길. Teresa A. Meade and

Merry E. Wiesner-Hanks, eds., *A Companion to Gender History* (Oxford: Wiley-Blackwell, 2004)

CHAPTER 1

포레이저 가족과 농사짓는 가족
(기원전 3000년까지)

약 1만 년 전, 한 무리의 젊은이들이 동굴로 들어갔다. 오늘날 아르헨티나 남부의 핀투라스(Pinturas) 강 계곡에 있는 동굴이었다. 젊은이들은 동굴 벽에 손을 갖다 대고 동물의 뼈로 만든 대롱을 불어서 물감을 뿌렸다. 돌가루로 만든 여러 가지 색채의 물감이었다. 그러자 손바닥 모양이 음영으로 찍혔다. 또 누군가는 그림을 그렸다. 그 젊은이들이 그렸는지, 아니면 거의 같은 시기에 살았던 다른 사람들이 그렸는지는 알 수 없다. 사냥 장면이 그려진 그림인데, 사람과 동물과 새가 등장하고 볼라(bola)도 있다. 볼라는 줄 끝에 돌을 매달아 만든 사냥 도구로, 새나 짐승을 잡을 때 사용했다. 또 다른 누군가는 기하학적 문양과 지그재그 패턴을 그려놓았다. 동굴 천장에 찍힌 점들을 보면 볼라에 물감을 찍어서 위로 던졌던 것 같다. 동굴에 찍힌 손바닥의 크기가 어른의 손보다는 조금 작은 것으로 보아 미성년자들이 그렸음을 알 수 있다. 또한 손들이 서로 다르기 때문에 한 명이 아니라 여러 명이 그렸다는 것도 알 수 있다. 그려진 손바닥의 대부분은 왼손이다. 그들 대부분이 오른손잡이였던 모양이다. 대롱을 불어 물감을 뿌리기 위해 평소에 자주 쓰던 오른손으로 대롱을 잡았을 것이다. 이 동굴은 "손 그림 동굴(Cueva de las Manos)"이라고 알려졌지만, 무슨 일 때문에 젊은이들이 단체로 그림을 그렸는지는 알 수 없다. 어른들의 지도 아래 엄숙하게 성년식 의례를 치른 것일 수도 있고, 청소년들끼리 낙서를 남기는 식으로 소박하게 성년을 자축한 것일 수도 있다. 무슨 일이었는지는

[그림 1-1] 손 그림 동굴의 손자국
아르헨티나의 손 그림 동굴(Cueva de las Manos)에 그려진 손자국(핸드 프린트), 기원전 8000년경. 동물의 뼈로 만든 대롱으로 돌가루 물감을 불어서 손자국을 찍어냈다.

알 수 없지만, 어쨌든 이 그림은 고대 인류 사회의 여러 양상을 보여주는 강력한 증거임에 틀림이 없다. 즉 창의적 기술과 상징적 사유와 사회적 협동이 존재했다는 것이다. 이 그림은, 그리고 세계 어디에서나 볼 수 있는 이와 비슷한 손자국들은 "내가 여기에 있었다" 혹은 "우리가 여기에 있었다"라고 말하고 싶은 본능적 욕구를 나타낸다. 나중에는 사람들이 글을 통해 이러한 욕구를 실현했다. 손 그림 동굴에 손자국을 남긴 젊은이들은 미래에 언젠가 이 동굴에 들어올 사람이 그림을 보게 되리란 것을 알았다. 그들은 의도적으로 미래의 누군가를 위해 과거를 기록했던 것이다. 그러한 것을 우리는 역사라고 부른다.

손 그림 동굴에서 그림을 그린 사람들은 손자국뿐만 아니라 뼈와 돌로 만든 도구들도 남겨두었다. 먼 옛날의 인류가 남긴 흔적 중에는 단단한 재료로 만든 도구들이 가장 많다. 우리가 과거를 얘기하는 (그리고 과거에 대해 생각하는) 방식을 결정하는 것도 그러한 도구들이다. 19세기 덴마크의 학자 톰센(C. J. Thomsen)은 코펜하겐에서 이러한 도구들을 모아 연구한 뒤 인류의 역사를 나눌 수 있는 시대 구분법을 고안해냈다. 그래서 인류의 첫 시대는 석기 시대였고, 그다음은 청동기 시대, 또 그다음은 철기 시대였다. 석기-청동기-철기로 진전되는 과정은, 특히 이러한 구분법이 기술적 진보의 척도로 사용된다면, 세계의 많은 지역에서 잘 들어맞지 않는다. 그리고 (식물 섬유나 동물 가죽 혹은 힘줄 같은) 보다 부드러운 재료로 만들어진 도구들이나 (나무 같은) 유기 물질로 만들어져 썩어 없어지는 재료들은 간과하고 있다. 이러한 것들도 인간의 도구 상자에서는 중요한 부분을 차지했다. 톰센의 구분법은 특히 도구에 초점을 맞추고 있으며, 도구가 아닌 다른 물건의 재료나 비물질적 요소는 도외시했다. 그러나 톰센의 3단계 시대구분법은 이러한 한계에도 불구하고 살아남았다. 후대의 학자들은 석기 시대를 다시 구석기 시대와 신석기 시대로 나누었다. 구석기 시대는 대체로 포레이징(먹이 활동)으로 음식을 구한 시기이고, 신석기 시대는 식물 재배와 동물 사육이 시작된 시기이다. 아주 최근에는 구석기 시대를 다시 하위-중위-상위(Lower-Middle-Upper)로 나누기도 하고 (유럽과 아시아의 경우), 전기-중기-후기(Early-Middle-Later)로 나누기도 한다(아프리카의 경우).[1] 후대의 이 구분법 또한 주로는 남겨진 도구를 기준으로 더 세부적인 분류와 지역적 변화 양상을 고려한 것이다.

일부 지역에는 도구나 그림 이외에도 다른 물리적 흔적들이 남아 있다. 화석화된 뼈나 치아 혹은 다른 신체 부위 등이다. 음식을 준비한 흔적도 있다. 화석화된 동물 뼈에는 절단 흔적이나 불에 탄 자국 등이 남아 있다. 예전에 집을 짓느라 기둥을 세웠던 구멍도 있다. 이들 대부분은 오래전에 사라졌지만 몇몇 지역에서는 우연한 기회에 남겨지게 되었다. 동굴 속에 있거나 산사태로 땅속 깊이 묻히는 바람에 풍화 작용의 영향을 덜 받은 경우도 있고, 늪지대의 화학 성분 때문에 부패가 진행되지 않은 경우도 있다. 이 모든 흔적에 대해서 학자들은 자세히 관찰하는 것은 물론 갈수록 화학적·물리학적 조사를 더하고 있다. 조사 방법들로는 석기 표면에 새겨진 패턴 분석(마이크로웨어 분석 microwear analysis), 뼈나 화석화된 잔류물을 화학적으로 분석하여 음식의 재료나 기타 여러 가지를 찾아내는 방법(안정동위원소 분석 stable isotope analysis), DNA를 분석하는 유전자 검사, 잔류물에 대한 열발광 연대측정(thermo-luminescence dating of sediments), 치아에 대한 전자스핀공명 연대측정(electron spin resonance dating of teeth), 유기

---

1 두 가지 모두 지질학(geology)에서 주로 사용되는 시대 구분 용어를 구석기 시대 구분 용어로 끌어다 쓴 사례다. 지질학 중에서도 암석을 발굴하여 지층의 순서를 연구하는 층서학에서는 공간 순서인 하위-중위-상위(lower-middle-upper)를 시대 구분 용어로 사용하고, 지질 시대를 나눌 때는 시간 순서인 전기-중기-후기(early-middle-later)를 사용한다. 지질학에서 두 가지 용어가 서로 혼용되다가 2009년 국제 층서학 위원회의 권고에 따라 현재 공식적인 지질 시대 구분 용어로는 후자가 채택되었다(International Stratigraphic Guide 참조). 구석기 시대 구분 용어로 쓰일 때는 한국어 번역에서 두 가지 용어의 구별이 없이 후자로 통일되어 번역되는 경우가 많다.

물에 대한 탄소-14 연대측정(carbon-14 dating of organic materials) 등이 있다. 여기에 비교언어학, 영장류학, 민족연구(ethnography), 신경학 등 다른 분야의 성과들도 반영된다.

　이러한 정보들을 모두 모아서 고고학자와 고생물학자 등 여러 분과의 연구자들은 고인류의 역사에 대한 이해를 발전시켰고, 고인류가 큰 틀에서 공통점이 있었음을 밝혀냈다. 마치 물리학이나 천문학에서 새로운 발견이 새로운 이해를 촉발하는 것과 같은 식이었다. 제1장에서는 바로 그 역사를 추적해볼 것이다. 유인원과 인류(사람속屬, genus Homo)에 속하는 다양한 종들의 진화에서 시작해 옛날 포레이저의 생활 방식, 친족 구조, 예술, 의례 등을 검토하고, 그들이 나아간 새로운 길, 즉 식물 재배 및 동물 사육과 대규모 계급 사회 구조 형성, 나아가 노동 집약적인 문화 양식 창출을 가능하게 한 그 방식을 이해해보고자 한다.

　부분적으로, 그리고 산발적으로 남아 있는 인류의 과거를 해석하려면 추론 과정이 필요하다. 특히 사회·문화적 주제들은 더욱 그러하다. 도구나 기타 유물 그 자체로 (발견된 장소에 따라 그들이 누구였는지 결정되는 경우도 가끔 있긴 하지만) 누가 그것을 만들고 사용했는지는 알 수 없고, 그것을 만든 사람이나 사용한 사람에게 그 물건이 어떤 의미였는지도 알 수 없다. 과거로 시간을 거슬러 올라갈수록 유물은 더욱 드물고 보존된 이유 또한 더욱 우연적이기 때문에, 고인류 연구자들 사이에서는 그로부터 유추하는 해석에 대한 논란도 특히 심할 수밖에 없다.

유인원(hominid)의 사회와 문화

논란의 주제 중에는 언제부터가 사회·문화사의 연구 대상인가 하는 문제도 포함되어 있다. 이 문제는 시대 구분에 관한 것처럼 보이지만, 실은 철학적인 문제다. 현재 우리가 사용하는 생물 분류 체계를 처음 만든 18세기 유럽의 학자들은 인간을 동물계(animal kingdom)에서 영장목(Primates)〉사람과(family Hominidae)〉사람속(genus Homo)으로 분류했다. 사람과에 속하는 동물 중에서 현재 멸종되지 않은 동물로는 유인원(great ape), 즉 침팬지, 보노보, 고릴라, 오랑우탄이 있다. 유인원을 연구하는 영장류학자들은 침팬지 사회, 심지어 침팬지 문화라는 용어를 거리낌 없이 사용하곤 한다. 모든 유인원은 (그리고 몇몇 동물과 새도 그렇지만) 도구를 사용하고, 복잡한 사회 계급 속에서 살아간다. 칸지(Kanzi)라는 이름의 보노보는 현재 디모인(Des Moines) 시의 아이오와 영장류 교육 보호구역(Iowa Primate Learning Sanctuary)에서 소규모 그룹과 함께 살고 있다. 칸지는 도구를 날카롭게 다듬거나 땔감을 모아 불을 피우고, 자신을 돌보는 사람들이 하는 것을 보고 제 먹을 음식을 요리하기도 한다. 칸지는 스크린에서 물건이나 개념을 상징하는 기호를 구별하고 반응하고 선택하도록 교육을 받아왔다. 칸지가 새로운 생각을 표현하기 위해서 상징 기호를 재조합할 수 있는지, 그를 교육시키는 사람들이나 칸지 스스로가 재조합한 상징 기호를 이해할 수 있는지를 두고 열띤 논쟁이 이어졌다.

바로 이 두 가지 특성, 즉 기호를 새로운 방식으로 조합하는 것, 그리고 스스로 혹은 다른 사람들의 내부에 어떤 존재와 의식이 있음을 이해하는 것을 현재 과학자들은 인간과 동물을 구분하는 핵심 기준으로 간주한다. (기준으로 제시된 다른 특성들도 있다. 예를 들면 도구 제작이나, 죽음과 고통, 이타심, 수에 대한 인식 등이다.) 상징적 언어 또는 구문을 만들어내는 것도 상징적 사유에 포함된다. 즉 의사소통 방식이 일정한 규칙을 따를 수 있어야 하며, 바로 눈앞에 있는 사물이나 상황이 아니라도 전달할 수 있어야 한다. 의사소통은 구술로 할 수도 있고, 행동이나 글 혹은 이들 중 여러 가지의 조합으로도 가능하다. 그러나 최소한 한 명(마리)이라도 다른 누군가와 소통할 수 있어야 한다. 상징적 의사소통을 통해 세상을 더 잘 이해할 수 있고 무언가를 더 잘 만들어낼 수도 있다. 또한 한 세대에서 다음 세대로 전달이 가능하며, 이로써 세상에 대한 여러 세대의 누적된 이해가 가능한 것이다. 의식(consciousness)에 대한 의식, 철학자들이 이른바 "마음 이론(theory of mind)"이라고 부르는 것은 한편 인지적이고 한편 사회적이다. 여기에는 다른 사람이 하는 일에 반응하는 것(동물들도 분명 이 같은 반응을 한다)뿐만 아니라 다른 사람이 어떻게 생각하고 느끼는지를 유추하고 그 목적을 인식하는 것, 그리고 다른 사람이 왜 어떤 일을 해야 하는지를 추상화할 수 있는 것도 포함된다.

칸지를 교육시키는 영장류학자들은 칸지가 이 두 가지를 모두 갖추었다고 인정한다. 그러나 칸지가 단지 인간화(anthropomorphizing)된 것뿐이라고 생각하는 학자들도 있다. 고인류(hominin, 사람족, 사람과의 하위분류, 현생인류는 포함되지만 유인원은 제외) 연구자들도 이와 비슷하게 입장이 나뉜다. 일부는 상징적 언어를 사용하지 않은 고인류에게서 문화를 논의하는 자체가 일종의 인간화라고 생각하며, 인간과 같지 않거나 충분히 유사하지 않은 존재에 대해 "문화" 같은 인간의 방식을 투영하는 것을 거부한다. 클라이브 갬블(Clive Gamble)을 비롯한 일부 학자들은 이것이 너무 제한된 관점이라고 주장한다. 그리고 상징적 사유가 말로 표현되기 수백만 년 전에 이미 어떤 물건이나 인간의 몸으로 표현되었고, 이를 통해 고인류도 사회적 결속과 공통된 이해가 가능했다고 본다.

사회·문화사가 어느 시점부터 시작되는지에 대해서는 논란이 있지만, 어디서부터 시작되는지에 대해서는 모두가 동의하고 있다. 즉 인간은 아프리카에서 진화했다. 700만 년 전에서 600만 년 전 사이 어느 즈음 아프리카에서 일부 유인원(hominid)이 어느 정도 직립보행을 시작했다. 처음에는 땅에서의 두 발 이동과 나무에서의 네 발 이동을 병행했다. 그러나 수백만 년이 지나며 그들 중 일부에서 골격과 근육 구조가 진화해 두 발 이동이 보다 용이해졌다. 약 400만 년 전 아프리카 남부와 동부에 살던 집단에서 이러한 변화가 나타났다. 고생물학자들은 이들을 오스트랄로피테쿠스(gene Australopithecus)라고 부른다. 이들은 몸이 작고 가벼워 나무에서도 쉽게 움직일 수 있었지만 뒷다리만으로 두 발 이동도 가능했다. 약 340만 년 전, 오스트랄로피테쿠스 중 일부는 자연에서 구할 수 있는 물건을 살코기를 자르는 도구로 쓰기 시작했다. 동물 뼈 화석에 그 절단 흔적들이 남아 있다. 이를 통해 어디서 먹을지, 그리고 언제 먹을지에 대한 선택의 폭이 넓어졌다. 고기를 운반할 수 있는 크기로 잘라낼 수 있었기 때문이다. 어느 즈음

엔가 동부 아프리카에서는 그들 중 일부가 기존의 도구를 사용하면서 동시에 새로운 도구를 만들기 시작했다. 지금까지 확인된 가장 오래된 유적은 260만 년 전까지 거슬러 올라간다. 고고학자들은 더 오래된 유적도 발견할 수 있을 것으로 추정하고 있다. 고인류는 돌로 다른 돌을 때려서 날카로운 조각을 만드는 방식으로 도구를 만들었는데, 현대의 고고학자들이 발견한 바에 따르면 이 도구로 (코끼리를 죽인 것은 아니지만) 코끼리 고기를 해체하기도 했고 이러한 도구를 만들기 위해서 바위를 다른 장소로 옮기기도 했다.

다른 도구를 만들 때도 그렇지만, 이러한 도구를 만들기 위해서는 분명한 의도가 있어야 하고 기술과 육체적 능력도 뒷받침되어야 한다. 그들에게는 서로 맞잡을 수 있는 엄지손가락 덕분에 "망치" 기능을 하는 돌을 단단히 잡을 수 있는 손이 있었고, 대상을 조작할 수 있는 섬세한 근육 조직이 있었다. 다른 영장류의 손은 유연성이 떨어지는 대신 훨씬 강하다. 그런데 왜 이들과 달리 오스트랄로피테쿠스는 손의 유연성을 발달시켰는지 그 이유는 명확하지 않다. 그러나 분명한 것은, 그들이 도구를 만들었을 때 그들은 이미 유연한 손을 가지고 있었다. 인간의 손이 도구를 사용하거나 만들기 위해서 진화한 것은 아니었다. 진화된 손 덕분에 도구가 만들어졌다. 고생물학자들은 이를 "굴절적응(exaptation)"이라고 한다. 우연히 혹은 우리가 알지 못하는 이유로 진화된 무엇이 진화된 이후에 다른 목적으로 사용되는 것을 일컫는 말이다. 나중에 인간의 진화에서 핵심 역할을 하게 되는 신체 기관들, 예컨대 훨씬 나중에 나타나는 발성 기관 또한 굴절적응의 사례다.

(사회 구조와 문화적 양상 중에서도 마찬가지로 굴절적응의 사례가 상당히 많다. 우리가 알지 못하는 어떤 이유로 발전되거나 아마도 단순한 경험에 의해 생겨난 사회·문화적 요소가 나중에 전통이 되는 것이다. 그것이 어떻게 생겨났는가 하는 기원에 대한 설명은 나중에 억지로 지어낸 것으로 아무 상관이 없는 경우가 많다.)

오스트랄로피테쿠스는 가능하면 무엇이든 먹은 것 같다. 화석화된 동물 뼈나 치아 등 여러 흔적을 볼 때 그들이 먹은 것 중에는 고기도 있었다. 고생물학자들은 이 고기가 대부분 먹다 남은 찌꺼기였을 것으로 추정한다. 즉 표범이 나무 위에 숨겨둔 고기를 훔쳤거나, 아니면 강제로 쓰레기 수거에 나섰을 수도 있다. 유연한 손으로 돌을 던져 다른 포식자들을 쫓아버리는 식이었다. 이로 보아 그들은 혈연적으로 가까운 소수가 모여 살기보다는 훨씬 더 큰 집단 규모로 생활한 것 같다. 고인류는 포식자일 뿐만 아니라 먹잇감이기도 했으므로, 더 큰 집단으로 함께 생활하면 포식자를 피하기에도 유리했을 것이다. 집단생활을 통해 더 복잡한 의사소통이 강화되었을 것이다.

새로운 도구와 이 도구에서 비롯된 새로운 행동양식들이 오스트랄로피테쿠스에게서 나타났다. 이들은 아프리카의 여러 지역에서 여러 종으로 분화되어 나갔다. 고생물학자들은 약 200만 년 전에 이들과 함께 진화한 여러 종 가운데 한 종을 최초의 인류(genus Homo, 사람속)로 분류했다. 인류의 화석은 동부 아프리카에서 발견되었는데, 과연 최초의 인류인지에 대해서는 논란이 있다. 왜냐하면 그 판단은 고인류(사람족)와 인류(사람속)를 구분하는 기준이 무엇인가에 달려 있기 때문이다. 발굴된 뼈와 석기에서 엿보이는 어떤 해부학적 요소나 어떤 행동 패턴을 기준으로 할 것인가? 최초를 놓고 경쟁하는 후보 중에는 호모 하빌리스(Homo habilis, 손재주가 좋은 사람)와 호모 에르가스테르(Homo ergaster, 일하는 사람)가 있다. 그 이름에서 알 수 있듯이, 1960~1970년대에 이들의 명칭을 처음 고안한 고고학자들은 무언가를 만드는 능력을 인간이라는 존재의 본질로 간주했다. 인류가 만든 무언가란 바로 날카롭게 다듬은 다목적 돌 도구인데, 일반적으로 주먹도끼라고 한다. 시간이 지나면서 조금 특화된 형태들도 있었다. 그 도구들을 보면 그들이 굉장히 지능적이었음을 알 수 있다. 남아 있는 유골은 이러한 추정을 뒷받침한다. 왜냐하면 인류(사람속)에 속하는 이들 초기 멤버는 오스트랄로피테쿠스보다 두개골이 더 컸다. 그리고 좁은 엉덩이와 길어진 다리, 발 모양을 보면 전적으로 두 발로만 이동했음을 알 수 있다. 그런데 여기에 아이러니가 있었다. 좁고 위로 치솟은 골반 때문에 머리가 큰 아기를 출산하기가 어려웠던 것이다. 또한 큰 머리는 다른 신체 기관에 비해 더 많은 에너지를 소모한다. 그래서 머리가 큰 동물은 머리가 작은 동물보다 더 많은 칼로리를 섭취해야 한다.

    이 같은 머리 크기와 골반의 모순은 많은 결과를 가져왔다. 그중 하나로 사회성을 들 수 있는데, 사회성 자체가 호모 에르가스테르와 함께 시작된 것 같다. 골반 크기 때문에 아기는 태어나기 전의 머리 크기가 제한되었다. 즉 인류의 머리는 태어난 뒤에 크기가 무척 확장되었다는 뜻이다. 출생 당시의 머리 크기는 성인의 4분의 1에 불과했다. 이로써 인류는 다른 동물들에 비해 부모나 주변의 보호자에게 의존해야 하는 기간이 훨씬 더 길어졌다. 부모 또한 아이를 돌봐야 하는 기간이 길어졌고, 그렇지 않으면 아이가 생존하지 못했다. 머리 크기로 볼 때 호모 에르가스테르의 시대는 호모 사피엔스(Homo sapiens)의 시대보다 더 짧았던 것 같다. 그러나 아이와 어린이를 돌보는 사회적 구조가 여러 세대에 걸쳐 누적되어 발달하기에 충분한 시간이 있었다. 아마도 호모 에르가스테르 어머니들은 출산을 할 때 서로 도왔을 것이다. 마찬가지로 그들은 (물론 남자들도) 채집, 사냥, 요리 등에서도 서로 협력했다. 이러한 활동은 화석 자료에 분명히 나타나 있다.

    호모 에르가스테르는 오스트랄로피테쿠스에 비해 머리가 더 커지고 골반이 더 좁아졌다는 특징 이외에도 그들의 사회성을 함의하는 다른 신체적 특징들이 더 있다. 그들은 소화 기관을 포함해서 내장 기관이 작았다. 그래서 생존하기에 충분한 에너지를 획득하기 위해 지방과 단백질 함량이 높은 음식을 섭취해야 했다. 가장 손쉽게 이러한 영양소를 섭취할 수 있는 방법은 동물이나 그 부산물을 먹는 것이다. 포유동물뿐만 아니라 곤충, 파충류, 어류, 새의 알, 새 등을 먹으면 된다. 이런 먹거리를 획득하려면 뜨거운 태양 아래서 상당히 먼 거리를 걷거나 뛰어갈 수밖에 없었을 것이다. 대부분 포유동물에게는 매우 힘든 일이었다. 왜냐하면 포유동물은 대체로 호흡을 통해서만 몸속의 열을 내보낼 수 있기 때문이다. 호모 에르가스테르에게는 땀을 통해 체온을 낮출 수 있는 능력이 있었던 것 같다. 몸의 털이 더 줄었기 때문에 땀으로 열을 배출하기도 더 용이했을 것이다. 인체에 서식하는 벼룩(이)에 대한 연구도 이러한 추정을 뒷받침한다. 사람의 머리카락에서만 사는 벼룩이 있다. 음모에서는 다른 종류의 벼룩이 산다. 머리카락에서 서식하는 벼룩은 우리 조상들의 온몸이 털로 뒤덮여 있을 때부터 전해져 온 것이고, 음모에 서식하는 벼룩은 나중에 다른 동물들과의 접촉에 의해 옮겨 온 것이다.

몸에 털이 없어짐으로써 체온을 낮추기가 더 용이해졌지만 (그래서 사냥하기에는 더 좋아졌지만) 아이들이 다른 영장류 새끼들처럼 어미의 몸에 달라붙기가 어려워졌다. 호모 에르가스테르 어머니들이 이 문제에 어떻게 대처했는지는 화석 자료에 분명하게 나타나 있지 않다. 아마도 아이가 어렸을 때는 사냥을 나가지 않았거나, 아니면 잠시 아이들만 남겨두었을 수도 있다. 남아 있는 유적으로 볼 때 그들은 무리를 지어 근거지를 마련하고 일을 나갔다가 그곳으로 돌아왔을 것이다. 그들이 식물 혹은 동물 재료로 멜빵을 만들어서 아이를 들고 다니는 데 썼을 수도 있다. 하지만 이처럼 부드러운 재료로 만들어진 도구는 전혀 흔적을 남기지 못했다.

짧은 소화 기관 문제를 해결하는 또 다른 방법은 소화 기능을 신체 외부에 두는 것이다. 요리가 바로 그러한 기능을 갖는다. 생고기는 씹기도 어렵고 소화도 잘 안 된다. 식물 먹거리도 대부분 마찬가지다. 다른 영장류들은 하루의 많은 시간을 씹는 데 소모한다. 요리를 하면 이 일의 상당 부분을 외부의 에너지(불)가 감당하게 된다. 요리를 통해 탄수화물과 단백질이 더 쉽게 분해되어 음식에서 더 많은 에너지를 섭취할 수 있다. 초기 호모 에르가스테르 유적지에는 불을 사용한 흔적이 아주 조금 남아 있다. 리처드 랭엄(Richard Wrangham)을 비롯한 일부 학자들은 실제 요리에 대한 화석 증거가 없더라도, 약 200만 년 전의 진화 과정에서 머리는 더 커지고 치아는 더 작아지는 동시에 더 무디어지고 소화관은 더 짧아졌는데, 이러한 변화가 요리 없이는 불가능하다고 주장한다. 다른 일부 학자들은 요리가 훨씬 나중의 인류에게서 발명된 것이라고 보는데, 기원전 78만 년경에 시작되었다고 추정한다. 불을 충분히 다룰 수 있었다는 흔적으로 널리 인정되는 이스라엘 유적의 연대가 그때다. 혹은 노지(爐址, 불 피우는 자리) 유적이 여러 곳에서 공통적으로 발견되는 시기를 근거로, 불의 사용이 일반화된 시기가 40만 년 전이라고 하는 학자들도 있다.

불의 사용이 언제 그리고 어디에서 시작되었건 요리는 어쨌든 사회·문화적으로 엄청난 결과를 가져왔다. 요리로 인해 물리적·화학적 변화가 생겨났다. 수천 가지 새로운 조합이 만들어졌고, 생식에 비해 음식의 맛과 향이 훨씬 더 다양해졌다. 볶은 커피나 초콜릿의 맛과 향을 이야기할 때 "조화로운 맛(overtone)" 혹은 "고유의 맛(flavor note)"이라는 표현이 있듯이, 사람들은 원재료의 맛과는 전혀 다른 맛을 개발해냈다. 사람속(genus Homo)에 속하는 동물들은 잡식동물이기 때문에 유전적으로 복합적인 맛을 선호하게 마련이다. 그래서 그들에게는 조리된 음식의 맛과 (맛을 느낄 때 필수적인) 향이 더 좋았다. 요리 때문에 사람들은 특정 시간 특정 장소에 함께 모여 식사를 하게 되었고, 이로써 사회성도 증대되었다. 또한 요리로 인해 식재료의 범위가 넓어지면서 음식을 준비하는 방법도 다양해졌다. 예를 들어 화덕 유적 가운데 가장 오래된 이스라엘 유적에서는 견과류나 씨앗을 으깨는 도구도 발굴되었다. 이러한 도구는 사람들의 먹는 방식을 더욱 넓혀주었다. 또한 요리는 상징적 사유의 발달에도 기여했다. 요리된 음식을 보면 눈앞에 존재하지 않는 무엇인가를 떠올리게 된다. 요리하는 것과 먹는 것은 모두 매우 의례적인 행위이기도 하다. 게다가 요리 과정에는 불이 포함되는데, 불은 이후 인류 문화에서 심오한 의미를 갖게 된다.

호모 에르가스테르가 요리를 했다는 증거는 그리 많지 않다. 그러나 이주에 대한 증거는 매우 분명하다. 그들은 소규모 집단 단위로 동아프리카에서 아프리카 중부의 탁 트인 초원으로 이주했고, 거기서 다시 북아프리카로 나아갔다. 200만 년 전에서 100만 년 전 사이는 지구가 온난기였다. 그리고 호모 에르가스테르는 더 멀리 이동해서, 180만 년 전에는 서아시아까지 도달했다. 여기서 그들 중 일부가 진화했는데, 고생물학자들은 이들을 호모 에렉투스(Homo erectus, 똑바로 선 사람)라 부른다. 일부 학자들은 에르가스테르와 에렉투스가 같은 종의 다른 이름일 뿐이라고 주장한다. (현재 호모 에르가스테르와 호모 에렉투스 개념은 포괄하는 범위가 넓고 그 경계 또한 유연하며, 하위분류에 다양한 종을 포괄하고 있다.) 그들은 이주를 계속했다. 중국과 인도네시아 자와 섬에서 발견된 뼈와 기타 유물들로 보건대 호모 에렉투스는 150만 년 전에 그곳에 도착한 것 같다. 그들의 이주는 해안선뿐만 아니라 드넓은 육지 전체에 걸쳐 이루어졌다. (해수면이 오늘날보다 낮았기 때문에 당시 자와 섬까지 걸어갈 수 있었다.) 호모 에렉투스는 또한 서쪽으로도 걸어갔다. 최소한 80만 년 전에는 오늘날 스페인 지역에 도착했다. 그리고 더 북쪽으로 유럽 지역에까지 나아갔다. 각지에서 호모 에렉투스는 현지 환경에 맞도록 수렵과 채집 기법을 적응시켜 나갔다. 새로운 식물 가운데 먹을 수 있는 식물이 무엇인지, 그 지역의 동물을 어떻게 효과적으로 잡을지도 배워갔다.

오늘날 조지아 지역에 있는 호모 에렉투스 유적지는 약 180만 년 전의 것인데, 여기서 동정심 혹은 사회적 보살핌에 대한 최초의 흔적이 발견되었다. 발굴된 인골을 분석한 결과, 이가 모두 빠지고 하나밖에 남지 않은 노인의 유골로 밝혀졌는데, 노인은 그 상태로 몇 년을 더 생존한 것으로 추정된다. 누군가가 같이 살면서 도와주지 않았다면 불가능한 일이었다.

호모 에르가스테르/에렉투스가 과연 상징적 사유를 했는지 여부를 명확히 판단할 수 있는 유물은 아직 발견된 것이 없다. 장식이나 예술 작품도 없고, 신체에 장신구를 했던 흔적도 없다. 다만 주먹도끼가 있는데, 주먹도끼는 매우 넓은 지역에서 매우 오랜 기간에 걸쳐 사용되었다. 물론 현실적이고 실용적인 이유에서 그랬겠지만, 주먹도끼는 모양이 대칭적이고 형태가 일관된다. 그래서 문화를 폭넓게 이해하는 사람들은 주먹도끼에 "상품"이라는 개념이 함축되어 있었을지도 모른다고 생각한다. 어느 한 장소에서 굉장히 많은 주먹도끼가 제작된 경우도 흔히 발견된다. 이 또한 현실적으로 좋은 돌이 나는 곳이라서 그랬겠지만, 어느 정도 전문화된 노동 혹은 사회적 역할 분담이 있었을 것으로 짐작해볼 수 있다. 수천 개의 주먹도끼가 남아 있는 유적들도 몇 군데 있고, 개중에는 도구라고 하기에는 너무 큰 것들도 있다. 의례에

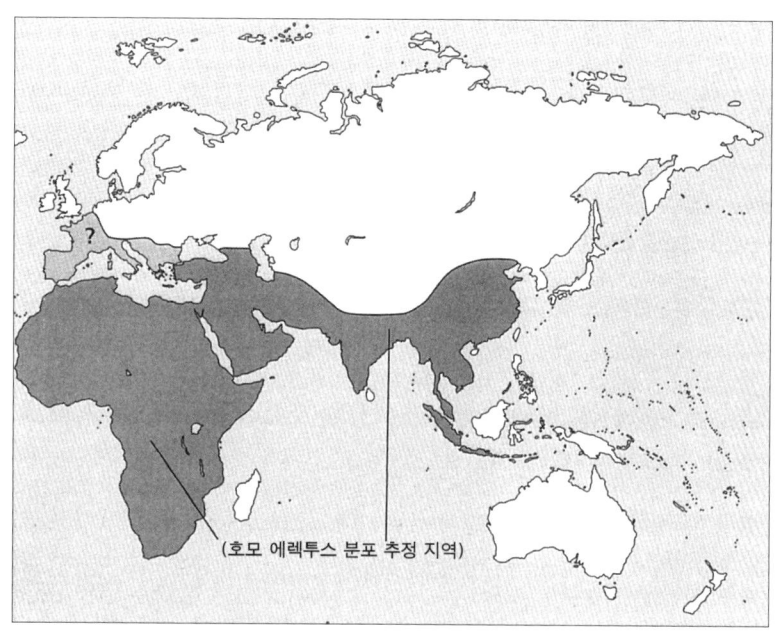

(호모 에렉투스 분포 추정 지역)

〔지도 1-1〕 호모 에르가스테르 / 호모 에렉투스의 이주

사용하려고 만든 것일까? 아니면 주먹도끼를 특히 잘 만드는 재주가 있음을 과시하려고 했던 것일까?

호모 에렉투스의 사회적 분화 혹은 문화에 대해서는 의견이 분분하다. 그러나 약간 더 후대에 진화한 인류에 대해서는 논쟁도 조금 덜하다. 그중 한 사례로 하이델베르크인(Homo heidelbergensis)을 들 수 있다. 이들의 흔적은 아프리카 및 유라시아의 여러 곳에서 발견되는데, 대개 60만 년 전에서 25만 년 전 사이의 유적들이다(하이델베르크인의 멸종 시기는 약 10만 년 전으로 추정된다. 호모 사피엔스와 네안데르탈인의 공통 조상이다 – 옮긴이). 이들의 머리 크기는 현생 인류와 비슷했다. 이들은 간단하게 지붕을 만들기도 했고, 앞에서 언급했듯 기원전 40만 년 이후 불을 다룬 흔적이 많은 유적에서 드러났다. 그중 하나가 오늘날 프랑스 남부 지역에 있는 테라 아마타(Terra Amata) 유적이다. 이곳에서 발견된 붉은색과 노란색 점토 조각은 먼 지역에서 운반해 온 것이었다. 아마도 안료로 사용된 것으로 추정된다. 이로써 그들에게는 무언가를 선호하거나 중요시하는 개념이 있었음을 알 수 있다. 독일의 늪지대에서도 요리용 화덕과 역사상 가장 오래된 시기의 목재 도구(길고 날카롭게 다듬은 목창과 돌칼 손잡이처럼 생긴 도구 등)가 발견되었다. 약 40만 년 전 것으로 추정되는데, 조립 도구 유물로는 가장 오래된 것이다. 스페인의 아타푸에르카(Atapuerca) 지역의 어느 동굴 속 깊은 안쪽에 있는 구덩이에 최소 28구 이상의 유골이 남아 있는데, 시기는 최소한 약 35만 년 전 혹은 아마도 약 60만 년 전으로 추정된다. 사람들이 죽은 뒤에 누군가가 그 시체를 옮겨 온 것 같다. 그래서 시마 데 로스 우에소스(Sima de los Huesos, 뼈 구덩이) 유적은 가장 오래된 매장 유적지로 평가된다. 그들의 행위는 엄청난 문화적 함의를 지니는 것이었다. 케냐의 어느 유적지에서 고고학자들이 타조 알 껍데기로 만든 원반을 발굴했는데, 시기는 약 28만 년 전으로 추정된다. 원반 가장자리에는 구멍이 뚫려 있어서, 끈을 그 구멍에 묶어 착용한 것으로 보인다. 또한 이스라엘의 고고학자들은 논란의 여지는 있지만 최초의 예술품으로 평가되는 유물을 발굴했다. 여성의 상반신 모양을 한 조그만 돌 조각으로, 시기는 약 23만 년 전이다.

시마 데 로스 우에소스에서 발굴된 집단의 후손이 네안데르탈인이다. 인류 가운데 호모 사피엔스를 제외하면 아마도 네안데르탈인이 가장 유명할 것이다(네안데르탈인이라는 명칭은 유골이 처음 발견된 독일의 네안데르Neander 계곡에서 따왔다). 네안데르탈인은 약 17만 년 전부터 유럽과 서아시아 전역에서 살았다. 따라서 처음에는 하이델베르크인이 멸종하기 전에 함께 서식했던 셈이다. 하지만 발굴된 치아로 보아 그들은 현생인류보다 더 일찍 성인이 되었고, 타인에 의존하는 기간이 우리보다 짧았다. (그래서 배우는 과정 또한 짧았을 것이다.) 그들은 복잡한 도구를 사용했는데, 창도 있고 동물 가죽을 벗기는 도구도 있었다. 이러한 도구들 덕분에 그들은 다양한 환경과 기후 조건에서도 생존이 가능했다. 그들의 유골이 발굴된 지역은 지중해 해안에서부터 시베리아에까지 이른다. 남아 있는 유골의 손상 정도로 보건대 남성과 여성 모두 매우 힘든 육체노동을 하고 비슷한 나이에 사망한 것 같다. 그들은 기둥을 세우지 않는 움막을 짓고 화덕에서 불을 다루었다. 짐승도 화덕에서 요리했는데, 안정동위원소 분석에 따르면 대형 포유동물도 먹었다. 치아 플라크를 조사해본 결과 그들은 다양한 종류의 식물도 요리해서 먹은 것으로 나타났다. 그들의 도구는 시간이 지나면서 어느 정도 변화되었다. 어떤 필요성 때문에 어느 한 곳에서만 특수하게 변화된 것이 아니라, 전반적으로 몇 단계를 나눌 수 있을 정도로 단계별 특징이 나타난다. 즉 네안데르탈인은 기술적 창조성을 지녔으며 긴 계획 과정을 설계할 수 있었다. 그들이 비록 해부학적으로는 호모 사피엔스와 다르지만, 프란체스코 데리코(Francesco d'Errico) 같은 학자들은 네안데르탈인에게서 "현생인류의 행동양식(behavioral modernity)" 중 일부 면모를 보기도 한다.

스페인에 있는 5만 년 전의 네안데르탈인 유적지에서는 매우 흥미로운 네안데르탈인 사회를 엿볼 수 있다. 발굴된 시신 12구는 연령대가 다양했다. 다른 어떤 집단이 이들을 살해해 잡아먹었는데, 희생자 치아 표면의 에나멜 분석에 따르면 사건 발생 당시는 음식이 부족한 시기였다. DNA 분석 결과 이들은 모두 친족 관계로 나타났고, 여성들보다 성인 남성들 사이가 유전적으로 더 가까웠다. 남성은 태어난 가족 집단과 함께 살고 여성은 다른 가족 집단에서 데려온 것 같다. 이후 호모 사피엔스도 여러 시기 및 여러 지역에 걸쳐 이 같은 패턴을 따랐다. 아이 두 명은 한 여성의 소생이었고, 세 살 터울이었다. 아마도 모유를 오래 먹여서 이러한 터울이 생겼을 텐데, 이러한 패턴 또한 후대의 포레이저들에게서 그대로 반복되었다. 이 유적지는 네안데르탈인의 적대적 및 우호적 사회관계의 일면을 엿볼 수 있는 흔치 않은 기회를 제공해주었다.

다른 많은 곳에서 발굴된 유물들을 보더라도 네안데르탈인이 망자를 신중하게 매장했음을 알 수 있다. 때로는 시신과 물건을 오커 색으로 칠했는데, 색깔이 있는 흙을 사용했다. 매장과 시신 장식은 현생인류의 커다란 특징으로 간주되므로 네안데르탈인도 처음에는 호모 사피엔스의 한 부류로 여겨졌다. 그러나 네안데르탈인의 뼈에 대한 DNA 검사 결과, 그들이 호모 에렉투스 이후 현생인류와는 다른 갈래로 갈라져 발전한 새로운 종임이 밝혀졌다.

[그림 1-2] 네안데르탈인 여성 모형
발굴 화석의 해부학적 특징과 DNA 자료에 따르면 네안데르탈인은 붉은 머리카락과 푸른 눈을 가졌다. 모형 작가는 그들의 험난한 생활 환경을 반영하여 얼굴을 표현하고 몸에는 색칠을 했다. 네안데르탈인 유적지에서는 흔히 안료로 쓰이던 재료 덩어리가 함께 발굴된다.

 최근 몇 년 동안 DNA 분석은 호모 사피엔스 이외의 다른 인류에 대해 보다 세부적인 정보를 제공해주고 있다. 예를 들어 아프리카 이외 지역 현대인의 DNA에는 네안데르탈인의 유전자가 1~4% 정도 포함된 것으로 추정된다. 이는 네안데르탈인과 호모 사피엔스가 가끔 성적 관계를 맺었음을 의미한다. 2010년 시베리아의 데니소바(Denisova) 동굴에서 발견된 뼈와 치아는 약 4만 년 전의 것으로 추정되는데, 네안데르탈인과도 다르고 호모 사피엔스도 아니었다. 그럼에도 불구하고 데니소바인은 이들 양측과 공통되는 유전적 특징을 가졌다. 그래서 데니소바인은 이들과 뒤섞여 살았던 것으로 추정된다. 데니소바인에게 과연 사회 조직이 있었는지, 혹은 그들이 서로 소통할 수 있었는지를 나타내주는 유물은 이 유적에서 전혀 발견된 것이 없다.

시기가 가장 늦은 네안데르탈인의 유적은 3만 년 전의 것이다. 최근까지도 호모 사피엔스 이외의 인류 중에서는 네안데르탈인이 가장 늦게까지 살아남았다는 것이 상식이었다. 그러나 2003년 인도네시아 플로레스(Flores) 섬에서 키가 약 90센티미터 정도 되는 인류의 뼈와 도구가 발굴되어 "호빗"이라는 별명이 붙었다(톨킨의 변호사는 작은 인간을 뜻하는 이 별명에 저작권이 있으므로 쓰면 안 된다고 주장한다). 이들은 별개의 종으로 추정되는데, 아마도 네안데르탈인과 마찬가지로 호모 에렉투스의 또 다른 후손일 것이다. 이들은 80만 년 넘게 플로레스 섬에서 살았다. 시베리아 발굴 자료에서 DNA를 추출하여 검사했듯이, 플로레스 섬 발굴 자료에 대해서도 물리적 조사가 막 시작되었고 상당한 논란도 없지 않았다. 그러나 대부분의 연구자들은 이 자료를 비롯해 최근 발굴된 자료들로 보건대 우리 인간의 진화 경로가 생각보다 더 복잡하고 여러 줄기가 뒤얽혀 있다는 데 동의한다. 경로를 그림으로 그리자면 한 그루의 소나무보다는 덤불숲에 가까운 모양이 될 것이다.

생각하는 인간

네안데르탈인, 데니소바인, 플로레스인 등 인류에 속하는 여러 종과 앞에서 미처 언급하지 못한 그 하위 종, 혹은 아직 발굴되지 않아서 분류와 명명이 이루어지지 않은 여러 종이 아프로유라시아 지역 곳곳에서 살았다. 호모 사피엔스(Homo sapiens, 생각하는 인간)가 이들 중 어느 한 가지에서 진화되었다고 믿는 학자들도 없지 않지만, 대부분은 호모 사피엔스의 진화가 아프리카에서만 이루어졌다고 생각한다. 이전 단계의 영장류에서 고인류가 진화할 때도 마찬가지였다. 그 근거는 일부 고고학 자료지만 유전학적 근거도 있다. DNA 중에서 미토콘드리아 DNA라고 하는 종류가 하나 있는데, 이는 모계로만 유전되며 시간적으로 먼 과거까지 추적이 가능하다. 미토콘드리아 DNA를 분석해보면, 현생인류는 서로가 유전적으로 너무 가까워서 100만 년 혹은 200만 년 전에 진화되었다고 보기 어렵다. 그 시기는 기껏해야 25만 년, 더 짧게는 20만 년 전으로 보기도 한다. 오늘날 세계 어디보다도 아프리카에서 유전적 다양성이 발견되기 때문에 호모 사피엔스는 아프리카에서 가장 오래 살았던 것으로 추정된다. 즉 아프리카는 호모 사피엔스가 처음 출현한 곳이며, 모든 현생인류는 동부 아프리카에 살았던 상대적으로 규모가 작은 호모 사피엔스 그룹의 후손들이다. (《창세기》에 나오는 최초의 인간 이야기를 따서, 현생인류에 공통되는 모계 유전자의 조상을 "미토콘드리아 이브Eve"라고 일컫는 과학자들도 있다. 현생인류는 모두 그 여인의 후손이다.)

고고학자들이 호모 사피엔스를 다른 고인류와 구별하는 몇 가지 해부학적 특징이 있다. 가장 뚜렷한 특징은 몸이 상대적으로 날씬하고, 머리에서 두개골이 크고(전뇌가 발달해 있고) 얼굴은 튀어나오지 않고 들어가 있으며, 치아와 턱이 작고, 후두(발성 기관)가 목 아래쪽에 내려가 있다. 이러한 특징을 보여주는 가장 오래된 유골은 에티오피아에 있는 유적지 두 곳에서 발견되었다. 가장 최근의 편년으로 보자면 하나는 약 19만 5000년 전, 다른 하나는 약 16만 년 전으로 추정된다. 둘 중에서 더 시기가 늦은(즉 더 최근의) 유적에서는 신중하게 매장된 유골과 장례의 흔적이 발견되었다. 일부 학자들은 이를 두고 의례와 장엄(莊嚴) 행위가 있었던 것으로 해석하며, 따라서 상징적 사유의 흔적으로 보기도 한다. 이 유골들과 함께 발굴된 도구들은 다른 고인류의 것과 별반 다를 것이 없다. 다른 초기 호모 사피엔스 유적에서 발굴된 도구들도 마찬가지다.

해부학적 특징과 발굴된 도구의 불일치 때문에 고생물학계 및 고고학계에서는 인류의 진화에 대한 핵심 실마리를 놓고 격렬한 논쟁이 벌어졌다. 리처드 클라인(Richard Klein)과 크리스 스트링거(Chris Stringer)를 비롯한 일부 학자들은 초기 호모 사피엔스가 해부학적으로 현생인류와 같지만 행동양식에 있어서는 현생인류와 다르다고 주장한다. 이들이 말하는 현생인류의 행동양식(behavioral modernity)이란 장기 계획(long-range planning), 활이나 화살 같은 신기술의 급속한 발전, 주변 환경을 바꾸기 위한 노력, 매장에서 광범위한 상징의 사용과 시체 장엄, 광범위한 사회·경제적 교환 체계 등으로, 이는 불과 5만 년 전에 개발되었다. 고고학적 전문 용어로는 상위 구석기(Upper Paleolithic) 혹은 후기 구석기(Later stone age)에 해당하는 시기다. 이때 "인지 혁명(cognitive revolution)"이 일어났다. 이러한 견해를 따르는 학자들은 이를 인류 혁명(Human Revolution)이라고도 한다. 어느 소규모 집단에서 갑자기 창의성이 꽃피었고, 이로써 상징적 사유가 가능해졌으며, 이는 다시 현생인류의 행동양식에 속하는 나머지 사항들을 이끌어냈다. 이는 우연히 일어난 일이지만 결과적으로 자연 선택에서 유리하게 작용했고, 유전적 변이가 구문론적 언어를 구사하는 정신적 능력을 향상시켰으며, 이를 통해 그 그룹 구성원들의 발성 기관은 음성 언어를 만들어내는 데 적합하도록 완전히 바뀌었다. 한편 크리스토퍼 에레트(Christopher Ehret) 같은 역사언어학자들은 음성 언어가 이러한 극적 변화의 결과로서 주어진 것이 아니라 오히려 그 변화를 촉진하는 결정적 역할을 했다고 본다. 약 7만 년 전에 일어난 발성 기관과 안면 근육의 변화가 복잡한 자음과 모음 발음을 가능하게 했고, 그것이 바로 인간의 언어였기 때문이다. (이와 함께 몇 가지 소소한 해부학적 특징을 근거로 고생물학자들은 이 그룹을 호모 사피엔스의 아종亞種인 호모 사피엔스 사피엔스Homo sapience sapience로 분류하기도 한다.) 언어적 흔적을 볼 때 인간의 언어는 모두 아프리카에서 출현한 소규모 그룹에서 서로 주고받던 언어로부터 비롯되었다. 언어의 발전은 기술의 발전을 촉진하고, 기술의 발전은 다시 언어의 발전을 촉진했다. 이들의 견해에 따르자면, 진정으로 현생인류의 행동양식을 가능케 한 주역은 바로 언어였다.

상당히 늦은 시기에 갑작스런 인지 혁명 혹은 언어 혁명이 있었다는 이론에 반대하는 측에서는 보다 점진적인 변화를 주장한다. 클라이브 갬블을 비롯한 일군의 학자들은 음성 언어에 앞서 물질적 도구나 몸짓 또는 사회관계 등에서 오래도록 상징적 사유가 분명하게 나타났다고 본다. 프란체스코 데리코 같은 학자들은 네안데르탈인에게서도 "현생인류의 행동양식"이 일부 발견된다고 주장한다. 대표적으로 고고학자 샐리 맥브리어티(Sally McBrearty)와 앨리슨 브룩스(Alison Brooks)는 상징적 사유의 흔적을 이보다는 약간 좁게 해석하지만, 그래도 "현생인류의 행동양식"이라고 부를 만한 흔적이 중기 구석기, 즉 25만 년 전에서 5만 년 전 사이 아프리카 곳곳에서 점차적으로 등장했다고 본다. 예를 들어 흑요석(黑曜石, obsidian, 쪼개어 날카롭게 날을 세우기 좋은 화산암) 조각들이 탄자니아 북부 산자코(Sanzako)에 있는 유적지에서 발견되었는데, 10만~13만 년 전으로 편년되는 유적으로, 흑요석 산지에서 300킬로미터나 떨어져 있는 곳이다. 산자코에 살던 집단이 흑요석을 구하려고 먼 거리를 이동했다고 보기는 어렵고, 아마도 거래를 통해 입수했을 것으로 추정된다. 대자석(代赭石, red ochre)과 대자석 안료가 묻은 돌(대자석으로 안료를 만들 때 사용한 받침돌 – 옮긴이)이 이스라엘, 모로코, 아프리카 남부 등지의 유적에서 발굴되었는데, 10만 년 이전(아마도 훨씬 이전)의 것으로 추정된다. 아프리카 남부 해안 근처의 동굴에서 고고학자들이 (줄에 꿰어서 목걸이를 만들었을 것으로 추정되는) 구멍 뚫린 조개껍질을 발굴했다. 그리고 불에 달구어 더 단단하게 가공한 석기도 발굴했는데, 석기를 더 날카롭게 다듬기 위해 여러 공정을 거친 것으로 추정된다. 또한 표면에 격자무늬가 새겨진 대자석 조각도 발굴했다. 이 모든 유물은 약 7만 5000년 전의 것들이다. 따라서 교역, 장기 계획, 상징 등이 아프리카의 서로 다른 여러 지역에서 각각 발달했다가 점차 현생인류의 인지와 물질적 도구로 수렴되었음을 알 수 있다.

혁명론자와 점진적 진화론자 모두 사회·문화적 요소를 현생인류 행동양식(behavioral modernity)의 핵심 지표로 간주한다. 그러나 점진적 진화론자들(그리고 일부 역사언어학자들)은 사회·문화적 원인 때문에 두뇌가 커지고 상징적 사고가 발달했다고 보는 경향이 있다. 혹은 적어도 사회적 능력을 갖춘 인간들이 생존에 더 유리했을 것으로 추정한다. 그래서 이들은 인지 발달 자체가 신경생리학적 과정일 뿐만 아니라 문화적 과정이기도 하다고 생각한다.

먼저 개인적인 차원을 살펴보면, 사교성이 좋은 사람은 그렇지 않은 사람보다 짝을 찾을 확률이 더 높고(침팬지 무리에서도 마찬가지 현상이 관찰되며, 물론 오늘날 인간 사회에서도 다르지 않다) 자신의 유전자를 남길 가능성도 더 크다. 그래서 생물학적 개념으로 사회성 발달을 선호하는 선택압력(selective pressure)[2] 조건이 만들어졌다. 인간의 사회성에는 타인의 동기를 이해하는 능력도 포함된다. 즉 어떤 행동을 보고 그 사람의 의도를 인지하는 능력이다. 이런 능력은 특히 여성에게 더 중요하다. 인간은 타인에게 의존해야 하는 유아기 기간이 긴 동물이기 때문에, 어미의 사회성이 좋으면 그 어미가 기르는 아이의 생존율도 더 높아진다. 공동 육아는 사회성과 사회 적응력을 필요로 한다. 이러한 필요가 두뇌를 더욱 고도의 단계로 발달시키는 자극제가 되었을 것이다. 또한 언어 문제도 선택압력으로 작용했을 것이다. 오늘날

---

2 선택압력(selective pressure)_ 원하지 않는 생물체의 성장을 억제함으로써 특정 생물체의 성장에 유리하게 작용하는 배지 조성 또는 조업 조건. 항생제, 온도 등이 대표적인 선택압력이다.

뇌과학 연구에 의하면, 언어 습득이 두뇌의 특정 부위를 발달시킨다고 한다. 신경생리학의 연구 성과는 고언어 연구자들의 논지를 뒷받침해 주고 있다. 즉 다른 원인도 있었겠지만 무엇보다 언어가 점점 더 복잡해질수록 사유의 과정도 더 고도화되었다는 주장이다.

다음으로 집단적인 차원을 살펴보면, 사회·문화가 발달할수록 언어를 비롯한 의사소통 능력도 발달하기 때문에, 친족 집단끼리 협력이 강화되고 더 큰 규모의 사회 집단이 만들어지게 된다. 사회성이 좋은 가족 무리는 다른 무리와 더 많이 접촉하고 더 멀리 떨어진 지역과 교환 패턴을 만들 수 있었는데, 이는 나중에 교역으로 발달한다. 그들은 교환을 통해 더 다양한 물품을 접할 수 있었고, 물품 사용법도 더 많이 알 수 있었다. 따라서 기후 변화 같은 극단적 위협이 닥쳤을 때 그들은 훨씬 더 유연하게 대응할 수 있었다. 상대적으로 덜 실용적인 물건에 대해서도 마찬가지다. 예컨대 안료나 구슬 같은 물건들 자체는 더 나은 의사소통 방식이나 더 높은 차원의 창의성을 반영하기도 하지만, 실제로 그러한 것들을 촉진하는 기능을 했을 것이다. 마샤-앤 도브리스(Marcia-Anne Dobres)를 비롯한 여러 학자들이 지적한바, 새로운 기술과 그 기술을 사용하는 방식은 과거에도 그랬고 현재도 그렇지만, 단지 문제 해결이나 물질적 필요성 때문에 발명되는 것이 아니다. 사회 활동을 촉진하고, 세계관을 전달하고, 체면을 차리고, 만든 사람의 생각과 정체성을 표현하려는 목적도 있다.

10만 년 전부터 5만 년 전까지 핵심적 시기의 고고학적 흔적, 특히 인류의 유적은 아프리카와 유라시아 대륙에 산발적으로 흩어져 있다.

혁명론자가 옳은지 점진적 진화론자가 옳은지, 아니면 양쪽의 의견이 결합되어야 할지에 대해서는 (신경학, 비교언어학, 고고학은 물론 유전학 등의) 많은 분야에서 더 분명한 근거를 제시해줄 것이다.

앞에서 필자가 언급한 내용이 그렇게 보였을지 모르겠지만, 유전자적 증거로 이미 밝혀진바, 인류의 진화 이야기는 안정적이고 필연적인 과정을 거쳐온 것이 아니다. 기원전 7만 년경, 당시 처음으로 음성 언어가 개발된 것으로 추정되는데, 현재 지구에 살고 있는 모든 사람의 조상에 해당하는 당시의 인류는 인구 규모가 1만 명 이하로 줄어들었다. 아마 수천 명에 불과했을 것이다. 이러한 유전자적 병목 현상의 원인을 화산 폭발에서 찾는 학자들도 있다. 오늘날 인도네시아 토바(Toba) 호수 근처에서 초대형 화산이 폭발하며 먹거리가 끔찍하게 줄어들었고, 따라서 인류(및 동물)의 개체 수도 감소했다는 것이다. 보다 사회·문화적인 측면에서 설명하는 학자들도 있다. 아마도 호모 사피엔스는 상징적 언어를 사용하게 되면서 배우자를 찾는 데 훨씬 더 예민해진 것으로 추정된다. 오직 특정 언어를 사용하는 집단 내에서만 배우자를 구하려 했는데, 그러면 일반적인 호모 사피엔스 가운데 배우자를 구하는 것보다 선택의 범위가 줄어든다. 이는 족내혼(endogamy)의 초기 사례에 해당하며, 이후의 인류 사회에서도 일반적인 양상이 되었다. 혹은 기후 변화와 완고한 족내혼 풍습이 한꺼번에 작동하여 유전자 수를 감소시켰을 수도 있다.

현생인류의 행동양식을 지닌 인간이 언제 어떻게 출현했든, 토바 화산이 폭발할 당시 호모 사피엔스는 그들 이전에 호모 에르가스테르가 하던 일을 계속 따라하고 있었다. 그 일이란 바로 이동이었다. 먼저 아프리카 전역으로 퍼져 나갔고, 그다음에는 유라시아 대륙으로 들어갔다. 처음에는 아무 방향으로나 퍼져 나갔지만, 시간이 지나면서 규칙적으로 변해갔다. 통나무나 배를 이용해서 오스트레일리아에 도착한 때가 늦어도 5만 년 전이었고, 아마도 더 이전이었을 것이다. 오세아니아 대륙은 최종빙기에 해수면이 가장 낮았을 때에도 65킬로미터 넘는 거리를 항해해야 도착할 수 있는 곳이었다. 2만 년 전에는 시베리아 북부의 북극권 내에 살았으며, 1만 5000년 전에는 시베리아와 북아메리카 대륙을 연결하는 베링 해의 육로를 거쳐 아메리카 대륙으로 들어갔다. 1만 4000년 전에는 이미 남아메리카에 인류가 거주했다. 베링 해의 육로로부터 1만 6000킬로미터 이상 떨어진 곳이었다. 따라서 인류가 아메리카 대륙에 진출한 시기를 훨씬 이전으로 보는 학자도 많다. 아마도 2만 년 전, 혹은 3만 년 전이었을지도 모른다. 육로가 끊어져 더 이상 걸어갈 수 없는 곳에서는 통나무나 배를 타고 해안을 따라 바다를 건넜을 것이다.

  호모 사피엔스가 진출한 지역에는 이미 다른 종류의 인류가 살고 있었다. 그중에는 네안데르탈인도 있었는데, 그들은 유럽과 서아시아 지역에서 수천 년 동안 호모 사피엔스와 이웃해 살면서 같은 종류의 동물을 사냥하고 같은 종류의 식물을 채집했다. 마침내 네안데르탈인은 모두 죽었다. 이는 약 4만 년 전부터 빙하가 증대되면서 악화된 기상 여건 때문에 먹을 것을 구하는 경쟁에서 패배한 결과일 수도 있다. 호모 사피엔스와 인류의 다른 종들 간 상호 작용에 대한 증거는

〔지도 1-2〕 **DNA로 본 호모 사피엔스의 이동**
아프리카인: L, L1, L2, L3
근동지역인: J, N
남부유럽인: J, K
일반적 유럽인: H, V
북부유럽인: T, U, X
아시아인: A, B, C, D, E, F, G(C, D, E, G는 M의 후손)
아메리카 원주민: A, B, C, D, 드물게 X

(DNA 말고는) 발견된 것이 없다. 그러나 결과가 어떻게 되었는지는 우리가 알고 있다. 호모 사피엔스는 살아남았고 다른 종들은 그러지 못했다. 그래서 지금부터 이 책에서는 바로 이들 생각하는 인간에 대한 이야기를 할 것이다.

포레이저의 생활

최종빙기의 빙하가 물러난 때는 1만 5000년 전에서 1만 년 전 사이다. 빙하가 녹으면서 해수면도 높아졌다. 북아메리카 대륙과 아시아 대륙은 육지로 연결되어 있었지만, 이를 포함한 여러 지역의 육지 교량이 물에 잠겨 대륙이 분리되었다. 이로써 이동 통로가 막혀버렸지만 동시에 창의성은 더욱 빛을 발했다. 인류는 이전보다 훨씬 더 복잡한 기술을 필요로 하는 배를 구상하고 제작했다. 그리고 바람과 조류, 새의 비행, 별의 위치를 살펴 항해하는 기술을 개발했다. 인류는 점점 더 먼 섬으로 항해하게 되었다. 마침내 태평양 섬들에까지 진출했는데, 그곳이 인류가 지구상에서 가장 늦게 정착한 곳이다. 서부 태평양 섬들에 인류가 거주하기 시작한 때는 기원전 2000년경이었다. 몇몇 다른 섬들은 이보다 훨씬 늦었다. 하와이, 라파누이(이스터 섬), 뉴질랜드에는 기원후 제1천년기 후반부터 인류가 살기 시작했다고 알려졌지만, 최근 연구에 의하면 13세기가 되어서야 비로소 정착했다고 한다. 식량 자원이 풍부한 곳, 예컨대 해안 지역 등에서 인류는 구조물을 건축하고 한곳에서 비교적 오래도록 살았다.

결과적으로 인류 문화는 매우 다양해졌다. 그러나 구석기 시대 세계 전역으로 퍼진 인류는 대개 비슷한 방식으로 살아갔다. 혈연관계가 있는 개인들이 모여 (인류학자들이 "밴드band"라고 일컫는) 작은 규모의 집단을 이루고 여기저기 돌아다니며 먹거리를 구했다. 구석기 시대 인류를 수렵-채집인이라고 하는 경우가 많았지만, 최근 고고인류학의 연구 성과에 의하면 옛날의 수렵채집인이나 현대의 수렵채집인 모두 수렵한 고기보다는 채집한 음식에 훨씬 더 크게 의존했다. 따라서 더 정확히 말하자면 채집-수렵인이라고 해야 할 것이다. 또한 현재 대부분의 학자들은 수렵-채집인을 포레이저(forager)라고 지칭하는데, 이는 먹이 획득 행동의 유연성과 적응성에 초점을 맞춘 용어다. 포레이저는 주로 식물을 먹었다. 동물성 단백질은 대부분 직접적인 사냥보다 채집이나 남은 찌꺼기를 통해서 획득했다. 즉 벌레, 조개, 덫에 걸린 작은 동물, 둑을 막거나 그물을 쳐 잡은 물고기를 비롯한 해양 생물, 다른 포식자가 사냥한 동물 등이었다. 채집과 사냥은 아마도 계절에 따라서 중점이 달랐을 것이다. 혹은 해마다 변하는 주변 환경 요인에 따라, 그리고 집단의 결정에 따라 달라지기도 했다.

구석기 시대 사람들은 큰 규모로 사냥을 했다. 여럿이 힘을 합쳐 동물을 절벽으로 몰아넣었다. 창을 던지기도 하고, 기원전 1만 7000년 경부터는 활을 쏘기도 하고, 투창기(atlatl, 홈이 파인 막대기 모양으로, 뼈나 나무 혹은 사슴뿔로 제작)도 사용했다. 창날이나 갈고리 같은 날카로운 도구를 창끝에 단단히 고정시켜 사용하면 사냥감과 직접 접촉하지 않고 떨어져서도 사냥을 할 수 있었다. 온난기에 접어들어 최종빙기의 빙하가 물러나자 초대형 포유동물의 생활 환경은 더 불리해졌다. 당시 지구상에는 이런 동물들이 곳곳에서 돌아다니고 있었다. 이 시기를 분기점으로 털매머드, 마스토돈, 털코뿔소가 유라시아 대륙에서 멸종했고, 아메리카 대륙에서는 낙타와 말, 나무늘보가 멸종했으며, 오스트레일리아에서는 자이언트 캥거루와 웜뱃이 모두 사라졌다. 많은 지역에서 이러한 변화는 현생인류가 등장함과 동시에 나타났다. 이들의 멸종이 적어도 부분적으로는 인류 때문이었다고 생각하는 과학자의 수가 늘어나고 있다.

오늘날은 물론 과거에 존재했던 대부분의 포레이징 사회에서는 성별과 나이에 따라 노동이 구분되었다. 어린이나 노인은 성인 남녀가 담당하는 일과는 다른 일을 맡았다. 대개 남자들이 사냥을 담당하고 여자들이 채집하는 일을 했다. 그래서 학자들은 구석기 시대에도 남자들은 사냥을 하고 여자들은 채집을 했을 것으로 생각했다. 인류의 유적에서도 그러한 증거가 발견되었다. 유골과 치아를 통해 살아생전에 맡았던 임무를 추정할 수 있다. 예를 들어 칠레 북부 해변의 친초로(Chinchorro)에서 발굴된 남성의 유골들은 기원전 7000~2000년의 것들인데, 보통 귓속에서 뼈가 자란 것을 확인할 수 있다. 이 같은 귀는 오늘날 서퍼스 이어(surfer's ear)라고 하는데, 해안의 차가운 바닷물 속에서 물개를 사냥하거나 조개를 채취하느라 생긴 것이다. 한편 여성의 유골에서는 발목 관절의 변형이 눈에 띄는데, 오래도록 웅크리고 앉아 있어서 생긴 결과로서, 아마도 바다에서 채취한 것들을 재처리하거나 육지에서 구한 음식을 다듬느라 그러한 자세를 취했을 것이다. 그러나 이 같은 노동의 구별이 포레이징 사회에서 일반적이지는 않았다. 가령 필리핀의 아그타족(Agta)은 여성들도 대규모 사냥에 참여한다. 여성들이 어떤 형태로든 사냥에 참여하는 경우는 다른 많은 사례에서도 찾아볼 수 있다. 예컨대 동물들을 절벽이나 울타리 안으로 몰아넣거나 그물을 던지는 일을 담당하기도 한다. 여성들이 사냥에 참여하는 경우 아이들은 끈으로 매달고 가기도 하고 다른 가족 구성원에게 맡겨두기도 한다. 이로 보아 남성이 사냥을 담당하는 것은 생물학적으로 젖을 먹이는 문제 때문이 아니라 문화적으로 결정되는 것이다. 많은 구석기 유적에서 발굴된 유골들에서 남녀 성별에 따른 노동의 구분이 나타나는 경우는 거의 없다. 석기와 골기 등 남겨진 유물들로 봐서는 남성과 여성 가운데 누가 그것을 사용했는지 분명하지가 않다. 아마도 노동의 역할 구분은 매우 유연했을 것으로 추정되며, 특히 풍족하지 못한 시기에는 더욱 그러했고 시대에 따라 변화되었을 것이다.

사냥한 음식이든 채집한 음식이든 모두 요리를 해서 먹었다. 보통은 직접 불 위에 또는 불 근처에 올려두고 구웠으며, 뜨거운 돌이나 숯과 함께 구덩이에 묻어서 익히기도 했다. 곡류와 견과류는 갈아서 물에 섞은 다음 편평한 돌에 올려 구워서 납작한 빵을 만들었다. 가장 오래된 사례로는 약 3만 년 전의 것이 있다. 나중에 식재료를 가는 일은 세계 대부분의 사회에서 여성의 임무가 되었다. 그러나 구석기 시대에도 그러했다는 증거는 거의 없다. 요리 도구용 돌은 몇몇 구석기 시대 유적에서 발견되었고, 최근까지 일부 집단에서 사용되기도 했다. 동물 가죽에 돌과 물과 식재료를 넣어서 새로운 요리법이 만들어졌다. 바로 끓이기다. 토기가 발명되면서 이 새로운 요리법을 더 손쉽게 이용할 수 있게 되었다. 충분히 높은 온도로 토기를 "구우면" 물이 새지 않는 그릇이 된다. 진흙을 불에 구운 유물로 가장 오래된 것은 한 여성 인형인데, 기원전 2만 9000년경의 것으로 오늘날 체코공화국에서 발견되었다. 일본에서는 기원전 1만 5000년경의 것으로 추정되는 불에 구운 토기가 발견되었고, 중국과 러시아 동부 지역에서 그보다 조금 늦은 시기의 것이 발견되었다. 이러한 토기는 개방된 상태에서 불에 구웠을 수도 있지만, 아마도 땔감과 함께 구덩이에 넣은 뒤 무언가로 덮고 불을 붙여 구웠을 가능성이 크다. 가죽 자루에 뜨거운 돌을 넣거나(나중에는 같은 용도로 불에 구운 진흙 덩어리를 사용하기도 했다) 토기에 담아서 요리를 하게 되면서 먹을 수 있는 식재료의 폭이 더 넓어졌다. 너무 딱딱해서 처리가 어렵거나 먹기 힘든 콩이나 특정 곡류 혹은 조개 등도 먹을 수 있게 되었다. 또한 요리를 통해 이가 좋지 않거나 아예 없는 노인과 어린아이도 부드러운 음식을 먹을 수 있게 되었다.

구석기 시대의 유기물 재료가 남아 있는 경우는 거의 없으므로 그들이 어떤 옷을 입고 기타 부드러운 재료로 만든 어떤 제품들을 사용했는지 알기는 어렵지만, 뼈로 만든 바느질용 바늘이나 가죽에 구멍을 뚫는 데 사용된 송곳을 보면 짐작이 가는 바가 있다. 옷과 머리띠에 장식을 하는 경우도 많았는데, 조개껍데기나 상아 혹은 치아 등 딱딱한 물질로 만든 구슬이 사용되었다. 훼손되지 않은 상태의 매장지에서 고고학자들에 의해 발굴된 이러한 유물들을 보면, 남성과 여성의 옷이 서로 다른 경우가 많았으며 일부 지역에서는 망자의 연령대에 따라서도 옷이 달랐다. 이로써 성별과 나이가 사회적 의미를 가졌음을 알 수 있다.

시기가 가장 올라가는 직조의 증거도 체코공화국에서 발견되었다. 앞에서 언급한 불에 구운 진흙 인형이 발견된 바로 그곳이다. 직조의 증거 또한 진흙 유물이었다. 흙덩어리에 새끼줄처럼 실을 꼬아 만든 바구니 자국 혹은 식물 섬유질로 만든 천 자국이 찍혀 있다. 시기는 약

〔그림 1-3〕 브라상푸이의 비너스
매머드의 상아를 깎아 만든 작은 두상, 약 2만 5000년 전 것이다. 오늘날 프랑스 남부 브라상푸이 (Brassempouy)에서 발굴되었다. 머리 장식은 문양이 있는 모자를 쓴 것으로 해석된다. 혹은 그물이나 직조한 천을 나타내는 것일 수도 있다.

3만 년 전으로 추정된다. (일부 학자들은 앞에서 언급한 남아프리카 출토 대자석 조각에 새겨진 격자무늬 패턴도 직조의 흔적과 같은 문양이라고 주장하지만, 그것은 실제 직물이 찍힌 자국이 아니다.) 식물 섬유질 여러 가닥을 꼬아서 끈이나 밧줄을 만드는 직조, 땋기, 꼬기 등의 기술은 옷감이나 바구니뿐만 아니라 그물이나 덫을 만드는 데에도 사용되었을 것이다. 이런 기술을 이용하면 동물의 가죽이나 힘줄을 그대로 사용하는 것보다 더 촘촘한 그물을 만들 수 있다. 또한 아이를 운반하는 띠도 만들 수 있다. 직조, 땋기, 꼬기 기술은 세계 여러 지역에서 독자적으로 발달했다. 보존성이 좋은 유물에 그러한 증거가 그대로 남아 있다. 예를 들면 상아로 만든 조각상에 천의 모티프가 남아 있는가 하면, 옷을 입고 머리띠를 한 모양의 진흙 인형도 있다. 또한 매장지에서 발굴된 구슬이나 장신구의 위치를 보면, 애초 매장할 당시에는 실에 꿰여 목걸이로 사용되었거나 혹은 옷에 꿰매어져 부착되어 있었던 것으로 추정되는데, 이 또한 그러한 증거들 중 하나이다.

먹거리를 구하고 음식을 만드는 일은 끝이 없이 계속되는 일이다. 그러나 언제나 그 일에만 매몰되어 있지는 않았다. 최근 포레이저를 연구한 성과에 따르면, 오랜 가뭄 같은 특별한 자연재해가 발생한 시기가 아니라면, 사람들은 대개 일주일에 10~20시간 정도 일을 한다. 그 시간 동안 먹거리를 채집하고 생존에 필요한 여러 임무들, 예컨대 요리를 하거나 물을 긷거나 지붕을 고치는 일을 한다. 포레이저가 섭취하는 음식은 다양하고, 특히 오늘날 기름, 설탕, 소금 등이 첨가되어 고도로 가공된 음식과 비교하자면 영양가도 높았다. 즉 기름기와 염분이 적고 섬유질이 많으며, 비타민과 미네랄이 풍부했다. 생활이 여유롭고 건강에 좋은 음식을 먹었다 해도 구석기 시대 인류의 수명이 오늘날만큼 길지는 못했다. 당시 사람들에게 심장병이나 당뇨병 같은 현대적 사망 원인은 없었겠지만, 유골을 조사해보면 상처나 감염, 동물의 공격, 상호 폭력에 의해 젊어서 사망한 경우가 많았음을 알 수 있다. 출산 과정에서 산모와 아이가 죽기도 했고, 성년이 되기 전에 죽는 아이들도 많았다.

그래서 구석기 시대 전체 인류의 인구수는 매우 느리게 성장했다. 약 3만 년 전에 아마도 50만 명 정도였을 것이다. 약 1만 년 전에는 인구가 500만 명으로 10배 증가했다. 상당히 늘어나긴 했지만, 이 정도로 증가하는 데 2만 년이 걸렸다. (한편 오늘날 지구의 인구는 70억 명에 달한다. 불과 300년 전에는 10억 명이 채 되지 않았다.) 인구 밀도가 그만큼 낮다는 것은, 환경에 미치는 인간의 영향이 없지는 않았겠지만 상대적으로 크지 않았음을 의미한다.

가족, 친족, 종족

인류는 소규모 무리 단위(거친 야생 환경에서 포레이저 무리의 규모는 대개 20~30명이었다)로 넓은 지역에 흩어져서 살았다. 그렇다고 해서 각각의 무리가 고립되어 살았다는 뜻은 아니다. 그들은 음식을 찾기 위해 여행을 다녔고, 그 과정에서 서로 만나기도 했다. 만나서 얘기하고 놀기도 했지만, 성관계 대상을 찾을 기회도 주어졌다. 이는 무리가 생존하는 데 필수적인 요소였다. 오늘날 우리는 근친 간의 성관계가 유전적 질서에 혼란을 가져오기 때문에 매우 이롭지 못하다는 것을 잘 알고 있다. 먼 친척이라도 혼인을 하려면 매우 까다로운 규칙을 따라야 하는 경우도 없지 않다. 일부 자연과학자들은 근친혼 금기가 생물학적이며 본능적인 기반에 근거하고 있다고 주장하지만, 대부분의 인류학자들은 그것을 문화적 현상으로 본다. 그룹 내부의 경쟁을 약화시키고 다른 계보의 무리와 연계하기 위한 수단으로 보는 것이다. 그 이유야 어떻든 사람들은 자신이 속한 무리 밖에서 배우자를 찾았고, 각 무리는 친족 관계로 연결되었다. 이는 몇몇 지역에서 유골의 화학적 분석을 통해 확인된 바와 같다. 혼인 동맹은 시기에 따라 달라졌지만 대부분의 무리는 항구적인 동맹 관계를 발전시켰다. 이를 통해 개인은 자신이 속한 무리를 떠나 상대방의 무리로 편입되었다(대개는 남자보다 여자가 그랬다). 나중에 이러한 행위를 두고 결혼이라고 지칭하게 되었다. 후대의 민족학적 연구에서 유사한 사례를 참조하자면, 친족의 범위를 어떻게 규정하고 인정할지는 경우에 따라 굉장히 다양하다. 그럼에도 불구하고 친족 그룹은 수천 년 동안 상당히 중요한 권력 구조로 유지되었고, 지역에 따라서는 직업이나 배우자를 구하는 것 같은 중요한 개인의 인생사에서 지금도 여전히 영향을 미치고 있다.

구석기 시대 사람들에 대한 고정관념에 따르면, 털옷을 입은 힘센 남자가 긴 머리에 역시 털옷을 입은 (대개는 매력적인) 여인을 취하는 장면이나, 여자들과 아이들이 모닥불 주위에 옹기종기 모여 앉아 사냥을 나간 남자들이 커다란 고깃덩어리를 가지고 돌아오기를 기다리는 장면이 떠오른다. 그러나 사냥에 비해 상대적으로 채집이 얼마나 중요했는지, 여성이 어떻게 사냥에 참여했는지, 현대의 포레이징 무리에서 성별 역할은 어떻게 분담되는지 등에 대한 연구를 근거로 그러한 고정관념을 인정하지 않는 학자들도 있다. 이들 연구에 의하면 구석기 시대 소규모 인류의 무리에서 남성과 여성은 평등했다. 무리의 생존을 위한 기여도 측면에서 남성과 여성은 동등하게 평가 및 인정되었으며, 획득한 자원에 접근할 수 있는 권한 또한 남성과 여성이 평등했다. 그러나 이는 또 하나의 고정관념일 수 있다. 즉 구석기 사회를 일종의 채식주의 공동체로 보는 지나치게 낭만적인 시각이라 하겠다. 포레이저의 사회관계는 다른 사회에 비해 위계질서가 덜 엄격한 편이지만, 현대의 많은 포레이징 그룹에서는 다른 사람들보다 더 많은 권한을 가진 한 사람이 존재하며, 그 한 사람은 거의 언제나 남성이다. 이들을 연구한 인류학자들은 그러한 사회 그룹을 "빅맨(Big-Man)" 사회라고 부른다. 남성과 여성의 성별 관계(gender relation)에 대한 논쟁은 보다 큰 맥락에서, 구석기 사회가 (그리고 함축적 의미로 인간의 본성이) 주로 평화롭고 풍족했는지 아니면 폭력적이고 빈곤했는지, 그러한 특성이 성 역할과 관계가 있는 것인지에 대한 논쟁에 포함된다. 구석기 시대와 관련된 다른 주제들과 마찬가지로 성별이나 폭력에 관한 자료 또한 매우 파편적이고 해석하기도 쉽지 않다. 오늘날의 포레이저 사회와 마찬가지로 단순히 매우 다양한 패턴이 있었을 것으로 짐작할 뿐이다.

평화롭고 평등했는지 아니면 폭력적이고 위계적이었는지, 혹은 그 사이 어느 즈음이었는지는 알 수 없지만, 어쨌든 이성 관계를 통해 아이를 낳았고, 아이들은 산모에 의해, 그리고 대개는 출산한 지 얼마 안 된 다른 여인들의 도움으로 양육되었다. 모유는 아이들이 소화할 수 있는 유일한 음식이었기 때문에 산모는 몇 년 동안 아이를 돌봐야만 했다. 오랜 모유 수유는 아이들에게 음식을 제공하는 것 말고도 부가적인 효과가 있었다. 즉 이 기간 동안은 배란이 억제됨으로써 피임 효과도 있었다. 포레이징 그룹이 유지되려면 아이들이 반드시 필요했지만, 또한 한정된 식량 자원에서 너무 많은 비용을 지불할 수는 없었다. 많은 그룹에서 선택적인 영아 살해 혹은 유기 관습이 있었다. 그룹들 간에 나이가 다른 아이를 교환하기도 했는데, 이를 통해 그룹 간의 친족 체계가 더 확고해졌다. 아이에게 젖을 먹이는 일이 아니라면, 산모

이외에도 그룹 내의 다른 남성과 여성이 아이를 돌보았다. 이는 현대의 포레이징 문화에서도 마찬가지다.

각 그룹에서, 그리고 보다 큰 친족 그룹에서 각 개인은 여러 가지 신분(identity)을 가졌다. 그들은 아버지이자 아들이자 남편이자 형제였으며, 혹은 어머니이자 딸이자 아내이자 누이였다. 이러한 신분은 관계에 따라 달랐다(부모와 자식, 남매, 배우자). 그중에서 어떤 관계는, 특히 부모와 자식 관계 같은 경우 어느 한쪽에 권력이 부여되었다. 나이, 성별, 가족 내의 위치뿐만 아니라 지능이나 용기, 카리스마 같은 측면에서 개인적인 차이도 분명히 존재했다. 매장 유물은 이러한 사회적 신분 차이와 사회적 관계를 엿볼 수 있는 증거가 된다. 예컨대 약 1만 9000년 전 소녀의 무덤이 프랑스 남부 보르도 근처에서 발굴되었다. 시신은 옷을 갖추어 입고 오커 색 안료를 바른 채 석관에 안치되어 있었다. 부장품으로는 구멍 뚫린 조개, 구슬, 사슴과 순록의 뼈 혹은 돌로 만든 몇 가지 도구, 그리고 (줄에 꿸 수 있도록 구멍이 뚫린 것으로 보아 목걸이로 추정되는) 붉은사슴의 송곳니 71개가 들어 있었다. 붉은사슴은 당시 기후 악화로 보르도 근처에서는 살지 않았다. 따라서 사슴의 이빨은 교환 체계를 통해 몇 년에 걸쳐 전달되었을 것이다. 결혼 예물이었을 수도 있고, 다른 상품을 판매한 대가로 받은 물건이었을 수도 있다. 이 소녀와 관련된, 혹은 소녀의 죽음과 관련된 무언가 때문에 당시 사람들은 귀중품을 시체와 함께 매장하기로 결정했을 것이다. 이를 통해 (아마도 사회적 지위가 높은) 소녀의 개인적 신분과, 소녀와 사회의 관계를 통시적 및 공시적으로 나타내고자 했을 것이다.

포레이저 무리는 족외혼(exogamy)을 했지만, 인류가 전 세계로 확산되면서 친족 그룹 혹은 더 폭넓은 네트워크를 중심으로 독립성을 더해가자, 사람들은 큰 그룹 내에서만 결혼을 하게 되었다. 즉 특정 지역을 기준으로는 족외혼이지만, 더 큰 그룹의 차원에서는 족내혼(endogamy)이 되었다. 수많은 세대를 거치면서 피부와 머리카락의 색깔, 눈 형태와 몸매, 털의 양을 포함한 인류의 신체적 특성이 다양해졌다. 그래도 침팬지 무리에 비하면 인간들 사이의 유전적 다양성이 덜한 편이다. 세대를 거치면서 언어 또한 변화되었다. 그래서 수만 가지 언어가 생겨나게 되었다. 한 예로 오늘날 파푸아뉴기니만 해도 800개 이상의 서로 다른 언어가 사용되고 있다. 각 그룹마다 다양한 문화를 창조했고, 후대를 통해 문화가 전승되면서 인류의 다양성이 더욱 확대되었다.

세월이 흐름에 따라 크고 작은 그룹들이 스스로 친족으로서 문화를 공유하며 다른 그룹과는 다르다는 인식을 갖게 되었다. 이 같은 그룹을 가리키는 단어들로 영어에서는 people, ethnic group, tribe, race, nation 등이 있다.[3] 그룹의 공유 문화에는 언어, 종교, 식습관, 의례, 복

---

[3] 이들의 의미는 대체로 비슷하거나 겹친다. 굳이 구분하자면 [people]은 인간의 집단을 의미하며, 한국인이나 만주족 등의 표현같이 우리말로 ~인 혹은 ~족으로 번역된다. [ethnic group]은 언어나 종교 등 문화 공동체를 염두에 둔 표현이다. [tribe]는 혈족 혹은 혼인 등 혈연관계에 초점을 둔 표현이다. [race]는 인종을 의미하는데, 전근대에 피부색이나 머리카락 색깔을 보고 직관적으로 사람을 분류하는 등의 선입관에 바탕을 둔 표현이기 때문에 과학적 근거는 부족하다. [nation]은 혈연과 문화 공동체로서 정치권력을 공유하는 집단을 가리킨다. 우리말로는 문맥에 따라 민족 혹은 국가로 번역된다.

식 등 많은 요소가 포함된다. 한 개인이 어느 그룹에 속하는지를 규정할 때 그중 어느 요소가 중요한지는 시대에 따라 달라졌다(거의 언제나 언어가 가장 중요한 요소이기는 하다). 수많은 세대를 거치면서 수많은 혼인 관계가 그룹 내에서만 이루어지다 보니 때로는 그룹의 차이가 신체적으로 뚜렷이 나타났고, 지금도 그러하다. 이러한 차이는 흔히 "피(혈육)"를 통해 개념화되는데, 이때 피는 깊은 의미를 가지는 어떤 실체를 일컫는다. 그러나 친족이란 만들어지고 각인되는 무엇이다. 입양처럼 누군가 그 그룹 내부로 편입되려면 거쳐야 하는 방식, 혹은 공통 조상으로부터 후대로 전해지는 전통 같은 것들은 (자연적으로 주어진 것이 아니라) 만들어진 것이다. 이러한 그룹의 핵심에는 그룹의 정체성에 대한 공통된 인식이 자리하며, 이 인식은 사람들이 족내혼을 선택함으로써 (혹은 강요받음으로써) 더더욱 강화되었다. 이 같은 그룹들은 생겨나고, 소멸하고, 다른 그룹으로 변화하고, 갈라지고, 결합하고, 중요성을 획득하거나 상실하고, 또 다른 방식으로 변화해왔다. 그러나 이처럼 고정되지 않았다고 해서, 그리고 유전자뿐만 아니라 문화를 통해서 만들어져왔다는 사실 때문에 현실성이 덜해질 수는 없다. 이후 세계사에서 이러한 그룹은 굉장히 큰 의미를 갖는다. 이미 문자가 발명되기 이전부터 이러한 그룹은 발전하기 시작했고, 세계 어디에서나 등장했다. 손 그림 동굴에서 손자국을 남긴 사람들 또한 틀림없이 자신의 그룹을 지칭하는 어휘와, 스스로와 그룹에 속하지 않는 자를 구별하는 어휘를 가지고 있었을 것이다.

의례

손 그림 동굴의 그림과 마찬가지로, 남부 프랑스 소녀의 무덤 또한 사회적 현상이었다. 그것은 이 세상의 물질적 세계를 나타내지만, 동시에 저 세상의 보이지 않는 세계에 대한 생각이나 신앙을 표현하는 하나의 방식이었다. 이후의 모든 장례가 그러했듯이, 구석기 시대의 장례 또한 사회·정치적 메시지를 담고 있으며 문화적 의미를 전달하는 (그리고 왜곡할 수도 있는) 수단이었다. 장례에서는 공동체 구성원 표시를 하게 되는데, 이는 죽음이 이 세상에서 누군가를 데려가더라도 저 세상에서 그 공동체가 지속된다고 생각했기 때문이다. 시신은 아주 다양한 방식으로 처리되었다. 똑바로 눕히기도 하고, 거꾸로 엎어놓거나 구부리기도 하고, 혼자 묻거나 여럿을 묻기도 했다. 항아리 속에 넣기도 하고, 집 마룻바닥 아래나 멀리 떨어진 곳에 묻기도 했다. 살을 탈육(脫肉)하거나 머리를 자르거나 유골을 흩어놓기도 하고, 유골 중 일부(특히 해골)를 두 번째 장례식을 통해 다른 곳에 가져다 두기도 했다. 색칠을 하거나 회반죽을 바르기도 하고, 재나 오커로 덮어두기도 했다. 이 모든 것이 무엇을 의미하는지는 분명히 말하기 어렵지만, "무언가"를 의미한다는 것만큼은 확실하다. 어떻게 처리하는 것이 옳다고 생각했든, 그렇게 시신을 처리하려면 많은 시간과 노력을 들여야 했다. 고고학자들은 매장 양식의 차이로 그룹의 시공간적 경계를 구분하기도 한다. 채색되고 장식된 유물과 시신은 사람들이 눈에 보이는 세상 그 너머로까지 세계를 확장해서 생각했음을 나타낸다. 사람, 동물, 식물, 자연 현상, 다른 사물 등 주변의 모든 것에 정령이 깃들어 있다고 생각했다. 이는 모든 사물을 영적이며 상호 의존적인 것으로 이해하는 애니미즘적 사고다. 보이지 않는 세계는 규범에 따라 보이는 세계에 개입한다. 그 결과가 좋을 수도 있고 나쁠 수도 있다. 죽은 조상이나 영적인 존재의 영향은 산 사람들이 어떻게 하느냐에 달려 있다.

전 세계의 바위그림이나 광범위한 민족지 연구 성과들로 보건대, 보통 사람들은 꿈이나 어떤 징조를 통해 보이지 않는 세계를 알게 된 것으로 추정된다. 한편 샤먼(shaman)에게는 규칙적으로 소식과 계시가 주어진다. 영성이 높은 남성이나 여성은 보이지 않는 세계와 소통이 가능하며, 그 세계를 여행하기도 한다. 샤먼은 복잡한 의례를 만들고, 의례를 통해 개인이나 가족 혹은 공동체의 건강과 번영을 추구했다. 의례 중에는 가상의 성별이나 성적 의례도 포함되는데, 지역에 따라서는 샤먼이 트랜스젠더의 역할을 담당했다. 이를 통해 샤먼은 성적 경계를 넘어서는 권력을 장악했다. 동굴 벽화 중에는 먹잇감이 되는 동물과 포식자 동물을 그려둔 경우가 많고 간혹 마스크를 쓴 사람이 등장하는데, 그 사람은 일종의 의례를 집전하고 있는 듯한 자세로 보아 샤먼으로 추정된다. 때로 샤먼은 남성의 성기처럼 생긴 그림과 함께 등장한다. 이때의 샤먼은 예외 없이 남성이다. 그런데 최근 이들이 남성으로 꾸몄을 뿐 사실은 특별한 의상을 입은 여성일 수도 있다는 주장이 제기되었다. 여러 가지 수많은 의례에서 성역할 역전은 필수적으로 들어가는 부분이기 때문이다. 혹은 그 그림이 (그리고 그림의 대상이 된 실제 샤먼 또한) 남성도 여성도 아닌, 혹은 양성을 다 포함하는 제3의 성을 나타낸다고도 한다. 여러 문화에서 샤먼은 마스크를 쓴다. 마스크는 그들에게 힘을 더해주며, 마스크가 상징하는 동물이나 영적인 존재의 특성이 샤먼에게 주어지는 것으로 믿었다. 따라서 어떤 경계를 넘어서는 것이 그들의 역할이었다. 또한 샤먼은 치료자의 역할도 담당했다. 샤먼으로 추정되는 시신을 발굴해보면 흔히 식물이나 동물, 광물 등의 묶음이 부장되어 있다. 이러한 재료들은 먹거나 냄새를 맡거나 피부에 바르는 것이었다. 아마도 암송이나 노래나 춤과 함께했을 것이다. 후대의 사례를 통해 볼 때 샤먼이나 치유자가 행한 의례와 치료는 엄격한 비밀로 지켜졌고, 영성이 발달한 누군가가 다른 누군가에게 전수해줄 따름이었다. 그들은 초자연적인 세력과의 소통 방법뿐만 아니라 점차적으로 이 세상에 대한 지식도 축적해 나갔다.

인류 초기의 역사에 대해서는 언제나 논란이 많은데, 어떤 물건을 만들거나 소장한 사람이 과연 그것을 의례에 사용할 목적이었는지를 밝히는 일 또한 예외가 아니다. 예를 들어 후기 구석기 시대의 조그만 돌이나 상아, 뼛조각 혹은 진흙으로 만든 여성 인형이 유럽의 여러 지역에서 발굴되었다. 인형은 주로 가슴과 엉덩이와 배가 큰 모양을 하고 있다. 19세기 고고학자들이 이 인형에 "비너스"라는 이름을 붙였다. 여신 비너스가 고전 고대 그리스에서 미의 표준이었다면, 고고학자들은 이 인형이 구석기 시대 미의 표준이라고 생각했던 것이다. 어떤 학자들은 이들 인형과 후대 신석기 시대의 여성 인형 모두를 풍요의 여신이라고 해석하고, 사람들이 강력한 여성 신격에 대한 신앙을 가지고 있었다는 증거라고 주장했다. 또 다른 학자들은 이 인형을 임신을 위한 부적으로 보았다. 즉 임신을 기원하는 여성들이 지니고 다녔던 것

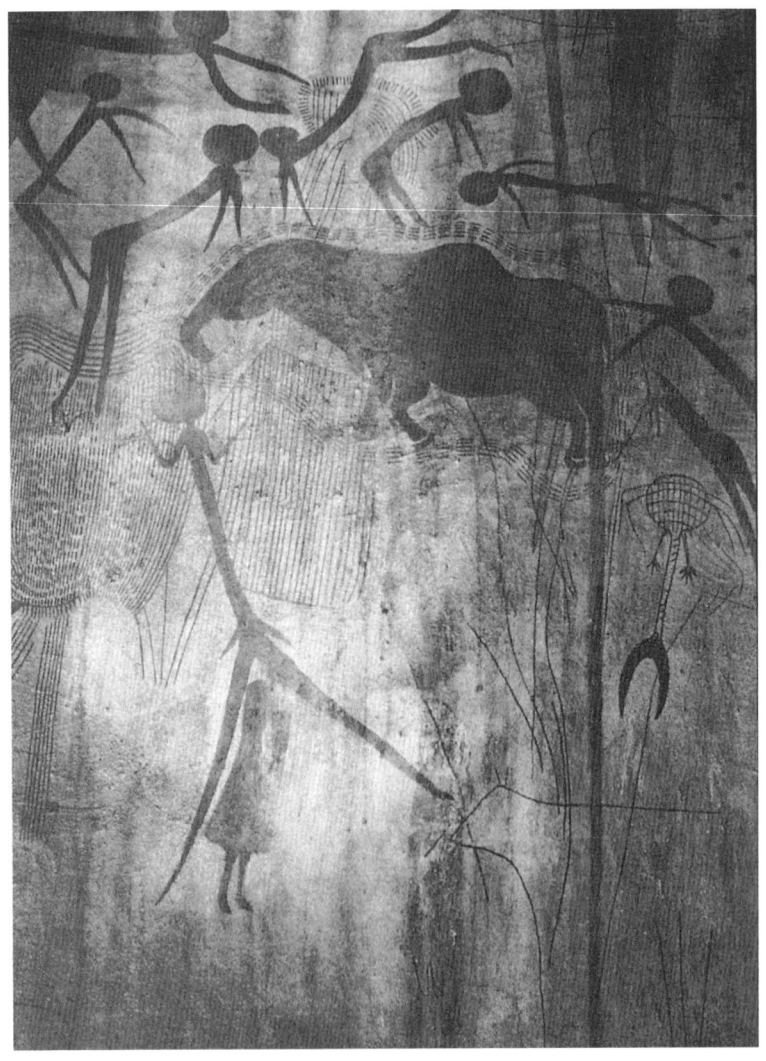

[그림 1-4] 구석기 시대의 암각화
탄자니아에서 발견된 암각화. 샤먼들이 동물 위로 재주넘기를 하는 장면. 점과 굵은 자국은 환각을 시각적으로 표현한 것 같다. 동물들 또한 실제 사냥감이라기보다는 환각 속에서 본 모습일 것이다.

으로 추정했다. 아니면 임신을 더 이상 원치 않는 여성들의 것이었을 수도 있다. 인형의 모습이 둥글둥글한 것으로 보아, 아이를 많이 낳은 중년 여성이 나이가 들어서도 건강이 유지되기를 바라는 마음에서 자신의 몸을 본떠 만든 인형일 수도 있다. 혹은 성적인 측면이 두드러진 여인의 모습으로 보아, 남자들이 가지고 다닌 것일 수도 있다. 이 경우라면 남성 잡지의 구석기 버전에 해당할 것이다. 또 다양한 의미와 의미의 시기적 변화에 주목하는 문화사적 측면에서 보자면, 인형이 각기 다른 사람들에게 각기 다른 의미를 지녔다고도 볼 수 있다. 메소아메리카와 에콰도르 해변에서 발굴된 조그만 여성 진흙 인형은 기원전 제2천년기의 유물로 추정되는데, 이와 비슷한 범위에서 해석되었다. 즉 풍요의 상징, 의례 도구, 성적인 모델, 임신 기원 부적 등이다.

　구석기 시대의 인형과 후대의 인형을 막론하고 여성 인형, 남성 인형, 성별이 불분명한 인형, 동물 인형, 동물과 사람 합성 인형 등등은 대부분 주거지 유적에서 발굴되었다. 이는 생활 공간과 의례 공간이 분리되지 않았음을 의미한다. 일상적 행위가 의례화된 것이다. 다시 말해 어떤 특별한 장치나 절차를 통해 의미를 부여해서 의례를 수행했다. 구석기 시대의 의례는 어떤 특별한 장소나 물건과 관계가 있었을 것이다. 하지만 음식이나 도구, 집을 짓는 데 쓰인 자재 등 일상생활과 관련된 물건들도 의례에 포함되었을 것이다. 그리고 집 또는 집과 크게 다르지 않은 곳에서 의례를 행했을 것이다.

　일상적 사물에 의례적 목적이 부여되었다고 해서 그 물건이 일상생활을 반영하지 않는다고 할 수는 없다. 구석기 시대 후기의 유물이나 유적에는 그리거나 새기거나 혹은 다른 방식으로 장식이 된 경우가 있는데, 이는 상상력, 이성, 자부심, 장난 등 다양한 감정의 산물이다(지루함도 감정에 포함된다). 육체 자체가 사회·문화적 가치를 지니는 캔버스였을지도 모른다. 때로 피부와 머리카락이 남아 있는 유골이나 시신에서는 피어싱, 문신, 신체 여러 부위의 제거 혹은 결합, 난절(亂截), 갈아서 뾰족하게 만든 치아, 길게 늘임, 골격의 변형 등등 다양한 신체적 변화 유형을 볼 수 있다. 예를 들어 알프스 산에서 언 채로 발견된 약 5300년 전의 남성은 귀를 뚫고 문신도 했다. (문신은 치료 때문에 했을 수도 있다. 문신의 위치가 척추, 무릎, 발목으로 대개 침을 놓는 위치와 일치한다.) 특이한 방식으로 변형된 물건이나 재능 있는 사람이 만든 물건은 아마도 오늘날로 치면 "사치품" 혹은 "예술품"에 해당할 텐데, 이러한 물건은 사회적 지위와 존엄을 나타낸다. 그래서 무덤이나 짐승들이 파헤치고 남은 흙무더기에서 이런 물건이 발견되는 것이다.

　장례, 축제, 기타 공공 행사는 특정 개인이 자신의 부를 (그리고 관대함을) 많은 사람에게 과시할 수 있는 기회였다. 또한 공동체의 지도자 입장에서는 사회적 결속과 평등을 강조할 수 있는 기회이기도 했다. 이와 유사한 사회를 조사한 민족학 연구 결과를 보면, 평등 사회가 위계 사회 혹은 자연 상태보다 "더 단순하지 않다"는 점이 강조된다. 평등 사회를 유지하기 위해서는 복잡한 사회적 규칙이 필요하고 이를 계속적으로 강화해 나가야 하는 것이다.

정착 생활과 식물 재배 및 동물 사육

인류 역사상 대부분의 시간 동안 포레이징은 기본적인 생활 방식이었다. 극단적인 환경 조건, 즉 툰드라나 사막 같은 곳에서는 포레이징이 살아남기 위한 유일한 방법이었다. 그러나 자연환경이 충분한 먹을거리를 제공하는 곳에서는 사람들이 정착하기가 좀 더 쉬웠다. 예를 들면 온화한 기후와 풍부한 강우량으로 녹색식물이 잘 자라는 곳, 바다나 강 또는 호수가 안정적으로 물고기와 조개를 공급해주는 곳 등이다. 약 1만 5000년 전, 지구의 기후는 온난기로 접어들었다. 그래서 포레이저 집단이 정착 생활 혹은 반(半)정착 생활을 할 수 있는 곳이 더 늘어났다. 당시의 유적지에서는 항아리나 상자 등 저장 용기가 많이 발굴되고, 곡물을 가는 용도의 돌, 그리고 인간과 함께 저장된 음식을 먹은 생쥐나 쥐의 척추가 흔히 발견된다. 발굴 성과들로 보건대 당시 사람들은 일정 지역에서 집중적으로 먹을거리를 구하고, 수백 가지 서로 다른 재료를 이용해서 다양한 음식을 만들어내고, 더 많은 물건을 획득하고, 더 견고하고 오래가는 집을 지었음을 알 수 있다.

흔히들 식물 재배와 동물 사육의 결과로 정착 생활이 가능해졌다고 생각했고, 학자들은 식물 재배 및 동물 사육을 기준으로 구석기와 신석기를 나누기도 했다. 그러나 많은 지역에서 이미 수천 년 전부터 의식적으로 곡물을 길러온 것으로 드러난 만큼 원인과 결과를 달리 해석할 필요가 있다. 즉 동식물이 길들여지기 전에 인간이 먼저 "길들여진" 것이다. 논란을 조정하는 방식이나 공동체의 자원을 결정하는 방식에 있어서 마을 생활이라는 사회경제적이고 사회정치적인 구조가 먼저 발달했다. 그 뒤에 마을 공동체가 먹고사는 전략을 농업으로 바꾸었을 뿐이다.

오늘날 터키 동부에 있는 할란 체미(Halan Çemi) 유적지 발굴에서 이러한 발달 사례가 드러났다. 약 1만 1000년 전 그곳에 살던 사람들은 포레이저였다. 그들은 야생 양이나 야생 염소를 잡아먹고, 야생 아몬드, 야생 피스타치오, 야생 콩과 식물들을 먹었다. 그곳에는 이러한 먹을거리가 조그만 정착 마을을 부양하기에 충분할 만큼 있었다. 거기서 사람들은 집도 지었다. 그런데 그 마을의 집들은 일반적인 포레이저 집단 주거지의 배열 방식과 다른 점이 있었다. 집 입구가 마을 광장을 등지고 있었던 것이다. 그래서 각각의 집에 사는 가족들에게 어느 정도 사생활이 보장되었다. 할란 체미의 주민들은 또한 커다란 구조물도 몇 채 지었다. 그 안에는 화로와 의자들이 있었고, 마룻바닥은 몇 번 덧칠을 한 것으로 확인되었다. 이러한 건물들 안에서는 외부에서 들여온 구리나 흑요석 조각들이 발견되었고, 입구 맞은편 벽에는 들소(aurochs)의 두개골이 걸려 있었다. 공간은 마을 사람들이 많이 들어와 행사를 치를 수 있을 만큼 넓었고, 몇 년 동안 유지될 수 있을 정도로 건물도 튼튼했다. 들소의 해골로 보아 그들이 치른 행사 중에는 어떤 의례도 있었던 모양이다. 축제의 규모는 사실 꽤 컸던 것 같다. 아마 틀림없이 다른 공동체의 주민들도 그곳 행사에 참여했을 테고, 그 손님들의 도움으로 구리나 흑요석도 유입되었을 것이다. 그러나 현재 드러난 증거만 가지고는 축제의 목적이 다른 공동체 사람들과 협력을 도모하기 위해서였는지, 아니면 서로 겨루기 위해서였는지 확실하게 말하기 어렵다. (목적이 둘 다였을 수도 있다.) 또한 그곳에서는 주민들이 만든 그릇이나 절굿공이와 함께 홈을 파서 표식을 한 조그만 돌 막대가 여러 개 발굴되었다. 그 표식은 마치 눈금처럼 생겼다. 유적을 면밀히 조사했던 마이클 로젠버그(Michael Rosenberg)의 견해에 따르면, 그 돌 막대는 아마도 수행한 일, 혹은 주어진 물건, 혹은 소유한 물건을 계산하는 데 쓰던 것 같다고 한다. 표식이 지칭하는 대상을 확정할 수는 없지만, 무언가를 공식적인 회계로 남겼다는 사실은 포레이저 사회의 규범, 즉 보다 평등하고 상호적인 규범을 벗어났음을 의미한다. 즉 터키의 그 포레이저 마을에서 친족 집단을 넘어서는 사회 분화 및 사회정치적 구조, 이를 지탱하기 위한 문화적 규범이 존재했던 흔적만큼은 분명히 확인되는 사실이다.

전 세계에서 정착민들이 의도적으로 곡물을 재배한 최초의 지역 중 하나가 터키 동부였다. 고고학자들은 이 지역을 비옥한 초승달 지대라고 부른다. 오늘날 레바논, 이스라엘, 요르단을 포함하여 북쪽으로 터키, 남쪽으로 이란-이라크 국경에 걸쳐 있는 지역이다. 할란 체미의 마을 주민들이 주택과 공공건물을 건설한 무렵이었다. 다른 마을 사람들은 땅을 파는 나무막대나 괭이 등의 도구를 사용하여 야생밀(wheat)과 야생보리(barley)를 모았다. 그 씨앗을 파종하기 위해서였다. 그 밖에 완두콩이나 렌틸콩 같은 콩과 식물도 있었고, 아마도 재배했다. 아마는 리넨 천을 만드는 재료였다. 그들이 곡물로 선택한 식물들은 공통적으로 유리한 측면이 있었다. 예를 들면 먹을 수 있는 부분, 즉 붙어 있는 알곡들이 한꺼번에 여물고 곧바로 땅에 떨어지지 않았으므로 수확하기가 쉬웠다. 이 같은 인간의 개입으로 특정 곡물이 재배되기에 이르렀고, 인간의 수요에 맞게 선택적으로 재배함으로써 일정한 변종이 생겨났다. 고고학자들은 발굴된 식물 씨앗을 비롯한 특정 부위가 언제부터 재배된 흔적을 보이는지를 살펴봄으로써 식물 재배의 개발과 확산을 추적해 나간다.

기원전 9000년경, 비옥한 초승달 지대의 여러 마을에서 곡물을 재배했다. 그리고 비슷한 과정(먼저 정착을 하고 나중에 식물을 재배하는 과정)이 다른 지역에서도 나타났다. 기원전 8000년경, 나일 강 유역에서는 수수(sorghum)와 기장(millet)을, 아프리카 서부에서는 아마도 얌(yam)을 재배한 것 같다. 기원전 7000년경, 중국 지역에서 쌀, 기장, 콩과 식물을, 파푸아뉴기니에서 얌과 타로토란(taro)을, 메소아메리카에서는 아마도 호박(squash)을 재배했다. 이들 지역에서는 식물 재배가 독자적으로 시작되었다. 세계의 나머지 지역에서도 그랬을 것이다. 동남아시아나 아마존 하류 같은 열대우림 지역에는 고고학적 증거가 잘 남아 있지 않지만, 이들 지역도 초기에 식물 재배가 이루어진 곳으로 추가될 수 있다. 처음 곡물을 재배하고 나서 수백 년 안에 비옥한 초승달 지대, 중국의 일부 지역, 나일 강 유역의 사람들은 식물 재배에 전적으로 의존하게 되었다. 농업에 의해 공동체 내에서 노동을 전담하는 인력이 늘어났고, 각 가정과 친족 집단이 점점 더 상호 의존적인 관계로 변했으며, 다른 생필품이나 용역의 대가로 먹을거리가 교역의 대상이 되었다.

포레이저 공동체에 비해 농업 마을들은 서로가 더욱 밀접한 관계

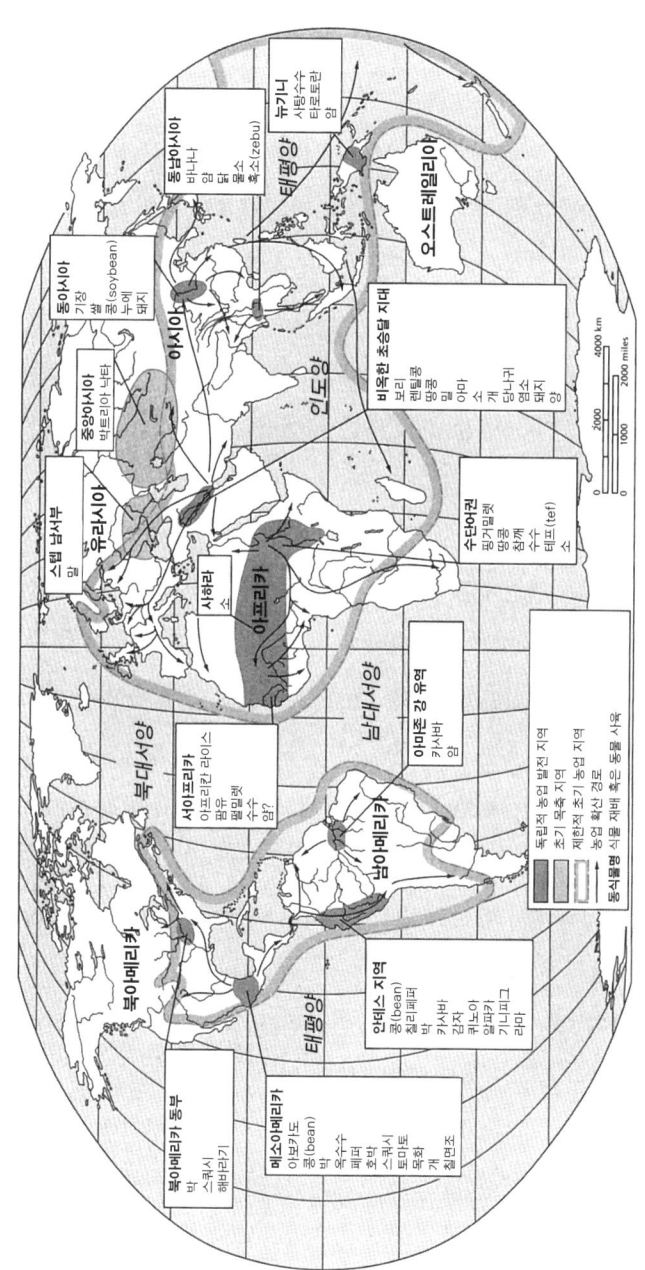

[지도 1-3] 식물 재배와 동물 사육

를 맺었다. 여러 마을 가운데 특정 노동을 담당하는 마을도 나타났다. 또한 지역 내 혹은 원거리까지도 무역 네트워크가 형성되었고, 무역에 따라 다양한 상품 생산이 성장했다. 거래 상품 중에는 흑요석이나 옥 같은 원재료도 포함되었다. 원재료를 가지고 실용적인 물건이나 의례용 혹은 장식용 물품을 만들 수 있었다. 또한 금, 은, 주석, 납 같은 금속도 거래되었다. 이러한 금속을 두드려서 구슬이나 장신구를 만들었다. 기원전 5500년경에 이르러 발칸 지역 사람들은 광석을 가열하여 용해시키면 주석을 얻을 수 있다는 사실을 알게 되었다. 용출된 주석을 틀에 부으면 장신구뿐만 아니라 창날, 도끼, 끌 등의 도구를 만들 수 있었다.

사람들은 주변 환경에 맞게 곡물을 개량했다. 더 좋은 씨앗을 선택하는 방식이었다. 그래서 더 유리한 종자로, 예컨대 가뭄에 더 잘 견디는 종자로 만들었다. 또한 새로운 종류의 곡물들도 재배했다. 남아시아 인더스 강 유역에서는 곡물뿐만 아니라 대추야자, 망고, 참깨, 면화 등을 기르고, 기원전 4000년경에는 콩과 식물도 재배했다. 아메리카 지역을 보자면, 기원전 3000년경 멕시코 남부에서 옥수수가, 남아메리카 안데스 지역에서 감자와 퀴노아가 재배되었고, 기원전 2500년경 북아메리카 동부에서는 호박과 강낭콩이 재배되었다. 이러한 식물 재배가 확산되어 기원전 1000년경에 이르면 오늘날 미국 서부 지역 대부분에 걸쳐 옥수수, 콩, 호박이 재배되었다.

여러 식물들을 재배하기 시작한 때와 거의 같은 시기에 사람들은 동물도 사육하기 시작했다. 가장 오래된 사육 동물은 개다. 개는 최소한 1만 5000년 전에 늑대 아종으로 유전자적 분리가 이루어졌다고 하는데, 아마도 그보다 더 오래되었을 것이다. 개를 길들인 방식은 뜨거운 논쟁거리다. 전적으로 인간이 길들인 것일까, 아니면 늑대가 다가온 것일까? 다시 말해 포레이저가 동물을 선택하고 먹임으로써 인간을 공격하는 대신 오히려 인간의 사냥을 돕도록 길들인 것일까, 아니면 인간을 별로 두려워하지 않은 동물이 인간에게 접근해서 먹거리를 나누어 먹다가 선택압력으로 새로운 종자가 생겨난 것일까? 어쨌든 결과적으로 개는 탄생했고, 개와 인간의 관계는 서로에게 이익이었다. 인간은 개의 뛰어난 후각과 청각 및 체온을 이용했고, 개는 새로운 먹을거리와 안전한 환경을 얻었다. 당연히 인간과 가축화된 개는 함께 이주했다. 아메리카 대륙과 연결된 육교(land bridge)도 함께 건넜고, 태평양의 섬으로 가는 배에도 함께 올랐다.

개는 포레이징 생활 양식에 잘 맞았다. 그러나 인간은 정착 생활 양식에 알맞은 동물들도 가축화하는 데 성공했다. 기원전 9000년경 인간이 처음 곡물을 재배하기 시작했을 때, 비옥한 초승달 지대 사람들은 야생 염소와 양을 가축화하기 시작했다. 아마도 처음에는 고기와 가죽을 얻으려는 목적이었겠지만, 뒤이어 우유도 얻게 되었고, 마침내 양털을 깎아 모직 천도 만들게 되었다. 관찰과 경험을 통해 유전적 특성이 대를 이어 전달된다는 사실을 터득하자 양과 염소의 특성을 선택하여 길렀다. 그래서 덩치가 더 크거나, 힘이 더 세거나, 가죽이 더 좋거나, 우유를 더 많이 생산하거나, 혹은 더 순한 종자가 선택되었다. 때로는 개를 길들여서 목축을 돕도록 했고, 이 임무에 더 유능한 개를 선택하여 길렀다. 《창세기》는 기원전 제1천년기 어느 즈음에 비옥한 초승달 지대에서 쓰인 책인데, 옛날에 선택적으로 동물을 기른 사례가 등장한다. 야곱은 외삼촌과 거래를 했는데, 품삯으로 염소와 양 중에서 점박이만 자신의 몫으로 받기로 했다. 야곱은 비밀리에 점박이의 수를 늘려갔다. 그 방법은 "튼튼한 양이 새끼 밸 때마다 눈앞에 얼룩무늬 나뭇가지를 두어 양이 그 가지 곁에서 새끼를 배게" 하는 것이었다(《창세기》 30장 41절). 이 방법은 여성 혹은 동물이 임신 기간에 목격한 바가 출산할 새끼에게 영향을 준다는, 아주 오랫동안 믿어온 관념에 근거한 것이었다. 현대 과학은 결코 이러한 관념을 인정하지 않지만, 성서에는 그 방법이 성공적이었다고 기록되어 있다. 그래서 야곱은 "매우 번창하여 수많은 가축 떼를" 소유했다. 사람들은 다른 동물들도 가축화했다. 돼지, 기니피그, 다양한 종류의 가금류 등이었다. 특히 가금류를 키우면 고기뿐만 아니라 알도 얻을 수 있었다.

 신석기 마을에는 곡물을 저장하는 공간뿐만 아니라 가축화된 동물들을 위한 공간이 점점 더 늘어났다. 기온이 따뜻할 때는 울타리를 만들었고, 추울 때는 동물을 위한 건물을 짓거나 사람들이 사는 집 안에서 동물을 길렀다. 사람들은 동물의 분뇨가 곡물 생산량을 늘려준다는 사실을 깨달았다. 그래서 동물 우리에서 분뇨를 모아 거름으로 사용했다. 동물이나 동물 분뇨를 자주 접하면서 다양한 병원균에 노출되는 경우도 많아졌다. 그중에는 평범한 감기 같은 가벼운 병도 있었지만 인플루엔자나 선(腺)페스트, 천연두 같은 치명적인 질병도 있었다. 이는 특히 사람과 동물이 매우 가까운 거리에서 생활하는 경우에 많이 발생했다. 동물들이 밀집해 있는 곳에서 병이 더 빨리 전염되었기 때문이다. 그래서 농부는 포레이저는 걸리지 않는 질병에 걸렸고, 질병은 풍토병이 되었다. 다시 말하면 환자가 없더라도 어떤 특정 지역에 만연한 질병이 된 것이다. 나중에는 동물과 함께 생활한 사람들에게 이런 질병에 대한 내성이 생겼고, 포레이저에게는 많은 질병에 대한 내성이 결핍되었다. 그래서 포레이저는 새로운 풍토병과 접촉하게 되면 바로 사망에 이른다. 유럽인이 16세기에 천연두를 비롯한 여러 질병을 아메리카 대륙에 전염시켰을 때 바로 이런 일이 일어났다(제4장에서 상세하게 논의할 것이다).

시간이 지나면서 가축화된 동물 개체 수는 같은 종의 야생 동물 개체 수를 훨씬 능가하게 되었다. 예를 들어 (알래스카를 포함해서) 오늘날 미국에는 약 7700만 마리의 개가 있는데, 늑대는 6000마리에 불과하다. UN의 통계에 의하면 세계적으로 소가 20억 마리 이상, 닭도 200억 마리 이상이 있는데, 이는 거대한 환경 문제를 일으키고 있다. 가축화된 동물은 인간의 진화에 기여하기도 했다. 평소 식생활에서 우유나 유제품을 많이 먹는 사람들은 성인이 되어서도 우유 소화 능력이 있다. 그러나 그렇지 않은 사람들은 성인이 되면 락토오스(lactose) 분해 능력이 떨어져 우유를 소화하지 못한다. 대부분의 포유동물도 모두 마찬가지다.

인구·사회·문화적 요소들이 함께 작동하여 식물 채집에서 농업으로, 사냥이나 덫을 놓아 야생 동물을 포획하다가 가축을 기르는 방식으로 넘어가게 되었다. 비록 온난한 기후 덕분에 충분한 식량 채집이 가능해졌고, 이로써 정주민 마을이 발달했다 하더라도, 인구통계학적 측면에서 보자면 인구수는 서서히 가용한 식량의 범위를 넘어서게 되었다. 인구 증가는 영아 사망률이 낮아지고 수명이 길어진 결과이며, 아마도 출산율 증가 때문이기도 할 것이다. 자연에서 획득한 양식 중에는 곡물이나 가루로 만들어 먹을 수 있는 식재료가 있었다. 이런 것들로 죽을 쑤면 어린아이들도 충분히 섭취할 수 있는 부드러운 음식을 만들 수 있었다. 죽을 요리했다는 고고학적 증거는 광범위하게 발견되는데, 죽 덕분에 여성들은 어린아이들을 돌보는 일을 줄이고 다른 일에 에너지를 쏟을 수 있었다. 예컨대 캘리포니아에서 발굴된 기원전 2500년경의 유골을 보면 시간이 지날수록 (반드시 삶거나 구워서 가루로 만들어야만 먹을 수 있는) 도토리에 더 많이 의존했음을 알 수 있다. 그에 따라 여인들의 노동 시간도 증가했고, 아이들이 젖을 떼는 시간도 더 빨라졌다. 이렇게 함으로써 여인들은 젖을 먹이는 동안의 자연 피임 기간도 짧아졌고, 아이들의 터울이 더 작아졌다. 포레이저는 식량이 부족하면 다른 지역으로 이동했지만, 이제 사람들은 새로운 지역으로 이동하는 대신 스스로 건설한 정주민 마을에 머무르거나 물리적 혹은 사회구조적으로 마을에서 가까운 곳에 머무르고자 했다. 그래서 그들은 인구 증가에 따라 더 많이 필요해진 식량을 확보하는 새로운 방법으로 식물 재배 및 동물 사육을 고안해낸 것이다. 이렇게 해서 인구가 증가하고 토지를 더욱 집중적으로 이용하는 사이클이 시작되었는데, 이는 오늘날까지도 계속되고 있다.

이 같은 인구 및 사회적 측면에 문화적 요소도 추가되었다. 오늘날 터키의 할란 체미에서 멀지 않은 괴베클리 테페(Göbekli Tepe) 유적에서 그러한 사례를 볼 수 있다. 이곳에서는 기원전 9000년경에 공들여 조각한 거대한 석회암 기둥들이 여러 개의 원형을 이루며 조성되었고, 나중에 그것이 흙에 덮이자 또다시 기둥이 만들어졌다. 이 유적을 건설한 사람들은 조금 떨어진 곳에서 거주했는데, 거주지를 발굴한 결과 처음 기둥을 조성할 당시 사람들은 곡물이 아닌 사냥감과 식물을 먹은 것으로 나타났다. 이 같은 기둥들이 일단 조성되어 자리를 잡게 되자 상징적, 문화적, 혹은 아마도 종교적 중요성이 부여되었고, 사람들은 인근에서 살아가는 생활 방식에 적응하는 길을 선택했다. 이 지역의 다른 유적들을 조사해본 결과 일부 인구는 수렵·채집을 통해 충분한 식량을 확보하지 못했던 것으로 나타났다. 따라서 새로운 생활 양식은 음식을 구하는 문제가 아니라 문화적 선택에 따른 결과였던 것이다.

집단에서 누가 처음으로 곡물을 재배하기 시작했는지를 알려주는 고고학적 흔적은 어디에도 남아 있지 않다. 그러나 포레이저 그룹에서는 대개 여성이 식물 자원을 채집하고 재처리하는 일을 담당했으므로, 땅에 씨앗을 처음 심은 것도 여성이었으리라고 추정할 수 있다. 세계의 수많은 지역에서 1000여 년 동안 괭이나 막대기를 이용해 곡물을 심어왔고, 남성이 동물을 사냥하고 나중에는 사육하는 일을 담당한 반면 식물 재배는 주로 여성의 일로 남아 있었다. 북아메리카와 아프리카의 대부분도 이런 지역에 포함되는데, 여기서는 여성이 심은 곡물을 관리할 권한이 여성 자신에게 있으며 여성이 집단 구성원들에게 이를 분배하거나 선물로 나누어주기도 한다.

[그림 1-5] 괴베클리 테페의 기둥
포식자가 돼지를 노려보는 장면이 새겨진 거대한 석회석 기둥. 원래는 이런 기둥들이 원형으로 배열되어 있었는데, 기원전 9000년경 땅에 묻혔다. 먹잇감보다 사자나 뱀, 전갈 등 위험한 동물들이 주로 조각되었다. 구조로 보아 기둥을 세우는 데 고도의 기술과 노동이 필요했을 것이다.

곡물을 심고 잡초를 제거한 들에서는 (칼로리를 기준으로 계산했을 때) 자연 상태에서보다 10~100배 더 많은 양식을 얻을 수 있다. 초기 곡물 농사를 지은 농부에게 수익은 너무나 분명했다. 그러나 그것은 더 많은 노동을 필요로 했다. 공동체 내에서 대부분 사람들이 노동에 참여했으며, 더 오래 일하는 사람들도 생겨났다. 포레이저가 양식을 구하기 위해 일주일에 20시간 정도 일한 반면, 농부는 새벽부터 저녁까지 들판에서 일을 했다. 특히 파종기나 수확기에 일이 많았지만, 항상 잡초를 제거해야 했기 때문에 언제나 일이 많았다. 신석기 시대 농부는 포레이저보다 더 건강하지 못했다. 곡물 재배로 더 안정적인 양식 수급이 가능했지만, 식재료가 한정되면서 질병에 더 쉽게 감염되고 영양 부족으로 빈혈 같은 병을 얻었다.

농사를 짓는 공동체 주변에 살던 포레이저는 농사의 부정적 면모를 깨달았고, 이 새로운 생활 양식을 매우 서서히 받아들였다. 일부 지역에서는 이주를 통해 농업이 전파되었다. 골화학(bone chemistry) 연구 결과에 의하면, 때로는 농업 마을 전체가 다른 지역으로 옮겨 가서 새로운 마을을 이루고 땅을 개간하여 식물을 심었고, 때로는 남자들만 이동해서 포레이징 그룹의 여성들과 결혼을 했다. 이러한 이주에는 폭력이 수반될 수도 있었다. 남아 있는 무덤으로 보건대 세계 일부 지역에서 포레이징과 초기 농업 사이의 긴장이 고조된 시기에 폭력으로 사망한 인구가 증가했고, 무기와 무장 도구가 확산되었다. 농업 공동체의 인구가 포레이저 공동체보다 훨씬 빨리 증가했으므로 균형은 곧 깨져버렸다. 기원전 6500년경 농업은 비옥한 초승달 지대의 북쪽으로 확산되어 그리스까지 전파되었고, 기원전 4000년경에 이르면 더 북쪽으로 올라가 유럽 전역과 영국에까지 퍼져 나갔다. 다른 지역에서도 곡물 생산이 처음 시작된 곳으로부터 농업이 확산되어 아시아, 아프리카, 아메리카에서 점점 더 넓은 지역에 농업 마을이 조성되었다.

곡물을 생산하는 곳이면 세계 어디서나 정주민 마을이 형성되었다. 그러나 모든 곳에서 다 그러했던 것은 아니다. 아마존, 파푸아뉴기니, 북아메리카의 여러 지역을 비롯해 세계의 일부 지역에서 곡물 생산은 수렵·채집과 결합되어 있었다. 특히 숲이 우거진 지역에서 사람들은 풀과 나무를 잘라내고 불태움으로써 소규모 농토를 일구고(이를 전문 용어로는 슬래쉬앤번slash-and-burn, 즉 화전이라 한다), 토양의 영양분이 다할 때까지 매년 연속적으로 곡물을 심었다. 지력이 다 소모된 뒤에는 다른 지역으로 옮겨서 같은 방식을 반복했는데, 아마도 몇 년 뒤 지력이 되살아날 때를 기다려서 처음 개간한 곳으로 돌아왔을 것이다. 이동식 개간 농법은 상대적으로 소규모였고, 양식의 상당 부분을 주변 숲이나 정글에 의존하는 방식으로 20세기까지도 지속되었다.

동물 사육 또한 모든 지역에서 정주민 마을을 형성한 것은 아니다. 건조 지역에서는 양과 염소 떼를 몰고 계절에 따라 먼 거리를 이동해야 충분한 양식을 확보할 수 있었고, 이로써 목축을 기반으로 하는 새로운 생활 양식이 만들어졌는데, 바로 유목이다. 일부 목축업자는 유목민이 되었다. 그들은 주로 가축에 의존하여 양식을 해결했지만, 야생 식물을 먹거리로 이용하기도 했다. 산이나 사막, 건조한 초원, 툰드라 등 토양과 기후가 곡물 생산에 적합하지 않은 곳에서는 목축이 더 유리했다. 마침내 중앙아시아와 서아시아 지역, 아프리카의 여러 지역, 유럽 북극 지역에서는 소, 야크, 순록을 포함한 초식 동물에 의존하는 목축 경제가 기본 생활 양식으로 자리 잡았다.

경운(耕耘) 농업과 음식물 생산 과정

경운 농업과 목축은 인간의 생활 방식에 큰 변화를 초래했다. 특히 대형 동물의 사육은 훨씬 더 큰 영향을 미쳤다. 아시아 일부 지역 및 북아프리카 지역에서 동물 사육은 자연발생적으로 시작되었다. 소와 물소 사육은 기원전 7000년경부터, 말과 당나귀와 낙타 사육은 기원전 4000년경부터 시작된 것으로 추정된다. 고기를 먹기 위해 소와 물소를 사육했지만, 피도 얻을 수 있었다. 피를 뽑아서 그대로 마시거나 음식에 넣어서 먹었을 것이다. 더욱 중요한 점은, 이 모든 동물이 등에 사람이나 짐을 싣고 이동하거나 뒤에 짐을 붙들어 매고 앞에서 끌도록 길들여졌다는 사실이다. 이 같은 두 가지 특성을 만족시킬 수 있는 동물은 동물계에서 그리 흔하지 않다. 세계의 많은 지역, 북아메리카와 남아메리카 대부분 지역 및 사하라 이남 아프리카 지역은 대형 동물이 자연적으로 길들여질 수 없는 환경이었다. 남아메리카 산악 지역에서는 라마와 알파카를 길들여서 짐을 실었으나, 가파른 지형 때문에 짐을 끌기는 어려웠다. 또한 사람이 타기에는 덩치가 너무 작았다. 대형 동물 사육은 인간이 물건을 옮기는 능력을 크게 향상시켰다. 이는 당시 사회에서도 직접적 효과가 있었지만, 장기적으로도 영향을 미쳤다. 그러니까 이들이 먼 훗날 아메리카 대륙처럼 대형 동물 사육 기술 없이 오직 인력만 사용하는 사회로 진출했을 때, 그 기술 덕분에 유라시아 사람들은 훨씬 더 유리한 위치에 있었다. 생물학자이자 환경과학자인 재레드 다이아몬드(Jared Diamond)가 주장했듯이, 대형 동물 사육이 실제로 유라시아 사회에 큰 장점을 안겨주었고, 그 결과로 근대 세계에서 부와 세력의 불평등이 초래되었다. 이는 옛날의 재능이 매우 오랜 기간에 걸쳐 만들어낸 결과다.

　식량 생산의 측면에서 동물들이 앞에서 끄는 힘은 무엇보다도 중요한 문제였다. 기원전 제7천년기 사람들은 나무로 틀을 만들어 동물에 묶어 끌게 함으로써 땅을 파헤치고 씨앗이 훨씬 더 잘 자라도록 했다. 땅을 긁는 이 간단한 쟁기는 처음에는 소나 물소가, 나중에는 말이나 노새도 끌었다. (나귀와 낙타는 주로 등짐을 운반하는 동물로 활용되었지만, 가끔 쟁기를 끌기도 했다.) 이후 1000여 년이 지나 쟁기 날(땅을 뒤집어 속흙이 위로 올라오도록 만드는 쟁기 부착 도구)이 더해졌다. 덕분에 땅을 가는 시간이 단축되었고, 한 사람이 더 많은 땅을 일굴 수 있었다.

쟁기를 이용함으로써 사람들은 먹고 충분히 남을 만큼 상당히 많은 양의 식량을 생산하게 되었다. 나중에는 특정 곡물이 광대한 지역에서 재배되었다. 그래서 일부 과학자들은 식물 재배 과정을 개 사육 과정과 마찬가지로 상호 의존적인 과정이었다고 보기도 한다. 즉 인간이 곡물을 재배했지만 곡물 또한 사람을 "길들여서" 특정 곡물이 세상에 널리 퍼질 수 있게 오랜 시간 노동을 하도록 만들었다는 것이다. 밀, 쌀, 옥수수는 이렇게 재배된 곡물 중에서 가장 성공적인 작물이었다. 미국 농무부의 통계에 따르면, 밀은 오늘날 전 세계 200만 제곱킬로미터 이상의 면적에서 재배되고, 인간이 섭취하는 음식 중 5분의 1을 차지한다. 쌀의 재배 면적은 150만 제곱킬로미터 이상이다. 또한 150만 제곱킬로미터 이상의 면적에서 옥수수가 재배되고 있는데, 미국 슈퍼마켓에서 판매되는 5만여 종의 식료품 가운데 4분의 1에 옥수수가 포함된다. 이는 닭, 돼지, 소 등의 사료로 소비되는 옥수수는 포함하지 않은 수치인데, 그 고기들 또한 슈퍼마켓에서 판매되고 있다.

저장이나 요리 기술도 음식 생산과 더불어 발전했는데, 이용하는 식재료에 따라 기술이 달랐다. 세계 여러 지역에서 사람들은 바구니

짜는 기술을 개발했다. 해변이나 강변에서 자라는 골풀, 갈대 등이 바구니 재료였다. 바구니는 저장 용기로 (또는 물고기나 수생 동물을 잡는 도구로도) 사용되었지만, 단단하게 짠 것은 국물 음식용 조리 도구로도 쓸 수 있었다. 뜨거운 돌을 달구어 바구니 안에 넣는 방식이었다. 가마(窯)는 여러 지역에서 독립적으로 개발되었다. 진흙으로 토기를 만들고 표면에 유약을 칠해서 높은 온도로 구우면, 토기에 물을 부어도 새지 않는다. 이런 토기는 무언가를 오래 보관하는 데 쓰이거나 조리 도구로도 사용되었다. 기원전 제5천년기 즈음의 어느 시점에 메소포타미아에서 돌림판(potter's wheel)이 발명되었다. 이 기술을 이용하면 훨씬 질이 좋은 토기를 만들 수 있었다. 이 기술은 다른 지역으로 확산되기도 했지만 독자적으로 개발한 곳도 있었다. 토기에 식재료를 담아 요리를 하게 되면서 여러 식재료가 새로운 방식으로 조합되었다. 이 과정에서 식습관의 현격한 차이가 발생했다. 평범하지 않거나 귀한 식재료를 구할 수 있는 능력이 가족 집단마다 달랐으므로 집단에 따라 식습관의 차이가 생겨났고, 동일 집단 내에서도 차이가 발생했다. 축제 음식 준비는 이전보다 더 복잡해졌고, 음식을 소비하는 데 의례와 규칙이 더해졌다.

토기는 발효 음식과 발효 음료의 준비, 저장, 운반에도 사용되었다. 발효는 자연적 과정이지만, 요리와 마찬가지로 음식의 영양분을 더 높이고 소화도 더 잘 되게 해준다. 그 과정에서 음식이 썩게 되지만, 부패를 막고 수용성 병원균을 죽이기 때문에 음식 보관에도 도움이 된다. 유목민은 특별한 발효 음식을 개발했다. 동물 새끼의 위로 만든 주머니에 우유를 넣어두면 우유가 응고하여 먹기 좋고 운반하기 쉬우며 오래 보관할 수 있는 제품, 즉 치즈가 만들어진다는 사실을 알게 된 것이다. 그래서 가죽으로 가방과 보관 용기를 만들어서 인공적으로 치즈를 생산했다. 인간이 언제부터 발효 과정을 통제할 수 있었는지는 분명하지 않다. 진화생물학자들이 술을 만드는 데 사용되는 (공기 중에 포함되어 있는 수많은 이스트 가운데 하나인) 사카로미세스 세레비시아(Saccharomyces cerevisiae)의 DNA를 조사해보았더니, 약 1만 년 전부터 인공적인 선택의 징후가 나타났다고 한다. 이는 아마 밀을 재배하기도 전이었을 것이다. 그러나 본격적으로 와인과 맥주가 만들어진 때는 농사가 시작되는 시기와 겹친다. 물론 그 이전에도 벌꿀술(mead)이나 소량의 와인 혹은 맥주를 만들어 먹기는 했다.

    술은 곡물 재배 전파를 촉진한 이유 중 하나로 보아야 할 것이다. 인간은 에너지 물질을 만들 수 있는 원재료를 안정적으로 확보하고자 했다. 그러한 에너지 물질은 또한 주요 진통제가 되기도 했다. 남아메리카에서 발굴된 인골을 분석해보면 이런 주장의 근거를 발견할 수 있다. 기원전 6000년경 그곳에 거주한 사람들은 옥수수를 처음 재배했을 때 옥수수로 술을 만들어 먹었다(quicha의 일종이었을 가능성이 높다. quicha란 곡물을 씹어서 항아리에 담은 뒤 침을 뱉어두는 방식인데, 이렇게 하면 발효가 시작된다). 그리고 시간이 더 지난 뒤에야 옥수수를 음식으로 먹었다. 우유가 인간의 진화에 영향을 미친 것처럼, 발효 음료 또한 인간의 진화에 영향을 미쳤다. 사실 알코올은 독이지만, 많은 사람들이 알코올 분해 능력을 타고난다. 술은 집단 행사의 일부분이 되었으며, 술 소비는 대개 의례를 동반했다. 맥주나 와인은 신에게 바치는 공물에 속했다. 샤먼이나 성직자나 기도하는 사람은 눈에 보이지 않는 세계에 접근하기 위한 수단으로, 혹은 신을 섬기기 위한 방편으로 술을 마셨다.

유목민과 농민 역시 끊임없이 도구와 방법을 개발한 포레이저와 다르지 않았다. 이들은 토기를 만들기 위해 개발한 돌림판을 수레와 동물이 끄는 쟁기에 응용했다. 바퀴가 달린 수레로 인해 도로가 건설되었고, 바퀴와 도로 덕분에 정착을 위해서든 교역이나 정복을 위해서든 사람과 상품의 원거리 이동이 더 쉬워졌다.

사회적 위계와 성별적 위계

세계 여러 지역의 포레이저 집단에서 사회적 차별의 징후가 드러났다. 이러한 징후는 유물과 장례 유적에 남겨져 있다. 일부 지역에서는 "빅맨(Big Man)"에 의한 권력 집중으로 군장 사회(chiefdom society)가 출현했다. 군장 사회에서 사회적 차별은 더욱 강화되었다. 이러한 권력 집중화 과정은 농업 사회에서 더욱 빈번히 일어났다.

누군가의 무덤에는 보석이나 조개껍데기, 생활 도구, 천으로 만든 장신구, 무기 등 상당히 많은 양의 유물이 부장되어 있는가 하면, 또 다른 누군가의 무덤에는 이런 유물이 거의 없다. 성별에 따른 차별도 분명히 존재했다. 이 또한 무덤을 비롯한 여러 증거들로 확인이 된다. 남자들은 집 울타리를 넘어선 바깥 세계와 연관되는 경우가 많고, 여자들은 집안의 영역과 연관되는 경우가 많다. 이러한 사회적 및 성별적 위계의 정도는 다양하고 시대에 따라 달라졌으며, 평등한 풍습과 혼재되어 있기도 하지만, 농업 사회에서 이러한 차별이 없는 경우는 없었다. 차별의 원인이 어떻게 변해왔는지를 모두 추적하기는 어렵다. 문헌 자료에서도 분명한 해답을 찾을 수 없는데, 왜냐하면 문자가 개발되었을 때는 이미 사회적 및 성별적 차별이 확고히 자리 잡은 뒤였기 때문이다.

차별의 원인은 아마도 단순하지 않고 여러 가지 이유가 서로 얽혀 있었을 가능성이 많다. 우열과 권력이 형성되는 경로 자체가 여러 가지였기 때문이다. 포레이징 그룹에서 이미 신 또는 영혼의 세계와 연결된다고 해서 상대적으로 더 많은 권위를 차지한 사람들이 있었다. 이들의 지위는 친족 그룹 혹은 부족 단위의 수장이었다. 아니면 다른 개인적 특성 때문에 그리 된 사람들도 있었다. 시간이 지나면서 관리하는 자원이 늘어났고, 이에 따라 권력 구조는 점점 더 뚜렷해졌다. 성직자와 샤먼은 꽤 신중한 의례를 발전시키며 전업 종교 전문가로 활동했다. 그들은 신에게 청원을 대신 해주는 대가로 생계에 필요한 모든 것을 얻을 수 있었다. 여러 공동체에서 종교 전문가들이 최초로 행동 규칙을 제정하는 역할을 했다. 이는 구두로나 문자로 후대에 전해지면서 법이 되었다. 대개는 법이 신의 뜻에 따라 정해졌다고 했다. 법을 어기면 신의 처벌이 뒤따르리라고 위협했고, 신의 대리인인 성직자에게 복종하라고 요구했다. 그 결과 성직자들은 특권층 엘리트 그룹을 형성했다.

대규모 가족 집단이나 친족 집단의 수장을 맡은 사람, 혹은 탁월한 리더십을 가진 사람은 나머지 다른 사람들의 노동력을 통제했다. 공동체의 자원을 어떻게 사용할지 결정하는 사람은 "빅맨"이었다. 장기 보존 자원이 늘어남에 따라 빅맨의 역할은 더욱 뚜렷해졌다. (쟁기, 양, 소, 창고, 토기, 수레 등의) 물적 자원을 더 많이 가진 자가 더 많은 자원을 확보할 수 있었고, 자원을 가진 자와 못 가진 자의 격차가 더욱 커졌다. 또한 자산 축적으로 가족 구성원 사이에 상속이 가능해지자, 세대를 거칠수록 부의 격차는 더욱 커졌다.

인력과 축력은 생산뿐만 아니라 파괴에도 활용될 수 있었다. 전쟁은 사회·정치적 위계를 더욱 강화했다. 전쟁을 통해 어떤 공동체가 다른 공동체를 정복했고, 전쟁 위협 때문에 공동체 내부의 사람들이 지도층의 권위를 받아들였다. 지도층 덕분에 다른 공동체에게 정복당하지 않는다고 믿었기 때문이다. 전쟁에서 무장 수준이 높아진 것은 농업 사회 확산의 원인이자 결과이기도 했다. 왜냐하면 인구수를 늘리는 것이 (그래서 병사의 수를 늘리는 것이) 기본 전략이었고, 인구가 많은 농업 공동체가 이웃한 포레이저 그룹을 정복했기 때문이다.

권력과 부가 커지면서 사치품도 늘어났다. 예를 들면 금이나 구리 장신구, 귀금속, 옥 세공품, 깃털 공예품 등이었다. 이러한 사치품은 소유자가 살았을 때나 죽었을 때를 막론하고 다른 사람들과의 차이를 강조하려는 것이었다. 따라서 사치품은 우월적 지위를 반영하는 것이지만, 동시에 그 지위를 강화하는 역할도 했다. 일정한 지역 내에서 사치품을 선물로 주거나 서로 교환하는 일은 곧 지지자를 확보하는 과정이었고, 이를 통해 서로가 의무 관계로 묶이는 네트워크가 만들어졌다.

선물을 주고받을 때는 서로 평등한 체했고, 심지어 가족적 호칭을 사용하기도 했지만, 실제로는 전혀 다른 방식의 평등이었다.

재산이 있으면 직접 노동을 시킬 수도 있었다. 개인이나 가족은 다른 사람의 노동력을 구입하거나, 힘으로 원하는 일을 시키거나, 협박이나 폭력을 행사해서 다른 사람을 고용하기도 했다. 마침내 사람을 완전히 사버리는 단계까지 나아갔다. 노예는 일반적인 사회 계층 가운데 하나로서, 문자 기록이 탄생하기 이전에 제도적으로 확립되었다. 대부분은 농업 사회에서 일어났던 현상이다. 가축과 마찬가지로 노예도 주인의 물리적 자원 중 하나로서, 주인이 더욱 큰 부와 영향력을 차지할 기회를 제공했다. 동물과 인간의 노동력을 활용하는 능력은 화석 연료 기술이 발달하기 전까지 오랫동안 사회의 엘리트층과 일반인을 구별하는 가장 뚜렷한 지표였다. 흔히 토지 소유가 엘리트층과 일반인을 구분하는 지표였다고 하지만, 주인을 위해 일할 사람들이 없다면 땅은 아무 소용이 없을 것이다.

농업이 발달하면서 부와 권력의 위계질서가 생겨났듯이 성차별의 위계질서도 생겨났다. 남아 있는 문자 기록을 검토해보면, 어느 사회에서나 남성이 여성보다 더 많은 권력과 재산을 가졌고, 또한 일부 남성들이 다른 많은 남성들을 지배했던 기록이 나타난다. 이와 같은 가부장적 젠더 시스템은 문자 개발 이전에 형성된 것이다. 그러므로 그 기원을 찾으려면 문헌 기록 이외에 다양한 자료를 참조해야 한다. 일부 학자들은 성별 불평등의 기원을 사람과 동물 전체에서 찾기도 한다. 수컷 침팬지는 동맹을 결성하여 다른 수컷보다 우월한 지위를 차

[그림 1-6] 고대 이집트의 농경 모형
진흙과 나무로 만든 이 모형은 이집트 중왕국(기원전 2000~1700) 시대에 만들어진 것이다. 소 두 마리가 끄는 쟁기를 남성이 잡고 있다. 이집트의 쟁기 그림에서는 언제나 남성이 이 일을 담당하고 있다. 한편 여성은 씨를 뿌리는 모습이 가끔 보인다.

지하고, 서로 협력하여 암컷을 공격하기도 한다. 고인류에게서도 이 같은 현상이 일어났을 것이다. 또 다른 학자들은 성별 불평등의 기원을 구석기 시대로 보기도 한다. 친족 그룹 내에서 남성의 우월적인 지위 때문에 성별에 따른 불평등이 시작되었다고 보는 것이다.

쟁기에 의한 농업의 발달과 그 결과물은 음식과 여러 재화를 확보하는 능력을 증대시켰고, 이로써 가부장적 위계질서는 더욱 강화되었다. 괭이로 하는 농사가 주로 여자들의 일이었다면, 쟁기 농사는 남자들의 일이 되었다. 남자들이 육체적으로 더 힘이 셌기 때문일 것이다. 아니면 괭이나 나무 막대기로 땅을 파는 농사에 비해 쟁기로 하는 농사는 아이를 돌보며 하기가 어려웠기 때문일 수도 있다. 메소포타미아의 원통형 인장에서는 예외 없이 남자와 함께 소와 쟁기가 보인다. 소를 키운 이유는 고기를 얻기보다 수레와 쟁기를 끌기 위한 목적이 더 컸다. 양을 기른 목적 또한 고기나 가죽보다는 털을 얻기 위함이었다. 실을 잣고 천을 짜는 것은 대개 여자들이 하는 일로 여겨졌다. 천을 짜는 일에 대한 가장 오래된 이집트 상형문자는 여인이 앉아서 베틀의 북을 움직이는 모습을 형상화한 것이다. 고대 중국에서 유교의 미덕은 "남자는 밭을 갈고 여자는 베를 짠다(男耕女織)"는 것이었다. 실 잣고 베 짜는 일은 주로 실내에서 이루어졌고, 쟁기보다 작고 저렴한 도구로 하는 일이었다. 또한 접었다 폈다 하기도 어렵지 않았기 때문에 다른 일과 병행할 수 있었다. 이런 점들은 별것 아닌 것처럼 보일지 몰라도, 남자들이 쟁기 등의 농사일을 책임지다 보니 여자들보다 밖에서 일할 기회가 더 많았고, 그래서 리더십을 형성할 기회도 더 많았던 것이다. 고대 문헌 자료와 최근 인류학적 연구 결과에 근거해 보면, 마을의 권력 구조는 언제나 성별 및 나이와 관련이 있었다. 세계 대부분 지역에서 집안의 가장이나 가문의 수장으로서 가장 많은 권력을 가진 사람은 나이 든 남성이었다. 일부 집단에서는 사회 최고위층 남자들이 다른 사람들보다 더 많은 재산을 가졌고, 이를 이용하여 더 많은 아내를 얻었다. 이렇게 하면 아이를 더 많이 낳을 수 있고, 사회적 지위를 과시할 수도 있다. 이 경우 아내는 "귀중품"에 해당한다.

전쟁과 조직적 폭력도 남성에게 권력을 부여했다. 노예가 그랬듯이, 문자가 발명되기 전부터 이미 무기를 들고 전쟁을 했다. 전쟁은 그 초기부터 성별의 차이가 매우 뚜렷했다. 개인 차원이든 집단 차원이든, 남성성을 궁극적으로 확인하는 것이 전쟁이었다. 자신을 방어할 수 없는 남자는 특히 아내와 아이 등 다른 사람들을 지킬 수 없다는 것이 그 이유였다. 그림이나 전설 속에서 승자는 씩씩하고 남자다운 인물로 그려졌고, 나중에는 글로도 기록되었다. 한편 패자는 남자답지 못하고 여성적이며 연약하게 표현되었다. 정복 전쟁에서 패하면 패한 쪽의 여성뿐만 아니라 남성도 실제로나 상징적으로 강간을 당했다. 전쟁은 때로 성별 구조에 변화를 초래했다. 전통적 행동 규범이 깨지고 여성이 전리품이 되기도 했지만, 또한 평상시 같으면 남성이 할 일을 여성이 담당하기도 했다. 전쟁을 모두에게 굉장한 희생과 용맹이 요구되는 특별한 상황으로 보았기 때문이다. 그러나 전쟁으로 성별적 역할이 영구히 바뀐 것은 아니었다.

다른 사회적 위계와 마찬가지로 성별적 위계, 남녀 고유의 역할에 대한 생각도 생존 전략에서 비롯되었겠지만, 동시에 생존 전략을 만들어 나간 측면도 있다. 괭이를 이용하는 농사는 쟁기를 이용하는 농사 못지않게, 어쩌면 더 많은 육체노동을 필요로 한다. 따라서 남성이 대형 동물이나 쟁기와 연결된 것은 신체 조건보다 문화적 문제이다. 그림이나 전설 속에서 남자가 쟁기를 끌고 여자가 천을 짜는 장면은 처음부터 관습을 표현한 것이지 현실에 따른 것이 아니었다. 이러한 장면에는 사람들에게 해야 할 일을 가르치려는 의도가 숨어 있었다. 남성이 귀중품을 주고 여성의 임신 능력을 사 온 것을 보면 여성(적어도 일부 여성)이 재산으로 간주된 것 같고, 아마도 토지나 노예가 재산으로 간주되기 이전부터 그랬을 것이다.

최초의 사유재산이 과연 여자였는가 하는 문제를 두로 19세기부터 논쟁이 이어져왔다. 그러나 세대 간 유산 상속 시스템에서 남성이 선호되었다는 사실에 대해서는 이견이 없다. 이는 특히 토지 및 공동 소유 토지를 경작할 권리와 관련된 문제이며, 그 권리는 대개 남성을 통해 전해졌다. 일부 지역에서 모계로 상속이 이루어지기도 했지만, 이런 시스템에서도 반드시 여성이 유산을 상속하지는 않았다. 남성이 아버지가 아니라 어머니의 재산을 상속하는 경우도 있었다. 따라서 세대를 거치면서 여성이 자산에 접근할 권리는 점점 줄어들었고, 남성의 지원이 없는 여성의 생존은 점점 더 어려워졌다. 서남아시아 지역의 어느 유골 연구에 의하면, 농업이 도입된 이후로 사람의 건강과 영양 상태가 전반적으로 악화되기는 했지만, 여성의 육체적 건강이 더욱 악화되었다. 이는 아마도 자산에 대한 접근권 상실과 관련이 있는 듯하다.

자산 상속이 점점 더 중요해지면서 남성은 자신의 핏줄을 확실히 하고자 했다. 그래서 아내의 이동과 활동을 제한하게 되었다. 특히 엘리트 계급의 가족들 중에 이런 경우가 많았다. 포레이저 사회에서 여성은 그룹의 생존을 위해 이동을 할 수밖에 없었다. 여성의 야외 활동은 필수 불가결했다. 그러나 농업 사회에서는 필요하다면 가축이나 노예, 고용 노동자가 여성의 노동을 대신할 수 있었다. 여성들이 집안에서, 그러니까 바깥세상과 분리되어 담장 안이나 실내에서 보내는 시간이 점점 더 많아졌다는 증거가 있다. 따라서 원인을 일일이 밝힐 수는 없지만, 어쨌든 세계 여러 지역에서 농업의 발전과 동반하여 여성의 종속화가 진행되었던 것 같다.

사회적 위계와 성별에 따른 위계는 세대를 거치며 더욱 강화되었다. 부와 권력이 불평등하게 상속되었기 때문이다. 또한 사회 규범에 의해서 이러한 위계는 더욱 강화되었다. 그 과정에서 성적 관계, 특히 이성애가 규범화되었다. (성과 관련된 고대의 규범이나 법에서는 동성애 문제에 그다지 관심을 기울이지 않았다. 동성애는 후대를 생산할 수 없다는 점에서 상속 체계에 위협이 될 일이 없었기 때문이다.) 권력을 가진 엘리트 계층은 자신이 다른 사람들과는 다르고, 다른 사람들과 자신을 분명하게 구별해주는 무언가가 있다고 믿게 되었다. 예를 들면 어떤 신격과 특별히 연결되어 있다거나, 무용이 뛰어나다거나, 태생이 우월하다는 등의 인식이었다. 갈수록 이러한 구별 요소가 피를 통해 전해지는 유전적인 것이라 믿게 되었다. 지위가 높은 사람들은 혈통이 우월하다고 생각하는 경우가 많았다. 예를 들어 오늘날 인도네시아 일부 지역에서 귀족들은 "백색 혈통(white-blooded)"이라고 알려져 있었다. 그래서 혈통이 비슷한 부류끼리 결혼을 했는데, 다른 지역에서 "귀족 혈통"이라고 하는 것과 마찬가지였다. 관습이 나중에 성문법으로 정리되지만, 이미 관습 단계에서 이성(heterosexual)의 관계가 규정되었다. 부부가 재산과 함께 아이들에게 이러한 혈통을 전해준다고 규정한 것이다. 그래서 엘리트 가문의 남성과 여성의 관계는 결혼이라는 형식으로 제도화되었고, 그들의 사회적 지위와 재산은 세습되는 경우가 일반적이었다. 그러나 엘리트 남성과 비-엘리트 여성의 결혼은 대개 그렇지 않았고, 혹은 상속하되 등급을 낮추었다. 여성은 안주인과 첩, 또는 단지 힘 있는 남성의 정부로 구분되었다. 세계에서 가장 오래된 법전인 〈함무라비 법전〉(기원전 1780)을 예로 들자면, 정부인을 통해 낳은 아들과 하인이나 노예를 통해 낳은 아들에 대한 차등 상속이 규정되어 있다. 여성에 대한 상속은 아예 언급조차 없다. 후대의 법률들을 참고해보자면, 엘리트 여성과 비-엘리트 남성의 관계는 수치라고 여겼고, 여성의 가문에는 불명예로 간주되었으며, 때로는 관계를 맺은 남성이 살해되기도 했다.

이주나 엔도가미(endogamy, 족내혼)를 통해 종족이나 민족으로 구별되는 집단이 발생했듯이, 사회적 엔도가미를 통해 종족 그룹 내부에서도 구별되는 집단이 생겨났다. 이는 인간을 선별 번식(selective breeding)한 것과 같은 결과였다. 엘리트 남성은 엘리트 여성과 결혼하는 경향이 있었고, 때로 세대를 거듭하며 실제로 육체적 차이가 발생한 경우도 없지 않았다. 왜냐하면 엘리트 계층은 더 좋은 음식이나 더 영양가 높은 음식을 섭취할 수 있었고, 그래서 키도 더 크고 더 튼튼해졌기 때문이다. 그러나 어떠한 엘리트 계층도 외부인이 전혀 유입되지 않을 수 없었고, 삶과 죽음의 다양한 사고 또한 없을 수 없었으며, 근친혼에 의한 유전적 문제도 발생했다. 따라서 어떤 소규모 그룹이 몇 세대에 걸쳐 유지되기는 어려웠다. 어떤 종족 그룹 내에 다른 종족 집단을 합병하려면 일정한 방식이 필요하듯이, 여러 문화권에서 아들을 엘리트 가문으로 입양하는 방식, 첩이나 노예가 낳은 아이들을 정당하게 인정하는 방식, 엘리트 계층의 여성이 사회적으로 낮은 계층의 남성과 결혼하는 방식 등이 개발되었다. 상속 제도 또한 유연해질 필요가 있었다. 일부 문화권에서는 배타적으로 남성 상속자만 인정했지만, 또 다른 문화권에서는 촌수가 먼 관계자보다는 가까운 관계자가, 비록 여성일지라도 우선시되는 경우가 있었다. 가족 혹은 친족 그룹 내에서 재산과 소유물을 유지하는 방향으로 진행되다 보니 결과적으로 여성이 상당한 재산을 상속받고, 소유하고, 직접 운영하기도 했다. 이러한 패턴은 오늘날까지도 그대로 유지되고 있다. 부와 권력의 위계는 성별적 위계와 뒤얽히고, 나이와 결혼 여부도 영향을 미치곤 했다. 예를 들어 최근 유럽과 아프리카의 일부 집단에서, 남편을 잃은 아내는 대체로 재산을 마음대로 할 수 있으며, 결혼하지 않은 아들은 성인 나이가 되어서도 대개 아버지의 통제를 따라야 한다. 이러한 패턴은 아마도 최초의 정착 농경 문화에서 비롯되었을 것이다.

신전, 그리고 사고방식의 변화

신석기 시대에도 교역은 조금씩 먼 거리까지 확장되었다. 걸어서, 혹은 배나 동물을 타고, 혹은 마차나 수레를 이용해서 사람들이 이동함에 따라, 물론 물건도 전파되었지만 사람들이 지닌 사상이나 상징, 상징적 행동 등도 함께 이동했다. 예컨대 계절과 날씨에 대한 지식은 곡물을 생산해서 먹고사는 사람들에게 매우 중요했다. 농업인들은 세계 많은 지역에서 주변 환경의 순환을 계산하고 서서히 역법(曆法)을 개발하기 시작했던 것이다. 언덕 위에 원형 구조물을 건축하거나 거석이라고 하는 초대형 바위를 세우기도 했는데, 이는 태양과 별의 움직임을 예측하기 위한 구조물이었다. 기원전 4500년경 이집트 나일 강 서쪽 사막에 건설된 납타 플라야(Nabta Playa)와, 기원전 2500년경 잉글랜드 남부에 건설된 스톤헨지(Stonehenge)가 바로 그러한 사례들이다. 프랑스 브르타뉴(Bretagne) 지방처럼, 어떤 지방에서는 곳곳에서 줄지어 늘어선 거석 구조물이 흔히 발견된다. 이는 거석 구조물을 왜 만들어야 하고 어떻게 조성해야 하는지, 즉 거석 구조물에 대한 사상이 그 지역 전체에 전파되었음을 의미한다.

이 같은 언덕, 거석, 고분, 쓰레기 더미 등의 유적에서는 문양이 새겨진 물건이나 토기가 흔히 발견된다. 그 문양은 농경이나 목축에서 모티프를 차용한 경우가 많다. 예를 들면 목동의 지팡이, 양, 소, 소뿔, 소에 굴레를 씌워 연결한 쟁기, 밭고랑, 주거용 건물이나 곡식 창고 등이다. 조그만 집 모양 토기는 동유럽과 남아시아 여러 신석기 유적에서 발굴되었다. 이러한 장식이 포함된 유물은 수렵 대신 재배하고 식품을 저장하는 일이 관행으로 자리 잡았음을 뜻한다. 장식에 동물 문양이 있기는 하지만, 이는 가축화된 동물이며 이미 인간의 재산에 속했다.

역법과 관련된 것으로 추정되는 신석기 유물과 더불어 일부 지역의 농경민이 건설한 기념비, 제단, 사원 등의 거대한 구조물도 있다. 기존 자연 그대로의 장소에 비해 이러한 구조물에는 특별한 의미가 부여되었다. 자연환경은 농경뿐 아니라 인간이 조성한 거대 구조물들에 의해서도 큰 변화를 겪게 된 것이다. 개중에는 땅 위에 무덤을 조성하고 벽체를 설치하여 건물을 올리고, 무덤 위에 묘비를 세우거나 수많은 해골을 한데 모아 장식해둔 곳도 있다. 이는 공동체의 계보와 공통의 조상을 기념하는 시각적 구조물이었다. 자크 코뱅(Jacques Cauvin) 같은 상징주의 고고학자(symbolic archaeologist)들은 이 같은 거대 구조물과 새로운 장례 풍습이 새로운 사고방식의 증거라고 주장한다. 새로운 사고방식에서 영혼은 인간과 뚜렷이 구분되는 신성의 존재이며 기도와 경배를 올려야 할 대상으로 간주되었고, 영혼을 섬기는 인간은 자연과 더 분명하게 구분되는 존재가 되었다. 자크 코뱅은 생계를 해결하는 생존 전략의 변화에 앞서 물질문화를 운용하는 상징의 변화가 선행되었다고 주장한다. 농업 발달의 원인을 인구 압력이나 자원 고갈보다 상징적 사고의 변화로 이해하는 것이 더욱 설득력 있다는 주장이다. 또 다른 연구자들은 작물 재배와 함께 순환적 시간관이 직선적 시간관으로 변했다든지, 자연과 인간이 더 확연히 분리되었다는 사실에 주목한다. 곡물을 기르고 가축을 사육하는 사람들은 1년 주기의 순환을 넘어서 보다 긴 단위의 시간 계획을 세워야 한다. 내년 농사를 위해 종자를 보관한다든지, 어느 동물을 먼저 잡아먹고 어느 동물을 계속 키워야 할지 선택을 해야 했다. 그러나 인간과 동물, 야생 동물과 가축이 완벽하게 구분된 것은 아니었다. 오히려 인간은 동물과 밀접한 관계 속에서 생활했다. 고고학적 증거들로 볼 때 인간은 동물을 정복하여 사육했을 뿐만 아니라 동물과 자연을 신뢰하고 존중하는 성향도 가지고 있었다.

농업 순환의 리듬과 물질 및 문화 교류의 새로운 패턴은 생활의 다양한 관행들도 바꾸어놓았다. 포레이저 사이에서 많은 후손을 생산하는 일은 단지 축복만이 아니었다. 아이들이 너무 많으면 식량 공급에 문제가 생겼다. 그러나 농경민이나 목축민으로서는 땅이든 동물이든 사람이든 많으면 많을수록 좋았다. 신석기 시대 인형, 조각, 회화 유물에는 임신한 여성이나 출산하는 여성, 그리고 성기가 발기된 남성이 반드시 포함되어 있다. 샤먼과 성직자는 풍요를 보장하는 섬세한 의례를 발전시켰다. 공동체에서는 영혼의 보살핌에 감사하는 뜻으로 의례 절차를 통해 음식, 발효 음료, 짐승 제물, 성스러운 물건 등의 공물을 바쳤다.

영혼에 신격을 뚜렷하게 부여하는 지역이 많았다. 남녀 신들은 인간의 형상을 하고 탄생, 성장, 죽음, 세대 유전의 패턴에 있어 인간적인 면모를 가졌다. 신은 죽이거나 파괴할 수 있지만, 생명을 창조할 수도 있었다. 인간들과 마찬가지로 신들도 노동 계급과 사회적 위계질서를 가지게 되었다. 비의 신과 태양의 신, 하늘의 여신과 달의 여신, 소의 건강을 보장하는 신, 옥수수의 성장을 보장하는 신, 화로와 가정을 보호하는 신. 이렇게 인간 사회처럼 신들의 세계도 점차 복잡해지고 위계화되었다.

선사 시대의 패턴

기원전 3000년경에 이르러 인간은 고인류(hominin) 가운데 유일하게 살아남았고, (남극 대륙을 제외한) 세계 모든 대륙과 수많은 섬에도 퍼져 나갔다. 포레이저든 농경민이든 혹은 양자의 결합이든, 어쨌든 인간이 가는 곳에는 상징적 언어, 친족 구조, 기술, 음식, 미적 가치와 도덕적 가치, 의례, 노동 계층이 형성되었고, 일정한 공동체 범위 내에서 결혼이 이루어지면서 독특한 문화가 생겨났다. 인간은 아르헨티나의 동굴에서부터 아북극의 툰드라에 이르기까지, 이주한 곳 어디든 자신이 쓰던 도구나 쓰레기 등의 흔적을 남겼다.

인류의 이동과 함께 인간 사회의 다양한 양상들이 전파되었고, 이는 인간이 동식물을 기르는 데 중요한 역할을 했다. 그것이 신석기 시대의 특징이었다. 인간 또한 식물 재배 및 동물 사육으로부터 영향을 받았다. 농업 공동체에서는 농경과 목축으로 포레이징 공동체보다 인구가 훨씬 빠르게 성장했다. 그 결과 공통된 사회 구조가 전파되었다. 지주, 종교 전문가, 군사 지도자 등 소수의 인원이 절대다수의 노동 계층을 지배하는 사회 구조였다. 서로 다른 문화 사이에 생겨난 경계선처럼, 같은 문화권 내에서도 사회적 및 성별적 위계질서에 의한 경계선이 생겨났다. 그 경계선 범위 내에서 결혼이 이루어지는 등 결혼 제도와 상속의 방식으로 그러한 경계선은 더욱 강화되었다. 또한 세력이나 종교 및 구술로 전달된 전통 또한 경계선을 강화하는 역할을 했다. 머지않아 인간의 또 다른 창조물, 즉 글쓰기와 국가 시스템 등이 문화권 간의 차별 혹은 문화권 내의 차별을 더욱 강화할 가능성을 만들어 내게 된다. 그러나 신석기 시대에 형성된 기본적인 사회 패턴은 이후 수천 년 동안 그리 큰 변화 없이 지속되었다.

●더 읽어보기

인류의 진화와 고인류학에 대한 간략한 소개로 매우 뛰어난 저작을 소개한다.
- Ian Tattersall, *Masters of the Planet: The Search for Our Human Origins* (London: Palgrave Macmillan, 2013) 이 책에서 저자는 현생인류의 행동양식(behavioral modernity)이 갑작스레 출현했다는 사실을 강조하고 있다.

같은 주장을 담은 책으로는 다음과 같은 책들이 있다.
- Richard Klein and B. Edgar, *The Dawn of Human Culture* (New York: Wiley, 2002)
- Chris Stringer, *Lone Survivors: How We Came to Be the Only Humans on Earth* (New York: Times Books, 2012) 이 책은 영국에서 *The Origin of Our Species*라는 좀 더 밋밋한 제목으로 출간되었다.

이보다 점진적으로 진화했다고 보는 관점의 논문은 다음을 참고할 만하다.
- Sally McBrearty and Alison S. Brooks, "The Revolution That Wasn't: A New Interpretation of the Origin of Modern Human Behavior," *Journal of Human Evolution* 39, no. 5 (2000): 453–563

이보다 더욱 느리게 진화했다고 보는 관점에서는 상징적 사고가 매우 이른 시기부터 출현했다고 주장한다.
- Clive Gamble, *Origins and Revolutions: Human Identity in Earliest Prehistory* (Cambridge: Cambridge University Press, 2007)

보노보 칸지(Kanzi)에 대해서는 다음을 참조.
- Kathy Schick et al., "Continuing Investigations into the Stone Tool-making and Tool-using Capacities of a Bonobo (Pan paniscus)," *Journal of Archaeological Science* 26 (1999): 821–32

네안데르탈인에 대한 새로운 시각 몇 가지에 대해서는 다음을 참조.
- Francesco d'Errico, "The Invisible Frontier: A Multiple Species Model for the Origins of Behavioural Modernity," *Evolutionary Anthropology* 12 (2003): 188-202.
- J. Zilhão, Anatomically Archaic, *Behaviorally Modern: The Last Neanderthals and Their Destiny* (Amsterdam: Stichting Nederlands Museum voor Anthopologie en Praehistorie, 2001)

인류의 진화에서 요리의 중요성에 대해서는 다음을 참조. 이 책들은 시대별로 음식 준비와 소비의 의미에 관해서 매력적인 개괄을 제공해주고 있다.
- Richard Wrangham, *Catching Fire: How Cooking Made Us Human* (New York: Basic Books, 2009)
- Felipe Fernández-Armesto, *Near a Thousand Tables: A History of Food* (New York: Free Press, 2002)
- Martin Jones, *Feast: Why Humans Share Food* (Oxford: Oxford University Press, 2007)
- Rachel Landau, *Cuisine and Empire: Cooking in World History* (Berkeley: University of California Press, 2013)

생물학적 친족 구조가 사회적 친족 구조로 변화되는 과정을 검토한 논문 모음집이 있다.
- Nicolas J. Allen et al., eds., *Early Human Kinship: From Sex to Social Reproduction* (Oxford: Wiley-Blackwell, 2008)

이외에 최근 친족 구조와 일생 의례에 관한 연구 중에 다음과 같은 책들이 있다.
- Kristen Hawkes and Richard R. Paine, *The Evolution of Human Life History* (Sante Fe: School of American Research Press, 2006)
- Sarah Blaffer Hrdy, *Mothers and Others: The Evolutionary Origins*

of *Mutual Understanding* (Cambridge, MA: Harvard University Press, 2009)

사회·문화적 진화의 뿌리가 가족들 간에 물건과 노동력을 교환하는 데 있다고 주장하는 책이 있다.
- Allen Johnson and Timothy Earle, *The Evolution of Human Societies: From Foraging Group to Agrarian State,* 2nd edn. (Stanford: Stanford University Press, 2000)

문화의 역할에 관한 더 많은 이야기는 다음을 참조.
- Peter J. Richerson and Robert Boyd, *Not by Genes Alone: How Culture Transformed Human Evolution* (Chicago: University of Chicago Press, 2006)
- Peter Bellwood, *First Migrants: Ancient Migrations in Global Perspective* (Oxford: Wiley-Blackwell, 2013) 이 책에서는 언어나 물질문화 등 인류 사회의 다양한 양상들이 형성 및 전파되는 데 있어 핵심 요인이 인류의 이주였다고 주장한다.

정착 생활의 발전을 검토한 논문으로는 다음을 참조.
- Ian Kuijt, ed., *Life in Neolithic Farming Communities: Social Organization, Identity, and Differentiation* (New York: Kluwer Academic, 2000) 앞에서 소개한 Michael Rosenberg and Richard W. Redding의 할란 체미에 관해 연구한 논문도 이 책에 수록되어 있다.

신석기 사회에 대한 더 자세한 내용은 다음을 참조.
- Jane Peterson, *Sexual Revolutions: Gender and Labor at the Dawn of Agriculture* (Walnut Creek, CA: AltaMira Press, 2002)
- Alasdair Whittle, *The Archaeology of People: Dimensions of Neolithic Life* (London: Routledge, 2003)

기술의 개발과 전파에 대한 뛰어난 분석을 담은 책들.
- W. K. Barnett and J. W. Hoopes, eds., *The Emergence of Pottery: Technology and Innovation in Ancient Societies* (Washington, DC: Smithsonian Institution Press, 1995)
- Marcia-Anne Dobres, *Technology and Social Agency* (Oxford: Blackwell, 2000)

의례, 상징, 영성에 대해서는 다음을 참조.
- Jacques Cauvin, *The Birth of the Gods and the Origins of Agriculture* (Cambridge: Cambridge University Press, 2000)
- Richard Bradley, *Ritual and Domestic Life in Prehistoric Europe* (London: Routledge, 2005)
- David Lewis-Williams and David Pearce, *Inside the Neolithic Mind: Consciousness, Cosmos, and the Realm of the Gods* (London: Thames & Hudson, 2005)

차탈후유크 신석기 공동체로부터 오늘날에 이르기까지 인간과 물건의 관계가 어떠했는지에 대한 매력적인 분석이 있다.
- Ian Hodder, *Entangled: An Archaeology of the Relationships between Humans and Things* (London: Wiley-Blackwell, 2012)

인류 사회 간의, 그리고 사회 내부의 위계질서에 관해서는 다음을 참조.
- Timothy Earle, *How Chiefs Came to Power: The Political Economy in Prehistory* (Stanford: Stanford University Press, 1997)
- Jared Diamond, *Guns, Germs, and Steel: The Fates of Human Societies* (London: Vintage, 1998)
- Kent Flannery and Joyce Marcus, *The Creation of Inequality: How Our Prehistoric Ancestors Set the Stage for Monarchy, Slavery, and*

Empire(Cambridge, MA: Harvard University Press, 2012)는 이 주제에 관한 특히 권위 있는 연구다.

앞에서 논의한 여러 주제에 대한 상세한 논문들은 케임브리지 세계사 시리즈에 수록되어 있다.
- David Christian, ed., *Introducing World History, to 10,000 BCE*, Volumes 1 of the *Cambridge World History* (2015)
- Graeme Barker and Candice Goucher, eds., *A World with Agriculture, 12,000 BCE - 500 CE*, Volumes 2 of the *Cambridge World History* (2015)

# CHAPTER 2

도시와 고전 고대 사회
(기원전 3000년부터 기원후 500년까지)

기원후 113년, 반소(班昭)의 나이 거의 일흔 살이었다. 시인이자 학자이며 역사가이기도 한 반소는 낙양(洛陽)을 떠나 동쪽으로 여행을 떠났다. 지방관으로 발령받은 아들을 따라 가는 길이었다. 낙양은 당시 중국 한(漢)나라의 수도였다. 반소는 여행기를 시로 남겼다. 허름한 마을을 지나 논밭 사이로 난 작은 길을 가던 반소는 지친 몸과 마음을 이렇게 표현했다.

(떠나온) 낙양 생각에 가만히 한숨짓네.
소인의 성품이란 고향을 연연한다고
옛 책에서도 전해주는 말이 있더니.[1]

반소는 술을 한 잔 마시고 이런 기분을 떨쳐버리고자 한다. 그리고 성현 공자(孔子)를 생각한다. 성인께서는 "쇠란(衰亂)하고 무도(無道)한" 때를 사셨지만, 고상한 "도덕(道德)"과 "어짊(仁)과 현명함(賢)"을 추구하셨다. 그리고 시의 끝부분에서는 강한 어조로 다짐한다.

오직 힘써 인(仁)을 향해 나아갈 뿐

---

[1] 慕京師而竊嘆 小人性之懷土兮 自書傳而有焉 — 班昭,《東征賦》. 여기서 말하는 옛 책이란《논어》를 가리킨다. 논어에 "군자는 덕을 편안히 여기고 소인은 고향을 편안히 여긴다(子曰 : 君子懷德, 小人懷土)"는 구절이 있다.

고개를 들고 성인의 자취를 따르리라

곧게 나아갈 뿐 돌아보지 않으리라.[2]

반소의 오라비 반고(班固) 또한 역사가였고, 시인이자 학자였다. 반고는 낙양을 노래하는 시(〈동도부東都賦〉)를 남겼는데, 중국 문학의 고전이 되었다. 유라시아 대륙의 반대편, 지중해 연안, 특히 반소가 시를 쓸 무렵 세계에서 가장 큰 도시였던 로마에서도, 시인과 학자들은 반소나 반고처럼 도시를 사랑하는 마음을 가지고 있었다. 로마의 지식인들도 품위 있는 행동과 바람직한 삶을 이어 나갈 수 있는 곳은 도시라고 생각했다. 그리고 도시 사람들은 시골 사람들보다 스스로를 더 똑똑하고 앞서가는 존재, 문명화된(civilized) 존재로 인식했다. 문명화를 뜻하는 영어 "civilized"는 도시 사람이란 뜻의 라틴어 형용사 "civilis"에서 유래했으며, 영어로 시민을 뜻하는 "civic" 혹은 "civil"도 마찬가지다. 그런데 이와 반대되는 의견도 존재한다. 대부분의 구약 성서에서, 그리고 그리스와 로마 및 기독교 저술들에서도 도시는 사악한 물질주의가 판치고 폭압적인 전제군주가 통치하는 위계질서로 짜인 곳으로 등장한다. 그래서 목가적 환경의 시골이나 야생 지대로 벗어나야만 억압을 피하고 도덕적이며 경건한 삶을 영위할 수 있다는 생각이었다. 서한(西漢)의 수도 장안(長安)을 노래한 반고의 시(〈서도부西都賦〉)에서도 이러한 의견이 등장한다. 그에 대해 반고는 쓸데없고 지나친 생

---

2 由力行而近仁 勉仰高而蹈景兮 好正直而不回兮 — 班昭,《東征賦》.

각이라 비판을 가하고 있다. 다른 지역의 고대 문헌에서도 이처럼 서로 다른 두 가지 가치관을 발견할 수 있다(오늘날에도 도시에 대한 논의는 이와 다르지 않다). 그러나 어떠한 입장에 있든 다 같이 동의하는 바는, 도시는 그 주변의 시골과 다르다는 사실이다. 도시에 무언가 새로운 것이 있었다는 점에 대해서는 고고학자나 역사학자나 모두 폭넓게 동의하고 있다.

도시화 과정은 단지 인구밀도가 높아지고 새로운 정치 체제가 형성되는 문제에 그치지 않았다. 사회 제도와 문화적 관습도 새롭게 구축되어야 했다. 이번 장에서는 바로 이 점에 대해서 논의해보고자 한다. 사회적 위계질서와 남녀 차별은 도시, 대규모 국가, 제국으로 갈수록 더욱 엄격해졌다. 이들은 모두 위계질서와 남녀 차별에 바탕을 두고 수립된 체제들이었기 때문이다. 세습 왕조를 통해서 이는 더더욱 강고해졌다. 세습 왕조 치하에서 엘리트 그룹은 세심한 정략결혼을 통해 후계를 이었고, 또한 이들 가문을 영웅적 우상이나 신격과 연관 짓는 이데올로기를 통해 더욱 강력한 지위가 만들어졌다. 심지어 훨씬 더 작은 규모의 사회 안에서도 가족 혹은 친족 단위로 정략적 결혼을 통해 자신의 지위와 노예를 포함한 재산을 유지 및 강화하려는 시도들이 있었다.

일부 지역에서 문자를 비롯한 정보 기술이 등장했고, 이를 통해 구술로 전해지던 전통이 성문법 체계로, 종교적 텍스트로, 철학적 체계로 바뀌게 되었다. 그리하여 오래 지속될 수 있는 위대한 문화적 전통들이 생겨났고, 후대에 이를 "고전(classic)"이라고 일컫게 되었다. 고전의 시대(고전 고대)에는 정치적으로 조그만 도시국가에서부터 거대한 제국에 이르기까지 그 규모가 다양한 사회들이 존재했지만, 어느 사회에서든지 핵심적 요소는 도시, 문자, 정형화된 사회적 위계질서였다. 기원전 3000년경 최초의 도시가 탄생했을 때부터 전통적으로 고전 고대의 하한선으로 간주하는 기원후 500년까지, 대부분 사람들은 여전히 조그만 농경 마을에 거주했다. 혹은 여전히 자연을 떠돌며 수렵·채집을 하거나 유목을 하기도 했다. 그러나 그 시대에 무언가 변화를 원하는 사람이 있었다면, 그가 가야 할 곳은 바로 도시였다.

도시의 탄생

도시가 처음 출현한 시기는, 메소포타미아와 이집트는 기원전 제4천년기 말, 남아시아는 기원전 제3천년기 중반, 중국은 기원전 제3천년기 말이었다. 아프리카는 나일 강 유역을 제외하면 기원전 제1천년기 초였고, 동남아시아는 기원전 제1천년기 말이었다. 신대륙은 메소아메리카에서 기원전 제1천년기 초에 도시가 등장했고, 남아메리카는 그 직후였으며, 북아메리카는 기원후 제1천년기 초였다. 이들 각 지역에서는 서로 독립적으로 도시가 발생했다. 도심 집중화 현상이 나타나는 곳이 많았고, 도시의 수가 늘어나거나 성장하기도 했고 쇠퇴하여 소멸되기도 했다.

　지역마다 도시가 출현한 이유는 다양했으며, 여러 이유가 서로 뒤얽힌 경우가 많았다. 무장 투쟁이나 홍수 같은 자연재해가 빈번한 곳에서 안전을 도모하고자 사람들이 힘을 합쳐 도시를 건설한 경우도 있었다. 또 무역로나 강을 따라 형성된 마을이 커져서 도시가 된 곳도 있었다. 정치적 이유에서 의도적으로 건설된 도시도 있었다. 기원전 2300년경, 메소포타미아 지역 대부분을 점령한 사르곤(Sargon) 대왕은 아마도 세계 최초로 상비군을 조직했던 것 같다. 기록에 따르면 아카드(Akkad)에 새로운 도시를 건설할 때였다고 한다. (그러나 아카드는 아직 고고학적으로 확인되지 않았다.)

이데올로기나 종교적 힘이 도시 건설이나 확장에 중요한 역할을 하는 경우가 많았다. 도시는 경제적 중심지일 뿐만 아니라 의례의 장소이기도 했다. 그래서 도시에는 특별 건물 혹은 특별 구역이 설치되었다. 그곳에서 대중적 집회나 의례를 거행하고, 사람들이 건물과 기념비에 접근하고자 할 때 통제를 함으로써 두려움을 갖게 만들었다. 사원에서 열리는 어떤 의례는 선택된 소수의 사람들만 참석한 가운데 거행되기도 했다. 그러나 많은 사람들이 참여하거나, 훨씬 더 많은 사람들이 지켜보는 가운데 거행되는 경우도 있었다. 기원전 15~14세기 이집트에서는 예컨대 왕과 귀족들이 도시 테베(Thebes)에 사원과 무덤을 건설하고 의례용 길을 만들어 서로 연결시켰다. 강과 운하, 육로가 그러한 길로 사용되었다. 도시 안에서 건물의 배치는 우주적 원리에 따라 조율되었다. 도시 자체가 어떤 구도를 따라 조성되어 코스모그램(cosmogram), 즉 천상과 지상을 의미하는 도안을 구현했다. 예컨대 마야의 도시들은 기원전 제1천년기 말에 건설되었는데, 복합 건물들로 구성된 대단지를 포함하는 경우가 많았다. 단지의 높낮이는 정밀하게 설계되었다. 서쪽에는 피라미드가 배치되고, 동쪽에는 남북으로 펼쳐진 낮은 평지가 배치되었다. 그리고 이들은 해가 떠오르는 동쪽 지평선과 방향을 맞추었다. 이러한 복합 단지는 성스러운 산을 본뜬 것이다. 성산을 도시 안으로 들여옴으로써 통치자의 통제 아래 두려는 의도였다. 이 같은 기하학적 형태를 갖추었기 때문에 오늘날 고고학자들이 메소아메리카의 깊숙한 밀림 속에서도 라이더(Lidar)라고 하는 레이저 레이더를 나무 꼭대기에 설치해서 유적이나 도시 전체를 찾아낼 수 있다. 라이더 이미지를 통해 숲 속 지면의 높낮이를 3차원으로 재구성할 수 있는데, 인간이 조성한 구조물은 직선이나 구조적 배치 등이 자연 지형과는 확연히 다르기 때문이다.

그런데 도시가 생겨난 뒤 도시는 주변 지역들에 대한 통제권을 행사하려 했다. 주변 지역에서 잉여 농산물을 도시로 공급하도록 강제한 것이다. 주변의 시골 마을들은 경제적으로 도시에 의존하게 되었다. 따라서 도시화라고 하면 동시에 "시골화"를 동반하는 현상이었다. 도시 주변 시골 마을은 예전과 다른 모양으로 변해갔다. 도시는 사람들과 동물들로 북적거렸다. 그래서 질병을 양식하는 양식장과도 같았다. 도시의 사망률은 출산율을 훨씬 웃돌았다. 도시 인구를 유지하려면 이주해 올 사람이 반드시 필요했다. 대부분의 이주민은 젊은 층이었다. 그들은 새로운 기회를 찾아 온 사람들이거나 노동자 또는 노예로 고용된 사람들이었다. 이처럼 도시에서 인근 시골 마을의 잉여 농산물을 흡수하고, 젊은 사람들도 일생의 중요한 시기를 도시에서 보내는 바람에, 주변 시골 마을의 인구 구성이 왜곡되어 고령화되었다. (이러한 인구 구성 패턴은 오늘날 도시와 시골의 인구 구성을 보더라도 마찬가지다.) 그러나 도시와 시골이 완전히 단절되는 것은 아니었다. 사람들이 하루 혹은 한 계절 단위로 도시에 일하러 갔다가 시골로 돌아오곤 해서 서로 왕래하며 사는 경우가 대부분이었다.

모든 도시가 중점적으로 해결해야 할 문제가 하나 있었다. 많은 수의 인구에게 안정적으로 식량을 공급할 수 있는 방법을 찾는 것이었다. 이 문제를 해결하고자 도시에서는 권력과 권위의 구조를 발달시켰다. 그 정도는 극도로 중앙 집중화된 경우부터 완화된 위계질서에 이르기까지 다양했지만, 어쨌거나 다층적인 의사 결정 단위가 존재했다. 두 가지 매우 다른 도시화 방식, 곧 수메르(Sumer)와 젠네-제노(Djenné-Djeno)의 방식을 검토해보면 이러한 정치적 구조가 사회 및 직업적 위계나 문화적 관습과 매우 밀접하게 얽혀 있다는 사실을 알 수 있다.

최초의 도시는 수메르에서 등장했다. 메소포타미아 남부 지역이었다. 그곳은 토양이 기름진 대신 강우가 불규칙해서 농사에 불리한 점이 있었다. 건조 기후 때문에 농부들은 대규모 관개 시설을 건설해야 했다. 건설을 위해서 많은 노동력이 필요했는데, 그 과정에서 인구도 많이 늘어났다. 기원전 4000년경부터 농업 마을이 도시로 성장하기 시작했다. 그중 최초는 우루크(Uruk)였다. 수십 가구 규모의 마을이 수만 명 규모의 도시로 성장했던 것이다. 저수지, 댐, 둑(홍수도 막고 둑길을 따라 교역도 이루어졌다), 성벽, 시장, 공공건물 등이 건설되었다. 각각의 도시들은 주변의 시골을 주도하며 독립적인 도시국가로 성장해갔다. 그렇다고 도시들끼리 서로 멀리 떨어져 있지도 않았다.

수메르 지역의 도시국가들은 관개 시설에 의존했다. 이러한 시설을 만들려면 협력이 필수적이고, 최소한 일정 단계의 사회·정치적 유대감을 바탕으로 해야 한다. 처음에는 아마도 나이 많은 어른들이 모여 시스템을 운영할 권위를 형성한 것 같다. 그리고 성직자들도 점점 더 큰 힘을 갖게 되었다. 사원은 곡식이나 기타 생산물을 보관하기 위한 창고 등 갖가지 건물을 복합적으로 갖춘 대규모 단지로 변해갔다. 그리고 도시의 수호신에게 의례를 바치기 위해 남녀 성직자들이 사원에 상주했다. 수호신은 대개 해, 달, 물, 폭풍 같은 우주적 힘을 상징하는 존재였다. 사람들은 인간이 그러한 신들을 섬기기 위해 만들어진 존재라고 믿었다. 신을 잘 모시면 신도 인간을 잘 보살펴줄 것으로 생각했다. 사원을 비롯한 거대 공공건물 주변에는 일반 시민들의 집이 있었는데, 각각 가운데 마당을 중심으로 둥글게 배치되었다.

수메르 지역의 도시국가에서 처음 왕이 어떻게 출현했는지에 대해서는 정확히 알 수 없다. 학자들은 도시국가가 탄생할 당시 사제 우두머리나 군대 지도자가 일시적으로 도시의 통치권을 가졌을 것으로 추정한다. 통치자는 군대를 조직하고 훈련시켜 전장으로 이끌었으며, 청동 무기 사용을 증대했다. 일시적 권한은 점차 항구적 왕권으로 변화되었다. 기원전 2500년 무렵, 수메르 지역의 도시국가에서는 왕위를 아들에게 세습했으며, 특히 남성 후계자에게 왕위를 물려주는 세습 왕조 체제가 수립되었다. 왕을 위하여 지은 궁전은 그 규모나 장엄에서 사원에 비견할 만했다. 왕권에 대한 기록이 등장하기 시작한 것도 이 무렵이었다. 이러한 기록에서는 당연히 왕과 신의 관계를 중요하게 언급하고 있다. 수메르의 도시국가에서 성직자와 왕은 위계질서를 유지하고자 무력을 쓰거나 설득하거나 높은 세금으로 위협했고, 관개 시스템이 제대로 작동하도록 관리했으며, 식량을 비롯하여 제반 물품들이 원활히 공급되도록 애썼다. 물론 도시의 주민들은 이러한 질서를 넘어서서 생활했다. 남은 식량을 물물교환으로 이웃 사람의 천 혹은 토기와 바꾸거나, 도시국가에서 운영하는 사원에 가는 대신 신령을 모시는 개인 또는 가정의 신에게 제사를 올리기도 했다.

 왕이나 엘리트 그룹에 속하는 자들은 엄청난 규모의 토지를 소유했고, 사원도 마찬가지였다. 경작은 궁전이나 사원과 계약을 맺은 사람들이 맡았다. 이들은 궁전이나 사원에 의지해서 생계를 이어가는 자유민으로, 노동의 대가로 곡식이나 기타 물품을 받았다. 이렇게 생계를 보장받기는 했지만, 그들이 경작하는 토지는 언제나 궁전 혹은 사원의 소유로 남아 있었다. 일부 개인이나 가문 단위로 토지를 소유한 경우에는 농산물이나 직접 만든 물품으로 세금을 바쳐야 했다. 사회의 최하층에는 노예가 있었다. 수메르의 왕 우르남무(Ur-Nammu, 기원전 2100~2050)의 법전은 세계에서 가장 오래된 성문법으로, 자유민과 노예를 차별하는 내용이 포함되어 있다. 노예는 결혼, 강간, 상해 등에서 차별적 대우를 받았다. 도망친 노예를 잡아서 주인에게 돌려준 사람에게는 보상을 해야 한다는 내용도 나온다.

 여러 가지 사회적 범주 안에는 남자와 여자가 모두 포함될 수 있었다. 그렇다고 해서 남녀의 처지가 같지는 않았다. 왜냐하면 수메르 사회에서는 성별에 따른 차별이 존재했기 때문이다. 대부분의 엘리트 지주들은 남성이었다. 그러나 여성도 여성 사제나 왕비 등으로 자신의 자리가 있었고, 남편이나 아버지에게서 독립적으로 자신의 토지를 운영했다. 어떤 여인들은 자기만의 사업과 수입원이 있었다. 자녀들은 부모에게서 유산을 물려받았는데, 딸은 지참금이라는 형식을 취했다. 결혼한 뒤 지참금은 여인의 소유로 유지되긴 했지만 남편 혹은 남편의 가족이 그 운영을 맡았다. 수메르인은 메소포타미아 문명의 사회 경제적 토대를 만들었다. 또한 지적 문화 유산의 기본 틀을 만들었고, 이것이 메소포타미아의 북쪽과 동쪽으로 인접한 이웃들에게도 영향을 미쳤다.

수메르의 도시들이 세계 최초의 도시였기 때문에 이후에 생겨난 고대 도시는 그 운영 방식에서 수메르의 영향을 굉장히 많이 받았다. 고고학적 발굴 자료뿐만 아니라 기원전 3000년 이후로는 문자 기록이 남아 있어서 옛날 사람들이 도시를 어떻게 생각했는지, 그리고 도시를 어떻게 운영했는지 비교적 상세히 알 수 있다. 자료를 통해 드러난 면면을 볼 때 세계 여러 지역의 도시들은 중요한 측면에서 수메르의 도시를 무척 많이 닮아 있었다. 산로렌소(San Lorenzo)의 올메크(Olmec)는 기원전 1400년경 오늘날 남부 멕시코에 건설된 서반구 최초의 도시였다. 그곳에는 대규모 사원과 광장, 거대한 석상, 도시 지도층의 화려한 주거용 건물도 있었다. 그리고 상수도가 설치되어 담수가 흘러 들어왔으며, 무역 네트워크를 통해 옥이나 철광석 또는 흑요석 등의 귀중품이 수입되었고, 장인들이 이를 가공하여 사치품과 무기를 만들었다. 기원전 1200년경 세계에서 가장 큰 도시는 아마도 황하 유역의 도시 안양(安陽)이었을 것이다. 주민은 약 10만 명이었다. 이곳에는 궁전과 사원이 있었으며, 상(商)나라의 통치자와 그의 아내가 묻힌 사치스런 무덤에는 수백 점의 화려한 의례용 청동기, 상아와 옥으로 만든 장신구, 청동으로 만든 무기와 장신구, 사후에 그들을 모실 하인들이 함께 부장되어 있었다. 기원후 1세기 무렵 세계에서 제일 큰 도시는 단연 로마였을 것이다. 인구는 50만~100만 명이었다. 로마 황제들은 아름다운 사원과 거대한 경기장, 승리를 축하하는 아치형 개선문, 위풍당당한 궁전을 세웠으며, 수백 킬로미터 길이의 수로를 건설함으로써 담수를 도시로 끌어왔다. 하지만 대부분의 시민은 조악한 건물에서 살았으며, 정부에서 나눠주는 빵과 기름으로 겨우 생계를 유지하는 사람들도 있었다. 기원후 1세기 무렵 서반구에서 가장 큰 도시는 멕시코 계곡에 있었던 테오티우아칸(Teotihuacan)이었다. 인구는 10만 명이 넘었다. 이곳을 통치한 왕은 신성한 존재로 추앙되었는데, 수많은 사원을 짓고 화려한 태양의 피라미드를 세웠으며, 문자 시스템을 개발하고 옥과 흑요석을 비롯한 여러 물품을 멀리 떨어진 마야의 도시들과 교역하기도 했다.

다른 어떤 도시는 수메르의 도시와 전혀 다른 모습에 운영 방식도 달랐다. 그래서 최근까지도 그것이 과연 도시였는지 알아보지 못한 경우도 있다. 그중 하나가 오늘날 말리에 있었던 젠네-제노인데, 나이저(Niger) 강 중류 범람원 평야의 도시였다. 기원전 3세기 무렵 처음 건설되어 이후 수백 년 동안 확장되다가, 기원후 1400년경부터 사람들이 살지 않았다. 1970년대에 처음 발굴이 시작되었는데, 젠네-제노는

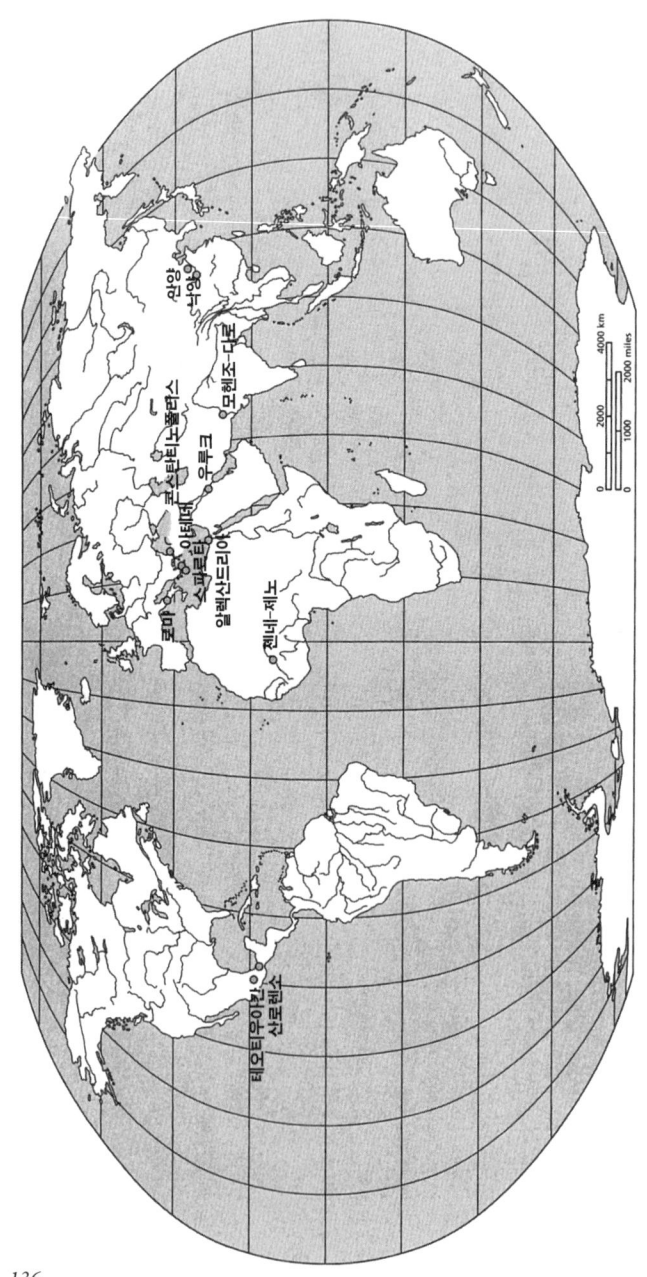

[지도 2-1] 고대의 도시들

하나의 도시가 아니라 각 부분이 도시처럼 연결되어 있었던 것으로 드러났다. 각각의 지역마다 전문적으로 생산하는 물품이 있었고, 서로가 만든 물품을 교환했다. 어느 지역에 사는 사람들은 토기를 생산하고, 다른 지역 사람들은 철기, 또 어떤 지역에서는 (잡을 수 있는 대상의 무게를 추정하여 고기잡이용으로 파악된) 그물을 만드는 식이었다. 양, 염소, 소를 기르는 사람들이 있는가 하면, 동물을 사냥하거나 물고기를 잡는 사람들도 있었다. 섭취한 곡물로는 쌀, 수수, 잡곡 등이 있었으며, 나이저 강을 따라 채소도 길렀다. 같은 시기 나일 강변에서 농사를 지은 이집트의 농부들처럼 이들도 강의 주기적 범람을 농사에 이용한 것으로 추정된다. 젠네-제노는 물류의 중심지였다. 낙타와 당나귀 등에 실려 사하라를 건너온 물건들이 이곳에서 금속이나 현지 물품으로 교환되었다. 그 뒤 사하라를 건너온 물건은 다시 배에 실려 나이저 강을 따라 운송되었다.

젠네-제노에서는 사원이나 궁전을 비롯해 어떤 대형 건축물도 발굴되지 않았다. 이 도시 지역 연구를 주도한 로드 매킨토시(Rod McIntosh)와 수전 매킨토시(Susan McIntosh)는, 어떤 강력한 중앙 권력이 아니라 같은 직종의 집단들끼리 상호 의존적인 시스템을 통해 물품 교환 정책이 결정되었던 것으로 추정했다. 이처럼 서로가 얽혀 있는 상호 의존적 시스템에서는 서로의 기대가 곧 규칙이다. 즉 서로가 상호 의존 관계를 극대화하는 방향으로 행동하리라고 기대하게 되는 것이다. 만약 이 규칙을 따르지 않는다면, 각각의 집단이 통제를 맡고 있으므로, 그에 따른 즉각적인 책임을 지게 될 것이다.

위계질서에 따른 권위적 통제가 아닌 다른 방식, 힘을 이용해서 강제로 통제하지 않고도 운영된 도시의 사례가 젠네-제노만 있는 것은 아니다. 인더스 강 유역의 모헨조-다로(Mohenjo-Daro)는 기원전 2500년경 계획도시로 건설되었다. 곧게 뻗은 거리, 표준 크기로 만들어진 벽돌, 통풍이 잘 되는 커다란 창고, 실내 수세식 변소와 연결된 상수도 시스템, 도로 지하의 하수구 등이 갖추어져 있었다. 고도로 섬세한 건축물과 정교한 상하수도 시스템을 건설하고 유지하려면 협력이 필수였을 것이다. 그러나 궁전이나 사원으로 추정할 만한 특별한 건축물이 없었고, 화려한 왕실 무덤을 비롯해 왕권을 나타내는 유물이나 전쟁의 흔적도 없었다. 그래서 모헨조-다로는, 그리고 아마도 하라파(Harappa) 등 인더스 강 유역의 다른 도시들도, 왕조의 통치처럼 고도로 집중화된 권력이 아니라 유동적인 사회·경제적 관계에서 집단들 간의 조정에 의해 운영된 것 같다.

고대 도시는 구역이 나뉘어 있는 경우가 많았다. 처음에는 친족 집단 같은 기존의 사회적 집단을 반영하여 구역을 설정했겠지만, 나중에는 도시에 의해 만들어진 집단도 등장했다. 예를 들면 장인 집단이나 사원의 일을 맡아 보는 집단 같은 경우다. 테오티우아칸에는 상인과 무역상이 사는 구역이 따로 있었다. 도시 생활 가운데 불가피하게 형성되는 집단도 있었고, 그에 따라 이데올로기가 형성되기도 했다. 모헨조-다로에는 하수도 시스템이 있었는데, 이를 유지하려면 누군가 하수구 청소를 해야 했다. 청소부들이 인간의 배설물을 퍼서 도시에서 가까운 농경지로 운반해 거름으로 사용했을 것으로 추정된다. 이들은 아마 도시의 길거리에서 동물의 배설물을 청소하는 임무도 맡았을 것이다. 다른 도시에도 쓰레기나 동물 사체를 처리하는 사람들이 있었다. 그들은 그것들을 가지고 가죽, 아교풀, 골분 등 다양한 물품을 생산했다. 그들의 활동은 인구밀도가 높은 도시에서 필수적인 요소였다. 그러나 그들이 냄새가 나고 더러우니까 사회적으로 천하고 의례에 참가하기에도 불결하다는 믿음이 생겨났다. 나중에 사회적 위계질서가 더욱 강화되자 사람들은 쓰레기나 동물 사체 치우는 일을 가장 낮은 계층의 사람들에게 시켰다. 다른 일에 종사하는 사람들은 그들과 결혼하지 않으려 했고, 심지어 이웃에 살고 싶어 하지도 않았다. 도시에서는 사회·경제적 이동의 기회가 주어졌지만, 그 이동이란 상승뿐 아니라 하락일 수도 있었다.

도시에 의해 만들어진 사회적 계층과 새로운 신분 가운데 "시민"이 있었다. 시민이란 도시 지역에 계속해서 거주하며, 도시민으로서의 의무를 부담하고 권리를 행사하는 사람을 의미했다. (나중에는 "시민"이라는 개념이 훨씬 더 큰 정치적 단위, 즉 제국이나 국가의 국민이란 뜻으로도 사용되었다.) 도시의 특정 구역에 거주하는 것이 곧 신분을 의미한다는 관념은 매우 이른 시기부터 등장했다. 예를 들어 기원전 제3천년기 메소포타미아에서는 사원의 배급 목록에, 엘리트 집단이나 노동자 집단을 막론하고 모두 출신 도시 이름으로 기록되어 있다.

기원전 제1천년기의 그리스 도시에서는 시민과 비시민이 구분되었다. 이는 시민들 중에서 남성의 평등권과 관련되는 문제였다. 이들이 만든 정부 형태는 고대 세계에서는 상당히 특이한 것이었다. 아테네와

스파르타가 주로 비교되기는 하지만, 성인 남성 시민이 외교 및 군사 정책을 결정한다는 점에서 이들 두 도시국가는 다를 바가 없었다. 지도자가 돌아가며 지명되는 점도 마찬가지였다. 여성도 종교적 의무와 재생산의 의무를 가진 시민이었지만, 참정권은 주어지지 않았다. 시민권은 친족 구조와 완전히 별개의 것이 아니었다. 대부분의 그리스 도시국가에서 성인 남성으로서 시민권을 가지려면 최소한 부모 중 한 명이 시민권을 가지고 있어야 했다. 어떤 도시국가에서는 부모가 모두 시민권이 있을 때에만 자녀의 시민권을 인정했다. 고전 고대의 아테네에서 이른바 메틱(metic)이라는 (자유민 인구의 절반 정도인) 외국인과 그의 아들 및 손자들은 병역 의무를 감당하고 세금을 내야 했지만 정치에 참여할 수는 없었다. 이들은 어떤 범죄를 저질렀을 때 노예가 되었지만, 자유민은 그렇지 않았다. 이들이 시민권을 획득하는 경우는 매우 드물었다. 이처럼 시민이란 거주 장소뿐만 아니라 조상과 결부된 개념이었다. 도시로 인해 여러 가지 변화가 생겨났고, 시민이라는 신분 또한 그중 하나였지만, 기존 관습을 제거하는 것이 아니라 그에 덧붙여 새로운 관습을 만들었던 것이다.

글쓰기를 비롯한 정보 기술

바위그림(rock art)은 전 세계 곳곳에 존재한다. 사람과 동물 등을 재미있게 그린 그림들이 많다. 그중에는 영수증같이 생긴 목록도 있다. 아마도 날짜나 거리를 기록했거나, 아니면 사람이나 동물 등을 헤아린 바를 표현하고자 했을 것이다. 나무 막대기와 조개껍데기 같은 물건들도 표찰로 사용되었다. 모두 쉽게 가지고 다닐 수 있는 물건들이었다. 바로 이 같은 표찰이 고대 문자 기록의 출발이었을 것이다. 최초의 문자 기록은 수메르의 도시에서 발달했다. 처음에 문자는 말이 아니라 데이터를 기록하기 위한 것이었다. 즉 그것은 정보 기술이었고, 나중에는 정보통신 기술로 발전했다. 글쓰기는 최소한 세 군데서 서로 독립적으로 출현했다. 바로 수메르, 중국, 메소아메리카다. 그 밖의 더 많은 곳에서 글쓰기가 존재했을 수도 있다. 다른 모든 기술처럼, 글이라는 기술도 발명된 곳에서 다른 곳으로 퍼져 나갔다. 정복 전쟁, 무역, 모방 등이 전파의 통로였다.

다른 정보 기술들과 마찬가지로, 글쓰기 시스템이 개발된 이유 혹은 그것을 도입한 이유는 도시를 조직하고 운영하는 데 필요했기 때문이다. 도시 규모가 너무 커지는 바람에 구두로 말을 전하는 것만으로는 관리하기가 어려워졌다. 시공간을 뛰어넘어 정보를 축적하고, 추출하고, 복원해낼 필요가 있었다. 물질성이 부여된 기록은 인간의 기억에 의존하지 않는다. 즉 개인을 벗어나 존재하는 것이다. 일정한 맥락(상황)에서 벗어나 존재하며, 세세히 살피거나 검증할 수도 있다. 도시가 성장할수록 인구 구성은 더욱 다양해지고, 서로의 독립성도 강해지기 마련이다. 그러면 공통의 기준을 개발하고 유지하는 일, 어떤 사건이나 조직에 집단적 의미를 부여하는 일이 점점 더 중요해진다. 반대로 글쓰기 또한 도시에 의존하는 측면이 있다. 도시가 고도로 규칙화되어야 하고, 통제가 가능해야 하며, 도시 내부에서 노동의 전문화가 이루어져야 하고, 어떤 개인에게 글쓰기를 배울 수 있는 시간적 여

[그림 2-1] 쐐기문자가 쓰인 점토판
수메르의 고대 도시 기르수(Girsu, 오늘날 이라크 텔로)에서 출토된, 양과 염소의 수량을 적은 물표. 이 지역에서 합법적 및 비합법적으로 발굴된 점토판이 수만 점에 이른다.

건이 주어져야 한다. 개의 가축화, 도시화, 기록 보존의 발전은 공진화(co-evolution, 하나의 생물 집단이 진화하면 이와 관련된 다른 생물 집단도 진화하는 현상 – 옮긴이) 과정에 속하는 것들이다.

수메르에서 글쓰기는 기원전 제4천년기 어느 즈음에 시작되었다. 휴대전화 크기의 점토판에 날카로운 첨필(尖筆)로 그림을 그리듯이 자국을 낸 다음 햇볕을 쬐어 단단히 굳혔다. 기본 그림에다 사람들이 점점 부호를 더해서, 언어학자들은 이를 표의 문자(ideogram, logogram)라고 한다. 이 시스템이 점점 더 복잡해져서 글쓰기를 배우는 학교가 설립되었다. 기원전 2500년경에는 수메르 곳곳에서 이런 학교들이 번성했다. 학생은 모두 남성이었으며, 대부분 도시 중산층 출신이었다. 글쓰기 학교의 목표는 주로 재산과 물품을 기록하고 관리할 수 있는 관리인을 양성하는 것이었다. 사원이나 귀족 가문에서 이러한 관리인을 필요로 했다. 그래서 글쓰기를 통해 지식과 권력이 도시 엘리트의 손에 집중되었으며, 이들 대부분은 남성이었다. 수만 개의 수메르 점토판이 남아 있다. 그중에서 가장 오래된 것은 기원전 3200년경의 것이다. 점토판을 분석해보면 글쓰기가 초창기부터 어떻게 진화해왔는지 알 수 있고, 일상생활의 면모 또한 파악이 된다. 세금, 임금, 무역, 고용 등의 내용들이 담겨 있기 때문이다. 예를 들어 기원전 3000년경 우루크의 점토판에는 사원 소유 토지에서 일하는 일꾼들에게 배급되는 맥주에 대해 기록되어 있다. 또 다른 기록에 따르면 빵, 물고기, 기름이 임금으로 주어졌다고 한다. 양털로 만든 실, 들판에서 수확한 곡식도 포함되어 있다.

    중국에서 가장 오래된 문자 자료는 소의 어깨뼈와 거북의 배껍질에 기록된 기원전 1200년경의 것이다. 그중 상당수가 상나라 통치자의 무덤에서 출토되었다. 왕실에서 미래를 예언하는 점술가가 소뼈나 거북 껍데기에 구멍을 뚫고 청동 막대기를 꿰어 불에 가열하면 한참 뒤에 갈라져 금이 간다. 점술가는 금이 간 모양을 보고 미래를 예언한다. 왕 자신도 그런 예언가였다. 그들은 미래를 묻는 질문에 대한 신의 답변이 징조로서 나타난다고 믿었다. 때로는 질문의 내용과 징조를 해석한 결과를 함께 새겨두기도 했다. 그 문자가 바로 오늘날 중국에서 사용되는 한자의 고대 자형이다. 이러한 과정에서 문자는 의례적 목적과 신성한 힘을 지닌다는 관념이 생겨났다. 갑골문의 내용 중에는 전쟁, 홍수, 추수, 왕실의 출산 같은 현실적 사건이 포함되어 있어 일상에 대한 정보를 전해줄뿐더러, 통치자가 무엇을 원했고 무엇을 두려워했는지도 알려준다.

갑골문에는 특정 행위에 권위를 부여하는 내용도 들어 있다. "왕께서 이러이러한 임무를 저러저러하게 수행하라 명하셨다"는 내용이다. 이는 간단하긴 하지만 (최소한 이론상으로나마) 권력이 어떻게 분배되었는지를 엿볼 수 있는 기록이다. 정치 지도자가 생산하는 이 같은 명령서나 선언문은 문자가 도입된 곳에서는 어디서나 볼 수 있는 형식의 글이 되었다. 통치자의 명령이 얼굴을 직접 대면하고 전달되는 것을 넘어서서, 문자 그대로 나라 안에서 시행되는 법(law of the land)이[3] 되는 것이다. 실제로 가장 이른 시기의 기록들에는 법조문이 포함되어 있다. 주로 서두에 이 법은 왕의 뜻이라거나 혹은 신의 뜻이라거나 혹은 둘 다의 뜻이라는 서문이 첨부되어 있다. 예컨대 바빌론의 통치자 함무라비(Hammurabi)는 기원전 1790년에 생활의 많은 부분을 통제하는 법령을 제정했으며, 그 법령을 큰 비석에 새겨 왕국 곳곳에 세워두고 사람들이 볼 수 있도록 했다. 비석 꼭대기에는 함무라비 대왕이 법률과 정의의 신인 태양신 샤마쉬(Shamash)로부터 왕위를 하사받는 장면이 조각되어 있다.

---

3 나라 안에서 시행되는 법(law of the land)_ 영국의 대헌장(magna carta) 39조에 나오는 표현이다. 명령이나 판례 등을 포함하여 국내에서 시행된 모든 법률을 의미한다. https://en.wikipedia.org/wiki/Lawoftheland 참조.

메소아메리카에서도 글쓰기의 발달은 통치자나 비밀스런 지식과 관련이 있었다. 가장 오래된 문자 자료는 기원전 900년경의 것으로 올메크에서 나왔다. 기원전 200년에는 이미 완벽한 체계를 갖춘 글쓰기 시스템이 상당히 여러 도시에서 사용되고 있었다. 고전 고대 시기에 해당하는 기원후 200~900년 마야에서도 글쓰기 시스템을 개발했다. 아메리카 대륙에서는 가장 복잡한 시스템이었다. 사용되는 문자(그림 문자)의 수는 1000개에 달했다. 개념과 소리를 나타내는 문자들인데, 최근 50년 이내에 거의 해독이 되었다. 고전 고대 시기 마야의 글은 거대한 그림 문자였다. 물감으로 그리기도 하고, 부조로 새기기도 했다. 공공장소에 설치되어 누구나 쉽게 볼 수 있도록 했다. 나무껍질에 그려서 책으로 만들기도 했으며, 조개껍데기, 토기 조각, 머리핀, 옥 장신구 등의 작고 귀한 물건에 그려져 착용하거나 가지고 다니는 용도로도 사용되었다. 그 가치는 글씨를 그리는 장인의 솜씨에 따라 달라졌다. 메소포타미아에서와 마찬가지로 학생들은 학교에 가서 글씨를 배워야 했다. 학교에서는 아마도 나무껍질이나 큰 나뭇잎에다 글씨를 따라 그리는 것으로 교육을 시작했을 것이다.

지금까지 남아 있는 대형 그림 문자는 대부분 역사 자료에 해당한다. 마야 왕과 귀족들의 탄생, 즉위, 결혼, 전쟁, 사망을 기록해두었다. 어느 특정 시점으로부터 날짜 수를 계산해서 기록하는 방식이었다. 그리고 마야에서 사용된 두 가지 순환 달력과 관련된 기록도 있다. 종교적 의례를 언제 거행해야 할지 결정할 때 마야에서는 이 달력을 사용했다. 두 가지 달력 중 하나는 올메크에서 전해 내려온 것이 틀림없고,

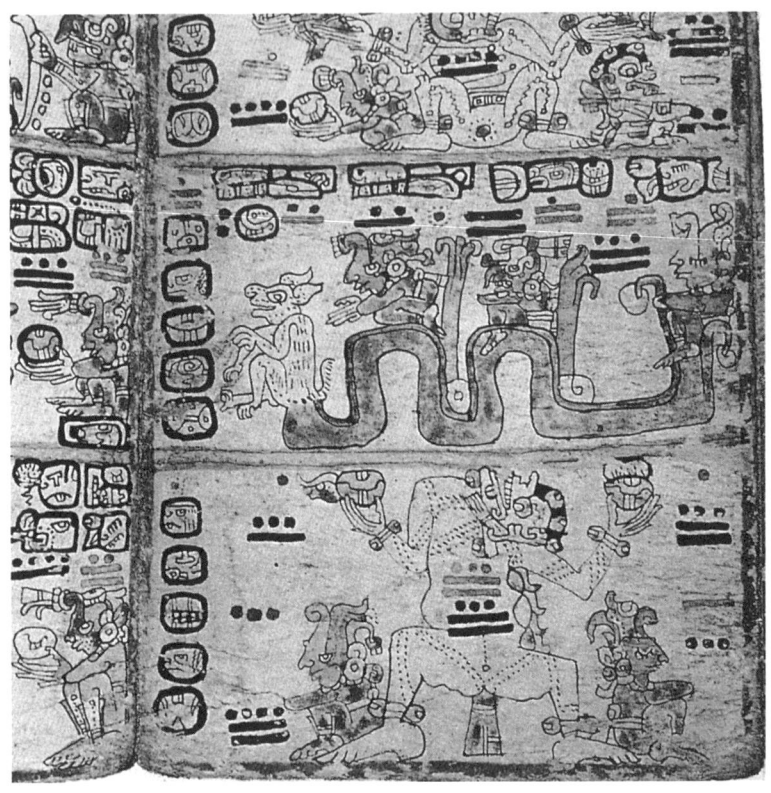

[그림 2-2] 마야의 책
마드리드 코덱스(Madrid Codex)라고 알려진 13세기 마야의 책. 13세기. 무화과나무 껍데기로 만들었다. 달력, 점성술, 천체관측표 등의 내용이 들어 있다. 이는 연간 260일에 이르는 의례 날짜와 관련된다. 메소아메리카 전역에서 점사나 예언을 할 때 이 달력을 사용했다. 그림에는 의례 장면과 일상생활 장면이 포함되어 있으며, 그림 문자로 테두리를 둘렀다.

다른 하나는 마야인들 스스로 엄밀하게 지구의 공전을 관측해서 만들어낸 것이다. 이러한 공식 문자는 도시의 통치자와 신이 연결되어 있음을 의미했고, 심지어 글을 전혀 읽을 줄 모르는 사람들에게도 (혹은 잘 읽지 못하는 사람들에게도) 효과가 없지 않았다. 즉 이러한 문자가 대중적 홍보 수단으로 사용되었으며, 도시 주민들은 이를 통해 통치자가 신이 부과한 의무를 충족할 수 있다고 믿었다.

메소포타미아, 중국, 마야 등의 초기 문자들은 대개 상징과 결합되어 있다. 주로 단어나 관념을 표현했으며, 소리를 나타내는 경우는 아주 드물었다. 소리 문자는 기원전 1800년경 시나이 반도에서 일하던 노동자들이 개발한 것이다. 당시 그곳은 이집트가 통치하고 있었다. 그들은 오직 소리를 나타내는 기호만으로 자신의 언어를 기록했다. 각각의 철자는 하나의 소리와 대응되었다. 이러한 시스템을 이용하면 읽고 쓰기가 훨씬 더 단순해지기 때문에, 일반인들이 실용적인 목적으로 어떤 일을 기록하거나 의사소통을 할 때 널리 퍼져 나갔다. (지중해 연안과 오늘날 레바논 해안을 오가며 해상 무역에 종사한) 페니키아 사람들은 더 단순한 시스템을 개발해서 자신들의 언어를 표현했다. 이 시스템은 지중해 주변 지역에 널리 전파되었다. 그리스에서는 페니키아 알파벳을 변형해, 특히 모음을 추가해 기원전 8세기부터 그리스어 표기에 사용했다. 나중에 로마에서는 그리스 알파벳을 바탕으로 로마 알파벳을 개발했는데, 오늘날 영어 표기에 사용되는 알파벳이 바로 그것이다. 로마 알파벳뿐 아니라 동유럽의 키릴 알파벳과 북유럽의 룬 알파벳 등도 그리스 알파벳을 기초로 만들어졌다. 페니키아 알파벳을 기반으로 페르시아 제국에서도 문자를 만들었는데, 이는 히브리 문자와 아랍 문자 등 중앙아시아와 남아시아 여러 문자의 바탕이 되었다. 결과적으로 보자면, 평민들이 개발하고 페니키아 상인들이 전파한 문자가 오늘날

전 세계에서 사용되는 많은 문자의 기원이 된 것이다.

알파벳이 널리 알려졌을 때에도 읽고 쓰는 법을 배우려면 몇 년이 걸렸다. 상당히 최근까지도 글을 배우는 사람들은 세 부류 정도로 정해져 있었다. 즉 엘리트 계층에서 태어나 생계를 위한 노동을 하지 않아도 되는 사람들, 성직자 등 종교에 소속되어 읽고 쓰는 일이 영적으로 권장되는 사람들, 글을 써서 먹고 살려는 사람 혹은 직업의 일부가 글과 관련 있는 사람들이었다. 첫 번째와 두 번째 부류에는 남녀가 모두 포함되었다. 세계의 어느 문화권을 보더라도 엘리트 계층에 속해 글을 배운 여자들이 있었고, 종교에서는 글을 배운 여성 성직자가 있었다. 그러나 세 번째 그룹은 주로 남자였다. 직업적으로 글씨 쓰는 사람, 베껴 적는 사람, 기록하는 사람, 특정 거래에 관여하는 전문가, 관리, 행정가 들은 그 부모가 글씨를 배우는 데 필요한 학비를 제공할 의지와 능력이 있거나, 부모가 아니더라도 다른 어떤 후원자가 있어야만 했다.

고대 도시국가들에서, 그리고 그로부터 발전한 더 큰 국가들에서 문자의 기능은 매우 다양했다. 경제 관리, 권력 행사, 의례의 기록과 기념, 성스러운 가르침의 전래 등이었다. 문자의 발명은 하나의 혁명이었을까? 19세기, 그리고 20세기에도 상당 기간 동안 학자들에게 물어보면 대체로 그렇다고 대답했다. 글쓰기는 곧 역사의 시작을 뜻하여 문자 발명 이전의 인류 역사는 선사 시대로 간주했고, 문자를 사용하지 않는 집단은 "역사가 없는 민족"이라 하여 미개인 취급을 받았다. 1960년대와 1970년대에 영국 인류학자 잭 구디(Jack Goody), 북미 문화평론가 월터 옹(Walter Ong)과 마셜 맥루한(Marshal McLuhan)은

이 문제에 대해 의미심장한 논의를 전개한 바 있다. 그들은 문명과 미개의 확연한 구분을 거부했다. 그러나 의사소통 방식의 변화는 삶의 많은 영역에서 극적인 변화를 가져온다고 주장했다. 변화는 내적인 사유의 영역이나 외적인 사회적 영역을 막론한다. 잭 구디에 의하면, 글쓰기는 (특히 그리스 알파벳의 경우) 추상적 사유와 형식논리를 진작시키고 신화와 역사의 구분을 가져왔다. 월터 옹과 마셜 맥루한에 의하면, 글쓰기 때문에 언어는 청각의 영역에서 시각의 영역으로 옮겨지고 이는 인간의 인지와 의식을 새롭게 만들었다.

이러한 주장이 너무 극단적이라고 생각하는 사회학자나 인류학자도 많았다. 반대 입장에서는 최근 수백 년 전까지만 해도 전체 인구 중 극소수만이 글을 읽고 쓸 줄 알았으며 대부분 사람들에게 언어는 소리언어의 영역에 머물러 있었다는 점을 강조한다. 문자가 발명된 이후에도 오랫동안 구술 문화를 생산하거나 확장하려는 노력들이 이어져왔다. 종교 건축물의 높은 제단이나 강단, 탑 등은 성직자나 기도자의 말을 더 분명하게 듣기 위해 설치한 것이다. 궁전에는 야외무대나 발코니가 설치되었고, 법과 규칙을 공포하는 강당도 건설되었다. 고전 고대 아테네에는 성인 남성 시민들이 모여서 연설을 하고 논쟁을 벌이는 에클레시아(ekklesia)라는 의회가 있었는데, 아테네 중심부 언덕 위에 건설된 곳이었다. 일부 종교에서는 글로 쓰인 텍스트가 중심적 역할을 했다. 불교나 기독교, 이슬람교 등도 마찬가지였다. 그러나 스스로 글을 읽을 줄 모르는 사람들을 위해 성직자, 상인, 교사 등이 텍스트의 내용을 가르쳐주었다.

세계사 연구자들, 특히 문자가 발달하지 않은 지역을 연구하는 학자들은 구술 문화와 문자 문화가 그리 분명하게 나뉘지 않는다고 주장한다. 이들은 구술 문화 전통에서도 의례적 형식을 익히려면 오랜 시간에 걸친 훈련이 필요하고, 그러한 훈련을 받은 사람들에게는 사회·정치적 권력을 부여하며, 그렇지 않더라도 권력자와 밀접한 관계를 맺게 된다는 점에 주목한다. 서아프리카의 만데족(Mandé) 사회에는 그리오(griot)라는 구술 역사가가 있다. 이들은 문화적 기억을 보존하고 전달하는 역할을 맡으며, 왕에게 조언하고 왕실의 권위를 진작한다. 중앙아프리카의 루바족(Luba) 사회에서도 바나 발루트(bana balute, 기억 인간)라고 하는 사람들이 같은 역할을 한다.

구술 전통은 또한 문자는 아니지만 여러 가지 측면에서 문자와 같은 기능을 할 수 있는 물리적 기억보조장치의 도움을 받기도 한다. 중앙아프리카 루바족의 바나 발루트는 루카사(lukasa)라는 것을 이용한다. 모래시계 모양을 한 목판인데, 구슬과 조개껍데기가 붙어 있다. 이것은 간명한 기호로서, 왕실의 계보, 사건, 장소, 이주 경로 등을 기억하는 데 도움이 된다. 잉카 문명에서 가장 주도적 세력이었던 페루인은 키푸(khipu, quipu)라는 것을 이용했다. 줄에 매듭을 묶어 정보를 기록한 것인데, 때로는 수백 가닥이 묶여 있기도 하다. 스페인 식민지 시기의 자료를 보면, 키푸를 통해 납세 및 노동의 의무를 기록하고 농작물의 수확량, 토지 소유권 이전, 여론 조사, 기타 수량 데이터를 기록했다고 한다. 키푸를 만들고 해독하는 사람은 나이 많은 전문가로 남성이었다. 잉카 지역 내에서 키푸를 전달하기 위해 광대한 지역에 공공 도로와 달리는 사람을 갖추어두었다. 지방에서는 키푸를 가지고 오는 사람을 보면 누구라도 상부에서 파견된 사람이라는 것을 알 수 있었고, 관리는 그를 통해 상세한 내용을 상부에 보고할 수 있었다. 키푸에 숫자를 기록하는 방식을 해독하기 위해 학자들이 오래도록 노력해왔고, 지금도 계속 노력 중이다. 키푸에 숫자가 기록되는 방식은, 우편번호를 통해 지역을 알 수 있고 다양한 식별 번호로 개인을 지칭할 수 있는 오늘날과 비슷했다. 키푸는 구술 언어와 연결되지 않았고, 키푸를 읽는 방식 또한 스페인 정복 이후 소멸해버렸다. 스페인 관리와 군인은 안데스 지역에서 키푸를 파괴했다. 키푸에 종교적 의미가 있어서 스페인에 반항할지도 모른다는 생각 때문이었다. 오늘날 약 600점의 키푸가 남아 있는데, 그 절반 이상이 유럽과 미국의 박물관에 소장되어 있다. 키푸나 또 다른 기억보조장치들을 연구하는 학자들은, 문자란 것이 그리 혁신적인 변화를 가져오지 않았을지도 모른다고 주장한다. 문자 이외의 다른 수단들도 통계를 내거나, 수량을 기록하거나, 과거를 보존하고 권력을 증빙하는 기능을 할 수 있었기 때문이다.

그런데 1990년대 이후로 다시 미디어 문화 연구자들과 신경생리학자들을 중심으로 문자의 발명을 혁명적 계기로 보는 시각이 되살아나고 있다. 문자가 더 넓은 지역의 문화를 통합하고, 정치적 통제를 강화하고, 사회 제도를 새롭게 할 뿐만 아니라 다른 역할도 했다는 것이다. 즉 인간의 두뇌 자체가 문자 때문에 바뀌었다고 그들은 주장한다. 좌뇌와 우뇌의 편중 정도가 바뀌고, 다른 두뇌 요소들의 변화에도 영향을 주었다고 한다. 미디어 연구자들은 아무래도 과거보다는 현재에 (그리고 미래에) 더 관심을 두는 경향이 있다. 1993년 〈와이어드(Wired)〉 잡지가 처음 나왔을 때, 그들은 이를 "디지털 혁명"이라 하면서 "벵골에서 발생하는 태풍처럼 우리 삶의 모든 영역을 뒤흔들어놓을 것"이라 평했다. 정보를 획득하는 방식이 개인과 사회에 영향을 미친다고 (어떤 학자들은 결정적이라고도) 하는 그들의 주장에 비추어 보더라도 문자의 발명이 사소한 문제는 아니었을 것이다.

국가와 혈통

문자의 탄생이 그러했듯, 수메르 도시국가에서 등장한 정치 체제 또한 인류의 과거에서 하나의 분기점이 되었다. 국가라고 하는 사회정치적 체제가 수메르 지역에서 세계 최초로 탄생한 것이다. 국가 체제에서는 소수 집단이 다른 사람들의 자원을 활용해 권력을 잡거나 유지할 수 있었으며, 그 규모가 크고 복잡했다. 국가는 폭력이나 위협, 관료 체계와 세금 시스템을 통해 사람들을 강제했다. 친족 그룹이나 부족 체제와는 전혀 달랐다. 국가에는 체계적인 법과 규범이 있었고, 권력을 분배하는 방식이 정해져 있었으며, 사회적 위계질서와 성별에 따른 상하관계가 훨씬 복잡다단했다. 이를 통해 어떤 집단은 특권을 누렸고, 어떤 집단은 그에 복속되었다. 그들의 제도문화와 관습을 "문명화"라고 했다.

고대 세계에서 국가의 규모는 점점 더 거대해졌다. 서남아시아 지역에서 보자면, 수메르의 개별 도시국가들은 여러 개의 도시 거점을 총괄하는 왕국으로 성장했다. 사르곤 대왕이 수립한 아카드 왕국이 그런 사례였다. 왕국은 다시 군사력을 바탕으로 여러 왕국을 총괄하는 제국으로 발전했다. 제국에는 다양한 인종과 여러 국가가 포함되었다. 아카드 왕국은 아마도 오랜 가뭄 때문에 무너진 것 같다. 그 뒤로도 수천 년 동안 여러 왕국 혹은 제국이 수메르 지역을 지배했다. 바빌로니아, 아시리아, 히타이트, 신-바빌로니아, 신-아시리아, 페르시아, 알렉산드리아, 셀레우코스, 로마 등이었다. 각 제국이 거대 영역을 통합한 시기들 사이, 즉 기존 제국이 무너지고 새로운 제국이 자리 잡기 이전에는 불안정과 분열의 시기도 있었다. 긴 시간으로 보자면, 세계의 다른 지역들도 이와 똑같은 정치적 과정을 겪었다. 중국 지역에서는 기원전 1050년경 주(周)나라 군대가 상(商)나라 군대를 굴복시키고 중국 왕조의 영토를 상당히 확장했다. 주나라 왕조가 무너지고 이른바 "전국 시대(기원전 403~221)"가 도래했다. 그 뒤 진(秦)나라와 한(漢)나라가 다시 통일을 이루었다(기원전 221~기원후 220). 중국 왕조의 영토는 훨씬 더 넓어졌다. 그러나 한나라 또한 무너지고 "분열의 시대(기원후 220~589)"가 이어졌다. 이집트 또한 전체 역사가 통합과 분열의 과정이었다. 이집트 역사는 안정과 확장의 세 시기, 즉 고왕국 시대(기원전 2660~2180), 중왕국 시대(기원전 2080~1640), 신왕국 시대(기원전 1570~1070)를 기준으로 설명할 수 있다. 그 사이사이로 분열과 무질서의 시대가 있었다. 그 시기를 중간기라고 하는데, 제1, 제2, 제3 중간기가 있었다. 남아메리카 서부 해안과 안데스 산맥 지역에도 왕이 다스리는 도시들이 있었고, 기념비적 건축물들이 세워졌다. 이들은 지역 패권을 차지하는 더 큰 세력으로 성장했다가 결국 무너졌다. 카랄(Caral, 기원전 2500~1600), 차빈(Chavin, 기원전 1000~200), 모체(Moche, 기원전 200~기원후 700), 티와나쿠(Tiwanaku, 기원후 100~1100) 등이었다.

도시국가, 왕국, 제국의 성장과 몰락, 투쟁과 경쟁 관계 등이 문자 탄생 이후 역사가들이 서술한 주요 내용이었다. 왜 그랬는지는 이해할 만하다. 제국을 수립하려면 정복을 해야 한다. 그러나 제국을 유지하기 위해서는 권력 승계가 되어야 한다. 고대 세계에 등장한 거의 모든 국가, 처음에는 서남아시아와 나일 강 유역, 그다음에는 인도와 중국, 지중해, 중앙아메리카와 남아메리카, 결국에는 세계 모든 지역에 수립된 나라들이 같은 방식을 취했다. 그것이 바로 세습 왕조였다. 세습 왕조에서는 권력이 하나의 친족 집단 구성원에게 주어진다고 생각했다. 그리고 정당한 권력 승계가 곧 왕조 승계로 이어진다고 생각했다. 중국의 역사는 왕조 명칭의 나열이었다(상, 주, 진, 한, 수, 당, 송, 원, 명, 청). 이집트의 역사는 순서대로 31개의 숫자가 배당되었다(1왕조, 2왕조…). 이 같은 역사 서술 체제를 만든 사람은 기원전 3세기 이집트의 역사가 마네토(Manetho)였다. 그는 기존에 있던 왕의 목록으로 이러한 역사 체제를 만들어냈다. 세습 왕조가 아닌 나라는 거의 없었다. 고전 고대 그리스의 도시국가들이나 (귀족 지주들의 의회가 권력을 가진) 로마 공화정 등은 드문 경우였다. 이런 국가들에서도 정치 및 군사적 결정을 내릴 수 있는 집단에 포함되는 사람들은 출신에 따라 그 자격을 소유했다. 그러니 국가의 성장 및 몰락은 곧 특정 계보의 성장 및 몰락과 같은 이야기였다. 그 계보란 다시 말하면 이성 간의 교접을 통해 정당하게 상속받을 자격이 있는 아이들을 생산함으로써 유지되는 사회적 집단이다. 대부분의 역사 기록을 보더라도, 정치와 사적 관계가 워낙 밀접하게 얽혀 있어서, 역사가들의 눈에는 이 두 가지가 잘 구별되지 않았던 모양이다. 그러나 권력을 가진 자들의 입장에서는 결코 그렇지 않았다.

정통성이 계보를 따라 계승된다는 관념은 워낙 강력했다. 그래서 적당한 상속자(혹은 능력 있는 상속자)가 일정한 집단 범위 내에 없을 경우에는 새롭게 만들어내기도 했다. 통치자가 적당한 젊은이를 아들로 입양하는 것이다. 승계의 규칙 또한 유연했다. 형제나 조카에게 상속되기도 했고, 아들이 없을 때는 딸이 낳은 아들에게 승계되기도 했다. 대부분 여성은 실질적인 통치 행위에서 배제되었지만, 특수한 경우 여성 통치자도 존재했다. 정통성 있는 후계자를 정하는 규칙조차 왜곡이 가능했다. 일부 세습 왕조의 경우, 공식적인 통치자의 아내가 아닌 여성에게서 태어난 아들은 왕위 계승에서 완전히 배제되었다. 그렇지 않은 경우도 있었다. 어머니의 사회적 지위는 전혀 고려하지 않거나, 그 아들을 공식 부인의 양자로 들이기도 했다. 종족 집단에서 친족 관계가 고의로 형성되는 경우가 있었으므로, 세습 왕조에서도 마찬가지로 그와 같은 일이 가능했다. 그렇다고 해서 국가와 사적 계보가 약하게 관련되어 있다고 볼 수는 없으며, 오히려 그 둘의 관계가 얼마나 강력했는지를 보여주는 증거일 뿐이다.

중국은 이러한 관계가 이론적 및 실천적으로 어떻게 작동했는지를 보여주는 아주 좋은 사례다. 상(商) 왕조와 주(周) 왕조의 통치자들은 모두 여러 신에게 제사를 드렸다. 신 중에는 통치자의 조상신도 포함되어 있었다. 통치자는 조상들께 제사를 올리며 가호를 빌었다. 주 왕조는 기원전 1050년 상 왕조를 정복하고 승리의 제사를 올렸으며, 하늘신의 명령(천명天命)이 상 왕조에서 주 왕조로 옮겨 왔다고 주장했다. 상 왕조가 억압적이고 부당한 짓을 했기 때문에 정통성 있는 통치권이 덕이 있는 주 왕조로 넘어왔다는 것이다. 주 왕조의 기록에 의하면, 왕은 하늘의 아들이다. 그러나 하늘은 아들이 현명하고 백성들에게 애정을 가질 때에만 통치를 허락한다. "하늘의 명령(천명)"이라는 정치 이론은 당시 새로운 것이었으며, 이후 수천 년 동안 유지되었다. 왕위는 세습되고 왕들은 신성한 어떤 힘과 가족 관계를 맺고 있다는 이론이었다. 이는 동시에 왕들이 윤리적으로 행동해야 한다는 의미도 포함했다. 그렇지 않으면 하늘이 명령을 거두어들여서 덕이 있는 다른 통치자에게 천명을 부여할 것이었다.

　　상 왕조와 주 왕조는 종교적 의례와 정치 이론뿐만 아니라 왕권을 강화하는 평범한 방법도 사용했다. 왕이 결혼을 여러 번 하는 것이었다. 그리고 거대한 왕궁을 지어서 부와 권력을 과시하기도 했다. 왕의 아내들은 대체로 다른 나라 출신이었다. 결혼이란 정치적 네트워크를 형성하고 영토를 안정화하는 데 좋은 수단이었다. 후계 규칙(종법제도宗法制度)은 점점 더 다듬어져서, 승계는 정부인의 장남이 하도록 했다. 이러한 패턴은 나중에 정부인과 후궁을 나누는 제도로 발전했다. 후궁은 법적인 아내지만 정부인보다 지위가 낮았다. 이 같은 남성 위주의 후계 규칙은 엘리트 가문에서도 시행되었다. 높은 귀족(공公, 경

[그림 2-3] 인물채화칠협人物彩畵漆篋
한(漢)나라(기원전 206~기원후 222) 때의 대나무 상자로, 상자에 그려진 인물 옆에는《효경》에 등장하는 충신과 열녀의 이름이 기록되어 있다.《효경》은 효를 강조하는 유교의 고전이다. 오늘날 북한에 있었던 낙랑군 지역에서 발굴되었다.

卿, 대부大夫)뿐만 아니라 사(士)라고 하는 낮은 귀족 계층에서도 마찬가지였다. 이들은 가문의 성씨를 부계 혈통을 따라 전해주었다. 이와 함께 관직과 재산, 칭호, 조상에 대한 제사 의무도 물려주었다.

군사적 우위도, 현명한 결혼도 영원할 수는 없었다. 기원전 400년 경 중국은 서로 경쟁하는 여러 나라로 분열되었다. 그 뒤에는 오래도록 안정적인 왕조가 수립되었다. 기원전 206년에 그리 높지 않은 가문의 인물이 개창한 한나라였다. 그러나 신하들은 한 왕조를 예전의 강력한 통치자들과 연결하는 데 성공했다. 그들은 황제를 중국의 시조로 홍보했다. 그 당시 황제는 강력한 과거 지도자로 추앙받고 있었다. 지금에서 보자면 신화적인 인물이다. 한 왕조는 황제의 아들 25명 중 하나의 후계자로 자처했다. 또한 한 왕조는 유교라는 철학 체계를 진작시켰다. 유교는 기원전 5세기의 사상가인 공자의 사상에 기반을 둔 사상 체계였다. 공자의 제자들이 그의 사상을 기록하고 널리 퍼뜨렸다. 공자는 가족을 사회의 기본 단위로 여기고 효의 가치를 강조했다. 아이들은 부모를 공경하고 부모에게 복종해야 했다. 특히 아들은 아버지에게 그렇게 해야 했다. 아버지와 아들의 관계는 사회 위계질서의 핵심이다. 왕과 신하, 남편과 아내, 형과 아우는 모두 하늘과 땅이라는 우주적 질서를 반영하는 관계다. 이러한 위계질서 아래에서는 명백하게 한쪽이 우월하고 다른 한쪽이 열등하지만, 어느 한쪽도 없어서는 안 되며, 조화와 질서가 양자의 균형에 달려 있다.

유교의 가르침에서 남자의 궁극적 목표는 (최소한 그럴 능력을 펼칠 여건이 된다면) 현자(賢者)가 되는 것이다. 현자란 교육을 많이 받은 지혜로운 사람을 뜻한다. 공자의 표현을 빌리자면 "깨달음을 원하는 사람들을 깨닫게 해주는 사람"이다.[4] 이는 정치적 질서를 더욱 널리 확장하기 위함이다. 또한 남자는 일생 동안 부모님과 조상님께 바치는 의례를 집전해야 했다. 그리고 자기 자신보다는 집안의 대를 잇는 일

---

4 夫仁者 己欲立而立人 己欲達而達人 ―《논어(論語)》〈옹야(雍也)〉 제28장.

을 우선시해야 했다. 여자의 궁극적인 목표는 "집안의 보배"가 되는 것이었다. 여자는 기꺼이 "세 가지 복종(三從之道)"을 행해야 했다. 딸로서 아버지에게 복종하고, 아내로서 남편에게 복종하고, 남편이 죽은 뒤 아들에게 복종하는 것이 그 세 가지였다. 한나라의 통치자들은 반고(班固)처럼 유교 경전을 배운 인물을 관리로 채용해서 제국을 운영하도록 했다. 이러한 학자 겸 관료들은 그에 대한 보답으로, 오직 황제만이 하늘과 땅에 연결되어 있으며 모든 사람의 제대로 된 관계는 위계질서 아래 놓여 있다는 방대한 저술을 남겼다. 유교는 국가 이데올로기가 되었고, 엘리트 가문에서도 공식적으로 인정되는 윤리 체계였다. 가족 관계의 모든 측면에 대해 적절한 예법이 있었고, 그에 걸맞은 의례가 주어졌다. 이러한 예법과 의례는 수백 년 동안 세월이 갈수록 더욱 정교해졌다.

불행하게도 한나라의 통치자들이 전설 속 황제처럼 언제나 아들 복이 많은 것도 아니고, 유교 학자들이 원하던 대로 가족 관계가 원활하지도 못했다. 한나라 초대 황제의 황후 여씨(呂氏)에게는 아들이 하나 있었다. 그 아들이 황제의 자리를 물려받았을 때는 아직 어린 나이였다. 그래서 (중국에서는 황태후皇太后라고 일컫는) 황제의 어머니가 아들 대신 통치하며 섭정을 했다. 여태후의 통치는 안정적이었고 대중적으로도 인기가 좋았다. 그러나 후대 중국 궁정의 역사가들은 그녀가 모든 정적을 살해했다는 이야기를 만들어냈다. "악녀 여태후"는 여자가 통치하면 어떤 끔찍한 일이 일어나는지를 보여주는 가장 유명한 사례가 되어버렸다.

한나라 멸망 사례를 보면 후손 생산과 국가의 흥망이 얼마나 밀접했는지를 알 수 있다. 기원후 2세기 말 한나라의 통치자들은 연이어 성년이 된 아들이 없는 상태에서 사망했다. 황제의 아내는 소년 황제를 대신하여 섭정을 했다. 황태후의 가문은 궁정에서 하나의 파벌을 형성했다. 또 하나의 파벌이 학자 관료들이고, 세 번째 파벌이 중요한 직책을 맡은 환관이었다. 환관은 거세된 남성인데, 역사적으로 기원전 2000년경 수메르 지역에서 도시국가가 탄생할 때 함께 등장했다. 환관은 고대 사회에서는 흔히 볼 수 있는 존재였다. 아시리아, 페르시아, 동로마 제국에도 환관이 있었고, 물론 중국에도 있었으며, 나중에는 다른 나라들에도 있었다. 전쟁이나 반란에 따른 포로 출신으로 형벌을 받아 환관이 된 경우도 있었지만, 어린 소년을 가족들이 거세하는 경우도 있었다. 그렇게 하면 소년에게 장차 궁궐에서 일할 수 있는 기회가 주어졌기 때문이다. 다른 나라에서처럼 중국에서도 환관들은 관료 조직이나 군대, 황실 등에서 중요한 자리를 차지했다. 그들은 결혼을 하지 않고 아이도 갖지 않았으므로 이론적으로는 왕실에 더욱 충성하는 사람들이고, 그래서 신뢰할 수 있었다. 때로는 매우 높은 지위까지 올라가고, 화려한 경력을 쌓기도 했다. 예를 들어 14세기 명나라의 제독 정화(鄭和)는 거대한 탐험대를 이끌고 수차례에 걸쳐 인도양을 항해한 바 있는데, 그 또한 환관이었다. 어린 시절 전쟁 포로로 잡혀 거세를 당했다고 한다. 환관들이 언제나 통치자의 기대처럼 충성스러웠던 것은 아니다. 그들에게는 여전히 긴밀한 관계의 가족이 있었고, 야망도 있었다. 한나라의 경우 환관, 황후, 관료가 언제나 당파를 이루어

파벌 싸움을 했다. 장군들이 군사를 이끌고 이들의 싸움을 뒷받침했다. 그러나 그 장군들 또한 자신의 야망이 있었다. 3세기 초에 이르러 중국 한나라는 분열되어 사라져버렸다.

국가와 사적 계보의 관계에 있어 중국의 사례는 다른 세습 왕조에서도 흔히 볼 수 있는 현상이었다. 중국 이외 다른 지역에서도 영웅적인 조상과의 관계를 내세워 통치 후계 구도를 정당화했다. 통치자들은 권력 기반으로 군대뿐만 아니라 종교적 권위를 적극 활용했다. 통치자는 신과 어떤 관계가 있음을 강조했다. 세계 어디에서나 통치자들은 연맹 관계를 맺거나 더욱 굳건히 하기 위해, 혹은 정복의 상징으로 결혼을 이용했다. 통치자들에게는 아내와 후궁과 노예가 많았고, 여러 종류의 여성들이 통치자의 위신을 세우는 데 이용되었다. 이런 방식을 "일부다처제"라 한다. 통치자들은 가족을 이용해서 통치 체제의 많은 측면을 해결하고자 했다.

세습 왕국이 성장하고 국가의 규모가 커지면서 권력과 성별(젠더)의 관계가 더욱 애매해지고 때로는 서로 충돌하기도 했다. 국가의 성장은 대부분의 경우 여성을 억압하고 성차별을 심화시켰다. 통치 권한이 (귀족의 경우 세습 지위가) 대를 이어 상속되면서 엘리트 그룹에서는 아내의 뱃속에 있는 아이가 자신의 아이인지 여부가 매우 중요해졌다. 많은 나라에서 엘리트 여성들은 점점 더 고립되었고, 성년이 될 때는 엄격한 규칙이 부여되었다. 이는 평범한 여인들에게도 영향을 미쳤다. 여성의 친족 관계는 남편의 친족 관계보다 덜 중요하게 취급되었다. 그래서 부족 사회나 군장 사회보다 왕조 사회에서 여성의 지위는 더욱 부차적이고 의존적으로 변해갔다.

　세습 왕국의 발전이 하나같이 여성의 권리와 지위를 제한한 것은 아니었다. 오히려 일부 소수 여성들의 권리가 강화되거나, 계보상 정당한 후계자로 인정해준 경우도 있었다.

　이집트에서 (나중에 파라오라고 불린) 통치자는 신성한 존재로 받아들여졌고, 사람들은 왕실의 가족 구성원들이 모두 신성한 힘을 가지고 있다고 믿었다. 이집트의 통치자 혹은 통치자가 될 사람은 남매간이나 가까운 친척과 결혼하는 경우가 있었다. 이는 왕실에 신성한 혈통의 비중을 더 높이기 위한 조치였고, 신을 모방하는 일이기도 했다. 이집트 신화에서 신들은 흔히 남매간에 결혼을 했기 때문이다. 신성 가족과의 관계 덕분에, 이집트의 기나긴 역사에서 극소수이긴 하지만, 여성에게 통치 권한이 주어지기도 했다. 하트셉수트(Hatshepsut, 재위 기원전 1479~1458)도 그러한 여성 중 하나였다. 그녀는 파라오 투트모스(Thutmose) 1세의 딸이자 투트모스 2세의 이복동생인 동시에 아내였다. 하트셉수트는 공식 행사에서 남성 통치자들과 같은 복장을 한 것으로 그려져 있다. 스커트를 입고, 가짜 수염을 달고, 머리에는 코브라 장식의 관을 썼다. 이는 이집트의 신 오시리스(Osiris)의 모습이기도 했다. 그러나 다른 공식 석상에서 하트셉수트는 이집트의 부유한 여인들과 같은 옷차림을 했다. 어떤 기록에서도 그녀가 자신이 여성임을 숨기려 한 흔적은 발견되지 않는다. 그녀가 남성 통치자들과 같은 복장을 했다는 사실은 그녀가 자신의 성별보다 조상으로부터 이어진 계보를 더 중시했음을 뜻한다. 이후 세계 다른 지역의 여성 통치자들도 이와 마찬가지였다.

일본의 고대 통치자로 몇몇 여성의 이름이 등장한다. 예를 들면 히미코(卑彌呼)와 진구(神功)가 있다. 이들은 모두 왕실의 일원으로 권력을 잡았다. 또한 신의 소리를 듣고 전할 수 있는 능력이 있었다고 한다. 이들의 인생 이야기는 신화와 역사가 뒤섞여 있지만, 일본의 국가 전통에서는 매우 중요한 비중을 차지한다. 메소아메리카에도 마야의 도시국가를 직접 통치한 아포-카툰(Ahpo-Katun), 아포-헬(Ahpo-Hel), 작 쿡(Zac Kuk) 같은 여인들이 있었다. 돌에 새겨진 그림에서 이들은 남성 신의 복장을 하고 있는데, 이는 이집트의 하트셉수트가 일부 그림에서 남성 복장으로 등장한 것과 같다. 또 어떤 경우 이들은 남녀 구별이 잘 드러나지 않는 옷을 입고 있는데, 이는 제3의 성별 혹은 성전환자의 가능성을 보여주는 것이기도 하다. 마야 통치자의 아내는 남편과 함께 피를 흘리는 의례에 참석해야 했고, 그것이 왕실 권력의 핵심 상징이었다. 왕실 구성원의 피를 직접 보여주는 행사는 다른 지역에서도 발견된다. 피가 다른 무엇보다도 왕실의 분명한 실체로 인정된 곳은 훨씬 더 많다.

도시와 국가 안에서의 결혼과 가족

통치자의 가족은 일반적인 가족과 다르지만 같은 면도 있었다. 왜냐하면 도시화, 글쓰기, 국가의 성장 등이 특정 계층의 가족뿐만 아니라 모든 사회 계층의 가족들을 규정했기 때문이다. 반대로 가족이나 친족 집단의 관행이 큰 틀에서 사회경제적 구조나 정부 정책, 문화적 패턴에 영향을 미치기도 했다. 고대 사회(그리고 그 이전)에서 가족이란 공간은 역사적 변화의 현장이자 그 변화의 동력이었다.

도시와 국가가 발달한 곳에서는 어디서나 일정한 경향이 나타났다. 기록 자료들을 보면 특히 도시에 거주한 중상위층에서 이 점이 더욱 분명하게 드러난다. 그 같은 경향성은 매우 오래 지속되어서, 심지어 수천 년이 지난 오늘날에도 분명하게 유지되고 있다. 통치자 가문에서와 마찬가지로 도시의 가족들에게도 후손의 생산과 재산은 복잡하게 얽힌 가족 관계에서 핵심 요소가 된다. 결혼은 개인 두 사람뿐만 아니라 두 가족을 연결하는 것이기 때문에, 배우자 선택은 너무나 중요한 문제이고 젊은 사람들에게 알아서 하라고 맡겨둘 수만은 없는 일이었다. 흔히 결혼 당사자의 부모나 가족 구성원 혹은 중매인이 나서서 결혼을 중개했다. 그들은 가능성 있는 결혼 상대자들을 검토한 뒤 적당한 사람을 골랐다. 그들이 기대한 바는 후손을 생산하는 것, 그리고 최소한 가족의 현재 사회경제적 지위를 유지하는 것이었다. 가족들에게 조언을 해주는 점성술가나 예언가도 있었다. 이들은 누가 배우자로 좋은지, 그리고 결혼 날짜는 언제가 좋은지 조언해주었다. 로마 제국 사람들은 6월(June)을 가장 선호했는데, 로마 신화에서 유노(Juno)는 결혼과 출산의 여신이었기 때문이다. 또한 6월에 아이를 임신하면 그 이듬해 봄에 출산하게 되니까 생존율이 더 높았다.

결혼은 사업상 계약과 같은 측면이 있었다. 신랑과 신랑의 아버지는 신부가 될 여인의 아버지에게 선물을 주고, 신부의 아버지 혹은 가족 구성원은 지참금을 주었다. 지참금은 명목상 신부의 소유로 남았지만, 결혼 관계가 유지되는 동안 그 운용은 남편이 했다. 토지, 동산, 보석, 노예 등이 모두 지참금이 될 수 있었고, 나중에는 동전이나 약속어음도 사용되었다. 다른 사업상 계약처럼 결혼 계약이 서면으로 작성되기도 했다. 신랑 신부의 아버지들이 서명하거나, 아니면 신랑과 신부의 아버지가 서명했다. 종교나 정부 관리는 개입되지 않았다. 결혼은 법적 및 문화적으로 공인되는 제도였지만, 결혼의 성립은 사적인 가족 간 동의로 이루어졌다. 결혼식은 가족의 생활에서 가장 중요한 행사였다. 가족의 재산 중 상당 부분이 행사를 치르고 새로운 가정을 꾸리는 데 사용되었다. 도시화된 사회에서 신혼부부들이 살 집을 마련하는 것은 부계의 몫이었다. 신부는 신랑이 조상 대대로 살던 집이나 그 근처로 가서 살았다. 혹은 다른 곳이라 할지라도 신부의 가족이 아니라 신랑의 가족이 지정해주는 장소였다.

결혼의 마지막 과정은 성적 관계였다. 만약 어떤 이유에서건 성적인 관계가 맺어질 수 없다면 받은 선물을 되돌려주고 계약을 해지하는 협상이 시작되었다. 남아시아 지역에서는 가족의 생활과 다산을 중요하게 여기는 종교적 관념이 결국 모든 남성과 여성이 결혼을 해야 한다는 생각으로 나아갔다. 여자아이들은 특히 어린 나이에 결혼했고, 과부나 아들이 없는 여인들은 결혼식 축제에 참석할 수 없었다. 자식 생산을 방해하는 모든 것, 동성 간에 지나치게 친밀하다든가 어린 나이에 종교적 서약을 하는 것은 금기시되었다. 집안에서는 불이 매우 중요한 상징적 의미를 지녔다. 남편과 아내는 정기적으로 불 앞에서 기도를 올렸다. 아이들은, 특히 남자아이들은 크게 사랑받았고, 부모와 내밀한 관계를 맺었으며, 유난히 어머니와 더 가까웠다. 남편이 죽고 홀로 남은 여인은 큰아들의 집에 들어가서 살았다. 그래서 시어머니와 며느리 사이의 갈등이 빚어졌다. 인도의 옛이야기에서 잔인한 시어머니는 전형적으로 등장하는 인물이다. 이는 젊은 여인을 거칠게 다룬 일상생활을 그대로 반영한 것이었다. (지중해 지역과 유럽에서는 홀로 된 어머니가 결혼한 아들의 집에서 살지 않았다. 그래서 심술궂은 노파는 주로 시어머니가 아니라 계모로 등장한다.)

중매결혼이라고 해서 부부 사이에 애정이나 낭만적인 사랑이 없지는 않았다. 고대 세계로부터 전해오는 문자 기록은 주로 세금 목록이거나 법조문이 많지만, 에로틱한 사랑의 시도 조금 포함되어 있다. 이 시가 결혼 전에 쓰였는지, 아니면 결혼 생활 중에 쓰였는지, 실제 아내가 아닌 다른 여인을 위해 쓰인 것은 아닌지, 혹은 신에 대한 사랑을 은유적으로 표현한 것인지는 알 수 없다. 유적에 남겨진 증거는 의미가 좀 더 분명하다. 이집트 신왕국과 로마 공화정 시기 남성 무덤에 새겨진 문구를 보면 아내에 대한 애정을 표현하고 있고, 남녀가 선 채로 껴안고 있는 모습이 그려진 경우도 있다.

결혼 그 자체는 사적인 동의의 영역이다. 그러나 결혼 서약이 성립된 그 순간부터 가족의 삶은 법체계 속에서 통제된다. 초기 기록으로 남겨진 법령에는 지참금과 유산을 비롯한 여러 가지 가족 간 재산 증여에 관한 조항이 포함되어 있다. 뿐만 아니라 성적 행동에 따른 조항도 있다. 예를 들어 기원전 1790년 바빌론 왕 함무라비의 법전에는 간통, 처자 유기, 별거와 이혼, 남편과 하인 및 노예의 성관계와 그 사이에서 출생한 아이에 대한 처분, 가족 간 강간, 혼전 성관계, 근친상간, 혼인 서약 위반, 이혼 혹은 사별 후의 재혼, 입양, 복잡한 상속 관계, 이상 모든 조항의 결과로서 재산의 소유 관계 등이 법 조항에 들어 있다.

함무라비 법전에서는 가정의 사회경제적 주도권이 남편과 아버지에게 있음이 명백하게 드러난다. 남편/아버지의 결심에 따라 그의 아내와 아이들 혹은 하인들의 경제적 운명이 (따라서 결혼 생활의 운명까지도) 결정되었다. 만약 아내가 "그것(가정)을 떠나고자 하거나, 빚을 지거나, 집안을 망치려 하거나, 남편에게 소홀하거나, 범법 판결을 받은 경우" 남편은 아내와 이혼을 할 수 있고 지참금은 돌려주지 않아도 된다고 했다. 이 조항을 비롯해 다른 조항들을 종합적으로 살펴보자면, 여성은 남성만큼 독립적이지 못했던 것 같다. 바빌론의 법을 만든 사람들은 남성이 더 지식이 많고 더 부유하다는 전제 아래 법을 서술하고 있다. 그러나 아내가 "빚을 지거나" 하려면 누군가가 그녀에게 돈을 빌려주어야 한다. 다른 조항에 보면 아내가 결혼하기 전이나 후에 빚을 진 경우 남편은 아내를 위해 "토지와 정원과 집"을 내주어야 한다는 내용이 있다. 게다가 어머니는 아들 중 어느 아들에게 재산을 물려줄지 결정할 수 있었다. (사후 재산 증여 결정을 "유언장의 자유 testamentary freedom"라 하는데, 이는 성별과 가족 내 출생 순서 및 기타 요인들로 제한을 받는 경우가 많았다. 바빌론의 법전에서는 특이하게도 결혼한 여인에게 "유언장의 자유"를 지나치게 많이 부여하고 있다.) 여인들은 언제나 극히 미약한 처지에 놓여 있었고, 따라서 실제 법률 기록이나 재산 증여 기록에서는 거의 등장하지 않는다. 그러나 고대 세계의 구체적인 자료를 검토해보면, 여인들은 가족의 의사 결정 과정에서 상당한 영향력을 행사했을 뿐만 아니라 법 조항에 기록된 것보다 가정에 대한 통제권을 훨씬 더 많이 가지고 있었다.

여성들이 특히 능동적이었던 그리스의 도시국가 스파르타에서는 세계의 다른 어느 지역과도 다른 독특한 가족 구조가 발달했다. 기원전 8~5세기 스파르타에서는 모든 행위가 군사적 목적에 초점을 맞추고 있었다. 시민의 아들은 7세에 집을 떠나 군대에 가야 했고, 그때부터 30세까지 군대 막사에서 생활했다. 결혼은 18세 무렵 또래 여성과 했지만, 아내를 만나려면 군대 막사에서 몰래 빠져나와야만 했다. 군사 훈련은 혹독했다. 그러나 남자가 되기 위해서는 어쩔 수 없는 일이라고 생각했다. 남자들은 외부의 적, 예컨대 아테네 같은 경쟁 도시국가와 맞서 싸워야 했고, 도시에서 함께 살아가는 노예나 스파르타 주변에서 독립적으로 생활하는 농부도 다스려야 했다. 농부의 인구수는 스파르타 시민보다 훨씬 더 많았다.

이 같은 군사적 분위기에서 여성 시민들은 놀랍게도 매우 자유로웠다. 모든 고대 사회에서 임신은 중요하게 취급되었지만, 특히 스파르타에서는 산모가 건강해야 튼튼한 아이를 생산할 수 있다고 생각했다. 그래서 여성들이 운동을 많이 하고 좋은 음식을 먹도록 권장되었다. 남자들이 일생의 대부분을 군대에서 보내야 했기에, 여성 시민들은 재산을 소유하고 가정을 운영해야 했다. 육체적으로 통제를 받거나 격리되는 일은 없었다. 출산을 강조하기는 했지만 동성 간의 우정은 폭넓게 인정되었다. 남성 동성애도 마찬가지였다. 남성 동성애는 군사적 방편으로 간주되었다. 뛰어난 전사는 가족과 아이들뿐만 아니라 남성 애인과 동료를 보호하기 위해서 더 맹렬히 싸울 수 있다고 생각했다.

그러나 스파르타의 독특한 가족 및 성별(젠더) 구조는 그리 큰 유산으로 남지 않았다. 왜냐하면 고전 고대 그리스의 도시국가들을 문화적, 정치적, 지적으로 주도한 나라는 아테네였기 때문이다. 앞에서 언급했듯 아테네 민주주의는 시민과 비시민을 엄격히 구분했다. 시민권은 아버지에게서 아들로 상속되었다. 아들이 태어나고 열흘이 지나면, 아버지는 아들을 마룻바닥에 눕혀두고 이름을 짓는 행사를 거행했다. 이러한 의례는 법적인 아들이 태어났음을 의미했다. 아테네의 남성 시민으로서는 아들이 자신의 핏줄이라는 점이 매우 중요했다. 그래서 아내는 집안에서 점점 더 격리된 공간으로 내몰렸다. 여성 시민은 종교적 축제나 장례식에 가고 때로 극장에서 공연을 관람하거나 다른 대중행사에 참석하기도 했으나, 그것이 어느 정도까지 허용되었는지에 대해서는 논란의 여지가 남아 있다. 대부분의 고전 고대 도시국가와 달리 아테네 사람들은 가족보다는 남성 개인을 사회적 질서의 기본으로 간주했다. 성인은 나이 많은 남성과의 위계질서 아래에서 어떻게 시민이 되는지를 배워야 했다. 이러한 관계에서 성적인 문제가 개입되는 수도 있었다. 나이 많은 남성이 능동적 역할을 하는 것이 성인 남성 시민으로서 적절한 행위로 간주되었다. 그러나 청소년이 성년이 된 뒤에는 그 관계가 이성적이고 "플라토닉한" 관계로 머물러야 했다. (아테네 사람들이 남성들 사이에서 혹은 남성과 여성 사이에서 실제로 성적 관계가 얼마나 자주 있어야 바람직하다고 생각했는지에 대해서는 말하기 어렵다. 현재

남아 있는 자료들은 대부분 규범적이거나, 이상적 혹은 허구적인 내용이기 때문이다.)

아테네의 규범과 사고방식은 지중해와 그 너머 지역까지 널리 퍼져 나갔다. 기원전 4세기 알렉산드로스 대왕의 군대가 이를 전파하였고, 그의 사후에는 그의 유산을 이어받아 그리스인이 통치하는 왕국들이 곳곳에서 세습 왕조로 자리를 잡았다. 곳에 따라서는 아테네의 규범과 현지의 관습이 서로 충돌하는 경우도 있었다. 예를 들어 이집트에서 여성들은 오래도록 머리에 무언가를 쓰지 않고도 공적인 일을 하거나 장사를 할 수 있었다. 스스로 자신의 재산을 관리했고, 돈을 빌려줄 때 보증인 역할을 맡기도 했으며, 법적 분쟁에 당사자로 참여했고, 법정에도 직접 출석했다. 이 모든 일이 그리스 정복자의 눈에는 매우 놀라워 보였다. 이집트 남성들은 기존의 이집트 관습에 비해 훨씬 억압적인 그리스의 법을 이용하려 했고, 가족 중 여성의 재산을 빼앗으려 하기도 했다. 이러한 남성들의 움직임에 대항하여 여성들이 제기했던 기원전 3세기 이집트의 소송 기록이 남아 있다. 당시 여성들은 성차별이 덜했던 기존의 이집트 법률에 따라 판결해달라는 요청을 했다.

고대 세계에서는 종종 이혼도 있었지만 대부분은 부부 중 한 사람이 사망함으로써 결혼 생활이 끝났다. 법령에는 남성 혹은 여성이 먼저 죽으면 어떻게 할지에 대한 내용이 명시되어 있었다. 그러나 여성의 경제적 상황, 사회적 지위, 법적 입장이 대체로 남편에 의존해 있었기 때문에, 남편이 사망한 경우 가정사에 훨씬 극적인 단절이 초래되었다. 남편이 죽으면 아내는 과부가 되었다. 고대 언어들에는 과부에

[그림 2-4] 아테네의 운동선수
기원전 5세기 아테네에서 만들어진 크라테르(krater, 포도주와 물을 섞는 데 사용한 단지)에 그린 그림으로, 원반던지기 선수가 스승으로부터 교육을 받고 있다. 아테네의 항아리나 접시에는 젊은 남성 운동선수가 벌거벗은 모습으로 그려져 있는 경우가 많다. 아테네의 축제 때에는 운동 실력뿐만 아니라 남성의 몸매도 감상했기 때문이다. 한때 화가의 이름이 클레오프라데스(Kleophrades)로 알려졌지만 후대의 조작임이 밝혀졌다.

대응되는 남성을 부르는 호칭이 없는 경우가 많았다. 영어나 근대 언어에서 그러한 단어가 몇몇 존재하는데, 기껏해야 여성 명사에서 파생되는 경우가 많다(과부widow → 홀아비widower). 남아시아나 중국에서 남편을 잃은 미망인은 법적으로 큰아들 소속이 되거나, 남편의 형제 혹은 다른 가족 구성원에 소속되었다. 마누 법전(Manusmrti)은 기원전 200년에서 기원후 200년 사이 인도에서 사회적 및 의례적 의무를 상세하게 모아둔 긴 텍스트인데, 그중 한 편에 이런 내용이 있다. "어린 시절 여성은 마땅히 아버지에게 속한다. 젊은 시절에는 남편에게 속하고, 남편이 죽으면 아들에게 속한다. 여성은 결코 독립해서는 안 된다." 중앙아시아 유목민의 경우 남편이 죽은 아내는 남편의 형제들과 재혼을 했다. 이러한 관습을 취수혼(娶嫂婚, levirate marriage)이라 한다. 다른 여러 지역에서도 취수혼을 채택했는데, 이는 미망인과 아이들을 종족 내에 보존할 수 있는 방편이었다. 이러한 관습을 통해 성적 경험이 있는 여성이 신속하게 새로운 남편의 권위 아래 편입될 수 있었다. 히브리어 성경에도 취수혼 규정이 있다. 과거 남편이 아이가 없이 죽은 경우 재혼한 남편에게서 낳은 첫아들을 그의 상속자로 규정했다. 하지만 남성에게도 과연 그 규정을 따를지 선택할 권한이 주어졌다. 그러나 유대인에게 취수혼이 그리 흔했던 것 같지는 않고, 시간이 지나면서 그러한 사례는 더욱 드물어졌다.

　미망인이 남편의 가족 구성원에게 곧바로 편입된 지역이 있는가 하면, 다른 지역에서는 여성들이 남편 사후에 독립적 생활력을 길렀다. 유교 경전이나 마누 법전에는 이러한 여성을 지칭하는 용어가 없다. 그러나 이집트, 헬레니즘 시대(기원전 336~100) 지중해 연안 도시들, 로마 제국의 기록이나, 심지어 성서 등에는 미망인이 땅을 사거나 팔고, 돈을 빌리고, 자선 기부금을 내고, 종교 건축을 후원하는 사례가 등장한다. 이러한 미망인들은 어떤 의심의 눈초리를 피할 수 없었다. 왜냐하면 그들은 남성의 직접적인 통제에 소속되지 않았기 때문이다. 그러나 그들이 아이들의 보호자였으므로 그들의 행동은 용납되었고, 따라서 가족의 재정을 관리할 수 있었다. 중국과 인도에서도 구체적인 사례에 대한 기록들을 보면, 규범 내용과는 달리 미망인들이 경제적 수완을 발휘하는 경우가 있었다. 그들은 자신의 지참금을 운용하고 불교 사원에 후원금을 내기도 했다.

부족 사회에서의 가족

도시가 건설된 적이 없는 지역, 전통과 규범이 구술로 전해지는 지역에서 고대의 가족생활이 어떠했는지를 확인하기란 쉽지 않은 일이다. 역사학이나 인류학에서는 매우 다양한 방법론을 통해 친족 체제, 결혼 방식, 구성 방식 등 가족 구조의 여러 측면을 파악하려 한다. 후대에 남겨진 기록이나 외부자의 보고서를 검토하기도 하고, 직접 인터뷰를 하며 구술사를 듣기도 하고, 고고학적 유물을 발굴하고, 가족과 친족을 지칭하는 어휘를 언어학적으로 분석하기도 한다. 이 모든 것이 근거를 제공하지만, 동시에 나름의 한계를 내포한 것도 사실이다. "전통적"인 줄 알았던 것이 알고 보면 새로 생겨난 것으로 밝혀지는 경우도 종종 있다. 가족의 패턴이란 고정불변의 것이 아니기 때문이다. 특히 문자 기록 전통이 강하지 않은 지역에서는 가족을 구성하는 방식이 매우 다양한 형태로 발전해왔다.

가족을 구성하는 방식과 가족의 역할은 국가 체제 내에서 살지 않는 사람들, 즉 독립 농부나 유목민이나 포레이저에게서 상당히 비슷하게 나타났다. 이들은 친족 집단을 먼 친척까지 아주 폭넓게 해석했다. 이러한 친족 집단은 집안 문제를 비롯해서 여러 가지 문제에 개입했다. 예를 들면 누구와 결혼할지, 언제 결혼할지, 누가 땅을 경작할지, 누가 동물을 기를지, 혹은 경제적인 자원을 어떻게 활용할지, 누군가의 행동을 받아들일지 아니면 비난이나 처벌을 해야 할지 등을 결정하는 일이었다. 이런 일들을 결정할 때는 가족 내에서 협의와 토론 과정을 거쳤고, 가족 구성원 각자가 서로의 입장에 영향을 미쳤다. 나이가 많은 가족 구성원의 의견에는 대체로 나이가 어린 구성원의 의견에 비해 더 무게가 실렸다. 나중에 태어난 아이들보다는 맏이의 의견이 중요했고, 여자의 의견보다는 남자의 의견이 중요했다. 이 같은 두 가지 기준, 즉 나이와 성별에 따른 위계질서가 뒤얽혀 복잡한 방식으로 작동했다. 눈앞의 문제가 무엇인가에 따라서 작동 방식은 달라졌다. 경우에 따라서는 나이 많은 여인이 나이 어린 남성을 통제할 수도 있었다. 죽는다고 해서 가족 구성원의 권위가 사라지는 것은 아니었다. 왜냐하면 조상들은 죽은 뒤에도 보이지 않는 세계에서 살아가면서 가족의 삶에 개입할 수 있었기 때문이다.

결혼 방식과 부부 생활 및 소유권의 운용 방식 등은 매우 다양했다. 아프리카의 농업 지역에서는 일부다처제가 흔했다. 가족들은 여러 건물이 집합된 형태의 거주지에서 살았는데, 각각의 아내는 저마다 집과 양, 농토 등의 재산을 소유했다. 아프리카 동부와 남부 지역에 사는 코이산족(Khoisan)이나 닐로트족(Nilot)은 유목민이다. 남자들은 소나 덩치가 큰 동물을 키우고, 여자들은 염소 같은 작은 동물을 돌본다. 결혼을 할 때 남자는 흔히 소를 신부의 친정에 선물로 준다. 집안에서 아버지나 남자 어른은 소를 관리함으로써 젊은 남성의 결혼을 통제할 수 있다. 유럽과 서아시아 지역에서 게르만족이나 슬라브족은 부유하고 권세 있는 남성의 경우 아내를 여러 명 두었지만 모든 아내가 한집에서 살았다. 평민에게는 일부다처제가 일반적이지 않았고, 여성의 재산 소유도 인정되지 않았다. 이러한 점들이 아프리카와 달랐다.

아프리카, 아메리카, 태평양 지역에는 문화적으로 모계 사회도 많았다. 모계 사회란 여성의 계보를 중심으로 친족 집단을 판단하는 사회를 의미한다. 여기서 남성의 상속자는 여성 남매(누나 혹은 여동생)의 아이들이다. 그렇다고 해서 모계 사회에서 여성은 반드시 경제적 또는 법적 자율성을 가졌다고 볼 수는 없다. 그러나 분명한 것은 여성이 남편보다 남성 남매(오빠나 남동생)에게 더 의존한다는 사실이다. 남성 남매 또한 여성 남매에게 더 많이 의존했다. 다만 결혼을 할 때는 신부의 가족에게 신부값(bride wealth, 신부를 사는 비용)을 지불하는 경우가 많았다. 남성은 돈이나 토지 혹은 기타 물품으로 신부값을 지불해야 했다. 그래서 자신의 여성 남매가 결혼할 때 받은 신부값을 그대로 자신의 신부를 사는 데 사용하곤 했다. 본인이 결혼을 잘하려면 여성 남매가 결혼을 잘해야만 했다. 새신랑은 미래 신부가 될 여성의 집안에서 일을 해주는 경우도 많았다. 장차 장인이 될 사람에게 결혼 이전이나 혼담이 오가는 와중에 노동력을 제공하는 것이다. 모계 사회에서는 형제자매들이 일생 동안 매우 가깝게 지내게 된다. 남편과 문제가 생긴 여성은 친정의 지원을 받는다. 처가살이를 하는 부족(모처혼母處婚 부족)의 경우 특히 그러했다. 북아메리카 동부 지역의 원주민 가운데 이런 부족들이 있었다. 이들은 남편이 아내의 부족에 들어가서 살았고, 여성 친척들이 평생 함께 살았다. 그래서 모계 친족이 부계 친족보다, 심지어 배우자의 부족보다 훨씬 더 중요했다. 아이들도 외삼촌들에게 특별한 존경을 표했다.

모계 사회나 처가살이 문화(모처혼) 등의 경우 남성 입장에서는 그렇지 않은 경우보다 비교적 결혼이 쉽다. 왜냐하면 남성이 결혼 즉시 아내의 재산에 대해 권리를 주장하지는 않기 때문이다. 남성이 무역이나 식민지 개척처럼 오래 출타해야 하는 일을 하는 경우 이러한 문화가 발달했다. 예를 들어 오스트로네시아 남성들은 아우트리거(outrigger) 카누를 타고 서쪽으로 인도양을 건너다녔다. 기원후 100~700년, 그들은 보르네오 남부 혹은 오늘날 인도네시아 지역 어디쯤에서 출발해 아프리카 동부 해안까지 진출했다. 그들이 곡물을 비롯해 바나나, 코코넛, 사탕수수 등을 가지고 갔기 때문에 아프리카에서 이러한 작물들이 재배되기 시작했다. 그들은 또한 아프리카 현지 여성과 결혼도 했다. 유전자 분석을 통해 보건대, 아프리카 동부 해안 근처 마다가스카르 섬은 일찍이 사람들이 살지 않았는데, 그들이 아프리카로 진출한 직후부터 사람이 살기 시작했다. 이 섬에 사는 사람들은 유전적으로 반은 아프리카 사람이고 반은 오스트로네시아 사람이다. 마다가스카르에서 사용하는 말라가시어(malagasy)는 보르네오에서 통용되는 오스트로네시아 언어와 비슷하며, 그들의 물질문화에도 오스트로네시아적 요소와 아프리카적 요소가 혼재되어 있다. 동부 아프리카 지역 부족들이 모계 사회였는지는 분명하게 알 수 없다. 그러나 비교적 최근에 다른 지역에서 처가살이를 하는 풍습의 문화를 보자면, 외부의 남성이 결혼을 통해 집안에 들어와서 살게 되면 어디서든 무역과 문화 교류를 촉진하게 되는 현상이 나타났다. 이로 미루어 보아 아마도 당시 동부 아프리카 부족들도 모계 사회였던 것 같다. 이는 가족 구조가 가정의 범위를 넘어 사회를 어떻게 변화시킬 수 있는지를 보여주는 아주 좋은 사례다.

모계 승계 시스템과 신부값을 통해 가족은 더욱 견고히 연결되기도 한다. 그러나 여기에 수반되는 문제가 없지는 않다. 부계 승계 시스템이 갈등을 유발할 수 있듯이, 신부의 집에 노동력을 제공하는 것도 갈등 요인이 될 수 있다. 남성은 처갓집의 영향력을 꺼려했고, 아내가 남편의 가정에 들어가서 살게 되는 경우(부처혼父處婚) 일부러 아내를 멀리서 데려오려 했다. 그러면 장차 아이들과 외삼촌의 관계를 약화시킬 수 있었기 때문이다. 일부다처제와 신부값이 아버지와 아들의 관계를 악화시키기도 했다. 가족들은 한정된 재산으로 아들의 아내를 먼저 사 오는 게 좋을지, 아니면 아버지의 새로운 아내를 사 오는 게 좋을지 선택해야 했다. 일부 학자들은 이러한 세대 갈등이 가혹한 통과의례의 원인이라고 지적했다. 젊은 남성은 가혹한 통과의례를 거쳐야 결혼이 허락되고 사회적으로 진정한 성인 남성으로서 인정을 받았다.

아프리카와 아메리카의 일부 부족은 부계와 모계 양쪽에게서 승계를 받았다. 예컨대 안데스 산맥 지역에 사는 많은 사람들은 양계로부터 모두 후손임을 인증받는다. 여자아이는 어머니에게 물려받은 토지, 물, 동물에 대한 권리를 갖고, 남자아이는 아버지로부터 상속을 받는다. 또 다른 양계 승계의 경우에는 남자아이만 양계로부터, 즉 아버지

[그림 2-5] **어머니와 아들 인형**
토기로 만든 인형. 페루 해안의 모체 문화(기원후 100~800?)에서 토기는 일상생활에서 쓰이는 도구이기도 했지만 주로는 부장품으로 사용되었다. 무덤은 곧 문화적 가치를 소통하는 장소였다.

와 어머니의 형제들로부터 유산을 상속받는다.

이혼이나 혼인 파탄의 형식 또한 보편적인 양상이 있었다. 북아메리카 처가살이(모처혼) 부족의 경우, 이혼을 원하는 남자는 아내의 집을 떠나면 그만이었다. 아내는 남편의 물건을 집 밖에 내놓음으로써 남편을 내보내고자 하는 뜻을 나타냈다. 어느 경우든 아이들은 어머니의 가족과 함께 남는다. 그러나 아이가 태어난 뒤에는 이혼을 꺼리는 부족들도 있었다. 이혼을 하게 되면 신부값 반환 등 복잡한 재산 문제가 뒤따르기 때문이었다.

고대 세계에서 국가 혹은 제국의 울타리 안에 살았던 사람들의 가족 관계도 그렇지만, 이에 못지않게 울타리 바깥의 광대한 영역에서 실제로 살아갔던 가족들에 관한 주제도 무척 흥미로운 연구 주제다. 문헌 자료에는 재산을 소유하지 못한 사람들의 가족 및 사적 관계에 대한 이야기가 거의 등장하지 않는다. 노예처럼 자신의 몸뚱어리 그 자체가 재산인 사람들에 관해서는 더더욱 내용이 없다. 가족 단위건 개인 단위건 하층민이 기록에 등장하는 경우는 어떤 이유로든 그들이 윗사람이 부과한 의무를 충실히 이행하지 못했을 때다. 가뭄이나 홍수로 잉여 농산물이 없는 경우, 기근이나 전염병 때문에 도시로 몰려오는 사람들이 줄어든 경우, 반란을 일으키거나 도망친 경우 등이다.

사회적 위계질서와 카스트

도시와 국가에서 생산되는 문자 기록은 사회적으로 상층부에 있는 사람들의 관심을 반영하며, 위계질서를 어떻게 유지할 것인가 하는 문제도 그런 관심 사항에 포함된다. 국가는 새로운 사회적 불평등 관계를 만들어냈다. 이는 농경 마을에서 처음 출현한 불평등이 확장된 것이다. 이러한 관계가 법적으로 명문화된 경우도 많았다. 가령 초기 로마 제국에서 사회적으로 가장 중요한 신분은 파트리키(patrici)와 플레브스(plebs)였다. 파트리키는 세습 통치 가문의 후손이고, 플레브스는 평민이었다. 철학 텍스트나 종교적 텍스트에 이러한 위계질서가 언급되는데, 신들이나 자연을 근거로 이러한 신분 구분을 정당화하는 내용이다.

사회적 위계질서 중에서 가장 복잡하면서도 오래도록 남아 있는 제도 가운데 하나가 기원전 2세기 중반 남아시아에서 형성되었다. 가장 이른 시기의 자료를 보면, 산스크리트어로 바르나(varna, 색깔)라는 어휘가 사회적 범주를 구분하는 데 사용되었다. 나중에 포르투갈 무역상들이 이 어휘를 카스타(casta)라고 번역했는데, 이는 포르투갈어로 사회적 세습 신분을 나타내는 말이었다. 이 단어가 오늘날 영어로 카스트(caste)가 되었다. 카스트 제도는 기원전 1500년부터 500년까지 거의 1000년에 걸쳐 만들어졌다. 그 당시 스스로를 아리아인(아리아는 산스크리트어로 귀족을 뜻한다)이라고 부르는 사람들이 정치적·문화적으로 인도 북부를 장악했다. 그들은 성스러운 텍스트, 즉 서사시, 찬가, 철학적 잠언, 의례 관련 텍스트 등을 만들어서 이를 베다(Vedas)라고 했다. 그 시대를 일컫는 명칭(베다 시대)이 바로 이 텍스트에서 나왔고, 그 시대에 대해 알 수 있는 1차 자료도 바로 그것이다. 전통적으로는 아리아인이 전차와 청동 무기 등 우월한 군사력을 앞세워 북방에서 인도로 들어갔고, 원주민 부족을 점령했다고 알려져 있다. 아리아인 침략의 고고학적 증거는 매우 적었지만, 베다에 나오는 이야기가 그러하므로 그렇게 생각한 것이다. 베다에 등장하는 영웅적 지도자들은 성직자와 전사의 보좌를 받는다. 이들이 두 가지 상위 계급이 되었는데, 바로 브라만(Brahman)과 크샤트리아(Kshatriya)다. 상인이 세 번째 카스트(바이샤Vaisya)가 되었고, 농민과 노동자 및 피정복민은 네 번째이자 가장 인원수가 많은 계급(수드라Sudra)이 되었다. 베다에는 이 시스템이 신들에 의해 만들어졌다고 기술되어 있다. 신들은 처음에 우주적 존재를 네 부분으로 갈랐으며, 인간의 신분 계급은 푸루샤(Purusha)의

네 신체 기관에 대응된다고 했다.[5] 이로써 카스트 제도는 종교적 근거를 가지게 되었다. 고대 세계의 다른 지역에서도 그랬지만, 아리아인의 왕국에서 성직자들은 통치 권력의 확장을 지원했고, 그에 대한 보답으로 통치자는 브라만에게 의례 전문가로서 최고의 지위를 보장해 주었다. 브라만의 제사는 신의 가호를 보다 확실히 보장했다.

브라만의 높은 지위는 《우파니샤드(Upanisad)》를 보면 더더욱 분명하게 나타난다. 《우파니샤드》란 기원전 750~500년에 성립된 텍스트로 우주론을 담고 있다. 우주는 끊임없이 순환하는 것이며, 영혼은 환생을 통해 계속해서 다시 태어난다. 이를 삼사라(samsara)라고 한다. 인생에서 행한 바를 카르마(karma)라고 하는데, 누구나 카르마에 따라 다음 생이 결정된다. 선한 일을 많이 한 사람은 다음 생에서 높은 계급으로 태어나고, 나쁜 일을 많이 하면 낮은 계급으로 태어난다. 삶의 궁극적인 목적은 끝없이 돌고 도는 환생의 순환에서 벗어나 모크샤(moksha)에 도달하는 것이다. 모크샤란 자유와 축복과 깨달음의 상태로서, 누구나 모크샤 속에서 진정 변치 않는 현실과 합치될 수 있다. 그 현실이 바로 우주의 원천이며, 이를 브라만(brahman)이라 한다.

원래 최고의 정신적 단계(브라만)는 엄격한 금욕을 통해서 도달할

5　베다에서는 우주 전체가 거인의 몸속에 들어 있다고 믿는다. 그 거인을 종교학에서는 "우주적 존재(cosmic being)"라 한다. 베다에서 등장하는 거인의 이름은 푸루샤다. 신들이 푸루샤를 희생하는 대목은 다음과 같이 서술되어 있다. "신들은 푸루샤를 몇 부분으로 나누었던가? 그의 입을, 그의 팔을, 그의 허벅지를, 그의 발을 무엇이라고 불렀던가? 브라만(Brahman)은 그의 입이었다. 그의 팔은 크샤트리아(Kshatriya)가 되었다. 그의 허벅지는 바이샤(Vaisya)가 되었다. 그의 발에서 수드라(Sudra)가 태어났다." _《리그베다》 10. 90. 〈푸루샤 찬가〉 중에서.

수 있고, 오직 브라만 계급의 남성들만 브라만의 단계에 도달할 가능성을 갖추고 있었다. 그러나 기원전 3세기에 이르러 누구나 브라만의 단계에 도달할 수 있다는 믿음이 점점 커져갔다. 브라만의 단계는 여러 신들의 모습으로 구현되는데, 그중의 하나 혹은 여러 신들을 잘 섬기면 누구나 브라만의 단계에 이를 수 있다는 믿음이었다. 신을 섬기는 행위란 기도문 암송, 노래, 춤, 공물 헌납, 순례 등이었고, 각자 주어진 상황에서 명예롭게 사는 것도 그중 하나였다. 이러한 실천들이 나중에 다르마(dharma)라고 일컬어졌다. 다르마란 산스크리트어로 경건함, 도덕 법칙, 윤리, 질서, 의무, 상호 이해, 정의, 평화 등의 수많은 뉘앙스를 내포하는 말이다. 번영과 쾌락 또한 다르마에 포함되었다. 왜냐하면 모든 신격은 성적으로 활발하고, 대개 상당히 매력적인 존재들이기 때문이다. 가족은 다르마의 가장 중심적인 무대다. 모든 남자와 여자는 결혼을 해야 했다. 그래서 성적 쾌락, 종교적 의무, 후손 생산이 결혼의 3대 목적으로 간주되었다. 이 같은 윤리적·정신적 가르침을 나중에 힌두교(Hinduism)라 했다. 힌두교가 널리 받아들여진 이유는, 그것이 신과의 직접적인 대면이자 일상생활에 대한 지침이었기 때문이다. 힌두교는 카스트 시스템을 정당화해 사회 안정에 기여했다. 어느 한 신에 헌신한다고 해서 다른 신들을 거부할 필요는 없었다. 새로운 신을 함께 섬기며, 원리를 받아들이고 의례를 행하는 것도 허용되었다. 자신의 카스트에 맞는 행위 규범을 따르고 자신이 선호하는 신에 걸맞은 의례를 행하면 다음 생에 더 높은 카스트에서 태어날 것이라고 믿었다. 한편 이를 따르지 않으면 사회적으로 추방되거나, 심지어 살해될 수도 있었다.

 카스트가 처음 형성될 당시에는 피부 색깔이 중요한 역할을 했을 것이다. 아리아인의 서사시에는 검은 피부의 현자를 거부하는 사람들의 이야기가 나온다. 그러나 사회적 관점에서 중요한 문제는 피부색이 아니라 차별이었다. 이런 사고방식의 저변에는 노동 역할 분담이라는 의미가 함축되어 있었다. 예컨대 종교적 텍스트를 암송하고 지적 논쟁에 참가하는 것은 고귀한 일이었지만, 농사를 짓거나 손으로 물건을 만드는 것은 천한 일이었다. 세월이 흘러감에 따라 카스트 제도에 직업적·지리적 구분이 더해져서 점점 더 복잡한 시스템으로 변해갔다. 자티(jati, 문자 그대로는 "태생"을 의미한다)라고 하는 카스트 하위 범주가 세습을 통해 수천 가지로 분화되었다. 각각의 자티는 공통 조상과 공통 정체성을 가지며, 역할과 의례와 신분이 관습과 전통으로 정해졌다. 기술이 발달하거나 문화적 교류에 의해, 혹은 새로운 집단이 이주해 오거나 침략해 오는 경우 새로운 직업이 생겨날 수 있었다. 그러면 새로운 자티가 만들어지고, 기존 자티는 새롭게 규정되어야 했다. 따라서 카스트 시스템은 고정적인 동시에 가변적이기도 했다. 그러나 그 가변성의 한계, 카스트 제도의 또 다른 측면들, 역사적 계기 등에 대해서는 학자들 사이에서 논란이 있다. 일부 학자들은 19세기 대영 제국이 인도를 통치하는 바람에 카스트 시스템이 이전보다 더 엄격하고 권위적으로 변했다고 주장한다. 왜냐하면 그때 카스트 시스템이 문자로 기록되어 법제화되었기 때문이다. 이에 반론을 제기하는 학자들은 글로 기록되지 않은 규범이라고 해서 그만큼 엄격하지 않은 것은 아니라는 점을 지적하며, 때로는 글로 쓰인 법보다 더 엄격할 수도 있다고 주장한다.

어떤 일은 최하위 카스트인 수드라보다 더 천한 취급을 받았다. 그 일을 하는 사람들은 카스트 시스템 바깥에 존재하는 것으로 간주되었다. 이 같은 사회적 분류가 나중에는 "불가촉천민" 개념으로 발전했다. 그들은 더럽기 때문에 접촉해서는 안 된다는 생각이었다. 불가촉천민은 더러운 일에 종사하기 때문에 천대를 받았다고 한다. 그러나 누구라도 그 일을 하면 더러워지게 마련이었다.

깨끗함/더러움의 개념에 따라 카스트 간의 관계 및 자티 간의 관계가 결정되었다. 즉 어떤 그룹에 속하는 사람은 다른 그룹에 속하는 사람들과 함께 식사하기를 꺼리고 가까이 걷는 것조차 기피했으며, 무엇보다도 서로 결혼은 절대로 하지 않았다. 세대를 거듭할수록 같은 집단 내의 결혼이 집단의 결속력을 더욱 강화했다. 집단의 구성원들은 먼 옛날 공통 조상의 자손일 뿐만 아니라 현실에서도 점점 더 가까운 인척이 되어갔다. (1950년 인도 헌법에서는 공식적으로 카스트에 근거한 차별을 금지했다. 이후 인도는 역사적 집단 차별 상황을 개선하고자 여러 가지 정책을 시행했다. 오늘날 인도 사회에서 카스트 시스템의 힘은 매우 민감한 정치적 이슈다. 도시 지역에서는 카스트 제도의 중요성이 훨씬 감소되었다는 데 대체로 동의하지만 결혼 풍습은 그대로 유지되고 있다.) 인도의 카스트 시스템은 네팔과 스리랑카로도 전파되었다. 이들은 기존의 사회 계층을 나누는 관습에 카스트 시스템을 섞어서 더욱 뚜렷한 사회 시스템을 만들어냈다.

종교와 사회적 관습은 힌두교와 뒤섞여 동남아시아까지 전파되었다. 인도양을 넘어 이를 전파한 사람들은 상인과 선원이었다. 이들은 배를 타고 말레이 반도와 수마트라 섬 및 자와 섬 해안을 따라 있는 소규모 도시국가들과 무역을 하던 사람들이었다. 기원후 100년경 인도의 성직자와 관리가 말레이의 배를 타고 동남아시아로 진출했다. 그들은 현지 권력 가문과 혼인을 하고, 인도식으로 중앙 집권을 강화하고자 하는 왕가를 돕는 역할을 맡았다. 당시 동남아시아 지역에서 이렇게 형성된 인도식 국가들로는 말레이 반도의 랑가수카(Langasuka), 푸난(Funan), 참파(Champa) 등과, 자와 섬의 타루마(Taruma), 순다(Sunda)가 있었다. 이들은 기존의 전통에 수입 문화를 융합시켰다. 어떤 집단은 스스로가 인도의 특정 카스트, 예컨대 전사 계급인 크샤트리아의 후손이라고 자부했다. 그리고 돌로 거대한 사원을 지어서 힌두교 신을 모셨다. 그러나 토속 신과 정령에 대한 제사도 계속 지냈다. 쌀 수확을 관장하는 신, 일상생활을 관장하는 신, 우주 질서를 관장하는 신 등이었다. 오늘날 베트남 남부 지역에 있는 참족(Cham)은 모계사회로서 중국이나 인도에서보다 여성의 사회적 역할이 훨씬 능동적이었으며, 이러한 패턴은 동남아시아 대부분 지역에서 지속되었다. 남아시아 이주민 집단에서와 달리, 카스트 시스템의 영향은 제한적이었으며, 지역적으로 형성된 사회적 위계질서가 우선적으로 유지되었다.

노예제와 노예 사회

고대 사회에서 노예와 자유민의 차별은 귀족과 평민, 남성과 여성의 차별 못지않게 오래된 사회적 차별이었다. 때로는 유일하게 노예만 차별한 사회도 있었다. 수메르의 왕 우르남무의 법전에서, 왕 이외의 모든 사람은 두 부류로 나뉘었다. 바로 노예와 자유민이었다. 수메르뿐만 아니라 다른 곳에서도 노예제는 도시나 문자 기록보다 훨씬 앞서 발생했다. 그것이 도시화 과정에서 확대되고, 국가 설립 및 발전 과정에서 더욱더 확대된 것이다. 소수의 노예 소유주는 국가의 공권력 덕분에 많은 노예들 틈에서도 안전하게 살 수 있었다. 통치자는 때로 노예에게 군대, 경찰, 행정 관료의 역할을 맡겨 자신의 권력을 강화했다. 노예는 사회적 지위로서 법적으로도 인정되었다. 어느 나라든지 고대의 법전이 남아 있는 경우, 서남아시아, 이집트, 중국, 인도, 지중해 지역은 물론이고, 다른 나라들에서도 다르지 않았다는 사실이 여러 증거를 통해 확인되었다. 부족 사회 단계에서도 노예제가 존재했다. 중앙아시아, 유럽, 아프리카, 아메리카, 오세아니아 여러 지역 등에서 그러한 사례가 확인되었다. 어느 인종 출신이나 노예가 되었으며, 그 계기는 전쟁 포로, 약탈 전리품, 해적, 납치 등 다양했다. 혹독한 가난을 못 견디고 빚 때문에 스스로를 노예로 팔아버린 경우도 있었다. 대부분 노예는 인근 지역에서 데려왔으나, 굉장히 멀리 가서 노예를 거래하는 노예 무역도 존재했다. 노예는 무역 세계에서 핵심 요소였다. 말, 낙타, 황소, 당나귀, 물소 등과 함께 무역 상품을 운반하는 일도 노예가 맡았다. 무역 거점 곳곳에 노예 시장이 존재했다. 이는 전쟁 포로나 범법자, 반란군을 죽이거나 감옥에 가두는 대신 멀리 팔아버릴 수도 있었음을 의미한다.

노예가 맡은 일들은 굉장히 다양했다. 어디서나 노예가 하는 일은 자유민이 하는 일과 다를 바가 없었다. 조그만 농장에서 밭일을 하고, 집안일을 돌보고, 내다 팔 상품을 만들고, 임금을 받고 노동력을 제공하고, 아이들을 돌보는 등 모든 일을 다 했다. 무리를 지어 광산에서 일하며 은이나 주석을 채굴하고, 매우 혹독한 조건에서 돌을 캐기도 했다. 노예는 사치품 소비 같은 기능도 있었다. 많은 노예를 소유하는 것은 곧 부자라는 표시였다. 특히 사회적 지위를 의식해야 하는 도시들, 예를 들면 알렉산드리아, 로마, 장안 등지에서 그랬다. 먼 지역 출신의 노예 소유는 이국적인 사치품을 소유할 여유가 있다는 의미였다. 통치자의 집안에는 특히 노예들이 많았다. 남성 노예들은 정부 관료나 왕의 조언자 같은 권세나 영향력이 있는 자리를 맡기도 했으며, 여성 노예들은 천을 짜거나 소소한 일거리를 맡고 황제의 아이들을 돌보기도 했다. 궁정의 노예들은 남녀를 막론하고 춤과 노래를 바치거나, 요리를 하거나, 동물들을 돌보거나, 궁궐 건물을 유지 및 관리하는 업무를 맡았다.

이처럼 노예의 일은 다양하고도 유동적이었다. 그러나 어디서든 노예에 관한 한 공통적인 인식이 있었다. 바로 노예를 재산처럼 소유할 수 있다는 개념이었다. 그래서 주인은 노예를 팔거나 어딘가로 보낼 수 있었다. 그리고 훈련을 시키거나 노예의 행동을 마음대로 통제할 수도 있었다. 법은 노예가 재산이라는 현실을 더욱 강화했다. 그러나 동시에 노예가 스스로 행동할 수 있는 개인이며 다른 사람들과의 관계에 참여할 수도 있다고 인정했다. 이 같은 복잡한 규정은 우르남무의 법전에서 이미 등장했는데, 빚을 갚기 위해서라면 가장 먼저 노예를 팔아야 한다는 조항이 있었다. 하지만 다른 조항에는 이런 내용도 있다. "만약 여성 노예가 자신을 안주인과 비교하고 안주인에게 큰 소리로 오만하게 군다면, 그 입 안에 소금 한 주먹을 털어 넣고 문질러주어야 한다." 함무라비 법전에도 이와 비슷한 내용이 나오는데, 여기서 노예는 사고팔고 상속하는 재산이었으나 노예들이 재산을 사고파는 주체가 되기도 했다.

고대 세계 대부분의 나라에서는 노예 인구의 비중이 그리 높지 않았다. 거의 모든 일을 자유민이 담당했다. 심지어 이집트 피라미드도 대부분 임금 노동자가 건축한 것으로 확인되었다. 남아시아와 중국 한나라에서도 마찬가지였다. 여기서는 자신의 땅을 소유하거나 대를 이어 조그만 농지를 소작하는 농민이 인구의 대다수를 차지했다. 토지는 대개 아들들에게 공평하게 나누어주었다. 인구가 늘어나면서 땅을 소유한 가정의 형편도 점점 어려워졌다. 형편이 되는 농가에서 철제 농기구와 소가 끄는 쟁기를 사용하면서 농부들은 가족 단위로 조그만 토지에서 집약적으로 농사를 지었다. 자주 풀을 베고 밭을 갈고 거름을 주고 솎아주기를 했다. 여기에 더해서 여인들은 옷감을 짰다. 옷감을 팔아 세금이나 소작료를 지불할 돈을 마련하기 위해서였다. 집약적 농업에서 노예 노동력은 별로 생산적이지 못했다. 실제로 중국 한나라 인구가 급증할 무렵 노예 인구는 1%가 채 못 되었다. 유교적 사회 질서에서 농민(農)은 공식적으로 사(士, 학자 겸 귀족) 바로 아래 계급이어서, 장인(工)이나 상인(商)보다 높았다(士-農-工-商). 이런 사회 질서가 현실적으로 농민의 삶에 별 도움은 되지 않았지만, 관념적으로나마 농부의 노동과 시골 생활은 명예로운 일이었다. 자유민인 농민이 국가에 세금도 내고 노동력도 제공했기 때문에, 정부로서는 농민의 생산성을 높이고 토지 세금을 낮게 유지하려고 노력해야 했다. 실생활에서 사람들에게 중요한 것은 바로 이런 정책이었다.

고대 세계에서 진정한 노예 국가는 거의 없었다. 고전 고대의 아테네는 드문 사례 중 하나로, 노예가 사회 구조에서 경제적·문화적으로 중요한 역할을 맡았다. 후대의 카리브 해 연안 식민지나 브라질, 미국 남부의 노예 제도와 비슷한 모양새였다. 아테네에서는 집집마다 노예가 하는 일이 다양했다. 장인의 큰 공방에서 일하거나, 아테네 육군과 해군에서 군인으로 일하기도 했다. 사회적 지위가 낮은 매춘부로 일하기도 했는데, 이들을 포르나이(pornai)라 했다. 시골에서 농작물을 재배하고, 광산이나 채석장에서도 일했다. 노예 인구가 얼마나 되었는지 정확한 수치를 말하기는 어렵지만, 아마도 아테네 전체 인구의 3분의 1 혹은 2분의 1 정도였던 것 같다. 대부분 시민은 집안에 노예를 적어도 한 명 이상 소유했다. 집에 노예가 없다는 것은 찢어지게 가난하다는 의미였다. 대개는 서너 명의 노예가 있었다. 철학자 플라톤(기원전 427~347)의 집에는 다섯 명의 노예가 있었다. 이상적인 국가를 논한 《국가론》에 따르면, 대부분 노동은 노예가 맡고 시민은 철학적 사유를 하고 통치를 담당한다. 자유민 남자들 중에서 계급을 나누는 것은 아테네 민주주의에서 별 의미가 없었다. 다만 자유민과 노예의 구분이 가장 중요했다. 아테네의 철학자 아리스토텔레스(기원전 384~322)

는 "자연적 노예"라는 개념을 발전시켰다. 이성을 가졌지만 실천을 하지 못하는 사람들을 "천성적으로 타고난 노예"라고 했다. 이런 부류의 남자는 주인이 부여하는 "의무를 벗어나지 않을 만큼의 윤리적 미덕을 갖추고 있다."[6] 아리스토텔레스는 타고난 노예들이 어떻게 자신의 자유를 팔아서 노예가 되는지, 혹은 주인이 어떻게 이들을 해방시켜줄 수 있는지는 말하지 않았다. 또한 아테네 거주 외국인들이 형벌이나 빚 때문에 노예가 되는데, 그 과정에서 이들이 어떻게 이성적 능력과 윤리적 미덕을 잃게 되는지도 설명하지 않았다.

자메이카 태생의 사회사학자 올랜도 패터슨(Orlando Patterson)은 아테네 사람들이 고대 세계에서의 노예 개념을 가장 잘 보여준다고 말한다. 패터슨에 의하면 노예제는 곧 "사회적 죽음"을 의미했다. 누군가 다른 사람이 노예를 소유한다는 문제만이 아니었다. 노예는 인간이라면 누구나 태생적 자산으로 가지고 있는 정체성과 관계를 잃어버린 존재다. 이런 과정을 패터슨은 "태생적 소외(natal alienation)"라고 표현한다. 노예는 가족 구성원도 아니고, 어떤 계보나 종족이나 공동체에도 소속되지 않는다. 오직 한 가지 관계 설정만 인정되는 존재다. 그것은 바로 그의 주인과의 복종 관계로, 폭력에 의해 강요된 관계다. 패터슨의 논지는 과도하게 전체론적이고 이항대립적이라는 비판을 받기도 한다. 왜냐하면 많은 사회에서 노예적 특성을 갖거나 의존적인 관계를

---

6 Aristotle, *Politics*, 1254b16-21. (아리스토텔레스,《정치학》, 천병희 옮김, 도서출판 숲, 2009 참조.)

맺는 다양한 경우가 있기 때문이다. 또한 노예들끼리 만들어내는 역동적인 문화를 충분히 들여다보지 않고, 다만 노예 제도의 폭력적인 면과 사회적 고립에만 초점을 맞추었다는 지적도 있었다.

로마에서 노예제는 갈수록 사회·경제적 중요성을 더해갔다. 로마에 관해서는 남아 있는 자료가 다양하므로, 우리는 세계의 다른 어느 곳보다 로마에서 그 과정을 자세히 들여다볼 수 있다. 도시 로마와 그 주변에는 언제나 노예가 존재했지만, 특히 기원전 2세기 로마의 정복 전쟁 당시 극적으로 증가했다. 그 사이 서로 얽혀 있는 몇 가지 과정을 거쳤다. 전투가 길어지자 남자들은 군대에 징발되어 농장을 돌볼 수 없었다. 아내들이 남편 없이 농사를 지으려니 일손이 부족했다. 그래서 세금이나 토지 임대료를 제대로 낼 수가 없었다. 병사들이 집에 돌아왔을 때, 그들은 어쩔 수 없이 부유한 자들에게 싼값에 농장을 팔아야 했다. 당시 부자들은 군대에 물품을 납품하는 군납업자 등 전쟁 과정에서 부를 축적한 사람들이었다. 이들은 새로 정복한 지역을 국가로부터 임대해서 거대한 농장을 만들었다. 이런 토지를 라티푼디움(latifundium, 광대한 토지)이라 했다. 여기서는 작은 농장에 비해 농작물 생산 단가가 낮을 수밖에 없었다. 라티푼디움을 소유한 지주들은 하루 품삯을 주고 자유민을 고용하기도 했지만, 그보다는 노예를 쓰는 편이 더 나았다. 노예는 법적으로 신분 보장도 되지 않는 데다가 군대에 징발되어 빠져나갈 일도 없었다. 정복 전쟁을 통해 이러한 노예가 수급되었다. 노예 상인들이 로마 군대를 따라다니다가 새로 정복한 지역에 들어가면 정복민을 노예로 구입했다. 특히 소년이나 젊은이가 라티푼디움의 일꾼으로 인기가 있었다. 이탈리아에서 농업은 식량 자급의 단계에서 점차 통치 계급의 주요 수입원으로 바뀌어갔다. 대규모 노예 집단이 감독관의 통제 아래 일했다. 감독관 또한 노예였을 것이다. 정확한 수치를 말하기는 어렵지만, 기원전 1세기 말경에 이르면 이탈리아 인구의 3분의 1이 노예였다.

라티푼디움의 노예들은 온갖 작물을 길렀다. 그중에서도 가장 중요한 것은 밀이었다. 밀이 로마인의 주식이었기 때문이다. 로마인은 파스타 비슷한 것도 먹었던 것 같다(마르코 폴로가 13세기에 중국에서 파스타 개념을 가지고 왔다는 이야기는 전설에 불과하다). 그러나 여느 지중해 연안의 사람들처럼 밀가루로 만든 빵을 주로 먹었다. 납작한 빵이었고, 가능하면 발효를 시키기도 했다. 여러 가지 종류의 빵은 영양을 공급하는 데 가장 중요한 음식이었고, 동시에 문화적으로, 궁극적으로는 종교적으로도 중요해졌다.

로마에서 노예들은 농사일 말고 다른 일도 담당했다. 고등 교육을 담당하는 가정교사, 인기 좋게 불려 다닌 조각가, 강제로 결투에 나가야 하는 검투사, 유죄 선고를 받고 광산에서 노역형에 처해진 죄수에 이르기까지, 노예의 일은 그야말로 다양했다. 그리고 그들 삶의 여건도 그만큼 다양했다. 노예들은 결혼을 할 수 없고 법적으로 가족이 인정되지 않았다. 이 점에 대해서는 패터슨의 논문이 매우 적절한 지적을 했다. 여성 노예가 낳은 아이는 노예의 소유가 될 수 없었다. 어떤 가정에 소속된 노예들은 결혼 비슷한 관계를 맺기도 했으나, 주인이 마음만 먹으면 언제든지 그 가족 관계를 깨버릴 수 있었다. 역사 자료에 의

[그림 2-6] 프레스코 벽화 속의 노예들
기원후 1세기 로마의 프레스코 벽화로, 노예들이 새끼 사슴으로 추정되는 작은 동물을 도축하며 식사 준비를 하는 모습이다. 그 옆에 있는 접시에는 수입 향신료와 마늘이 담겨 있다. 대부분의 부유한 가정에서는 수석 요리사를 포함한 주방 일꾼이 모두 노예였다.

하면, 아주 어릴 때부터 노예 아이들은 이 집 저 집으로 팔려 다녔다.

노예들은 때로 도망을 치기도 했는데, 실패하면 주인에게 다시 잡혀 와서 대개는 이마에 낙인이 찍혔다. 규모가 작긴 하지만 가끔씩 노예들의 반란도 있었다. 꽤 규모가 큰 반란 중 하나로 기원전 73년 사건을 들 수 있다. 이탈리아 남부 베수비오 산 근처 검투사 학교에서 검투사들이 단체로 탈출한 사건이었다. 스파르타쿠스(Spartacus)를 비롯한 몇몇 노예들이 주도했는데, 탈출한 노예 병력이 나중에는 수만 명까지 불어났다. 그들은 로마 정규 군대를 몇 차례 물리쳤다. 반란은 끝내 대규모 정규군이 출동하고 나서야 제압되었다. 스파르타쿠스는 전투 중에 사망했다. 싸우다 붙잡힌 노예들은 십자가에 못 박혀 죽었다.

노예들의 시체가 매달린 십자가 수천 개가 로마의 주요 도로를 따라 늘어섰다. 이들의 반란은 로마 정치에 큰 영향을 미쳤다. 노예 반란군을 무찌른 장군들은 자신의 사병을 거느린 채 로마로 들어갔고, 로마 공화정을 자신들의 야망에 따라 바꾸고자 했다. 마침내 로마 공화정은 율리우스 카이사르(Julius Caesar)의 손에 무너졌다. 그리고 그의 조카의 아들인 (동시에 양아들인) 아우구스투스(Augustus)에 의해 로마 제국이 일어섰다.

스파르타쿠스의 반란이 로마 노예 제도에 미친 영향은 불분명하다. 기원후 1~2세기를 거치며 라티푼디움에서 노예 고용이 점점 줄어들긴 했지만, 이는 노예를 사서 유지하기보다 오히려 가난한 자유민에게 소작을 주는 편이 더 저렴했기 때문이다. 군대를 동원한 로마 제국의 확장 속도가 점차 줄어들자, 새로운 정복지에서 데려오는 노예의 수도 같이 줄어들어 노예 가격이 올라갔던 것이다. 이미 소유하고 있는 노예를 주인 스스로 해방시키는 일도 많았다. 기원후 4세기에는 이런 일이 너무 잦아서 황제 아우구스투스가 제정한 법률(Lex Aelia Sentia)에서 이러한 관습을 분명히 규정하게 되었다(그 동기는 철학적 동기부터 경제적 동기까지 다양했을 것이다). 주인이 해방시켜주거나, 혹은 대가를 지불하거나, 혹은 다른 어떤 방법으로 노예에서 벗어나 자유를 얻은 사람은 로마에서 리베르티니(libertini, 남녀 단수형은 리베르투스 libertus와 리베르타 liberta)라고 하는 사회적 계급에 속한다는 규정이었다. 그 지위는 그들이 자유로워진 환경에 따라 다르고 시간에 따라 달라지기도 했지만, 어쨌든 그들 중에서 남성은 제한적이나마 정치적 목소리를 낼 수 있었고, 그들이 낳은 아이는 전적으로 로마 시민의 자격을 갖추었다.

로마법은 수백 년의 시간이 흐르면서 노예 관련 조항을 비롯한 여러 가지 법 조항이 점점 더 복잡해졌다. 예를 들어 아우구스투스 제정 법률(Lex Aelia Sentia)에서 리베르투스는 제한적 시민권을 받더라도 자유민 여성이나 리베르타와 결혼하고 아들을 낳으면 온전한 시민권을 획득할 수 있었다. 만약 리베르투스가 사망하더라도 여자 혼자서 아들을 데리고 이 권리를 주장할 수 있었다. 만약 여러 명의 아이를 낳은 여인이라면, 남성의 법적 후견에서 벗어나 독자적으로 탄원을 할 수 있었다. 아우구스투스가 여성이나 노예를 특별히 고려해서 이러한 장려책을 쓴 것은 아니었다. 다만 로마의 출산율이 걱정이었고, 또한 전통적으로 가족을 중심에 둔 로마의 전통이 쇠락하는 것처럼 느껴졌기 때문이다. 로마가 공화정에서 제국으로 넘어가는 과도기인 당시에 유일하게 권위를 지켜낼 수 있는 사람은 자기 자신뿐이라는 자부심도 있었다. 사회를 통제하고자 하는 노력의 일환으로 그는 결혼과 윤리에 관한 일련의 법률도 제정했다. 가령 결혼을 하지 않았거나 아이가 없는 자유민 남녀의 경우 상속에 제한을 받는다는 내용도 포함되어 있고, 간통을 사적인 문제가 아니라 공적인 범죄로 규정하기도 했다.

로마는 고대 세계에서 노예 노동에 의존했던 매우 특이한 사례에 속한다. 그러나 노예나 해방된 노예의 성적 관계에 관여한 것은 로마뿐만이 아니었다. 다른 지역에서도 법률이나 칙령 혹은 주석서에 같은 내용이 등장한다. 아테네에서 성인 남성 노예는 특히 자유민 청소년과의 관계가 금지되었다. 왜냐하면 그것이 아테네 고유의 성적 위계질서, 즉 남성 대 남성의 성적 관계의 권위를 약화시킬 소지가 있었기 때문이다. 대부분 지역에서 법률을 제정한 사람들이 성적 관계에서 주로 관심을 가진 것은 아이를 생산하는 일이었다. 기원후 3~4세기에 로마를 정복한 게르만족의 법률에는 예컨대 노예 남성이 자유민 여성과 성관계를 맺으면 대체로 사형에 처한다고 되어 있다(여성도 마찬가지였다). 그리고 자유화된 (즉 과거에 노예였던) 여성이 남성 노예와 성관계를 맺거나 결혼을 하면, 그녀는 다시 노예가 되었다. 사회적 집단을 나누는 기준은 성문법뿐만 아니라 관습에도 근거하므로, 지역에 따라서 다양한 법률과 규칙이 생겨났다.

텍스트를 통한 종교와 문화의 교류

기원전 제1천년기 중반, 전통과 규칙이 체계화되면서 처음 기록으로 남겨지기 시작했다. 기원전 600년경에서 기원전 350년경 사이 중국에는 공자와 (도교의 창시자라고 알려진) 노자(老子)가 살았고, 그리스에는 사상가 탈레스, 헤라클레이토스, 소크라테스, 플라톤, 아리스토텔레스가 살았으며, 유대인 예언자 예레미야, 에스겔, 제2의 이사야가 살았고, 남아시아에는 붓다와 마하비라(Mahāvira, 자이나교의 창시자)가 살았다. 20세기 중반, 카를 야스퍼스(Karl Jaspers)와 사무엘 노아 아이젠슈타트(Shmuel Noah Eisenstadt)는 성현들이 대거 출현한 이 시기를 인류 역사상 결정적인 터닝 포인트였다고 주장하고 "축의 시대(Axial Age)"라고 명명했다(나중에는 그 시대의 범위를 기원전 800년에서 기원전

200년까지로 넓혀 잡았다). "축의 시대"란 용어는 "축"과 "중심인물"을 의미하는 독일어 "악서(achse)"를 번역한 말이다. 그들은 이 시대를 (야스퍼스의 표현에 따르면) "인간의 정신적 기초가 자리 잡힌" 때라고 했다. 왜냐하면 사상가들이 최초로 자신의 내면을 돌아보고, 기존의 상식에 의문을 제기하고, 개인의 가치를 논했으며, 윤리적 행동과 자비를 강조하고, 역사로부터 교훈을 이끌어냈기 때문이다. 축의 시대라는 개념은 인류의 경험을 유형별로 분류하는 사회학과 종교학에 크나큰 영향을 미쳤다. 종교학에서는 이것이 더 나아가 기독교의 발전에 이르렀다고 주장하기도 한다. 그러나 일부 역사학자들은, 600년이라는 시간 범위가 터닝 포인트라고 하기에는 너무 넓다고 본다. 그리고 축의 시대를 대표하는 사상가들의 가장 뚜렷한 공통점으로, 그들의 사상이 글로 기록되었다는 사실을 지적한다. 그들 이전의 사상가들, 문자가 없는 사회에서 살았던 사상가들, 여성들, 시골에 살면서 문자를 배우지 못한 사람들도 비슷한 생각을 했을지 모른다. 그러나 이들의 사상은 기록으로 남겨지지 못했다. 축의 시대라는 개념에 동의하든 동의하지 않든, 분명한 것은 축의 시대 사상가들의 생각이 기록으로 남겨졌고, 더욱이 그 기록이 거듭 복제되고, 연구의 대상이 되고, 주석이 부가되고, 계속 확장되어 문화적 전통의 기반이 되었다는 사실, 바로 그 사실 때문에 그들이 그토록 중요한 의미를 지니게 되었다.

남겨진 기록들 중에 유대인이 작성한 것도 있다. 유대인은 지중해와 요단 강 사이, 가나안이라는 지역에 조그만 두 나라를 건설한 적이 있었다. 정치적으로 보자면 이집트나 바빌론에 비해서 그리 중요하지 않은 나라였다. 그러나 유대인은 새로운 형태의 종교적 신앙 체계를 만들었다. 전지전능한 하나의 신을 믿는 일신론이었다. 그들은 그 신을 YHWH라고 기록했는데, 발음을 따라 적으면 야훼가 된다. 기원전 600년대 말경부터 유대인은 자신들의 전통, 법, 역사, 윤리 등을 기록하기 시작했다. 이들 기록이 편집되고 집성된 것이 토라(Torah)라고 하는 다섯 권의 책이었다. 여기에 역사와 전통, 그리고 다른 유형의 글들(잠언, 기도문, 찬가, 예언 등)이 더해져서 히브리 성경이 형성되었다. 후대의 기독교인이 이를 받아들여 "구약"이라는 제목을 달았다. 그리고 특정 기독교 관련 글들에 이와 비슷한 이름을 붙여 "신약"이라 했다. 이러한 글들이 유대인의 종교인 유대교(Judaism)의 핵심이 되었다. 유대교란 유대인이 세운 두 나라 중 남쪽에 있던 나라의 이름 유다(Judah)에서 유래한 것이다. 종교적 전통이 주로 그 남쪽 나라에서 발전했기 때문이다.

유대교를 이해하기 위한 핵심 개념은 바로 계약이다. 즉 유대인과 야훼 사이에 맺어진 언약이 있다고 믿는 것이다. 히브리 성경에 따르면, 야훼가 부족의 지도자 아브라함 앞에 나타나 축복하고, 아브라함의 후손들도 야훼를 섬긴다면 마찬가지로 축복을 받을 것이라 약속했다. (유대교, 기독교, 이슬람교는 공통적으로 이 사건을 근본으로 삼는다. 그래서 이들 종교를 "아브라함의 종교"라고 한다.) 성경에 따르면, 그 뒤 카리스마 넘치는 지도자 모세에게 야훼가 다시 나타났다. 당시 모세는 유대인을 이끌고 이집트의 노예 생활에서 벗어나려 하던 참이었다. 야훼는 유대인과 약속을 했다. 만약 유대인이 야훼를 섬긴다면 야훼는 그들을 선택받은 백성으로 간주하여 적들로부터 보호해줄 것이다. 아브라함이나 모세 같은 옛날의 지도자들, 그리고 후대의 예레미야, 에스겔, 이사야 같은 사람들은 야훼와 유대인 사이의 매개자로 활동했다. 유대인은 이들을 "예언자"라고 했다. 히브리 성경의 대부분은 이들의 목소리가 기록된 것으로, 유대인은 히브리 성경이 곧 야훼가 자신들에게 전하는 메시지라고 믿었다.

신앙은 일련의 행동 규칙, 곧 야훼가 모세에게 준 십계명으로 구현되었다. 십계명은 약간의 종교적 의무를 규정하고, 도둑질, 살인, 거짓말, 음란한 짓을 금지하는 내용이었다. 그래서 반드시 지켜야 할 절대적 윤리 체계가 만들어졌다. 십계명에서 시작해 복잡한 행위 규범들이 만들어졌는데, 이것이 나중에 기록으로 남겨져 히브리 율법이 되었다. 다른 종교의 신도들도 그렇지만, 유대인은 자신의 신앙을 드러내 보여줄 수 있는 의례에 참여했다. 또한 높은 도덕적 기준에 따라 살아감으로써 야훼를 기쁘게 하려 했고, 다른 모든 신보다 야훼를 더욱 극진히 섬겼다. 이것이 시간이 갈수록 야훼만을 숭배해야 한다는 규범으로 이해되었다. 후대의 이사야 같은 예언자는 유일신 신앙의 윤리 체계를 만들었다. 이사야에 따르면, 선이란 유일한 초월적 신으로부터 비롯되는 것이었다. 그리고 종교적 의무 중에는 의례뿐만 아니라 타인에게 올바르게 행동하는 것도 포함되었다. 유대교에서 종교 지도자는 매우 중요했다. 그러나 개인적으로 성스러운 텍스트에 기록된 야훼의 말씀을 따르는 것이야말로 고대의 독실한 유대교 신자에게 핵심적인 일이었다. 정치적·군사적 상황으로 유대인은 널리 흩어졌다. 처음에는 지중해 지역으로 퍼져 나갔다가 이후에는 더 먼 지역으로 확산되었다. 그들은 결혼을 통해 그들만의 유대감을 형성했고, 외부인에게 적극적으로 전도를 하는 경우는 거의 없었다.

고대 세계에서는 종교 전통이 특정 지역 혹은 특정 민족 집단과 결부되어 있었지만, 문화적 경계를 넘어서 전파되는 경우도 있었다. 이를 "세계 종교(universal religion)" 혹은 "이동성 종교(portable religion)"라 한다. 이주나 침략, 무역, 선교사 파견 등을 통해 기원전 제1천년기에 종교적 사상과 의례가 주변 지역으로 전파되었고, 그 과정에서 종교도 바뀌어 나갔다.

최초로 널리 퍼져 나간 종교 전통은 불교였다. 힌두교와 함께 동남아시아 지역으로 전파되고, 다른 지역으로도 전해졌다. 불교는 인도의 왕자 싯다르타 고타마(기원전 500년경 전성, 성은 고타마 이름은 싯다르타)의 사상을 기반으로 하는 종교이다. 사람들은 그를 붓다(깨달으신 분)라고 불렀다. 후대에 조성된 불교 경전에 의하면, 고타마 왕자는 어린 시절 고생을 모르고 귀하게 자랐다. 그러나 점차 현실 속의 고통과 고난, 그리고 죽음에 대해서 알게 되었다. 그는 아내와 가족을 떠나 떠돌이 수행자의 길에 들어섰다. 그리고 명상을 하던 중 깨달음을 얻었다. 즉 세상의 근본에 놓여 있는 우주적 진실을 알게 된 것이다. 그는 자신의 깨달음을 타인에게 가르치기 시작했다. 구체적으로는 네 가지 성스러운 진리(4성제)와 여덟 가지 방법(8정도)이었다. 삶이란 욕망과 집착에서 비롯되는 고통이지만 고통에서 벗어나고자 마음먹고, 도덕적으로 살며, 자비심을 기르고, 명상을 통해 깨달음을 추구한다면 누구나 욕망과 나약함을 극복할 수 있다는 것이다. 깨달음을 얻으면 삶과 죽음의 순환(윤회)에서 벗어나 자유로워지고 열반에 오른다. 열반이란 행복한 무의 상태로, 힌두교에서 말하는 목샤(moksha)와 비슷한 개념이다. 비록 초기 경전에 여성은 남성이 깨달음에 이르는 데 위험한 장애가 된다는 기록이 있기는 하지만, 이론적으로 불교에서 깨달음에 이르는 길은 신분이나 성별에 상관없이 모든 사람에게 열려 있었고 지금도 그렇다. 붓다는 수도승 공동체 생활(세상을 포기하고 공동체에서 기도와 명상 수행에 전념하는 생활)을 하는 사람들이 영적으로 우월하다고 가르쳤지만, 평신도들도 사원 공동체(sangha)를 후원함으로써 공덕을 쌓을 수 있다고 했다. 붓다는 여성도 승려가 되는 것을 허락했고, 많은 여성들이 승려가 되었다. 그러나 여성은 남성 수도승에 종속되는 지위에 머물러야 했다.

불교는 세상에서 물러나는 것이 욕망을 줄이는 최상의 길이라고 가르쳤지만, 그럼에도 불구하고 정치 지도자들은 불교를 받아들였다. 예를 들면 아소카(Ashoka) 대왕(재위 기원전 270?~232?) 같은 이들이었다. 그는 마우리아 제국을 다스리는 왕이었다. 마우리아 제국은 그의 할아버지가 수립한 제국으로, 인도 아대륙 대부분 지역을 치하에 두고 있었다. 아소카 대왕은 인생의 어느 시점에서 불교도가 되었다. 반란 세력을 진압하러 군대를 이끌고 갔다가 전투 중에 살육과 고통을 목격하고 불교도가 되었다는 이야기가 전한다. 그는 여러 사원을 건설했고, 붓다의 유골을 모시는 스투파(stupa)라고 하는 탑을 세웠다. 그리고 자신이 통치하던 제국의 국경 너머로 선교사를 파견했다. 다르마

(dharma)를 향한 왕의 헌신을 나타내기 위해 높은 기둥을 세웠으며, 신하와 백성에게 어떻게 하면 정의와 윤리에 입각한 다르마의 원리에 따라 행동할 수 있을지를 가르쳤다. 다른 종교 전통을 인정하는 것도 그가 가르친 윤리에 포함되었다.

마우리아 제국은 아소카 대왕이 사망한 직후에 무너졌다. 북인도 지역은 외부에서 들어온 세력의 지배를 받게 되었고, 그들과 함께 다른 종교 전통도 유입되었다. 그렇게 들어온 세력들 중 하나가 쿠샨(Kushan)이었다. 이들은 중앙아시아의 유목민으로, 기원후 2세기에 이르러 제국을 수립하고 중국 서부에서부터 갠지스 강 유역까지 영토를 확장했으며, 서쪽으로 오늘날 아프가니스탄과 파키스탄에까지 이르렀다. 실크로드라고 하는 아시아 대륙을 가로지르는 무역로의 거점 도시들도 그들의 세력 범위 안에 들었다. 쿠샨 제국이 남긴 문헌 자료가 없기 때문에 고고학적 증거와 외부의 유물들로 판단해보건대, 쿠샨 제국에서는 다양한 종교가 허용되고 여러 문화의 다양한 측면들이 뒤섞였다. 쿠샨 제국 안에는 그리스어를 사용하는 왕이 다스리는 조그만 왕국들이 있었다. 기원전 4세기 알렉산드로스 대왕 당시부터 존재해온 왕국들이었다. 간다라(Gandhara)도 그중 하나였다. 이들 왕국에서 불교 신도가 된 왕이 여러 명 있었다. 그리고 사상과 종교 전통, 예술 양식에 있어서 그리스 헬레니즘 문화와 인도 문화가 뒤섞이게 되었다.

쿠샨 왕조는 그리스 알파벳을 받아들여 쿠샨어를 기록했다. 그리고 금, 은, 동을 녹여 그리스 동전을 모델로 주화를 만들었다. 동전의 한쪽 면에는 쿠샨의 통치자가, 다른 쪽 면에는 신이나 신화적 형상이 새겨졌

[그림 2-7] 붓다와 신도들
기원후 2세기경 쿠샨 제국의 수도였던 마투라에서 출토된 부조. 쿠샨 왕조 시대에 처음으로 붓다의 형상이 직접 표현되었다. 가운데 붓다가 서 있고 신도들이 그를 둘러싸고 있다. 물결치는 옷자락, 근육 등 그리스 헬레니즘 양식과 불교식 의례가 결합되어 있다.

다. 예를 들면 그리스의 영웅 헤라클레스, 신격화된 붓다, 힌두교의 신 시바, 이집트의 신 세라피스 등이었다. 이란의 신 아후라마즈다의 신상이 새겨진 동전도 있는데, 이는 쿠샨의 어느 통치자가 조로아스터교를 받아들였음을 의미한다. 조로아스터는 그로부터 이미 수백 년 전부터 페르시아 제국에서 인기 있었던 예언가이자 사상가였다. 페르시아 제국은 쿠샨의 서쪽에서 인도-그리스 왕국과 국경을 맞대고 있었다. 조로아스터교에서는 아후라마즈다가 모든 선의 원천이며, 개인은 생각이나 말이나 행동에 있어서 선과 악 중에 무엇을 선택하는지에 따라 책임을 져야 한다고 가르쳤다(지금도 그렇게 가르치고 있다). 누구든 최후의 순간에는 아후라마즈다의 심판에 따라 영원한 운명이 결정된다. 사람들은 오직 아후라마즈다만을 섬겨야 하며, 다른 신을 숭배해서는 안 된다.

불교는 이 같은 문화적 융합의 분위기에서 성장했고, 수백 년이 지나면서 여러 종파로 분화되었다. 붓다의 가르침은 기원전 2세기 또는 기원전 1세기경부터 성스러운 텍스트로 기록되기 시작했는데, 이를 수트라(sutra)라고 했다. 사원 공동체에서는 수트라를 암송하고 연구했으며, 여러 수트라 가운데 특히 그 사원에서 강조하는 것이 있었다. 그리고 새로운 텍스트를 쓰기도 했다. 이들 텍스트의 대부분은 보살(菩薩, bodhisattva)에 초점을 맞추고 있다. 보살이란 자비로운 존재로서, 깨달음과 열반의 길에서 멀리 앞서 있었지만 다른 존재들이 자신의 길을 가는 것을 돕기 위해 세상에 머물고 있다고 한다. 보살은 시간 속에 존재하는 동시에 시간을 초월해서 존재한다. 보살의 삶과 보살의 능력은 지역별로 현지의 신격과 종교 전통을 흡수하는 면이 있다. 예를 들어 관음보살은 원래 젊은 남성으로 그려졌으나 점차 지역 종교에서 숭상되던 자비와 사랑의 여신과 겹쳐졌고, 마침내 하늘거리는 옷을 걸친 젊고 아름다운 여인의 모습을 지니게 되었다. 붓다와 마찬가지로 보살들도 신앙의 대상이 되었다. 붓다는 갈수록 초월적이며 영원한 존재로 간주되어, 천상 세계의 수많은 부처님들 가운데 가장 높은 자리에 위치하게 되었다. 하늘 세계의 부처님들 중에 아미타불(무한한 빛의 붓다)이라는 부처가 있었다. 그는 보살로서 수없이 많은 생을 거듭했는데, 현실 세계의 경계 너머에 순정한 세계(정토)를 건설했다. 죽을 때 아미타불의 이름을 부르면 누구나 그 세계에 들어갈 수 있었다. 아미타불의 이름이 새겨진 가장 오래된 유물과 아미타불이 언급되는 경전은 모두 기원후 2세기 쿠샨 제국의 것이다. 당시 쿠샨의 황제였던 카니슈카(Kanishka) 대왕(재위 127~151)은 불교 전파를 위해 적극적인 활동을 벌였다. 쿠샨의 불교 승려 로칵세마(Lokaksema, 支婁迦讖)는 경전을 중국어로 번역했고, 중앙아시아의 실크로드를 비롯한 기존 무역로를 따라 상인과 순례자가 여행을 다녔다.

  보살과 천상 세계 부처님들에 대한 숭배, 그리고 살아 있는 모든 존재는 천상의 깨달음을 향해 나아가는 도중에 있다는 개념이 불교 전통의 중심을 차지했다. 이를 마하야나(Mahayana) 불교라 하는데, 마하야나는 "큰 수레"를 뜻한다. 이는 마하야나 불교의 폭넓은 포용력을 반영하는 명칭이다. 마하야나 불교는 불교의 한 분파로서(새로운 경전을 만드는 것이 자유롭게 허용된 불교에는 다양한 학파와 전통이 다수 포함되었다) 인도 북부와 쿠샨 제국으로부터 남아시아의 다른 지역, 중앙아시아, 중국, 히말라야 지역, 나중에는 한국과 일본, 대부분의 동남아시아 지역까지 퍼져 나갔다. 여러 텍스트들이 번역되었고, 아름답게 장식한 사원과 스투파가 건설되었으며, 수많은 사람들이 사원에 들어가 비구 혹은 비구니가 되었다. 신도들의 기부에 힘입어 때로는 사원이 많은 재산을 축적하기도 했다. 중국에서 사원에 들어가 가족 없이 지내는 삶은 전통적인 유교 덕목과 상충되었다. 그러나 한나라 멸망 이후 정치 환경이 불안해지자, 심지어 통치자나 고위 관료들을 포함하여 수많은 사람들이 불교의 가르침(윤리, 자비, 정신적 의미 등)에 매력을 느꼈다. 한편 불교는 중국에서 유교 말고 다른 철학적 전통, 즉 도교와 잘 맞았다. 도교에서는 어떠한 변화도 갈구하지 않고 도(道)라고 하는, 자연의 저변에 놓인 "자연의 길"을 따라 순종하는 것이 최고의 삶이라고 가르쳤다. 불교 경전을 옮기는 번역가들은 도교의 용어를 사용했고, 단식이나 명상 같은 도교식 의례가 불교적 개념으로 습합되었다. 미래를 예언하거나 조상을 숭배하는 의례들도 마찬가지였다. 유교적 위계질서도 불교 경전 번역에 영향을 미쳤다. 그래서 불교 경전이 조금은 덜 이국적으로 보였을 것이다. 예를 들어 "남편은 아내를 지원한다"는 내용은 "남편은 아내를 관할한다"로, "아내는 남편을 위로한다"는 내용은 "아내는 남편을 공경한다"로 바뀌었다.

　수도원이나 지도자에 따라서 강조하는 경전이나 계율 혹은 수행 방식이 서로 달랐다. 그러다 보니 인도 남부와 스리랑카에서는 다른 전통이 일반화되었다. 이를 테라바다(Theravada) 불교라고 하는데, "어른들의 가르침"이라는 뜻이다. 이들은 오래된 경전을 특히 중요시했다. 테라바다 불교에서는 우주적 시간마다 단 한 분의 부처님만 출현할 수 있다고 했다. 그래서 수행의 궁극적 목표는 부처가 되는 것이 아니라 아라한이 되는 것이다. 열반 가운데 완전한 깨달음을 얻은 개인을 아라한이라 하는데, 이들은 물질적 존재에서 완벽하게 벗어난 사람들로서 다시는 이 세상에 태어나지 않게 된다. 이러한 아라한의 상태에 도달하려면 수도원 생활을 하는 편이 더 좋다고 했다. 수도원에서는 명상, 설법, 공부 등을 하기가 좋았기 때문이다. 한편 평신도들은 경전을 암송하거나 승려를 후원함으로써 공덕을 쌓을 수가 있었다. (수도승에 대한 공경의 전통은 지금도 테라바다 불교에서 그대로 이어지고 있다. 또한 이들은 여성이 완벽한 승려가 될 수 없다고 생각한다. 역사적으로도 여성에 비해 남성 성직자가 월등히 많았다.) 인도 남부와 스리랑카로부터 동남아 지역으로도 테라바다 불교가 전파되었다. 점차 불교의 다른 종파들이 밀려났고, 결과적으로 오늘날 테라바다 불교가 동남아 불교의 주류가 되었다.

종파를 막론하고 불교에서는 여행을 장려했다. 부처님의 생애와 관련이 있는 곳으로 성지 순례에 나서는 사람들도 있었고, 부처님의 유해(진신사리)나 특히 유명한 그림을 소장한 수도원이나 사찰, 혹은 어떤 보살과 관련이 있다고 하는 암자를 방문하는 사람들도 있었다. 그중에는 여행에서 만난 사람들의 이야기를 기록으로 남긴 경우도 있었는데, 그들의 글이 곧 세계사 분야의 초기 형태가 되었다.

불교와 마찬가지로 기독교도 뿌리를 내리고 세계적으로 전파되었다. 그 과정에서 엄청난 문화, 언어, 전통의 융합이 일어났다. 이동이 그리 어렵지 않을 때여서 육로와 해로를 따라 사상과 종교 의례가 교류되었다. 기독교가 등장한 때는 로마 제국 초창기였다. 로마 제국의 사람들은 다양한 영적 전통을 따르고 또한 결합시켰다. 그중에는 난로의 신, 집안의 신, 들판의 신 같은 로마의 전통 신들을 섬기는 종교도 있었다. 로마의 신격과 점령지의 신격을 뒤섞은 혼합 종교도 있었으며, 죽은 뒤의 삶을 약속하는 밀의종교(密儀宗敎, mystery religion)도 있었다. 처음 기독교는 로마의 한 지방인 유대 지역에서 발달했다. 그곳에서 내전이 벌어졌고, 로마 공화정이 끝나면서 혼란이 더해지자 로마 제국은 강압적인 분위기를 조성했다. 유대인 사이에서도 로마에 반대하는 움직임이 확산되었다. 유대인 중에는 최후의 결전이 임박했다고 믿는 사람들이 많았다. 그들은 구세주 혹은 메시아가 나타나 자신들을 이끌고 로마 군대를 격퇴하여 행복과 풍요의 시대를 열어줄 것으로 기대했다.

로마의 종교 융합 분위기와 유대인의 메시아에 대한 기대가 뒤섞인 가운데 나사렛의 예수가 등장했다(기원전 3세기경~기원후 29년). 기독교 문헌에 따르면, 예수는 신앙심이 깊은 유대인 부모의 슬하에서 태어나 갈릴리 지방에서 자랐다. 그곳은 반로마 운동의 본거지이자, 그리스-로마인이 유대인과 활발하게 교역하는 중심지였다. 서른 살 무렵 예수는 자신의 일, 곧 설교와 이야기를 들려주며 가르침을 베푸는 일을 시작했다. 붓다가 그랬던 것처럼 예수 또한 아무런 글도 남기지 않았다. 처음에는 예수가 한 말이나 가르침이 신도들 가운데 입에서 입으로 전해졌고, 기원후 1세기 말경에 이르러 신앙 공동체 건설을 지원할 목적으로 그 내용들이 기록되기 시작했다. 초기 기록들끼리 서로 일치하지 않는 대목들이 있는 것으로 보아, 예수를 따른 신도들은 예수 사상의 본질이나 목적을 다양하게 인식했던 것 같다. 그러나 예수가 사후에 갈 수 있는 영원한 행복의 왕국에 대해, 신에 대한 헌신과 타인에 대한 사랑의 중요성에 대해 설교했다는 점에는 모두가 동의했다. 예수의 가르침은 히브리 성경(Hebrew Scripture)에 기초했으며, 유대 전통의 신과 윤리 개념을 반영했다. 그러나 예수는 이를 넘어서서 야훼의 이름이 아니라 자신의 이름으로 가르침을 베풀었다. 예수는 스스로를 메시아(그리스어로 하면 크리스투스Christus인데, 영어 크라이스트 Christ의 어원이다)라고 했다. 그는 부와 권력을 기반으로 하는 이 땅의 왕국이 아니라 영혼의 왕국을 건설하러 왔다고 했다. 예루살렘의 질서

유지를 위해 로마가 파견한 지방관 폰티우스 필라투스(Pontius Pilatus, 본디오 빌라도)는 예수를 체포해 사형을 선고했고, 병사들이 형을 집행했다. 예수가 십자가에 못 박힌 뒤 사흘이 지나, 예수를 따르던 사람들 중 몇몇이 예수께서 죽은 자들 가운데서 다시 살아나셨다고 말했다. 이후 이 사건은 기독교 신앙의 핵심 요소가 되었다.

예수에 대한 기억, 그리고 그의 가르침은 존속되었을 뿐만 아니라 번성하기까지 했다. 그의 부활과 신성을 믿는 신도들은 작은 모임을 가지고 의례를 행했다. 예수께서 체포되기 전날 제자들과 나눈 최후의 만찬을 기념하는 (훗날 성찬식Eucharist/Lord's Supper으로 일컬어진) 의례였다. 신도들은 예수께서 금방 이 세상으로 다시 돌아오실 것이라 믿었기 때문에 현세의 삶과 제도는 별로 중요하지 않다고 생각했다. 결혼이나 평범한 가족생활 따위는 안중에 없었다. 예수의 제자들은 믿음을 공유하는 새로운 신성 가족에 의지했다. 초기 기독교도들은 흔히 서로를 형제자매라고 칭했다. 이는 가족 용어를 은유적으로 사용한 것인데, 로마 제국에서는 익숙지 않은 관습이었다.

예수의 가르침이 확산된 계기로 사도 파울루스(Paulus, Paul of Tarsus, 바울)를 주목해야 한다. 그는 학식이 높은 유대인으로, 로마와 유대 세계 양쪽에 모두 친숙했다. 모종의 종교 체험을 한 뒤 파울루스는 예수의 사상을 적극적으로 전파하는 전도자가 되었다. 그는 로마 제국 전역을 돌아다녔고, 많은 사람들이 그가 쓴 편지를 베껴 적어서 돌려가며 읽었다. 편지에서 예수의 사상은 윤리적 가르침으로 변형되었다. 파울루스의 편지는 나중에 성서의 일부가 되었다. 로마 제국의 영토가 넓었으므로 초기 기독교인들은 그 범위 안에서 쉽게 신앙을 전파할 수 있었다. 전도는 예수가 제자들에게 명령한 일이기도 했다. 파울루스는 비유대인도 동등하게 교인으로 받아들였다. 초기 기독교는 남녀를 막론하고 모든 사회 계급 출신을 다 받아들였다. 누구나 가족 모임이나 친구들, 사업상 거래 관계 등을 통해 기독교를 전해 듣고 입교했다. 사람들이 기독교의 가르침에 매력을 느끼는 이유는 다양했다. 누구든 기독교를 믿는 사람은 사후에 은총이 가득한 삶을 살 수 있다고 약속했다. 목표를 향한 이상적인 삶을 강조했으며, 가난한 사람들에게 관심을 가질 것을 촉구했다. 그리고 정체성, 공동체 소속감, 정신적 연대감을 제공했다. 유동성이 굉장히 높았던 로마 제국 안에서 사람들은 이를 특히 환영했다.

처음에 로마의 관료들은 예수를 따르는 신도들을 별로 눈여겨보지 않았다. 그러나 서서히 기독교 신앙생활에 반대하는 관료들이 생겨났다. 그들은 기독교를 반란 세력으로 간주하기 시작했다. 기독교에서 전통 의례를 행하지 않고 황제를 숭배하지 않았기 때문인데, 이는 로마 제국 정치 이데올로기에서 중요한 부분이었다. 게다가 가족 관계보다 구원을 중시함으로써 로마의 가족 제도를 파괴하려는 것처럼 보였다. 고문과 처형을 비롯한 기독교 박해가 로마의 각 지방에서 실행되었다. 때로는 황제가 직접 나서기도 했다. 그러나 대부분은 지방에서, 그리고 산발적으로 이루어졌을 뿐이다. 그래도 몇몇 매우 가혹한 사례들이 있었다. 후대 기독교에서는 영웅적인 순교자들이 중요한 모범 사례를 제공했다.

기원후 2세기에 이르러 기독교는 변화를 겪었다. 예수가 곧 다시 온 다는 믿음은 약해져갔다. 신도들이 늘어남에 따라 가정에서 하던 소규모 모임 대신 항구적인 건물이 필요해졌다. 예배를 위한 대형 건물, 성직자들의 위계질서(신부, 주교, 대주교) 등은 로마 제국의 모델을 따르는 경우가 많았다. 기독교는 또한 학식이 풍부한 학자들을 영입했다. 이들은 초기 텍스트에서 불분명한 문제에 대해 복잡한 신학적 해석을 개발했다. 주로 그리스 철학과 로마법의 전통에 기초해서, 예컨대 예수는 어떻게 신이면서 동시에 인간일 수 있는지, 신이 어떻게 아버지이면서 동시에 아들일 수 있는지(나중에는 여기에 성령이 더해졌고, 이를 삼위일체Trinity라 한다) 등의 문제를 연구했다. 그들의 해석은 주교와 성직자가 대거 모이는 교회의 공의회 결정에 따라 교전(敎典)으로 확정되었다. 또한 신도들은 어떤 책을, 즉 공식적으로 성서의 어느 부분을 기준으로 삼아야 할지도 결정했다. 그러나 이러한 결정에 모두가 동의하는 것은 아니었다. 주요 결정에 입장을 달리하면서 다양한 분파로 갈라졌다. 주교와 신학자는 부와 권력과 가족에 대한 예수의 가르침도 변경했다. 사회적 혼란을 초래할 것 같은 내용은 무시하면서 로마의 가치와 일치시켜 나갔다.

이렇게 해서 기독교는 형태를 갖춘 중앙 집중식 종교가 되었고, 그럼에도 계속해서 확산되었다. (때로 주교들이 직접 파견하기도 한) 기독교 선교사와 기독교 상인 혹은 기타 여행자들이 로마 제국의 경계를 넘어 모험을 감행했다. 그들은 이집트 남쪽 나일 강변에 있는 쿠시(Kush) 왕국에 기독교를 전파했다. 그리고 더 남쪽으로 내려가 에티오피아 고원

지대에 있던 악숨(Aksum) 왕국까지 진출했다. 그곳은 지중해에서 인도에 이르는 무역 네트워크의 중심지였고, 이미 상당한 규모의 유대인 공동체가 형성되어 있었다. 기원후 4세기에 악숨의 왕 에자나(Ezana, 재위 320?~360)는 기독교를 왕국의 공식 종교로 삼았다. 그에게 기독교 자문을 제공하던 프루멘티우스(Frumentius)는 주교로 임명되었다. 성서가 현지어인 게에즈어(Ge'ez)로 번역되었고, 교회가 건설되었으며 (큰 바위에 굴을 파서 건물의 실내 모양으로 만들기도 했다), 수도원도 세워졌다. 이렇게 형성된 에티오피아 교회는 오늘날까지 그대로 이어지고 있는데, 신행과 교리가 다른 기독교 분파들과는 조금 차이가 있다. 음식 관련 규정은 유대교와 비슷하고 성서에 포함되는 텍스트가 조금 다르다.

또한 선교사, 상인, 군인은 기독교를 동쪽과 북쪽으로도 전파했다. 종교가 자유로운 파르티아 제국과 유럽의 켈트족 및 게르만족에게도 기독교가 전해졌다. 울필라스 주교(Bishop Ulfilas, 310?~383)는 게르만족의 일파인 동고트족이었는데, 그리스어 성서를 고트어로 번역하면서 고트 문자(Gothic Script)를 개발했다. 이후 수세기 동안 고트어 성경은 여러 차례 필사를 다시 했다. 고트족이 남부 유럽으로 이주할 때도 이 성경을 지니고 있었다. 기독교의 가르침이 전해지기 위해서는 텍스트보다 의례가 더 중요했고, 성인 숭배는 특히 중시되었다. 성인이란 영적인 면으로 보아 영웅적이거나 주목할 만한 삶을 산 (혹은 그렇게 죽어간) 사람을 말한다. 불교에서 말하는 보살과 비슷한데, 성인은 사람들을 보호하고 도와준다고 믿었다. 성인과 관련된 유물, 예컨대 옷가지나 유골 등은 물질세계와 정신세계를 이어주는 특별한 권능이 있는 것으로 간주되었다. 성인의 유골 또는 유품을 소장한 교회는 도움이나 위안을 구하고 은총을 기원하는 신도들이 방문하는 순례지가 되었다. 선교사와 새로 기독교에 입문한 사람들은 기존의 지역 종교 관습과 기독교의 가르침을 혼용하는 경우가 많았다. 예를 들어 토착 신과 결부된 호수나 산이 기독교 성인과 결부되는 식이었다. 일상적인 생활에서도 여행의 신, 곡식의 신, 출산의 신이 같은 방식으로 나타났다. 성인의 날은 달력에서 특히 강조되었다. 그날이 휴일이 되기도 하고, 성인에게 제사를 올리는 축제일이 되기도 했다.

  3세기 로마 제국에 내전과 침략 및 경제적 대혼란이 닥쳐왔다. 온갖 문제들로 병을 앓고 있는 로마 제국에서 통일된 힘을 조직하기 위해, 콘스탄티누스 황제(Constantinus, 재위 306~337)는 313년 밀라노에서 모든 종교를 허용하라는 칙령을 발표했다. 그는 재위 기간 동안 기독교 교회를 후원했다. 교회 성직자가 질서를 유지하는 데 도움을 줄 것으로 기대했기 때문이다. 말년에는 기독교 세례도 받았다. 성직자에게는 세금을 면제해주었고, 신학적 문제를 결정하는 공의회를 소집하여 직접 참석하기도 했다. 특히 로마 제국의 새로운 수도 비잔티움에서 교회 건물을 여러 채 봉헌하기도 했다. 비잔티움은 그리스의 오래된 도시로, 유럽과 아시아를 가르는 보스포루스 해협에 면해 있었다. 황제는 이 도시를 "새로운 로마"라고 이름 지었다가, 얼마 지나지 않아서 콘스탄티노폴리스로 바꾸었다. 또한 일요일을 공식 휴일로 지정했다. 이는 유대인의 휴일인 토요일을 대체한 것인데, 그렇게 바꾸는 것이 태양신을 섬기던 황제의 입장에 걸맞았기 때문이다. 당시 많은 로마인들은 황제와 마찬가지로 태양신을 숭배했다. 예수의 탄생을 기념하는 날은 한겨울로 지정했는데, 로마에는 이미 동짓날 태양의 부활을 축하하는 관습이 있었다. 이런 식으로 게르만족뿐만 아니라 로마와 기타 기독교 이전 종교 전통이 기독교화되었다. 기독교는 황제의 칙령을 따르기 위해 자신의 전통을 바꾸었다. 예배는 갈수록 복잡해졌으며, 성직자는 화려하게 장식된 옷을 입고 황제를 모방하여 권위를 나타내는 값비싼 상징물을 착용했다.

일부 기독교인은 이처럼 교회와 국가가 가까워지는 것을 반대했다. 권력과 성스러움을 동시에 가질 수는 없다고 생각한 것이다. 이런 식으로 생각한 사람들은 도시를 떠나 세상으로부터 단절된 수도원 공동체로 들어갔다. 이는 불교에서 등장한 수도원과 매우 비슷했다.

시대적 상황에 부합한 측면도 있고 해서, 기독교는 갈수록 로마 제국에서 가장 우선시되는 종교가 되어갔다. 콘스탄티누스 이후의 황제들도 계속해서 기독교를 후원했다. 380년에 이르러 테오도시우스 황제(Theodosius, 재위 379~395)는 기독교를 로마 제국의 공식 종교로 선포했다. 교회가 스스로 법정을 수립하고 교회만의 법을 제정하는 것도 허용했다. 이를 "교회법(canon law)"이라 한다. 후대에 교회 권력이 강성해질 토대가 이렇게 마련되었다.

기독교가 로마 제국을 그대로 지켜내지는 못했다. 오히려 콘스탄티노폴리스와 일부 국경 지역을 지켜낸 것은 군사적 리더십과 강력한 요새였다. 덕분에 제국의 동쪽 절반을 공격에서 지켜냈고, 이후로도 1000여 년을 더 유지할 수 있었다. 후대 사람들은 이를 비잔틴 제국이라고 했다. (비잔틴 제국 사람들은 스스로를 "로마인"이라고 불렀고, 자신들의 나라를 "로마 제국"이라고 했다. 정치적·문화적 연속성을 중시했기 때문이다.) 로마 제국의 서쪽 절반은 차츰 해체되었다. 콘스탄티노폴리스에 있는 황제는 침략자들을 물리칠 수 있을 만큼 충분한 군사력을 지원하지 못했다. 고트족과 반달족 같은 게르만족, 특히 훈족 같은 중앙아시아 유목 민족이 서로마로 쳐들어갔다. 476년 게르만의 족장 오도아케르(Odoacer)가 서로마 제국의 황제를 폐위시켰다. 그러나 스스로 황제의 지위에 오르지는 않았다. 대신 자신을 이탈리아 왕이라고 칭했다. 공식적으로 서로마 제국은 476년에 멸망한 것으로 기록되었지만, 사실 훨씬 이전부터 여러 야만족들이 서로마 제국 곳곳을 지배하고 있었다.

고전 고대의 종말?

15세기의 인문학자들은 성장 가도를 달리던 이탈리아 북부 도시들에서 스스로가 새로운 시대를 살아가고 있다고 생각했다. 새 시대의 특성 중에는 고대 그리스와 로마의 문학, 철학, 예술의 영광이 되살아난다는 의식도 포함되어 있었다. 그들의 황금시대, 나중에 프랑스어로 부활을 뜻하는 르네상스(Renaissance)라고 부르게 될 그 시대와 그리스 로마 시대 사이에는 오랜 암흑과 쇠락의 시기가 있었고, 17세기의 어느 교수는 그 시대를 "중세"라고 명명했다. 이렇게 해서 유럽의 역사는 고대, 중세, 근대라는 세 시기로 구분되었다. 서로마 제국의 멸망을 분기점으로 로마의 영광이 야만인의 문화로 뒤바뀌었다고 본 것이다.

다른 지역의 역사학자들도 거대 제국과 고전 고대의 멸망을 거의 같은 시기로 보고 있다. 반소와 반고가 그토록 자랑스러워한 한(漢)나라는 기원후 220년에 막을 내렸다. 어느 장군의 아들이 황제를 폐위시켰고, 지방의 군벌들은 새로운 권위를 인정하지 않았다. 제국은 군벌들로 쪼개졌고, (서양에서 훈족이라고 알려진 흉노족을 비롯한) 침략자들은 잇달아 국경을 공략했다. 바야흐로 분열의 시대였다. 쿠샨 제국도 3세기에 둘로 갈라졌다. 그리고 얼마 못 가서 외부의 침략으로 둘 다 무너지고 말았다. 외부 침략 세력 중에는 굽타 제국도 있었는데, 4세기에 북인도 지역 대부분을 장악한 굽타 제국은 5세기에 북방 스텝 민족의 침략으로 무너지고 말았다. 서양이나 인도의 문헌 자료에 의하면, 침략자들은 에프탈족(Hephthalite) 혹은 백훈족(White Hun)이었다고 한다. 메소아메리카에는 쇠락의 기운이 조금 더 늦게 찾아왔지만, 그에 못지않게 끔찍했다. 750년에 침략자들이 테오티우아칸의 대도시를 불태워버렸고, 마야 남부의 핵심 도시국가들이 800~900년에 폐허가 되었다. 그리하여 우리가 앞에서 살펴본 도시들 대부분에서 도시화 정도가 후퇴했으며, 세습 왕조는 무너졌고, 폭력이 도시의 삶을 피폐하게 만들었다.

주로 정치 및 군사적 측면에서 당시의 멸망을 설명하곤 했지만, 그 뿌리에는 인구나 환경 문제가 적지 않게 놓여 있었던 것 같다. 아시아 대륙을 가로지르는 실크로드를 통해 불교와 무역품이 전파되는 동시에 전염병도 그 길을 따라 퍼져 나갔다. 서로 떨어져 있던 질병 원인균들이 서로 연결된 뒤 파국적인 결과가 초래되었다. 기원후 165년 메소포타미아 지역에서 전투를 마치고 돌아온 로마의 병사들과 함께 질병이 유입되었는데, 아마도 천연두나 홍역이었던 것 같다. 전염병이 도시 로마를 휩쓴 뒤 다시 북쪽 지방으로 퍼져 나갔다. 이를 안토니우스 전염병(Antonine Plague)이라 하는데, 10여 년 동안 수백만 명의 목숨을 앗아 갔다. 그때 죽은 사람이 로마 제국 인구의 4분의 1에 달했다. 기원후 250~270년에 또 다른 전염병이 창궐했다. 천연두로 추정되는데, 당시 상황을 기록으로 남긴 기독교 주교의 이름을 따서 키프리아누스 전염병(Cyprian Plague)이라 한다. 이 때문에 도시 로마에서만 수천 명이 죽었고, 다른 지방에서도 수만 명이 사망했다. 두 차례의 전염병으로 로마 군대의 전투력이 약화되고, 시골에서는 노동력 부족 현상이 나타났다. 그래서 게르만족의 이주를 거듭 허용할 수밖에 없었다. 세 번째 전염병은 541~543년에 발생했다. 당시 콘스탄티노폴리스를 다스리던 황제의 이름을 따서 "유스티니아누스 전염병(Justinian Plague)"이라 한다. 황제도 전염병에 걸렸지만 살아남았다. 선페스트(bubonic plague)로 추정되는 이 병이 서아시아와 지중해 전역을 휩쓰는 바람에 비잔틴 제국과 페르시아의 사산 제국이 모두 약화되었다. 유사한 질병이 중국의 한(漢)나라를 뒤흔들었다. 한나라에서는 변덕스러운 기후가 상황을 더욱 악화시켰다. 겨울 날씨는 더 추워지고 곡물 생산량도 감소했다. 기후 변화로 아메리카에서도 환경 위기에 맞닥뜨렸다. 태평양에서 주기적으로 형성되는 난류를 엘니뇨(El Niños)라 하는데, 극심한 엘니뇨 때문에 5세기 페루 해안 지역에 가뭄과 동시에 폭우가 쏟아졌다. 이로 인한 곡

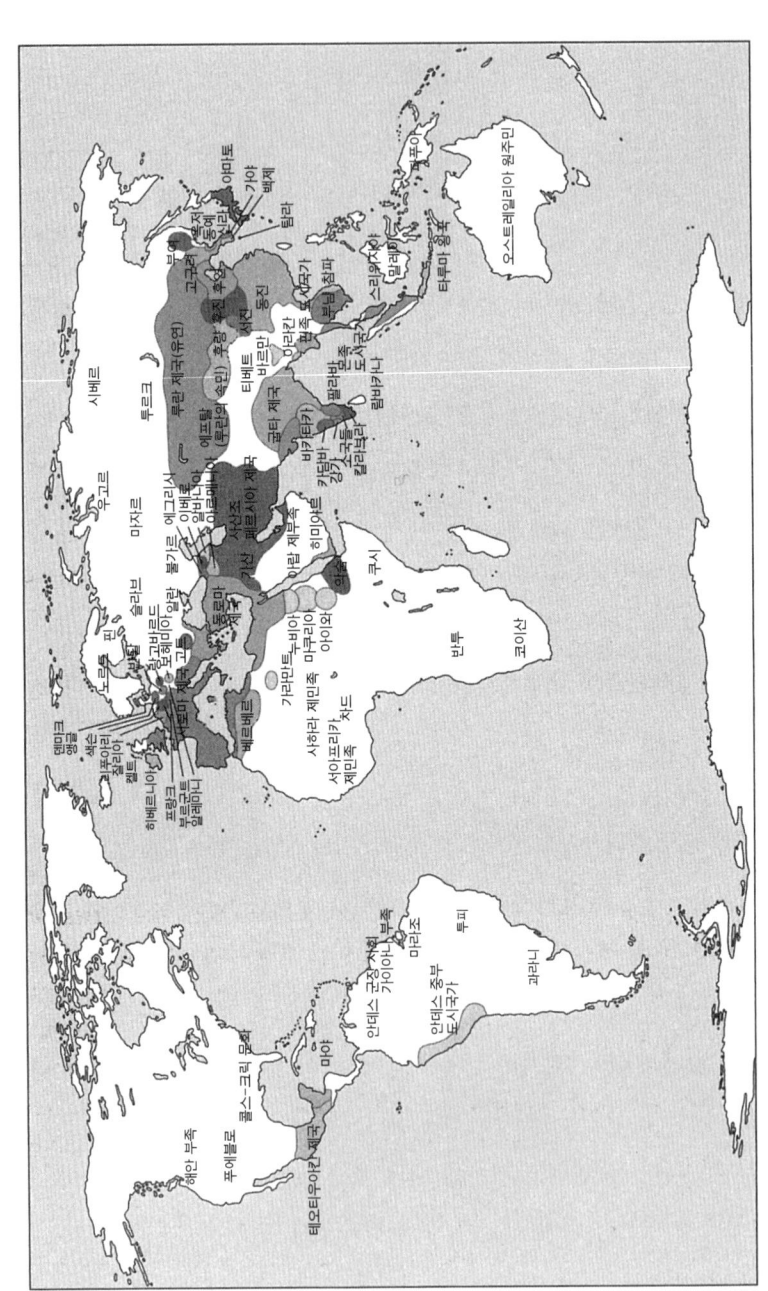

[지도 2-2] 기원후 400년경 세계의 민족 분포[7]

물 흉작이 마야 멸망의 원인이었을 것으로 추정된다. 인구학자들의 연구에 따르면, 기원후 1년 세계 인구는 약 2억 5000만 명이었는데 기원후 500년 약 2억 명으로 감소했다고 한다. 아시아와 유럽 인구 감소가 큰 원인이었다.

세습 왕조는 백성의 노동력과 세금에 의존했기 때문에 인구 감소로 위기가 초래되었다. 게다가 통치자와 후계자가 한꺼번에 전염병으로 사망하는 경우도 있었다. 전염병으로 사망률이 높아지거나 정치 불안정으로 대규모 폭력 사태가 발생해서 일반 백성들도 고난을 피할 수 없었다. 인구가 밀집해 있는 도시는 더더욱 치명적이었다. 특히 어린 이들은 일상적으로 전염병에 노출되어 있었다. 소유와 상속 및 가족 규범 시스템이 무너졌고, 법률가나 도덕론자는 미처 이러한 상황을 예측하지 못했다. 새로운 이주민이 유입되면 가족으로부터 사회를 조직하는 방식이 달라졌다. 기존에 "자연스럽게" 느껴지거나 혹은 신의 명령으로 변할 수 없다고 하던 사회 구조나 규범이 도전에 직면했다.

그러나 고대 세계에서 사회 구조와 문화적 전통은 당시 학자들이 걱정한 것보다 훨씬 강고했다. (사회 변화나 새로운 관습 때문에 재앙이 닥쳐오리라는 경고는 옛날부터 줄곧 있어왔다.) 서로마 제국은 다시 회복되지 못했다. 그러나 그리스 철학과 (노예 및 가족에 관한 규정을 비롯한) 로마법은 동로마 제국에서 오래도록 보존되었고, 마침내 서유럽에 다시 소개되기에 이르렀으며, 서유럽에서부터 전 세계로 전파되었

---

7 민족 명칭에 붙는 –족 혹은 –인은 생략.

다. 때로는 그리스 학자가 직접 서양으로 갔고, 때로는 무슬림이나 유대인 학자를 통해 간접적으로 전달되기도 했다. 무슬림 학자들은 그리스 사상을 이슬람 세계로 전파시켰는데, 이는 다음 장에서 살펴보겠지만, 아프리카와 유라시아 대륙 전역으로 퍼져 나갔고, 글로 쓰인 텍스트를 특히 귀중하게 여기게 되었다. 중국에서 정치는 계속 변했지만 유교는 주류 혹은 비주류로 살아남았고, 베트남과 일본 및 한국 등지로 수출되었으며, 그곳에서도 강력한 문화적 힘을 발휘했다. 불교 또한 이와 유사하게 한국과 일본으로 전파된 뒤 토착 종교 전통의 요소와 뒤섞여 새로운 형태로 발전했고, 계속해서 전통을 이어 나갔다. 기독교는 서로마 제국의 멸망으로 사실상 혜택을 입었다. 기독교 성직자들이 더 많은 역할과 권한을 차지할 수 있었기 때문이다. 기원후 1000년에 이르러 기독교 교회는 유럽에서 가장 부유하고 강력한 기관으로 성장했다. 가족이나 마을보다 "기독교도"라는 점이 사람들의 으뜸가는 정체성이었다. 세습 왕조는 18세기까지 국가 정치 체계의 뼈대로 유지되었고, 오늘날까지도 상당수 국가에서 변형된 형태로 유지되고 있다. 노예 제도나 카스트 시스템은 공식적으로는 전 세계에서 추방되었다. 그러나 UN에 의하면 아직도 강제 노동에 시달리는 인구가 3000만 명이나 되고, 인신매매가 이루어지고 있으며, 카스트 신분의 영향을 받는 사람들이 전 세계적으로 2억 명에 달한다고 한다.

사회 제도나 문화적 전통이 농업 기반 도시국가에서 만들어졌고, 그래서 오늘날보다 고대 세계에서 훨씬 더 강력했다고 믿는 견해도 있을 수 있다. 그러나 기원후 500년경, 대다수 사람들은 국가의 틀 안에서 살았지만 그 울타리 바깥에도 땅은 얼마든지 있었고, 오히려 대부분은 그 경계 너머에 방치되어 있었다. 그곳에는 포레이저 무리, 독자적인 지도자가 있는 친족 집단 마을, 유목민 가족, 부족장의 지휘 아래 농사짓는 사람들, 부족 연합체 등 다양한 형태의 사회 조직이 있었다. 학자들은 이를 "무국가 사회(stateless society)"라고 한다. 어디에 살든지 사람들은 대부분 자신의 문화 전통을 배웠고, 사회적 위계질서 속에서 자신의 위치를 구두로 전달받았다. 오늘날 전 세계에서 도시 인구가 반을 넘었다고 하지만(2008년이 분기점이었다) 누구나 국가의 틀 안에서 살아가고 있다. 라디오, 텔레비전, 전화, 기타 영상통화 장비 덕분에 잠시 "새로운 구술사회(new orality)"가 도래하여 문자의 주도가 막을 내리는 듯했지만, 곧바로 문자의 승리가 찾아왔다. 수메르인이 태블릿(점토판)에 기록을 남겼듯이, 우리도 손 안에 작은 도구를 들고서 문자나 기호를 생산하고 있다. 우리도 스타일러스 펜으로 태블릿에 글을 쓴다(수메르 점토판을 태블릿이라고 하며, 점토판에 기록하는 필기도구를 스타일러스라 한다 – 옮긴이).

● 더 읽어보기

도시 연구의 최신 성과는 다음을 참조.
- Norman Yoffee, ed., *Early Cities in Comparative Perspective, 4000 BCE – 1200 CE*, Volume 3 of the *Cambridge World History* (2015)

국가의 발달에 관한 최신 성과는 다음을 참조. 이들은 반복되는 사회, 경제, 문화적 패턴을 비교문화적 관점에서 연구했다.
- Craig Benjamin, ed., *A World with States, Empires and Networks, 1200 BCE – 900 CE*, Volume 4 of the *Cambridge World History* (2015)
- Michael Adas, ed., *Agricultural and Pastoral Societies in Ancient and Classical History* (Philadelphia: Temple University Press, 2001)
- Bruce D. Trigger, *Understanding Early Civilizations: A Comparative Study* (Cambridge: Cambridge University Press, 2007)
- Shelley Hales and Tamar Hodos, eds., *Material Culture and Social Identities in the Ancient World* (Cambridge: Cambridge University Press, 2010)

도시에 대해서 더 자세한 내용은 다음을 참조.
- Joyce Marcus and Jeremy Sabloff, eds., *The Ancient City: New Perspectives on Ancient Urbanism* (Santa Fe: SAR Press, 2008)
- Monica Smith, ed., *The Social Construction of Ancient Cities* (Washington, DC: Smithsonian, 2010)
- Charles Gates, *Ancient Cities: The Archaeology of Urban Life in the Ancient Near East and Egypt, Greece, and Rome*, 2nd edn. (London: Routledge, 2011)

젠네-제노(Djenné-Djeno)에 관해서는 다음을 참조.

- Roderick J. McIntosh, *Ancient Middle Niger: Urbanism and the Self-Organizing Landscape* (Cambridge: Cambridge University Press, 2005)

국가에 관한 더 자세한 내용은 다음을 참조.
- Norman Yoffee, *Myths of the Archaic State* (Cambridge: Cambridge University Press, 2005)
- Richard E. Blanton and Lane Fargher, *Collective Action in the Formation of Pre-Modern States* (New York: Springer, 2008)
- Susan E. Alcock, ed., *Empires: Perspectives from Archaeology and History* (Cambridge: Cambridge University Press, 2009)는 전 세계의 전근대 제국에 관한 연구다.
- Jane Burbank and Frederick Cooper, *Empires in World History: Power and Politics of Difference* (Princeton: Princeton University Press, 2010)는 중국 한나라부터 21세기에 이르기까지 폭넓은 연구를 수록했다.

문자의 발달에 관해서는 다음을 참조.
- Stephen Houston, ed., *The First Writing: Script Invention as History and Process* (Cambridge: Cambridge University Press, 2004)

문자의 의미에 관해서는 다음을 참조.
- Jack Goody, *The Logic of Writing and the Organization of Society* (Cambridge: Cambridge University Press, 1986)
- Marshall McLuhan, *The Medium is the Massage: An Inventory of Effects* (New York: Random House, 1967)
- Walter Ong, *Orality and Literacy: The Technologizing of the Word* (London: Methuen, 1982)
- John Miles Foley, *Oral Tradition and the Internet: Pathways of the*

Mind (Urbana-Champaign: University of Illinois Press, 2012)는 이 연구를 현대 미디어까지 확장시켰다.

가족에 대해서는 다음과 같은 논문집이 있다.
- André Burguière et al., *A History of the Family*, Volume I: *Distant Worlds, Ancient Worlds* (Cambridge, MA: Belknap Press, 1996)은 분량이 방대하다.
- Mary Jo Maynes and Ann Waltner, *The Family: A World History* (Oxford: Oxford University Press, 2012)는 훨씬 간략하게 정리되어 있다.
- Philip D. Curtin, *Cross-Cultural Trade in World History* (Cambridge: Cambridge University Press, 1984)는 고대 사회에 대한 많은 정보를 담고 있는 고전이다.

노예 제도에 관해서는 다음을 참조.
- Keith Bradley and Paul Cartledge, eds., *The Cambridge World History of Slavery*, Volume 1: *The Ancient Mediterranean World* (Cambridge: Cambridge University Press, 2011)

축의 시대에 대해서는 다음을 참조.
- Shmuel N. Eisenstadt, *The Origins and Diversity of Axial Age Civilizations* (Albany: State University of New York Press, 1986)는 훌륭한 개론서다.
- Karen Armstrong, *The Great Transformation: The Beginning of Our Religious Traditions* (New York: Anchor, 2007)은 세계 4군데 지역에서 종교 및 철학 전통을 비교 분석하며 축의 시대를 설명한다.
- Richard Foltz, *Religions of the Silk Roads: Premodern Patterns of Globalization*, 2nd edn. (London: Palgrave Macmillan, 2010)은 중앙아시아 실크로드의 종교 전파를 검토했다.

CHAPTER 3

상호 교류와 네트워크의 확장
(기원후 500년부터 1500년까지)

이탈리아 르네상스 도시에 살았던 학자와 시인은 그리스-로마를 최고의 문명이라 생각했다. 그래서 오랜 암흑시대 이후 비로소 그 황금시대를 되살려야 할 때가 되었다고 믿었다. 그러나 르네상스 도시가 아닌 다른 도시에서 이른바 암흑시대를 살았던 학자와 시인은 자신들의 시대를 암흑시대라고 생각하지 않았다. 라시드 앗 딘(Rashid al-Din, ?~1319)이라는 학자도 그러한 인물 가운데 하나였다. 그는 칭기즈 칸(Chingiz Khan, 1167~1227)이 세운 광대한 몽골 제국의 4개 칸국(Khanate, 汗國) 가운데 하나인 일칸국(Ilkhanate) 궁정에서 최고의 학식을 갖춘 학자였다. 고위 관료 집안에서 태어난 그는 유대교에서 이슬람교로 개종을 했고, 의사 교육을 받은 의사였다. 그러나 일칸국 황제의 명에 따라 "세상 모든 민족"의 역사를 저술하는 일을 맡았다. 이 책을 통해 몽골족의 중요성을 더욱 분명히 하고자 했던 것이다. 그러한 역사 서술이 가능했던 이유를, 일칸국의 통치자 울제이투(Öljaitü temur, 재위 1304~1316)는 이렇게 말했다.

… 지상의 여러 지방과 경역들이 칭기스 칸 일족의 칙령을 받들고 있고, … 등과 같은 각종 종교와 민족에 속한 현자와 점성가와 학자와 역사가들이 하늘 같은 위용을 지닌 어전에 무리 지어 모여 있다. 그들은 각각 자기 족속들의 역사와 설화와 신앙에 관한 글들을 갖고 있으며……[1]

라시드 앗 딘은 이들이 가지고 온 자료에 근거해서 역사를 서술했다. 그중에는 서유럽의 연대기, 인도 불교의 연대기, 히브리 성경을 비롯한 유대교 경전, 페르시아의 서사시, 중국의 학술 서적이 포함되어 있었다. 뿐만 아니라 일칸국의 수도 타브리즈(Tabriz)에 거주하던 상인과 외교 사절단의 구술 증언도 참고가 되었다. 그 결과 지역 범위로 지구의 반을 포괄하는 거대 규모의 역사서가 완성되었다. 1310년경에 완성된 그 역사서는 《집사(Jami' al-tawarikh)》였다. 도시 내 학술 기관이 모여 있는 구역에서 아랍어와 페르시아어로 화려하게 장정된 책이 만들어졌고, 일칸국 내 다른 도시들로 보내졌다. 라시드 앗 딘이나 당시 그에게 명을 내린 통치자들이 생각하기에, 황금시대는 과거가 아니라 현재였다. 몽골 제국이 유라시아 대륙을 가로질러 사람과 상품의 이동 및 사상의 교류와 확산을 권장하던 바로 그때가 황금시대였다. 일칸국의 통치자들은 교류에 능동적으로 참가했다. 그들의 편지를 전하려고 교황과 프랑스 및 잉글랜드의 왕에게 사절단이 파견되기도 했다. 그들은 예루살렘과 그 주변을 통치하던 투르크족 맘루크를 상대하기 위해서 군사 동맹을 맺고자 했다. 결국 동맹을 맺지는 못했지만 음식, 음악, 직물, 그림이 그려진 러그, 아이들의 이름에 이르기까지 몽골의 상품으로 간주되는 물건들(흔히 타타르라는 이름이 붙었다)이 유행을 선도하는 유럽인 사이에서 인기를 얻었다.

---

1 존경하는 김호동 선생님의 번역을 참조함. 라시드 앗 딘 지음, 김호동 역주, 《부족지》, 2002년, 사계절출판사, 55-56쪽.

점점 더 많은 현대의 세계사 학자들이 라시드 앗 딘의 생각에 동의하고 있다. 즉 그의 시대가 전 세계 다양한 지역들의 문화적·상업적·기술적 통합이 가속화된 시대였다는 것이다. 이러한 통합에는 몽골 제국을 비롯한 스텝 유목민이 중요한 역할을 담당했다. 또한 불교나 기독교처럼 오래된 종교뿐만 아니라 이슬람같이 새롭게 태어난 종교도 중요한 일익을 담당했다. 무역로가 널리 확장되고 성숙해갔다. 이를 통해 성장을 구가하던 도시들, 화려한 궁전들이 연결되었다. 이들의 부는 농업의 확산과 고도화에 의존했다. 전 세계 어디에서나 갈수록 더 많은 토지가 농경지로 사용되었다. 무역 네트워크는 아메리카에 비해 유라시아 대륙에서 더 확장되고 밀도 있게 성장했다. 그러나 아메리카 대륙에서도 상품과 사상과 기술의 교류가 없지 않았다. 물론 라시드 앗 딘과 일칸국의 통치자들은 아메리카 대륙을 알 리 없었다. 몽골족이 아메리카 대륙을 알았더라면 틀림없이 정복을 시도했을 것이다. 비록 아메리카 대륙은 몰랐지만, 멀리 떨어진 장소에 대한 지식이 이 시대에 뚜렷하게 성장했던 것만은 분명하다. 상인, 순례자, 군인, 풀려난 전쟁 포로 들이 머나먼 땅에 대한 이야기를 들려주었고, 거기에 신화와 전설이 더해져 머나먼 땅은 더욱 매력적인 목적지로 간주되었다. 이 장에서는 정복, 무역, 이주, 개종, 순례 등을 통해 상호 교류의 네트워크가 확장되고 밀도를 더해가는 방식, 그래서 사람들은 이전보다 훨씬 다양한 곳으로 여행하고 또한 정착하기도 했던 그 역사에 대해 검토해보고자 한다.

이슬람의 발전

이슬람은 종교 개혁가이자 예언자인 무함마드(Muhammad, 570?~632)가 설립한 새로운 종교였다. 이슬람은 당시 형성되던 여러 네트워크 가운데 가장 광범위하고 가장 중요한 네트워크를 만들었다. 그 결과 불교 및 기독교와 함께 지역 연고를 넘어선 종교로 우뚝 섰다. 이슬람 신도들은 공간적으로 매우 넓게 퍼져 있었다. 이슬람은 가는 곳마다 그 지역의 전통을 받아들였다. 이런 방식을 통해 수많은 부족 수많은 사회가 이슬람에 감화되었다. 라시드 앗 딘도 이슬람 개종자였고, 그의 주군인 일칸국의 통치자 울제이투도 마찬가지였다. 울제이투의 아버지는 불교도, 어머니는 기독교도였다. 라시드 앗 딘과 울제이투는 14세기 초 당시 수많은 지역에 전파된 이슬람을 받아들였고, 그 모든 지역이 《집사》에 등재되었다.

무함마드의 생애와 가르침은 구전으로 전해지다가 나중에 신도들에 의해 글로 기록되었다. 붓다나 예수의 경우도 이와 마찬가지였다. 기록에 의하면, 무함마드는 아라비아에서 태어났다. 아라비아의 기본 사회 단위는 부계 중심의 부족이었다. 무함마드는 카라반 상단에 소속된 상인으로 성장했고, 부유한 과부 하디자(Khadija, 555?~619)와 결혼했다. 무함마드는 경건한 사람이었고 규칙적으로 기도를 했다. 나이 마흔이 되었을 때 그의 종교 체험이 시작되었고, 이를 통해 들은 내용을 사람들에게 설교했다. 무함마드의 가르침은 이후 일생토록 계속되었다. 무함마드는 자신이 받은 계시를 일정한 형식을 갖춘 산문으로 발표했는데, 운율이 있는 경우가 많았다. 그래서 그의 가르침을 "낭송"이라는 뜻의 쿠란(Qur'an)이라 했다. 제자들은 무함마드의 말씀을 기억했고, 때로는 글로 받아 적었다. 당시 아라비아 지역에서 널리 쓰이던 다양한 필사 재료들이 모두 사용되었다. 진흙 점토판, 동물의 뼈, 양피지, 손바닥 크기의 나뭇잎 등이었다. 예언자가 사망하자마자 그의 말씀에 대한 기억과 글로 남은 재료들을 모은 뒤 장절을 나누어 묶었다. 이를 수라(sura, 쿠란의 章)라 한다. 651년에 이르러 무함마드의 정치적 후계자가 표준화된 수라를 제정하라는 명을 내렸다. 이슬람이 전파되는 곳이면 어디든 수라의 필사본도 함께 전해졌다. 수라는 오늘날 쿠란의 기초가 되었다. 무슬림에 의하면, 쿠란은 신께서 예언자 무함마드에게 직접 전하신 말씀이다. 따라서 무슬림은 쿠란을 예언자의 말씀, 신성한 가르침, 비할 바 없이 숭고한 문헌으로 숭상한다. 쿠란에 등장하지 않는 무함마드의 말씀이나 가르침을 묶은 것을 하디스(Hadith)라 한다. 쿠란과 함께 하디스는 무함마드의 제자들에게 무함마드의 순나(Sunna, 깨끗하고 잘 닦아놓은 길)를 알려준다. 이는 어떻게 살아야 할 것인지를 보여주는 모범이 된다.

무함마드는 사람들에게 유일신을 가르치고 신의 예언자가 되라는 계시를 받고, 자신의 고향 메카(Mecca)에서 가르침을 시작했다. 그는 서서히 제자들을 모았고, 때로 반대에 부딪히기도 했다. 토착 신 숭배를 금지하고 지역 유지의 권위에 도전했기 때문이다. 622년에 무함마드는 제자들을 데리고 메디나(Medina)로 이주했다. 이 사건을 히즈라(hijra)라고 하며, 이때를 이슬람력의 기원으로 삼는다. 메디나에서 무함마드는 성공적으로 교세를 확장했다. 개종자들이 생겨나면서 처음으로 움마(umma)도 결성했다. 움마는 여러 다양한 부족 출신의 신도들을 하나로 통합하는 공동체로, 여기서는 부족에 대한 충성심보다 종교를 우선시했다.

630년에 무함마드는 메카로 돌아왔다. 그는 대규모 군대의 수장이 되어 있었다. 무함마드는 곧바로 사막의 유목민과 도시의 상인을 통합해서 훨씬 큰 규모의 무슬림(Muslim) 움마를 결성했다. 무슬림이란 말은 "신의 뜻을 따르는 사람들"이라는 의미였다. 그 종교 자체는 "신에게 복종함"이라는 뜻의 이슬람이라 했다. 메카는 그들의 가장 신성한 도시가 되었다. 632년에 무함마드가 사망할 무렵 무슬림은 아라비아 반도 전체를 장악하고 있었다. 그다음 한 세기 동안 무슬림의 통치 범위는 더욱더 확장되었다. 서쪽의 이베리아 반도에서 시작해서 무역로를 따라 동쪽으로 중앙아시아와 인더스 강까지 뻗어 나갔다. 이후 그 길을 따라 사람과 사상의 이동이 더욱 촉진되었다.

고대 사회에서 정복을 통해 제국을 건설했듯이, 이슬람의 정치적 지도자들도 군사 행동을 통해 세력을 확장해 나갔다. 그러나 이슬람의 종교적 실천과 교리는 무슬림 국가의 사람들뿐만 아니라 그 밖의 사람들에게도 매력적이었다. 이슬람 교리가 단순 명쾌한 점도 그 이유 중 하나였을 것이다. 많은 사람들이 이슬람으로 개종했다. 아주 엄격한 일신론을 표방하는 쿠란의 교의는 몇 가지 핵심으로 요약할 수 있다. 알라는 아랍어로 신을 뜻하는데, 전지전능한 존재다. 무함마드는 알라의 예언자로서 알라의 말씀을 가르치고 알라의 뜻을 전해준다. 무함마드는 유대인 부족장 아브라함(Abraham)과 예수 그리스도의 후계자를 자처하면서, 자신의 가르침이 그들의 가르침을 대신한다고 주장했다. 무함마드는 유대교와 기독교 신자들을 받아들였고, 많은 이들이 개종을 했다. 그러나 무슬림 국가에서는 기독교도, 유대교도, 힌두교도가 자신의 종교를 유지할 수 있도록 보호해주었다. 이들을 딤미(dhimmi), 즉 "보호받는 사람들"이라 했는데, 딤미는 자신의 종교를 믿으면서 무슬림 통치자의 정치적 권위를 인정하고 세금을 납부해야 했다.

모든 무슬림은 지하드(jihad)의 의무를 가진다. 지하드란 "스스로 자처하는 고난"을 뜻한다. 신을 위한 헌신, 신의 통치를 확장하려는 노력, 선한 삶을 살고자 하는 의지가 지하드에 포함된다. 무슬림의 성스러운 율법인 샤리아(shari'a)에서는 다섯 가지 실천을 이슬람의 다섯 기둥이라 했다. 다섯 가지 실천이란 신앙을 고백하고 무함마드를 신의 예언자로 받아들임, 정기적인 기도, 성스러운 라마단 기간의 금식, 가난한 사람들에게 베푸는 자선, 형편이 되면 메카 순례가 그것이다. 또한 쿠란에서는 술과 도박을 금하고, 이외에도 여러 가지 음식에 대한 금지 사항이 기록되어 있다. 예를 들면 돼지고기 같은 것으로, 이는 유대교의 모세 율법 전통을 받아들인 것이다. 또한 고리대금도 죄로 규정했다. 즉 이자를 바라고 돈을 빌려주는 것은 죄악이다. 그러나 물질적 부를 죄악시하지는 않았다. 하디스에는 살아 있는 생명체를 그림으로 그리는 것을 금기시하는 내용이 있다. 그래서 이슬람 예술은 기하학적 문양이나 서예(캘리그라피)를 선호하는 경향이 있었다. 그러나 타브리즈에 있던 일칸국의 궁정 같은 경우에는 형상이 있는 그림이 그려지기도 했다.

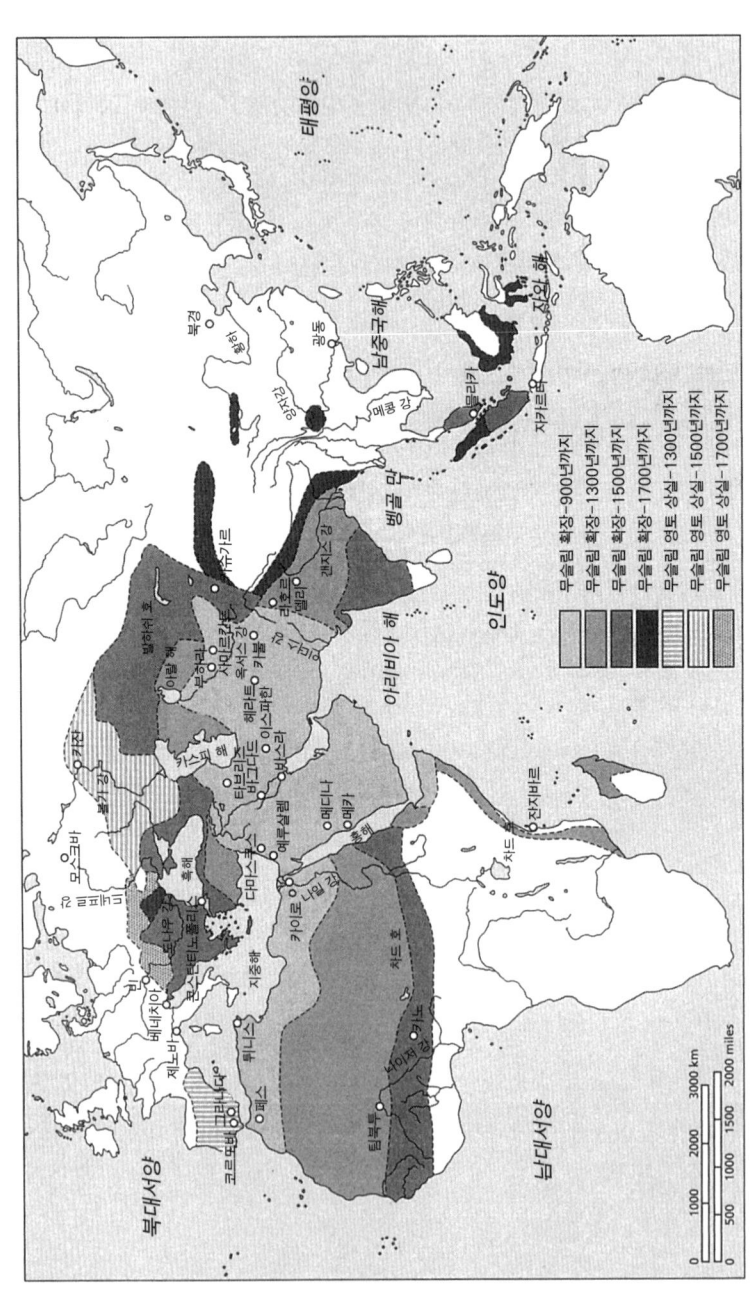

[지도 3-1] 이슬람의 확산

불교나 기독교에서는 독신 성직자를 영적으로 존경하지만, 쿠란과 하디스는 모두에게 결혼을 권장한다. 그리고 결혼의 목적으로 출산과 쾌락을 모두 인정한다. 유대교와 마찬가지로 이슬람에서도 대부분 교사와 판사, 그리고 종교 지도자는 기혼 남성이다. 지역에 따라 무슬림 사회에서 동성애를 찬양하는 시문학도 있지만, 동성에게 매력을 느끼는 남자들도 결혼을 하고 아이를 가지라고 권장한다. 무함마드 이전에도 아랍 사회에서는, 비록 부유한 자에 한해서지만 일부다처제가 흔했다. 쿠란에서는 한 남자가 얻을 수 있는 아내의 수를 네 명으로 제한하고 모두를 평등하게 대우하도록 했다. 무슬림 사회에서는 가족이 결혼을 결정하고 출산(특히 아들 생산)을 근본적으로 중시했으며, 출산과 순산을 기원하는 의례와 기도가 발달했다. 이는 다른 사회에서도 흔히 그러했다.

쿠란에 의하면, 신의 관점에서 남성과 여성은 전적으로 동등하다. 이 점에 대해서 많은 학자들이 주목하고 있다. 남성과 여성은 모두 천국에 갈 수 있고, 모두가 신자의 의무를 다해야 할 책임이 있다. 학자들은 이슬람의 여성 억압이 이슬람 이전의 관습에서 유래되었으며, 이슬람 신앙에서 본질적인 것은 아니라고 주장한다. 가령 티그리스 강과 유프라테스 강 유역에서는 기원전 제3천년기에 이미 결혼을 할 때 남성이 여성의 베일을 벗겨주는 의례가 있었다. 또한 비잔틴 제국과 페르시아 제국에서는 이슬람교가 전파되기 이전에 이미 부유한 집안의 여성들이 격리되는 관습이 있었다. 학자들은 무함마드의 첫 번째 아내 하디자에게도 관심을 기울인다. 하디자는 무함마드에게 종교적 예언을 신중하게 받아들이도록 확신을 주었다. 하디자는 결코 베일을 쓴 적이 없고, 예언자도 하디자가 사망하기 전까지 다른 여인과 결혼하지 않았다. 한편 쿠란에서 남성과 여성을 엄격히 구분한다는 사실에 주목하는 학자들도 있다. 남성은 네 명의 아내를 둘 수 있으며, 이혼을 하기도 그리 어렵지 않다. 유산도 딸에게는 아들의 절반만 배정한다. 무함마드는 하디자가 죽은 뒤에 얻은 아내들에게 격리된 생활을 명했고, 아내는 남편에게 복종해야 한다고 가르쳤다. 쿠란이 특별한 지위를 갖는 텍스트인 만큼, 이슬람 사회에서 쿠란을 어떻게 해석할지는 매우 중요한 문제다. 그러나 성별에 따른 차별과 기타 사회적 위계는 샤리아를 포함한 다른 근거도 참조한다. 기독교와 마찬가지로 이슬람교 또한 초기 발전 단계에서 여성의 역할은 매우 중요했고, 여성도 대중적 종교 행사에 참여해서 기도를 올렸다. 그러나 1세대가 지난 뒤로는 여성의 격리가 무슬림 중심 사회에서 보편적으로 받아들여졌다. 그리고 쿠란의 주석가들은 갈수록 여성과 관련된 구절을 가부장적 의미로 해석했다. 남성들은 종교 활동을 사원이나 모임 장소에 나가서 대중적으로 드러내놓고 했지만, 여성들은 집에서 했다. 사원에 나가더라도 남성과 여성의 공간은 분리되었다. 생리와 출산 때문에 의례가 더럽혀질 수 있다고 믿었기 때문이다. 그러나 이슬람 율법은 당시 다른 사회의 율법에 비해 여성의 재산권을 보다 적극적으로 허용했다. 부유한 무슬림 여성들은 학교나 사원, 병원, 신전을 건설하는 데 재산을 내놓았다.

무슬림 사회의 분쟁, 다양화, 그리고 융합

무함마드는 움마의 단합을 호소했다. 그러나 현실은 그렇지 못했다. 아라비아 반도에서, 또 다른 곳에서도 정치적 분쟁과 문화 융합 등으로 이슬람 사회의 다양성은 더욱 커져만 갔다. 이는 불교나 기독교 사회에서와 다를 바가 없었다. 무함마드가 사망한 직후부터 신도들은 후계자의 정당성 문제로 서로 다투었다. 분쟁은 결국 암살과 내전으로 이어졌다. 한쪽에서는 무함마드의 사촌이자 사위인 알리(Ali, 601~661)가 정당한 후계자라고 주장했다. 예언자께서 알리를 공동체의 기도를 이끄는 자, 즉 이맘(imam)으로 지명했다는 것이 그 이유였다. 알리를 지지하던 사람들을 시아파(Shi'a)라고 하는데(시아란 아랍어로 시아트 알리, 즉 알리의 지지자 혹은 알리의 무리를 뜻한다), 이들은 알리와 알리의 뒤를 이은 이맘들을 공동체의 신성한 지도자인 동시에 진정한 후계자로 인정한다. 시아파보다 더 큰 분파를 수니파(Sunni)라고 하는데, 이 명칭은 무함마드의 모범에 기초한 공동체가 따라야 할 행동을 일컫는 순나(Sunna)에서 파생한 말이다. 수니파에서는 칼리프(caliph, 지도자 혹은 대표자)로 선출된 사람을 정당한 후계자라고 주장하는데, 칼리프는 무함마드의 측근들이 무함마드의 친척 중에서 선출했다. 수니파 이슬람에서는 일정 그룹의 학자들과 모든 무슬림을 대표하는 권위를 인정받는 칼리프의 합의를 통해 올바른 쿠란의 해석이 인정된다. 한편 시아파 무슬림에서는 신성한 통찰력을 지닌 이맘의 개인적 주장에 무게가 실린다. 수세기에 걸쳐 서로 다른 전통이 발달했다. 수니파 무슬림과 시아파 무슬림의 적대감이 폭력 사태를 빚기도 했다.

이것이 정치 및 경제적 논란과 뒤얽히면서 오늘날까지도 다양한 형태의 분쟁이 계속되고 있다.

분열 때문에 이슬람의 확장이 멈추지는 않았다. 다르 알 이슬람(Dar-al-Islam), 즉 "이슬람의 거처"(이슬람 국가를 뜻한다 - 옮긴이)가 늘어남에 따라 아라비아 반도에서 시작된 율법과 종교적 관습은 기존의 전통과 뒤섞이고 새로운 가르침들이 출현했다. 수니파 무슬림이든 시아파 무슬림이든 수행, 의례, 신앙생활의 모범이 다양한 방식으로 폭넓게 나타났다. 660년대에 이르러 우마이야(Umayyad) 가문이 강한 지도력을 발휘해서 칼리프의 거처를 시리아의 다마스쿠스(Damascus)로 옮겼다. 그리고 아버지에서 아들로 왕위를 세습하던 다른 왕조들처럼, 칼리프의 지위를 세습하기 시작했다. 더 이상 신앙심이나 윤리적 존경으로 칼리프를 선출하지 않았다. 나중에 아바스(Abbasid) 왕조(750~1258)가 우마이야 왕조를 무너뜨렸다. 아바스 왕조는 티그리스 강 유역 바그다드(Baghdad)에 거대한 궁전과 수많은 사원을 건축했다. 바그다드는 페르시아 제국의 심장이었다. 아바스 왕조는 아랍인의 왕조였지만 관료의 대부분은 페르시아인이었다. 서로 다른 배경의 수많은 학자, 과학자, 시인, 철학자, 수학자 등등이 바그다드에 모였다. 이 같은 국제적 상호 교류가 다르 알 이슬람의 다른 한쪽 끝 스페인에서도 이루어졌다. 스페인에서는 우마이야 왕조가 계속해서 권력을 잡고 있었다. 코르도바(Córdoba)는 무슬림, 유대인, 기독교 학자들에게 문화와 교육의 중심지였고, 유럽에서 가장 크고 번성한 도시였다. 초기 기독교 사상가들이 그리스 철학과 로마의 전통에서 심오한 사상과

[그림 3-1] 아바스 왕조의 천문서
13세기 필사본에 수록된 삽화. 황도 12궁의 별자리 중 하나인 궁수자리. 궁수가 그려져 있고, 그 옆으로 목성(주피터)과 달이 있다. 궁수는 짐승을 겨냥하고 있는데, 그 짐승이 자신의 꼬리다. 아바스 왕조에서는 칼리프의 후원에 힘입어 천문학, 점성술, 과학, 의학 등이 번성했다.

제도를 받아들인 것처럼, 바그다드와 코르도바의 무슬림 사상가들도 그리스, 페르시아, 인도의 학문에 바탕을 두고 창의적인 학문을 펼쳤다. 수많은 고전을 번역하고 또한 저술하기도 했다. 그리스와 로마의 고전을 받아들인 기독교 사상가들이 초기 기독교의 근원에서 이탈했다는 비난을 감수해야 했듯, 바그다드와 코르도바의 무슬림 학자들도 마찬가지였다. 보수적인 도덕주의자들은 무함마드 시대의 보다 단순하고 엄격한 모범으로 되돌아가야 한다고 주장했다. 그들이 "회복"이라고 주장한 것들 중에는 사실 과거의 가르침에는 없던 새로운 사상들도 있었다. 그러나 도덕주의자들은 그것이 전통이라고 우겼다. 종교건 정치건 보수주의자들은 늘 이런 주장을 펼친다.

이슬람 신비주의 운동으로 알려진 수피즘(Sufism)도 아바스 왕조 시기에 시작되었다. 수피즘은 개인의 영적 체험을 중시한다. 수피들의 가르침에 따르면, 성령은 쿠란을 연구하는 학자들뿐만 아니라 성스러운 개인에게도 찾아올 수 있다고 한다. 다만 그 개인은 자신을 완전히 버리고 신에게 합일될 수 있어야 한다. 이는 기존의 이슬람과는 근본적으로 계열을 달리하는 사상이라서 별도의 분파로 발전해갔다. 그러나 수피들은 신비 체험으로 신을 경험한 사람이라도 샤리아에 복종해야 한다고 가르쳤다. 수피즘은 수니파와 시아파 모두에게서 정통 이슬람의 한 분파로 인정받았다. 수피는 돌아다니며 고행을 하는 경우가 많았으며, 그들의 엄격한 삶과 지혜를 보고 많은 사람들이 존경을 표했다. 수피 중에는 시인도 있었다. 수피를 중심으로 교단이 형성되기도 했고, 어느 수피를 기념하기 위해 사원이 건축되기도 했다. 여기서 사람들은 독특한 의례에 참여했다. 음악, 춤, 성스러운 책의 낭송 등이 그 의례에 포함되었다. 수피 중에는 성인으로 추앙되는 사람도 있었는데, 기적을 행하거나 산 자와 죽은 자의 의사소통을 중개하기도 했기 때문이다. 수피 성자들은 주로 대중적인 활동을 했다. 때로는 매우 넓은 지역을 포괄하기도 했다. 기독교에서도 그랬지만, 이슬람 사람들도 수피 성자의 삶과 기적에 대해 이야기를 듣거나 책으로 읽었다. 그리고 그들의 가호를 비는 기도를 올렸으며, 수피의 사원까지 순례를 떠나기도 했다. 학식 있는 신학자나 이맘은 수피를 위한 감성적인 의례나 순례를 거부했다. 이들이 보기에 수피는 이슬람의 본질을 벗어난 길로 사람들을 인도하는 자들이었기 때문이다. 그러나 수피 교단은 중요한 사회적 관계를 형성했고, 수피의 의례는 보통 이슬람 사원에서 행하는 엄격하고 정형화된 의례에 비해 대개 훨씬 더 대중적이었다. 그래서 통치자나 권세 있는 가문의 사람들도 수피 교단에 소속된 경우가 많았다. 수피의 가르침에 반대하는 세력은 그다지 큰 영향을 미치지 못했다.

9~10세기 서아시아 및 중앙아시아 스텝 지역의 투르크족이 이슬람으로 개종을 했다. 이후 투르크족은 인도 북부를 점령했고, 이 지역에 이슬람교를 전파했다. 하지만 대부분의 인도 사람들은 여전히 힌두교 신자로 남아 있었다. 이후 투르크족은 비잔틴 제국을 정복했고, 여기서도 이슬람을 전파했다. 그러나 페르시아의 많은 사람들은 여전히 기독교를 믿었다. 13세기에는 몽골족이 아시아의 대부분 지역을 정복했다. 이들은 텡그리(Tengri)라고 하는 하늘신을 중심으로 여러 신을 섬기는 토착 무속 신앙을 가지고 있었다(불교와 기독교 신자도 일부 있었다). 그러나 이들이 정복지를 통치하기 위해 정착하게 되자, 몽골 제국의 서부에서는 대부분이 이슬람으로 개종을 했다. 서부 아프리카로 이슬람교를 들여온 사람들은 상인과 스승이었다. 이들은 낙타를 타고 카라반과 함께 사하라 사막을 건넜다. 또한 배를 타고 인도양을 가로질러 동부 아프리카의 스와힐리(Swahili, 아랍어로 "해변의 사람들"이라는 뜻) 해안 지역과 동남아시아 지역으로도 이슬람을 전파했다. 말레이

반도의 해변 도시 믈라카(Melaka)에서부터 동부 아프리카의 몸바사(Mombasa)까지, 혹은 서부 아프리카 내륙의 무역 중심지였던 팀북투(Timbuktu)에서 실크로드의 도시 사마르칸트(Samarkand)에 이르기까지, 도시의 사람들은 이슬람에 매혹되었다. 이슬람교도는 무역을 잘했고, 영적이며 윤리적인 가르침도 수준이 높았으며, 국제적으로 연결도 되어 있었다. 팀북투, 사마르칸트, 코르도바뿐만 아니라 서로 멀리 떨어져 있는 세계 곳곳의 도시들이 이슬람교를 배우고 가르치는 중심지가 되었다. 이들 도시에서 스승들은 학교를 개설하고, 소년들에게 아랍어를 읽고 쿠란을 암송하는 법을 가르쳤다. 학자들은 수준 높은 철학과 신학, 법률 등을 학교에서 가르쳤다. 고등 교육 기관은 사원에 부속되어 있었다. 라시드 앗 딘이 타브리즈에서 대학을 설립한 것은 당시로서 전혀 낯선 일이 아니었다.

이슬람에 매력을 느끼는 통치자도 많았다. 종교적, 정치적, 상업적 이유가 복합적으로 작용했다. 일칸국의 통치자뿐만 아니라 서아프리카의 가나, 말리, 송가이 같은 왕국, 동아프리카 해안의 도시국가, 말레이 반도와 동남아시아 섬에 있는 해변 국가의 통치자들이 모두 이슬람교를 받아들였다. 멀리 이국땅에서 온 무슬림 상인과 현지 여성의 결혼으로 큰 재산을 모으는 경우가 많았다. 여성은 현지의 친족 관계를 통해 정치 및 경제적 세력에 접근할 수 있는 통로를 마련해주고, 수입 문화와 토착 문화가 결합될 수 있는 중개인 역할을 맡았다.

사회적으로 어느 계층의 사람들이든 일단 개종을 하게 되면, 자신이 어린 시절 접한 기존의 종교 사상 및 의례와 이슬람교를 혼합했다.

그 결과 이슬람 신앙과 종교적 실천은 매우 다양하게 발달해왔다. 사람들은 악령이나 질병을 쫓기 위해 의례를 행했는데, 의례가 성공하려면 현지의 토착 신과 이슬람교 성인의 도움이 모두 필요했다. 사람들은 집 안에 조상을 위한 사당을 만들어두고, 의례를 행할 때는 힌두교 신을 섬기기도 했다. 순례를 떠날 때는 수피 성자, 기독교 성인, 보살, 지역의 토착 신들과 관련되는 모든 장소를 다녔다. 이슬람교의 종교 지도자들은 이러한 관습을 달가워하지 않았고, 때로는 금지시키려는 노력도 했다. 그러나 스스로를 충실한 이슬람교 신도라고 믿는 사람들조차 의례의 효험을 결코 의심하지 않았다. 사회적 관습도 매우 다양해졌다. 아랍인과 페르시아인은 여성이 대중 앞에 몸을 드러내는 것을 금했다. 그리고 남아시아에서는 이슬람이나 엄격한 힌두교 신자들도 여성을 가리고자 했다. 그들이 사용하던 가리개를 푸르다(purdah, 페르시아어로 커튼을 뜻한다 - 옮긴이)라고 했다. 이러한 관습이 얼마나 엄격히 적용되는지, 얼마나 강하게 강요되는지는 지역별로 다르고 사회적 지위에 따라서도 달랐다. 부유한 도시의 여인들은 대체로 가리개를 착용했다. 그러나 인구의 대다수를 차지하는 가난한 시골 여인들은 남성들과 함께 노동을 했다. 서아프리카, 동남아시아, 중앙아시아 스텝 지역에서도 여성들이 일하고, 공공연하게 사회 활동을 하고, 홀로 여행을 다니기도 했다. 여성의 활동이 엄격하게 금지된 지역 출신의 학자나 상인은 이런 모습을 보고 깜짝 놀라곤 했다.

이슬람이 전 세계로 퍼져 나가는 동안, 이슬람 본토에서는 정치적 분열이 일어났다. 지역별로 왕국이 성립되었는데, 그중 시아파 왕국도 있었다. 이들은 수니파 아바스 칼리프 왕조에서 떨어져 나갔다. 스페인, 북아프리카, 이집트 등지에 이슬람 왕국이 건설되었고, 때로는 서로가 전쟁을 벌였으며, 각국의 왕족들도 부침이 있었다. 11세기에 이르러 이슬람을 받아들인 셀주크 투르크가 아바스 칼리프 왕조의 대부분을 정복했다. 칼리프들은 투르크 술탄(sultan, "권위를 가지신 분"이라는 의미)의 꼭두각시 정권에 불과했다. 그 뒤 칼리프 왕국들은 더욱 작은 규모로 또 갈라졌다. 13세기에 이르러 몽골은 무슬림의 땅을 공략하기 시작했다. 최후의 아바스 칼리프도 몽골의 손에 죽었다. 1260년 시리아에서 몽골의 전진을 멈추게 한 것은 당시 이집트와 그 주변 지역을 다스리던 투르크 왕조의 군대였다. 이에 분개한 울제이투를 비롯한 일칸국의 황제들은 유럽으로 진출했다. 제3장 첫머리에 등장한 일칸국 황제들이 바로 이들이었다.

군인과 노예, 그리고 신분 탈피

어떤 나라나 제국이 일어서고 망하는 이야기는 흔히 듣는 줄거리다. 그러나 무슬림 사회에서는 이 과정에 무언가 독특한 사회 현상이 결합되었다. 이집트의 통치자와 친위대는 맘루크로, 투르크족을 비롯한 스텝 지역 출신의 노예 군인이었다. 이들은 무슬림 국가에서 군인 계급으로 복무하는 경우가 많았는데, 그러다가 때로는 신분이 상승하여 군사 지도자가 되기도 했다. 이러한 노예 제도는 고대 아테네나 로마의 경우와는 전혀 달랐다. 맘루크 제도는 9세기 아바스 칼리프 왕조에서 시작되었다. 무슬림이 아닌 소년이나 젊은 남성을 돈을 주고 사거나 전쟁 포로로 잡아다가 통치자의 궁궐로 데려와 체계적으로 훈련을 시켰다. 노예 군인에게 무장을 시키는 일이 어리석어 보일 수도 있겠지만(실제로 맘루크가 주군에 대항해서 반란을 일으킨 사례도 있다), 이 제도를 통해 통치자는 통치자 자신에게만 의존할 뿐 출신 부족에 충성할 필요가 없는 군대를 보유할 수 있었다. 노예 군인은 사회적으로나 친족 관계로나 아무런 연고가 없었기 때문이다. 혹독한 훈련과 신분 상승의 가능성을 통해 주군에 대한 충성심과 전우애를 드높였다. 이슬람으로 개종하면 노예에서 해방시켜주기도 했다. 다르 알 이슬람의 일부 지역 무슬림 통치자들이나 통치권을 두고 서로 경쟁하는 세력들이 갈수록 노예 군대에 의존하게 되면서 그 규모는 수만 명에 이르렀다.

13세기 중엽 이집트에서는 복잡한 상황이 중첩되는 가운데 맘루크가 최고 사령관뿐만 아니라 실질적으로 술탄의 지위에 올랐다. 사회적 위계질서가 급변하는 와중에 가족 관계와 성적인 결합 관계가 복잡하게 얽히면서 정치적 격변기가 도래한 때였다. 1250년, 샤자르 알-두르(Shajar al-Durr)가 통치자의 자리에 올랐다. 그녀는 노예 출신이었으나 술탄의 아내가 되었다. 술탄이 죽은 뒤 맘루크 장교들이 술탄의 다른 아내가 낳은 아들을 암살하고 샤자르 알-두르를 통치자로 선언했다. 그녀는 매우 유능한 통치자였다. 그녀의 재위 기간 중 프랑스의 왕 루이 7세가 이끄는 제7차 십자군이 카이로를 공격했다. 그러나 샤자르 알-두르는 공격을 잘 막아냈을 뿐만 아니라 루이 7세를 포로로 잡았다. 루이 7세를 석방해주는 대가로 막대한 보상금을 받았는데, 이 돈은 모두 왕실의 재정으로 들어갔다. 몇몇 지역에서 그녀를 통치자로 인정할 수 없다는 주장도 튀어나왔다. 그래서 그녀는 맘루크 장교인 아이바크(Aybak)와 결혼하고 그에게 술탄의 자리를 넘겨주었다. 부부 사이의 의심은 커져만 갔고, 휘하의 맘루크들도 두 패로 나뉘어 반목을 일삼았다. 마침내 샤자르 알-두르는 사람을 시켜 아이바크를 죽였다. 그러나 아이바크를 따르던 맘루크들이 아이바크의 다른 아내 소생 왕자를 술탄으로 옹립했다. 새로운 술탄은 샤자르 알-두르를 죽이라고 명했다. 전하는 이야기에 따르면, 술탄과 술탄의 어머니의 여자 노예들이 샤자르 알-두르가 죽을 때까지 두들겨 팼다고 한다. 불행한 시작에도 불구하고 맘루크 왕조는 이후 계속해서 이집트를 다스리다가, 1517년 오스만 투르크에 의해 무너졌다. 그러나 이후로도 맘루크들은 이집트에서 정치 및 군사적으로 힘을 가지고 있었다. 19세기 초 권력 분쟁에서 살해당한 맘루크가 수천 명에 달하기도 했다.

당연히 샤자르 알-두르의 이야기는 이집트의 전설 중 하나로 전해져 내려왔다. 억지로 꾸미지 않아도 흥미진진한 이야기지만 갈수록 환상적인 색채가 더해졌다. 그녀의 이야기는 불행한 결혼과 궁중 암투 정도를 넘어섰다. 이 이야기를 통해 일부 이슬람 사회에서 신분의 이동이 어떻게 가능했는지를 분명하게 알 수 있기 때문이다. 맘루크가 사회적 신분을 뚫고 올라가 장군이 되고 나라를 세우는 이야기는 또 있다. 이를테면 11세기 이란과 아프가니스탄 지역의 화레즘(Khwarezm), 13세기 초 인도 북부 지역의 델리 술탄 왕조(Delhi sultanate) 등이다. 델리 술탄 왕조에서도 짧은 시기나마 여성이 등극한 적이 있다. 그녀의 이름은 라지아(Raziya, 재위 1236~1239)였는데,

남성 정적에게 살해되었다. 무슬림 사회에서 노예 출신으로 통치자까지 오른 사람은 극히 드물다(그러한 여성은 더더욱 드물다). 남성 노예 대부분은 장인이거나 농노거나 집안일을 거드는 하인이었고, 아니면 군인이었다. 여성 노예는 요리사, 하녀, 아이를 돌보는 보모, 첩, 세탁부 등으로 일했다. 노예 신분이 세습되지는 않았고 평생토록 노예로 머물 필요도 없었다. 쿠란에 따르면 노예를 해방시켜주는 것은 칭찬할 만한 일이었다. 또한 주인의 아이를 낳은 여성 노예는 주인이 죽은 뒤 노예 신분에서 해방되고, 무슬림 아버지에게서 태어난 아들은 원칙적으로 무슬림이며 자유인 신분이었다. 무슬림으로 개종하면 노예에서 해방시켜주는 경우도 많았다. 대부분 노예에게 작업 여건은 매우 가혹했다. 노예들에게 권력이 주어지는 경우는 거의 없었지만, 그래도 그들은 자신이 생활하는 도시 혹은 시골 사회에 무난히 동화되었다.

샤자르 알-두르의 이야기는 무슬림 사회의 어느 노예 이야기다. 노예의 내밀한 삶을 잘 담아낸 그녀의 이야기를 통해 다른 노예들이 어떻게 살았는지 알 수 있으며, 나아가 그 시대 권력과 문화의 중심지로서의 궁정 문화가 어떻게 발달했는지도 짐작할 수 있다. 아프로유라시아 지역은 어디에서나, 더불어 서반구의 몇몇 지역에서도 통치자 주변을 둘러싼 궁정에서는 카이로의 맘루크 궁정과 같은 일들이 벌어졌다. 음모 가득한 파벌 싸움, 신분 상승, 가족과 긴밀하게 얽힌 정치 등의 일이었다.

궁정과 궁정 문화

고대에 성립된 농업 기반 국가나 제국은 대체로 군주정이었고, 왕위를 물려주는 세습 왕조였다. 기원후 500년 이후 새로 성립된 국가들도 마찬가지로 거의 대부분 군주정이었다. 군주정과 함께 궁정이 탄생했다. 궁정이란 통치자 개인을 중심으로 하는 공동체로서, 권력의 상징인 동시에 실제 권력을 집행하는 곳이었다. 그래서 궁정은 상징적 의미와 실용적 기능을 동시에 지니고 있었다. 기원후 500년부터 1500년까지 중국, 로마, 이집트, 티그리스 강과 유프라테스 강 유역 등지에 이미 오래전부터 전해 내려오던 궁정이 있었고, 일본, 한국, 서부 아프리카 수단 및 기니 해안 지역에도 궁정이 존재했다. 뿐만 아니라 무슬림 세계의 술탄국이나 칼리프 왕국, 몽골 칸국, 비잔틴 제국, 서유럽과 남아시아 및 동남아시아의 작은 왕국들, 메소아메리카의 아즈텍(멕시카) 제국, 안데스의 잉카 제국 등에도 궁정이 있었다. 서유럽의 경우 왕국의 왕들과 별도로 종교 지도자도 권력을 가졌는데, 여기서도 궁정이 발달했다. 로마 교황의 화려한 궁정이 바로 그것이었다. 지역별로 패권을 장악한 세력들은 중앙 권력을 모방하여 작은 규모의 궁정 의례를 발달시키기도 했다.

농업 국가에서 토지는 부와 사회적 지위와 권력의 주요한 원천이었다. 거대 토지를 소유한 지주를 흔히 "귀족"이라고 하는데, 이들이 최고 엘리트 계층이었다. 통치자도 이들과 같은 계층에 속했지만, 통치자라고 해서 언제나 모든 땅을 소유한 것은 아니었다. 상속 제도는 경우에 따라 다양했지만, 일반적으로 귀족 남성은 아들에게 사회적 지위와 토지를 물려주고 딸에게는 사회적 지위와 일부 재산을 물려주었다. 인구가 늘어나고 경제가 점점 복잡해지자, 통치자와 귀족 계층에서는 헌납 체계를 강화했다. 그들의 땅에 사는 사람들에게 세금, 임대료, 노동력 등을 점점 더 체계적으로 요구했다. 이런 일을 전문적으로 수행하는 사람을 고용했는데, 이들은 영지를 관리하기 위해 여러 가지 일을 했다. 이들의 숫자는 점점 더 많아졌고, 담당 업무의 전문성도 높아져갔다. 궁정에서는 이들에게 권한을 위임했고, 행정·군사·정치적 결정이 위계질서를 거쳐 이루어졌다. 법령도 같은 경로를 거쳐 공포되었다.

규모나 복잡성의 정도, 내부 구조 면에서 궁정은 매우 다양했지만 일정한 공통점이 있었다. 13세기 카이로의 궁정이 그러했듯, 모든 궁정은 치열한 권력 투쟁의 중심이었다. 귀족, 관료, 고문, 궁정 내관, 장군, 귀부인, 사교 모임을 이끄는 여인 들이 서로 힘을 겨루고 음모를 꾸미며 투쟁을 벌였다. 궁정에 있는 사람들은 분명한 임무를 부여받았다. 예를 들면 경호, 공연, 보물 관리, 연대기 작성 등의 일이었다. 그러나 단지 통치자가 좋아한다는 이유로 특별한 업무 없이 명예직에 임명되는 경우도 있었다.

현명한 왕은 이런 자리를 전략적으로 활용했다. 결혼도 같은 이유에서 전략적으로 결정되었다. 다른 나라 통치자의 딸이나 여동생과 결혼하는 것은 연맹을 맺는다는 의미였다. 또한 왕이 지방의 유력 귀족 가문 여성과 결혼하면, 왕의 입장에서는 귀족의 충성을 더욱 안정적으로 확보할 수 있었다. 문화권에 따라 결혼을 여러 번 할 수 있는 경우에는 이런 두 가지 목적, 즉 연맹을 맺거나 충성을 이끌어내는 일을 모두 성취할 수도 있었다. 그래서 결혼은 통치자의 국정 목표를 반영하는 경우가 많았다. 왕과 결혼한 여인들이 낳은 아이는 잠재적으로 왕위를 이을 수 있는 후보자였다. 후보자들은 대개 어머니의 도움으로 왕위를 물려받거나 후계를 안정적으로 확보했다. 프랑크 제국의 왕 지게베르트 1세(Sigebert I, 재위 561~575)는 오늘날 스페인 지역 서고트 왕국의 공주 브륀힐트(Brünhild, 543?~613?)와 결혼했다. 지게베르트 1세가 암살되자(형제의 아내에게 살해된 것으로 추정된다) 브륀힐트는 아들의 후견인이 되었고, 나중에 두 명의 손자와 한 명의 증손자를 두었다. 이들은 모두 엄청난 궁정 암투에 휘말렸으며, 가족과 고위 관료는 서로 정적이 되었다. 샤자르 알-두르와 마찬가지로 브륀힐트 또한 전설의 주인공이 되었다. 그녀의 전설은 같은 이름의 주인공 브륀힐트가 등장하는 중세 독일의 유명한 서사시 〈니벨룽의 노래(Niebelungenlied)〉와, 이 서사시를 바탕으로 한 바그너의 오페라에도 영감을 주었을 것이다.

 대를 이어 권좌를 물려주는 공식적 체계를 마련한 나라가 많았지만, 이는 어디까지나 현실이 아니라 의례에 불과했다. 통치자는 국내외의 경쟁자에게 자신과 지지자들이 얼마나 강력한지 힘을 과시해야 했다. 또한 백성에게 왜 세금을 내야 하는지, 왜 아들을 전쟁터에 보내야 하는지, 명령을 받으면 왜 도로나 교량 건설에 참여해야 하는지, 혹은 왜 통치자가 내린 명령에 따라야 하는지 그 이유를 정기적으로 보여줄 필요가 있었다. 그래서 통치자와 관료는 의식과 의례 절차 등을 발달시켜 군주의 특별한 본성을 나타내고, 군주와 우주의 질서, 군주와 사회의 질서가 어떻게 연결되는지를 과시했다. 심지어 오늘날까지도 군주제가 일부 남아 있는 이유는 군주제의 중앙 집권적 권위주의 혹은 독재 체제 때문이 아니라, 사람들이 군주제의 위계질서를 자발적으로 받아들였기 때문이다. 의례를 통해 기원 신화와 공통의 문화가 만들어지고 계속적으로 반복되면서 통치자의 백성은 자신의 정체성에 대한 공통 의식, 즉 우리는 하나라는 의식이 강화된다.

궁정은 이 같은 문화가 만들어지고 유통되는 중심지였다. 궁중 의례는 궁중 사람들에게 두 가지 의식을 심어주었다. 즉 궁정은 위대한 군주의 통치 아래에 있는 나라의 통일성을 담보하는 곳이며, 동시에 자신들은 바깥세상 사람들과는 다른, 우월한 존재라는 의식을 심어주었다. 특별한 음식, 복식, 우아한 행동을 보면 그 사람이 궁정 생활에 얼마나 친숙한지 알 수 있었다. 지방 귀족의 궁정이나 특정 사회 집단에서 엘리트를 모방하고자 하는 사람들이 있었고, 상류층 문화는 그들에게 조금씩 흘러 들어갔다. 통치자나 귀족은 점차 약탈로 재산을 모으는 대신 세금이나 법률에 의지하고자 했다. 그러자면 스스로가 단지 군대의 지도자를 넘어서 현명하고 학식이 있음을 보여주어야 했다. 그들은 갈수록 문화와 문학과 예술에 더 많은 관심을 기울였다. 그리하여 마침내 "궁중 문화"라는 것이 생겨났다. 때로는 통치자 스스로가 시를 쓰거나 음악을 연주하거나 그림을 그리거나 춤을 추기도 했다. 어느 나라건 궁정에서 선호하는 예술이 최고의 예술로 평가되었다. 바그다드에 있었던 아바스 왕조의 궁정과 기니 해안에 있었던 베냉(Bénin)

궁정은 음악의 중심이었다. 화려하게 장식된 궁정에서 고도로 숙련된 음악가들이 통치자를 위해 음악을 연주했다. 동남아시아의 크메르(Khmer) 제국 통치자들은 공예, 건축, 사원 등을 후원했다. 당시 세계에서 가장 큰 규모의 종교 건축 단지 앙코르 와트(Angkor Wat)도 그들의 후원으로 건설된 것이다. 앙코르 와트는 방대한 규모의 세련된 석조 조각으로 구성되었는데, 원래 힌두교의 신 비슈누(Vishnu)에게 헌정된 사원이었다. 유럽에서도 통치자와 귀족은 양탄자, 회화 작품, 우아한 가구로 궁정을 채웠고, 음악가와 시인을 고용했으며, 학자와 과학자를 후원했다.

통치자와 그의 측근들이 행하는 의례는 궁중 생활의 핵심이었다. 정기적으로 주마다, 월마다, 계절마다, 연 단위로 의례와 축제가 벌어졌다. 이외에 특별 행사도 있었는데, 전쟁의 승리나 왕위의 계승, 왕실의 결혼 또는 출산을 축하하거나 죽음을 애도하는 행사들이었다. 궁정 안에서 열리는 행사에 초대를 받는 것 자체가 명예로운 일이었다. 예를 들어 비잔틴 제국이나 기타 기독교 왕국의 궁정에서는 통치자, 통치자의 가족, 가까운 측근, 몇몇 선택된 인물들만 참석하는 주 단위 정기 예배가 있었다. 정해진 절차에 따라 합창, 분향, 정형화된 무용, 기도문 암송 등이 진행되었다. 특별 행사 중에는 연회도 있었다. 연회에는 엄청나게 많은 음식이 준비되었다. 이국적인 신기한 음식이나 복잡한 조리 과정을 거친 정교한 음식도 있었다. 하나같이 고위 인사들의 품위에 걸맞을 뿐만 아니라 외국에서 온 손님에게도 깊은 인상을 남길 만했다. 연회에서는 주로 음악이 연주되거나 춤, 연극, 인형극 등 재미난 볼거리도 많았다. 그래서 오감을 모두 만족시키는 연회였다. 때로는 통치자와 신하들 사이의 관계를 더욱 굳건히 만들기 위해 선물을 주기도 했다.

궁중 밖에서는 대규모 대중 의례가 거행되었다. 이때는 수많은 사람들 앞에 통치자가 직접 등장하거나, 아니면 적어도 통치자를 태운 가마가 등장했다. 인상적인 퍼레이드를 펼치며 도심 한가운데를 지나갔으며 관료, 군인, 노예 수천 명이 대열을 뒤따랐다. 이러한 행렬은 왕실의 힘과 권위를 보여줄 뿐만 아니라 최고 지위의 통치자와 가장 낮은 지위의 백성들을 하나로 묶어주는 의미가 있었다. 스페인 사람들이 잉카 제국을 방문했을 때, 잉카 제국의 통치자가 가마를 타고 쿠스코의 길거리를 지나가는 장면을 목격했다. 머리에는 금으로 장식된 왕관을 쓰고 화려한 열대 지방 새들의 깃털을 꽂았으며, 에메랄드 보석과 금으로 장식된 옷을 입었다. 이는 태양의 아들이자 우주 질서의 수호자인 왕의 지위에 걸맞은 복장이었다. 쿠스코를 방문하는 왕실의 행렬은 통치자에게 종교적·신화적·문학적 이미지를 부여했다. 즉 통치자는 전설 속의 영웅 혹은 성스러운 빛의 후손임을 나타내는 것이었다. 이런 내용은 궁정 연대기에 기록되고 그림으로도 그려졌다. 그래야 후대에까지 위대한 영광이 전해질 수 있었기 때문이다. 궁정의 관료들은 관대한 통치자라는 이미지를 만드는 데에도 정성을 기울였다. 예를 들어 아즈텍 기록에 의하면, 몬테수마(Montezuma, 재위 1440~1469) 황제는 수도 테노치티틀란(Tenochtitlan)에서 홍수가 났을 때 창고에 저장되어 있던 곡식 2만 섬을 내어주었다.

[그림 3-2] 괵국부인유춘도(虢國夫人游春圖)
중국의 궁정 화가 장훤(張萱, 712~756)이 그린 그림의 후대 모사본. 황제의 애첩 양귀비의 언니 괵국부인(虢國夫人)이 어린 공주 한 명과 당나라 궁정 인물들을 데리고 나들이하는 모습이다. 간편한 복장으로 말을 달리는 대신 산보를 하고 있는 것으로 보아 공식 행사가 아니라 봄나들이를 하고 있는 것으로 추정된다.

궁정에서는 다른 궁정의 관습을 따라 하기도 했다. 문헌 기록이나 수입 물품, 외교 사절 방문, 시집 온 왕비나 후궁, 그리고 여행하는 학자나 상인, 음악가, 승려 등을 통해 정보를 입수했다. 중국 당(唐)나라(618~907)의 궁정은 한반도 통일신라(688~918)나 일본 나라(奈良, 710~784) 시대 궁정의 모델이 되었다. 이와 함께 당시 유교의 정치 이론이나 불교의 가르침을 비롯하여 중국어로 기록된 문헌들이 현지 적응 과정을 거쳐 정착되기도 했다. 651년 무슬림 군대가 사산조 페르시아 왕조를 무너뜨렸지만, 무슬림 통치자들은 수많은 사산조의 의례와 예식을 본받았다. 특히 통치자의 동상을 세워서 일반인에 비해 우월한 존재임을 과시했다. 비잔틴 제국의 황제나 로마의 교황도 이러한 풍습을 받아들였다.

　궁정에서 생활하는 사람들은 오래도록 토지를 소유한 귀족의 후손인 경우가 많았다. 귀족은 궁정과는 별도로 그들만의 권력을 가지고 있었다. 그들은 스스로 재판을 하고 군대도 보유했으며, 경제력도 있었다. 그들은 자신의 영지를 가지고 그 영지에 사는 백성들을 지배했기 때문에, 이를 기반으로 한 귀족 권력을 왕이 마음대로 할 수가 없었다. 세계적으로 보자면 귀족이 왕으로부터 실질적으로 독립된 지역이 많았다. 예를 들어 일본에서는 황제가 최고 신격인 태양의 여신 아마테라스(天照)의 직계 후손이라 하고, 황제의 계보가 일본 역사상 가장 오래된 기록물인 6세기의 기록 이전부터 시작되었다고 하지만, 실제 권력은 토지를 소유한 귀족(다이묘大名)의 손안에 있었다. 다이묘와 수하의 전사(사무라이)는 황제에게 변함없는 충성을 맹세했다. 그러나 황제가 대중 앞에 나타나는 일은 극히 드물었다. 황제의 주요 임무는 아들을 생산하는 것이었다. 그래야 황실이 유지될 수 있었다(황제들이 이 임무를 매우 잘 수행한 모양이다. 오늘날 일본 천황은 6세기 천황의 직계 후손이다). 6세기부터 19세기에 이르기까지 대체로 하나의 귀족 가문이 일본을 주도했다. 그들은 황제의 자리에 도전한 적이 없었다. 대신 쇼군(將軍)이라는 지위를 자처하며 황제가 중요한 결정을 내릴 때 조언을 하고, 정부의 중요한 고위 관료를 대신 임명하고, 군대를 지휘하고, 궁정의 공식 활동에서 중심 역할을 맡았다.

　비잔틴 제국의 상황도 이와 비슷했다. 7세기 초부터 아랍, 슬라브, 투르크 군대가 점차 제국의 영토를 점령해 들어왔기 때문에, 비잔틴 제국의 황제는 점점 더 군벌 귀족에게 의존할 수밖에 없었다. 황제 직속 군대의 힘은 그만큼 더 약화되었다. 이들 군벌이 반란, 암살, 궁정 암투에 뛰어들면서 황실 가문이 교체되는 일까지 있었다. 그래서 나중에 비잔틴(byzantine)이라는 영어 단어는 "복잡하다, 미로처럼 뒤얽히다"라는 뜻을 지니게 되었다. 무슬림 국가에서도 공식적으로는 술탄이 최고 권위를 가졌지만 실질적 권력은 대신이나 장군의 손안에 있었다. 5세기 로마 제국 멸망 이후 서유럽에서는 강력한 중앙 집중 권력이 존재하지 않았다. 당시 출현한 소규모 왕국들에서는 왕권이 약하고 귀족 세력이 강했다. 귀족들은 자신만의 궁정을 별도로 유지했다.

현실적으로 권력이 분산되었음에도 불구하고 (혹은 그랬기 때문에) 귀족이 주군에게 충성을 맹세하는 다양한 의례가 발달했다. 일본의 다이묘와 사무라이는 황제에게 충성을 맹세했다. 서유럽에서는 10세기부터 공개적으로 주군에게 충성을 서약하는 의례를 거행하고, 이를 통해 귀족을 제후에 봉했다. 영어로 제후(vassal)라는 어휘는 "하인"을 뜻하는 켈트어에서 유래되었다. 이처럼 경의와 충성을 맹세하는 의례 자체가 고대 게르만족의 부족장이 주군에게 맹세하는 의례에서 비롯되었다고 한다. 모든 궁정 의례가 그러하듯이, 이러한 맹세 의례도 궁정으로 들어가면서 점점 더 복잡해졌다. 제후는 군주 앞에 무릎을 꿇고 신과 성인을 호명하며 자신의 의무와 존경의 뜻을 표하고, 군주는 준비된 말과 행동으로 그에 호응을 한다. 주로 제후의 어깨와 머리를 칼로 가볍게 건드리는 행동인데, 이는 주군의 우월한 지위와 아량을 나타내는 의미를 지녔다.

세계 어디에서나 귀족의 후손들이 궁정 사회를 주도했다. 그러나 드물기는 해도 카이로 궁정의 맘루크 사례에서 보듯이, 하층민의 자제도 궁정에 들어가는 일이 없지 않았다. 세습된 지위, 통치자와 사적인 가족 관계, 재산, 능력, 교육, 외모 등 다양한 이유로 나뉘는 계층 간 암투가 벌어졌고, 그 사이에 개인과 파벌의 투쟁이 얽혀 들어갔다.

예를 들어 중국에서는 관료를 선발하는 과거 시험이 당나라 때부터 시행되었다. 시험 과목은 유교 경전이었다. 송(宋)나라(960~1279) 때에 이르러 수천 명의 젊은이들이 오랜 시간 엄격한 교육을 받은 뒤에 이 시험에 응시했다. 귀족의 후손이거나 귀족의 후원을 받으면 영향력 있는 자리에 올라 출세하기가 쉬웠다. 그래서 궁정 관료들 가운데 절반 이상이 서로 연결되어 있었다. 그렇지만 과거 제도는 능력 있는 사람이 출세할 수 있는 또 다른 길을 열어주었다. 이 같은 중국의 과거 시험 제도를 모방해서 일본, 한국, 베트남에서도 유사한 제도가 시행되었다. 그 뒤에도 친족 관계의 중요성은 여전히 사라지지 않았다. 일본에서는 과거 제도가 얼마 안 가서 폐지되었다. 비잔틴 제국에서는 황제가 강력한 고문관의 자문을 받아서 황제의 뜻대로 관료를 지명했다. 귀족 가문의 핏줄과는 상관이 없었다. 남아시아와 동남아시아의 궁정은 힌두교에 기반을 두었고, 성직자 지위는 브라만 계층만 지명될 수 있었다. 그러나 이외에도 카스트가 엄격히 적용되지 않는 자리들이 많았다. 다양한 출신의 사람들이 궁정에 들어가 돈을 벌고 높은 지위를 얻어 출세하고자 했다. 다른 사회와 마찬가지로 궁정 사회도 뚫고 들어갈 여지는 많이 있었다.

예의범절과 사랑 이야기

치열한 경쟁과 불안정 속에서 독특한 행동 규범이 나타났다. 이는 궁정에 거주하는 사람들(특히 남성들)에게 궁정의 위태로운 상황에서 살아남고 출세하는 법을 가르쳐주려는 것이었다. 예를 들면 유교의 가르침이 그런 것인데, 이런 행동 규범은 도덕적 의무나 선행 같은 윤리적 이상향에서 도출해낸 경우가 많았다. 거기다 미학적·문화적 이상향을 가미하기도 했다. 말과 행동, 복장, 단정한 차림새, 식사법 등에서 이러한 품격이 드러났다. 이는 궁정에 거주하는 사람들이나 궁정을 출입하는 귀부인들 사이에서 시작된 행동 규범이지만 궁 밖의 사람들에게도 유행처럼 퍼져 나갔다. 그래서 이러한 행동 규범이 예의범절의 기초가 되었고, 중산층 가족들 사이에서도 이에 대한 엄격한 교육이 이루어졌다. 예의범절이 애초 궁정에서 시작되었다는 사실은 특히 영어권 단어들에 분명하게 남아 있다. 예를 들어 기품이 있다(ladylike)는 귀부인(lady)에서, 예의 바르다(gentlemanly)는 궁정의 시종(gentleman)에서, 공손하다(courteous)는 궁정(court)에서 비롯된 말이다.

궁정에서 생활하는 사람들, 혹은 궁정에서 한자리를 차지하고자 하는 사람들은 외모에 무척 신경을 써야 했다. 옷과 화장품을 사는 데 많은 비용을 지출해야 했는데, 그것이 먼 나라에서 가져온 수입품인 경우가 많았다. 그래야 자신이 돋보일 수 있었다. 문학, 음악, 미술을 이해하고자 노력하고 창작 활동을 하기도 했다. 실제로 작가도 많이 배출되었다. 중국의 궁정에서는 황실 가족이나 황제 자신이 시를 비롯한 다양한 문학 작품을 창작했고, 서예 작품을 남기거나 비단에 그림을 그리기도 했다. 인도에서는 통치자들이 시 경연 대회를 후원하거나 다른 여러 분야의 창작을 지원하기도 했다.

일본에서, 특히 헤이안(平安) 시대(794~1184) 당시 수도인 교토(京都)의 귀족들은 중국 문학과 철학을 배우고, 시를 쓰고, 아름다운 회화와 예술 작품으로 주변을 꾸몄다. 그들로부터 미야비(みやび, 雅)라고 하는 미학적 개념이 발달했다. 미야비란 우아미, 절제미, 지성미, 감식안, 현세의 덧없음을 강조하고, 일체의 거칠고 속된 요소를 거부함을 뜻한다. 이러한 이상이 가장 잘 드러난 문헌이《겐지 이야기(源氏物語)》다. 굉장히 유명한 소설로 줄거리가 꽤나 길고 복잡하다. 11세기 초 황실에서 황후의 시녀가 쓴 작품이며, 작가의 아버지는 야심 있는 정부 관료였다. 작가의 실제 이름은 알려지지 않았다. 헤이안 시대 일본에서 여성들은 아버지나 남자 형제의 직책으로 불리는 경우가 많았다.《겐지 이야기》의 작가는 무라사키 시키부(紫式部)로 불렸는데, 무라사키(紫)는《겐지 이야기》의 여주인공 이름이며 시키부(式部)는 한때 그녀의 아버지가 맡은 직책이었다.《겐지 이야기》는 히카루 겐지(光源氏, 찬란한 겐지)와 사랑하는 애첩의 이야기다. 히카루 겐지는 잘생긴 허구의 왕자이며, 그리 멀지 않은 과거의 인물로 설정되어 있다. 그는 애절하고 감각적인 시를 쓰고 암송하며, 그림을 그리고, 우아한 옷을 입고 우아한 연회에 참석하며, 아름다운 사랑을 나눈다. 이 모든 이야기가 굉장히 긴 줄거리로 펼쳐지는데, 궁정의 사람들과 궁정에 출입하는 귀부인들도 등장한다.《겐지 이야기》는 궁정의 여인들을 염두에 두고 쓰인 작품이다. 왜냐하면 헤이안 시대에 형성되어 주로 여성들이

사용하던 문자인 가나(假名)로 기록되어 있기 때문이다. 당시 남성들은 한문을 썼다.

이슬람의 행동 규범과 예의범절은 아다브(adab)라고 한다. 또한 세련되고 예의 바르며 단정한 것도 아다브라고 일컫는다. 아다브를 따르는 젊은 귀족은 (겐지만큼 화려하지는 않지만) 옷을 단정하게 차려입고, 아랍의 시와 역사 또는 쿠란에 대한 지식을 갖추고, 위엄 있는 행동을 하고, 우아하게 선물을 주고받으며, 다양한 주제에 대해서 지적이며 위트 있게 대화를 나눌 수 있어야 한다. 유럽에는 이른바 "왕자의 거울(Mirrors for the Prince)"이라는, 통치자를 위한 행동 규범이 있었다. 이외에도 젊은이들에게 이상적인 행동 규범을 가르쳐주는 안내서가 있었다. 어떻게 하면 신이 기뻐하는 삶을 살 수 있는지, 분노는 어떻게 다스리는지, 경쟁자를 어떻게 물리쳐야 하는지, 우아하게 말하려면 어떻게 해야 하는지 등의 내용이 수록되어 있다.

낭만적인 사랑도 귀족의 이상적인 행동 규범에 포함되어 시와 산문 및 회화 작품의 주제가 되었다. 겐지와 그의 친구들은 끊임없이 사랑에 빠졌다가 또 다른 사랑에 빠져든다. 서유럽의 경우 바이킹의 사가(saga)나 12세기의 작품 〈롤랑의 노래(La Chanson de Roland)〉 등 전쟁에서 용감하게 싸우는 남성을 찬양하는 서사시가 궁중의 여흥 거리로 인기가 있었지만, 귀족 남녀의 복잡한 사랑 이야기가 줄거리에 섞여 들어갔다. 트리스탄과 이졸데(Tristan and Isolde) 이야기나 아서 왕(King Arthur)의 전설이 대표적인 경우다. 무슬림 세계에서는 페르시아, 인도, 아라비아의 이야기가 한데 모여 9세기에 문자로 기록되었다.

그중에는 《천일야화(千一夜話)》도 있었다. 옛날에 결혼을 하고 새신부를 죽이기를 반복하는 왕이 있었는데, 똑똑한 새신부 셰에라자드는 밤마다 왕에게 흥미진진한 이야기를 들려주었고, 다음 내용을 듣기 위해서 왕은 새신부의 처형을 매일 연기할 수밖에 없었다는 이야기다. 《천일야화》에는 사랑 이야기, 사기꾼 이야기, 판타지, 살인 미스터리, 음담패설, 반전을 거듭하는 줄거리, 예언 등이 포함되었다. 이런 이야기들이 구전되면서 더욱 풍부해지다가 나중에는 텍스트로 기록되었다. 그리고 무슬림 세계를 넘어 잉글랜드까지 이야기가 전해졌고, 셰익스피어는 작품 줄거리에 이 이야기를 활용했다.

고대 서사시에서 남성은 무엇보다 주군에게, 그리고 전우에게, 때로는 자신의 말에게 애착을 가졌고, 충성과 의리, 전투에서의 용기를 높은 가치로 칭송했다. 여성은 남성의 임무 수행을 가로막거나 방해가 되는 존재였다. 이런 이야기가 궁정에서 인기를 얻게 되면서 내용이 다소 바뀌었다. 여성은 여전히 방해가 되는 존재였지만, 남성은 여성을 회피하기보다 열망하게 되었다. 그리고 남성의 용기뿐만 아니라 잘생긴 외모도 칭송의 대상이 되었다. 이 시대에 여러 문화권에서 전형적인 낭만적 사랑 이야기가 만들어졌다. 이런 사랑은 고귀한 사랑이고, 숨이 막힐 듯 멈출 수 없는 사랑이고, 갑작스럽게 빠져드는 사랑이고, 사랑을 품은 사람을 더 나은 사람으로 만들어주는 사랑이고, 시간이 멈추는 사랑이다. 이렇게 이상화된 사랑은 대개 이성애를 모델로 하지만 동성애를 모티프로 하기도 했다. 열렬한 동성애를 노래한 시와 남성 동성애를 표현한 조각 작품도 있었다. 중국 송나라와 일본 및 한국에서 관료와 지식인, 배우가 이런 작품을 발달시켰다.

이런 낭만적인 사랑 이야기를 도대체 누가 만들었을까 하는 의문이 남는다. 그리고 이런 이야기가 어떻게 한 지역에서 다른 지역으로 전파되었을까? 해당 시점에 전파된 이유는 무엇일까? 서양에 이 이야기를 들여온 사람들 중에는 궁정 시인이 있었다. 그들은 스페인의 무슬림 통치자의 궁정에서 일하던 시인들이었다. 또한 프랑스 남부 프로방스 지역의 기독교 영주들의 궁정에도 이런 시인들이 있었다. 프로방스 지역의 시인들은 스스로를 트루바두르(troubadour)라고 불렀다. 그들은 유럽의 여러 궁정을 돌아다니며 낭만적인 사랑 이야기를 들려주었다. 여기에 라인란트에 있던 주교의 궁정에서 발달한 예의 바른 행동과 감수성을 섞어서 유럽식 기사도의 미덕 이야기를 만들어냈다. 이런 사랑 이야기를 "기사도 문학" 혹은 "궁정 연애담"이라고 한다. 이 이야기에서 남성은 대체로 사랑하는 여성보다 사회적 신분이 낮다. 여성의 높은 지위 때문에 남성은 (이론상으로는) 여성에게 다가갈 수 없고, 그래서 그의 사랑은 순수하고 순결하며, 그녀를 위해 위대한 임무를 수행한다.

《겐지 이야기》에서의 사랑은 이런 식으로 설명이 되지 않는다. 다른 문화권 궁정의 시나 이야기, 노래도 마찬가지다. 아마도 모든 궁정에서 시인들은, 어쩌면 권력과 성과 감정이 뒤얽히는 장면을 가까이에서 목격했을 것이다. 그리고 사람들이 그런 이야기를 듣고 싶어 한다는 점을 알아차렸을 것이다. 특히 아름다운 사람들이 등장해서 비극적 결말을 맺는 이야기를 좋아했을 것이다.

지역에 따라 궁정의 관료나 학자들이 성적 매력의 파괴적인 힘에 주목했을 수도 있다. 그들은 성을 축복하기보다 통제하려 했을 것이다. 법이나 사회적 규제, 때로는 물리적 장벽도 필요했을 것이다. 그래야 남성을 유혹에서 보호하고, 미혼 남녀를 분리시키고, 가족의 질서를 유지할 수 있다고 생각했을 것이다. 이야기에서 여성 등장인물의 중요성이 커질수록, 현실에서 여성에 대한 규제도 그만큼 더 엄격해졌다.

  여성에 대한 규제의 종류는 아주 많은데, 가령 이동을 제한하는 규제도 있다. 가장 유명한 사례가 바로 중국 여인들의 전족이다. 어린 소녀의 발가락을 뒤꿈치 쪽으로 꺾어 넣어서 발을 묶으면 마침내 발등뼈가 부러져 발이 접힌다. 대개는 여섯 살 때 전족을 시작하는데, 이후 여인의 발은 평생 묶인 채로 지낸다. 조그만 크기의 발을 만들기 위해서였다. 이렇게 만들어진 발의 모양이 연꽃 같다고 하여 금련(金蓮, 황금 연꽃이라는 뜻이며, 황금은 고귀하다는 의미 – 옮긴이)이라고 했다. 문화적 관습이 대체로 그러하듯이, 전족 풍습도 처음에는 궁정에서 시작되었다. 기원후 1000년경 여성 공연자와 후궁 사이에서 처음 시작되었는데, 1200년대 이전에 이미 북중국의 엘리트와 중산층으로 유행이 퍼져 나갔으며, 나중에는 사회 계층을 막론하고 모든 여성이 이러한 풍습을 받아들여야 했다. 전족을 했던 이유를 설명하는 여러 가지 이론이 있다. 남성 문인들이 여성의 작은 발과 뒤뚱거리며 걷는 모습에 대해서 성적 환상을 가졌고, 이를 과거에 대한 향수와 연결시켰다고 한다. 한편 송나라 때 이상적인 남성상이 전사에서 문인으로 바뀌었는데, 이와 더불어 이상적인 여성상은 더욱 움직임이 적고 세련된 쪽으로 변했다고도 한다. 또한 여성 노동의 중요성을 은폐함으로써 자신의 집안이 사회·경제적으로 우월함을 과시하려는 욕망이 있었다고도 한다. 뿐만 아니라 중국에는 전족을 하면 출산을 더 잘 하고 아이도 더 건강하다는 속설까지 있다. 도로시 코(Dorothy Ko, 高彦頤) 교수는 전족 풍습을 충분히 설명하려면 어느 한 가지 이론으로는 부족하다고 지적한다. 전족의 역사는 1000년 이상 변화를 거쳐온 역사이기 때문이다. 또한 이 문제에 대해서 남성과 여성의 입장이 같지 않았다. 그는 특히 여성이 단순히 피해자만은 아니었음을 지적한다. 여성들은 유교가 가르치는 자기희생과 훈육의 중요성을 내면화하고, 전족과 명성과 가정적인 면모와 우아함과 자존심을 모두 연결시켰다. 그래서 대개는 어머니가 딸의 발을 묶었으며, 여성에게 전족은 사회적 통과 의례가 되었다. 아기자기하게 장식된 신발이 높은 사회적 지위를 상징하게 된 현실을 만들어낸 장본인은 바로 여성이었다.

중국뿐만 아니라 다른 문화권에서도 성 역할을 분명히 구분하고 남성의 우월적 지위를 인정하는 이데올로기와 규범과 법률이 존재했다. 이는 남성뿐만 아니라 여성도 함께 만든 것이었다. 어느 시기에 남자다움이라는 개념이 새로 등장했지만, 그것 때문에 여성의 규범이 크게 바뀌지는 않았다. 여성의 규범은 언제나 명예와 순결 주변을 맴돌고 있었다. 당시 낭만적인 사랑은 문학에서든 현실에서든 실제 결혼과 별 상관이 없었다. 사회적으로나 경제적으로나, 혹은 정치적으로나 결혼은 사랑에 비해 훨씬 더 중요한 문제였다. 그래서 결혼을 개인의 열정에만 맡겨둘 수는 없었다. 애정 관계가 발전해서 결혼을 하게 된다면 아주 좋겠지만, 그게 아니더라도 엄청나게 실망하는 일은 없었다.

《겐지 이야기》나 아서 왕 이야기에서, 낭만적인 사랑은 다른 이상적인 예의범절과 마찬가지로 상류층의 전유물로 그려지고 있다. 궁정의 우아한 세계 바깥의 사람들은 예의범절이나 학식을 갖추기에 너무 천한 존재로 이해되었고, 사랑에 대해서도 마찬가지였다. 그들의 삶은 고된 노동 속에 있었고, 역사적 연대기나 서사시에 등장할 만한 가치가 없었다. 이런 생각이 수백 년 동안 지속되었다. 심지어 노동의 역사를 연구하는 학자들도 근대 노동자에 비하면 중세 농민은 연구할 가치가 별로 없다고 생각했다. 그렇게 무시를 당했음에도 불구하고, 모든 궁정은 이들의 공급에 의존해서 유지되었다. 능력 있는 군주나 관료는 이 사실을 잘 알고 있었다. 그래서 주민의 수를 늘리려 애썼고, 최소한 현상 유지라도 하려고 노력했다. 궁정 안에서 보기에 궁정 바깥 세상은 시간이 흐르지 않는 듯하고 아무런 변화가 없는 것처럼 보였겠지만, 결코 그렇지 않았다.

농장의 확대와 마을 사회

정착 농경은 신석기 시대부터 시작되어서 고전 고대(classical period)에 빠르게 확산되었다. 기원후 500년 무렵과 1500년 무렵을 비교해 보면, 식물 재배 및 가축 사육 지역이 엄청나게 확장되었음을 알 수 있다. 태평양 한가운데 떠 있는 섬이나 북아메리카 대륙의 동쪽 끝까지, 지구 곳곳의 숲이나 늪이나 해안 지역에도 농업이 전파되었다. 통치자나 관료는 농업에 직접 관여했다. 그들은 강제로, 혹은 장려책을 써가며 사람들을 미개척 지대로 보냈다. 사람들은 나무를 잘라내고, 습지의 물을 빼내고, 계단을 만들고, 둑을 쌓고, 배수로를 파는 등의 작업을 거쳐 농사짓기 좋은 땅을 만들었다. 원래 있던 마을 주변에 새로운 농경지가 개척되는 경우, 마을의 인구밀도가 높아졌다. 때로는 멀리 떨어진 곳에서 개간이 이루어졌다. 농부는 군인이 개척한 지역에 들어가서 농사를 짓기도 하고, 때로는 군인보다 먼저 들어가서 개간을 하기도 했다. 혹은 국가가 나서서 사람이 전혀 살지 않는 지역으로 사람들을 보내기도 했다. 자발적으로 이주를 하는 경우도 있었다. 황무지를 개간해서 농지를 늘리면 생산량을 늘릴 수 있었고, 수확량이 늘어나면 수입도 늘어났다. 일단 황무지가 개척되면 머지않아 세금을 요구하는 새로운 통치자가 나타났다. 농지를 만드는 데 들어간 비용이 크다면 세금을 내거나 노역을 하더라도 새로운 국가의 통치를 피해 달아나는 대신 감내할 수밖에 없었다. 농업 지역에서 이런 식으로 많은 나라가 생겨났다. 즉 국가는 농업을 장려하고, 농업은 국가를 장려했다.

여러 지역에서 형성된 궁정들 사이에 공통점이 있었듯이, 마을들 사이에도 공통점이 있었다. 정착 농경은 문자 기록보다 훨씬 더 많은 지역에 퍼져 있었다. 문자 문화가 있는 마을에서도 사람들은 대체로 구술 문화에 의지해서 살아갔다. 어머니와 아버지가 아이들에게 어떻게 일을 하는지 가르쳐주었으며, 이외에도 전통이 그들 삶의 기본 틀을 만들어주었다. 이런 전통을 떠받쳐주는 것은 어떤 신격이나 영혼, 혹은 성스러운 존재에 대한 신앙이었다. 신앙의 대상은 기독교나 불교

[그림 3-3] 잉카의 감자 수확

펠리페 구아만 포마(Felipe Guaman Poma de Ayala, 1550?~1616)의 《새로운 연대기와 좋은 정부》에 수록된 삽화이다. 이 책의 저자는 잉카 제국의 귀족 출신이었다. 그는 잉카 제국의 역사와 스페인 사람들의 정복 이야기를 썼고, 이 책이 스페인 국왕에게 전해져 개혁이 이루어지길 소망했다. 그러나 이 책은 스페인의 왕에게 전달되지 못했다. 대신 안데스 지역의 생활사를 알려주는 소중한 자료로 남게 되었다.

나 이슬람 같은 세계 종교일 수도 있고 토착 종교일 수도 있었다. 마을 사람들은 이웃이나 친지들과 함께 의례에 참여해서 감사를 표하고 원하는 바를 기원했다. 그리고 출생이나 결혼이나 죽음 같은 삶의 중요한 계기를 기념했으며, 신의 가호를 빌었다. 신성한 존재는 마치 현실 속 통치자처럼 강력한 힘이 있었고 때로는 변덕을 부리기도 했다. 그러나 대부분은 올바로 섬기는 사람들을 보호해주는 자비로운 신이었다. 작은 마을에도 눈에 보이지 않는 세계와 소통할 수 있는 특별한 능력을 가진 사람들이 있었다. 예를 들면 무당, 성직자, 예언자, 성스러운 사람, "현명한 여인", 영적 능력을 가진 부족장 등이었다. 이들은 의례를 통해 신이 마을 사람들에게 요구하는 바를 전해주고, 또한 마을 사람들이 요구하는 바를 신에게 전달했다. 이런 특별한 일을 하는 대가로 그들은 음식이나 기타 생필품을 얻었다. 작고 가난한 마을에서는 이들도 직접 농사일을 해야 했다.

궁정에 사는 사람들이나 학자들은 마을에 사는 사람들이 다 똑같은 줄 알지만, 사실 마을 사람들 사이에서도 사회적 구분이나 남녀의 구분이 엄연히 존재했다. 각자가 하는 일이 따로 있었고, 재산도 서로 다르게 소유했다. 대개 새로운 농경지 개간은 남자들의 일이었고, 말이나 소 같은 덩치가 큰 동물을 키우는 지역에서는 동물을 이용해 밭을 갈거나 동물을 보살피는 일도 남자들의 몫이었다. 그러나 씨앗을 뿌리고 잡초를 제거하고 수확을 하는 일은 남녀가 함께 했다. 아이들도 이런 일은 같이 했다. 동물을 이용하지 않고 오로지 인력만으로 농사를 짓는 지역에서는 대부분 농사일을 여자들이 맡거나, 남녀 구분

없이 일을 하기도 했다. 중국이나 무슬림 세계의 일부 지역에서는 여자들이 격리되었다. 사회적 지위가 높은 여자들은 대체로 담장 안에서 일을 하고, 남자들과 남녀 노예들이 바깥일을 맡았다. 농지를 상속하는 경우, 대부분의 농경 사회에서 딸에 비해 아들을 선호했다. 아들이 없으면 먼 친척보다는 딸에게 상속하는 경우가 많았다. 토지는 직계 가족에게 속한 재산이었기 때문이다. 마을 사회의 하층민은 남자든 여자든 삶이 별로 다르지 않았다. 역사학자들은 이를 "궁핍의 평등(equality of misery)"이라 한다.

귀족들은 마을 사람들에게 세금과 토지 임대료를 요구했고, 때로 감독관을 보내서 공동체의 일을 관장했다. 그럼에도 불구하고 마을에 자치 조직이 있는 경우가 많았다. 파종 시기, 윤작 작물 지정, 관개 시설 유지 및 보수, 숲의 사용 허가, 목축, 공유 토지 관리 등의 일을 자치 조직이 맡았다. 마을 공동체 자치 조직은 중앙 정부의 감독 아래 운영되었는데, 자치 조직의 자율성 정도는 물론 지역이나 시대에 따라 달랐다. 새로운 농업 기술, 전염병, 기후 변화, 새로운 종교의 전파를 비롯한 문화적 변화 등이 마을 조직에 영향을 미쳤다. 중앙 정부도 그렇지만 마을 자치 조직에서도 위계질서와 강고한 연대를 강조했다. 자치 조직은 마을 전체를 대표하는 조직이지만, 실제로는 각 가구별 남성 가장만을 대표했다. 미성년 남성, 여성, 토지를 소유하지 못한 자, 하인, 노예 등은 의사 결정 구조에서 배제되었다.

마을 조직에서는 대개 농업 생산량을 최대한 끌어올리려 했다. 이렇게 생산량에만 몰두한 점이 환경에 악영향을 끼친 원인이라고 주장하는 학자도 있다. 생물지리학자 재레드 다이아몬드(Jared Diamond)는 당시의 수많은 마을을 조사한 바 있다. 그린란드의 바이킹 마을, 아메리카 남서부의 아나사지(Anasazi) 마을, 마야의 도시국가, 폴리네시아(Polynesia)의 라파 누이(Rapa Nui) 마을(이스터 섬) 등을 조사한 뒤 모든 마을이 "멸망을 자초했다"는 결론을 내렸다. 개간을 하느라 주변 자연을 지나치게 훼손했고 사회 관습을 너무 엄격히 유지했기 때문이라는 것이다. 이러한 몰락 가설을 공격하는 고고학자, 인류학자, 역사학자도 많다. 이들은 마을 사람들이 그렇게 어리석지 않았으며 근시안적이지도 않았다는 설득력 있는 주장을 내놓았다. 다만 기후 변화에 제대로 대처하지 못했을 뿐이라는 것이다. 마을 "사회"를 세부 구분 없이 통틀어서 하나의 결정 단위로 보고, 그 마을 단위에서 운명을 결정할 만한 집단적 결정을 했다고 주장하는 것은 문제를 너무 단순화한 결과다. 이러한 논지는 마을 사회 내부의 복잡한 정치와 갈등을 무시하고 있다는 비판이다.

토지 이용에 대한 논점은 때로 종교 문화와 연결되기도 한다. 유대교-기독교 전통에서는 개간을 장려하며 자연환경을 활용하는 것을 문제 삼지 않는다. 반면에 인간과 땅의 연결을 중시하는 아메리카 원주민의 종교에서는 환경에 돌이킬 수 없는 영향을 미치는 일이 거의 없도록, 지속 가능한 자연의 이용을 권장한다. 기독교 진영에서도 반대 이론이 있었다. 기독교 이론 중에 "자연의 책(the book of nature)"이라는 이론이 있었는데, 자연을 통해서 신성함이 드러난다는 오래된 이론이었다. 이 이론을 신봉하는 입장에서는 콜럼버스 이전의 아메리카 원주민들이 포레이징과 농사를 통해 아메리카 대륙의 동식물을 잘 키워 냈다고 생각했고, 심지어 아마존 열대 우림도 그러한 결과라고 믿었 다. 양측 모두 자신의 주장을 뒷받침할 근거를 가지고 있다. 다만 대부 분 학자들이 동의하는 바는, 사람들이 바로 눈앞에서 자연을 이용했다 는 사실이다. 오늘날과 달리 예전의 사람들은 자신이 살고 있는 토지, 혹은 주거지에서 가까운 토지를 이용했다. 그래서 어떤 변형을 가했을 때 그 결과 또한 바로 그 지역에서 나타났다.

세계 대부분 지역에서 마을 공동체의 생활이나 조직에 공통점이 있 었지만, 당연히 지역에 따른 차이도 있었다. 각자가 마주하는 현실에 적응하다 보니 독특한 변화를 겪은 것이다. 북아메리카에서는 무역로 를 따라 옥수수 농사가 전파되었다. 메소아메리카로부터 먼저 남서부 지역, 즉 미시시피 강 유역 및 오하이오 강 유역으로 확산된 뒤 기원후 1200년경 대서양 해안에까지 전파되었다. 남서부 지역 사람들은 용 설란(agave)이나 목화(cotton)처럼 건조 기후에서 살 수 있는 식물들 도 재배했다. 거대한 사암과 흙벽돌을 이용해서 벽이 두꺼운 집을 건 축하기도 했다. 평원을 가로질러 동쪽 숲에 이르기까지, 사람들은 정 기적으로 불을 놓았다. 관목이 자라는 것을 막고 초지를 조성함으로써 바이슨, 엘크, 사슴 같은 초식 동물의 서식지를 넓혀주기 위해서였다. 이들 동물을 가축화한 것은 아니지만, 불을 이용함으로써 이들의 개 체 수와 종 다양성이 매우 확장되었다. 그리고 숲보다는 초원에서 시 야 확보가 좋기 때문에 사냥도 더 쉬웠다. 기원후 600년경 이후로 창 대신 활을 사용하면서 사냥이 좀 더 발달했다. 그러나 식량 확보를 위

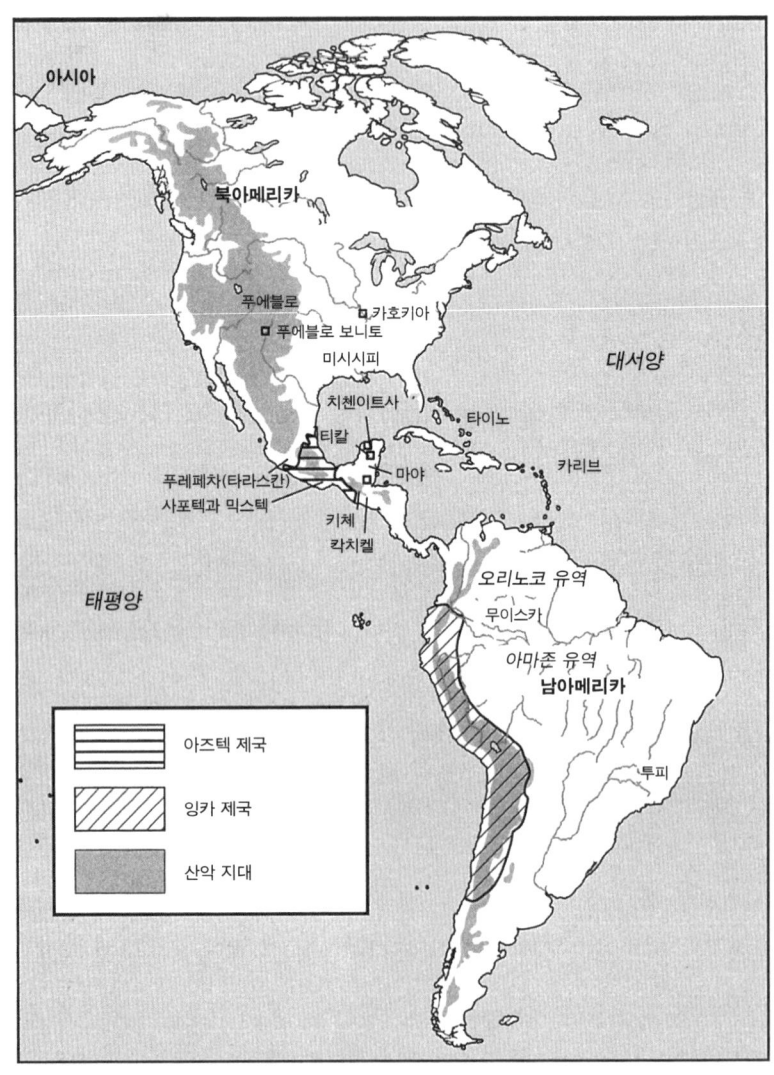

[지도 3-2] 1492년 이전의 아메리카 대륙[2]

한 더욱 확실한 방법은 불을 지르는 것이었다. 중부의 강 유역에서 사람들은 불 지르기 등의 여러 가지 기술을 이용해서 숲을 제거하고 그 땅에 옥수수를 비롯한 여러 농작물을 심었다. 그리고 무덤을 조성하고 의례와 주거를 위한 건물도 지었다. 무덤방은 값비싼 공예품으로 가득 채워졌고, 순장을 하기도 했다. 이러한 미시시피 유역의 고분으로 보아 당시 사회가 위계적이었고 갈수록 권력이 집중화되었다는 사실을 알 수 있다. 가족 구조는 모계 중심이었다. 그렇다고 해서 그 시대에 남녀가 더 평등했다고 말하기는 어렵다. 1500년대에 이르면 북아메리카 중부의 강변과 해안선을 따라 옥수수, 콩, 호박을 재배하는 들판과 과일이나 견과류를 재배하는 과수원이 분포하고 있었다. 그 중앙에는 대규모 정착촌이 건설되었는데, 마을은 흙과 목재로 구축한 성벽으로 둘러싸여 있었다. 그중 가장 큰 마을의 이름은 카호키아(Cahokia)로, 13세기 마을이 가장 번성했을 때의 인구는 약 4만 명으로 추정되며, 무덤과 광장 및 주택 등으로 구성된 마을의 면적이 약 14제곱킬로미터에 이르렀다.

다양한 기후에서 여러 가지 옥수수 종자들이 생겨났어도 고위도 지방에서는 옥수수를 재배하기 어려웠다. 안데스 지역은 고도가 낮은 곳에서만 옥수수를 재배하고, 고도가 높은 지방에서는 감자를 재배했다. 산비탈에는 돌로 담을 쌓아가면서 계단식으로 경작지를 만들어서, 산사태도 방지하고 경작지도 늘렸다. 그리고 경작지를 따라 도랑을 파서

---

2 민족 명칭에 붙는 – 족 혹은 – 인은 생략.

물을 공급했다. 16세기 스페인이 이 지역을 점령했을 당시, 안데스 지역의 가족들은 아이유(ayllu) 단위로 조직되어 있었다. 아이유는 혈연 중심의 친족 집단으로 농경과 의례를 함께했다. 토지는 개인이 아니라 아이유의 소유였다. 그래서 집단적으로 후손에게 상속되었다. 토지, 물, 가축 등을 이용할 권한은 여성은 모계를, 남성은 부계를 따랐다. 각각의 아이유는 두 개의 집단 중 하나에 소속된다. (성 안에서) 위쪽에 위치하며 더 우월한 집단을 아난사야(hanansaya)라 했는데, 이들이 주로 전쟁 수행을 맡았다. 아래쪽에 위치한 우린사야(hurinsaya)는 상대적으로 지위가 열등한 집단이었다. 잉카 제국이 정복된 뒤에는 쿠스코의 중앙 정부가 모든 아이유에게 노동의 의무를 부과했다. 토지를 경작하거나, 도로를 건설하거나, 천을 짜거나, 군대에 복무하는 등의 일이 주어졌다.

옥수수는 너무 덥거나 습한 지역에서도 잘 자라지 않으므로 아마존 강 유역에서는 카사바나 튜버(tuber)를 재배했다. 이런 식재료는 여러 방식으로 요리가 가능했기 때문에 주식으로 자리 잡았다. 그 밖에도 과일, 견과류, 다양한 야자나무 등의 작물을 심으면서 열대우림에 일부나마 인간에 의해 관리되는 농장이 생겨났다. 예를 들어 아마존 사람들은 복숭아 야자(peach palms)를 재배했는데, 열매를 따서 과즙으로 가루를 만들었다. 생과일로 먹거나 주스를 만들 수도 있었고, 발효시키면 술이 되었다. 아메리카 곳곳에서는 개를 길들여 가축으로 삼았고, 농사는 모두 인력에만 의존해야 했다. 말이나 소를 길들인 유라시아와 달리 길들일 만한 동물이 없었기 때문이다. 후대에 남겨진 글이나 그림으로 보건대 작물 재배는 대부분 여성이 했으며, 남녀가 같이 하기는 했지만 성별에 따른 일의 구분도 있었던 것 같다.

사하라 사막 이남의 아프리카에는 반투어를 사용하는 사람들이 있었다. 이들은 밀림이나 초원, 고산 지대를 막론하고 사하라 이남 전역으로 퍼져 나갔다. 철기 문화와 함께 얌과 수수 같은 작물도 가지고 갔다. 동부 아프리카에서는 바나나와 플랜틴(plantain)이 더해졌다. 이는 오스트로네시아 사람들이 인도양을 건너 가지고 들어온 작물이었다. 열대 지방은 토질이 좋지 않았다. 게다가 질병 때문에 대형 가축도 살아남지를 못했으므로 가축 분뇨를 이용한 거름도 줄 수 없었고, 가축을 이용해서 밭일을 할 수도 없었다. 그래서 사람들은 이동식 재배를 했다. 비옥도가 떨어지면 다른 곳으로 이주해서 농사를 계속하는 방식이다. 여러 마을이 여러 가지 측면에서 서로 연대하고 있었다. 종족, 종교, 동년배(통과 의례를 함께 치른 또래) 등 여러 가지 이유로 마을과 마을 사이에 다층적 관계망이 존재했다.

오스트로네시아 사람들은 인도양을 가로질러 아프리카까지 항해했으며, 기원전 1500년경 동쪽으로도 뻗어 나가 태평양의 여러 섬으로 진출했다. 이들은 가족과 함께 농작물과 가축, 파종할 씨앗, 종교적 물품 등을 가지고 갔다. 이 같은 이주는 점점 더 멀리 떨어진 태평양 깊숙한 곳으로까지 퍼져 나갔다. 최근 탄소동위원소 연대측정법이 발달해서 이들의 이주 연대가 보다 정확히 파악되며 많은 사례들이 수집되었다. 최근 연구에 의하면, 사모아(Samoa) 제도에 사람들이 정착하기 시작한 때가 기원전 800년경이다. 이후 더 멀리 진출하지 않고 있다

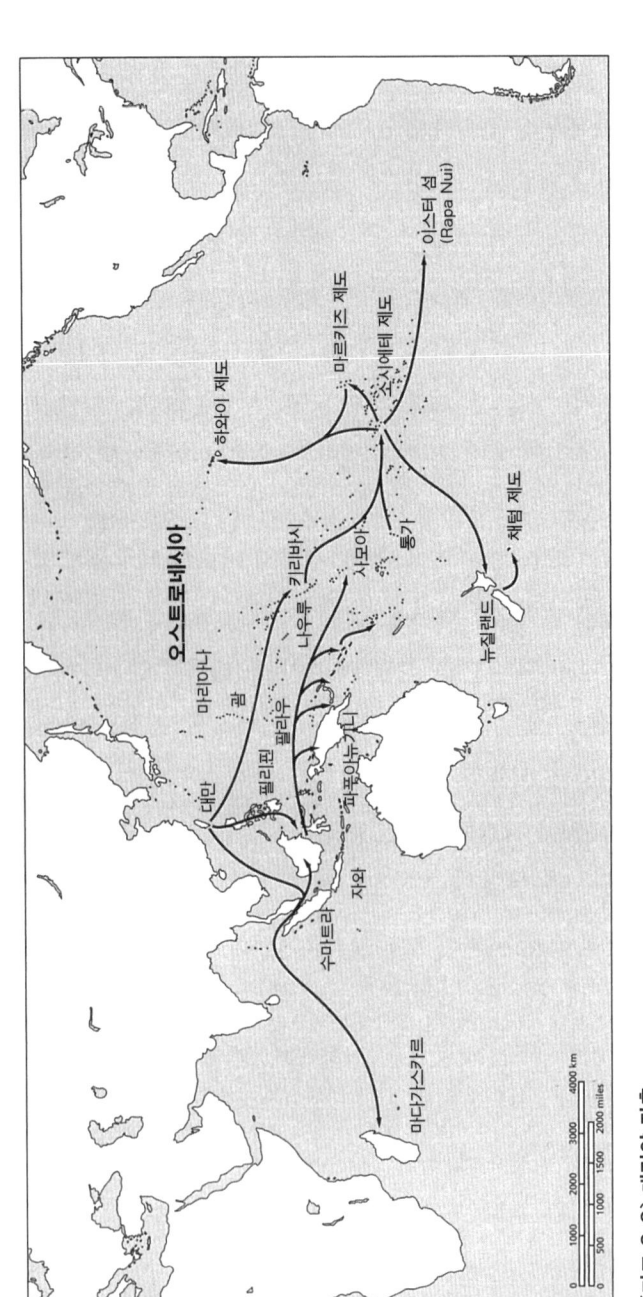

[지도 3-3] 태평양 진출

가 기원후 800~1000년경이 되어서야 다시 이주가 시작되었다. 아마도 인구 증가 때문이었을 것이다. 거대한 현외 장치(outrigger)가 달린 카누의 발명으로 장거리 항해가 가능했을 테고, 개척지 탐사에 나서고자 하는 정치 지도자의 결단도 필요했을 것이다. 13세기에 급격히 항해가 늘어났다. 멀리 폴리네시아의 동쪽 끝 가장 멀리 있는 섬에까지 사람들이 진출했다. 북으로는 하와이까지, 동으로는 라파 누이(이스터 섬)까지, 남으로는 오클랜드 섬까지 사람들이 정착했다. 경우에 따라서는 중간 기착지 없이 망망대해를 무려 3200킬로미터나 항해해야 했다. 아마도 별과 태양의 위치, 해류와 바람, 지나가는 새들을 보면서 방향을 잡았을 것이다. 일단 섬을 발견하면 해도를 만들었다. 야자나뭇잎과 갈대를 엮어서 섬과 섬 사이를 항해하는 데 걸리는 시간을 기록한 것이다. 1500년대에 이르러 태평양에서 거주가 가능한 거의 모든 섬에 사람이 정착하게 되었다. 얌, 타로, 바나나, 코코넛, 고구마, 빵나무 등을 섬으로 가져왔고, 돼지, 닭, 개는 물론 (의도하지는 않았겠지만) 쥐도 데리고 왔다. 어떤 섬에서는 농경지를 만들고 물길을 내서 농사를 지었다. 더불어 인공 연못을 조성해서 물고기를 양식한 뒤 그물을 이용해서 쉽게 잡아 먹었다.

폴리네시아 사회는 부족 단위로 조직되어 있었고, 부족장은 세습되었다. 각각의 섬 안에서 사회적 집단에 따른 엄격한 구분이 존재했다. 예를 들어 하와이에서 부족장은 최고위층(ali'i), 성직자, 예언가, 의사, 전문가는 상류층(kahuna), 나머지 대부분의 사람들은 평민이었다. 사회적 집단 사이의 관계는 엄격한 종교적 규범을 따라야 했다. 예를 들어 통치자에게 너무 가까이 가는 것은 의례에 따라 금지되었다. 이를 카푸(kapu)라 했다. (터부taboo라는 영어 단어가 바로 여기서 나왔다.) 남자와 여자 사이의 접촉도 카푸를 따라야 했다. 남자와 여자는 음식을 같이 먹으면 안 되고, 이성을 위한 음식을 준비해서는 안 된다. 여자에게는 많은 음식이 금지되었다. 돼지고기, 바나나, 코코넛, 특정 물고기 등을 먹지 못했다. 폴리네시아의 다른 섬들에도 이와 유사한 금기 사항들이 있었다. 여기에 맞게 살아가려면 궁중에서 생활하는 것 못지않게 힘들었을 것이다. 하지만 언제 이런 규범들이 만들어졌는지는 불분명하다. 후대의 기록에 의하면, 대부분의 오세아니아 문화권에서는 동성 관계를 일부 인정해주었다고 한다. 예를 들면 성인 남성과 소년의 관계, 혹은 샤먼이라 인정되는 사람들의 경우에 한해서였다.

춥고 비가 많은 북유럽의 점토질 지대에서는 지중해 지역의 가벼운 쟁기를 사용할 수 없었다. 그래서 소가 끄는 무거운 쟁기가 소개된 뒤에야 그런 토지에 적합한 농사를 지을 수가 있었다. 북유럽 사람들은 작은 집에서 가축들과 같은 지붕 아래 함께 살았다. 마을은 넓은 들판 한가운데 있었다. 토지는 개별적으로 소유했지만 소는 공동으로 키우는 경우가 많았다. 결혼한 부부와 아이들로 한 가정이 구성되었으며, 친척 한두 명이 포함될 수도 있었다. 결혼하면 분가를 해야 하는 관습 때문에 상대적으로 결혼이 늦어지는 경향도 있었다. 약혼자와 함께 돈을 모으거나 유산을 받아 집을 지을 재산을 마련할 때까지는 결혼을 하지 못했다. 남유럽이나 동유럽에서는 결혼을 하더라도 대가족이 한 집에 사는 경우가 많았고, 혹은 가까운 이웃에서 살았다. 그래서 결혼을 일찍 했는데, 특히 여성은 더욱 어린 나이에 결혼을 했다.

　유럽에서 새로운 마을을 조성할 때는 기존의 마을에서 가까운 숲이나 습지 또는 해안 지대를 개척해서 만들었다. 그런데 12세기와 13세기에는 대규모 이주가 이루어졌다. 토지와 음식과 일자리를 찾아 나선 사람들이었다. 잉글랜드 사람들은 스코틀랜드나 아일랜드로 갔고, 독일과 프랑스 및 플랑드르 사람들은 폴란드와 보헤미아 및 헝가리로 갔다. 기독교인들이 무슬림 치하의 스페인으로 들어가기도 했다. 먼 거리를 이주하다 보니 현지인과 이주민이 사용하는 언어가 서로 달랐다. 전통, 관습, 법도 다르고 종교가 다른 경우도 있었다. 당시 라틴어로 기록된 연대기에서는 이러한 차이를 겐스(gens, 인종, 종족)와 나치오(natio, 종류, 무리)의 차이라고 했는데, 오늘날 같으면 "민족의" 차이라고 했을 것이다. 이주민이 대부분 남성일 경우 현지 여성과 결혼을 했다. 물론 여성 이민자도 없지 않았다. 대부분의 이민자가 남성이었음에도 불구하고 법적으로 통혼을 금지하려는 시도가 일부 있었다. 1366년 아일랜드 킬케니(Kilkenny) 주의 법령에 그런 내용이 명시되어 있었다. 당시는 잉글랜드 사람들이 아일랜드 통치를 확립하려고 노력할 때였다. 그래서 아일랜드 사람들에게 잉글랜드의 법령을 따르도록 했다. 킬케니 법령에 의하면, 잉글랜드 사람은 (게일 어를 말해서는 안 되고) 잉글리쉬(영어)를 써야 하며, 잉글랜드의 옷을 입고 잉글랜드 식으로 (안장을 얹고) 말을 타야 하며, 그래서 누가 잉글랜드 사람이고 누가 아일랜드 사람인지 한눈에 구별될 수 있어야 한다고 했다. 이런 법령의 강제성은 경우에 따라 달랐겠지만(상류층에게는 이런 법이 결코 적용되지 않았는데, 그들은 정치적으로 유리한 결혼을 하기 위해서 상대방이 누구든 상관하지 않았다), 문제는 단지 관습이나 언어가 조금 다른 것을 넘어서 육체적으로 어떤 심각한 차이가 있다는 의식이 형성되고 말았다는 점이다. 예를 들면 "기독교인의 피가 흐른다"거나 "잉글랜드인의 피가 흐른다"는 식의 인식이 생겨났다.

남아시아, 동남아시아, 동아시아 지역에서도 농경의 확산은 마찬가지로 두 가지 경로를 통해 이루어졌다. 즉 기존 농지를 확장하거나 새로운 지역을 개척하는 것이다. 새로운 지역을 개척할 경우 기존에 살고 있던 현지인과 이주민은 같은 민족으로서 정체성을 공유하더라도 서로의 전통이 다를 수밖에 없었다. 마을 사람들은 현지인이든 이주민이든 함께 둑을 쌓고, 숲의 나무를 베어내고, 습지와 해안 지대를 개척하여 관개 시설을 설치해서 논을 조성했다. 이렇게 하면 강우량의 변덕에도 불구하고 비교적 안정적으로 쌀을 재배할 수 있었다. 1년에 2모작을 하기 위해 논에서 벼가 자라는 동안 새로운 모종은 별도로 키웠다가 나중에 논에다 옮겨 심었다. 농사를 지으려면 온 가족이 고된 노동에 매달려야 했다. 농경지가 확장되고 2모작이 실시되자 중국 인구는 8세기 5000만에서 12세기 1억 명으로 두 배가 되었다. 특히 중국에서는 사탕수수, 차, 뽕나무(누에의 먹이), 목화 같은 환금 작물도 재배했다. 여인들은 집에서 누에를 키우고 실을 자아 비단을 짰다. 가내 수공업을 통해 벌어들인 수입으로 소작료나 세금을 냈으며(처음에는 물품으로 내다가 점차 동전으로 바뀌었다), 또한 땔감을 사거나 차, 기름, 그릇 등의 생필품도 구입했다. 남성 연장자가 주로 가장이 되어 아내를 여러 명 둘 수 있었으며, 대가족이 큰 집에서 함께 살았다. 젊은이들은 노인을 공경해야 했고, 죽은 뒤에는 제사를 지내주었다.

농경의 확산은 거의 전 세계적인 현상이었으나, 이를 거부하는 사람들도 없지 않았다. 모두가 새로운 임무를 받아들인 것은 아니었으며, 일부 지역 사람들은 정착 농경이 싫어서 다른 곳으로 떠나기도 했다. 남아시아와 동남아시아에서 농경의 확산 과정을 연구한 결과에 의하면, 멀리 거친 자연 속으로 들어간 사람들도 있었다고 한다. 이들은 작은 쟁기를 들고 다니며 뿌리 식물과 채소를 길렀다. 부족한 식량은 채집, 사냥, 어로를 통해서 보충했다. 궁정 문화에 익숙했던 학자들은 이들을 "숲 속의 사람들"이라고 하며, 야만인이자 마을 사람들보다 열등한 존재로 인식했다. 그러나 오늘날에도 정주적 생활 방식을 채택하지 않고 살아가는 사람들을 보건대, 그런 삶을 좋아해서 일부러 선택하는 사람들도 있으므로, 굳이 이들을 낙오자라고 할 수는 없을 것이다.

포레이징이 주요 식량 확보 전략인 지역도 없지 않다. 사람들이 농사를 거부해서가 아니라 기온, 강우, 토질 때문에 농사나 목축을 할 수 없는 환경 때문이다. 스칸디나비아 반도와 러시아 지역을 기반으로 순록을 기르는 사미족(Sami)이 바로 이런 경우다. 아시아와 유럽 및 북아메리카 대륙 북방의 한대 지방, 타이가, 툰드라에서는 오늘날에도 포레이징이 계속되고 있다. 이누이트(Inuit) 같은 이 지역 사람들은 포유류, 새, 물고기를 사냥하고 돌, 뼈, 가죽, 힘줄, 엄니, 턱뼈로 만든 도구들을 사용한다. 열대 밀림 지역에서도 오늘날 포레이징을 계속하는 경우가 있고, 사막과 반건조 지대 및 고산 지대 등에서도 마찬가지다. 오스트레일리아 원주민은 대부분 사냥꾼이었지만, 군디치마라(Gunditjmara) 사람들은 좀 다르다. 이들은 엄청난 규모의 연못과 운하를 조성해서 뱀장어를 길렀고, 마을 사람들이 대대로 물고기를 먹고 살았다. 하와이 사람들이 연못을 파서 물고기를 기른 것과 비슷한 방식이었다. 오스트레일리아 곳곳에서 신성한 의식이 거행되었다. 남녀가 함께 모여 노래 부르고 춤추고 악기를 연주했다. 여기서 물질과 사상을 교류하며 결혼 상대자를 찾았다. 포레이징을 통해서 농경만큼 많은 인구를 먹여 살릴 수는 없다. 당시 오스트레일리아 인구는 대략 2만 5000명에서 7만 5000명 사이로 추정된다. 이는 농업 국가로 따지면 큰 도시 하나 정도에 불과한 규모다.

유목민

유목민이 유라시아 곳곳에서 지역 패권을 확장해 나가던 시기, 농업 국가에 대한 저항이 나타났다. 일부 주민들이 정주하지 않고 이동을 하는 것도 저항의 일종이었지만, 군사적으로 침략을 하는 경우도 있었다. 유목민의 침략은 훈족(흉노족)으로부터 시작해 5세기에는 에프탈족이 그 뒤를 이었다. 다양한 분파의 투르크족이 정복전을 펼치다가 마침내 13세기 칭기즈 칸(그의 이름이 아니라 칭호이며, "우주의 통치자"라는 뜻이다)과 그의 아들 및 손자 치하의 몽골까지 이어졌다. 칭기즈 칸은 탁월한 군사 지도자였고, 용감한 사나이였으며, 교묘한 외교 술책에도 능했다. 그는 활로 무장한 기마 전사 부대를 이끌었다. 그의 군대는 전술적으로 상대방을 압도했고, 심리전으로 적을 교란시켰다. 항복을 하면 관대하게 처분했지만, 저항을 하면 여자든 어린아이든 가리지 않고 잔혹하게 죽였다. 몽골 군대가 휩쓸고 간 도시에서 수많은 사람들이 학살당했다. 몽골 군대는 점령을 계속해 나가면서 도로와 교량을 건설했고, 상대방의 무기를 빼앗았고, 무기를 만드는 장인들을 징발했으며, 투석기 같은 신무기를 습득했다. 이를 통해 또다시 새로운 정복전을 수행할 토대를 만들었다. 폭풍처럼 몰아치던 유목민의 공격이 완전히 끝난 때는 15세기 티무르(Timur, Tamurlane)의 제국이 무너진 뒤였다. 티무르는 거칠고 카리스마 넘치는 투르크족의 정복자였다. 유라시아를 휩쓸던 유목민들은 대부분 중앙아시아 초원 출신이었다. 한편 초기 이슬람의 확장 또한 유목민의 확장과 같은 구조였다고 주장하는 학자들도 있다. 무함마드의 정복군이 베두인족 유목 기마 전사로 구성되어 있었기 때문이다.

농민과 초원 유목민의 투쟁은 이 시대 역사의 줄기를 만드는 핵심 요소 중 하나였다. 유목민에게 정주민은 거래의 대상이자 약탈의 대상이며, 또한 세금 징수의 대상이었다. 몽골인들은 인구 규모가 작았지만 역사상 영토가 가장 넓은 대제국을 건설했다. 점령한 지역으로부터 인적·물적 자원을 최대한 동원했기 때문에 가능한 일이었다. 칭기즈칸은 죽을 때까지 정복 전쟁을 계속했다. 그러나 후방 지역에서는 관료를 임명하고 행정 및 경제 체계를 구축하도록 했다. 그래야 지속적으로 세금을 징수할 수 있었기 때문이다. 생산과 교역의 활성화를 위해 주로 기존의 조직을 활용했고, 몽골에 협력하는 현지인을 고위직에 임명해 조직을 다스렸다. 칭기즈 칸 휘하 장군들 중에서는 북중국 지역을 전부 초원으로 바꾸자고 제안한 사람도 있었다. 그 초원에서 정복전에 동원할 말을 키우자는 이야기였다. 그러나 북중국 현지 출신 관료들의 생각은 달랐다. 농민이나 상공인으로부터 곡식과 비단 등의 물품을 세금으로 징수하는 편이 훨씬 더 이득이라고 생각했다. 몽골인은 노동력이 필요하다고 판단될 경우 먼 거리도 아랑곳하지 않고 사람들을 강제로 이주시켰다. 농민, 상공인, 예능인, 인질, 군인 등 수많은 사람들이 제국의 각지로 퍼져 나갔다. 뿐만 아니라 자발적으로 이주하는 사람들도 없지 않았다. 결과적으로 농업을 비롯한 각종 기술과 상품과 사상이 사방으로 퍼져 나갔다. 이같이 처음에는 파괴적으로 정복을 하고 나중에는 관료 체제를 구축하는 패턴을, 칭기즈 칸의 후계자들도 그대로 계승했다. 예를 들면 중국과 한반도 지역을 복속시킨 칭기즈 칸의 손자 쿠빌라이 칸(재위 1260~1294)도 마찬가지였다.

중앙아시아 스텝 지역의 생계 수단은 이처럼 목축과 약탈, 정복과 무역이 혼합되어 있었다. 그들의 사회 구조는 이러한 생계 수단과 밀접하게 연관되어 있었다. 스텝 지역은 대규모 농사를 짓기에는 너무 건조했다. 큰 강이 없어서 관개 시설을 건설할 수도 없었다. 사람들은 계절에 따라 동물들과 함께 이주했고, 유르트(yurt)라고 하는 크고 둥근 텐트에서 살았다. 그리고 말을 이용해서 양, 염소, 소 등을 길렀다. 남자든 여자든 어린아이든 누구나 말 타는 법을 배웠고 동물을 보살필 줄 알았다. 대체로 동물에서 생산되는 식품을 주식으로 삼았다. 유목 사회는 전통적으로 씨족이나 부족 집단으로 형성되었으며, 전쟁에서 공을 세우거나 힘이 있는 사람이 그 집단의 지도자가 되었다.

칭기즈 칸은 몽골 군대를 부족 중심이 아닌 다른 방식으로 바꾸었다. 다양한 부족 출신들이 하나의 그룹으로 묶였고, 부족장이 아니라 능력에 따라 지도자가 될 수 있었다. 몽골족 남자는 모두가 군인이었다(여자는 운송을 도왔다). 그래서 칭기즈 칸의 군제 개혁은 사회적 혁명을 초래했다. 군인은 자신의 부족이 아니라 지휘자에게 충성했고, 지휘 계통을 거슬러 올라가면 칭기즈 칸의 가문이 자리 잡고 있었다. 몽골의 관습과 의례가 남성의 우월 의식과 충성심을 드높였다. 몽골 제국이 확장됨에 따라 몽골인 전체에 대한 인구 조사가 이루어졌고, 모든 남성은 군적에 이름을 올렸다. 그중에서 실제로 군대에 징발된 사람은 독특한 스타일로 머리를 깎아야 했다. 그들이 무슨 복장을 하고 있든 머리 모양만 보면 전투 부대에 소속되어 있다는 사실을 알 수 있었다. 머리 모양 때문에 군대에서 도망치기도 어려웠지만, 군인끼리는 서로를 즉시 알아보고 소속감을 높일 수 있었다. (군인의 특이한 머리 모양은 지금도 같은 기능을 하고 있다.) 몽골인에게는 특수한 남성 연대 관계가 있다. 그것을 "안다(anda, 친구 맹세)"라고 하는데, 두 남자가 신성한 의식을 통해 맹세함으로써 어떤 상황에서도 서로 돕기로 약속하고 영원히 정신적 유대 관계를 맺는다. 칭기즈 칸도 다른 부족의 부족장들과 안다 관계를 맺었고, 칭기즈 칸의 친척 및 후손도 마찬가지였다. 이것이 그들의 군사 전략적 관계망을 형성했다.

남자들 사이의 의리가 몽골 제국의 확장에서 매우 중요한 역할을 한 것처럼, 다른 관습도 마찬가지였다. 몽골의 결혼 풍습에 따르면 같

[그림 3-4] 톨루이 칸과 왕비

칭기즈 칸의 막내아들 톨루이 칸(1192~1232)과 왕비 소르칵타니 베키(1198?~1252)가 궁녀 및 귀부인과 함께 있다. 라시드 앗 딘의 14세기 필사본 《집사》에 수록된 삽화다. 소르칵타니 베키는 네스토리우스파 기독교를 신봉했지만 다른 종교에 대한 후원도 아끼지 않았다. 그녀의 네 아들이 몽골 제국 산하 각국의 통치자가 되었다. 중국을 통치한 쿠빌라이 칸도 그중 하나였다.

은 씨족끼리는 결혼을 할 수 없었다. 그래서 다른 씨족이나 부족에서 신부를 찾아야 했고, 때로는 강제로 신부를 납치해 오기도 했다. 몽골 제국이 성장한 뒤에도 이런 식의 족외혼 풍습이 그대로 유지되었다. 그래서 몽골 남성은 여성을 강간하고, 빼앗고, 돈을 주고 사들이고, 때로는 피정복민 여성과 결혼하기도 했다. 특히 상류층에서 이런 풍습이 뚜렷했다. 몽골의 지도층은 사회적 지위를 막론하고 가능한 한 많은 아내를 두었다. 〈미국 인간유전학 저널(American Journal of Human Genetics)〉에 발표된 2003년의 유명한 논문에 의하면, 태평양 연안에서 카스피 해 연안까지 아시아의 방대한 지역에 대한 표본 조사 결과 부계 유전자인 Y염색체가 공통인 인구가 약 8%에 달했다고 한다. 이 조사가 타당하다면, 오늘날 칭기즈 칸의 남성 후예가 1600만 명에 이를 것이다. 이 정도라면 세계 최대 규모의 혈통이 틀림없다.

강제적로든 자발적으로든 몽골 제국 내에서 대규모 인구 이동이 이루어졌고, 모든 종류의 범주(인구, 문화, 부족, 종교 등)를 넘어서서 혼인 관계가 맺어졌다. 이는 문화 교류와 소통의 중요한 매개가 되었다. 예를 들어 몽골 제국의 서부 칸국들에서 처음 이슬람을 받아들인 몽골인은 일반 군인이었던 것으로 추정된다. 이들은 현지 무슬림과 교류하면서 현지 여성과 결혼을 했다. 중국을 통치한 몽골인은 이런 관습을 폐기해버렸다. 그들은 정복자로서 몽골인의 특권을 유지하고자 했고, 그래서 수많은 중국식 관습을 금지하고 동화되지 않으려 노력했다. 아일랜드를 정복한 잉글랜드인이 그러했듯, 몽골인은 중국인과의 결혼을 금지하고 중국인도 몽골인의 관습을 따라 하지 못하도록 해서 사회적으로 집단을 분리했다. 사람들을 직능별로 나누어서 세습을 하도록 했으며, 직능에 따라 세금과 노역을 부과했다. 그리고 신분을 네 단계로 나누었는데, 최상위는 몽골인이고 최하위는 중국인이었다.

몽골의 유산은 복잡하고 혼란스럽다. 그들은 많은 사람들을 학살하고 강제로 이주시켰으며, 농토를 짓밟고 아시아 전역의 재산을 약탈했다. 그러나 또한 그들은 무역을 진작하고 사상의 교류를 촉진했다. 그들은 유목민이었지만, 그들이 강제로 사람들을 이주시키는 바람에 농업이 확장되기도 했다. 그들은 정주민이 아니었지만, 13세기에 새로운 수도를 건설하고 대도(大都, 칸발리크)라고 불렀다. 이것이 오늘날 북경의 핵심이며, 이후로도 계속해서 중국의 수도로 남아 있다. 새로운 수도를 건설하면서 몽골인은 과거 유목민의 전통과 결별하고 이전의 수많은 통치자들의 관례를 따랐다. 즉 한나라 때의 반소가 그러했듯이, 도시야말로 문명화된 삶을 영위할 수 있는 공간으로 받아들였다.

도시 생활

이 시대에 도시가 건설된 이유가 오직 통치자의 명령에만 의거한 것은 아니었다. 기원전 제4천년기 메소포타미아와 이집트 지역에서 최초의 도시가 건설된 이래로, 도시가 세워지고 성장하는 데(또는 파괴 후 버려지는 데)는 수없이 다양한 이유가 있었다. 몇몇은 해안이나 강변 혹은 무역로를 따라 형성된 작은 마을에서 시작해, 이후 경제적 기회를 찾는 사람들이 점점 몰려들며 도시로 성장했다. 또한 교회, 사원, 모스크, 대학, 각종 학교 등이 위치해서 종교 의례나 교육의 중심지가 되다 보니 도시로 성장한 경우도 있었다. 전쟁을 피하기 위한 은신처도 있었는데, 이런 경우에는 튼튼한 담장을 높이 쌓고 출입문 몇 개만 두어서 거주자의 안전을 꾀했다. 이렇게 해두면 가끔은 효과가 없지 않았다.

 오늘날에도 세계의 거대 도시들 중에서 어디가 가장 큰가 하면 쉽게 결론이 나지 않는다. 도쿄-요코하마, 자카르타, 서울, 멕시코시티, 상하이 등이 모두 쟁쟁한 후보들이다. 인구 규모를 계산하는 기준이나

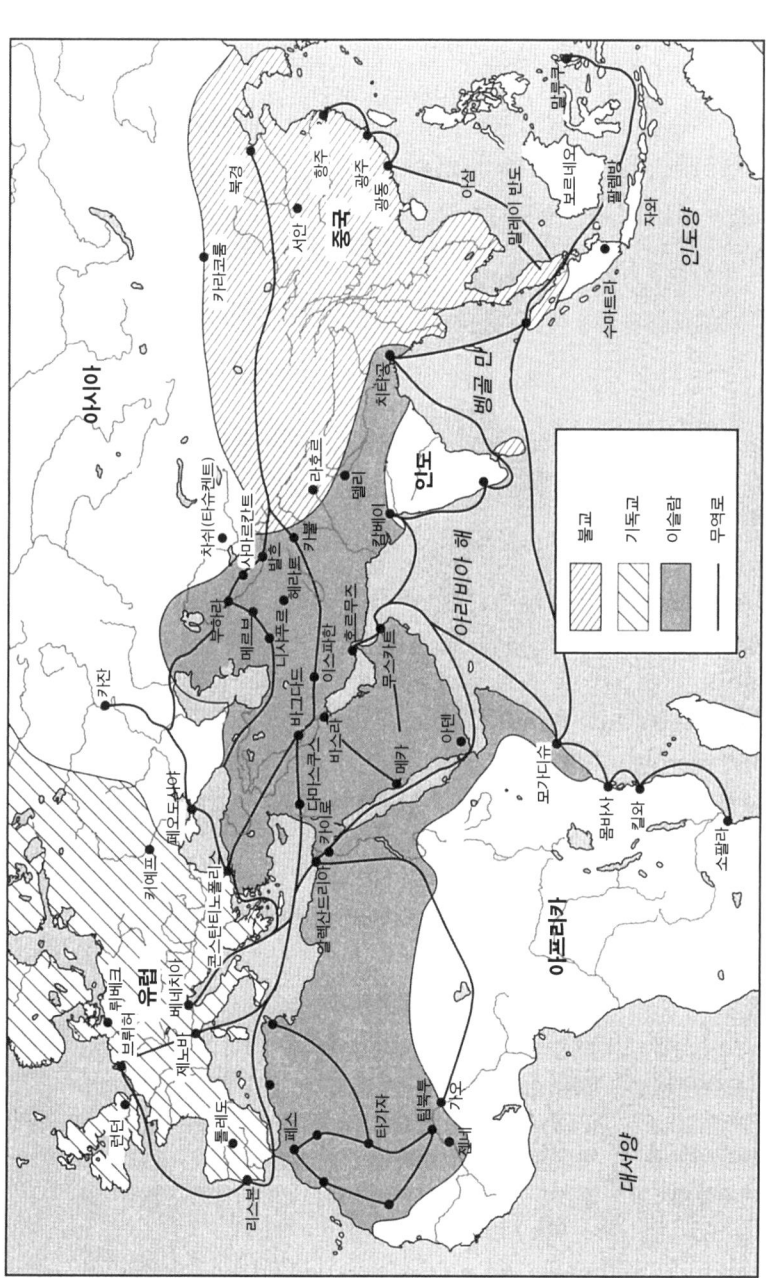

〈지도 3-4〉 동반구의 무역 네트워크, 주요 도시, 종교(기원후 500~1500)

도시 권역을 어디까지로 설정하느냐에 따라서 결론은 달라질 것이다. 역사 속에서 도시의 규모를 파악하기란 더더욱 어렵지만, 적어도 기원후 1세기의 세계 최대 도시는 단연코 로마였다. 당시 로마의 인구는 가장 많을 때 100만 명에 달했다. 이후 그 규모는 점점 감소해 기원후 500년 무렵 5만 명에 불과했고, 그 뒤에도 계속해서 줄어들었다. (로마 인구는 20세기 전반기에 이르러서야 비로소 다시 100만 명에 도달했다.)

기원후 500년 기준으로 세계에서 가장 큰 도시는 보스포루스 해협의 콘스탄티노폴리스(Constantinopolis)와 중국의 서안(西安)이었다. 각각의 인구는 수십만 명에 달했다. 기원후 5세기 말에 이르러 티그리스 강변의 크테시폰(Ctesiphon)도 세계 최대 도시에 합류했다. 사산조 페르시아의 통치자 호스로 1세(Khosrau Ⅰ)가 피정복민 수십만 명을 이끌고 와서 새로운 도시를 건설한 것이다. 크테시폰의 몰락은 로마보다 훨씬 빨랐다. 아바스 칼리프 왕조가 약 32킬로미터 떨어진 곳에 새로운 수도 바그다드(Baghdad)를 건설했기 때문이다. 이후 크테시폰은 완전히 황무지로 버려졌다. 무슬림 세계에서 궁전이 위치했던 다른 도시들도 기원후 1500년 이전에 인구 10만 명을 넘어섰다. 카이로(Cairo)나 코르도바(Córdoba)도 그런 도시였다. 하지만 뭐니 뭐니 해도 당시 가장 도시화가 발달한 지역은 중국 동부로, 인구 10만이 넘는 도시만 여섯 곳이 있었다. 비슷한 규모의 도시들이 아시아 곳곳에 존재했다. 대부분 어떤 나라의 수도였는데, 앙코르 톰(Angkor Thom), 델리(Delhi), 비자야나가르(Vijayanagar) 등이었다. 비자야나가르가 최후를 맞을 당시 인구는 아마도 50만 정도였을 것이다. 1565

년 침략으로 무너진 뒤 다시 회복되지 못했다. 1500년 이전 서유럽 기독교 국가 중에서는 유일하게 파리(Paris)만 10만이 넘었고, 아마 베네치아(Venezia)와 제노바(Genova)도 그랬을 수 있다. 서반구에서 가장 큰 도시는 메소아메리카에 있었다. 최초의 거대 도시는 테오티우아칸(Teotihuacan)이었고, 나중에는 테노치티틀란(Tenochtitlan)이었다. 북아메리카 지역에서는 카호키아(Cahokia)가 유일한 대도시였다(〔지도 3-4〕참조).

당시 지식인들은 대부분 도시나 (주로 도시에 위치한) 종교 시설에서 살았기 때문에 시골 생활보다는 도시 생활에 대한 기록이 더 상세하게 남아 있다. 도시를 방문한 사람들은 도시의 장관에 놀라움을 금치 못했으며, 그들이 남긴 보고서나 편지에는 생생한 목격담이 고스란히 들어 있다. 지방 또는 왕실 관료가 작성한 건조한 공문서에서는 찾아보기 어려운 내용들이다. 도시에는 대학교 같은 고등 교육 기관도 설립되었다. 학자들은 글을 써서 돌려보았고, 이런 자료를 모아두는 도서관도 있었다. 예술가나 장인도 도시로 몰려들었다. 도시의 돈 많은 후원자가 회화, 조각, 출판, 종교적 공물 등을 후원했다. 계층을 막론하고 재능 있는 사람들은 자신의 재능을 펼칠 수 있었다. 그래서 풍부한 기록물에 더해서 예술 작품을 비롯한 다양한 문화재들이 남겨졌다.

이들 모두를 함께 검토해보면 어디에 있던 도시건 간에 공통점이 발견된다. 시작이 어떠했든 일단 도시가 건설되고 나면 주변의 시골에서 사람들을 끌어들였다. 더 많은 자유와 새로운 가능성을 기대하고 몰려든 사람들이었다. 도시는 이들에게 경제적 기회를 제공했다. 기회를 잡는다면 더 많은 재산을 모으고, 더 나은 생활 수준(standard of living)을 누리며, 사회적으로 더 높은 계층으로 올라갈 수 있었다. 물론 가난한 사람도 그만큼 늘어났다. 도시 공동체의 단합을 강조하는 도시가 많았다. 통치자나 궁전에 의해 한 나라의 정체성이 만들어지듯이, 도시도 신화와 정기적인 대중 의식을 통해 정체성을 만들었다. 예컨대 베네치아에서는 이른바 도제(doge)라고 하는 도시 정부의 총독이 기원후 1000년경부터 매년 새해가 시작될 때 거대한 행사를 주최했다. 갤리선을 앞세우고 화려하게 장식된 배들이 행렬을 이루어 베네치아 앞의 호수에서 아드리아 해로 나아갔다. 이 행진은 축복과 결혼이라는 두 가지 의미가 있었다. 베네치아와 바다의 결혼식이었고, 바다가 의미상 신부에 해당되었다. 도제는 바닷물 속으로 금반지를 던지며 기원문을 낭송했다. 바다의 주도권은 베네치아에 있음을 강조하는 내용이었다. 이 결혼은 기독교의 결혼 서약처럼 취소할 수 없는 결혼이라고 했다. 시간이 지날수록 의례는 점점 더 화려해졌다. 행사를 지켜보는 모든 이들은 신이 베네치아를 바다로부터 구해줄 것으로 믿었다. 그리고 9세기 초에 베네치아 상인들이 알렉산드리아에서 가져온 성인 마르코의 유해가 베네치아를 보호해줄 것으로 믿었다. 이렇게 해서 베네치아의 해군력과 상업적 성공과 부는 신성에 의해 보장되었고, 전설은 또 다른 의례나 회화, 오페라, 시 등을 통해 확대 재생산되었다. (1798년 나폴레옹이 베네치아를 점령하자 도제는 자리에서 물러났고, 나폴레옹은 도제의 배를 파괴해버렸다. 오늘날 베네치아 시장이 옛날의 의례를 복원했다. 배의 규모나 장식은 옛날에 비해 훨씬 소략하다.)

국가의 수도로 건설된 도시들도 있었다. 이런 도시는 통치자의 궁전 주변으로 형성되어 왕실 관료들에 의해 운영되었다. 한편 독자적인 정부가 운영하는 도시도 있었는데, 대개는 큰 상인들이 세운 경우였다. 여기서는 도시의 경제적·사회적·정치적 정책이 상인들의 이해를 반영했다. 이들 두 가지가 결합된 도시도 있었다. 여러 세력이 권력을 차지하기 위해 서로 경쟁했고, 수세기 동안 부침을 거듭했다. 도시 정부와 더불어 이에 협력하는 조직들도 생겼다. 상품 생산과 노역을 통제하는 조직, 종교에 소속된 사람이나 건물을 후원하는 조직, 도시의 성벽과 거리를 순찰하는 조직, 교육 기관을 설치 및 운영하는 조직, 기타 다양한 업무를 수행하는 조직들이었다. 이 같은 장인 길드, 종교적 형제단, 시민군 등은 연대감을 드높이고 위계질서를 형성했다. 어떤 그룹에 소속된 사람은 그렇지 않은 사람과 신분이 다르다고 생각했다. 그룹에 소속된 사람들은 기존의 제도와 규약을 따라야 했으며, 그룹 지도자의 명령에 복종해야 했다. 길드와 기타 조직체들은 구성원에게 직접적인 혜택을 제공했다. 예컨대 직업 훈련이나 무덤용 토지, 사회학 개념으로 "사회적 자본"이라고 하는 것들, 경제적 이득을 취할 수 있는 인맥 등이 그러한 혜택들이었다.

도시는 결코 평등하지 않았다. 도시 규모가 클수록 계급 체계는 더욱 복잡했다. 부유한 상인, 관료, 전문가 등이 상위 계층을 형성했고, 기능공, 학생, 상점 주인 등이 중간층이었으며, 노동자, 짐꾼, 행상, 그리고 (경우에 따라) 노예가 하위층이었다. 집안일을 담당하는 노예는 대개 여성이었다. 동반구의 많은 도시에 집안 노예가 있었고, 서반구에도 아마 없지 않았을 것이다. 도시들은 성벽으로 둘러싸여 있었고, 한정된 공간에서 인구가 늘어나다 보니 도로와 골목길이 좁아질 수밖에 없었다. 거지부터 부유한 상인까지 모든 계층의 사람들이 복잡한 도시의 길거리에서 어깨를 부딪치며 지나다녔다. 그러나 옷차림으로 사회적 지위와 직업이 확연하게 드러났다. 많은 도시에서 복식은 단지 전통의 문제가 아니라 법으로 규정되어 있었다. 몇몇 비싼 옷감은 사회적 지위가 높은 사람들만 사용할 수 있었다. 가령 유럽에서는 모피, 메소아메리카에서는 깃털이 제한 품목이었다.

염장, 절임, 건조가 아니면 음식을 오래 보관할 방법이 없었으므로 집안에서 누군가는 매일 장을 보러 나가야 했다. 사람들은 시장에서 물건을 사고팔 뿐만 아니라 이웃을 만나고 정보를 교환하고 최근 일어난 일들에 관한 얘기를 나눴다. 시장이나 길거리, 광장 등지에는 여흥을 즐기려는 사람들도 모였다. 다양한 공놀이, 보드나 카드 게임, 주사위나 타일 혹은 뼛조각 구슬로 하는 게임, 동물 싸움, 사람들 간의 격투기 등을 즐겼다. 어떤 놀이든 도박의 소재가 될 수 있었다. 도덕주의자나 관료는 이를 금지했지만 어찌할 수 없을 때가 많았다. 관료들은 도시의 생활을 규제하려는 시도를 많이 했다. 시장에서 물건을 거래하거나 집을 건축하거나 도로를 유지·보수하거나 쓰레기를 치우는 일 등이었다. 독일의 도시 뉘른베르크(Nürnberg)에서는 주민들에게 돼지우리를 청소하는 의무를 부과했다. 그리고 집 앞 도로에 아이들이 빠질 수 있을 정도로 큰 구멍이 생기면 주민들이 도로 보수를 해야 했다.

[그림 3-5] 시장의 손님들
15세기 프랑스 필사본에 수록된 삽화. 손님들이 신발, 옷감, 그릇을 둘러보고 있다. 그림에서는 멋있게 보이려고 아치형 건물 안에다 장면을 배치했지만, 실제 유럽 도시들에는 벽면이 개방된 복도형 건축물에 상인들이 물건을 차려놓고 팔았다. 그 정도만 해도 비 맞을 걱정은 없었다.

언제나 불이 위험했다. 주택들이 매우 가까운 거리에 다닥다닥 붙어 있었기 때문에 불이 나면 굉장히 빨리 번졌다. 13세기 중국 동부의 항주(杭州, 항저우)에서는 여러 차례 큰불이 났다. 한번에 건물 3만 채가 소실된 적도 있다고 한다. 항주보다 훨씬 작은 규모의 도시 런던에서도 큰불이 나서 교회와 주택과 교량이 소실되었다. (런던 최악의 화재는 1666년으로 기록되어 있다. 4일 동안 불이 꺼지지 않아서 구도심 거의 전부가 파괴되었다고 한다.) 도시와 궁전 관료들은 화재를 예방하고 또한 진압하기 위해서 많은 노력을 기울였다. 대장간처럼 불을 써야 하는 작업장은 실내에서 화덕을 사용하지 못하도록 했다. 건축 자재는 불에 타지 않는 것을 쓰도록 권장했고, 화재 감시 인원을 배치했다. 시민 소방대를 조직해서 양동이와 사다리 및 도끼로 무장하고 대기하도록 했다. 이러한 노력이 작은 불길을 잡는 데는 가끔 효과가 없지 않았지만 큰불이 나면 속수무책이었다.

　도시에 몰려든 많은 사람들에게 일자리가 충분히 제공되지 못하는 경우가 대부분이었다. 그래서 사람들은 때로 불법적이거나 부끄러운 일을 해서라도 스스로와 가족을 부양할 수밖에 없었다. 주택이나 마차, 시장의 상점, 창고 등에서 물건을 훔치기도 하고, 훔친 물건을 장물아비에게 넘기거나 이웃 도시에 가져다가 팔기도 했다. 사람들에게 직접 물건이나 돈을 훔치기도 했는데, 이때는 가방이나 지갑을 칼로 찢었다. 약과 풀을 섞어 만병통치약이라고 주장하며 팔기도 했다. 이런 약장수는 인형극, 동물 공연, 마술, 연주 등을 통해 손님을 끌어 모았다. 돈을 벌기 위해 성을 판매하기도 했는데, 길거리 으슥한 곳이나 관청 허가를 받은(세금을 납부한) 건물에서 영업을 했다. 결혼을 늦게 하는 남자들, 도시를 들렀다 지나가는 상인들, 대학생이나 군인이나 성직자 같은 결혼이 금지된 남성 집단에 소속된 사람들이 많은 도시에서 매춘은 매우 흔한 일이었다. 로마와 파리는 매춘부가 많기로 유명했던 도시다. 도시의 하위층에 머물렀던 사람들은 남녀를 막론하고 돈을 벌기 위해 무슨 일이든 닥치는 대로 감당해야 했다. 종교 단체나 자선 기관에서 가난한 사람들을 도와주기는 했지만, 어느 도시에나 거지는 있었다.

도시에 사는 많은 사람들의 경제 상황은 불안정했다. 수입의 대부분을 식량을 사는 데 소비하는 사람들이 많았는데, 그 가격이 오르기라도 하면 파장은 엄청나게 컸다. 때로는 폭동이 일어났고, 사재기를 한다고 소문이 난 상인을 공격하기도 했다. 때로는 외부 세력 때문에 문제가 생긴다고 의심하여, 유럽 도시의 기독교인이 유대인을 공격하기도 하고, 878년 중국 광주(廣州, 광저우)의 반란 세력은 무슬림을 학살하기도 했다. 도시의 불안과 소요를 일으키는 다른 이유들도 많았다. 세금, 높은 주택 임대료, 노동 조건의 변경, 정부에 맞서라는 유력한 종교 지도자의 선동, 길드나 학생 조합 같은 이해 당사자 간의 충돌 등이 그런 이유였고, 심지어 스포츠 행사가 원인이 되기도 했다. 식량 문제로 반란이 일어나면 여성들도 참여하기는 했지만, 다른 많은 경우에는 대부분 가족 없이 혼자 사는 미혼 독신 남성들이 불안 조성의 핵심 세력이었다.

조금씩 편차는 있지만 이상에서 언급한 문제들이 거의 모든 도시에 존재했다. 로마의 황제 콘스탄티누스는 기존의 도시 비잔티움을 더 확장해서 새로운 도시 콘스탄티노폴리스를 건설했다. 처음에는 과거의 수도 로마와 같은 면모를 강조하도록 도시 설계를 했다. 늘어선 기둥과 회랑, 대리석으로 만든 공공건물, 사원을 닮은 교회가 들어섰다. 그러나 그곳은 내륙의 중심지가 아니라 항구였고, 수심이 깊은 항구를 보호하는 시설이 도시를 압도했다. 콘스탄티누스 황제는 육지 쪽으로 높은 성벽을 쌓았고, 이후의 황제들도 거대한 해안 방벽을 구축했다. 그 결과 콘스탄티노폴리스는 난공불락의 도시로 보였고, 실제로도 그랬다. 이후 유럽과 지중해 지역의 성벽 도시들은 이를 모델로 하는 경우가 많았다. 황제들은 교회, 기념비, 창고, 경기장, 공회당, 수로, 우물 등을 건설했다. 유스티니아누스(Iustinianus) 황제는 로마 제국의 영광을 되살리고 기독교 정체성을 강조하기 위해 하기아 소피아(Hagia Sophia, 혹은 아야 소피아) 대성당 건축을 명했다. 거대한 돔형 지붕의 이 건물은 성스러운 지혜(Holy Wisdom)를 위해 봉헌된 교회로, 모자이크와 성물로 가득했다. 이전에 그 자리에 있던 교회는 폭동 때문에 완전히 무너졌는데, 양편으로 나뉘어 전차 경주를 응원하던 사람들이 일으킨 폭동이었다. 성벽 안쪽으로 거대한 지하 저수지가 있어서 성안에 물을 공급했고, 채소와 고기를 제공하는 거대한 정원과 방목지가 있었다. 그래서 이 도시는 고립되어도 오래 버틸 수 있는 요새였다. 콘스탄티노폴리스 인구가 최대였던 시기는 아마도 6세기 중엽이었을 것이다. 당시 인구는 약 50만 명이었다. 이후 유스티니아누스 재위 당시 흑사병이 퍼졌고, 뒤이어 다른 전염병과 지진이 이어졌다. 게다가 이슬람의 확장으로 동로마 제국 황제의 수입은 점점 더 줄어들었다. 8세기에는 도시 인구 규모가 예전에 비해 3분의 1로 줄어들었다.

이렇게 규모가 줄어들었음에도 불구하고 이 도시는 정치 및 종교의 중심지일 뿐 아니라 중요한 교역 도시로 남아 있었다. 지중해와 서아시아에서 이 도시를 방문하는 사람들도 여전히 많았다. 도시 내 외국인 지역은 이탈리아인, 유대인, 아르메니아인, 슬라브인으로 가득했고, 가끔씩 페르시아인과 바이킹도 있었다. 도시 내 시장에서는 세계 여러 지역에서 온 상품들이 판매되었다. 모피나 목재는 흑해를 건너온 것들이었다. 슬라브인이 이런 물건을 가지고 북유럽을 출발해 지중해를 건너왔다. 발칸 반도에서 온 사람들은 베네치아를 거쳤다. 향신료, 비단, 보석, 기타 사치품은 인도와 중국에서 출발해 아라비아 해, 홍해, 인도양의 해로를 거쳐 건너온 물건들이었다. 도시의 수출 품목은 유리, 모자이크 세공품, 금화, 비단, 카펫 등 다양했다. 외국과의 교역은 주로 이탈리아 상인이 맡았다. 전형적인 가구는 가족과 하인으로 구성되었는데, 하인 중에는 노예도 있었다. 장인은 가게에 살면서 작업했고, 상인이나 관료는 몇 층짜리 거대한 주택에 살았다. 부유한 귀족은 정원과 전시실, 거대한 응접실, 다수의 조그만 침실, 서재, 욕실, 기도실 등이 딸린 대저택에서 살았다. 상류층 가정에서 여성들은 고대 도시 아테네에서 그랬던 것처럼 여성 전용 공간에 격리되어 있었다.

콘스탄티노폴리스와 마찬가지로 테노치티틀란에서도 제국의 중심 도시가 건설되었다. 도시를 건설한 사람들은 스스로 신성한 임무를 부여받았다고 믿었다. 나우아틀어(Nahuatl)를 사용하던 사람들로 스스로를 멕시카(Mexica)라고 불렀다. 이들은 12세기 혹은 13세기부터 멕시코 중부 지역으로 이주해 들어왔다. 텍스코코(Texcoco) 호숫가 혹은 호수의 섬들에 정착한 그들은 1325년 어느 한 섬에 두 개의 쌍둥이 도시를 건설했다. 도시 이름은 테노치티틀란과 틀라텔롤코(Tlatelolco)였다. 위치 선정은 전사의 신 위칠로포치틀리(Huitzilopochtli)를 섬기는 예언자의 말에 따랐다. 예언자는 물에 잠긴 바위에서 자라는 선인장 위에 독수리가 앉아서 뱀을 잡아먹고 있는 곳을 발견하면 그곳에 도시를 건설하라고 명했다. (이 신화의 내용이 현재 멕시코 국기 한가운데 문장으로 그려져 있다.) 둘 중 테노치티틀란의 규모가 더 컸다. 이들 도시는 두 개의 모델, 즉 전설 속 도시 아즈틀란(Aztlan)과 현실 속 도시 테오티우아칸(Teotihuacan)을 염두에 두고 건설된 것이었다. 아즈틀란은 북쪽에 있는 멕시카인의 고향이었고(아즈텍Aztec이라는 말이 여기서 비롯되었는데, 19세기 학자들이 이 도시의 이름을 따서 이 지역 사람들을 지칭했다), 텍스코코 호수 북쪽으로 약 80킬로미터 거리에 있던 테오티우아칸은 거대한 피라미드, 신중하게 구획된 도로, 주거 지역, 거대한 시장 등으로 구성된 도시였는데, 멕시카인이 발견했을 당시 이미 버려져 폐허의 유적만 남아 있었다.

    테오티우아칸을 모방한 도시를 건설하려다 보니 멕시카인은 기존의 섬을 훨씬 넓게 확장시켜야 했다. 엄청난 면적에 대한 간척이 이루어졌고, 그 위에 의례를 거행할 공간, 피라미드, 사원, 공공건물, 시장, 작업장, 주택 등이 들어섰다. 각각의 구간은 넓고 곧은 도로와 운하로 구분되었다. 사람들은 카누를 타고 도시로 물건을 날랐으며, 쓰레기나 폐기물도 카누에 실어 섬 밖으로 내다 버렸다. 토기로 수로를 만들어 언덕으로부터 식수를 끌어 왔고, 광장의 우물에 물을 저장했다. 네 개의 둑길을 만들어 섬에서 육지로 통하도록 했는데, 각각의 둑에는 들어 올릴 수 있는 다리를 놓아 배가 지나갈 수 있게 했다. 호수 주변의 습지를 농지로 바꾸었는데, 그것이 치남파(chinampa)였다. 나뭇가지를 엮어 큰 나무나 말뚝에 걸쳐 벽을 만든 뒤 풀을 잘라 진흙에 섞어 속을 채우면, 매우 기름진 농경지가 만들어진다. (때로는 "떠 있는 정원"

이라고도 불렸으나, 실제로 물에 떠 있는 것은 아니었다.) 도시 둘레에는 돌과 흙벽돌로 성벽을 쌓았다. 콘스탄티노폴리스처럼 이 도시도 매우 방어하기가 좋고 오랜 시간 고립되어도 버틸 수 있는 요새였다. 15세기 말에 이르러 섬 안의 도심 지역에 약 6만 가구가 거주했고, 총 인구 규모는 25만 명가량이었다. 당시 도시에는 멕시카인 정복 당시부터 계속해서 살아온 멕시카인, 멀리 떨어진 나라에서 조공을 바치러 온 사절단, 물건을 팔러 다니는 상인, 전쟁 포로 등이 살고 있었다.

테노치티틀란 광장 구석이나 시장 등에서는 정육점들이 고기를 높이 걸어두고 팔았다. 칠면조, 오리, 닭, 토끼, 사슴 고기 등이었다. 야채 가게에서는 강낭콩, 호박, 아보카도, 옥수수와 온갖 종류의 고추를 팔았다. 남성 세공 기술자는 섬세하게 가공한 금, 은, 깃털 달린 장신구를 팔았고, 여성 기술자는 주로 옷감을 팔았다. 일반인에게는 일상생활에서 착용하는 다양한 옷을 팔았고, 부자에게는 수놓은 예복과 외투를 팔았다. 건축용 목재, 조미료와 약초로 쓰이는 풀, 씹거나 피우는 담배, 꿀, 초콜릿, 흑요석 칼, 옥으로 만든 병 등 다양한 상품이 진열대에 놓였다. 카카오 콩이나 기다란 천이 화폐 대신 사용되었다. 공공장소에서 남성과 여성은 서로 섞여 다녔다. 공공장소에 나다니는 데 굳이 성별을 나누는 기준은 없었다. 오히려 기준은 따로 있었다. 여자 아이가 태어나면 옷감을 짜는 물레와 북을 주었고, 남자 아이가 태어나면 방패와 네 개의 화살을 주었다. 이런 상징은 모두 아이들이 어른이 되면 아즈텍 제국의 확장을 위해 해야 할 활동을 나타냈다.

테노치티틀란과 멕시카인의 사회 구조에 관한 정보는 대체로 유럽

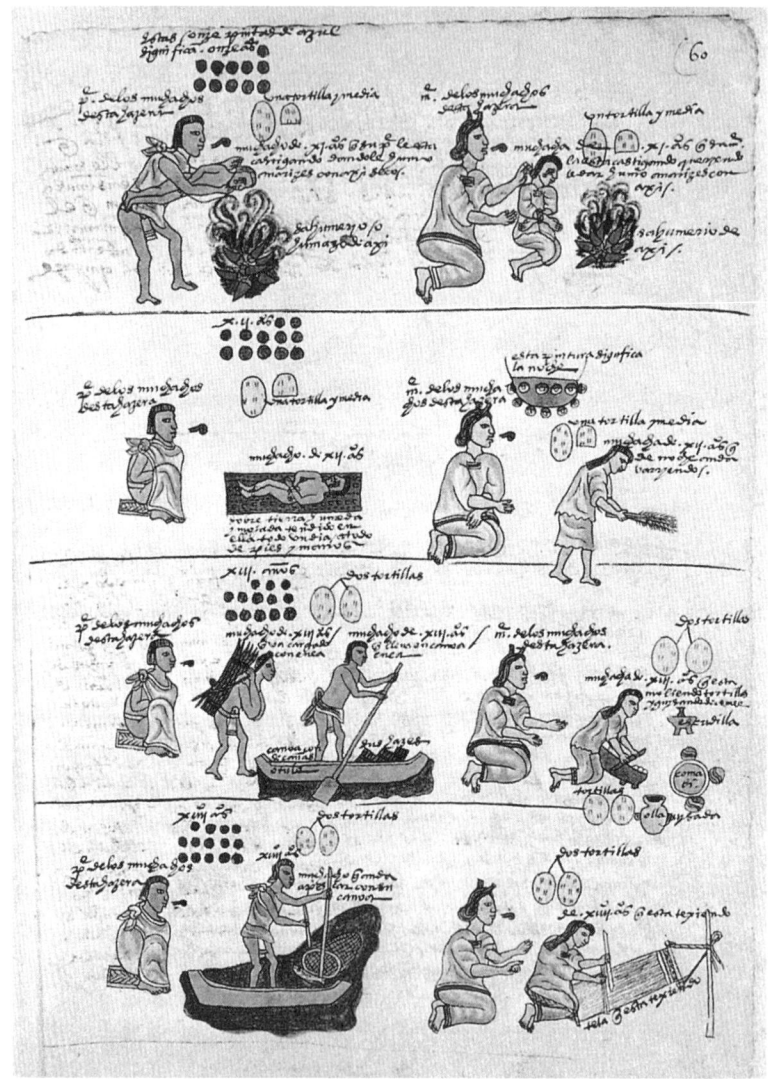

[그림 3-6] 아즈텍의 아이들

〈멘도사 필사본(Codex Mendoza)〉은 스페인이 아즈텍을 정복한 뒤 20년이 지나 멕시카인의 역사와 일상생활을 그림으로 그려둔 책이다. 이 책에는 다양한 연령대의 아이들이 벌을 받거나 집안일을 하는 내용이 등장한다. 위쪽 그림에서 11~12세의 소년과 소녀는 부모에게 벌을 받고 있다. 그 아래에서 그들은 청소를 하고, 땔감을 운반하고, 옥수수를 갈고, 물고기를 잡고, 옷감을 짜고 있다.

인의 점령 이후 1세기가 지난 뒤 스페인어로 기록된 자료들에 나온다. 여기에 고고학적 자료와 민족지 연구가 더해졌다. 그들 사회의 기본 단위는 칼푸이(calpulli)였다. 칼푸이란 서로 관계가 있는 몇몇 가족이 모여 이루는 하나의 집단으로, 한 사람의 지도자가 있다. 칼푸이 소속 구성원은 종교 활동을 함께하고, 주로 같은 지역에 거주하며, 경제적으로도 특화되어 있었다. 예컨대 테노치티틀란에서는 같은 칼푸이 소속 구성원이 같은 직업에 종사했다. 여러 개의 칼푸이가 모여 더 큰 사회를 구성하는데, 사회의 중심에는 귀족 혈통이 있었다. 이들은 토지의 대부분을 소유하고, 거주민으로부터 세금, 임대료, 조공, 노역을 제공받았다. 의무를 감당하는 이들은 평민 혈통이었다. 서로 나뉘는 두 사회 집단 사이를 넘나들기는 어려웠다. 가끔씩 전쟁에서 공을 세운 평민 전사가 귀족이 되는 경우가 없지는 않았으며, 멀리서 귀족이 사용하는 사치품을 가지고 온 상인들은 사회적으로 귀족 대우를 받기도 했다. 평민(마세우알틴macehualtin)은 자기 소유의 땅에서 일하거나 도시 안에서 여러 가지 일을 맡았으며, 평민 남성은 병역의 의무를 지고 노역에 동원되기도 했다. 그들보다 아래에는 땅을 소유하지 못한 사람들과 노예가 있었는데, 전쟁 포로나 죄수 혹은 가족이 노예로 팔아버린 사람들이었다. 무슬림 사회에서와 마찬가지로 여기서도 노예는 세습 신분이 아니었다. 전쟁 포로 중 신의 제물로 바쳐질 노예로 지정된 자가 아닌 한 신분 이동이 가능했고, 돈을 내고 자유민이 될 수도 있었다. 그런데 15세기 후반으로 갈수록 전쟁 포로의 중요성이 점점 더 커져갔다. 멕시카의 종교 변화 때문이었다. 이들은 갈수록 인간의 피를 태양에게 바치는 의례를 더욱더 강조했다. 그래야만 그날그날의 생존과 우주적 질서를 유지할 수 있다고 믿었다. 테노치티틀란 한가운데 거대한 피라미드 모양의 사원에서, 수많은 사람들이 지켜보는 가운데 인간을 희생 제물로 바치는 의례가 정기적으로 거행되었다.

모든 도시의 중심에 거대한 교회나 사원이 있었던 것은 아니며(물론 있는 경우가 많았다), 또한 모든 도시가 제국의 세력과 영광을 과시하기 위해 건설되었던 것은 아니다(물론 그런 경우가 많았다). 항주(항저우)의 시작은 비옥한 양자강 삼각주에서 쌀농사를 기반으로 조성된 농촌 마을이었다. 그 마을이 점점 커져서 1200년 무렵에는 중국에서 (그리고 아마도 세계에서) 가장 큰 도시가 되었다. 수명이 짧았던 수(隋)나라(581~618) 당시 주민들이 처음으로 성벽을 쌓았다. 양자강 유역과 북부의 황하강 유역을 연결하는 대운하가 있었는데, 그 남쪽 끝에 위치하는 도시가 바로 항주였다. 정치·군사적 중심지는 북부에 있었다. 대운하를 통해 바지선들이 세금으로 걷은 쌀을 운반했고, 그 쌀이 군대를 먹여 살렸다. 일본이나 동남아시아, 인도 지역에서 들어오는 수입품도 대운하를 거쳐 운송되었다. 수나라보다 수명이 길었던 당나라(618~907)에서도 이러한 교역은 계속되었다. 당나라 당시 항주는 학문의 국제적 중심지 중 하나였다. 다양한 분파의 불교뿐만 아니라 네스토리우스파 기독교, 유대교, 조로아스터교, 이슬람 등이 상인들을 통해 들어와 있었다. 과거 시험으로 선발된 관료들이 도시의 행정을 맡았다. 이들은 공적 업무뿐만 아니라 시와 서예로도 이름을 날렸다. 학자이자 관료인 백거이(白居易, 772~846)는 도시의 성벽을 확장했고,

관개 시설을 보수하기 위해 무너진 둑을 수리했으며, 고요하고 아름답기로 이름난 항주의 호수로 이어지는 거대한 둑길을 건설했다. 그리고 수천 편의 시를 남겼는데, 단순 명쾌한 필치로 유명했다. 그의 시는 멀리 일본까지 전해져, 무라사키의 《겐지 이야기》에 등장하는 인물들이 그의 시를 인용하곤 한다.

당나라의 중앙 집권이 무너지자, 항주는 오월(吳越)이라고 하는 해안의 조그만 독립 왕국이 되었고, 농경과 무역으로 계속해서 경제적 번영을 누렸다. 일본이나 한국과 더불어 외교 사절을 교환하고 불교 승려들이 서로 교류하기도 했다. 10세기 후반 송나라가 성장하자 항주는 다시금 송나라에 편입되었고, 1132년 송나라의 수도 개봉(開封)이 유목 민족 여진에게 점령당한 뒤에는 송나라의 수도가 되었다. 북부가 점령되자 남쪽으로 내려온 피난민과 주변 시골에서 밀려 들어온 이주민으로 도시가 넘쳐났다. 당시 항주의 인구는 100만에 달했던 것 같다. 그리고 한 세기가 더 지나기 전에 150만까지 늘어났다. 항주의 상인들은 (중국 다른 도시의 상인들도 그랬지만) 취급하는 상품에 따라 길드를 조직했다. 그들은 거래를 할 때 동전을 사용했지만, 송나라 정부가 문서로 발행한 보증금 확인서도 화폐 대용으로 사용했다. 이것이 종이 화폐의 시초였다. 사회 계층은 다소 유동적이었다. 결혼은 같은 계층끼리 하는 것을 선호했지만, 새로운 경제적 기회를 얻어 부를 축적할 수 있다면 다소 지체가 낮더라도 결혼할 수 있었다. 예비 신랑이 과거 시험을 통과한 경우도 마찬가지였다. 과거 시험을 통과한 사람은 공직의 좋은 자리에 진출할 가능성이 있었기 때문이다.

도시는 교역과 생산의 중심지였을 뿐만 아니라 문화와 예능 및 교육의 중심지였다. 학자 겸 관료이자 과학자인 심괄(沈括, 1031~1095)은 궁정 내 파벌 싸움에 밀려 관직에서 은퇴한 뒤 항주에 살면서 주요 저술을 남겼다. 의학, 천문학, 수학, 토목공학, 고고학, 지리학을 망라하는 그의 저술 중에는 자기장을 띠는 바늘, 즉 나침반이 최초로 언급된 문헌으로 알려진 글도 있다. 이외에도 드라이 독(dry dock)을 이용한 선박 수리, 지질 변화에 따른 침식과 퇴적, 기후 변화 등의 내용이 수록되었고, 땅의 높낮이를 반영한 지도, 천문 관측 도구, 약초 재배 등에 대한 연구도 있었다. 당시 도시를 방문한 사람들은 도시 곳곳의 시장, 목욕탕, 비단을 파는 포목점, 색이 칠해진 배, 매춘굴 등에 대한 보고를 남겼다. 중국을 점령한 몽골인은 새로운 왕조를 건설했다. 바로 원(元)나라(1234~1368)였다. 이후 수도는 다시 북쪽으로 이전되었는데, 이때 새로 건설된 수도가 대도(大都)였다. 그래도 항주는 여전히 중요한 항구이자 거대 도시로 남아 있었다. 왕조나 국가 혹은 제국이 흥하고 망함에 따라 도시도 함께 무너지거나 완전히 사라지기도 했다. 그러나 원나라의 수도 대도처럼 주요 도시들은 대부분 도시를 처음 건설한 왕조보다 오래 살아남았다. 오늘날 세계의 거대 도시들은 1500년대에 이미 도시로 형성되어 있었다. 다만 그 이름이 바뀐 경우가 많다. 동경(도쿄)은 에도였고, 자카르타는 항구 도시 순다였고, 멕시코시티는 테노치티틀란이었다. 한편 서울은 그때도 서울이었고, 상해(상하이)는 그때도 상해였다.

문화 및 종교 교류의 중심지

원나라 당시 항주를 방문한 외국인은 매우 많았다. 그중에서도 두 사람은 특히 더 먼 거리를 여행해서 항주에 도착했다. 베네치아의 상인 마르코 폴로(Marco Polo, 1254?~1324)와, 모로코의 학자 겸 외교관 이븐 바투타(Ibn Battútah, 1304~1368)였다. 마르코 폴로는 중국에서 17년을 살았던 것으로 추정되며, 그 대부분의 시간 동안 원나라 황제의 궁전에서 관리로 일했다. 나중에 이탈리아로 돌아온 마르코 폴로가 전쟁 포로가 되어 갇혔을 때, 함께 감옥에 있던 동료 중에 로맨스 작가가 있었다. 그가 마르코 폴로의 말을 받아 적은 책이 바로《동방견문록》이다. 이 책에 사용된 언어는 프랑스어였다. 당시 동방 무역을 하던 상인들로서는 프랑스어가 공용어였기 때문이다. 아직 인쇄술이 발달하기 전이었지만, 여러 차례 필사되었을 뿐 아니라 여러 언어로 번역도 되었다. 마르코 폴로의 동시대 사람들은 아시아의 부와 사치를 서술한 내용을 보고 과장이 심하다고 의심했지만, 그럼에도 불구하고 이 책에서 많은 영향을 받았다. 이븐 바투타는 여느 독실한 무슬림처럼 메카로 성지 순례를 나섰다. 그 뒤 페르시아로 갔다가, 아래로 내려가 아프리카 동부 스와힐리 해안의 킬와(Kilwa)까지 갔고, 북쪽으로 방향을 돌려 시리아를 거쳐 중앙아시아 스텝 지역으로 진출한 뒤, 다시 남쪽으로 내려와 인도로 갔고, 거기서 인도의 통치자 술탄의 관리가 되었다. 델리의 술탄은 그를 사절단으로 중국에 파견했다. 중간에 풍랑을 만나 좌초되기도 했지만 마침내 중국 북경의 원나라 황제에게 도착했다. 가는 길에 벵골과 남중국 해안, 동남아시아의 여러 항구를 들렀다. 나중에 그는 고향 집으로 돌아왔다. 먼저 메카에 들러 잠시 머무른 뒤, 낙타 대상 행렬을 따라 사하라 사막을 건너 말리까지 갔다가 고향 모로코로 돌아왔던 것이다. 그가 고향으로 돌아온 뒤 모로코의 술탄은 그에게 필경사를 보내주었다. 두 사람은 아랍어로 여행기를 기술했는데, 그것이 바로《이븐 바투타 여행기》다. 원래 제목은 "수많은 도시의 불가사의와 여행의 경이로움을 깊이 생각하는 이들에게 드리는 선물"이었다. 이 책은 몇 차례 필사본이 만들어지기는 했지만 19세기까지는 거의 세상에 알려지지 않았다.《동방견문록》과《이븐 바투타 여행기》는 모두 기록 자료가 아니라 기억에 의존해서 쓴 책이었다. 그리고 이들 책이 저술되기 이전부터 전해 내려오던 여행자들의 이야기도 함께 수록되어 있다. "경이로운" 이야기들을 더 많이 수록하려다 보니 그리 된 일이었다. 그래서 이들 두 책을 모두 의심하는 견해도 없지 않다. 그러나 학계에서는 대체로 책에 등장하는 장소에 그들이 실제로 방문했다는 사실을 인정하고 있다.

 마르코 폴로와 이븐 바투타는 평범한 여행자가 아니었다. 이븐 바투타는 거의 12만 킬로미터를 여행했다. 그러나 그들이 선택한 여정은 당시 점점 더 많은 남자들이 (일부 여성들도) 오가던 길이었다. 마르코 폴로는 무역상으로서 모험을 시작했던 것이고, 이븐 바투타는 종교적인 이유로 순례에 나선 길이었다. 그들이 지닌 기술과 외국 출신이라는 점 때문에 그들은 통치자의 눈에 띄었고, 공식 외교 사절로 임명되기도 했다. 1100년경 종교, 무역, 외교(때로는 원정)를 이유로 길을 떠나는 사람들이 예전보다 훨씬 더 많아졌다. 그중 일부는 여행기를 남기기도 했다. 여행기는 사람들에게 인기가 있었다. 왜냐하면 당시 다른 사람들도 여행 생각을 하던 참이었기 때문이다. 마르코 폴로와 이븐 바투타는 떠날 때와 돌아올 때 육로와 해로를 모두 이용했다. 이 길들은 고대부터 이어져온 무역로였지만, 그들의 시대에는 왕래가 특히 더 활발해졌다.

순례는 이슬람 신자들의 의무 가운데 하나였다. 불교와 기독교에서도 성지 순례를 권장했다. 종교는 가끔 축소되기도 했지만 어쨌거나 대체로 계속해서 확장되어 나갔기 때문에, 지도를 펼치면 어디에나 성지가 표시되어 있었다. 이슬람과 마찬가지로 기독교와 불교 또한 거대한 교류의 공간을 제공했다. 그 속에서 사람, 사상, 물건이 흘러 다녔다 ([지도 3-4] 참조).

불교는 중앙 집중식으로 전파된 적이 단 한 번도 없었다. 승려나 상인이 길을 따라가며 불교의 가르침, 경전, 사리, 성물, 불화 등을 전파했다. 10세기에 불교는 이미 중앙아시아 서부 스텝 지역에서 헤이안 시대 일본의 도시와 산간에까지 널리 퍼져 있었다. 불교 축일은 유명한 명절이 되었고, 일생 의례도 불교식으로 재편되었다. 특히 장례식이 그랬는데, 불교에서 죽음은 망자가 일생을 마치고 다른 존재로 환생하는 것이었다. 수많은 사찰이 건설되었다. 그중 상당수는 신도들의 물자 및 토지 봉납에 힘입어 부유해졌다. 비구니(여자 승려) 승단은 비구(남자 승려) 승단에 비해 가난하고 인기도 덜했다. 비구는 비구니에 비해 정신적으로 우월하다고 믿었다. 그럼에도 일부 여성들에게 글을 읽고 쓰는 법을 가르쳐주었다. 사찰에는 글을 이해하거나 계산을 할 줄 아는 사람들이 많았으므로, 상인들은 안전을 위해 돈과 상품을 사찰에 보관했다. 사찰에서는 상인들에게 자금을 빌려주고 상품을 전시 및 판매할 수 있는 기회도 제공했다. 사찰의 부와 권력이 지나치게 커지면 때로 통치자들이 이를 억누르려 했고, 불교 자체를 금지하기도 했다. 중국에서는 당나라 무종(武宗, 재위 840~846) 때인 845년에 유명한 훼불 사태가 있었다. 그러나 불교는 사회 깊숙이 뿌리박고 있었고, 머지않아 주요 세력을 회복했다. 사찰에서는 학교를 운영하고, 자선 사업을 벌이고, 여행자에게 숙소를 제공했다. 사찰은 예술과 교육의 중심지였다. 오늘날 인도 비하르(Bihar) 주에 위치한 날란다(Nalanda) 사원에서는 고등 불교 교육을 실시했다. 그래서 7세기 무렵에는 아시아 전역에서 학생들이 모여들었으며, 또한 이곳에서 아시아 각지로 불교를 가르칠 스승을 파송했다. 한국의 사찰에서는 불교 텍스트 전부를 목판으로 인쇄했고, 일본에서는 이를 두루마리 필사본으로 제작했다. 대개 인생의 덧없음과 신앙에 대한 보상을 약속하는 내용이었다.

불교의 전파는 복잡한 과정을 거쳤다. 때로는 새로운 사상이 애초 전파가 시작된 곳으로 거꾸로 전파되기도 했다. 여러 지역에서 현지 사정에 맞게끔 수많은 종파가 생겨났고, 이들이 또다시 전파되었다. 그러한 종파들 중 하나가 탄트라(Tantra, 밀교)다. 탄트라는 은밀한 수행을 이어 나간다. 파괴와 창조를 거듭하는 우주적 힘과 소통하기 위한 수행이다. 대개는 수행 방편으로 주문(mantra), 다이어그램(mandala), 특정 동작(요가), 의례 등을 행했다. 탄트라 불교는 7세기 남아시아에서 발전해 불교 권역 전체로 퍼져 나갔다. 특히 티베트에서

탄트라 불교가 중요하게 자리 잡았다. 티베트의 왕 티송데첸(Trisong Detsen, 재위 754~797)이 불교로 개종한 때가 8세기였다. 그는 불교를 통해 정권 안정을 꾀했을 뿐만 아니라 다른 나라와의 외교 관계에도 불교를 활용했다. 이는 당시 아시아 신흥국들이 대체로 채택한 정책이었다. 중국의 당나라, 한국의 고려(935~1392)도 마찬가지였다. 티베트는 불교에 자신의 독특한 색채를 덧입혔다. 라마(종교적 스승)의 환생이라는 신앙도 그중 하나였다. 또 하나의 중요한 불교 분파는 선불교였다. 선불교는 엄격한 명상과 종단의 규율을 중시했고, 경전을 통해서보다는 스승과 제자 사이에 직접적인 전수를 귀하게 여겼다. 일본의 승려들이 중국에서 선불교를 배우고 돌아가 전파한 때가 12세기였다(일본에서는 선禪을 젠이라 한다). 선불교가 중시하는 엄격한 훈련과 주인에 대한 복종을 일본에서는 사무라이들이 선호했다. 탄트라 불교도 일본에서 어느 정도 세력을 얻었다. 정토종(淨土宗)은 아미타불을 섬기며, 간단한 수행만 하더라도 이상 세계에 도달할 수 있다고 가르쳤다. 그래서 평민 신도가 많았다. 정토종은 불교를 일본의 전통 종교(신도神道)와 혼합했다. 이외에도 수많은 지역에서 불교는 현지 사정에 맞게 발달했으며, 다른 곳으로 전파되면 또 다른 무엇과 섞이거나 공존했다.

불교의 중심지가 여러 곳이기 때문에, 성지 순례를 하고자 하는 신도들도 여러 방향으로 나아갔고, 거기서 또 새로운 가르침과 경전을 얻었다. 중국의 불교 신도들은 붓다의 일생 유적이 남아 있는 남아시아로 갔고, 남아시아의 대승(大乘) 불교 승려들은 천상의 부처님과 보살들이 살고 있다는 중국의 산을 찾아갔다. 중심지가 나뉘어 있었으므

[그림 3-7] 관세음보살
11~12세기 티베트의 목조 관세음보살상(觀世音菩薩像). 살아 있는 모든 존재를 보살피는 보살로, 다양한 불교 종파에서 숭배한다. 형상도 특히 다양한데, 남성인 경우도 있고 여성인 경우도 있다.

로 투르크족 무슬림이 불교의 기원지를 점령한 뒤에도 불교는 건재할 수 있었다. 1193년 무슬림 군대는 날란다(Nālandā)의 거대한 불교 학교를 파괴해버렸다. 무슬림 통치자들은 불교와 이슬람이 서로 경쟁적인 종교라고 생각해서 대체로 불교를 적대시했다. 많은 승려들이 달아났고, 인도에서 불교는 쇠락했다. 반면 힌두교가 번성했는데, 특히 투르크족에게 점령당하지 않은 남부 지역에서 더욱 왕성했다. 힌두교는 이슬람이나 불교의 수행 방식도 그대로 수용했다. 수피즘 같은 신비주의나 탄트라 불교 같은 밀교의 전통도 힌두교로 습합되었다. 그러나 다른 지역에서는 불교가 계속해서 번영을 구가했다. 상업적 교역망이 불교를 통해 더욱 발달했다. 멀리 떨어져 있는 도시, 항구, 오아시스,

종교적 성지 등이 불교 덕분에 더욱 긴밀히 연결되었다. 불교는 아시아 대부분 지역의 정치 및 문화적 정체성을 만드는 밑거름이 되었다.

이 시대의 기독교도 여러 지역으로 전파되면서 다양한 종파로 발전해갔다. 기독교의 종파는 불교에 비해 지리적으로 훨씬 더 분명하게 나뉘었다. 한 지역에서 서로 다른 종파가 공존하는 경우는 거의 없었다. 로마의 주교는 모든 기독교 신도를 관장한다고 주장했다. 예수가 제자들 가운데 단 한 사람 베드로에게만 특별한 권세를 허락했고, 베드로가 로마에서 1대 주교였기 때문에, 로마의 주교는 특권을 갖는다는 주장이었다. 나중에 로마의 주교는 교황(pope, 아버지를 의미하는 이탈리아어 papa에서 유래되었다)이 되었다. 5세기에 서로마 제국이 무너진 뒤에도 교황은 이탈리아 중앙부에 대한 정치적 권력을 행사하여, 세금을 징수하고 군대를 파견하며 법을 집행했다. 서로마 제국 영역 안에 있던 교회들, 중부 및 서부 유럽에 있던 교회들은 점차 로마 교회(나중에는 로마 가톨릭이라 했다)에 순종하여 그 위계질서를 인정했다. 지역별로 관습의 차이는 있었지만, 라틴어를 공식 언어로 인정하고 정기적으로 회의를 열어 교리와 징계 관련 사항을 의결했다.

로마 제국의 동쪽 절반을 차지했던 비잔틴 제국(동로마 제국)의 주교들과 콘스탄티노폴리스에 있던 비잔틴 제국의 황제는 로마 교황의 통치권을 인정하지 않았다. 그리고 점차적으로 동방기독교, 즉 동방정교회(Orthodox Church)가 발달했다. 동방정교회에 대해서는 비잔틴 제국 황제의 권한도 일부 인정되었고, 11세기에는 정식으로 로마 교황에게서 분리되었다. 5세기에 이미 기독교는 로마 제국 혹은 비잔틴 제국의 범위를 넘어서 전파되었다. 남쪽으로는 에티오피아, 동쪽으로는 페르시아, 아르메니아, 파르티아, 인도의 남서부 해안까지 펴져 나갔다. 그곳의 교회들은 로마 교황도, 콘스탄티노폴리스의 정교회도 상위 기관으로서의 권위를 인정하지 않았다. 다만 스스로 위계질서에 입각한 구조를 갖추고 있었다. 각각의 교단은 정치 환경이나 종교적 교리에 따라 쪼개지거나 옮겨 가거나 합쳐지는 등 변화를 겪었다. 일부 교회는 공식적으로 기독교를 국교로 채택한 국가에 있었다. 예를 들면 에티오피아나 아르메니아 같은 경우였다. 그러나 이들을 제외한 대부분의 교회는 통치자가 기독교를 받아들이지 않은 국가에 있었고, 지역마다 탄압과 인내의 방식이 달랐다. 동방의 많은 교회들은 대부분 예배 언어로 시리아어를 채택했다. 그리고 4세기의 교회 지도자 네스토리우스(Nestorius)의 사상에 기초한 성서 해석을 인정했다. 네스토리우스는 예수 안에서 신격과 인격이 서로 구분된다고 주장했다. 반면 로마 가톨릭이나 정교회 측은 이를 구분하면 안 된다는 입장이었다. 네스토리우스의 입장은 이단으로 선고되었고, 5세기 비잔틴 제국에서 법으로 금지되었다. 그래서 수많은 네스토리우스파 신도들이 동쪽으로 이주를 해야 했으며, 이후 동방에 이들의 성서 해석이 널리 전파되었다.

기독교의 세 분파(로마 가톨릭, 정교회, 네스토리우스파)는 모두 각기 선교사를 파견했고, 교회를 세웠고, 수도원을 건립했고, 신도들을 확보했으며, 땅도 소유했다. 6세기에 교황은 성직자들을 잉글랜드로 보냈고, 잉글랜드는 독일과 북부 유럽에 기독교를 전파하는 전초 기지가 되었다. 9세기에 비잔틴 제국 황제는 모라비아와 러시아 곳곳으로 선교사를 파송했다. 네스토리우스파 선교사들은 중앙아시아 실크로드의 오아시스 도시에 교회를 세웠고, 7세기에는 당나라의 수도 장안에도 교회를 세웠다. 선교사들은 때때로 기존의 정치 조직을 이용했다. 통치자를 개종시키고 그의 백성들에게 세례를 베풀었으며, 기독교식 축제를 열었다. 이를 통해 교회를 유지하는 데 필요한 자금을 마련했다. 때로 통치자와 기독교 지도자가 드러내놓고 치열하게 싸우기도 했지만, 대체로 기독교는 왕이나 황제가 대토지 소유 귀족이나 다른 집단에 비해 우월한 권위를 갖출 수 있도록 도와주었다. 교회나 국가는 모두 명령 체계와 위계질서를 수립하고 유지한다는 점에서 공통점이 있었기 때문이다. 11세기에 이르면 이베리아 반도 남부와 발트 해 지역을 제외한 유럽 전역이 공식적으로 기독교를 채택한다. 유럽 동부 키예프(Kiev) 공국의 블라디미르(Vladimir) 1세는 998년 비잔틴 제국의 공주와 결혼하기 위해 기독교로 개종했고, 시민들에게 대규모 세례를 베푸는 미사를 집행했다. 북부의 노르웨이에서는 올라프(Olaf) 2세가 기독교 법률을 도입했고, 그 공로를 인정받아 나중에 성인으로 추대되기도 했다. 남부의 카스티야(Castilla)에서는 1085년 알폰소(Alfonso) 6세가 톨레도 시를 정복하고 무슬림 군대를 내쫓았다. 이는 이베리아 반도에서 무슬림을 축출하는 일련의 과정 중 하나였다. 기독교도는 이 과정을 나중에 레콩키스타(reconquista)라 불렀다. 심지어 북쪽의 아이슬란드도 기독교 국가가 되었다. 아이슬란드는 알팅그(Althing)라고 하는 의회가 나라를 이끌었는데, 1000년에 이교도 신앙 대신 기독교를 채택했다. 기독교는 어디에서나 기존 종교와 비슷한 면모를 보였다. 이교도 신들의 성소로 알려진 샘이나 숲 혹은 언덕에다 교회를 지어 그 지방의 수호성인에게 헌정했다.

이처럼 기독교는 통치자와 긴밀한 관계를 맺었고, 지역 전통과 결합하여 뿌리를 내렸다. 이외에 또 한 가지 기독교 세계의 공통점이 있었다. 바로 결혼보다 처녀성을 영적으로 우월하다고 간주하는 관점이었다. 출산을 목적으로 하지 않는 성관계는 죄악시했다. 성직자와 수녀는 공동체 생활을 했고, 순결과 복종과 청빈의 서약을 했다. 하지만 적지 않은 수도원들이 상당한 부를 축적했다. 불교에서와 마찬가지로 수녀 공동체는 남성 수도사 공동체에 비해 헌금 수입이 더 적었다. 그러나 부유한 가문에서 선행을 드러내려는 목적으로, 혹은 딸들을 모두 적당한 곳에 시집보내지 못할 때 그 딸을 입회시키는 조건으로 막대한 재산을 수녀원에 기부하는 경우가 있었다. 특별한 여성 수도회를 제외하고 모든 교회의 관리는 남성이 맡았다. 이는 불교와 이슬람도 마찬가지였다. 체계적인 신학 교육도 남성 학생에게 제공되었다. 12세기 이후 유럽에서는 대학이 이러한 교육을 담당했다. 처음에는 파리에 대학이 설립되었고, 그 뒤 옥스퍼드와 케임브리지에도 대학이 들어섰다.

기독교인은 어디에서나 조직에 편입되었다. 이들은 집단적으로 예배했고, 신부나 성직자의 지도를 받았다. 교회 조직은 기존 마을 조직이나 도시의 한 구역, 혹은 기타 사회 구조와 겹치도록 편성되었다. 농경 월력에 따라, 그리고 일생의 절차에 따라 의례를 거행했다. 신앙을 표현하는 신앙고백, 어린아이에게 영생의 자격을 부여하는 세례, 자신의 죄를 털어놓고 용서를 비는 고해성사 등이 이러한 의례에 속했다. 그리고 마지막으로 장례식이 있었다. 장례식에서는 망자를 위해 성물을 바치고 축복 기도를 했다. 산 자들의 기도를 통해 망자의 영혼이 더 신속하게 천국으로 들어갈 수 있기를 기원했다. 이 같은 의례는 예수님, 성모 마리아, 열두 제자, 순교자, 성인의 일생을 찬양하는 내용이었다. 성인의 유골이나 그것을 보관하는 교회 혹은 수도원은 곧 성지 순례의 대상이 되었다. 이베리아 반도의 북서쪽 끄트머리에 있는 성지 산티아고 데 콤포스텔라(Santiago de Compostela)도 그런 순례지 중 하나였다. 기적이 일어나 사라졌던 성 야고보의 유골이 그곳에서 발견되었다고 하는데, 그 뒤로 로마 이후 유럽에서 가장 유명한 순례지가 되었다. 한편 중국의 북경에서도 네스토리우스파 기독교 사제 라반 바 사우마(Rabban Bar Sauma, 1220?~1294)가 예루살렘으로 순례를 떠나기 전에 그 주변의 성지를 방문했다. 13세기에는 이러한 성지가 이베리아 반도에서 중국에 이르기까지 유라시아 곳곳에 퍼져 있었다.

이 같은 거대한 시스템 속에서 기독교 각 종파들 간에, 혹은 종파들 내에서도 당연히 엄청난 차이가 존재했다. 대체로 신학적인 차이였지만 사회·문화적인 차이도 있었다. 로마의 기독교는 신부와 수녀 등 모든 성직자에게 독신을 요구했다. 그러나 이러한 정책을 계속 유지하기란 쉽지 않았고, 수백 년 동안 교회의 고위 성직자들은 따로 첩실을 두었다. 다른 곳에서는 결혼한 남자들도 신부가 될 수 있었으며, 지역에 따라 고위 성직자가 될 수도 있었다. 평신도의 경우 이혼은 금지되었다. 그러나 돈을 내면 혼인 취소가 가능했기 때문에 이것으로 이혼을 대신했다. 물론 이혼이 허용되는 지역도 있었다. 예컨대 이집트의 콥트(Copt) 교회는 13세기에 이혼을 합법화했는데, 맘루크 사회에서 이혼은 워낙 흔한 일이었기 때문이다. 정교회에서는 8세기에 성상(Icon)의 역할에 대한 논쟁이 있었다. 그 결과 성화와 조각상들이 파괴되었고, 성직자들은 구금되거나 처형당했다. 성상을 금지하는 황제에 반대하여 비잔틴 제국의 일부 지방에서는 반란이 일어났다. 나중에 성상은 다시 복원되었고, 로마 기독교보다 이쪽에서 더욱 귀중한 종교적 유산으로 취급되었다. 기독교 전역에서 영험하다고 소문난 성상이 있는 곳은 성지 순례 장소가 되었다.

  이슬람의 확장으로 불교뿐만 아니라 기독교의 모양새도 바뀌었다. 에티오피아 기독교와 동방 기독교가 로마 기독교 및 정교회에서 분리되었다. 동방 기독교 대부분은 무슬림 국가에서 존재했다. 무슬림 국가에서도 대체로 종교적 관용이 지켜졌지만, 때로 기독교를 금지하고 억압하는 엄혹한 시기가 있었다. 예루살렘과 그 주변을 지배하던 셀주크 투르크의 통치자들 때문에 기독교인의 성지 순례가 점점 곤란해졌다. 1095년 교황은 기독교인에게 무슬림에게서 예루살렘을 되찾으라고 호소했다. 여기에는 정교회를 복속시키고자 하는 교황의 희망도 포함되어 있었다. 교황은 이교도를 향한 성스러운 전쟁을 촉구했고, 참여자에 대해서는 영적·물질적 혜택을 약속했다. 수많은 서방 기독교인이 교황의 부름에 응답했다. 1099년 피비린내 나는 전투 끝에 그들은 예루살렘을 정복하는 데 성공했다. 그리고 그곳에 조그만 국가들을 수립했다. 이후로 수세기 동안 기독교인은 때로 순례를 위해, 때로 교황이 승인한 전쟁을 위해 육로와 해로를 통해 이 지역을 왕래했다.

유럽에 살던 유대인에게 십자군 전쟁은 재앙 그 자체였다. 여러 도시에서 선동가들이 불을 지르자 기독교인은 떼로 몰려들어 유대인 공동체를 공격했다. 때로는 예배당에서 산 채로 유대인을 불태우기도 했다. 유대인을 억압하는 법령들이 유럽에서 점차 늘어났다. 잉글랜드의 에드워드(Edward) 1세는 1290년 잉글랜드에서 유대인을 추방하고 그들의 재산을 몰수하는 법령을 공표했다. 프랑스의 필립(Philip) 4세도 1306년에 이와 비슷한 짓을 저질렀다. 제4차 십자군 전쟁(1202~1204) 기간 동안 군대가 콘스탄티노폴리스에 주둔했는데, 십자군은 도시 주민들이 군대를 환영하지 않는다는 이유로 도시를 약탈하고 수많은 성물을 훔쳐서 나중에 유럽에 가져다 팔아치웠다. 이 일로 비잔틴 제국은 더욱더 약해졌고, 로마 기독교와 정교회는 이후 영원히 갈라섰다. 십자군 전쟁에서 무슬림이 승리한 이후, 무슬림 세계에서도 이와 유사한 내분이 일어났다. 그러나 13세기 맘루크 군대가 무슬림 국가들을 점령한 뒤 십자군 국가들과의 반목은 계속되었다. 십자군 최후의 보루였던 아크레(Acre, 혹은 아코Akko)의 요새는 1291년 무너졌지만, 그 뒤에도 상인을 비롯한 몇몇 기독교인은 그곳에 남아 있었다. 기독교 대 무슬림이 싸운 십자군 전쟁의 영향에 대해서는 논란이 있다. 이때부터 서로 간에 깊은 반목이 계속되었다고 주장하는 역사가들도 있지만, 그렇게 보는 것은 현대 정치를 과거 역사에 투영해서 해석한 결과에 불과하다는 주장도 있다.

교역로의 변화와 확장

이탈리아 상인의 입장에서 십자군 전쟁은 대목이었다. 베네치아와 제노바가 특히 혜택을 입었다. 원정을 준비하는 군대에 물자를 공급했고, 항구가 새로운 무역로와 연결되었기 때문이다. 나중에 십자군 참여 국가들에도 무역업체가 생겨났지만, 이탈리아의 무역상은 사라지지 않았다. 베네치아 상인은 카이로에 상주 사무소를 개설했고, 이 사무소에서 관장하는 향신료 무역의 범위는 홍해에까지 이르렀다. 제노바 상인은 콘스탄티노폴리스와 흑해까지 나아갔으며, 흑해에서 실크로드를 따라 상품을 싣고 온 카라반과 조우했다. 일부 이탈리아 상인은 인도 서부 해안 도시까지 진출했다. 이들 도시에서 국제 문화가 융합되었다. 힌두교, 불교, 무슬림, 유대교, 조로아스터교(인도에서는 이들을 파르시parsi라 한다), 기독교 등 모두가 자신의 이익을 위해 노력했다.

　이탈리아 상인의 부상은 무역 확대로 빚어진 결과들 중 하나였다. 당시 사업 과정이 점점 더 정교하고 복잡해졌고, 새로운 형태의 신용 거래가 발달했다. 역사학자들은 이를 "상업 혁명"이라고 일컫기도 한다. 이 용어는 원래 유럽 지중해의 교역을 두고 한 말이지만, 사실은 1100년경 유라시아 전체에 대해 사용하더라도 틀리지 않는다. 당시 전문적인 상인들이 다양한 상품을 대규모로 먼 거리까지 운반했고, 더 많은 소비자에게 더욱 폭넓게 공급되었다. 몇 세기 전만 하더라도 상상조차 하기 어려운 일이었다. 이처럼 무역도 종교와 함께 지역 내 및 지역 간 교역의 장을 창출해냈다.

　전문적인 상인들은 대부분 남성이었다. 무역을 하려면 상품을 가지러 가야 하고 또 운반도 해야 했는데, 둘 다 남자가 더 잘 할 수 있는 일이었다. 한 가정의 가장은 주로 남성이었다. 가족 구성원 중에서 여성이나 남녀 하인 혹은 노예가 생산한 물품들도 가장의 소유였다. 이런 이유도 있고 현실적으로 여성이 사회 관습상 멀리 여행하기도 어려웠으므로, 원거리 무역은 주로 남자의 일이었다. 상인은 귀금속이나 향신료, 향료, 호박(보석), 보석 등 값비싼 물건, 혹은 곡식이나 목재, 금속 같은 부피가 큰 물건을 보내고 받는 일을 해야 했다. 일부 지역 내 교역은 여성이 맡기도 했는데, 식재료나 기타 생필품을 소매로 재판매하는 경우였다. 그러나 이처럼 작은 상품의 교역 또한 대부분은 남성의 일이었다. 서부 아프리카와 동남아시아에서는 여성이 지역 내에서나 지역 간 교역에서 중요한 역할을 하는 경우도 있었다. 옷감 같은 기본적인 생필품이나 후추, 구장(betel, 후춧과 식물), 금, 상아 같은 귀중품도 취급했다. 무역에 참여하는 남성 상인은 방문지에 현지처를 두고 일시적으로 혹은 장기간 관계를 유지했다. 이런 관계에서 남성은 성적 이득을 취하고 현지의 조력자를 얻었으며, 여성을 통해 교역 상품을 제공하는 공급자들과 인맥을 만들 수 있었다. 그리고 여성과 그녀의 가족은 외부자와의 관계를 근거로 고귀한 신분으로 간주되었다. 이 같은 결혼 혹은 특정한 내부 관계를 통해 종교적 사상이나 의례 혹은 문화적 관습이 전파 및 혼합되었다. 남편과 아내와 아이들은 개종을 하기도 했고, 서로 다른 전통에서 비롯된 문화적 요소들도 쓸모가 있다 싶으면 혼합해서 사용하기도 했다.

당시 세계 최대의 무역 네트워크는 유라시아 전역에 걸쳐 있었고,

무슬림, 불교도, 기독교도 전체를 포괄했다. 무역망을 통해 종교가 전파되었지만, 거꾸로 종교 덕분에 무역망이 더욱 확장되기도 했다. 무역 네트워크의 서쪽 끝은 유럽이었다. 로마 제국이 멸망한 이후 원거리 무역은 유럽에서 거의 소멸되었다가, 8세기가 되어서야 되살아났다. 프리슬란트인(Frisian)을 비롯한 북유럽 사람들이 동방의 사치품을 수입하고 노예, 밀랍, 꿀, 특히 모피를 수출했다. 이들은 유대인 상인(radhanite)과도 접촉이 되었다. 유대인 공동체를 중심으로 연결된 유대인 상인은 무슬림이나 기독교 통치자가 어느 편도 아니라고 생각해서 종교적 경계를 넘나들며 영업을 할 수가 있었다. 유대인 상인은 칼리프 치하의 코르도바에서 인도, 중국까지도 진출했다. 이들은 서방에서 노예와 모피를 사고, 동방에서는 향신료, 향수, 향료, 비단 등 첨단 상품을 구입했다. 12세기에 이르자 베네치아 상인을 비롯한 유럽 상인이 십자군 국가들, 콘스탄티노폴리스, 흑해 등 곳곳에 지점을 개설했고, 유대인 상인의 상거래 비중은 그만큼 줄어들었다.

상인들이 포괄하던 무역 네트워크에서 지리적으로 가운데 부분이 무슬림 세계였다. 이슬람의 확산으로 무역 네트워크는 더욱 넓게 확장되었고, 기존에 자리 잡고 있던 수공업 생산은 더욱 활발해졌다. 이슬람에서는 상인을 존경할 만한 직업이라고 생각했다. 예언자(무함마드)도 한때 상인이었기 때문이다. 이슬람은 상업 관련 법률을 집대성했고, 아랍어를 무역의 공통 언어로 사용했으며, 무슬림 세계의 공통 통화인 디나르(dinar, 은화)를 공급했다. 11세기에 홍해 무역의 중요성은 점점 더 커져갔다. 카이로는 세계 무역의 중심지로서 머지않아 바그다드를 능가했다. 페르시아와 아랍의 상인은 아프리카 동부 스와힐리 해안까지 진출하고 독자적으로 요새를 건설했다. 상인들이 통제하는 요새 도시는 남쪽으로 짐바브웨의 소팔라(Sofala)까지 이어졌다. 그리고 상인들은 이들 거점 도시를 인도양 건너 인도의 도시들과 연결시켰다. 이 같은 경제적 성장에 아랑곳없이 이슬람 세계의 중심 지역에서 몇몇 소규모 국가를 통치하던 투르크 군벌 지도자들은 1100년 이후 거의 약탈에 가까울 정도로 막대한 세금을 매겼다. 이를 재원으로 그들은 궁정에서 터무니없는 사치를 부렸다. 교역이나 상품 생산에 부과하는 세금은 기분에 따라 달랐다. 상인들은 이에 맞설 정치적 힘을 가지지 못했다. 상업과 무역의 혁신은 점차 둔화될 수밖에 없었다. 수입품 중에는 유럽이나 인도 지역에서 들여온 옷감 같은 기본 생필품도 포함되어 있었는데, 이슬람 세계에서 수입품 가격은 더욱 떨어져 지역 내 산업이 붕괴되었다.

　인도 해안의 도시들 중에서 북부는 무슬림 도시였고 남부는 힌두교 도시였다. 이들 도시에서는 이익이 된다면 누구와 교역하든 상관없었다. 온갖 종류의 상품이 들어왔지만, 향신료는 "향료 제도"(오늘날 인도네시아의 말루쿠 제도)에서만 들어왔다. 남아시아와 동남아시아는 사치품 무역에서 매우 중요한 지역이었다. 후추, 정향, 육두구, 메이스, 칼더먼, 계피, 생강 등의 향신료는 음식의 조미료뿐만 아니라 향수나 사랑의 묘약, 진통제, 장례용품으로도 쓰였다. 냉장고가 발명되기 전에는 향신료가 고기를 보존하는 데 도움이 되었고, 약간 상한 고기 맛을 덮어주는 데도 효과가 있었다. 향신료 이외에 떠오르는 품목은 면직물,

도자기, 말 등이었다. 말은 군사용이었지만 권력과 신분을 과시하는 데에도 쓸모가 있었다. 상품을 실은 상선은 인도에서 출발해서 믈라카 해협을 지나 중국으로 갔다. 당시 무역 네트워크의 동쪽 끝이 바로 중국이었다. 중국의 지배 이념인 유교에서는 중국을 찾아오는 상인을 명예롭지 못한 이방인으로 간주했다. 다만 그들이 궁정의 엘리트가 원하는 사치품을 가져오는 데다가 세금도 매길 수 있었기 때문에 겨우 허용해주었다. 이러한 분위기에서는 이탈리아나 스와힐리 지역에서처럼 상인들이 정치권력을 획득할 수가 없었다. 그렇지만 누군가가 많은 재산을 소유하는 것까지 가로막지는 못했다.

어디서 오든, 어디로 가든, 그가 상인이라면 마땅히 상품과 함께 노예도 거래했다. 이탈리아 상인은 러시아와 북아프리카에서 젊은 여인들을 사다가 노예로 삼고 베네치아와 제노바 등 지중해 연안 도시에서 가사 노동을 시켰다. 스페인과 포르투갈 상인은 북아프리카에서 전쟁 포로를 사들여 노예로 팔아넘겼고, 이들 노예는 상선이나 전함에 배속되어 노를 젓는 노동을 했다. 바이킹도 아일랜드나 볼가 강 유역에서 잡아 온 남성들을 노예 시장에 팔았다. 투르크 상인은 투르크 혹은 몽골 군대에게서 슬라브족 노예를 구입했다. 이들을 가사 노동이나 군대 혹은 직물 제조 일을 하는 노예로 팔았다. 혹은 통치자의 궁정에 공급하기도 했다. 아랍과 아프리카 상인은 사하라 사막을 가로질러 무역을 할 때 노예를 데리고 다녔다. 서아프리카 출신 노예는 지중해에 가져다 팔았고, 동유럽 출신 노예는 서아프리카에 가서 팔았다. 인도와 아랍 상인은 동아프리카 해안 지역에서 노예를 사서 인도 서해안 도시 혹은 동쪽으로 더 먼 곳까지 가져다 팔았다. 북인도의 투르크족 통치자(이들 중 일부는 과거 노예 출신이었다)는 전쟁 포로를 중앙아시아에 팔았다. 가사 노동을 하거나 군대에서 일할 노예였다. 주로 힌두교도나 불교도였지만 시아파 무슬림도 있었다. 수니파 무슬림인 투르크족 통치자가 보기에는 시아파도 마찬가지로 이교도였다. 노예는 고향에서 멀리 떨어진 곳으로 팔려 갔기 때문에 어디에서나 아웃사이더 신세인 경우가 많았다. 노예 소유주와는 종교가 달랐고, 사용하는 언어나 신체적 외모도 차이가 났다. 이러한 차이에도 불구하고 남성 소유주는 여성 노예와 성적 관계를 맺었다. 이들 사이에서 태어난 아이의 사회적 신분은 지역에 따라 달랐다. 대개 법률에 의해 노예를 죽이지 못하도록 금지했으며, 종교적 가르침은 주로 노예에게 친절하게 대해주라고 권고했다. 이슬람에서는 원한다면 노예를 풀어주라고 가르치기도 했다. 어느 사회에서나 노예의 존재는 사회 구조적으로 당연시되었다.

유라시아 대륙 전체를 연결하는 무역로 가운데 어느 길목이 중요한지는 시대별로 달라졌다. 때에 따라 안전한 정도가 달라졌기 때문이다. 5세기에는 실크로드가 기본이었다. 그러나 909년 당나라가 무너진 뒤 투르크가 아바스 칼리프 왕국을 침략해서 그 일부를 장악하자 서아시아 및 중앙아시아 상황이 불안정해졌다. 이후 인도양을 통한 운송의 비중이 점차 커졌다. 몽골은 과거 바그다드나 사마르칸트 같은 무역 거점을 침공해서 파괴했으나, 정복한 뒤에는 곧바로 원거리 무역에 최적화된 정책을 채택했다. 그중 가장 핵심은 무역로의 안전을 확보하는 일이었다. 그래서 상인은 위험과 이익을 더욱 분명히 예측할 수 있게 되었다. 파괴되었던 대형 카라반 거점 도시 중에서 일부는 다시 건설되었고, 무역로를 따라 새로운 거점 도시들도 생겨났다. 몽골 정복 이후 과거의 실크로드가 재부상했으며, 다시 활기를 띤 무역로를 통해 몽골의 수도 카라코룸(Karakorum)까지, 나중에는 새로운 수도 칸발리크(Khanbaliq, 大都)까지 사치품이 운송되었다.

14세기 중엽, 이 무역로를 따라서 전염병이 확산되었다. 흑사병이라고 알려진 전염병이었다. 애초 중앙아시아에서 발생한 흑사병은 사람과 쥐의 몸에 실려 온 사방으로 퍼져 나갔다. 모든 카라반과 모든 무역선에 흑사병도 함께 올라탔다. 흑사병은 지독했다. 흑사병이 전파된 대부분의 지역에서 처음 겪어보는 질병이었다. 1347~1351년 유럽 인구의 3분의 1이 흑사병으로 사망한 것으로 추정된다. 그 여파는 수백 년 동안 지속되었다. 유럽 이외의 다른 지역에서는 얼마나 많은 사람들이 죽었는지 알 수 없다. 그러나 어디서든 흑사병이 전파된 곳에서는 생산 저하, 수요 감소, 경기 급락이 뒤따랐다. 일부 지역에서 15세기 들어 회복세를 보였지만, 육로를 통해 원거리 무역을 담당했던 카라반은 결코 예전만큼의 세력을 회복하지 못했다.

육로에 문제가 생기자 해로가 반사이익을 얻었다. 원나라 치하의 중국 남부 지방에서는 송나라 때와 마찬가지로 해상 무역을 권장했다. 그래서 해로의 번영은 계속되었다. 마르코 폴로의 증언이 사실이라면, 그는 북방 루트를 따라 원나라 궁정에 들어갔다가 인도양의 해로를 따라 돌아왔다. (사실은 집으로 돌아온 것이 아니라, 원나라 공주를 수행했다. 얼마 전 타브리즈에 있는 일칸국의 통치자가 가장 총애하던 아내를 잃자, 원나라 공주가 그에게 시집을 가게 된 것이다.) 이븐 바투타는 갈 때와 올 때 모두 배를 이용했다. 중국인은 아랍, 인도, 말레이 사람들이 개발한 항해 기술을 바탕으로 나침반과 방수격벽을 도입했다. 거대한 돛을 여러 개 달고 있는 중국의 함선은 수백 톤의 화물을 운송할 수 있었다.

원나라는 1368년에 멸망했고, 중국인이 통치하는 명(明)나라가 그 뒤를 이었다. 몽골은 여전히 중앙아시아 무역로를 장악하고 있었지만, 새로이 수립된 명나라 정부는 몽골과의 협상을 원치 않았다. 처음에는 오히려 해상 무역로에 더 관심이 많았다. 1405~1433년 명나라 황제는 대규모 탐험대를 파견했다. 황제의 탐험대는 정화의 지휘 아래 인도양과 걸프 만까지 진출했다. 정화는 서남아시아 출신의 무슬림 환관이었다. 탐험대는 주요 항구에 들러 황제의 위세를 나타내 보였다. 언젠가 이들 항구를 모두 황제의 제후국으로 삼을 의도가 있었기 때문이다. 탐험대는 필리핀, 아프리카 동부 해안, 홍해를 거쳐 갔다. 그러나 정부 정책이 갑자기 뒤집어졌다. 거대 함선을 모두 침몰시키고 항해일지도 불태워버렸다. 조선소는 폐쇄되고, 중국 상인은 본국으로 소환되었다. 갑자기 정책이 바뀐 이유에 대해 학자들의 진단은 여러 가지다. 가져오는 상품에 비해 탐험대의 지출이 너무 과했기 때문이라거나, 상업에 반감을 가진 유학자 관료들이 정부 고위직에 발탁되었기 때문이라거나, 몽골 및 베트남과의 전쟁, 홍수, 농민 반란, 해적의 해안 침탈 등이 정부의 재정을 갉아먹었기 때문이라고도 한다. 이유가 무엇이든, 결과적으로 인도양의 무역 경기는 쇠퇴하지 않았다. 인도, 아랍, 말레이, 페르시아, 투르크, 심지어 일부 이탈리아 상인까지 금세 중국의 빈자리를 메웠다.

당시 유라시아의 무역 네트워크가 세계에서 가장 규모가 크고 기록도 많이 남아 있지만, 무역 네트워크가 여기만 있었던 것은 아니다. 서아프리카에서 금은 5세기부터 낙타에 실려 사하라 사막을 건넜다. 금으로 옷감, 전투마, 화폐로 사용하던 조개껍데기(cowrie), 노예, 소금 등을 구입했다. 14세기 무렵 서아프리카는 세계 최대 금 생산지로 부상했다. 유럽과 무슬림 세계의 궁정에서 사용되는 사치품이나 금화 등이 서아프리카의 금으로 만들어졌다. 서반구에서는 지역별 무역 네트워크를 통해 다른 사치품과 함께 금과 주석, 칼날용 흑요석, 카카오, 옥, 터키옥 등이 거래되었다. 주홍금강앵무새(scarlet macaw)도 거래 품목에 들어갔다. 앵무새 깃털이 전사의 모자나 망토를 장식하는 데 쓰였기 때문이다. 이 앵무새는 주산지인 북아메리카 대륙의 남서부에서 메소아메리카 지역으로 수출되었다.

중세 1000년의 시간

기원후 500년부터 1500년까지 1000년의 시간은 그 이전 시대나 그 이후 시대의 명칭에 빗대어 지칭되는 경우가 많다. 후기 고전 고대(postclassical)라거나 근대 이전(premodern) 혹은 중간 시대(중세 middle)라고도 한다. 이 시기를 중세라고 하는 개념은 유럽을 기준으로 삼은 것이다. 그래서 시대 구분 자체가 유럽 중심주의라는 비판을 받기도 한다. 그러나 서유럽뿐만 아니라 비잔틴 제국, 중국, 중앙아시아 스텝 지역의 유목 제국 등 동반구의 다른 대규모 제국을 보더라도 이 시기의 1000년은 매우 중요한 시대였다. 한편 서반구 사람들에게 기원후 500년은 별다른 분기점이 되지 못했지만, 1500년은 아시아에서 아메리카 대륙으로 인류가 유입된 이래로 가장 뚜렷하게 시대가 나뉘는 시점이었다. 이 시기 서반구와 동반구에서는 비슷한 일들이 일어났다. 무역 네트워크가 형성되고, 농업이 발달하고, 도시가 확장되고, 문화와 종교의 교류가 활발해졌다.

동반구를 보자면, 이슬람이 출현하여 성장을 거듭했다. 중세가 끝나갈 무렵 이슬람은 서아프리카의 송가이 제국(Songhay Empire)에서부터 동남아시아의 브루나이(Brunei), 술루(Sulu) 등지의 술탄국들까지 포괄했다. 경전, 신앙생활, 법률이 다르 알 이슬람(이슬람 세계)을 하나로 묶어주었다. 그러나 각 지역에서 기존의 현지 문화 및 사회 구조에 적응하는 과정을 거치며 이슬람은 굉장히 다양한 양태를 띠게 되었고, 때로는 서로 잔혹하게 적대하기도 했다. 이웃하는 비무슬림 국가뿐만 아니라 무슬림 국가들 사이에서도 정치적 분쟁이 발생했다. 한편 기독교도 무슬림 못지않게 번성했다. 아이슬란드에서 북경에 이르기까지 수도사와 선교사가 수많은 교회를 세웠고, 또 그만큼 많은 신도를 확보했다. 불교도 마찬가지였다. 수도승이나 상인이 온 사방으로 사상과 경전과 수행 체계를 전파해서, 중심지가 여러 군데인 다중심 종교 문화를 창출했다. 이슬람의 확장으로 불교와 기독교의 모습도 바뀌었다. 또한 불교는 처음 출현한 인도 지역에서 새롭게 대두된 힌두교 전통에 의해 많은 변화를 겪었다.

중세의 궁정은 통치자가 무슬림이든, 기독교도든, 불교도든, 힌두교도든, 혹은 그 어떤 종교를 신봉하든 상관없이 가문과 권력 암투와 문화적 생산과 과시적 소비의 중심지였다. 궁정의 의례와 외교 절차는 사회 및 우주적 질서를 드러내 보여주는 것이었다. 또한 그것은 엘리트 계층 남녀의 예의범절을 규정했다. 현지의 예술가가 화려한 궁정의 풍경을 만들었고, 상인은 먼 이국땅에서 사치품을 수입해 가져왔다. 백성에게 세금이나 소작료를 상시적으로 거두어서, 혹은 가끔씩 전쟁을 통해 약탈을 해서 이 모든 사치 비용을 충당했다. 이 시대의 특징인 농업의 확장과 고도화를 추동하는 힘은 통치자에게서 나왔다. 그러나 사람들은 스스로 이주를 계획하여 실행하기도 했다. 때로는 탁 트인 대양을 건너고, 때로는 가까운 거리를 걸어서 이주했다. 이들은 산간을 개척하고 습지를 메워 새로운 농경지를 조성했다. 또 어떤 사람들은 도시로 향했다. 도시는 주변 시골 사람들을 끌어들이는 힘이 있었다. 경제적 성공과 사회적 신분 상승의 기회가 주어졌기 때문이다. 실제로 이 기회를 잡아서 성공하는 사람들도 가끔은 없지 않았다.

궁정에서도 도시에서도 여유 있는 사람들은 수입 사치품을 사들였다. 아프로유라시아 무역 네트워크에서는 아메리카 대륙에서처럼 주홍금강앵무새 깃털이 값비싸게 거래된 적이 없지만, 이외에 붉은색 계열의 사치품은 특히 값이 높았다. 예를 들면 산호 구슬, 진홍색 루비, 칠기 그릇, 소라고둥 분비물에서 추출한 티리언 퍼플(tyrian purple, 자색)이나 황화수은과 광물을 섞어서 만든 주홍색으로 염색한 옷감 등이었다. 이런 사치품이 제노바의 상인이자 지도 제작자인 한 인물에게 영감을 불어넣었다. 물론 다른 여행자들의 이국땅에 대한 이야기와, 포르투갈인 선장의 딸을 아내로 맞아들인 일과, 운명에 대한 개인적인 예감도 작용했을 것이다. 이탈리아의 다른 친구들처럼 그 또한 자신의 행운을 만들고 싶었다. 그러나 그는 친구들과 달리 동쪽이 아니라 서쪽으로 가보면 어떨까 생각했다. 처음에는 리스본(Lisbon)으로 갔고, 그다음에는 대서양의 마데이라(Madeira) 제도까지 진출했으며, 그 뒤 스페인 궁정에 찾아갔다. 1492년 당시 스페인 군대가 스페인 지역에 남아 있던 최후의 무슬림 왕국을 몰아내고 유대교 금지령을 내린 뒤 불과 몇 주가 지나지 않은 시점이었다. 그는 서쪽으로 더 멀리 진출하기 위해 왕실의 후원을 받았다. 그가 소장한 책 중에는 마르코 폴로의 《동방견문록》 인쇄본도 포함되어 있었다. 이외에도 그의 배에는 종교 관련 물품과 붉은색 천 등의 상품이 실려 있었다. 그리고 아랍어를 할 줄 아는 유대인도 있었는데, 기독교로 개종한 인물이었다. 나중에 중국 궁궐에 도착하면 틀림없이 아랍어나 유대어를 할 줄 아는 사람이 있을 거라고 생각해서 통역 일을 그에게 맡길 계획이었다. 이 제노바 상인의 여행은 라시드 앗 딘은 상상도 하지 못한 거대 규모의 교류를 만들어낼 참이었다. 그의 여행으로 중세 1000년의 시대는 막을 내렸다.

● 더 읽어보기

라시드 앗 딘, 무라사키 시키부, 마르코 폴로, 이븐 바투타의 여행기는 모두 영어로 번역되어 있다.
- Rashid al-Din, *Rashiduddin Fazlullah's Jami'u't-tawarikh: Compendium of Chronicles. A History of the Mongols*, trans. Wheeler M. Thackston (Cambridge, MA: Harvard University Press, 1998)
- Murasaki Shikibu, *The Tale of Genji*, trans. Edward G. Seidensticker (New York: Alfred A. Knopf, 1976)
- Marco Polo, *The Travels*, trans. Ronald Latham (London: Penguin, 1958); *The Travels of Ibn Battuta*, ed. Tim Macintosh-Smith (London: Macmillan, 2003)

이븐 바투타와 마르코 폴로에 대한 최신 연구 성과는 다음을 참조하라.
- Ross E. Dunn, *The Adventures of Ibn Battuta: A Muslim Traveler of the Fourteenth Century*, rev. edn. (Berkeley: University of California Press, 2004)
- Hans Ulrich Vogel, *Marco Polo Was in China: New Evidence from Currencies, Salts and Revenues* (Leiden: Brill, 2013)

사회와 문화에 초점을 맞춘 지역 연구 성과로는 다음과 같은 책들이 있다.
- K.N. Chaudhuri, *Asia before Europe: Economy and Civilisation of the Indian Ocean from the Rise of Islam to 1750* (Cambridge: Cambridge University Press, 1991)
- Victor Lieberman, *Beyond Binary Histories: Re-imagining Eurasia to c. 1830* (Michigan: University of Michigan Press, 1997)
- Catherine B. Asher and Cynthia Talbot, *India before Europe* (Cambridge: Cambridge University Press, 2006)

- Charles Holcombe, *The Genesis of East Asia, 221 BC – AD 907* (Honolulu: University of Hawai'i Press, 2001)
- S. Frederick Starr, *Lost Enlightenment: Central Asia's Golden Age from the Arab Conquest to Tamerlane* (Princeton: Princeton University Press, 2013)
- John Haldon, ed., *A Social History of Byzantium* (Oxford: Wiley-Blackwell, 2009)
- Peregrine Horden and Nicholas Purcell, *The Corrupting Sea: A Study of Mediterranean History* (Oxford: Blackwell, 2000)
- Chris Wickham, *Framing the Early Middle Ages: Europe and the Mediterranean, 400 – 800* (Oxford: Oxford University Press, 2007)
- Steven A. Epstein, *An Economic and Social History of Later Medieval Europe* (Cambridge: Cambridge University Press, 2007)
- Michael E. Smith and Frances F. Berdan, eds., *The Postclassic Mesoamerican World* (Salt Lake City: University of Utah Press, 2003)

젠더에 관해서는 다음을 참조하라.
- Gavin R.G. Hambly, ed., *Women in the Medieval Islamic World* (New York: St. Martin's Press, 1998)
- Rosemary A. Joyce, *Gender and Power in Prehistoric Mesoamerica* (Austin: University of Texas, 2001)
- Dorothy Ko, JaHyun Kim Haboush and Joan R. Piggott, eds., *Women and Confucian Cultures in Premodern China, Korea, and Japan* (Berkeley: University of California Press, 2003)
- Leslie Brubaker and Julia M.H. Smith, eds., *Gender in the Early Medieval World: East and West, 300 – 900* (Cambridge: Cambridge University Press, 2004)

이슬람의 확장을 연구한 성과들은 다음과 같다.
- Ira M. Lapidus, *A History of Islamic Societies*, 2nd edn. (Cambridge: Cambridge University Press, 2002)
- Jonathan P. Berkey, *The Formation of Islam: Religion and Society in the Near East, 600–1800* (Cambridge: Cambridge University Press, 2003)
- David Robinson, *Muslim Societies in African History* (Cambridge: Cambridge University Press, 2004)

맘루크에 대해서는 다음을 참조하라.
- Thomas Philipp and Ulrich Harmann, eds., *The Mamluks in Egyptian Politics and Society* (Cambridge: Cambridge University Press, 2007)

궁정 및 궁정 문화 연구로는 다음과 같은 성과들이 있다.
- Jeroen Frans Jozef Duindam, *Royal Courts in Dynastic States and Empires: A Global Perspective* (Leiden: Brill, 2011)
- Hugh Kennedy, *The Court of the Caliphs: When Baghdad Ruled the Muslim World* (Cambridge, MA: DaCapo, 2005)
- Joachim Bumke, *Courtly Culture: Literature and Society in the High Middle Ages* (Woodstock, NY: Overlook Press, 2000)
- Daud Ali, *Courtly Culture and Political Life in Early Medieval India* (Cambridge: Cambridge University Press, 2004)
- Mikael S. Adolphson, *The Gates of Power: Monks, Courtiers, and Warriors in Premodern Japan* (Honolulu: University of Hawai'i Press, 2000)
- Mikael Adolphson, Stacie Matsumoto, and Edward Kamens, *Heian Japan: Centers and Peripheries* (Honolulu: University of Hawai'i Press, 2007)
- Anne Walthall, ed., *Servants of the Dynasty: Palace Women in World*

History (Berkeley: University of California Press, 2008)
- Dorothy Ko, *Cinderella's Sisters: A Revisionist History of Footbinding* (Berkeley: University of California Press, 2007)은 전족이라는 복잡한 문제에 대해서 매우 뛰어난 통찰력을 보여주고 있다.

농경의 확산과 농경이 가져온 변화에 대해서는 다음을 참조하라.
- Robert Bartlett, *The Making of Europe: Conquest, Colonization, and Cultural Change, 950 – 1350* (Princeton: Princeton University Press, 1994)
- Dieter Kuhn, *The Age of Confucian Rule: The Song Transformation of China* (Cambridge, MA: Belknap Press, 2011)
- George R. Milner, *The Moundbuilders: Ancient Peoples of Eastern North America* (London: Thames & Hudson, 2005)
- Patrick Vinton Kirch, *A Shark Going Inland Is My Chief: The Island Civilization of Ancient Hawai'i* (Berkeley: University of California Press, 2012)

개간과 환경 보존의 문제에 대해서는 다음을 참조하라.
- Jared Diamond, *Collapse: How Societies Chose to Fail or Succeed* (New York: Viking, 2005)
- Patricia McAnany and Norman Yoffee, eds., *Questioning Collapse: Human Resilience, Ecological Vulnerability, and the Aftermath of Empire* (Cambridge: Cambridge University Press, 2010)

농경과 국가의 확산에 저항했던 공동체에 대한 연구.
- James C. Scott, *The Art of Not Being Governed: An Anarchist History of Upland Southeast Asia* (New Haven: Yale University Press, 2010)

몽골에 대해서는 다음을 참조하라.
- Thomas T. Allsen, *Culture and Conquest in Mongol Eurasia* (Cambridge: Cambridge University Press, 2001)
- Peter Jackson, *The Mongols and the West, 1221 – 1410* (London: Routledge, 2005)
- George Lane, *Daily Life in the Mongol Empire* (Westport, CT: Greenwood, 2006)

칭기즈 칸의 남성 후손에 관한 논문은 다음을 참조하라.
- Tatiana Zerjal et al., "The Genetic Legacy of the Mongols," *American Journal of Human Genetics* 72 (2003): 717 – 21

중세 도시의 신화와 현실에 대한 최근 연구 몇 편.
- Elisabeth Crouzet-Pavan, *Venice Triumphant: The Horizons of a Myth*, trans. Lydia G. Cochrane (Baltimore: Johns Hopkins University Press, 2002)
- Jonathan Harris, *Constantinople: Capital of Byzantium* (London: Bloomsbury Academic, 2009)
- José Luis de Rojas, *Tenochtitlán: Capital of the Aztec Empire* (Gainesville: University Press of Florida, 2012)
- Chiara Frugoni, *A Day in a Medieval City*, trans. William McCuaig (Chicago: University of Chicago Press, 2006)는 이 시대 이탈리아 도시를 둘러보는 매력적인 책이다. 뛰어난 도판이 수록되어 있다.

다양한 종교가 어떻게 전파되고 서로 얽히게 되었는지 간략하게 설명한 책이 있다.
- Richard Foltz, *Religions of the Silk Road: Premodern Patterns of Globalization*, 2nd edn. (London: Palgrave Macmillan, 2010)

불교에 대해서는 다음을 참조하라.
- Ronald M. Davidson, *Indian Esoteric Buddhism: A Social History of the Tantric Movement* (New York: Columbia University Press, 2002)
- Tansen Sen, *Buddhism, Diplomacy, and Trade: The Realignment of Sino-Indian Relations, 600 – 1400* (Honolulu: University of Hawai'i Press, 2003)
- Jason Neelis, *Early Buddhist Transmission and Trade Networks: Mobility and Exchange within and beyond the Northwestern Borderlands of South Asia* (Leiden and Boston: Brill, 2011)

기독교에 대해서는 다음을 참조하라.
- James Brundage, *Law, Sex, and Christian Society in Medieval Europe* (Chicago: University of Chicago Press, 1987)
- Richard Fletcher, *The Barbarian Conversion: From Paganism to Christianity* (Berkeley: University of California Press, 1998)
- Michael Angold, *Eastern Christianity* (Cambridge: Cambridge University Press, 2006)
- Thomas F.X. Noble and Julia M.H. Smith, *Early Medieval Christianities, c. 600 – c. 1100* (Cambridge: Cambridge University Press, 2008)

무역 네트워크에 대한 폭넓은 분석으로는 다음과 같은 성과들이 있다.
- Richard L. Smith, *Premodern Trade in World History* (London: Routledge, 2008)
- Jerry H. Bentley, *Old World Encounters: Cross Cultural Contacts and Exchanges in Pre-Modern Times* (Oxford: Oxford University Press, 1993)
- Janet L. Abu-Lughod, *Before European Hegemony: The World System AD 1250 – 1350* (New York: Oxford University Press, 1989)

- Murasaki Shikibu, *The Tale of Genji*, trans. Edward G. Seidensticker (New York: Alfred A. Knopf, 1976)
- Kenneth G. Hirth and Joanne Pillsbury, eds., *Merchants, Markets, and Exchange in the Pre-Columbian World* (Washington, DC: Dumbarton Oaks, 2013)
- Kenneth Pomeranz and Steven Topik, *The World that Trade Created: Society, Culture, and the World Economy*, 3rd edn. (Armonk, NY: M.E. Sharpe, 2013)

문화 교류와 무역에 대한 특정 분야 연구로는 다음과 같은 성과들이 있다.
- Rosamond E. Mack, *Bazaar to Piazza: Islamic Trade and Italian Art, 1300 - 1600* (Berkeley: University of California Press, 2001)
- Pamela O. Long, *Technology and Society in the Medieval Centuries: Byzantium, Islam, and the West, 500 - 1300* (Washington, DC: American Historical Association, 2003)
- Ralph Austen, *Trans-Saharan Africa in World History* (Oxford: Oxford University Press, 2010)
- Valerie Hansen, *The Silk Road: A New History* (Oxford: Oxford University Press, 2012)
  한국어 번역: 발레리 한센,《실크로드, 7개의 도시》(소와당, 2016)

이 장에서 언급된 주제들에 관한 연구 논문들이 케임브리지 세계사 시리즈에 수록되어 있다.
- Benjamin Z. Kedar and Merry E. Wiesner-Hanks, eds., *Expanding Webs of Exchange and Conflict, 500 CE - 1500 CE*, Volume 5 of the *Cambridge World History* (2015). 이 책에 수록된 Richard Smith의 무역 및 상업 관련 논문에서 "중세 1000년(Middle Millennium)"이라는 개념이 소개되었다.

CHAPTER 4

새롭게 연결된 세계
(기원후 1500년부터 1800년까지)

1503년, 피렌체의 무역상이자 탐험가였던 아메리고 베스푸치(Amerigo Vespucci, 1454~1512)는 메디치(Medici) 가문으로 편지를 보냈다. 메디치 가는 한때 그를 고용했던 은행 가문이다. 생생한 어조의 편지에는 상세한 탐험 이야기가 담겨 있었다. 포르투갈인의 후원으로 그가 최근 몇 년 동안 참여한 탐험이었다. 탐험 경로는 포르투갈을 출발하여 대서양을 건너 거대한 대륙의 해안을 따라 가는 항해였다고 한다. 베스푸치는 편지의 서두에서 이렇게 설명했다. "그곳은 신대륙입니다. 우리 조상들에게는 전혀 알려지지 않은 대륙이니까요." 그러고는 신대륙에 대한 칭찬을 늘어놓았다. "그곳에는 동물들이 많습니다. 그리고 우리 유럽은 물론 아시아나 아프리카보다 더 많은 사람들이 살고 있습니다. 날씨는 우리가 알고 있는 다른 어느 곳보다도 쾌적합니다." 이 편지는 이후에 보낸 좀 더 긴 편지와 함께 묶여서 유럽 여러 나라에서 다양한 언어로 출판되었다. 독일의 지도 제작자 마르틴 발트제뮐러(Martin Waldseemüller, 1470?~1522?)도 출간된 편지를 읽은 독자들 중 한 사람이었다. 발트제뮐러는 1507년에 지구본을 제작하고 거대한 벽걸이 세계지도도 인쇄했다. 그 지도에는 아메리고 베스푸치가 언급한 대륙도 포함되었다. 이 대륙은 다른 어느 대륙과도 연결되지 않았다. 발트제뮐러는 그 대륙의 남쪽 끄트머리에 "아메리카"라는 이름을 붙여두었다. 아메리고 베스푸치의 이름 "아메리고"를 라틴어 형식으로 번역한 이름이었다. 발트제뮐러의 설명은 이랬다. "유럽과 아시아는 여성의 이름을 따른 만큼, 이번에는 그 대륙을 발견한 현명하고 천재적인 사나이의 이름 아메리고를 따서 아메리카라고 명명하는 것이 마땅하다고 생각합니다." (에우로파Europa와 그녀의 어머니 아시아Asia는 그리스 신화에 등장하는 반인반신적 존재다.) 그로부터 몇 년이 지난 뒤 발트제뮐러를 비롯한 많은 지도 제작자들은 무언가가 잘못되었음을 깨달았다. 베스푸치보다 몇 년 앞서서 크리스토퍼 콜럼버스(1451~1506)가 이미 그 대륙에 도착한 적이 있다는 사실을 알게 되었던 것이다. 그 후에 제작되는 지도에서는 "아메리카"라는 이름을 빼려고 했지만 이미 그 명칭이 세상에 널리 퍼진 뒤였다. 플랑드르의 지도 제작자이자 수학자 겸 발명가인 게라르두스 메르카토르(Gerardus Mercator, 1512~1594)는 둥근 지구를 평면에 투사하여 그리는 가장 보편적인 투사법을 발명한 사람인데, 그가 그린 1538년의 지도에도 아메리카라는 지명이 사용되었다. 남아메리카와 북아메리카라고 하는 남북 지명이 덧붙여진 것은 그 뒤의 일이다.

아메리카에 도착한 최초의 유럽인이 베스푸치라고 한 발트제뮐러의 말도 틀렸지만, 베스푸치의 "신대륙"이라는 표현은 이미 그곳에 살고 있는 사람들의 입장에서 보자면 더더욱 잘못된 말일 것이다. 이미 많은 사람들이 살고 있는 어떤 섬이나 대륙을 유럽인이 "발견"했다는 생각 자체가 지금으로서는 어리석은 발상으로 간주된다. "발견" 혹은 "신대륙"이라는 표현을 사용하지 않는 역사가들도 많다. 그러나 생물학, 질병학, 농경제학, 환경론 등에서는 "신대륙"과 그 대칭 개념인 "구대륙"이라는 용어가 쓰이고 있다. 이는 지구상에서 수만 년 동안 공간적으로 분리되어 독립적 생태계로 진화해온 공간을 지칭하는 의미를 담고 있다. 유럽의 배가 대서양과 태평양을 건너면서 분리된 두 세계가 연결되었고, 동식물과 병균 및 인간이 매우 멀리 떨어진 다른 세계로 이동할 수 있게 되었다. 그 결과 양쪽 모두에게 이득도 있었고 재앙도 있었다. 1972년 환경사가 알프레드 크로스비(Alfred Crosby)는 새로운 이동 과정을 "콜럼버스의 교환(Columbian Exchange)"이라 지칭했다. 새로운 과정이 콜럼버스의 항해로부터 시작되었다는 점에 주목한 명칭이었다. 콜럼버스는 성인 남성 및 소년 선원들과 함께 일상 용품이나 사치품을 가지고 갔고, 선원들 중 일부는 카리브 해 지역에 남겨졌다. (콜럼버스가 돌아간 뒤 그들은 모두 살해되었다. 그러나 몇몇은 살아남았다는 전설도 있다.) 돌아가는 길에 콜럼버스는 뚜렷하게 이국적으로 보이는 것들을 가지고 갔다. 예를 들면 앵무새, 각종 깃털, 멕시코 목화, 담배, 파라고무나무, 추정컨대 파인애플, 그리고 섬에서 붙잡아 온 타이노족(Taino) 소년 등이었다. 어쩌면 유럽의 선원과 모험가는 신대륙을 "발견"한 것이 아니라 명칭만 제멋대로 지어냈다고 하는 편이 옳을지도 모르겠다.

그러므로 인문학에서 "신대륙"이라는 말은 공간적 의미가 아닌 시간적 의미로 이해되어야 할 것이다. 몽골 제국의 확장이나 인도양 무역 네트워크를 통해 지역 간 교류가 증대되었다고는 하지만, 1492년 이후 교류의 규모는 엄청나게 거대해졌다. 이 시점을 세계사에서 새로운 시대의 시작으로 간주하는 역사가들이 많다. 이들은 새로운 시대를 "초기 근대(early modern, 근세)"라 한다. 그러나 "신대륙"과 마찬가지로 "초기 근대(근세)" 또한 어쩔 수 없는 유럽 중심적 용어라는 비판이 있다. 초기 근대란 근대에 이르는 길이 오직 한 가지이며, 유럽의 길이 그 한 가지라는 인식이 깔려 있기 때문이다. 그리고 변화를 지나치게 과장한 용어라는 비판도 있다. 초기 근대라고 하는 그 시기 동안 세계 인구의 80~90퍼센트는 여전히 농부였고, 지주나 국가가 변함없이 그들을 착취하고 있었다. 그러나 세계사에서 "초기 근대(근세)"라는 설정은 매우 유용하다. 세계 여러 지역에서 극적인 변화 과정이 동시에, 그리고 상호 연관 아래 일어났기 때문이다.

이 장에서는 당시에 일어난 일들 중 일부를 탐구해보고자 한다. 질병의 확산을 비롯한 동식물의 전파, 탐험과 전쟁을 통한 식민 제국의 건설도 콜럼버스의 교환의 일환이었다. 무역을 통해 새로운 음식, 음료, 중독성 물질 등이 소개되었다. 그중에서 많은 부분이 플랜테이션 노예 노동의 산물이었다. 새롭게 건설된 도시의 사회 문화 속에서 이러한 상품이 소비되었다. 이곳에서는 남자들(그리고 소수의 여자들)이 상품뿐만 아니라 새로운 사상을 서로 나누었다. 영토와 자원을 다투는 경쟁은 물론이었고, 종교 개혁에 새로운 활력이 더해져 정신적 열기가 끓어올랐다. 새로운 투쟁의 장이 만들어졌던 것이다. 초기 근대 세계에서는 전 지구적 연결이라는 새로운 상황이 형성되었다. 그 속에서 상품과 사상과 (농부와 노예를 포함한) 사람이 옮겨 다니고 서로 뒤섞였으며, 사회 및 경제적 패턴이 바뀌었고, 새로운 형태의 문화가 만들어졌다.

질병의 확산

콜럼버스의 교환이 가져온 재앙 중에서 가장 혹독한 재앙은 전염병이었다. 1493년 콜럼버스의 제2차 항해 때부터 전염병이 돌기 시작했다. 이번에는 탐험대의 규모가 아주 거대했다. 모험가, 군인, 기술자, 유럽에서 종자와 가축을 가져온 농민 등 다양한 사람들로 구성된 탐험대는 거의 1500명에 달했다. 이후 다른 지역으로 뻗어 나간 탐험대의 여정에도 콜럼버스의 제2차 항해 때 일어난 일들이 그대로 반복되었다. 콜럼버스의 탐험대는 히스파니올라(Hispaniola)라고 하는 큰 섬에 상륙했다. 당시 그 섬의 인구는 40만~60만 명으로 대부분 조그만 밭을 일구던 농민이었다. 스페인 사람들은 대개 금에 관심이 많았다. 금을 찾는 과정에서 그들은 섬의 원주민인 타이노족을 포로로 잡아서 고문하고 살해했다. 처음 몇 주가 지나자 실망한 많은 사람들이 스페인으로 되돌아갔다. 그리고 그보다 훨씬 더 많은 사람들이 죽었다. 굶어 죽거나, 그 섬의 물을 마시고 배가 아파서 죽거나, 유럽에서부터 묻어온 병원균에 감염되어 죽었다. 말라리아, 티푸스, 인플루엔자 등이었다. 천연두도 있었다. 이런 질병에 노출된 타이노족은 훨씬 더 쉽게 죽었다. 구대륙 병원균에 대한 면역이 전혀 없었기 때문이다. 앞서 열거한 병원균뿐만 아니라 홍역, 볼거리(이하선염), 디프테리아, 선페스트, 폐렴, 흑사병 등에 대해서도 면역이 없기는 마찬가지였다. 1518년 카리브 해 지역에서 천연두가 특히 심하게 번졌다. 히스파니올라 섬에서 살아남은 타이노족은 극소수에 불과했다. 주변의 다른 섬에서도 원주민의 수는 급격하게 줄어들었다.

1500년대 초에 다른 유럽인이 중앙아메리카 및 남아메리카 대륙 본토에 도착했을 때, 선발대 군인보다 먼저 전염병이 앞장서서 침투했다. 스페인 군대와 접촉한 원주민은 몇 명 되지 않지만, 그들이 마을로 돌아가 병원균을 옮겼기 때문이다. 원주민은 전염병에 감염되어 금세 죽어 나갔다. 아메리고 베스푸치가 1503년의 편지에서 아메리카 대륙에는 "유럽이나 아시아 혹은 아프리카보다 훨씬 더 많은 사람들이 살고 있다"라고 보고했지만, 그곳에 진출한 군인은 그런 풍경을 찾아볼 수 없었다. 1519년 에르난 코르테스(Hernán Cortés, 1485~1547) 휘하의 군대가 아즈텍 황제의 허가를 얻어 제국의 수도 테노치티틀란으로 들어간 뒤 곧이어 그곳에서 천연두가 퍼졌다. 눈에 보이지 않는 동맹군(천연두)과 눈에 보이는 동맹군(아즈텍 제국에 저항하던 틀락스칼란 Tlaxcalan을 비롯한 원주민들)이 스페인 군대와 협력하여 쇠락해가는 아즈텍을 멸망시켰다. 천연두는 1520년대 중반에 잉카 제국의 강력한 황제 와이나 카파크(Wayna Qhapaq)의 목숨도 앗아 갔고, 이후 그의 아들들끼리 내분이 일어나서 스페인 군대의 잉카 제국 정복을 막지 못했다.

　탐험가, 정복자, 이주민은 스페인의 깃발을 앞세우고 아메리카 대륙으로 들어갔다. 이후에는 유럽의 다른 나라 깃발을 앞세우고 들어가기도 했다. 그러나 깃발 아래 모인 사람들의 출신지는 다양했다. 노예 혹은 자유민 신분의 아프리카인도 있었다. 16세기가 저물어갈 무렵에는 스페인의 무역선을 타고 아시아인도 아메리카로 들어갔다. 당시 스페인의 무역선은 아메리카의 은을 싣고 스페인의 식민지 필리핀에 갔

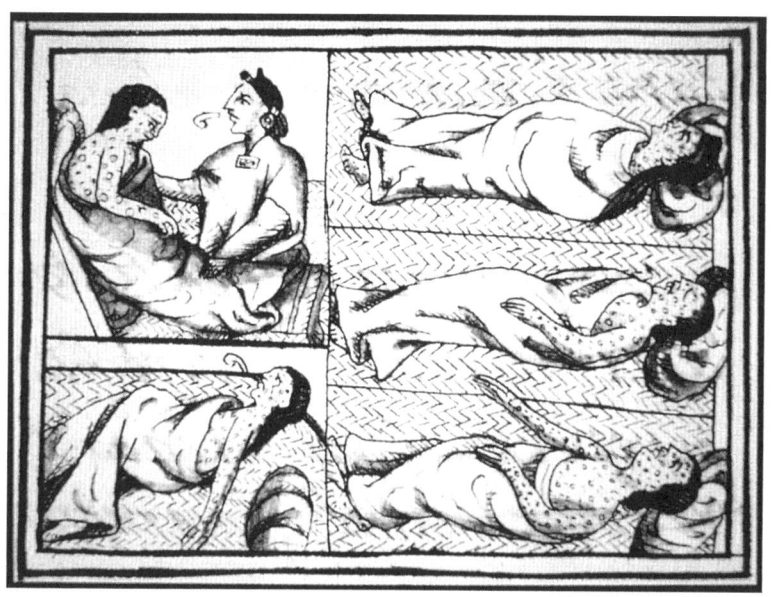

[그림 4-1] 아즈텍의 천연두
《누에바 에스파냐 문물의 역사(Historia general de las cosas de la Nueva España)》에 수록된 삽화. 천연두에 감염되어 죽어가는 모습. 이 책은 아즈텍의 사회, 문화, 역사에 대한 보고서로 2400쪽에 달한다. 16세기 후반에 원주민들이 프란체스코회 수도사 베르나르디노 데 사아군(Bernardino de Sahagún)의 지휘 아래 역사를 서술하고 삽화를 그렸다. 도시와 마을의 노인들에게 취재한 내용을 바탕으로 했으며, 먼저 아즈텍 그림 문자로 기록한 뒤 라틴 문자를 빌려 나우아틀어로 표기했다.

다가, 비단을 비롯한 아시아의 상품을 싣고 돌아왔다. 그러자 더더욱 많은 구대륙의 병원균이 뒤섞여 치명적인 스튜를 만들어냈다. 1492년 당시 아메리카 대륙의 인구를 정확히 파악하기는 어렵지만 대체로 4000만~7000만 명이었을 것으로 추정된다. 유럽인이 아메리카 대륙에 상륙한 뒤 불과 100년 만에 아메리카 원주민 인구의 90%가 감소했다. 멕시코와 페루의 인구를 합하면 아메리카 대륙의 다른 모든 지역을 합한 것보다 많았는데, 그곳에서 최악의 인구 감소를 경험했다. 전쟁, 기근, 노동력 착취, 강제 이주, 노예 포획 등이 모두 인구 감소의 원인이었지만, 최악의 살인자는 구대륙에서 건너온 병균이었다. 1650년까지는 그나마 신대륙 인구의 다수를 원주민이 차지하고 있었다. 그러나 전염병과 다른 요인들로 많은 사람들이 죽어 나갔고, 동시에 이주민이 점차 늘어나면서 원주민은 소수로 전락했다.

지구화학 및 지구과학의 최근 연구 성과에 따르면, 아메리카 대륙에서 사람들이 워낙 많이 죽어서 지구의 기후가 바뀌었다고 한다. 농사를 지으려고 개간하거나 사냥을 하려고 불을 놓았던 곳에 사람이 없어지자 다시 숲이 되살아났고, 늘어난 숲이 이산화탄소를 흡수해서 대기 중 이산화탄소 농도가 감소하자(남극 대륙에서 추출한 아이스코어를 분석한 결과다) 대기가 열을 간직하는 능력이 감소함으로써 결과적으로 기온이 내려갔다. 오늘날 벌어지는 이산화탄소 과잉과는 정반대되는 현상이 일어났던 것이다. 다른 요인들, 예컨대 태양 흑점의 감소, 화산 활동의 증가, 태평양의 엘니뇨 현상 등도 기온이 하락하는 데 영향을 미쳤다. 이 모든 요인이 합쳐져 기상학에서 말하는 이른바 "소빙하기" 시대가 도래했다. 대략 1500년경(아마도 이르면 1300년경)부터 1850년경에 이르는 시기다. 이 기간 중에도 특히 추웠던 적이 몇 차례 있다. 기후와 날씨의 급격한 변동에 대한 증거는 곳곳에 있다. 나무의 나이테, 극지방 빙하에 축적된 화산재, 소택지나 습지에 침전된 꽃가루 등 자연에서 증거를 찾기도 하고, 연대기, 편지, 정부나 기업의 문서, 비석, 날씨 기록 등 사람이 만든 자료에서 증거를 발견하기도 한다.

날씨에 대한 불평은 인간이 언제나 해오던 일인 것 같다. 어쨌든 자연과 인간의 증거를 한데 모아 보면, 17세기에 유난히 날씨가 불안정했다는 사실을 알 수 있다. 특히 북반구에는 극심한 추위가, 아프리카와 남아시아 및 동남아시아에는 극단적인 가뭄이 있었다.

극단적인 기후 때문에 곡물 재배는 실패할 수밖에 없었다. 그러자 굶어 죽는 사람들이 늘어났고, 잘 먹지 못하는 사람들을 노리는 다양한 질병이 퍼져 나갔다. 곡식을 비롯해 주식에 해당하는 작물은 대체로 부피가 크고 무게도 무겁기 때문에 기아가 닥친 지역으로 운반하기가 쉽지 않다. 그보다는 오히려 사람들이 (비록 굶어서 약해졌을지라도) 먹을 것이 있는 곳으로 움직이는 편이 더 쉽다. 굶주림에 떠밀린 사람들은 개인 혹은 가족 단위로 이민을 떠났다. 기근의 정도와 상관없이 정부는 대체로 상황을 개선하는 데 별 도움이 되지 못했다. 오히려 식량 수출을 금지하거나 농민이 해마다 수확물로 납부하던 세금을 내려 주지 않아서 상황을 악화시키기 일쑤였다. 근세 유라시아의 대부분 지역에서 농민은 수확량의 절반을 지주 혹은 국가에 헌납해야 했다. 기근이 든 해에도 마찬가지였다. 그래서 기근은 자연재해에 머물지 않고 사회 문제로 대두되었다.

기근은 또한 출산율 저하의 원인이 되기도 했다. 잘 먹지 못한 여인은 임신을 하기도 어렵고, 태아를 유산하는 경우도 많으며, 아이를 낳아도 모유가 잘 나오지 않는다. 수유 중인 산모는 일반인에 비해 훨씬 많은 칼로리를 섭취해야 한다. 기근이 닥치면 예년에 비해 산모와 영아 사망률이 특히 높아진다. 사망 및 매장 기록, 그리고 매장된 시신의 형태에 암울했던 현실이 뚜렷이 남아 있다. 이런 자료를 분석하면 사망 원인, 영양 공급 수준, 만성 질환, 식습관 등 삶과 죽음에 관한 일상의 많은 부분을 파악할 수 있다. 초기 인류의 역사를 탐구하는 고고학자들은 갈수록 첨단 기술에 더 많이 의존하는 경향이 있다. 현대 사회에서 범죄 수사나 의학적 분석에 활용되는 과학적 방법이 고고학자에게도 도움이 된다. 마찬가지로 근세(근현대) 연구자들에게도 이러한 과학적 방법은 적지 않은 도움을 주고 있다. 덕분에 역사학자들은 문헌 기록에만 의존하지 않고 광범위한 자료를 비교 및 분석할 수 있게 되었다.

여러 가지 병원균이 대서양을 건너 서쪽으로 간 것은 분명한 사실이다. 그렇다면 반대 방향으로 움직인 질병은 없었을까? 질병의 역사를 연구하는 학자들은 반대 방향으로 건너간 질병 가운데 하나가 매독이라고 한다. 매독은 1493년 이탈리아에서 매우 극심한 형태로 처음 나타났다고 하지만, 사실 그 기원은 명확하지 않다. 어쨌든 분명한 것은 매독이 유럽으로 퍼져 나갔다는 사실이다. 당시는 왕조의 야망과 종교 문제가 뒤얽히며 끊임없이 전쟁이 벌어지던 때였다. 전쟁은 매독이 퍼져 나가기에는 더없이 좋은 환경이었다. 이탈리아에서는 많은 통치자들이 정치적 야망을 앞세워 전쟁을 벌였다. 수십 년에 걸친 전쟁에 뒤이어 1494년에 프랑스가 이탈리아 반도를 침략했다. 이탈리아 전쟁에 참전했던 프랑스 군인은 매독균을 간직한 채 고향으로 돌아갔다. 그래서 매독은 프랑스에서 "이탈리아 병"으로 불렸다. 하지만 프랑스를 제외한 대부분의 유럽에서는 "프랑스 병"이라 했다. 물론 군대가 유럽에 퍼뜨린 전염병은 이것 말고도 더 있다. 흑사병, 천연두, 인플루엔자 등이다. 군인뿐 아니라 이민자나 피난민도 전염병을 전파했다.

아메리카만큼은 아니지만 중국에서도 질병에 대한 항체가 없어서 사회 문제가 발생한 적이 있었다. 여진족은 북중국에 거주하던 유목 민족의 하나인데, 17세기에 민족 명칭을 만주족으로 바꾸고 정복 전쟁을 시작했다. 중국을 지배하던 명(明)나라가 반란으로 무너지자, 1644년 만주족은 북경을 접수하고 새로운 왕조를 세워 국호를 청(淸)이라 했다. 이후 수십 년 동안 만주족은 명나라 귀족과 반란 세력을 억누르고 권위를 세우기 위해 노력했다. 그런데 천연두가 문제였다. 천연두는 중국의 풍토병이었는데, 만주족에게는 그에 대한 항체가 없었다. 그래서 주요 인물들은 전염병이 돌 때마다 고립된 지역으로 옮겨 가서 병원균을 차단하기 위한 수고를 할 수밖에 없었다. 그럼에도 불구하고 1661년 청나라의 제3대 황제(順治帝)가 천연두에 걸려 사망했다. 후계자로 선정된 왕자는 이미 천연두에 걸렸다가 치료된 이력이 있었다. 질병 이력도 그가 후계자로 지명된 이유 중 하나였다. 새로이 등극한 황제가 바로 강희제(康熙帝)였다. 그는 이후 61년 동안 청나라를 다스렸다. 강희제는 통치 기간 동안 수많은 개혁을 실시했는데, 그중에는 종두법(variolation, 천연두를 의미하는 라틴어 variola에서 유래)도 있었다. 황족 아이들을 대상으로 예방 접종을 실시했던 것이다. 천연두에 감염된 환자에게서 채취한 고름을 건강한 사람이 콧구멍으로 들이마시거나 피부에 상처를 내서 바르는 방식으로 종두법을 실시했다. 이렇게 해서 가볍게 천연두를 앓고 나면 평생 천연두에 걸리지 않왔다. 종두법은 이미 16세기에도 (아마도 그 이전부터) 중국에서 그리고 서아프리카나 오스만 제국에서도 실시되었다. 1721년 오스만 제국 주재 영국 대사의 아내인 메리 워틀리 몬터규(Mary Wortley Montague) 부인이 종두법을 배워가지고 영국으로 돌아왔다. 그러나 영국 사람들이 종두법에 의심을 품는 바람에 널리 확산되지는 못했다.

중국에서는 예방 수단이 개발되었음에도 불구하고 천연두가 계속해서 발생했고, 인접한 이웃 나라들로도 퍼져 나갔다. 예컨대 18세기 중반의 건륭제(乾隆帝, 재위 1735~1796)는 중앙아시아를 정복해서 중국으로 병합했다. 중앙아시아의 중가르(Zunghar) 칸국이라는 나라는 특히 쉽게 정복되었다. 당시 이 나라에 천연두가 창궐해서 전체 인구의 40%에 달하는 수많은 사람들이 죽어 나갔다. 살아남은 사람들도 도망치거나 다른 나라로 들어가야 했다. 그렇지 않으면 청나라 군대에 의해 목숨을 잃었다. 건륭제는 때때로 전멸 작전을 지시했다. 그는 중가르라는 나라뿐만 아니라 민족 전체를 없애버리기를 원했다. 중가르 여인들은 만주족 군인이나 동맹군에게 전리품으로 주어져 노예나 첩이 되었다.

대규모 전염병이나 소규모 전염병이나 마찬가지지만, 성인 남성보다는 여성과 아이가 죽는 경우가 더 많았다. 그래서 이후 수십 년 동안 인구 구성이 쉽게 회복되지 않았다. 질병과 기근은 사람들을 우울하게 만들었다. 심리학 용어가 개발되기 이전에 그들은 이 시대를 아픔의 시대, 슬픔의 시대, 비참한 시대라고 이름 지었다. 이런 정서를 글로 남기는 사람도 있고, 이에 저항하여 행동에 나서는 사람도 있고, 자살하는 사람도 있고, 아이들을 사원이나 고아원에 맡기는 사람도 있었다. 결혼은 늦게 하거나 아예 하지 않았다(그래서 인구는 더더욱 줄어들었다). 현대의 연구자들은 이 모든 현상에 주목하고 있다. 1630년대 기근이 닥쳤을 때 스코틀랜드의 어느 성직자는 교구민에 대해 이런 글을 남겼다. "절망에 빠져 바다로 뛰어 들어가 자살을 했다." 한편 1670년 중국 산동(山東) 지방의 어느 관리는 "이곳은 너무나 황폐화되었다. 누군가 들보에 목을 매었다는 소식이 매일같이 들린다"라고 기록했다. 워낙 많은 아이들이 어린 나이에 죽었기 때문에 사람들은 자신이 낳은 아이들에 대해서도 냉담했던 것으로 역사학자들은 추정하고 있다. 부분적으로 그랬을 수도 있지만, 아이들이 병들거나 죽어서 부모가 깊은 슬픔에 잠기거나 심지어 미쳐버리는 사례도 있었다. 경제적인 이유로 어쩔 수 없이 아이들과 헤어져야 했던 부모는 가슴이 찢어졌다. 1709년 런던의 고아원에 맡겨진 아이와 함께 발견된 메모에는 이런 글이 적혀 있었다. "이 불쌍한 아이를 맡아 신의 피조물로 성장하도록 돌보아주실 신사 분께 감히 머리 숙여 간청합니다. … 제가 이렇게 할 수밖에 없는, 정말 도저히 어찌할 수 없는 형편임을 믿어주시기를……."

식민지, 제국, 무역

병원균이 이동한 그 길을 따라 군인, 무역상, 노동자, 이주민이 계속해서 신대륙으로 밀고 들어갔다. 포르투갈이 브라질에 식민지를 건설하기도 했지만, 16세기 서반구 최대 규모의 식민지를 건설한 주역은 스페인이었다. 스페인과 포르투갈은 농업 플랜테이션을 조성하고, 기독교 교회를 세웠다. 유럽인, 아프리카인, 아메리카 원주민이 뒤섞인 새로운 제국에서는 귀금속 채굴이 한창이었다. 아메리카의 금광과 은광, 특히 안데스 고산 지대에 있는 "은(銀)의 산" 포토시(Potosí)에서는 수만 명의 원주민이 강제 노동에 동원되어 갱도를 팠고, 그것이 글로벌 무역 확장의 원동력이 되었다. 아메리카의 광산은 유럽 상인에게 엄청난 이득을 몰아주었다. 그래서 경제사 분야에서 "가격 혁명"이라고 일컫는, 오랜 기간에 걸친 물가 상승을 초래했다. 스페인은 필리핀에서도 식민 통치를 구축했다. 한편 포르투갈은 아프리카의 동서 해안을 따라 소규모 식민지를 건설했으며, 아시아에서도 고아, 스리랑카, 믈라카, 마카오 등지를 비롯해서 몇 군데 식민 거점을 구축했다. 서유럽은 해외 원정을 통해 새로운 영토와 부의 원천을 획득했으며, 자신들의 기술력과 정신적 우월성에 대한 자신감도 갖게 되었다.

16세기 동유럽과 아시아 전역에서는 정복 전쟁을 통해 대규모 영토를 기반으로 하는 제국들이 성립되었고, 이들 제국은 대부분 무역을 권장했다. 1453년 오스만 투르크는 (정복 이후 이스탄불로 이름이 바뀐) 콘스탄티노폴리스를 정복한 뒤 바다와 육지를 막론하고 사방으로 뻗어 나갔다. 17세기 초 오스만 투르크는 유럽의 3분의 1, 지중해 해안의 절반을 다스리는 통치자가 되었다. 그들은 공식적으로 두 곳의 신성 도시 메카와 메디나를 통치했고, 포르투갈의 인도양 통제에 도전했으며, 인도양 건너 아프리카 해안까지 탐험대를 파견했고, 동쪽으로는 수마트라까지 진출했다. 시아파인 사파비 왕조가 1501년 페르시아(오늘날 이란)에서 권력을 장악했고, 아바스 1세(Abbas I, 재위

1587~1629) 치하에서 화려한 수도 이스파한(Isfahan)을 건설했다. 여기서 장인은 직물, 카펫, 금속품 등을 생산했고, 이런 상품을 구매하기 위해 외국에서 상인이 몰려들었다. 무굴(mughal, 페르시아어로 몽골을 의미한다)을 비롯한 중앙아시아 통치자들은 칭기즈 칸의 후예를 자처하면서 남아시아에 거대 제국을 형성했다. 이들은 서로 전쟁과 연맹을 거듭했으며, 남아시아 토착 왕조도 연맹의 일원으로 휩쓸려 들어갔다. 인도는 세계 최대 직물 생산지였고, 인도 상인의 네트워크는 중국에서 아프리카까지 뻗어 있었다. 서아시아와 중앙아시아에서 몽골 세력이 약화되자 모스크바의 통치자들이 영토 확장을 꾀했다. 주변 지역을 정복하면서 거대한 러시아 제국을 만들었고, 통치자는 스스로를 차르(царь, 카이사르의 러시아어)라고 칭했다. 예전 로마 제국의 황제와 모종의 연관성을 강조하기 위한 호칭이었다. 통치 계급은 귀족층 보야르(Боярин)와 동맹을 맺고 모든 농민에게 갈수록 과중한 의무를 부과했다. 농민은 토지에 묶여 있었다. 대부분의 동유럽 지역에서 마찬가지였다. 16세기 아프리카에서 성립된 국가들로는 송가이, 베냉, 부간다, 콩고 등이 있다. 이들은 아시아의 제국들보다 규모가 작지만 잘 정비된 무역 센터를 보유하고 있었다. 포르투갈 상인도 이들에 이끌려 아프리카 해안으로 진출했고, 도시 근처에 요새화된 무역 거점을 건설하는 경우가 많았다.

17세기와 18세기를 거치면서 제국들의 영토가 더욱더 확장되었고, 정복, 식민지 건설, 무역이라는 새로운 패턴이 자리 잡았다. 만주족이 지배하던 중국의 청 제국은 티베트와 중앙아시아로 뻗어 나갔으며 한국(조선), 베트남, 버마까지 영향권 아래 두었다. 일본에서는 오랜 내전 끝에 쇼군(將軍)이라고 하는 군벌이 질서를 재정비했다. 도쿠가와(德川) 가문 출신의 쇼군들이 권력을 잡고 서양 상인의 접근을 제한했다. 그럼에도 불구하고 일본의 은은 동아시아와 동남아시아로 계속해서 흘러 들어갔고, 반대급부로 비단을 비롯한 사치품이 한창 커가던 일본의 도시로 수입되었다. 러시아는 아시아 북부를 거쳐 시베리아로 진출했고, 그곳에서 막대한 천연자원을 발굴했다. 러시아는 스웨덴으로부터 발트 해 동쪽 해안을 얻어내고 그곳에 새로운 수도 페테르부르크를 건설했다. 서아프리카의 노예 무역상 중에는 아프리카인도 있었고 서양인도 있었다. 이들에 의한 노예 무역이 급성장하는 바람에 당시 아프리카에서 노예 무역은 정치 및 사회적 구조 변화의 가장 큰 요인이 되었다.

카리브 해와 그 주변 지역에서는 유럽에서 건너온 온갖 세력이 스페인의 주도권에 도전했다. 1550년부터 영국 왕실은 스페인 함선을 약탈하거나 스페인 식민지를 공격해도 좋다고 허락했다. 정부의 허가를 받은 해적 가운데 프랜시스 드레이크(Francis Drake)처럼 크게 성공한 자도 나타났다. 그는 자신에게 투자한 상인과 지주에게 큰 수익금으로 보답했고, 이들은 기꺼이 해외 개척의 후원자가 되었다. 1620년대와 1630년대에 영국, 프랑스, 스웨덴, 네덜란드는 모두 카리브 해 지역과 북아메리카 해안을 따라 각각의 식민지를 건설했다. 해외 개척을 지원하기 위해 영국과 네덜란드를 비롯한 유럽 각지에서 주식회사가 설립되었다. 이들은 자금, 선박, 인력, 군대를 지원했다. 마치 동인도회사가 정부의 허가를 받고 아시아에서 무역과 침략 활동을 하던 것과 같은 종류의 일이었다. 그들은 무역을 독점하려 했다. 그러나 카리브 해 지역 내 각국의 식민지들은 서로가 너무 가까이 위치했고, 심지어 같은 섬에 있는 경우도 많았다. 밀수가 지역 특색이 될 수밖에 없었다. 정부 관리나 기업 직원이 밀수에 직접 개입하는 경우도 없지 않았다. 해적질 또한 흔한 일이었다. 정부의 허가를 얻고 공식적으로 해적질을 하던 사략선(privateer)이나 버커니어(buccaneer)도 있었다. 버커니어는 여러 인종이 모여서 이루어진 해적 집단으로, 전직 군인, 도망친 노예, 망명자, 도망친 범죄자 등이 포함되어 있었다. 이들은 멀리서 은을 싣고 오는 배들을 공격했다.

    네덜란드는 스페인과 전투를 벌여 독립을 쟁취했다. 그리고 아메리카는 물론 남아프리카와 동남아시아 지역에서 더 많은 식민지와 무역센터, 플랜테이션 농장을 건설했다. 포르투갈로부터 믈라카 지역을 획득했으며, 자와 섬의 대부분을 장악하여 인도양에서 주도권을 확보했다. 또한 1650년대에는 북아메리카 지역의 스웨덴 식민지를 병합했다. 1660년대 북아메리카 지역에서는 영국이 주도하는 제2차 식민지 건설이 활발해졌다. 영국군은 뉴암스테르담을 비롯한 네덜란드 소유지를 정복하고 이름을 뉴욕으로 바꾸었다. 그리고 사우스캐롤라이나와 조지아 지역에 완충 지대를 설정했다. 중부 대서양 연안(mid-Atlantic states) 및 뉴잉글랜드 지역에 있던 영국 세력과, 플로리다에 있던 스페인 세력의 완충 지대였다. 프랑스는 5대호(Great Lakes) 지역으로 들어가 중부 평원을 거쳐, 1699년 미시시피 강 하구에 루이지

애나를 건설했다. 스페인과 영국 무역 세력의 내륙 진출을 차단하기 위해서였다. 그러나 프랑스 식민지는 영국 식민지처럼 많은 이민자들을 불러들이지 않았다. 1750년 무렵 북아메리카 프랑스령 식민지의 전체 인구는 유럽인과 아프리카인을 모두 포함해서 고작 10만 명이었다. 한편 북아메리카 영국령 식민지 인구는 200만 명에 육박했다. 영국은 18세기 후반 전쟁을 통해 프랑스의 해외 식민지를 상당 부분 인수하면서 인도양의 주도 세력으로 부상했고, 네덜란드는 기울기 시작했다. 미국 독립 전쟁으로 북아메리카 식민지 상당 부분을 상실했지만, 1787년에는 죄수를 (더 이상 아메리카로 보낼 수 없게 되자 대신) 오스트레일리아에 보내 식민지를 건설했다. 당시 영국은 세계 최대의 해양 제국으로 성장하는 중이었다. 영국은 해군을 상비군으로 운영하면서 해적과 밀수를 막겠다고 공언했고, 이를 위해 어떤 배라도 상륙을 하려면 영국 해군의 허락을 얻어야 했다(〔지도 4-1〕 참조).

영토 기반 제국과 해양 기반 제국이 모두 영역을 확장해 나감에 따라 글로벌 무역도 확장 일로를 달렸다. 이로써 유럽과 유럽 식민지의 가정에서는 "소비 혁명"이 촉진되었다. 부유한 가정에서는 수입 사치품을 구입했고, 좀 덜 부유한 가정에서는 저렴한 수입품이나 지역 토산품 혹은 모조품을 구입했다. 중국 내륙의 도시 경덕진(景德鎭, 징더전)에서 생산된 도자기 수만 점이 광주(廣州, 광저우)로 운송되어 선적되었고, 암스테르담과 런던으로 수출되었다. 그리고 여기서 다시 자메이카, 보스턴, 베를린, 모스크바까지 팔려 나갔다. 인도 북서부 구자라트(Gujarat) 지역 마을에서 생산된 옥양목(calico cloth)은 유럽으로 수

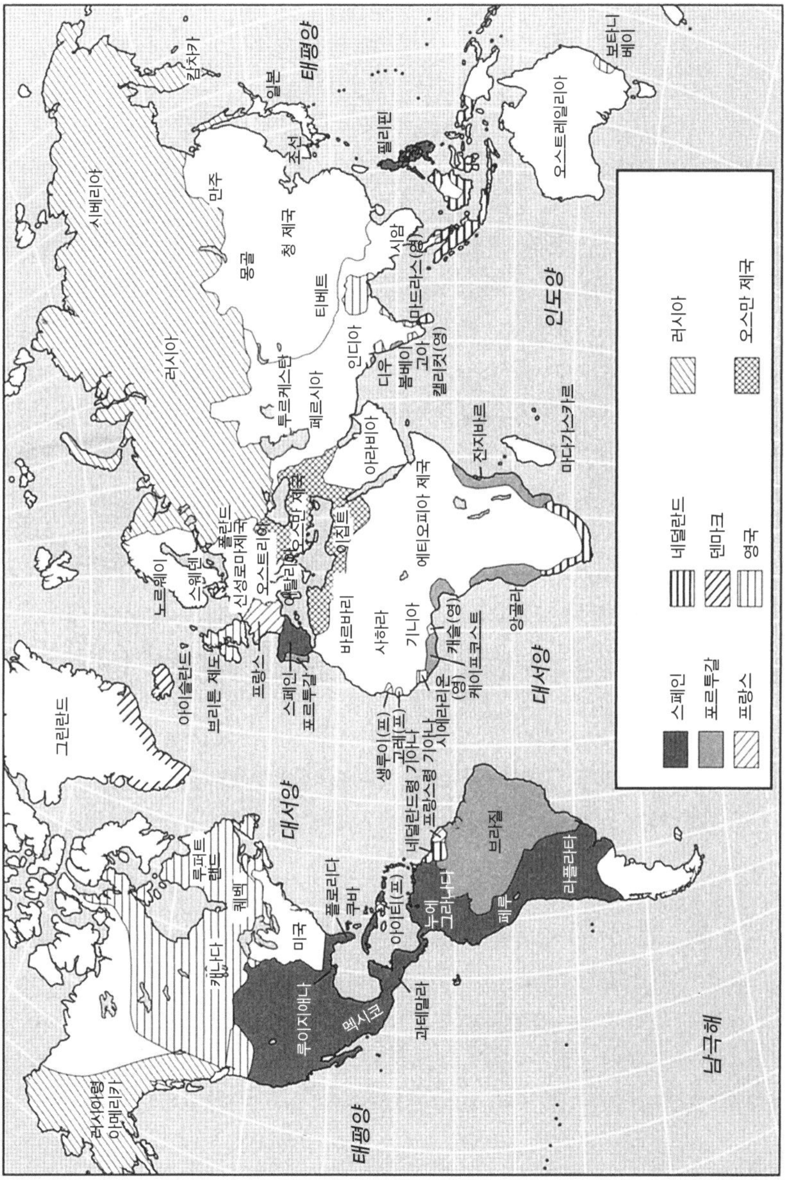

[지도 4-1] 1783년의 세계

CHAPTER 4 - 새롭게 연결된 세계   *359*

출되었다. 서부 아프리카의 세네감비아(Senegambia) 지역에서는 아프리카 상인이 인도의 옥양목을 팔고 노예와 아카시아 나무에서 나온 고무를 사들였다. 아카시아 고무는 영국과 프랑스에서 종이를 만드는 데, 그리고 인도산보다 더 좋은 옥양목을 만들려는 의도에서 유럽산 옥양목을 생산하는 데도 사용되었다. 그러나 이 같은 새로운 상품의 소비자가 유럽인에 국한된 것은 아니었다. 서부 아프리카의 부유한 여성 무역상들은 기존 옷에다가 유럽산 천을 덧붙여 새로운 스타일을 만들어내기도 했다. 영국이나 이후 미국 관료가 남긴 기록에 따르면, 아메리카 원주민 부족에게 옥양목은 "영원불멸"을 약속하는 물건이었다. 일본의 도쿠가와 막부 시절에도 대도시를 중심으로 이와 유사한 소비 혁명이 일어났다. 중국에서 수입한 사치품에 일본 현지의 장인이 만든 비단, 칠기, 도자기 등이 섞여서 유통되었다. 또한 가진 재산에 비해 더 멋진 물건을 찾는 소비자를 위해 더 저렴한 모조품도 만들어졌다. 신석기 시대 이후로 귀중품은 엘리트와 일반인을 가르는 기준이었다. 그러나 도시 인구가 많아지다 보니 적어도 한두 가지 사치품을 소유할 수 있는 사람들이 적지 않았고, 그들이 패션이나 가정용품의 유행에 민감하게 반응했던 것이다. 대서양의 무역은 흔히 유럽-아프리카-아메리카를 잇는 "삼각 무역(triangle trade)"이라고 일컬어져왔다. 한편 태평양의 무역은 멕시코에서 필리핀을 거쳐 중국에 이르는 직선적 무역이라고 했다. 그러나 당시 복잡했던 상호 거래 상황을 지리적으로 명확히 표현할 수는 없을 것이다.

플랜테이션 농장과 글로벌 무역 네트워크는 자본주의 경제 체제의 확장에서 핵심적인 부분이었다. 경제사학자들은 "자본주의의 태동"이라는 표현을 가지고 농담을 하곤 한다. 왜냐하면 말이 포괄하는 기간이 너무 길고 그 현상들도 매우 다양하기 때문이다. 어디에서나 자본주의가 성장하는 모습을 목격할 수 있다. 마치 인간과는 아무 상관이 없는 양, 빵 반죽이 부풀어 오르듯이 저절로 성장하는 것 같기도 하다. 이렇게 보이는 이유 중 하나는 자본주의라는 말의 의미가 모호하다는 데 있다. 상품이나 서비스를 제공하기 위한 (경제학자들이 생산 수단이라고 일컫는) 자산이나 원재료에 대한 투자, 임금 노동, 이익을 기대하는 대출, 은행 같은 금융 기관, 경제 활동을 위한 다양한 조직 체계 등이 모두 자본주의에 포함된다. 앞에서 보았듯이 많은 농업 사회에도 이러한 요소들이 있었다. 그런데 15~18세기 유럽, 중국, 일본, 인도, 무슬림 세계 일부 지역의 무역 중심지에서 이러한 요소들이 점점 더 중요해졌다. 토지 소유와 더불어 자본주의적 사업에서 얻는 수익이 새로운 부의 원천이자 새로운 사회 계층 이동의 원인이 되었기 때문이다. 자본주의는 처음에 ("상업 자본주의"라고 하는) 원거리 무역에서 성장했고, 그 뒤에는 상품 생산에서 발달했다.

    무역은 신용에 크게 의존했다. 판매자, 운반자, 구매자, 혹은 채권자와 채무자가 모두 정직하고 공정할 거라는 믿음이 있어야 했다. 당연히 많은 회사들은 가족끼리 혹은 문화적으로 관계가 깊은 사람들끼리 시작했다. 회사를 뜻하는 영어 "company"에 이런 의미가 그대로 담겨 있다. 이탈리아어 compagnie(꼼빠니)에서 유래된 이 말은 "빵을 함께하다", 즉 빵을 같이 먹는다는 의미다. 유럽에서는 피렌체의 메디치

(Medici) 가문이나 아우크스부르크의 푸거(Fugger) 가문이 은행업과 상업을 통해 어마어마한 갑부가 되었다. 수많은 도시에서 지점을 운영했고, 도시의 시민뿐만 아니라 통치자에게도 돈을 빌려주었다. 이들 가문에서 대표적인 인물인 "위대한 자(il Magnifico)" 로렌초 데 메디치(Lorenzo de' Medici, 1449~1492)와 "부자(der Reiche)" 야코프 푸거(Jacob Fugger, 1459~1525)는 모두 예술의 패트런으로서 회화를 의뢰하고 조각을 수집하며 음악가와 작가를 후원했다. 경제 성장은 이탈리아 르네상스의 물질적 토대를 제공했다. 부유하고 사회적 신분이 상승한 상인과 은행가는 교황이나 귀족과 교유하며 스스로와 가문을 드높였고, 예술가, 건축가, 조각가, 가구 장인, 금속 세공업자 등을 고용하여 화려하게 저택을 장식하고 예술품을 생산했다.

다른 지역에서도 대부분 회사 운영은 가족끼리 했다. 일본에서 고노이케 신로쿠(鴻池新六)의 가문은 사케(清酒)를 제조했는데, 나중에는 곡물 유통업과 은행업을 겸했고, 일본 곳곳의 지방 귀족에게 돈을 빌려주었으며, 늪지를 개척하여 논을 조성하기도 했다. 오스만 제국 치하의 도시 줄파(Julfa, 현재는 아제르바이잔에 속한다)에서는 아르메니아 기독교인이 가족 회사를 만들어서 아시아 전역에 걸쳐 사업을 펼쳤다. 1603년 사파비 왕조의 아바스 1세가 줄파를 점령했다. 아바스 1세는 줄파를 그냥 둘 수 없을 것 같아서 결국 도시를 깡그리 불태우고 아르메니아인은 "뉴줄파(New Julfa)"로 이주시켰다. 뉴줄파는 아바스 1세가 아르메니아인을 위해 사파비 왕조의 수도 이스파한 근처에 새로 건설한 도시였다. 뉴줄파로 옮긴 뒤부터 아르메니아인은 더욱 왕성한 무

[그림 4-2] 중국 도자기 그림
도자기 표면에 그려진 그림의 세부. 도자기 생산 과정을 우화식 필치로 그렸다. 모양을 만들고, 밑그림을 그리고, 유약을 발라서 불에 굽는 과정이 표현되었다. 청화백자를 제작할 때는 코발트(回回靑)을 사용했는데, 페르시아에서 수입하거나 현지에서 구했다. 중국에서는 청화백자가 대량으로 생산되었는데, 대부분은 수출을 염두에 두고 제작되었다.

역 활동을 펼쳤다. 그들의 네트워크는 중국의 광주(광저우)에서 영국의 런던까지, 그리고 아메리카 대륙까지도 미쳤다. 때로 그들은 거래 지역에 건물을 짓고 영구 상주하기도 했지만, 결혼을 할 때면 뉴줄파로 돌아왔다. 혼인 관계를 통해서 친족 집단은 더욱 긴밀히 결속되었다. 대부분의 아르메니아 상인은 여러 언어를 구사했으나, 서로 편지를 보낼 때나 기록을 남길 때는 아르메니아 방언을 사용했다. 외부인은 거의 읽을 수가 없었다. 이렇게 해서 사업상의 기밀도 유지되었다. 인도의 거대 자본 기업은 대부분 북서부의 구자라트 지역에 있었는데, 이들 역시 가족과 카스트 계보를 따라 회사를 운영했다. 중국에 있는 기업이나 유대인 기업도 마찬가지로 친척들에 의지해서 운영되었다.

원거리를 여행하는 상인은 대체로 남성이었다. 거대한 가족 기업의 우두머리 또한 남성이었다. 가끔은 유산으로 받은 돈을 투자하거나 투자 수익을 재투자하는 여성도 있었다. 미망인에게 성년 아들이 없을 경우 본인이 직접 역할을 맡는 것도 어느 정도는 허용되었다. 포르투갈의 (훗날 나시Nasi 가문으로 알려진) 멘데스(Mendes) 가문은 통치자가 유대교인 자신들을 강제로 개종시키자 네덜란드로 이주한 뒤 안트베르펜에 거대한 은행을 설립했다. 그라시아 나시(Gracia Nasi, 1510~1568)는 기업 설립자의 미망인이었는데, 남편의 뒤를 이어 안트베르펜, 베네치아, 페라라 등지의 기업을 경영했고, 마침내 이스탄불에도 지점을 열었다. 그녀는 오스만 제국의 황제 쉴레이만 대제(Süleyman the Magnificent, 재위 1520~1566)와 연맹을 맺고 무역과 금융에서 특혜를 보장받았다. 그녀는 다시 유대교로 개종한 뒤 비밀결사 조직을 운영했다. 기독교 통치자들에 의해 처형될 위기에 처한 유대인을 몰래 탈출시키기 위한 조직이었다. 그녀는 쉴레이만 대제로부터 그리스의 영지를 장기간 임대하여 탈출한 유대인이 정착할 수 있도록 도와주었다. 로렌초 데 메디치나 야코프 푸거와 마찬가지로 그라시아 나시 또한 학문과 예술을 후원했는데, 특히 히브리어 도서의 출판을 지원했다. 그녀의 조카는 나중에 술탄의 가까운 참모로 활동하며 몇몇 지역의 총독에 임명되기도 했다.

무역을 통해 벌어들인 돈은 주로 땅을 사는 데 쓰였다. 많은 지역에서 그것이 이익을 창출하는 방식으로 이해되었다. 지주는 수하의 소작농에게 주식 대신 환금 작물을 재배하도록 권장했고, 때로는 강제하기도 했다. 양을 비롯한 가축이 더 돈이 된다 싶으면 농사 대신 목축을 시키기도 했다. 집단적으로 소유하거나 관습적으로 전해지던 토지는 점차 개인 소유로 넘어갔다. 예를 들어 북아메리카의 유럽인은 점점 더 서쪽으로 진출하면서 아메리카 원주민의 땅을 차지했고, 중국에서 또한 서쪽 중앙아시아로 이주한 정착민은 기존에 유목민이 가축을 기르던 목초지를 개간하여 농사를 지었다. 유럽에서도 마찬가지로 이런 일이 있었다. 오래도록 인간이 정착한 곳 어디에서나 나타나는 현상이었다. 숲, 초원, 늪지 같은 공동의 영역이 개인 소유로 넘어가 울타리가 쳐지고 양을 기르는 목장이 되었다. 그러면 양 몇 마리를 기르거나 땔감을 구해야 하는 가난한 사람들이 더 이상 그곳에 접근할 수 없었다. 자본주의적 무역과 상품 생산으로 전반적인 자산은 증가했고 많은 사람들에게 다양한 상품이 제공되었지만, 그것이 모두에게 이익이 되었다고 할 수는 없다.

자본주의는 많은 지역에서 발달했고, 또한 많은 집단이 자본주의에 참여했다. 그러나 유럽인에게 자본주의는 식민주의와 특히 긴밀하게 연관되었다. 상인 자본가가 식민지 건설의 동력과 수단을 제공하는 경우가 많았고, 많은 식민지가 원자재 생산지인 동시에 상품 소비지였다. 식민지를 획득하거나 방어하는 일은 가족 기업이 감당하기에 너무 큰 비용이 들어가는 일이었으므로, 서로 관계가 없는 익명의 투자자들이 참여하는 주식회사가 등장하여 상품 생산과 무역 모두에 관여하기 시작했다. 식민지가 유럽에 안겨준 수익은 유럽의 자산과 세력을 키웠으며, 유럽(유럽이 구축한 식민지 포함)과 나머지 세계의 격차를 벌리는 데 중요한 요소가 되었다. 이러한 격차가 바로 19세기 이후 세계사의 특징이라 할 수 있겠다.

전쟁

식민 제국은 군사력에 의해 만들어지는 것이었다. 그래서 언제 어디서나 전쟁이 끊이지 않았다. 참혹한 전쟁, 때로는 수십만 병력이 동원되는 전쟁이 구세계 전역에서 벌어졌다. 대부분 화약 무기를 사용했기 때문에 치사율도 높았고 전쟁 비용도 이전에 비하면 훨씬 더 많이 들었다. 군비 지출은 국가 재정에서 가장 큰 부분을 차지했다. 세금을 올리고 징세 체계를 비롯한 국가 기관의 규모를 확대한 것도 대개는 전쟁 비용을 충당하기 위해서였다. 전통적인 엘리트 계층이 정부에서 일했지만 군사 전문가도 관료로 진출했다. 이들은 사회 빈곤층을 대상으로 임금과 보너스를 내세우며 군인과 선원을 모집했다. 때로는 인원을 충당하려고 협박을 하거나, 심지어 납치를 자행하기도 했다. 이처럼 전쟁 수요는 사회의 모든 측면을 바꾸어놓았다. 특히 남성에게 많은 영향을 미쳤지만 여성에게도 여파가 없을 수 없었다.

새로운 군사 기술(대포, 소총, 함포 등)을 익히려면 예전에 비해 더 오랜 기간 훈련을 받아야 했다. 그래서 침략을 대비하는 군대로서는 최소한 핵심 부대라도 상비군을 조직할 필요가 있었다. 군인은 주로 일반 시민의 집을 숙소로 이용했다. 가정집에서 소수 인원의 군인을 먹여주고 재워줄 수 있었기 때문이다. 원칙적으로는 그 비용을 지불해야 했지만 원칙은 원칙으로 머무를 때가 많았고, 민간인을 힘으로 제압하여 대가를 지불하지 않는 경우가 많았다. 18세기 말에 보급부대 체계가 발달하기 전까지는 원정을 가는 동안 일반인이 군부대를 따라다녔다. 경우에 따라 군인의 여자친구나 아내 혹은 가족이 같이 가기도 했다. 이들은 가는 곳마다 약탈을 일삼아 식량과 보급품을 조달했고, 말을 먹일 풀도 빼앗았다.

전쟁의 횟수, 지속 기간, 집중도 등을 구체적으로 연구한 학자들에 의하면, 근세의 대부분 지역에서 10년에 1년 정도를 제외하고는 내내 전쟁이 계속되었다고 한다. 유럽에서는 종교 전쟁, 해상 전쟁, 왕조들 간의 전쟁, 영토 전쟁 등 셀 수 없이 많은 전쟁이 벌어졌다. 유럽 대륙의 대부분 지역은 30년 전쟁(1618~1648)에 휘말렸다. 종교 및 정치적 목적이 혼재된 전쟁이어서 정해진 전투 지역이 따로 없었고 곳곳에서 산발적으로 전투가 벌어졌다. 용병은 곡식과 마을을 가리지 않고 불태웠고, 동물과 사람을 마구 죽였다. 기근과 질병, 이질, 티푸스, 흑사병, 매독 등이 군대와 피난민을 따라다녔다. 전쟁 동안 신성 로마 제국 인구의 최소한 4분의 1이 사망한 것으로 추정되지만, 실제로는 3분의 1에 육박하는 인구를 잃었을 것이다. 20세기의 전쟁 이전에는 이렇게 많은 인구가 죽은 적이 없었다. 17~18세기 식민 제국과 국제 무역의 발전은 곧 유럽의 전쟁이 유럽을 넘어 세계로 확산되었음을 의미한다. 7년 전쟁(1755~1763)은 그 범위가 워낙 세계 전역으로 펼쳐져서 거의 최초의 "세계 대전"으로 일컬어진다. 유럽뿐만 아니라 북아메리카, 카리브 해, 태평양, 인도양 전역이 전장이었다.

오스만 제국은 30년 전쟁이나 7년 전쟁에 전혀 개입되지 않았다. 그럼에도 불구하고 제국의 영토 확장을 위해 계속해서 전쟁을 수행했다. 오스만 제국은 유럽과 지중해 지역으로 뻗어 나갔다. 수니파 이슬람인 오스만 제국은 동쪽 국경을 시아파 이슬람인 사파비 왕조와 접하고 있어서, 둘 사이에 빈번하게 교전이 벌어졌다. 또한 사파비 왕조의 동쪽 국경에는 중앙아시아의 여러 민족을 비롯하여 무굴 제국이 자리 잡고 있었다. 이들 3개 제국(오스만, 사파비, 무굴)을 1970년대 미국의 역사학자 마셜 호지슨(Marshall Hodgson)은 "화약 제국(gunpowder empires)"이라고 불렀다. 대포를 이용해서 성곽을 공격하는 기술이 이들 제국이 확장하는 데 결정적인 요인이었다는 의미에서 붙인 명칭이었다. 요즘 역사학자들은 표현을 조금 다듬어서 "화약 시대의 제국(empires in the age of gunpowder)"이라고 하는데, 이 표현에는 당시의 군사적 성공이 무기 자체보다는 물류 운송(군량과 보급품 지원 기술)

과 전략적 판단에 기인했다고 보는 시각이 반영되어 있다. 이슬람 3개 제국은 상대적으로 효율적인 제도와 관료 체제를 구축하여 세금을 징수하고 방대한 영토를 관리했다. 그리고 백성 중 많은 수가 (특히 무굴 제국의 경우 절대 다수가) 이슬람 신도가 아니었음에도 백성으로부터 통치의 정당성을 인정받는 이데올로기 정책도 성공적이었다.

이슬람 제국이 항상 누군가와 전쟁을 한 것은 아니지만 반란을 진압하고 침략을 막아내기 위해 대규모의 상비군을 필요로 했다. 중국의 명나라나 청나라 혹은 유럽의 다른 나라들도 마찬가지였다. 예를 들어 프로이센(Preussen)은 아직 독일이 통일되지 않았을 당시 가장 큰 왕국이었는데, 인구 350만에 상비군이 8만 명이었다. 전쟁 기간 동안 상비군의 수는 거의 15만으로 늘어났는데, 프로이센 성인 남성의 4분의 1에 해당하는 규모였다. 프로이센의 통치자들은 군사적 가치가 군인뿐만 아니라 왕국 곳곳에 영향을 미치기를 원했다. 그래서 모든 백성에게 복종을 요구했고, 더 우수한 군인으로 키우기 위해 의무 교육을 실시하고 기술 교육을 확대했다. 외부에서 프로이센을 병영 국가로 간주한 것은 너무도 당연한 결과였다.

일본 사회를 빚어낸 것도 군사 문화였다. 1600년 이후 실제 전쟁은 드물었다. 그러나 16세기 다이묘(大名)라는 지역 군벌이 성채를 기반으로 세력을 형성했고, 수하의 사무라이 군대를 동원해서 서로의 영역을 차지하기 위해 싸웠다. 점차 능력이 뛰어난 다이묘에게 권력이 집중되었다. 1603년에 다이묘 중 하나인 도쿠가와 이에야스(德川家康, 1543~1616)는 대부분의 경쟁자들을 물리치고 쇼군(將軍)이라는 칭호를 얻었다. 도쿠가와 막부(幕府)는 에도(江戶, 현재의 도쿄)를 중심으로 1867년까지 지속되었다. 도쿠가와 막부는 엄격한 계급 구조를 만들었다. 다이묘와 사무라이는 전사로서의 역할과 관련된 특혜를 받았다. 예를 들면 이들만이 칼을 소지할 수 있었고, 평민은 이들에게 복종해야 했다. 그러나 동시에 이들에게서 현실적인 기능을 박탈했다. 다이묘는 자신의 영지로 나갔다가 1년마다 에도로 돌아와야 했고, 다이묘의 아내와 아이들은 계속해서 에도에 살아야 했다. 이를 통해 쇼군은 다이묘들을 통제할 수 있었다. 다이묘들은 에도를 오가느라 많은 시간과 비용을 부담해야 했다. (프랑스의 루이 14세나 러시아의 표트르 대제 또한 이와 비슷한 정책을 실시했다. 왕이 은덕을 베풀어 귀족들로 하여금 왕궁에 와서 살도록 했는데, 이로써 귀족과 토착 세력을 단절시켰다.) 사무라이는 토지를 소유하거나 무역에 종사할 수 없었다. 다만 다이묘가 주는 봉급에 의지해서 살아야 했다. 다이묘가 죽거나 파산하면 일자리를 잃었다. 이런 사무라이들을 낭인(浪人)이라 했다. 낭인 처지가 되면 슬며시 경호원 자리를 구하거나, 그도 아니면 도둑질을 해서 먹고 살아야 했다. 결국 이런 낭인이 늘어나며 사회 문제가 되자, 마침내 쇼군은 사무라이 관련 규제를 완화해주었다. 낭인 무리로 구성된 강도 집단은 사무라이의 행동 규범인 무사도(武士道)를 따른다고 자처했는데, 이런 의식 탓에 이들은 쇼군의 규제 완화에도 불구하고 싸우는 것 말고 평범한 직업을 갖기가 어려웠다. 대신 일본 인구의 대다수를 차지하는 평민을 괴롭히는 짓을 멈추지 않았다.

전투가 일어나는 곳이 어디건 질병과 기근이 군대를 따라다녔다.

[그림 4-3] 묵시록의 네 기사들(1498년)
알브레히트 뒤러(Albrecht Dürer)의 판화. 《요한계시록》의 내용에 근거해서 죽음, 기근, 전쟁, 정복이 세상을 가로질러 달리는 장면을 표현했다. 기근은 저울을 들고 있는데, 기근이 닥칠 때 천정부지로 치솟는 식품 가격을 상징한다. 사람들은 1500년대에 최후의 심판이 다가왔다고 믿었고, 때맞춰 이 판화가 수록된 성서가 출간됨으로써 뒤러는 부와 명성을 얻었다.

《요한계시록》에 수록된 삽화 〈묵시록의 네 기사들〉은 그와 관련된 이미지를 잘 표현하고 있다. 이는 당시 유럽의 예술가들에게 익숙한 주제였다. 전투 중에 부상을 당해 죽는 병사보다 배고픔, 질병, 감염으로 죽는 병사가 더 많았다. 물론 전쟁이 휩쓸고 간 지역에서 질병은 일반인도 그냥 내버려두지 않았다. 또한 전쟁은 잔인한 만행을 동반했다. 구타, 고문, 신체 훼손, 강간이 워낙 흔해서 이를 지칭하는 별도의 용어가 생겨날 지경이었다. 예컨대 30년 전쟁 당시 군대를 따라다니며 약탈을 일삼고 주민을 위협하는 자들을 졸다테스카(Soldateska)라 했다. 중국에서는 명나라-청나라 교체기에 이런 비슷한 일들을 병화(兵禍)라고 했는데, "군인들에 의한 재앙"이라는 뜻이다. 물론 성폭력 또한 오래도록 정복 전쟁의 일부였다. 여성과 소녀는 전쟁의 가장 큰 피해자였다. 당시 무장 충돌이 워낙 잦다 보니 성폭력도 흔히 벌어지는 일이었다. 전쟁사를 다루는 학자들은 주로 전투와 전략에 관심을 기울여왔으나, 요즘은 보다 폭넓은 관점에서 연구가 진행되고 있다. 어떤 사회·문화적 요소가 전쟁을 초래했는지, 전쟁 수행과 결과에는 어떤 영향을 미쳤는지를 탐구하는 것이다. 이들은 단순히 "원인과 결과"라는 용어로 전쟁을 기술한다면 핵심을 놓치게 된다고 지적한다. 그러면 전쟁 자체의 진행 과정을 소홀히 다루게 되기 때문이다. 그 과정에서 일어나는 일들은 결코 예측할 수 없으며 언제나 소름 끼치는 일이 아닐 수가 없다.

식량 작물의 전파

이 시대에 질병, 기근, 전쟁으로 무수한 사람들이 죽어 나갔다. 그러나 세계 인구 총계는 줄어들지 않았다. 1500년도에 지구상 전체 인구는 4억 내지 5억 명 정도였는데, 세계적으로 유행병이 돌던 14세기에 비하면 오히려 조금 늘어난 수치였다. 전체 인구의 절반 이상이 남아시아와 동아시아 지역에 거주하고 있었다. 16세기에는 조금 더 늘어서 5억 5000만 정도였는데, 아메리카 대륙의 급격한 인구 감소가 유럽 및 아시아의 인구 증가로 상쇄되는 모양새였다. 1700년에 이르러 세계 인구는 또 조금 늘어서 6억 5000만에 이르렀다. 1800년대에는 증가 속도가 상당히 빨라져서 거의 9억 5000만까지 성장했다.

이러한 성장의 근본 원인은 콜럼버스의 교환에 있었다. 즉 곡물 거래가 전방위적으로 이루어진 덕분이었다. 유럽인은 밀을 비롯한 그들의 주요 곡물을 아메리카로 가져갔다. 열대 지방인 카리브 해 유역에서는 이런 곡물이 잘 자라지 않았지만 멕시코 평원이나 남아메리카, 그리고 나중에는 북아메리카 지역에서 널리 재배되었다. 스페인 사람들로서는 밀이 필수 불가결한 곡물이었다. 그들은 빵을 주식으로 했을 뿐만 아니라 종교 의례에도 사용했기 때문이다. 스페인 사람들은 아메리카로 건너가서 아메리카 음식을 먹으면 자신들도 인디언으로 변한다고 믿었다. 그래서 밀의 아메리카 전래에 관한 이야기가 구전되었고 기록으로도 남겨졌다. 멕시코에서 밀을 처음 심은 사람은 아프리카인 후안 가리도(Juan Garrido)였다. 그는 코르테스의 점령군에 소속된 노예였다. 한편 페루에서는 스페인 과부 두 사람이 토지를 소유하고 있었는데, 그들이 씨를 심고 경작을 관리했다. 그 뒤 두 과부와 재혼하기를 원하는 사람들이 줄을 섰다고 한다. 스페인 식민지 어디에서나 경제적으로 핵심 인력은 노예와 과부였다. 다른 농작물들은 밀처럼 그렇게 중요하다고 생각하지 않았다. 그래서 남겨진 이야기는 기껏해야 어디에서 전래되었는가 하는 정도다. 양파, 보리, 오트밀, 완두콩, 과일나무 등이 유럽에서 아메리카로 건너갔고, 아프리카에서는 바나나, 얌, 쌀, 오크라, 수수, 코코넛 등이 건너갔다. (다만 미국에서 사과나무가 전파된 이야기는 널리 알려져 있다. 조니 애플시드Johnny Appleseed로 알려진 조나단 채프먼Jonathan Chapman이 사과주를 만들기 위해 사과나무를 처음 심었다고 한다.)

 토마토, 고추, 고구마, 호박, 강낭콩, 감자, 땅콩, 수수, 카사바, 파인애플, 아보카도 등의 작물은 아메리카에서 다른 대륙으로 전해졌다. 오늘날 지구에서 소비되는 식량 가운데 원산지가 아메리카인 작물이 30%에 달한다. 카사바(마니오크)는 아메리카의 열대 지방에서 주식으로 먹는 뿌리 식물인데, 포르투갈 상인이 서아프리카에 전해주었고, 서아프리카에서도 주식 작물이 되었다. 그래서 에바(ebà)나 푸푸(fufu) 같은 전통 요리의 기본 식재료로 사용된다. 옥수수를 아프리카와 유럽으로 가져온 사람들도 상인이었다. 이곳에서 옥수수는 처음에 사료용 작물로 재배되었는데, 점차 사람도 먹는 음식이 되었다. 기존의 음식 조리법에 그대로 옥수수 가루를 첨가할 수 있었다. 땅콩은 스페인 사람들이 테노치티틀란 시장에서 처음 본 뒤로 남중국, 아프리카 열대 지방, 남아시아와 동남아시아 등지로 전래되었다. 고추도 마찬가지였다. 모두 전래된 뒤에는 그 지역에서 주요 식재료로 자리 잡았다. 토마토는 아메리카에서 건너

온 벨라돈나풀(독성이 있는 위험한 풀 – 옮긴이)과 비슷하게 생겼지만, 17세기 유럽에서는 그것이 위험하지 않다는 것을 알고는 식재료로 사용했을 뿐만 아니라 정원 장식용으로도 심었다. 전쟁과 질병 때문에 무수한 사람들이 죽어 나갔지만, 신대륙과 구대륙의 작물 교환으로 영양 섭취 조건이 향상되었고, 이는 지구 전체적으로 인구가 점차 증가하는 원인이 되었다.

두 가지 주요 작물은 특히 드라마틱한 영향을 미쳤다. 나쁜 영향도 있었고, 좋은 영향도 있었다. 바로 감자와 고구마였다(영어로 감자는 potato, 고구마는 sweet potato지만 서로 식물학적 연관성은 없다). 감자 원산지는 안데스 지역이다. 스페인 선원들이 유럽으로 돌아오는 길에 감자를 싣고 왔는데, 물론 도중에 먹기도 했다. 하지만 유럽 사람들의 시선은 싸늘했다. 감자는 성경에 나오는 작물도 아니고, 게다가 땅속에서 자라는 것이라 무언가 악마스러운 느낌이었다. 그리고 사람들은 감자의 맛도 싫어했다. 동물 먹이(그리고 신대륙에서 노예들의 먹거리)로는 감자가 괜찮았으나 유럽 사람들은 먹을 수 없었다. 그래서 별로 관심을 두지 않았는데, 서서히 인식이 바뀌기 시작했다. 굉장히 척박한 토양에서도 잘 자라는 데다가 수확하고 저장하기도 비교적 쉬웠기 때문이다. 같은 면적의 땅에 감자를 심으면 다른 작물을 심는 것보다 세배나 많은 사람들을 먹일 수 있었다. 그리고 감자에는 영양 성분도 풍부했다. 가뭄이 들거나 때 이른 서리가 내리더라도 감자라면 손상이 덜했다. 그래서 해가 갈수록 감자에 대한 의존도가 커져갔다. 감자를 심으면 더욱 안정적으로 식량을 공급할 수 있었고 기근을 겪을 가능성도 그만큼 줄어들었다.

17세기 말에 이르러 감자는 네덜란드, 스위스, 아일랜드 등지에서 주요 작물로 자리 잡았다. 이들 지역에서는 감자를 동물에게 먹일 뿐만 아니라 사람도 먹었다. 프로이센은 여름이 서늘하고 토양에 모래가 많다. 이런 곳에서도 감자가 잘 자란다는 사실을 알게 된 프로이센의 통치자들은 농부들에게 감자를 재배하라고 명령했다. 스웨덴과 노르웨이의 왕들도 같은 정책을 실시했다. 중국 청 제국은 한족을 대상으로 서쪽의 중앙아시아 지역 진출을 장려했는데, 그곳은 지대가 높고 건조한 지역으로 다양한 민족이 살고 있었다. 청나라 당국은 감자를 비롯해 신대륙에서 전래된 작물을 심으면 토지 임대료와 세금을 모두 낮춰주었다. 농업사학자들의 추산에 따르면, 1700년에서 1850년 사이 중국의 경작지 면적은 세 배로 확대되었다고 한다. 바이에른 왕위 계승 전쟁(1778~1779)은 프로이센과 오스트리아 사이의 전쟁이었는데, "감자 전쟁"이라는 별명으로 일컬어졌다. 주요 전략이 직접적인 전투 대신 상대편의 식량을 빼앗아 오는 것이었기 때문이다. 프로이센 군인은 감자를 수확하는 데 많은 시간을 들였다. 앙투안 오귀스탱 파르망티에(Antoine Augustin Parmentier, 1737~1813)는 프랑스의 의사이자 농학자였다. 7년 전쟁(프로이센과 프랑스의 전쟁) 와중에 그는 프로이센 군대에 포로로 잡힌 적이 있었는데, 그때 감자 재배를 배워 나중에 프랑스에 전파했다고 한다. 전하는 이야기에 따르면, 그가 프랑스의 왕비 마리 앙투아네트에게 워낙 말을 잘 해서, 왕비가 감자 꽃을 머리에 꽂고 지역 유지들을 초청해서 감자 코스 요리를 대접했다고 한다. (지금도 파르망티에의 이름을 딴 수프와 몇 가지 요리가 전하는데, 모두 감자가 들어 있다.)

프랑스 귀족으로서는 감자로 만든 코스 요리가 낯설었겠지만 유럽의 가난한 빈민에게는 그것이 그대로 현실이었다. 지역에 따라서는 가난한 사람들이 먹을 수 있는 식량이 감자밖에 없는 경우도 있었다. 농업사학자들의 추정에 따르면, 예컨대 1800년대 아일랜드의 식사로 한 사람이 하루에 감자 10개를 먹었고 80%의 사람들이 영양실조였다. 감자 이외의 식량은 주로 우유와 치즈였는데, 이 또한 감자를 먹여 키운 소에게서 얻는 양식이었다.

아일랜드로부터 지구 반 바퀴를 돌아 가면, 그곳에서는 척박한 땅에 걸맞은 작물이 고구마였다. 스페인 선원이 원산지 중앙아메리카에서 고구마를 싣고 와서 필리핀에 전해주었고, 다시 중국 상인에 의해 16세기 말에 중국 동남 해안 지역의 복건성(福建省, 푸젠 성)으로 전래되었다. 프로이센의 통치자들이 감자를 권장했던 것처럼, 복건성의 지방 관료들은 고구마를 농부에게 나누어주고 재배하게 했다. 재배는 대성공이었다. 고구마는 산간이나 건조한 고위도 지역에서도 잘 자랐다. 중국의 소수 민족 가운데 고산 지대에 사는 객가(客家, 하카)라는 사람들이 있었는데, 이들은 대부분 가파른 산비탈에서 이곳저곳 옮겨 다니며 농사를 지었다. 조그만 오두막에 산다고 해서 조롱 투로 붕민(棚民, 평민, 창고에 사는 사람)이라고 부르기도 했다. 고구마 덕분에 붕민을 비롯한 가난한 시골 사람들의 식사가 개선되기 시작했다. 감자 덕분에 아일랜드 사람들의 식사가 개선된 것과 같았다. 그러나 산기슭에서 고

[그림 4-4] 이케노 다이가의 수묵화
뚱뚱한 남자가 구운 고구마를 먹고 있다. 이케노 다이가(池大雅, 1723~1776)는 가난한 농부의 아들로 태어나 교토로 이주했다. 이 그림은 식탐을 경계하는 내용을 담고 있다.

구마를 재배하려면 나무를 베어내고 자연 상태의 식물을 제거해야 했고, 그 결과로 산사태와 홍수가 나서 산 아래 들판의 논농사를 망치게 되었다. 관리들은 산간 지방의 경작을 막으려 했지만 불가능했다. 기근과 사회 불안은 20세기 청 제국 멸망의 중요한 원인이 되었다. (중국의 공산당 지도부도 계속해서 신대륙 작물을 재배할 것을 권장했다. 그 결과 오늘날 중국은 세계 고구마 생산의 3분의 1을 차지하고 있다. 감자 생산량은 세계의 4분의 1 이상, 옥수수는 약 5분의 1이다.)

고구마는 파푸아뉴기니에서도 주식으로 자리 잡았다. 포르투갈 상인에 의해 믈라카로 전파되었는데, 그곳에서 다시 파푸아뉴기니로 전해진 것이다. 그 결과 전통적으로 재배하던 작물이 바뀌었고 인구도 늘어났다. 고구마는 폴리네시아와 뉴질랜드로도 전해졌는데, 여기에 미스터리가 숨어 있다. 고구마가 중국으로 전래된 것은 기록이 남아 있어서 추적이 가능하며, 명백하게 스페인이 필리핀으로 전해준 뒤에 일어난 일이었다. 그러나 태평양 섬 지역의 고구마 재배는 이보다 훨씬 전에 시작되었다. 쿡 제도 발굴 자료를 대상으로 탄소동위원소 측정을 해보았더니, 시기가 기원후 1000년까지 올라간다. 그때는 타히티에서 건너온 폴리네시아인이 쿡 제도에 정착할 무렵이다. 13세기에 뉴질랜드에 정착한 폴리네시아인 마오리족도 다른 여러 작물과 함께 고구마를 가지고 왔다(그들은 고구마를 쿠마라kumara라고 한다). 그러나 고구마가 어떻게 중앙아메리카에서 폴리네시아 섬들까지 전해졌는지는 알 수 없다. 씨앗이 바다에 떠서 대양을 건널 수는 없었을 테고, 새가 씨앗을 먹은 뒤 날아왔다는 추정도 불가능하다. 고구마는 일반적으로 줄기를 꺾꽂이해서 번식하므로 씨앗으로 번식했다고 볼 수도 없다. (중국에서는 처음에 줄기를 심었다.) 그래서 많은 고지리학자들은 폴리네시아인이 언젠가 남아메리카 혹은 중앙아메리카에 왔다가 고구마를 가지고 되돌아간 것으로 추정하고 있다. 그렇다면 콜럼버스의 교환이 이루어지기 수세기 전에 "폴리네시아인의 교환"이 일어났던 셈이다. 뉴질랜드 마오리족은 열대작물인 고구마를 서늘한 기후에서 재배할 수 있는 독특한 기술을 개발했다. 햇볕이 잘 비치는 곳에 심은 뒤 바람을 막고 거름을 주는 것이다. 영국인 선장 제임스 쿡(James Cook, 1728~1779)이 뉴질랜드에 도착한 때는 1769년 제1차 태평양 탐험 때였다. 그는 고구마, 얌(고구마와 다른 구대륙 작물), 토란을 재배하는 넓은 들판을 목격했다고 보고했다.

쿡 선장의 항해는 18세기에 이루어진 수많은 태평양 탐험 가운데 하나였을 뿐이다. 네덜란드, 프랑스, 영국의 함대가 빈번하게 태평양을 탐사했다. 유럽인은 처음에 북반구의 대륙 전체와 맞먹는 크기의 남반구 대륙을 기대했다. 그래야 균형이 맞는다고 생각했던 것이다. "테라 아우스트랄리스(Terra Australis)"란 단순히 남쪽의 땅이라는 의미인데, 1606년 유럽인의 지도에 등장한 뒤로는 곧 오스트레일리아라는 이름을 얻었다. 오스트레일리아는 거대한, 그러나 소문만큼 크지는 않은 남쪽의 땅이었다. 18세기에는 탐험이 계속되었다. 프랑스와 영국의 탐험대가 사모아, 타히티 등 폴리네시아 제도에 도착했고, 그곳의 식물과 동물, 원주민 몇 명을 데리고 돌아갔다. 그리고 목격한 것을 그림으로 남겼다. 옛날에 콜럼버스가 하던 그대로였다. 자연학자들은 단지 취미로 혹은 언젠가 쓰임새가 있을지도 모른다는 생각에 표본을 채집하고 "호기심 캐비닛"이라는 이름을 붙였다. 그중 가장 중요한 탐험은 제임스 쿡 탐험대의 항해였다. 쿡 선장은 여러 차례에 걸쳐 오스트레일리아에 상륙했고, 그가 본 전혀 색다른 동물 이름을 알아내기 위해 원주민과 충분히 대화한 끝에 캥거루(kangaroo)라는 이름을 파악했다. 1780년대에 프랑스와 영국의 함선에 실려 폴리네시아의 빵나무가 카리브 해 지역으로 전래되었다. 잘 길러서 노예에게 먹일 요량이었다.

그러한 함선들 가운데 하나가 바운티(Bounty) 호였는데, 한때 쿡 선장 수하에 있었던 윌리엄 블라이(William Bligh)가 바운티 호의 선장이었다. 바운티 호는 자신의 임무보다 빵나무 때문에 훨씬 더 커다란 명성을 얻었다. 이처럼 콜럼버스의 교환 및 폴리네시아인의 교환과 더불어 "쿡 선장의 교환"이라고 부를 수 있는 작물 및 상품의 전래가 있었던 것이다.

육류와 살아 있는 동물의 수출입

농작물과 군인이 전방위로 이동했던 것과 달리, 동물은 병원균이 그랬던 것처럼 주로 구대륙에서 신대륙으로 건너갔다. 반대 방향으로 전파된 동물은 칠면조뿐이다. 칠면조는 영어로 터키(turkey)라고 하는데, 이는 당시 세계 무역로의 상황이 반영된 이름이다. 칠면조가 영국에 들어올 때 지중해 동부 지역에서 오는 배에 여러 상품들과 함께 실려서 왔기 때문에, 영국 사람들은 칠면조가 터키에서 온 줄 알고 "터키의 닭(turkey hens)"이라고 불렀던 것이다. 동물의 이동은 인구 및 사회적 측면에서 엄청난 결과를 초래했다. 콜럼버스가 히스파니올라로 가져간 동물들을 다른 유럽인도 다른 지역으로 가지고 갔다. 말, 소, 돼지, 양, 염소, 그리고 가금류였다. 이런 동물들이 야생으로 탈출해서 번식하기도 했다. 특히 돼지는 아무 거나 잘 먹는 데다가 임신 기간도 짧아서 더욱 크게 번성했다. 돼지가 원주민의 농작물을 망쳐놓아서 옛날처럼 울타리 없이 밭작물을 그냥 재배하기가 어려울 지경이었다. 코르테스는 멕시코에 거대한 소 농장을 조성했고, 아프리카 노예에게 일을 시켰다. 그들은 이미 말과 소를 돌보는 일에 익숙했다. 원주민은 밭작물 농장의 노예로 부리거나 광산 일을 시켰다. 농장과 광장도 물론 코르테스의 명령으로 건설되었다. 스페인 사람들이 리오 데 라 플라타(Rio de la plata, 라플라타 강)의 초원(이른바 팜파스pampas)에 두고 간 수백 마리의 소가 수십 년 동안 번식해서 아르헨티나 지역의 야생 소가 10만 마리 이상으로 늘어났다. 스페인의 광산이나 플랜테이션 농장에서 도망쳐 나온 아프리카인, 아메리카 원주민, 혼혈인 등이 말을 타고 들판의 야생 소를 잡아다 키웠다. 그리하여 아메리카에서 새로운 방식의 목축이 생겨났다. 그러나 이런 방식이 아프리카라면 사실 그리 새로운 것이 아니었다(구대륙에서도 이런 방식으로 소를 기르는 지역이 곳곳에 있었을 것이다). 아메리카에서는 말을 타고 소를 키우는 사람을 가우초(gaucho)라고 했는데, 이들이 아르헨티나의 상징이 되었다.

북아메리카의 서부와 남서부의 초원 및 사막에서는 말이 생활 경제를 바꾸어놓았다. 아메리카 원주민은 정주 농업과 포레이징 생활을 포기했다. 대신 말을 타고 더 넓은 지역 범위에서 버펄로를 비롯한 동물을 사냥했다. 코만치족(Comanche), 샤이엔족(Cheyenne), 라코타족(Lakota) 등 평원의 부족은 스페인 식민지에서 말을 구입했고 나중에는 서로 매매 거래를 하기도 했다. 물론 때로는 상대방을 침략해서 빼앗기도 했다. 그들은 거대한 목장을 조성했다. 18세기 중반에 이르면 리오그란데 강 북부, 즉 오늘날 서스캐처원(Saskatchewan) 지역은 말에 의존해서 생활했다. 일반적으로 남성들이 말을 소유했다. 말은 생계 수단인 동시에 사회적 신분을 나타내는 지표가 되었다. 귀중품이

으레 그러하듯이, 말도 사회적 위계질서와 성차별을 강화하는 수단이 되었다. 말을 많이 소유한 남성은 더 많은 아내를 둘 수 있었고, 침략 전쟁에 참가하거나 거래를 통해 더 많은 포로를 획득할 수 있었다. 모두가 말을 비중 있게 여겼기 때문이다. 더 많은 말을 차지하기 위한 욕심 때문에 평원 부족들 사이에, 그리고 아메리카 원주민과 유럽 식민지 주민 사이에 더 많은 전쟁이 벌어졌다. 원주민은 말과 함께 무기와 탄약도 손에 넣었다. 또한 모직과 면직물 옷감, 담요, 금속 도구, 가구, 목걸이, 술 같은 물품도 소비했다. 이들의 상품 소비 때문에 아메리카에서도 일본이나 유럽과 똑같은 소비 혁명이 일어났다. 다양한 상품이 현지 문화에 녹아들었다. 예를 들면 옷을 장식할 때 고슴도치의 가시털 대신 목걸이를 사용하는 것과 같은 일이었다. 유럽의 상인은 아메리카 원주민이 목걸이와 옷감을 특히 좋아한다는 것을 알게 되었다. 매년 새로 사야 하는 물건이었다. 상인이 생산자에게 보낸 편지를 보면, 천의 색과 문양뿐 아니라 품질의 정도까지 구체적으로 요구했다. 원주민의 수요를 정확히 파악한 상인만이 물건을 팔 수 있었다.

유럽의 상품을 팔고 대금으로 받는 것은 주로 모피였다. 살아 있는 동물을 아메리카에서 유럽으로 싣고 가는 경우는 거의 없었다. 선적되는 것은 오직 가죽뿐이었다. 수백만 장의 모피가 유럽의 배에 실렸다. 글로벌 모피 시장은 말이 흔하지 않은 북아메리카 북부와 동부 지역 숲 지대 사람들의 생활을 바꿔놓았다. 물론 모피는 신석기 시대부터 보온을 위해 사용되었고, 특정한 동물의 모피나 가죽은 상징적 가치도 있었다. 많은 지역에서 전사들은 사자나 표범, 재규어 혹은 늑대의 가죽을 걸침으로써 전사의 용맹함과 남성성을 강조했다. 통치자들은 희귀한 모피로 만든 모자를 쓰거나 외투를 입었다. 예를 들어 어민(ermine)이나 흑담비의 모피는 고귀한 신분의 상징이었다. 그 아래 등급의 귀족이나 부자는 여우나 스라소니의 털을 걸쳤다. 가장 두껍고 부드러운 모피는 고산 지대나 북방 지역, 즉 동물들이 추위에서 살아남기 위해 두터운 털가죽으로 무장하는 지역에서 생산되었다. 유라시아에서는 광대한 시베리아 벌판에서 난 모피가 최고의 명성을 얻었다. 특히 다른 지역에서 덫을 놓거나 사냥을 해서 모피를 지나치게 많이 생산하는 바람에 동물의 개체 수가 줄어들자, 시베리아 모피는 더더욱 귀한 대접을 받게 되었다. 이미 10세기부터 노브고로드(Novgorod)의 상인은 코미족(Komi)을 비롯한 시베리아 원주민에게서 모피를 사들였다. 15세기에는 모스크바에 수도를 둔 러시아 제국이 시베리아의 대부분을 점령했다. 러시아인은 원주민을 열등한 존재로 보고 무시했다. 러시아 제국은 원주민에게 조공으로 흑담비 가죽을 바치라고 강요했다. 뿐만 아니라 러시아인 때문에 원주민 사이에 전염병 천연두가 확산되었다. 러시아의 사냥꾼들이 직접 시베리아로 진출하기도 했다. 특히 16세기에 모피 가격이 상승했을 때 이들의 진출도 활발해졌다. 당시 모피가 유행하기도 했지만, 신대륙의 금과 은이 유통되면서 전체적으로 물가가 오른 데다가 세계적인 경기 상승의 여파로 모피 가격이 올랐던 것이다. 시베리아의 모피는 남쪽으로 페르시아와 중국까지, 서쪽으로는 유럽까지 팔려 나갔다. 중국에서는 다람쥐 가죽이 잘 팔렸다. 질긴 데다가 가격도 저렴했기 때문이다. 러시아의 모피 사냥꾼들은 한두 해 동안 시베리아에 거주하며 사냥을 한 뒤 다시 러시아로 돌아가곤 했다. 그러다가 마침내는 시베리아에 눌러앉았고 현지의 여인들과 결혼하여 정착하는 경우가 많았다.

시베리아 모피만으로는 수요를 충당하기가 어려웠다. 그래서 북아메리카 북부 지역에 새로운 기회가 찾아왔다. 17세기 초 네덜란드, 프랑스, 잉글랜드 등은 해안 거주지뿐만 아니라 내륙 무역 거점도 건설했다. 유럽인 무역상은 대개 남자들이었으나, 팔려고 가져온 상품은 남자용도 있었고 여자용도 있었다. 총기, 럼주, 옷감, 주전자, 밀가루, 바늘, 차 등이 그들의 상품이었다. 이런 상품의 대가로 유럽인이 원하는 것은 오직 모피뿐이었다. 모피란 남자들이 사냥한 동물에서 얻을 수 있는 것이었다. 원주민 여자들이 생산하는 곡식이나 옷감은 모피와 아무런 관련이 없었다. 수입 상품을 구매하려다 보니 아메리카 원주민 사이에서 남성의 역할이 훨씬 높게 평가되었다. 예전에는 남자들이 하는 사냥이나 여자들이 하는 밭일이 평등하게 취급되었다.

프랑스의 탐험가, 모피 무역상, 선교사는 퀘벡(Quebec)을 거쳐 걸어서 혹은 카누를 타고 내륙으로 들어갔다. 그리고 5대호 및 미시시피 강 연안을 따라 요새나 무역 거점 등 소규모 근거지를 건설했다. 이들의 군사력은 러시아가 시베리아에서 그랬듯 원주민에게 조공을 강요할 정도로 강력하지는 못했으므로 우호적인 관계 속에서 여우, 스라소니, 담비, 비버를 구매했다. 특히 비버의 내피는 유럽에서 모자용으로 인기가 높았다. 두툼한 데다 털도 짧아서 쉽게 모자를 만들 수 있었다. 비버 모피로 만든 모자는 유럽에서 최고의 패션 아이템으로 인기를 누렸다. (유럽의 비버는 당시 과도한 사냥으로 이미 멸종 위기에 처해 있었다.) 시베리아에서 러시아 무역상이 그랬던 것처럼, 이른바 여행자(voyageur) 혹은 숲 속의 방랑자(coureurs de bois)라고 불린 프랑스인 모피 무역상도 북아메리카 현지에서 원주민 여성과 결혼을 하는 경우가 많았다. 그들은 아내와 그 가족들의 도움을 받아 더욱더 멀리 서쪽으로 진출했다.

모피 무역을 둘러싼 분쟁이 17세기 이로쿼이 전쟁(Iroquois Wars, 비버 전쟁Beaver Wars이라고도 한다)의 한 요인이 되었다. 5대호 동부 지역의 다섯 개 부족 연합인 이로쿼이 연맹이 서쪽과 남쪽으로 영향력을 확장하는 과정에서 발생한 전쟁이었다. 상대는 프랑스 및 프랑스와 동맹을 맺은 휴런족(Huron)과 알공킨족(Algonquin)이었다. 이로쿼이 연맹은 원래 영토 확장을 꾀해왔었는데, 모피 무역 덕분에 전쟁에서 유리한 무기들을 획득할 수 있었고, 이해관계가 높아지자 더욱 치명적인 무기를 손에 넣게 되었다. 네덜란드인과 나중에는 영국인이 그들에게 총기를 공급했기 때문이다. 전쟁이나 유럽인이 전염시킨 천연두 또는 홍역 때문에 이로쿼이 사람이 죽으면, 이들은 다른 부족에서 포로를 잡아다 빈자리를 채우곤 했다. 아메리카 원주민이 전쟁을 벌이는 중요한 이유 중 하나는 포로 획득이었다. 전쟁 포로는 때로 입양되거나, 결혼을 통해서 부족의 일원으로 재통합되었다. 전쟁 포로 중에는 유럽인도 있었는데, 외딴 마을이나 농장에 있다가 붙잡힌 사람들이었다. 이들은 고문을 당하거나, 몸값을 주고 풀려나거나, 탈출한 경우도 있었다. 이런 일을 겪은 사람들이 유럽에서 포로 생활 이야기를 책으로 출판하자 베스트셀러가 되었다. 그 책에 등장하는 아메리카 원주민의 모습이 유럽인과 식민 통치자의 머릿속에 선입관으로 자리 잡았다.

1660년대에 제2차 북아메리카 식민지 개척 붐이 일었다. 영국인은 네덜란드의 영토를 모두 차지했다. 영국의 왕은 새로 설립된 허드슨베이회사(Hudson's Bay Company, HBC)에게 허드슨 만으로 흘러드는 모든 강 유역의 모피 거래에 대하여 독점권을 부여해주었다. 면적으로 따지면 약 390만 제곱킬로미터에 달했고, 북아메리카 대륙의 15%에 해당하는 크기였다. 프랑스인은 이 지역을 비롯하여 북아메리카 곳곳에 대한 권리를 주장했지만, 18세기에 영국군에게 여러 차례 연거푸 패배를 하고 말았다. 19세기에 HBC는 이 지역에서 사실상 정부 기능을 했다. 자신의 화폐를 찍어내고 재판까지 수행했다. 19세기 초 영국 정부는 HBC의 독점 지역을 극지방과 태평양 지역까지 확대해주었다. 당시는 이미 비버 모피로 만든 모자는 유행이 한참 지난 뒤였지만, 그래도 모피는 이윤이 많이 남았다. HBC는 정착민이 태평양 북서 연안에 정착하지 못하도록 유도했다. 그곳에서는 농사를 지을 수 없음을 알리는 공익 광고를 지속적으로 내보냈다. 또한 그들은 1820년대 이전까지 대부분의 모피 무역 지대에 유럽 여성이 들어가지 못하도록 금지시켰다. 영국인 무역상과 원주민 여인이 결혼하는 경우는 프랑스인 무역상에 비해 훨씬 드물었다. 태평양 연안을 따라 시베리아와 북아메리카의 모피 경제권이 마침내 서로 맞부딪쳤다. 러시아 모피 무역상은 알래스카 해안을 따라 알류트족(Aleut)과 코디액족(Kodiak) 마을을 습격하여 여자와 아이들을 포로로 잡아갔다. 그리고 부족 남성들에게 해달(sea otter)을 잡아 오라고 강요했다. 러시아인은 이를 영국과 아메리카 상인에게 팔았고, 이들이 해달을 전 세계로 유통시켰다.

가죽 못지않게 대서양의 생선 무역도 중요했다. 민물 생선과 바다 생선은 주요 단백질 공급원으로 세계 어디에서나 소중한 식재료였다. 유럽에서는 15세기에 고기잡이의 규모가 크게 성장했다. 북대서양 그랜드뱅크스(뉴펀들랜드 섬 남동쪽의 대륙붕)에서 엄청나게 풍부한 어족 자원이 발견되었기 때문이다. 수많은 어선이 그곳으로 몰려들었다. (포르투갈의 바스크족Basque 어부들이 콜럼버스 이전에 오늘날 캐나다 지역에 상륙했다는 설도 있다. 그들은 어족 자원을 공개하지 않으려고 이를 비밀에 부쳤다고 한다. 그러나 이 가설을 뒷받침해줄 고고학적 증거나 문헌 기록은 전혀 없다. 이러한 주장을 하는 사람들은 이 또한 포르투갈 어부들이 비밀을 워낙 잘 지켰기 때문이라고 한다.) 자본가의 투자에 힘입어 예전에 없던 거대 규모의 어선이 등장했고, 이들이 매년 수십만 톤의 생선을 잡아 올렸다. 특히 대구가 많았다. 생대구는 물론 소금에 절이거나 훈제한 대구도 유통되었다. 대구는 아메리카 대륙 노예나 유럽 노동자의 주식이 되었다. 유럽의 고래잡이 어선은 수만 톤의 고래를 잡아서 해체했다. 고기보다는 기름을 얻기 위해서 고래를 잡았기 때문에 고기는 그냥 버리는 경우가 많았다.

모피를 얻기 위한 사냥, 원양어업, 고래잡이 등은 모두 남자들이 하는 일이었다. 전쟁과 마찬가지로 이런 직업에 종사하려면 상당 기간 고향에서 멀리 떠나 있어야 했고, 남자들만의 공동체 속에서 생활해야 했다. 이런 공동체에서는 대개 여자들이 하는 요리나 옷 수선 같은 일도 남자들이 담당해야 했다. 이 같은 상황에서는 당연히 동성애 분위기가 고조되기 마련이다. 물론 이런 분위기가 구체적인 자료로 흔적을 남기지는 않는다. 이런 일에 종사한 남성들은 대부분 글을 모르는 문맹이었다. 남자들이 떠나버린 마을에서도 성별에 따른 노동의 역할 구분에 변화가 없을 수 없었다. 여자와 아이들이 농사일을 비롯한 여러 가지 임무를 감당해야 했다.

마약과 여가의 상업화

사냥과 어로에 나선 남자들의 공동체, 남겨진 여자와 아이들이 살아가던 마을 공동체는 콜럼버스의 교환에서 비롯된 글로벌 네트워크의 여파로 생겨난 사회 형태였다. 그러나 새로운 유형의 사회는 이뿐만이 아니었다. 쾌락과 중독을 불러일으키는 다양한 상품이 퍼져 나갔다. 이런 상품은 주로 새로 생겨난 사회에서 상업화된 여가 문화 가운데 소비되었다. 카페인이 함유된 음료들도 이런 예에 속했다. (아즈텍 사람들이 천국에서 온 식물이라 믿은) 카카오 콩은 메소아메리카에서 유럽으로 전해졌고, 스페인-프랑스-영국 순으로 초콜릿을 마시는 관습이 발달했다. 커피의 원산지는 에티오피아인데, 1400년경 예멘에서 처음으로 상업적 재배가 이루어졌다. 이후 무슬림 세계에서 점점 더 소비가 늘어났다. 커피를 마시는 커피하우스가 발달하여 주로 남성들의 사교 모임 장소로 애용되었다. 남자들은 이곳에 모여 친구들과 수다를 떨고, 사업상 거래를 하고, 때로는 음악을 들었다. 도덕주의자들은 그곳에서 노름이나 의심스런 행위가 일어나지 않는지 우려했다. 종교 지도

[그림 4-5] 오스만의 커피하우스
16세기 오스만의 커피하우스와 손님들을 그린 세밀화. 손님들은 커피를 홀짝이며 글을 읽고 이야기를 나누고 백개먼(서양 주사위) 놀이를 하고 있다. 이방인 방문객으로 보이는 인물도 몇 명 포함되어 있다. 좌측 상단은 사람들이 커피하우스에 들어오려고 줄을 서서 기다리고 있는 모습이다.

자들은 커피의 중독성이 무슬림 법률에 위배되지 않는지 의심했다. 의사들은 커피가 과연 남자의 건강에 해가 되는지 논쟁을 벌였다.

유럽인은 대체로 오스만 제국의 사람들에게서 커피를 배웠다. 그러나 대부분의 유럽인에게 커피는 너무나 비싼 상품이었다. 그런데 17세기 후반에 네덜란드 사람들이 아시아와 남아메리카의 식민지에서 대규모로 커피를 재배하자 가격이 대중화되기 시작했다. 네덜란드 사람들은 쌀농사를 짓던 자와 섬의 농민들을 압박하여 연간 정해진 할당량만큼 커피를 생산하도록 했다. 18세기 초에 이르러 자와 섬은 세계 커피 생산의 상당량을 차지하게 되었다. 그래서 속어로 중독성 있는 음료를 자와라고도 했다. 베네치아, 런던, 파리를 비롯한 유럽의 도시에 수천 곳의 커피하우스가 문을 열었다. 프랑스 사람들도 18세기에는 카리브 지역의 식민지에 커피를 길렀다. 커피 재배는 중앙아메리카와 브라질로 퍼져 나갔고, 19세기 말에는 동아프리카로 확산되었다. 동아프리카라면 커피 원산지에서 그리 멀지 않은 곳이었다. 무슬림 세계에서 카페나 커피하우스는 대체로 남성들이 모여서 사업이나 정치 이야기를 나누는 곳이었다. 오스만 제국의 술탄 무라드 4세(Murad IV, 재위 1623~1640)를 비롯하여 영국의 왕 찰스 2세(Charles II, 재위 1660~1685)에 이르기까지, 정치적 선동이 두려웠던 군주들은 주기적으로 커피하우스의 문을 닫아보고자 노력했지만, 결코 뜻대로 된 적은 없었다.

유럽에서, 그리고 규모가 크다 싶은 유럽의 식민지 도시들에서 커피하우스는 새로운 사회·문화적 현상으로 자리 잡았다. 그곳에서 사람들이 생각을 서로 나누었지만, 단지 그뿐만이 아니었다. 전통적으로는 지식의 중심이 궁정과 교회, 대학이었다. 거기다가 17세기에 과학 또는 문학 학회들이 발달하자 저널과 신문, 클럽이나 롯지(lodge) 등이 지식의 중심으로 추가되었다. 롯지란 프리메이슨 회원들의 회합 장소였는데, 사람들은 돈을 내고 롯지에 입장했다. 이들 대부분은 남성이 주도하는 문화였다. 그러나 파리에서 처음으로, 그리고 나중에는 다른 곳에서도 엘리트 여성을 중심으로 남성들이 모여드는 문화가 나타났다. 여기서 여성은 공식·비공식적으로 대화 주제를 제안했고, 여성의 집 거실에서 모임을 주최했다(프랑스에서는 이를 살롱Salon이라 했다). 학회, 저널, 클럽, 살롱을 비롯하여 새롭게 등장한 이 같은 조직을 독일의 철학자이자 역사학자인 위르겐 하버마스(Jürgen Habermas)는 "공론장(public sphere)"이라 불렀으며, 오늘날 "공론(여론public opinion)"이라고 하는 것이 형성되는 계기가 되었다고 분석했다. 여론은 18세기 이후로 강한 추진력이 되었다.

    여론과 문화적 유행은 엘리트의 취향에 따라 만들어졌으나, 일반 대중의 의견도 많이 반영되었다. 특정 저널이나 신문을 구독하고 카페나 커피하우스를 정기적으로 방문하는 사람들의 의견이 엘리트의 의견에 덧붙여졌다. 어떤 그림, 어떤 문학 스타일이 칭송받아 마땅한가를 결정하는 데 점차 더 폭넓은 사람들의 의견이 반영되었다. 그리고 어떤 정치적 계획이나 사상을 받아들일지 말지를 결정하는 일도 마찬가지였다. 이 같은 새로운 문화적 통로를 통해 과학적 사고는 과학자들을 넘어서 폭넓은 대중에게로 확산되었다. 18세기에 이성(reason)

의 힘을 강조했던 사상적 흐름을 계몽주의(Enlightenment)라 했는데, 이 또한 새로운 문화적 통로를 통해 확산되었다. 계몽주의 사상을 토론하고 옹호하던 그룹이라 하면, 프리메이슨의 롯지, "진보주의자(progress)"들의 소식지, 특정 업계 내부의 소식을 공유하는 정보지, 선술집이나 누군가의 집에서 둘러앉아 벌인 토론회, 조금씩 돈을 모아서 연 강연회 등이었다. 이런 자리는 유럽의 어느 도시에서나 있었다. 파리, 에든버러, 런던, 나폴리, 로마, 바르샤바, 그리고 대서양 건너 영국이나 프랑스 혹은 스페인의 식민지에서도 마찬가지였다. 계몽 사상은 유럽에서 아메리카로 전해졌을 뿐만 아니라 그 반대 방향으로도 영향을 미쳤다. 프랑스 치하의 카리브 해 섬 지역에서 거론되던 노예 문제나 천부인권 관련 논쟁이 유럽으로 건너가 정치적 담론이 되었다. 이 논쟁에 참여한 사람들, 그들의 의견을 수록한 신문들이 카리브 해의 커피와 같은 배를 타고 유럽으로 들어갔기 때문이다. 이러한 새로운 사상이 대서양 연안 혁명의 배경 요인이 되었는데, 그 혁명에 대해서는 나중에 다시 논의할 것이다.

　차(茶)의 확산은 초콜릿이나 커피와는 시대도 다르고 유통 경로도 달랐다. 차의 원산지는 중국 남서부 지역이었다. 언제부터 사람들이 차를 마시기 시작했는지는 정확하게 알려져 있지 않다. 6세기 중국에는 이미 곳곳에 차나무 밭이 있었다. 중앙아시아 스텝 지역의 유목민은 차에 중독되어, 전투용 말을 팔아 차를 사기도 했다. 인도나 러시아 혹은 서아시아로 전쟁을 하러 갈 때도 그들은 차를 가지고 다녔다. 불교 승려들이 한국과 일본으로 차를 전해주었다. 차와 관련된 경전이나 예불에 쓰이는 차 관련 도구도 함께 전했는데, 한국과 일본에서는 차가 거의 종교 의식 같은 의례의 일부가 되었다. 차를 준비하고 마시는 절차가 매우 섬세한 과정으로 고착화된 것이다. 유럽인이 처음 차를 접한 때는 그들이 인도양 연안에 도달했을 때였다. 그들은 차가 맛이 쓴 의약품이라고 생각했을 뿐 감미로운 차 맛은 알지 못했다. 유럽에서는 18세기가 되어서야 차를 마시는 관습이 서서히 시작되었다. 대서양 연안의 플랜테이션 농장에서 재배한 사탕수수로 만든 설탕이 대중에게 널리 인기를 얻을 때였다. 영국의 차 수입량은 1인당 0.1온스에서 1파운드(16온스)로 늘어나며, 무려 4만 %나 성장했다. 카페인과 설탕이 결합해서 단맛이 나는 차를 마신 노동자는 더 오랜 시간 일을 할 수 있었다. 여성들은 찻주전자를 놓고 둘러 앉아 새로운 형태의 사교 모임을 열었다. 찻주전자는 수입품이 많았지만 영국 현지에서 생산한 저렴한 것도 있었다.

일본에서 차를 마시는 모임은 본격적인 불교 의례보다는 소박한 의례 행위로 받아들여졌다. 도쿠가와 막부 시대 대도시 중심가에는 극장이나 선술집과 함께 찻집이 등장해서 여가를 즐기는 공간으로 이용되었다. 우키요(浮世)란 "뜬구름 같은 덧없는 세상"을 뜻하는데, 할 일 없는 사무라이나 다이묘를 비롯한 도시 거주자들이 놀며 시간을 보내는 장소를 일컫는 말이었다. 게이샤(藝子)가 있는 찻집도 있었다. 게이샤는 오랫동안 노래, 이야기, 춤, 악기 연주를 배운 전문 여성이었다. 엘리트 남성들은 게이샤가 있는 찻집에 모여서 게이샤에게 많은 돈을 지불했다. 성적인 접대도 없지 않았지만 대부분은 대화를 나누거나 춤과 노래를 즐기는 정도였다. 원한다면 우키요 중에서도 가부키 극장에서 시간을 보낼 수 있었다. 훨씬 더 대중적인 이 극장에서는 모든 출연자가 남성으로 제한되었다. 쇼군은 분란을 일으키지 않으려고 우키요의 모든 문란을 참아 넘겼다. 남자들은 우키요에서 쓸 비용을 감당하기 위해 자신의 영지에 사는 농민에게 세금이나 소작료를 올려 받았다. 아니면 어디서 돈을 빌리기도 했다. 차를 마시거나 담배를 피우는 일이 "시간 낭비에 돈 낭비"였지만, 쇼군은 굳이 농민에게 이를 금하지 않았다. 안 그래도 대부분 농민에게는 자유롭게 쓸 수 있는 돈이 없었기 때문이다.

일본에서와 마찬가지로 근세의 세계 도시 곳곳에서는 다양한 종류의 상업화된 여가 공간이 출현했다. 중국이나 서유럽 대도시의 사람들도 극장에서 연극, 오페라, 콘서트를 관람했으며 가설무대에서 서커스나 이야기 공연을 즐겼다. 광주(광저우)나 양주(양저우)의 시민은 런던이나 파리의 시민과 매우 비슷한 경험을 했을 것이다. 여러 비슷한 것들 중 매음굴도 있었다. 매음굴은 주로 극장가에 있었는데, 저렴한 경우부터 아주 비싸고 사치스러운 경우까지 종류도 매우 다양했다. 때로는 당국에서 면허를 얻고 세금을 납부하는 경우도 없지 않았다.

노동과 여가에는 모두 알코올이 빠질 수 없었다. 콜럼버스의 교환으로 거래되던 모든 주식 작물이 어디선가는 알코올 제조 원료로 사용되었다. 곡물로는 다양한 종류의 맥주를 만들 수 있었다. 발효시킨 쌀, 보리, 밀 등이 이용되었다. 한편 포도나 과일로는 와인이나 과실주, 음료 등을 만들어서 잔치나 선술집, 축제, 극장 등 여러 곳에서 애용되었다. 사람들은 일상생활의 일부로 맥주나 과실주, 값싼 와인 등을 마셨다. 술을 마시면 다른 음식으로 섭취한 칼로리를 더 높일 수 있었고, 고통을 줄이는 등의 부수 효과를 기대할 수 있었다. 포토시 은광의 광부들은 감자와 함께 옥수수로 만든 맥주(치차chicha)를 구매했다. 그래야 스스로를 버텨내며 유지할 수 있었다. 또한 그들은 코카 잎도 씹었다. 잉카 제국에서는 종교 의례나 치료 목적으로만 코카 잎을 사용했지만, 은광 노동자들은 혹독한 노동 가운데 잠시나마 배고픔을 잊고 기운을 내기 위해서 코카 잎을 사용했다. 그러나 코카 잎을 씹는 관습은 안데스 지역 바깥으로 전파되지 않았다. 코카 잎이 마약으로 각광받은 것은 훨씬 나중의 일이다. 독일의 한 과학자가 코카 잎에서 치명적인 성분을 추출해냈는데, 그 성분을 코카인(cocaine)이라 했다.

　사람들은 더 강한 알코올 성분을 원했다. 어떤 액체를 증류시키거나 여러 차례 발효시키는 방법으로 더 강력한 알코올을 얻을 수 있었다. 강한 알코올을 얻는 가장 손쉬운 방법은 증류법이다. 최소한 두 지역(12세기 이탈리아와 중국)에서 각각 증류법이 개발되었는데, 이와 별개로 아마 다른 지역에서도 개발되었을 수 있다. 16세기가 되면 와인 생산지마다 브랜디(brandy)와 달콤한 리큐어(liqueur)를 생산했고, 서인도 제도에서는 럼주가 대량 생산되었으며, 사과, 배, 자두, 체리 같은 과일로 만든 브랜디도 생산되어 지역 내 유통망으로 판매되었다. 곡물 증류 기술이 발달하자 증류주들이 가격 면에서 브랜디보다 유리한 위치를 차지했다. 예를 들면 위스키, 진, 보드카 등이 특히 가난한 사람들을 중심으로 기존의 음료를 대체했다. 잉글랜드 정부는 질 나쁜 곡물을 소비하는 방식으로 증류주 진(Jin)을 만드는 것이 좋다고 생각해서, 누구나 만들어서 판매할 수 있도록 했다. 1740년에 이르자 진은 맥주보다 여섯 배나 더 생산되었다. 런던에서 진을 구입할 수 있는 가게는 수천 곳에 달했다. 진을 마시는 데 따르는 문제들은 파산, 매춘, 아동 방치 등 수도 없이 많았다. 결국 1751년 정부에서 면허를 도입해 판매를 제한했지만 불법 생산과 유통이 근절되지는 않았다.

커피하우스, 클럽, 선술집 등 상업화된 여가 공간에서 즐기던 중독성 물질이 또 하나 있었다. 바로 담배였다. 아메리카 원주민은 콜럼버스 이전부터 오랫동안 담배를 즐겨왔다. 콜럼버스가 담배 씨앗을 스페인으로 가져갔고, 스페인 농부들은 긴장을 완화하는 약제 생산을 목적으로 담배를 재배했다. 리스본 주재 프랑스 대사 장 니코(Jean Nicot, 1530~1600)는 담배를 프랑스에 소개한 인물로, 니코틴이라는 성분 명칭과 담배의 식물학적 학명인 니코티아나(Nicotiana)는 그의 이름과 관련이 있다. 처음에는 코담배였다. 18세기 유럽 남성들 사이에서 코담배를 즐기는 사람은 지적이고 사회적 지위가 있는 사람으로 간주되었다. 은이나 상아로 만든 담뱃갑에 담배 가루를 가득 채우고 다니면서 레이스가 달린 화려한 손수건에 가루를 덜어 코로 들이마시면 니코틴이 혈관 속으로 바로 들어갔다. 이보다 조금 낮은 계층의 사람들은 파이프 담배를 피웠다. 파이프 또한 갈수록 점점 더 정교한 도구로 발달해서 누구나 쉽게 이용할 수 있게 되었다. 영국 상인이 오스만 제국에 담배를 판매했고, 오스만 제국의 커피하우스라면 어디서나 파이프 담배 연기가 자욱했다. 무슬림 관료와 성직자는 커피와 마찬가지로 담배에 대해서도 과연 이슬람 율법으로 자제를 권고하거나 심지어 금지해야 하는 것은 아닌지, 과연 이로운 물건인지 해로운 물건인지를 두고 논쟁했다. 술탄 무라드 4세(Murad Ⅳ)는 커피하우스를 폐쇄하면서 담배도 금지시켰다. 이를 어기면 엄한 처벌을 받아야 했다. 그러나 오스만의 관료 카팁 첼레비(Katib Chelebi)가 금지 정책이 시행된 직후에 남긴 기록에 따르면, 다른 군인들을 "담배 때문에 처형하는 와중에도 담배 피울 기회를 엿보는" 군인들이 있었다고 한다. 무라드 4세의 뒤를 이은 그다음 술탄은 "오늘날 담배는 지구상 모든 곳에서 행해지는 관습"이라는 이유로 금지령을 취소했다. 담배와 함께 아편도 많이 소비되었다. 18세기 영국 동인도회사는 중국에서 수입한 물품의 대금을 치르기 위해 인도 식민지에서 생산한 방대한 양의 아편을 중국으로 수출했다.

　유럽에서 소비되는 담배의 대부분은 아메리카에서 생산되었다. 17세기 버지니아 주 체서피크 만(Chesapeake Bay) 지역이 최고 품질의 담배 생산지로 명성을 얻었다. 담배 재배 농가는 런던의 상인과 (나중에는 스코틀랜드 글래스고의 상인과) 계약을 하고 그들에게 자본을 빌렸다. 그 자본으로 땅을 사고 소비재를 샀으며, 노동자를 고용하거나 노예를 구입해서 플랜테이션 농장을 확대해갔다. 17세기 담배 농장에는 유럽에서 온 자유민 신분의 계약 노동자와 아프리카에서 온 노예가 섞여 있었다. 그러나 18세기가 되어 계약 노동자의 수는 현저하게 줄어들었다. 가격 경쟁이 심해져서 갈수록 노예를 쓸 수밖에 없었고, 체서피크 지역은 노예 인구가 급격하게 증가했다. 이 지역의 플랜테이션 농장은 남부 내륙 지역에 비해 상대적으로 규모가 작은 편이었다. 남부 내륙에 있는 조지 워싱턴(George Washington)이나 토머스 제퍼슨(Thomas Jefferson)의 농장은 훨씬 더 규모가 컸다. 체서피크 지역에서 담배는 유통 수단으로서 화폐 대신 사용되기도 했다. 아프리카 서부 해안 지역에서도 담배를 주고 노예를 살 수 있었다.

담배가 중국에 소개된 때는 16세기 중반이었는데, 이후 명나라와 청나라 군인에 의해 널리 확산되었다. 부유한 사람들은 담뱃대와 담배 주머니를 가지고 다녔다. 혹은 하인들이 대신 들고 따르기도 했다. 여성은 매우 길고 가는 담뱃대를 사용했다. 그게 더 여성적으로 보였기 때문이다. (미국에서 심미적 판단이 개입되어 여성을 위한 담배 디자인이 출현한 시기는 20세기 중반이다.) 학자와 귀족이 모여 담배를 즐기며 시간을 보냈고, 시인은 담배를 칭송하여 "현자의 풀(仁草)"이라거나 "황금실 같은 연기(金絲烟)"라고 일컬었다. 수요가 높았기 때문에 같은 농지에 쌀이나 다른 곡물을 재배하기보다 담배를 재배하는 편이 더 이익이었다. 담배 재배는 토지의 양분을 크게 소모하므로 오래 재배하기 어려웠지만, 그럼에도 불구하고 18세기 중국에는 담배 재배 농가가 엄청나게 증가했다.

설탕과 노예 무역

카페인과 니코틴은 강력한 약물이었다. 커피, 초콜릿, 그리고 18세기의 차(茶)가 유행한 데에는 설탕의 영향이 컸다. 설탕 또한 콜럼버스의 교환에서 핵심적인 물품으로, 카페인이나 니코틴 못지않은 중독성 물질이었다. 사탕수수의 원산지는 남태평양이다. 이미 고대에 인도로 전파되었고, 거기서 다시 남중국과 지중해 지역으로 전해졌다. 아프리카의 대서양 연안은 사탕수수 재배에 알맞은 덥고 습한 기후였고, 15세기 말 포르투갈인은 그곳에 식민지를 건설하고 사탕수수에서 설탕을 추출했다. 설탕을 추출하려면 고가의 섬세한 기계 장치가 필요했다. 또한 무거운 사탕수수를 잘라 운반하고, 들판을 불태우고, 사탕수수 즙이 담긴 거대한 솥을 관리하려면 수많은 노동자가 필요했다. 즉 소규모 농장에서는 설탕을 생산해도 경제적 타산이 맞지 않는다. 그보다는 대규모 플랜테이션 농장 체제에서 설탕을 생산할 수밖에 없었고, 그 농장은 멀리 떨어져 있는 거대 자본 상인이나 투자자의 소유였다. 처음에는 사탕수수 농장에서 자유 노동자와 노예가 같이 일했고 인종적 구성도 다양했다. 그러나 1480년대부터는 사탕수수 농장 일꾼들 대부분이 흑인 노예였다.

    콜럼버스는 설탕의 사업성을 첫눈에 알아보았다. 그가 마데이라(Madeira) 제도에 살 때였다. 그는 2차 탐험 당시 사탕수수를 잘라 카리브 해로 가지고 갔다. 서반구 최초의 설탕 공장(방앗간)은 1515년에 오늘날 도미니크공화국 지역에 설립되었다. 브라질도 사탕수수 재배에 알맞은 기후였고, 16세기 중엽 유럽 전역의 수많은 투자자는 브라질에 사탕수수 플랜테이션 농장을 설립하는 데 나섰다. 1600년에 이르러 브라질은 유럽에서 소비되는 설탕의 최대 생산지로 자리 잡았다. 설탕은 유럽 사람들과, 신대륙으로 건너간 유럽인에게 일상적인 식재료가 되었다. 잉글랜드에서 1인당 소비량은 연간 3~4파운드 정도였다. 오늘날 소비량에 비하면 적은 양이지만(1인당 소비량 기준 최고는 미국으로, 연간 약 150파운드에 이른다) 그 이전에 비하면 엄청나게 늘어난 것이었다. 원래 설탕은 워낙 사치품이라서 음식이 아니라 약재로 취급되던 물품이었다. 어떤 면에서 보면 설탕을 약품으로 보는 것도 타당한 시각이다. 중독성이 있는 데다가 가격이 저렴하다면 아무리 먹어도 더 먹고 싶은 충동이 일어난다.

노예 제도와 해상 운송으로 설탕 가격은 낮게 유지되었다. 카리브 해와 브라질의 사탕수수 재배 농장에서 처음에는 원주민을 동원하여 혹독한 노동을 강요했다. 카리브 해 지역에서 스페인 정착민들(encomenderos)은 이른바 엔코미엔다(encomienda) 시스템, 즉 약자를 보호해주는 대가로 강제 노동을 시킬 수 있는 권리를 가진다고 주장했다. 그러나 강제 노동에 동원된 원주민은 금방 죽거나 달아나버렸다. 돈을 아무리 많이 주더라도, 뜨거운 태양 아래서 마체테 칼을 휘두르며 사탕수수를 베고 단을 묶어 끌고 운반하는 힘든 노동을 하려는 유럽인도 없었다. 해결책은 대서양의 섬에서 하던 방식뿐이었다. 즉 아프리카 노예를 수입해 와서 거대한 플랜테이션 농장을 건설하고, 노동력을 대규모로 투입해 사탕수수 가공 기계를 쉬지 않고 돌리는 것이었다. 서아프리카와 중부 아프리카 해안 지역에서 노예 상인은 점점 더 내륙으로 깊이 들어가며 더 많은 노예를 사냥하고 사고팔았다. 통치자가 노예 무역을 제한하려 하기도 했지만, 이익을 탐하는 통치자도 있었다. 하지만 어떤 경우든 노예 사냥꾼은 별로 개의치 않았다. 그들은 전쟁을 부추겨 포로를 잡아 오도록 하거나, 아무 집이나 들판에서 사람들을 붙잡아 왔다. 노예 무역은 점점 더 성장했다. 아프리카에서 붙

[그림 4-6] 설탕을 만드는 노예들

17세기 프랑스 판화. 노예들이 설탕을 만드는 여러 과정을 보여준다. 우측 상단은 소가 끄는 방아 기계에 사탕수수를 집어넣고 돌려 으깨는 장면이고 중앙은 사탕수수 즙을 끓이는 장면이다. 우측 하단에는 작업을 감독하는 백인의 모습이 그려져 있다.

잡혀 사탕수수 농장으로 끌려오는 노예의 수는 연간 수천 명 규모에서 나중에는 수만 명으로 늘어났다. 콜럼버스 이후 350년 동안 대서양을 건넌 아프리카인이 유럽인보다 더 많았다. 약 1000만~1200만 명 정도가 아메리카로 들어간 것으로 추정되는데, 도중에 죽은 사람은 그보다 더 많았다. 따라서 콜럼버스의 교환에 속하는 여러 품목 가운데 가장 악명 높은 작물은 바로 사탕수수라고 하겠다.

노예 무역은 서부 아프리카 및 중서부 아프리카 지역에 급격한 변화를 초래했다. 전쟁이 촉발되고 가족과 친족 집단이 파괴되었다. 이 지역에서 여성은 많은 농산물을 생산했으므로, 노예로 팔기에는 너무

아까운 존재였다. 그래서 신대륙에 노예로 팔려 가는 인구의 3분의 2는 남성과 소년이었다. 여성은 남아서 농장 노동자(혹은 그의 아내)가 되었다. 대서양 노예 무역 때문에 여성의 농작물 생산 활동은 더더욱 강화되었으며, 아프리카 곳곳에서 노예 무역도 증대되었다. 인도양에서도 노예 무역이 이루어졌다. 인도, 동남아시아, 마다가스카르에서 네덜란드령 케이프 식민지(Dutch Cape Colony)로 팔려 가는 노예도 있었고, 동아프리카에서 인도양 여러 섬으로 사탕수수를 비롯한 플랜테이션 농장으로 팔려 가는 노예도 있었다. 동남아를 거쳐 심지어 브라질까지 팔려 가기도 했다. 아프리카에서, 그리고 여러 식민지에서 다양한 상품의 생산 방식이 변해감에 따라 노동력에 대한 수요도 수시로 변했고, 이에 발맞춰 자유민은 물론 과거 노예 출신이나 심지어 아직 노예 신분인 자들까지도 노예 무역에 종사했다.

노예 제도는 노동력 공급 문제뿐만 아니라 노동력 재생산 방식에도 영향을 미쳤다. 아프리카에서, 무슬림 세계에서, 동남아시아에서 노예 여성이 측실이나 애첩 혹은 시녀로 일하면서 가정에 소속되는 경우가 많았다. 이들의 노동을 통해 주인/남편의 재산과 권력이 달라졌다. 이들이 낳은 아이들은 자유민 신분을 얻었다. 이슬람 율법에서 아이의 신분은 아버지의 신분을 따르도록 했기 때문이다. 반면 아메리카 노예 사회에서는 법에 따라 아이들도 어머니로부터 "노예 신분(condition of servitude)"을 상속받아야 했다. 지역에 따라 주인이 출산에 별로 신경 쓰지 않는 경우도 있었다. 노예가 일하다가 죽으면 새로 사 오면 그만이었다. 예를 들어 브라질에서 사탕수수 농장의 노동은 특히 혹독해 여성 노예가 극소수였다. 그래서 새로 태어나는 노예는 별로 없었고 대부분 그냥 죽어 나갔다. 노예 주인은 노예의 수명을 7년으로 예상했고, 새로운 노예를 구입할 때 그 노예의 7년 생산량에 비추어 손익을 따졌다. 북아메리카에서 노예 인구가 증가한 데에는 수입 노예 인원수보다 "자연 증가"분의 기여가 더 컸다. 아프리카에서 수백만 명의 노예가 신대륙으로 건너갔지만, 그중 북아메리카로 들어간 노예는 5%에 불과했다. 아프리카, 카리브 해, 북아메리카 등지의 자료에 의하면 경우에 따라 노예 여성이 산아 제한을 했던 것으로 추정된다. 특정 식물을 사용하여 임신을 기피하거나 낙태를 하기도 했다. 그럼에도 불구하고 임신은 노예 여성의 삶에서 농장 노동과 더불어 가장 중요한 부분이었다. 물론 노예 여성이 출산한 아이들이 성년에 이르도록 성장할 수 있다는 보장은 전혀 없었다.

단지 노예 무역만으로 그렇게 큰 이익이 발생한 것은 아니었다. 플랜테이션 시스템이 자본가의 사업에서 핵심적인 부분이었다. 그것이 유럽의 상인과 투자자에게 지속적으로 이익을 가져다주었다. 유럽인은 온갖 플랜테이션을 조성했다. 인디고(인도 쪽), 목화, 쌀, 담배 등이 플랜테이션 시스템으로 재배되었다. 당시의 세계 어디에서나 노예는 사회의 일부를 구성했고, 그 이전에도 마찬가지였다. 그러나 신대륙 플랜테이션 농장의 노예는 다른 사회의 노예와는 다른 측면을 내포했다. 신대륙 노예 시스템에는 다른 사회에서 볼 수 없는 인종 문제가 개입되어 있었다. 백인은 자유민, 흑인은 노예라는 관념이 결부되면서 유럽의 기독교인과 아랍의 무슬림은 자신들이 소유한 노예를 열등하고 야만적이며 원시적인 존재로 인식했다. 플랜테이션 농장 소유주는 노예를 인간이 아니라 기계로 간주했다. 마치 기계처럼 노예도 다 쓰면 새것으로 교체해야 하는 존재였다. 기독교 선교사 중에서 이런 사태에 반대하는 사람들도 있었다. 특히 기독교로 개종한 노예를 그렇게 다루어서는 안 된다고 생각했다. 그러나 대부분의 교회 지도자는 노예 제도를 찬양했다. 비록 이 세상에서 노예의 삶은 고통스럽겠지만, 그들에게 기독교를 영접할 기회가 주어지기 때문에, 결국에는 그들에게도 더 좋은 일이 된다고 떠들었다.

종교의 변화와 그 결과

근세의 종교는 노예 제도를 합리화하는 근거를 제공해주었다. 또한 식민지 분쟁을 정당화하고, 나아가 부추기기도 했다. 크리스토퍼 콜럼버스(Christopher Columbus)는 "신께서 나를 《요한계시록》에 나오는 새 하늘 새 땅에 복음을 전할 사도로 임명하셨다"라는 글을 남겼다. 그는 자신의 운명이 이름에 새겨져 있다고 생각했다. 그의 이름 크리스토퍼(Christopher)를 라틴어로 번역하면 크리스토페로(Christofero)인데, 이는 "그리스도의 말씀을 전한다"는 의미였다. 탐험가와 정복자는 신(God)보다 금(gold)에 더 관심이 많았으나, 세력을 확장하거나 제국을 건설하는 데 종교를 명분으로 내세우는 경우가 많았다. 오래도록 이런 관행이 지속되었지만, 특히 16세기에는 종교적 열기가 더욱 고양되었다. 기존의 종교는 개혁을 통해 부흥을 꾀했고, 새로운 신앙도 출현했기 때문이다. 이러한 움직임은 개인 차원에서 강력한 소명 의식을 가진 사람들로부터 시작되고 확산되어 나갔다. 이들은 신의 뜻에 더욱 적합하다고 생각하는 새로운 교리를 개발했고, 그 교리에 설득된 많은 사람들을 신도로 확보했다. 개종을 하는 것이 사회적, 경제적, 혹은 정치적으로 이득이라고 믿는 사람들이었다. 개종한 사람들 중에는 통치자도 있었다. 이들은 백성들에게 자신과 같은 종교로 개종할 것을 요구했고, 새로운 정복 사업의 이유로 종교를 제시하기도 했다.

개혁 종교 지도자는 신도에게 일정한 의무를 부과했다. 남자의 의무와 여자의 의무가 서로 다른 경우가 많았다. 그들은 종교 의례가 마음 깊은 곳에서 우러나오는 신앙심 없이 행해지는 것은 옳지 않다고 비판했고, 특정 의례뿐 아니라 일상적인 가정생활 자체가 영적·윤리적 가치를 구현할 기회라고 믿었다. 새롭게 개혁된 종교가 일단 자리 잡은 뒤에는 그 또한 하나의 전통이 되었다. 아이들이 부모의 신앙을 따르면서 대를 이어 전승되었기 때문이다.

이 같은 종교 개혁 중에서도 서유럽 기독교의 분열이 가장 극적인 과정을 겪고 가장 폭력적인 사태를 초래했다. 16세기 초 대부분 사람들이 기독교의 가르침을 받아들이고 기독교 의례를 당연시할 때, 상당수가 개혁을 요구했다. 그들은 교황을 중심으로 하는 교회가 신앙보다는 부와 권력에 더 큰 관심을 기울이고 있다며 불만을 제기했다. 1520년대에 마르틴 루터(Martin Luther, 1483~1546)도 개혁 그룹에 합류했다. 그는 독일 비텐베르크(Wittenberg) 대학교 신학 교수였다. 마르틴 루터는 교회의 가르침에 반대하는 글을 쓰고 설교를 했다. 그의 생각은 광범위한 사회 운동을 촉발했다. 그 운동을 프로테스탄트 종교 개혁(Protestant Reformation)이라 한다. 인쇄술이라는 새로운 기술도 그의 사상을 전파하는 데 기여했다. 기존 세계사에서 프로테스탄트 종교 개혁은 콜럼버스의 항해와 함께 과거와 단절되는 분기점이자 근대(혹은 최소한 근세)의 시작으로 간주되었다. 그러나 콜럼버스와 마찬가지로 루터의 행적에도 그다지 근대적으로 보이지 않는 요소들이 많이 포함되어 있다.

루터 신학의 기본은 "오직 믿음(faith alone), 오직 은혜(grace alone), 오직 성경(Scripture alone)"이라는 문구로 대표된다. 루터는 믿음에서 비롯되는 구원은 바로 신에게서 대가 없이 주어지는 선물이며, 신의 말씀은 성경에 기록되어 있을 뿐 기독교 전통에 있지 않다고 주장했다. 루터는 성경을 독일어로 번역했고, 루터를 비롯한 프로테스탄트 종교 개혁가들은 성경에 근거하지 않은 종교적 관행을 거부했다. 성직자의 독신 생활도 그래서 받아들이지 않았다. 루터는 그것이 인간의 본성을 거스를 뿐 영적으로 아무런 도움이 되지 않는 쓸데없는 행위라고 생각했다. 모든 사람이 가족과 더불어 살아가는 것이 바람직하다는 것이 프로테스탄트의 믿음이었다. 남자는 신중하고 책임감 있는 아버지이자 남편으로서, 여자는 사랑스럽고 복종할 줄 아는 아내이자 어머니로서 충실한 가정이 그들이 생각하는 가정의 이상적인 모습이었다. 그들이 보기에 남자든 여자든 독신 생활은 바람직하지 않았다. 프로테스탄트 지역에서는 대부분 몇 가지 제한된 이유에 해당할 경우 이혼과 재혼이 가능했다. 그러나 실제 이혼율은 굉장히 낮았고, 결혼으로 이루어진 가정은 쉽게 깨트리기 어려운 사회 및 경제적 단위였다.

프로테스탄트 종교 개혁가는 정치 권력자와 함께 일했다. 중부 유럽의 상당 지역과 스칸디나비아 지역이 가톨릭 교회에서 떨어져 나와 독자적으로 프로테스탄트 교회를 세웠다. 통치자로서는 가톨릭 교회와 단절하면 가톨릭 소속 토지와 재산을 몰수할 수 있고, 통치자로서 일상생활을 통제하는 것처럼 종교 또한 지배할 수 있게 된다는 것을 잘 알았다. 잉글랜드의 헨리 8세(Henry VIII, 재위 1509~1547)는 아들을 낳아 후계를 물려주고자 했다. 그래서 재혼을 하려 했지만 가톨릭 교회에서 허락하지 않았다. 헨리 8세는 가톨릭 교회와 분리된 독자적인 영국 교회를 설립했다. 여기에 기꺼이 찬성하는 사람들도 있었고 반대하는 사람들도 있었다. 프로테스탄트를 신봉하든 가톨릭을 신봉하든 정치권에서는 모두가 자신의 영토에 통일된 하나의 교회가 있어야 한다고 생각했다. 그러나 이런 선입관을 거부하는 사람들도 없지 않았다. 이들은 종교적 헌신이 자발적이어야 한다고 생각했는데, 이는 사회적으로 수용되기 어려운 급진적인 사상이었다. 이들 중에는 평화주의를 주창하거나 재산의 공동 소유를 주장하는 사람도 있었다. 그래서 이들은 격렬한 박해를 받았고, 여기저기로 도망을 다니기도 했다. 루터의 사상을 신봉하던 농민은 그 사상을 내세워 사회적 정의를 요구했다. 이들 또한 억압을 피할 수 없었고, 루터는 정작 억압자의 편에 섰다. 종교 개혁 때문에 100년에 걸친 엄혹한 종교 전쟁이 벌어졌다. 스위스와 독일에서 시작된 전쟁은 프랑스로 번져 나갔고, 16세기에는 네덜란드까지 확산되었다.

1530년대 말에 이르러 가톨릭 교회는 프로테스탄트의 도전에 대하여 보다 엄격히 대응하기 시작했다. 동시에 내부 개혁도 추진했다. 양쪽 모두 교황청과 더불어 새롭게 수립된 수도회가 주축이 되었다. 대표적인 수도회로 예수회가 있었다. 예수회를 창립한 인물은 이냐시오 데 로욜라(Ignacio de Loyola, 1491?~1556)였다. 그는 스페인의 기사였는데, 그 또한 프로테스탄트 개혁가들처럼 가톨릭이 위기라고 생각했지만 해결책은 교황과 기존의 관습에 저항하는 것이 아니라 오히려 철저히 순종하는 데 있다고 믿었다. 16세기 후반에 이르러 로마 가톨릭은 활기를 되찾았다. 이를 가톨릭 개혁(Catholic Reformation)이라 한다. 이 시기에 화려한 장식과 아름다운 프레스코 벽화가 새로운 개혁적 사상을 표현하기라도 하는 듯 놀랄 만큼 아름다운 성당들이 건립되었다. 같은 시기 장 칼뱅(Jean Calvin, 1509~1584)의 사상적 영향으로 또다시 프로테스탄트 개혁 바람이 불었다. 칼뱅주의에서는 질서, 연민, 수양 등이 신의 선택을 받았다는 표시로 이해되었다. 그래서 칼뱅주의 교회도 이러한 사상이 반영되어 흰색 벽과 유리창에도 그림이 없었다. 도덕성과 사회적 절제를 강조하는 움직임이 가톨릭 내부에서도 생겨났다. 유럽의 통치자들은 백성에게 자신이 믿는 기독교 분파의 교리를 주입하려고 노력했다. 역사학자들은 이러한 과정을 "교조주의화(confessionalization)"라고 한다.[1] 이 같은 교조주의화 과정과 엄격한

---

1 종교 개혁 이후 유럽 기독교의 각 종파에서는 자신의 교리를 정리한 신앙고백서(confession of faith)를 출간하여 종파 소속 교회들의 통일성을 꾀했다. 비단 프로테스탄트 교회뿐만 아니라 가톨릭 교회나 동방정교회도 마찬가지다. 독일의 역사학자 랑케(Leopold von Ranke)는 16세기 후반을 반종교 개혁의 시대라고 규정했지만, 이는 프로테스탄트를 중심으로 하는 시대 개념이

사회적 통제는 16세기 이후까지도 지속되었다. 정치권력이 사람들을 교육하고 정해진 행동을 권장하거나 강요하는 관습은 프로테스탄트나 가톨릭이 의도한 것보다 훨씬 오래도록 실시되었다.

프로테스탄트 지역과 가톨릭 지역에서는 모두 이단자 혹은 악마와 결탁했다고 의심되는 사람들을 체포해서 재판을 하고 처형했다. 그중 마법에 걸린 혐의로 체포된 자가 10만~20만 명에 이르렀다. 실제로 처형된 사람은 4만~6만이었는데, 그중 4분의 3이 여성이었다. 여성 혐오 사상, 법률의 급변, 사회적 억압, 종교적 열기, 사회 질서에 대한 우려 등이 종합적으로 뒤섞이면서, 배운 사람이건 못 배운 사람이건 할 것 없이 모두가 마녀에 대한 공포의 도가니로 빠져 들어갔다. 그렇게도 엄격하게 마녀를 처형하던 종교 지도자와 법관이, 다른 사람도 아닌 바로 그 사람들이 나중에는 고문을 한다 해서 진리가 드러나지 않으며 악마가 도움을 원한다 하더라도 가난하고 늙은 여인에게 깃들이지는 않으리라는 추론을 하게 되었고, 그제야 마녀 사냥이 누그러지기 시작했다.

17세기 잉글랜드에서는 칼뱅주의의 영향을 받은 프로테스탄트와

라는 비판이 이어졌다. 에른스트 발터 제덴(Ernst Walter Zeeden)은 1958년의 논문에서 이 시기를 "신앙고백서가 형성되던(Konfessionsbildung) 시대"로 지칭하는 것이 보다 가치 중립적이라고 생각했다. 이후 많은 역사학자들이 이 시대적 개념을 확장시켰고, 통치자의 신앙을 그 치하의 백성들이 무조건 따라야 한다(Cuius regio, eius religio, 1555년 아우구스부르크 화의에서 채택됨)는 원칙이 강요된 교조주의 시대로 해석했다. 우리나라에서 일부 종교 신자들을 제외하고는 신앙고백서가 익숙하지 않은 개념이므로, 이상의 역사학적 논의를 바탕으로 하여 교조주의화라고 번역했다.

사회·정치·경제적 불만 세력이 결합되어 내전이 벌어졌다. 평민 가운데 (대개 젠트리gentry라고 하는) 상위 계층과 도시에 거주하던 시민들은 그들이 보기에 가톨릭의 흔적이 남아 있는 잉글랜드 교회를 "깨끗이 하고자(purify)" 했다. "청교도(puritan)"라고 알려진 이들 중에는 의회 의원도 포함되어 있었다. 의회는 나라의 대표 조직으로서 세금 인상과 왕권의 제한 등을 결정할 권한을 가지고 있었다. 의회에서 법률과 종교의 개혁을 요구했고, 이에 국왕 찰스 1세(Charles I, 재위 1625~1649)는 1642년 군대를 모아 진압에 나섰다. 의회와 의회 소속 군대를 이끈 인물은 카리스마 넘치는 지도자 올리버 크롬웰(Oliver Cromwell, 1599~1658)이었다. 그는 군대를 뛰어난 전투 조직으로 이끌었을 뿐만 아니라 정치 조직화했다. 그의 군대는 국왕을 체포해 처형했다. 이는 잉글랜드 사람들은 물론 인근 왕국에도 두려움을 안겨주는 소식이었다. 크롬웰은 스스로가 신의 소명을 지녔다고 생각했다. 당시는 예컨대 재산 공동 소유 같은 급진적인 사회 변화를 요구하는 (적어도 활발히 논의하는) 목소리가 드높은 때였다. 그러한 상황에서 크롬웰은 질서를 유지하고자 했으며, 군정을 실시했다. 크롬웰이 사망한 뒤 후계를 어떻게 할지를 두고 파벌이 나뉘었다. 1660년 의회는 왕정복고를 결정했다. 그러나 가톨릭 교회가 복귀하는 것을 원하지는 않았다. 새로 복귀한 왕조가 가톨릭을 선택하자, 의회는 가톨릭 신자인 왕을 압박하여 프로테스탄트인 누이 메리(Mary)에게 왕위를 계승하도록 했다. 그녀의 남편은 네덜란드 총독 윌리엄(William)이었다. 메리와 윌리엄은 공동으로 왕위를 이어받았다. 이때의 왕위 계승은 강제에 의한 쿠데타였다. 비록 아일랜드와 스코틀랜드에서는 분쟁이 있었지만 잉글랜드에서는 피를 흘리지 않고 왕위를 계승했으므로, 후대에 이를 "명예혁명(Glorious Revolution)"이라 일컬었다. 공식적으로 잉글랜드는 왕국이지만 의회의 권리를 인정하는 혁명이었다. 또한 명예혁명을 통해 젠트리 계급의 힘이 드러났다. 인구의 2%에 불과한 젠트리 계층은 소수의 귀족과 대다수의 평민 사이로 비집고 들어갔다. 상인이나 전문 지식인이 젠트리 계층의 가문과 결혼하여 잉글랜드의 정치와 제도를 좌우했고, 이런 흐름은 20세기까지 이어졌다.

종교가 정치와 뒤얽히고 급기야 폭력 사태까지 유발하는 종교 전통이 기독교에만 있었던 것은 아니다. 이스마일(Ismail, 1487~1524)은 10대 소년이던 1500년에 아버지로부터 이슬람의 신비주의 수피즘 종파의 일종인 사파비야(Safaviyya) 종단의 지도자 지위를 물려받았다. 그 뒤 군대를 조직하고 세력을 키운 뒤 주변 지역을 정복하기 시작했다. 그는 사파비(Safavid) 왕조를 설립하고 샤(Shah)라고 하는 통치자의 자리에 올랐다. 그리고 바로 그날부터 모든 백성에게 시아파 이슬람, 그중에서도 열두 이맘파를 신봉하도록 명령했다. 열두 이맘파의 교리에 의하면, 알리(Ali, 무함마드의 사촌이자 사위) 이후 오류가 없는 절대 진리의 이맘 12명이 출현했고, 그중에서 마지막 12번째 이맘은 죽지 않고 은둔하고 있다가 언젠가 세상으로 돌아와 정당한 종교 권력을 인수할 것이라는 예언을 믿는다. 샤 이스마일의 추종자 중 상당수는 투르크 유목민이었다. 이들은 메시아를 기다리는 희망을 품고 이스마일을 은둔의 이맘으로 숭상했으며, 이스마일의 결정을 강력히 지지했다. 이스마일과 그의 후계자들은 때로는 힘으로, 때로는 교육으로 시아파 이슬람을 강요했다. 그들은 수니파 무슬림을 처형해서 수많은 수니파 무슬림이 오스만 제국으로 피신했다. 그러나 학교를 비롯한 여러 기관을 설립하고 무슬림 세계 전역에서 시아파 무슬림 학자들을 불러들였다. 18세기 중반 동쪽으로부터 아프간 사람들이 쳐들어와 사파비 왕조를 무너뜨렸다. 그러나 시아파 종교 기관과 지도자들은 더욱더 강력해졌다. 오늘날 이란은 시아파 이슬람을 공식 국교로 삼고 있는 유일한 나라다.

사파비 왕조가 한창 제국을 확장할 때 시아파 무슬림 신앙을 강요하자, 오늘날 인도-파키스탄 접경 지역에 속하는 펀자브(Punjab) 지방의 영적 지도자 구루 나나크(Guru Nanak, 1469~1538)는 시아파 교리에 힌두교와 이슬람의 요소가 섞인 자신만의 통찰을 덧붙였다. 후대에 그의 가르침을 시크교(Sikhism)라고 했다. "시크"란 산스크리트어로 "학생" 혹은 "훈육"을 뜻하는 말이다. 나나크의 계시는 신의 위대함, 신과의 절대적 일치에 중점을 두었다. 나나크가 남긴 글에는 신(God)이라는 단어가 자주 등장하는데, 그의 신은 보이지 않고, 무한하며, 형태가 없고, 말로 표현할 수 없으며, 영원한 존재다. 인간이 전적으로 신에게 의존하고 있음을 깨달으면 구원을 얻을 수 있는데, 그러면 신께서 무조건적인 은총을 내려주신다. 이런 사상은 프로테스탄트의 사상과도 비슷한 점이 있다. 나나크는 가족 안에서 생활하며 세상의 평범한 일상 속에서 활동하는 사람들을 통해 신의 뜻을 올바로 구현할 수 있다고 강조했다. 실제로 타인에 대한 봉사는 영적 생활에서 매우 중요한 부분이었고, 가족 관계를 포기하는 것보다 가족과 함께 세상을 살아가는 것이 영적으로 더 우월하다고 가르쳤다. 이러한 가르침은 나나크가 살아갈 당시 대부분의 힌두교 스승들과는 전혀 다른 입장이었다.

나나크의 가르침에 따르면, 인간으로서 홀로 신에게로 나아가기는 어렵다. 그래서 구루, 즉 스승을 필요로 하는 경우가 많다. 나나크가 남긴 글에서 "구루"라는 말은 신의 목소리를 의미했다. 이는 기독교 신학에서 말하는 성령과 비슷했으나, 후대로 갈수록 나나크의 계승자를 일컫는 의미로 변해갔다. 구루는 나나크의 가르침을 이어받아 자기만의 가르침을 창안하고 추종자를 모아 공동체를 형성했다. 제자들이 시크교를 전파하자 힌두교 신자와 이슬람 신자 중에서 시크교로 개종하는 사람들이 나왔다. 그래도 힌두교에서 개종하는 사람들이 훨씬 더 많았다. 제3대 시크교 구루 아마르 다스(Amar Das, 재위 1552~1574)는 신도와 지역별 지도자를 감독하는 제도를 만들었다. 그리고 삶의 중요한 계기들, 즉 출생과 결혼과 죽음에 관련된 의례를 만들었다. 제5대 구루 아르잔 데브(Arjan Dev, 재위 1581~1606)는 시크교 경전을 모아 아디 그란트(Adi Granth, 첫 번째 책)를 엮었는데, 구루들이 신도들에게 신앙생활을 지도하기 위해 직접 쓴 찬가와 기도문이 포함되어 있다. 아디 그란트에는 나나크의 글도 포함되어 있다. 산스크리트어로 쓰인 고대 힌두 경전과 달리 나나크의 글은 인도 북서부 지역의 언어인 펀자브어로 기록되어 있다. 같은 시기의 유럽에서 프로테스탄트가 성경을 라틴어에서 현지어로 번역했듯, 나나크 또한 많이 배운 엘리트가 아닌 평범한 사람들도 종교 경전에 접근할 수 있어야 한다는 점을 중요하게 생각했다.

　나나크가 생존해 있을 때나 그 후 수십 년 동안은 시크교 공동체의 규모가 워낙 작아서, 무굴 제국의 지방 관리들은 별로 개의치 않았다. 그들은 시크교가 단지 힌두교의 수많은 변종 중 하나이거나, 아니면 여러 전통을 뒤섞어 만든 다양한 종교 운동 중 하나라고만 생각했다. 이런 종교 집단은 당시 북부 인도에서 흔히 볼 수 있었다. 17세기 초에 이르러 변화가 있었고 격렬한 분쟁이 자주 발생했다. 후대의 시크교 구루들은 영적 지도자일 뿐 아니라 군대를 거느린 군벌이기도 했다. 그럼에도 내적 신앙심이 없는 외적 실천은 쓸모가 없다는 그들의 교리는 변함이 없었다.

　티베트에서는 종교와 정치가 밀접하게 얽혀 있었다. 토지 소유가 대형 불교 사원과 귀족들에게 집중되어 있었기 때문이다. 한편 14세기에 명나라는 중국에서 몽골을 몰아내고 중원을 통치하기 시작했다. 명나라 시기 동안 티베트의 불교 지도자(라마)와 중국의 황제 및 몽골의 황제는 서로 외교 관계를 맺고 있었다. 티베트 사원에 다양한 불교 사상이 유입되어 서로의 경쟁이 격화되자 때로는 몽골 황제의 지원을 요청하기도 했다. 1570년대에 이르러, 15세기에 성립된 신생 종파 겔룩파(Gelug-pa)의 지도자 소남 갸초(Sonam Gyatso, 1543~1588)는 당시 몽골의 주요 군벌인 알탄 칸(Altan Khan)이 쿠빌라이 칸의 환생이라고 선포했다. 알탄 칸은 이에 대한 감사의 뜻으로 소남 갸초에게 "드넓은 바다와 같은 지혜의 라마"라는 의미를 담아 달라이 라마(Dalai Lama)라는 칭호를 봉헌했다. 그리고 티베트 불교를 몽골의 공식 종교로 지정했다. 달라이 라마의 지위는 환생을 통해 전해진다고 믿었다. 소남 갸초가 사망할 당시 신탁을 통해 다음 달라이 라마는 알탄 칸의 증손자로 환생한다고 예언함으로써 몽골과 티베트의 관계는 더욱 돈독해졌다. 모든 티베트인이 외국인을 달라이 라마로 기꺼이 인정하지는 못했다. 그리하여 내전이 발생했고, 제4대 달라이 라마는 의문의 죽음을 당했다. 그러나 제5대 달라이 라마 아왕 롭샹 갸초(Ngawang Lobsang Gyatso, 1617~1682)는 몽골 군대의 힘을 빌려 티베트를 통일하고 영적인 지도자인 동시에 정치적인 지도자로 등극했다. 모함과 계략, 내전, 반란, 복잡한 대외 관계가 지속되면서 청나라, 몽골, 여러 중앙아시아 국가들, 마침내 유럽 세력까지 티베트에 개입하기 시작했다. 그럼에도 영적인 면에서 점차 달라이 라마의 권위는 대부분의 티베트 불교도 사이에서 인정을 받았다. 오늘날 제14대 달라이 라마 텐진 갸초(Tenzin Gyatso, 1935~)는 1949년 중국의 티베트 점령을 피해 망명 생활을 하고 있지만, 많은 티베트 사람들은 그가 다시 정치적 권력을 되찾기를 바라고 있다.

독립해 있을 당시의 티베트에는 종교와 세속 권력이 혼재되어 있었다. 근세에는 이런 나라들이 세계적으로 많았다. 유럽의 기독교 국가, 대부분의 가톨릭 식민지, 대부분의 무슬림 국가, 초기의 북아프리카 영국 식민지 등지에는 모두 공식 종교가 존재했다. 이런 지역에서 통치자나 관료들은 자신의 관할 구역에서 통일된 종교를 신봉하는 것이 기본이라고 믿었다. 최소한 통치자가 원치 않는 종교 수행을 드러내놓고 할 수는 없었다. 이를 어기는 사람들은 처벌을 감수해야 했다.

종교의 성직자뿐만 아니라 세속의 관리도 처벌에 가담했다. 처벌 수위는 단순히 벌금에서부터 재산 몰수, 끔찍한 처형까지 다양했다. 소수 종교를 믿는 사람들은 집단 폭력도 감내해야 했다. 당국에서는 이러한 폭력을 거의 통제하지 않았다.

  종교적인 이유로 집행되는 처형이나 종교가 개입된 폭력 사태의 사례는 매우 많았다. 1492년 페르난도 2세(Fernando II de Aragon)와 이사벨 1세(Isabel I de Castilla)는 이베리아 반도의 마지막 무슬림 국가 그라나다(Granada)를 정복한 뒤 종교적 통일을 더욱 강화하기로 결정하고, 개종을 거부한 모든 유대인에게 스페인을 떠나라고 명령했다. (이로부터 불과 몇 주 후 콜럼버스는 이사벨 여왕으로부터 후원을 얻어내는 데 성공했다. 콜럼버스는 탐험으로 획득하는 재산은 무슬림에게서 예루살렘을 되찾는 데 사용하겠다고 약속했다.) 약 20만 명의 유대인이 스페인을 떠나 종교에 대해 훨씬 더 너그러운 오스만 제국으로 들어갔으나, 당시 북아프리카 오아시스 도시에 살던 유대인은 무슬림에 의해 살해되고 시나고그(유대교 사원)도 불탔다. 오스만 제국의 수니파 무슬림은 상대적으로 유대인과 기독교에 대해 관대했다. 그러나 시아파 무슬림 의례를 행하는 사람들은 체포되어 처벌을 받아야 했다. 시아파 사파비 왕조에 동조하는 세력으로 간주되었기 때문이다. 오스만 제국과 사파비 제국은 종종 전쟁을 벌였다. 앞서 보았듯 사파비 제국에서는 수니파 무슬림을 처형했다. 일본에서는 1637~1638년 규슈 남동쪽에 위치한 시마바라(島原) 반도의 농민들이 무거운 세금에 반발하여 반란을 일으킨 적이 있었다. 이들 농민은 대부분 기독교인이었다. 중앙 정부

는 대규모 군대를 파견해 여자와 아이를 막론하고 모두 처형했다. 그 뒤로 중앙 정부는 기독교를 위협적인 존재로 인식하기 시작했다. 일본에서는 토착 종교에 유교, 도교, 불교가 흡수되어 다양한 종교 전통이 형성되었지만, 기독교는 흡수되지 못했다. 기독교는 유일신을 섬겼고 유럽의 선교사들이 전파하면서 기존 종교 전통과 섞이지 못했기 때문이다. 선교사들은 추방되었고, 일본인 기독교 신자들은 고문을 당하고 처형되었다. 일본의 기독교는 지하로 숨어들었고, 이들을 "숨어 있는 기독교인"이라는 의미의 가쿠레키리시탄(隠れキリシタン)이라 했다. 이들은 멀리 떨어진 마을에서 살면서 물고기를 잡거나 농사를 지어 연명했다. 마을 안에서 평신도 종교 지도자들이 은밀하게 가르침을 전수하고 세례를 베풀었으며, 결혼도 마을 사람들끼리 했다.

특정 종교를 강요하지 않는 통치자도 있었다. 청나라는 티베트 불교를 후원했지만, 동시에 유교도 지원했고, 기독교 선교사들도 북경을 비롯한 여러 도시에서 설교를 할 수 있었다. 무굴 제국의 황제 아크바르(Akbar, 재위 1556~1605)는 특별한 건물을 짓고 그곳에서 무슬림, 힌두교, 기독교, 조로아스터교, 시크교 등 어느 종교의 학자든지 토론하고 종교 의례를 거행할 수 있도록 했다. 그 자신이 종교 개혁가였는데, 나중에 여러 종교의 사상과 의례를 결합해서 "딘일라히(Din-i-Ilahi, 신성한 종교)"라는 새로운 종교를 창시했다. 그러나 이 종교는 그의 살아생전 궁궐 안에서 유지되었을 뿐 궁궐 바깥이나 그의 사후에 널리 확산되지 못했다.

원거리 무역을 하다 보면 항구 도시나 상업 중심지에서 다양한 종

〔그림 4-7〕 아크바르의 궁전에 모인 학자들

1605년 시크교도 예술가 난 싱(Nan Singh)의 그림으로, 아크바르 당시의 공식 역사서에 수록된 삽화다. 검은색 옷을 입은 예수회 수도사를 비롯해 다양한 신앙을 가진 학자들이 모여 있다. 밖에는 거지들이 밥그릇을 들고 있고, 마부가 말고삐를 잡고 있다.

교를 믿는 사람들이 모이게 된다. 이런 곳에서는 종교가 다른 사람들끼리 이웃해 살며 서로 결혼도 했다. 그래서 인종뿐 아니라 종교적으로도 복합적인 가정이 탄생했다. 정치 지도자들은 상업을 장려하고 영토 내에 자산을 키우기 위해 종교적 다양성을 인정했다. 이런 전략은 꽤 성공적이었다. 예를 들어 네덜란드 공화국이 17세기에 번성한 이유 중 하나는 종교적 관용 때문이었다. 이베리아 반도에서 망명한 유대인, 프랑스의 프로테스탄트 등 유럽에서 종교 분쟁이나 극단주의자를 피해서 온 사람들이 모두 암스테르담을 비롯한 네덜란드 도시에 정착했다. 여기서 그들은 공개적으로 예배를 할 수 있었고 상점을 열어 가게도 운영했다. 이렇게 종교적 다양성이 존중되는 분위기에서 새로운 과학, 철학, 기술에 대한 사상도 자연스럽게 확산되었다.

　종교적으로 너그러운 지역을 방문한 손님들은 대개 특이한 사회적 분위기를 보고 매우 놀라곤 했다. 예를 들어 태국의 아유타야(Ayutthaya) 왕국의 통치자들은 테라바다 불교(소승 불교)를 후원했지만 언제나 기독교도나 무슬림을 환영했고, 전혀 개종을 권유하지 않았다. 유럽 상인은 이런 모습을 보고 매우 놀랐다. 그러나 프랑스 정부 관료와 선교사가 아유타야의 왕 나라이(Narai, 재위 1656~1688)를 기독교로 개종시킨 뒤 프랑스 군대를 들여올 계획을 세우다 발각된 뒤 왕실의 입장은 급변했다. 모든 프랑스인은 추방되었고, 이후 아유타야 왕국은 주변의 다른 나라들에 비해서 유럽 상인에게 상대적으로 폐쇄적인 정책을 실시했다.

기독교의 확장과 혼성화

기독교 선교사와 식민지 관료가 나서서 통치자의 개종을 시도한 지역이 태국만은 아니었다. 유럽에서 종교 개혁 바람이 한창이던 때 가톨릭은 전 세계를 대상으로 세력 확장에 나섰고, 예수회 같은 새로 생겨난 수도회들이 특히 열정적으로 참여했다. 스페인과 포르투갈, 그리고 나중에는 프랑스의 관료와 함께 가톨릭 선교사가 현지인을 개종시키기 위해 노력했다. 처음에는 이주민을 위한 교회 건물과 교회 조직을 만들었다. 점차 소박한 교회 건물뿐만 아니라 화려한 성당과 수도원 및 수녀원도 건립되었다. 교회 법정에서는 교리 문제뿐만 아니라 결혼이나 윤리적 문제까지 취급했다. 선교사의 활동 범위는 유럽 식민지에 국한되지 않았으나, 오직 일본과 콩고 왕국에서만 어느 정도 신도를 확보했을 뿐이다. 프로테스탄트 식민지 개척자도 성직자를 데려가서 원주민에게 설교를 했지만, 가톨릭 선교사에 비하면 훨씬 적은 수에 불과했다. 프로테스탄트가 본격적으로 선교에 나선 때는 19세기에 이르러서다. 당시는 제2차 유럽 제국주의 바람이 거셀 때였다. 선교사는 원주민에게 유럽 언어로 설교를 했다. 그 말을 알아듣는 원주민은 거의 없었다. 그러자 몇몇 선교사가 원주민의 언어를 배우기 시작했다. 옛날 유럽에서 기독교가 전파된 패턴을 따라 식민지에서도 유럽인은 지배 계층을 먼저 개종시켰다. 그러면 일반인도 그들을 따라 개종하리라고 기대한 것이다.

아메리카 대륙에 진출한 선교사 가운데 이상주의자가 몇몇 있었다. 그들은 신대륙을 새로운 기독교가 뿌리내릴 수 있는 기회의 땅이라 생각했다. 부패로 얼룩져 더 이상 희망이 없는 유럽과는 전혀 다른 곳이라 믿었다. 그러나 그들의 이상을 실현하려면 원주민의 종교를 파괴하지 않을 수 없었다. 토착 종교 의례를 금지하고, 토착 종교의 신상과 성물을 파괴하며, 사원 건축물을 허물어버렸다. 그리고 바로 그 자리에 다시 가톨릭 사원이나 교회를 지었다. 군인, 관료, 성직자는 토착 종교의 책을 그저 "악마의 그림"이 그려진 그림책인 줄 알고 불태워버렸다. 선교사는 기독교의 중심 개념을 설명하면서 개종을 하도록 설득하거나 때로 강요했다. 또한 결혼, 성도덕, 일상 행위 등을 가톨릭의 관습대로 하라고 요구했다. 일단 세례를 받은 뒤에는 삼위일체 같은 교리의 이해보다 결혼이나 개인적 행실이 더욱 확실한 개종의 증거로 여겨졌다. 필리핀에서도 같은 방식이 적용되었다. 마닐라 주재 식민 정부는 선교사에게 엄청난 권위를 부여했다. 신부가 세금을 거두었고, 곡물 매매도 성당을 거쳐야 했다. 성당이 부자가 될 수밖에 없었다. 아메리카 대륙이나 필리핀의 일부 지역에서는 성직자가 레둑시온(reduccion)이라는 조그만 마을을 설치해 원주민을 이주시켰다. 그리고 그곳에서 기독교 개종, 세금 징수, 문화적 동화 작업을 진행했다.

많은 사람들이 기독교 전도를 거부하고 자신의 전통적 종교 관습을 유지하고자 했다. 남아메리카의 안데스 지역과 필리핀처럼 애니미즘을 신봉하던 곳에서는 여성이 중요한 종교 지도자였다. 그들은 남성보다 더 강력히 기독교에 반대했다. 게다가 선교사가 남성이라서 선교의 중점을 소년층에 두다 보니 이런 경향은 더욱더 강화되었다. 그러나 결과적으로 굉장히 많은 사람들이 기독교 신자가 되었다. 물론 여자도 많았다. 특히 상속이나 자녀의 혼인 문제로 남편 혹은 가족 중 남성과 분쟁이 있을 때 교회 법정을 찾아와 해결한 여성이 극성 신도가 되는 경우가 많았다.

학자들은 종교적 개종을 "정신적 정복"이라고 표현하곤 했다. 개종을 하는 과정에서 설득이나 강요를 통해 원주민의 신앙과 관습이 전반적으로 사라져버리기 때문이다. 그러나 오늘날에는 정복과 저항이라는 이분법과는 조금 다른 시각에서 가톨릭의 확산을 보고 있다. 그런 면도 없지 않았지만, 문화적 협력과 융합의 과정으로 이해하는 것이다. 기독교 사상과 의례는 기존 관습에 선택적으로 수용되었으며 때로는 공공연히, 때로는 부지불식간에, 때로는 은밀하게 거부되었다. 기독교가 그리스나 게르만으로 전파될 때도 마찬가지였다. 이런 과정을 학문적으로는 "혼성화(混成化, creolization)"라 한다. 영어로 크레올(creole)이란 어휘는 크리오울로(Crioulo)에서 유래했는데, 이는 대서양 연안 섬 지역에서 아프리카어와 포르투갈어가 뒤섞여 생겨난 혼성어를 일컫는 말이었다. 예를 들면 콩고의 아폰소 1세(Afonso I, 재위 1509~1543)는 기독교 교육과 의례를 후원한 적이 있었고, 콩고의 전통 종교적 요소와 포르투갈 선교사의 가르침이 뒤섞이기 시작했다. 17세기 말경에 이르러 예언자이자 종교 개혁가인 도나 베아트리즈 킴파 비타(Dona Beatriz Kimpa Vita)는 나아가 성모 마리아를 비롯한 많은 성인이 콩고 사람이었으며, 비타 자신은 성 안토니우스의 환생이라고 주장했다.

혼성화에 따라 새로운 사회 및 혼인 관습이 만들어졌다. 공식적으로는 유럽 가톨릭의 관습(일부일처제, 남성 가장 위주, 제한된 이혼 혹은 이혼 금지 등)을 채택하려 했지만, 기존의 관습과 충돌하여 새로운 관습이 만들어지는 경우가 많았다. 선교사들이 가장 개종시키고 싶어 한 현지의 지도자급 남성들은 대체로 여러 명의 아내나 첩실을 거느리고 있었다. 선교사들은 그들이 기독교 세례를 받기 전에 한 명의 아내만 남기고 나머지 모두와 결별해야 하는지, 아니면 세례를 먼저 베푼 뒤에 기독교 관습을 따르라고 할지를 두고 논쟁을 벌였다. 중국에서는 주로 조상 제사를 두고 논쟁이 벌어졌다. 제사가 전통적인 가족의 풍습인지 귀신을 숭배하는 이교도의 예배인지 의견이 분분했다. 세례 의식에서 성직자와 여성의 맨살이 접촉하는 것도 문제였다. 특히 소금이나 기름, 성수 등에 신부가 입을 대서 침이 묻는다면 문제는 더욱 심각해졌다.

    문화적 통합은 어디에서나 일어났다. 기독교 문화의 많은 측면들이 현지 문화와 융합되었다. 과달루페의 성모(Virgin of Guadalupe)는 아마도 가장 대표적인 예일 것이다. 이 성모상은 너무나 중요한 논쟁의 중심에 서게 되었다. 17세기에 스페인어와 나와틀어로 출간된 텍스트에 1531년 성모 마리아의 현현이 기록되어 있다. 후안 디에고 쿠아우틀라토아친(Juan Diego Cuauhtlatoatzin)이라는 농부는 기독교 신자였는데, 테노치티틀란(오늘날 멕시코시티)의 언덕 너머에서 성모 마리아를 목격했다. 성모 마리아는 나와틀어로 후안 디에고에게 이 자리에 성당을 지으라고 말씀하셨다. 그리고 신비롭게도 후안 디에고의 망토에 성모 마리아의 신상 그림이 나타났다. 과달루페의 성모를 위한 성당 건축 공사가 곧바로 시작되었다. 스페인에서도 성모 마리아와 관련된 기적이 일어난 곳에서 그 지역의 이름으로 성당이 건립되곤 했다. 무슬림 군대를 물리친 곳에도 기념 성당이 세워졌다. 멕시코 과달루페의 성모 마리아는 머지않아 스페인의 어떤 성모 마리아보다 더 중요한 의미를 지니게 되었다. 성직자들은 과달루페의 성모의 출현에 대해 마리아께서 원주민과 메스티소(mestizo, 혼혈인)에 대한 특별한 보호 의지를 나타내신 것으로 해석했으며, 멕시코 전역에서 과달루페의 성모를 보기 위한 순례객이 모여들었다(〔그림 4-8〕 참조). 과달루페의 성모는 1746년 누에바 에스파냐의 수호자가 되었고, 1810년의 멕시코 독립 전쟁과 1910년의 멕시코 혁명 깃발에도 과달루페의 성모상이 등장했다.

그러나 20세기에 이르러 많은 학자들과 일부 멕시코의 성직자들까지 과연 성모 마리아의 출현이 있었는지 의심을 갖게 되었다. 심지어 후안 디에고가 실존 인물인가에 대한 논쟁도 벌어졌다. 문헌 기록이 무려 한 세기가 지나서야 출간된 점과, 1531년에 멕시코 중부에서 활약한 성직자와 선교사가 후안 디에고에 대해 아무런 언급도 하지 않은 점이 의심의 근거가 되었다. 나와틀 문화 전문가의 보고에 의하면, 성모 마리아가 출현했다는 그 언덕에는 원래 코아틀리쿠에(Coatlicue)의 사원이 있었다고 한다. 코아틀리쿠에는 아즈텍의 가장 강력한 신 위칠로포치틀리(Huitzilopochtli)의 어머니다. 또한 과달루페의 성모를 섬기는 풍습은 코아틀리쿠에나 다른 아즈텍 여신을 섬기는 풍습과 겹치는 면이 있다. 그래서 아즈텍 성소가 원래 간직하고 있던 의미를 지우기 위해 식민지의 가톨릭 교회가 이야기를 꾸며냈다는 것이 학자들의 평가다. 가톨릭 교회는 이 이야기를 대대적으로 선전하고 나섰다. 1999년 과달루페의 성모를 아메리카 대륙 전체의 수호신으로 선포했으며, 2002년 후안 디에고를 성인으로 시성했다. 후안 디에고는 아메리카 원주민으로서 완벽하게 성인으로 인정받은 최초의 인물이 되었다. 멕시코 사람들은 대체로 후안 디에고의 시성을 과달루페의 성모와 마찬가지로 가톨릭 교회 유적과 결부된 상징으로 이해하고 있다. 그러나 후안 디에고와 과달루페의 성모를 원주민 문화 파괴의 상징으로 보는 사람들도 없지 않다. 최근에 그려진 과달루페의 성모의 초상화는 이런 비판적인 경향을 잘 보여주고 있다. 예를 들면 알마 로페즈(Alma Lopez)의 그림에서 과달루페의 성모는 옷을 입지 않고 장미꽃 몇 송이만으로 몸을 가린 모습을 하고 있어서 비난을 받기도 했는데, 로페즈를 비롯한 여러 화가는 이런 모습이 옳다고 주장한다. 왜냐하면 과달루페의 성모는 수백 년에 걸쳐 각 시대마다 가장 권능이 있다고 생각되는 모습으로 재해석되어왔기 때문이다. 그들의 주장에 의하면, 과달루페의 성모는 시작부터가 다양성의 상징이었고, 따라서 오늘날 화가들은 신대륙 최초의 문화 융합 사례를 이어받아 계속해서 통합의 전통을 이어가고 있다는 것이다.

식민지 사회에서의 가족과 인종

근세에는 사상과 관습뿐만 아니라 사람들 자체도 혼합과 혼혈의 과정을 거쳤다. 무역로 개척, 자발적 또는 강제적 이주, 정복 전쟁, 혹은 다른 어떤 이유에서 여행을 나선 사람들은 스스로를 이방인으로 느꼈을 것이다. 대부분 이방인과의 결혼을 꺼리는 풍습이 있었지만 성적 관계가 없을 수 없었고, 아이들도 많이 태어났다. 근세에는 다른 모든 것이 그러했듯이, 이러한 혼혈 관계도 크게 증가했다. 엄청나게 먼 거리를 이동하는 사람들이 급증했기 때문이다.

앞에서 살펴본 바와 같이 인류는 매우 이른 시기부터 집단 개념을 발달시켜왔다. 실질적 혹은 관념적 친족 관계와 공통 문화에 근거한 집단 개념이었다. 이러한 집단을 지칭하는 용어가 매우 다양한데, 영어로는 tribe(부족), ethnicity(종족), people(민족), background(출신), race(인종), nation(국민) 등이 그러한 예다. 이러한 집단은 결혼으로 형성 및 유지되고, 물려받은 혈통에 의해 소속 여부가 결정되었다. 때로는 종교가 혈통을 대신하기도 했다. 유대인이나 무슬림이나 기독교의 피를 이어받은 사람들, 또한 종교 개혁 이후에는 프로테스탄트 혹은 가톨릭의 피를 물려받은 사람들이라는 관념이 있었다. 유럽의 아버지는 아이의 유모를 구할 때 같은 종파의 사람을 원했다. 만약 자신이 가톨릭일 경우, 프로테스탄트 유모를 들이면 프로테스탄트의 피가 프로테스탄트의 젖으로 변해서(피는 곧 젖으로 변할 수 있다고 믿었다) 아이들이 이교도 사상에 감염될 위험이 있다고 생각했다.

피에 따라 사람의 본성이 달라진다거나, 혹은 태어날 때부터 신에 의해 어떤 종파에 소속된 인간으로 태어난다고 설명하는 이론은 종종 모순을 드러냈다. 유모 선택을 조심하라고 경고한 종교 개혁가도 다른 종교의 사람들을 개종시키려고 애썼다. 누군가를 새로운 종파로 개종시키면 과연 그 여인에게서 다른 종류의 젖이 나온다고 생각했을까? 이런 생각은 미처 하지 못했던 모양이다. 식민지의 가톨릭 성직자들은 어떤 수녀원에 "순수 혈통"만 들어가도록 제한 조치를 취했다. 순수하게 백인이거나 순수하게 원주민 여성이어야 했다. 그래서 혼혈은 그 수녀원에 들어갈 수 없었다. 그러나 백인 남성의 결혼 상대로는 "순수한" 원주민 혈통보다 피부색이 좀 더 밝은 메스티소 여성을 권했다. 이러한 모순에도 불구하고 현실적인 차별과 위계질서 인식은 약화되지 않았다. 성직자들은 이론은 이론일 뿐 현실에서는 어떻게 처신해야 하는지 잘 알고 있었다.

17세기 중국에서는 청나라의 만주족이 권력을 잡았다. 처음에는 만주족과 한족의 결혼을 권장하고 두 문화를 융합하고자 했지만, 1655년 완전히 반대로 이를 금지하는 조치를 취했다. 이 정책을 실현하기 위해서, 팔기군(八旗軍)에 속하는 만주인은 도시 내에서 성벽으로 분리된 별도의 공간에서 생활하도록 했다. 그래서 서로 결혼을 하는 경우는 거의 없었다. 그러나 만주족은 하녀나 첩실로 한족 여인을 사들였으므로, 그들 사이에서도 아이들은 태어났다.

아메리카 대륙에서 스페인과 포르투갈 왕실은 처음에 이러한 관계를 피하고자 했다. 그래서 유럽인, 아프리카인, 원주민 등 집단별로 거주를 분리시켰다. 그러나 유럽인과 아프리카 이주민의 성비가 문제였고, 관리들은 머지않아 분리 정책을 포기했다. 그럼에도 불구하고 관념적으로는 그룹별로 분리되는 것이 좋다는 생각을 그대로 유지했다. 세대를 거듭하면서 각종 혼혈이 급격히 증가했다. 식민지 관리들은 이에 대응하여 복잡한 범주를 만들어야 했다. 이 같은 인종 범주화 체계를 카스타(casta)라고 했다. 가톨릭 교회와 스페인 및 포르투갈 관리들은 40개 범주로 인종을 구별했다. 이론상 태어난 장소를 근거로 지리적 기원을 추정하고 어머니의 지위에 따라 범주를 구별했으며, 각각의 범주에 이름을 붙였다. 다양한 카스타와 그들 사이의 관계를 분명한 계보로 정리하는 논문이 있었고, 18세기에는 다양한 카스타의 부모와 아이들을 그림으로 표현했다. 인디언+스페인인=메스티소, 인디언+흑인=로보, 차미자(chamiza)+캄부자(cambuja)=치노(chino) 등이었다. 카스타의 명칭 중에는 기발한 것이 많았으며, 코요테나 로보(늑대)처럼 동물의 이름에서 파생된 명칭도 있었다. 카스타 시스템은 과거 이베리아 반도의 "순수 혈통" 개념에서 비롯된 것이었다. 이베리아 반도에서는 기독교로 개종한 무슬림과 유대인 후손을 오염된 사람들로 간주했는데, 그들의 종교적 충성심이 핏속에 남아 있다고 믿었기 때문이다. 남아메리카 식민지에서 원주민과 아프리카인의 후손은 모두 유럽인의 후손보다 계급이 낮았다. 유럽인의 피가 가장 순수하다고 생각했기 때문이다. 1763년 카리브 해 지역 프랑스 식민지에서 통과된 법에도 이와 유사하게 조상에 따라 사람들을 다양한 범주로 나누는 체계가 포함되어 있었다.

실제로 어떤 사람이 어느 카스타에 속하는지를 결정하기란 이론이나 그림에서처럼 쉽지 않았다. 누군가가 "메스티소"인지 "물라토(mulato)"인지 혹은 "카보클로(caboclo)"인지, 그것도 아니면 다른 어떤 카스트인지를 결정할 때는 대개 겉모습이 크게 영향을 미쳤다. 혼혈 중에서 같은 형제라 할지라도 피부색이 밝은 사람은 어두운 사람보다 높은 계급에 속했다. 그래서 많은 학자들은 아메리카의 스페인 및 포르투갈 식민지와 카리브 해 지역(나중에는 카리브 해의 프랑스 식민지)에서 발전한 사회 구조를 피그멘토크라시(pigmentocracy)라고 하는데, 이는 피부 색깔과 얼굴 생김새와 머리카락의 형태에 따라 사회적 지위를 구분하는 체제를 의미한다. 어느 범주에 속하는가에 따라 결혼과 상속, 수녀원이나 수도원 입회, 대학교 입학, 특정 지역의 거주 허가 등 여러 가지 특권이 결정되었다. 그래서 사람들은 상위 그룹으로 들어가려고 노력했을 뿐만 아니라, 생김새나 실제 조상과 상관없이 유럽인의 후손이라는 인증서를 사고팔았다. 또한 사람들은 인생의 시기에 따라 스스로 혹은 타인에 의해 다른 범주에 속하기도 했다. 점점 더 흰 피부색을 지향하는 이러한 변화를 학술 용어로는 "인종 변이(racial drift)"라고 한다.

 흰 피부색 존중을 당연시하고 카스타 분류가 불분명하다는 사실로 볼 때 시스템 전체가 얼마나 주관적인가를 잘 알 수 있다. 그럼에도 불구하고 이 시스템은 라틴아메리카에서 가족의 일상과 젠더를 규정하는 근본 체계였다. 혈통과 피부색에 대한 유럽 출신 백인 엘리트의 지나친 우려는 독특한 결혼 풍습을 초래했다. 넓은 의미의 친척 범위 안에서 근친결혼을 하게 된 것이다. 나이가 찬 여성들은 사촌뻘 되는 먼 친척을 찾아다녔다(그들이 가장 선호하는 신랑감이었다). 남부 유럽의 관습에 따라 주로 나이 많은 남자와 젊은 여자가 결혼했으므로, 여성 입장에서는 잠재적인 배우자의 수가 제한적이었으며 아예 결혼을 못 하

[그림 4-8] 카스타 그림(1750년경)

멕시코의 화가 루이스 데 메나(Luis de Mena)의 작품. 과달루페의 성모상(상단)과 카스타(중단)와 정물화(하단)를 하나의 화면에 담았다. 왼쪽 상단에는 화려한 장식의 드레스를 입은 백인 여성과 간단한 허리띠만 두른 원주민 남성이 그려져 있다. 현실적으로 이런 식의 결합이 존재했을 가능성은 거의 없다.

는 여성도 많았다. 대부분 남성은 결혼을 했고, 노예나 하인과 관계를 맺어 아이를 낳기도 했다. 이들 또한 그 가정의 일부였다. 시골의 원주민도 대개는 그들끼리 결혼을 했다. 백인 엘리트들과 마찬가지로 넓은 범위의 친척 내에서 배우자를 찾았다. 노예나 혼혈인, 모든 가난한 사람들로서는 결혼을 생각할 때 가문이나 재산을 따지지 않았다. 이들도 이웃이나 친구들과는 오래도록 안정적인 관계를 맺었지만, 대부분 결혼은 하지 못했다.

    17~18세기에 건설된 유럽 식민지에서는 라틴아메리카와는 패턴이 전혀 달랐다. 프랑스나 네덜란드 혹은 영국 동인도회사의 관료는 처음부터 유럽인 남성과 원주민 여성의 성적 관계를 권장했고, 심지어 결혼을 장려했다. 이를 통해 원주민과 연합해서 세력을 공고히 하고 기독교를 전파하려는 의도였다. 네덜란드 동인도회사 소속의 상인이나 하급 관료는 현지 여성과 결혼했고, 북아메리카에서 활동하던 프랑스인 모피 상인도 마찬가지였다. 식민지로 이주해 오는 유럽 출신의 여성이 점차 늘어나면서 이런 풍습이 바뀌기 시작했다. 또한 현지인 여성과 유럽인 남성이 결혼하면 현지 여성이 프랑스나 네덜란드 문화를 받아들이는 것이 아니라 유럽 남성이 "현지화"되는 경우가 많아서, 이를 꺼리게 된 이유도 있었다. 다른 지역에서도 현지인과 유럽인의 결혼을 꺼린 사례가 있었다. 대부분 서아프리카 지역에서 포르투갈인 남성과 현지의 자유민 신분 여성의 결혼은 금지되었다. 이 경우 토지 사용권 문제가 복잡해지기 때문이었다. 한편 인도에 건설된 유럽 식민지에도 유럽인 남성이 많았지만, 상위 카스트 계급의 가정에서는 딸을

유럽인에게 시집보내려 하지 않았다. 어느 지역의 식민지든 유럽인 남성의 수는 그리 많지 않았다. 그래서 유럽인의 통치가 기존의 가족 패턴을 크게 바꾸지는 못했고, 기존의 사회·문화적 전통이 계속 유지되었다. 동남아시아에는 일시적 결혼이라는 풍습이 있었다. 현지 여성이 외부인 남성과 결혼을 통해 의무적 관계를 맺는 것으로, 수백 년 동안 멀리서 온 상인은 으레 현지 여성과 이런 식의 혼인 관계를 맺었다. 남자가 고향으로 돌아가면 현지에서의 혼인 관계는 종료되었지만, 이 또한 첩실이나 비공식 결혼이 아니라 정식 결혼이었다.

네덜란드와 영국의 동인도회사가 현지인과의 결혼을 묵인하거나 심지어 장려하고 있을 때, 북아메리카의 네덜란드 및 영국 식민지에서는 이를 금지했다. 유럽인과 아프리카인의 성적 관계를 금지하는 법 조항을 아메리카 원주민에게까지 확장해 적용한 것이었다. 1638년 뉴암스테르담의 네덜란드 식민 정부는 "기독교 신자"와 "흑인" 사이의 간통(혼인 관계를 벗어난 성 접촉)을 금지했다. 그리고 1662년 버지니아 의회는 이러한 간통 범죄에 대한 벌금을 두 배로 인상했다. 버지니아의 관련 법조문에는 이런 내용이 있었다. "영국인과 흑인 여성 사이에 태어난 아이들이 노예가 되거나 자유민이 되는 것은 … 오직 모친의 지위에 따라 결정된다." 간통이 아니라 정식 결혼을 한 부부 사이에서 태어난 아이라 할지라도 법적으로 예외는 없었다. 이는 영국의 관습과 정반대되는 것이었는데, 영국에서 새로 태어난 아이들의 법적 지위는 아버지를 따랐다. 또한 이슬람 율법에도 어긋났는데, 이슬람에서는 아버지가 자유민이면 아이들도 자유민이었다. 이처럼 북아메리카에서 혼혈에 대한 법률은 처음부터 노예 제도와 연결되어 있었다. 1691년 버지니아의 법은 최소한의 탈출구도 차단해버렸다. 단순히 "영국인 혹은 기타 백인 남성과 여성"은 "흑인, 물라토, 인디언 남성 및 여성"과 결혼할 수 없다고 규정해버린 것이다. 이를 어기면 추방이었다. 이러한 법은 대개 성별에 따른 차등을 두지 않았다. 법률가들이 가장 우려한 바는, 버지니아 법 서문에 나와 있듯이 "흑인, 물라토, 인디언 등이 영국인 혹은 기타 백인 여성과 통혼"해서 "불쾌한 혼혈아나 사생아를 출산"하는 것이었다. 1700~1750년 이런 법률이 북아메리카 남부 식민지 어디에서나 제정되었고, 펜실베이니아와 매사추세츠에서도 마찬가지였다. (1967년 미국 연방 대법원에서 이를 폐지했지만, 일부 주에서는 이후로도 수십 년 동안 법조문에 해당 내용이 남아 있었다. 이 같은 "인종혼합 miscegenation" 법이 마지막까지 남아 있었던 곳은 앨라배마 주였으나, 2000년에 주 전체 유권자의 주민투표를 통해 폐기되었다.)

북아메리카 연안 지역 정착지에서 상대적으로 백인 여성의 수가 많고 원주민 여성의 수가 점차 줄어든 것을 보면, 북아메리카의 영국 식민지에서는 백인 남성과 원주민 여성의 결혼뿐만 아니라 지속적 성관계를 맺는 사례도 드물었음을 알 수 있다. 아메리카 원주민을 대상으로 한 정책은 점차 이들을 원래 살던 고향에서 내모는 쪽으로 진행되다가, 마침내 19세기에는 보호 구역 내에서 거주하도록 제한 조치를 취했다. 이로써 원주민의 가정생활뿐 아니라 원주민 사회의 모든 측면에 손상이 가해졌다. 다만 어디를 가든지 광범위한 친족 집단을 유지하면서 나름의 목소리를 유지할 따름이었다. 특히 북부 지역의 백인 가정은 점차 북서 유럽의 모델을 따라갔다. 즉 결혼을 늦게 하고, 전체 인구 구성에서 독신자의 비중이 매우 높았다.

19세기 중엽까지 북아메리카에서 아프리카인의 후손은 대부분 노예였다. 남아메리카와 마찬가지로 노예들도 오래도록 가정을 유지하는 가족 관계가 발달했음에도 불구하고, 오로지 뉴잉글랜드에서만 흑인끼리의 결혼을 법적으로 인정했다. 그러나 이들 가정은 노예 소유주의 결정에 따라 언제든지 깨질 수 있었다. 남부 식민지에서 노예 인구가 증가하자 백인 남성과 흑인 여성의 성적 관계 또한 증가했다. 백인 남성이 노예와의 사이에서 낳은 아이들은 법적으로 인정을 받지 못했다. 그래서 드러내놓고 공공연히 밝히지 못했지만, 세대를 거듭하면서 이런 경우가 매우 흔해졌다. 그래서 19세기에 이르러 북아메리카 노예 인구 가운데 상당수가 혼혈이었다. 북아메리카 영국 식민지와 이후 미국에서는, 스페인이나 포르투갈 혹은 프랑스 식민지에서처럼 복잡하게 범주를 나누지는 않았지만, 흑과 백 둘로 나누는 체제가 발달했다. 이론상 "검은 피"가 한 방울이라도 섞이면 그는 곧 흑인으로 간주되었다. 그러나 현실적으로 조상 중에 혼혈이 있더라도 밝은 피부색이 유전되면 백인 사회에서 이를 알아낼 방법은 없었다.

인간을 어떻게 구분할 것인가 하는 관념이 결국 성적 관계를 규제하는 법률과 관습을 만들었고, 이로부터 이런저런 가족 형태가 비롯되었다. 스페인의 시스템은 개략적으로 출신 대륙에 따라 인간을 구분하는 것이었다. 이러한 구도는 나중에 유럽의 과학자들에게 그대로 전해졌다. 카를 폰 린네(Carl von Linné, 혹은 카롤루스 린나이우스Carolus

Linæus, 1707~1778)도 이 같은 관념을 받아들였다. 그는 우리가 오늘날에도 사용하고 있는 생물 분류학과 명명학을 개발한 인물이다. 린네는 인간을 아메리카인, 유럽인, 아시아인, 아프리카인으로 나누었다. 이는 당시 알려진 대륙에 따라 나눈 것이다. 또한 피부색과 인간의 기질을 결정하는 결정적 요인이라고 하는 것도 함께 고려했다. 식민지 세력은 갈수록 피부색에 따른 구분을 사용하는 경향이 더욱 강해졌다. 예를 들어 앞서 언급했듯 뉴암스테르담과 버지니아에서 처음으로 성적 관계를 규제하는 법은 "기독교인"과 "흑인"으로 구분했는데, 1691년 버지니아의 법은 "백인(white)" 남성과 기타 여성 즉 "흑인, 물라토, 인디언" 여성으로 구분했다. 여기서 등장한 "백인(white)" 개념은 영국령 서인도 제도에서 1661년 실시한 인구 조사에서 따온 어휘였다. 나중에 이 어휘는 영국 식민지 전체로 퍼져 나갔다. 이외의 피부색 관련 용어는 더 나중에 등장했다. 18세기 유럽의 자연과학자들은 "인종(race)" 개념을 기반으로 이를 설명할 수 있는 일관된 이론을 개발하고자 했으며, 독일의 계몽주의 철학자 임마누엘 칸트가 그 이론의 대강을 〈인종의 차이에 대하여〉(1775)라는 논문으로 발표했다. 과연 "인종"이라는 어휘를 오늘날과 같은 의미로 처음 사용한 사람이 정확히 누구였는지에 대해서는 지성사 학자들 사이에 이견이 있겠지만, 칸트도 분명 최초로 추정되는 인물들 중 하나다. 19세기 이후 "인종"은 인간의 다양성을 거론할 때 가장 기본적인 용어가 되었다. 오늘날 생물학자와 인류학자는 "인종"이라는 개념을 사용하지 않는다. 과학적 근거가 없는 용어기 때문이다. 그러나 발트제뮐러가 베스푸치의 이름을 잘못 갖다 붙이는 바람에 "아메리카"라는 말이 굳어졌듯이, 인종이란 말 또한 잘못된 말이지만 이미 굳어져버렸다.

시위, 저항, 혁명

자본주의 기업, 글로벌 무역 네트워크, 식민지 개척 등을 통해 어마어마한 부를 축적한 가문이나 개인이 있었다. 당시 부자(der Reiche)라는 별명을 얻은 사람은 야코프 푸거 말고도 많았다. 그러나 그들도 불안정하기는 마찬가지였다. 원거리 무역으로 외국 상품을 수입하자 상인은 많은 이익을 얻고 소비자 물가도 내려갔지만, 지방의 장인은 위기에 빠졌다. 자본가 기업주가 지방의 장인을 모아 대량 생산 체제를 가동함으로써 더 싼 값에 물건을 생산했기 때문이다. 자본주의는 이처럼 다양한 사회적 저항을 불러일으켰다. 예를 들어 야코프 푸거는 티롤(Tirol), 헝가리, 슬로바키아에 있는 은 광산과 주석 광산을 독점했다. 노동자 수천 명이 거기에서 일했다. 남자들은 굴속으로 들어가 원석을 캐내고, 그의 아내와 누이 혹은 아이들은 캐낸 원석을 부수고 물에 정제하는 작업을 맡았다. 1525년 광부들은 물가가 오르는 가운데 임금이 계속 줄어들자 반란을 일으켜 회사의 관리들을 공격했다. 야코프 푸거는 자신의 광산에서 나온 주석으로 만든 포탄을 구입해서 대포를 쐈다. 그리고 노동자들을 진압한 뒤 지도자를 체포해서 처형했다. 잉글랜드에서는 토지에 울타리를 치거나 혹은 그럴 계획이 있다는 소문만으로도 저항을 불러일으켰고, 위협적인 사태가 벌어졌으며, 가끔씩은 반란이 일어나기도 했다(인클로저 운동을 일컫는다 – 옮긴이).

기근과 식량 부족은 반란의 또 다른 주요 원인이었다. 근세에는 이런 반란이 수천 건 넘게 일어났다. 반란은 주로 시골에서 일어났는데, 당시 대부분 사람들은 시골에 살았다. 작황이 나빠 수확을 제대로 못 한 해에는 인근 도시로 식량이 유출되는 것을 막기 위해 시골 사람들이 무리 지어 도로나 수로를 막아섰다. 1630년대에는 런던의 식량 공급처에서, 1640년대에는 로마의 식량 공급처에서 이런 일이 있었다. 후자의 경우 군중이 워낙 거칠게 저항해서, 그 지역의 로마 교황청 소속 관리를 살해하고 관저를 불태워버렸다. 도시에서 일어난 사회적 저항은 주로 식량 가격이 원인이었다. 1775년 프랑스 대부분 지역에 흉년이 들었는데, 도시마다 식량 가격 인상에 항의하는 군중이 수백 명씩 모여들었다. 이들은 밀, 밀가루, 빵 등을 탈취해서 개인이 가져가 먹기도 했지만, 때로는 "정당하다"고 생각되는 가격에, 그러니까 더 낮은 가격에 판매를 하도록 강제했다. 이를 "탁사시옹 포퓰레르(taxation populaire)"(대중 가격, 즉 반란 세력에 의해 통제된 가격 - 옮긴이)라고 했다. 훗날 "밀가루 전쟁(Flour War)"이라고 일컬어진 이 같은 폭력 행위는 프랑스 왕조가 군대를 동원하고 나서야 겨우 진정되었다. 일본에서는 1787년 기근이 들자 에도(江戶)의 빈민들이 가게를 부수고 쌀을 빼앗아 가거나 길거리에 쏟아버렸다. 너무 높은 가격에 대한 불만 때문이었다. 이에 대응하여 정부는 가족이 없는 노동자들을 잡아다가 금광으로 보냈고, 그렇게 잡혀간 사람들은 대부분 고된 노동 끝에 사망했다.

지주나 정부의 강제 이주에 저항한 사람들은 반란 세력 못지않게 극적인 탄압을 받았다. 정치학자 제임스 스코트(James C. Scott)는 "약자의 무기"를 지적한 바 있다. 즉 지체하기, 좀도둑질, 방화, 도주, 모른 체하기, 사보타주 등은 모두 가난한 사람들이 나라의 엘리트들에게 저항하는 수단이었다. 이런 행위는 폭력적 저항이나 시위처럼 문헌 기록으로는 잘 남아 있지 않지만, 최근 학자들이 그 증거를 찾기 시작했다. 이를 통해 사회 및 경제적 환경이 급변하던 시대에 평범한 사람들이 어떻게 자신의 환경을 적극적으로 만들어 나가려 했는지 파악할 수 있을 것이다.

유럽에서 식량 문제로 폭동이 일어날 때면 여성이 그것을 선동하고 지도하는 경우가 많았다. 여성들은 어머니로서 가정에 필요한 식량을 확보하는 일이 자신의 임무라고 생각했다. 그러나 그들이 참여했던 행동은 결코 여성스럽지 않았다. 소리치고, 북을 두드리고, 무기를 운반하고, 돌을 던지는 따위의 일들이었다. 이런 폭동을 이끈 여성들은 대개 나이가 많고 이웃과 폭넓은 유대 관계를 맺고 있던, 힘깨나 쓴다고 이름난 인물들이었다. 시위를 진압하러 나선 관리들로서는 남자보다 여자를 상대로 무력을 행사하기가 더 조심스러울 수밖에 없었다. 이런 사실이 알려지자 어떤 남자들은 여자 옷을 입고 폭동에 참여하기도 했다. 여성들은 이외에도 다양한 방식의 집단행동과 반란에도 참여했다. 이들의 행동이 남성 관리들을 위협하는 데까지 나아갔을 때 그에 대한 반응은 매우 거칠었다. 예를 들면 16세기 아일랜드에서 잉글랜드의 통치에 저항하는 폭동이 일어나자 아일랜드 여성들이 이를 적극 지원했는데, 잉글랜드 관리들은 이를 보고 완전히 겁에 질렸다. 또한 여성들이 남편에게 이래라저래라 하는 것을 보고는, 그것이 아일랜드의 가톨릭과 "야만적이고 흉악한" 풍습과 함께, 아일랜드가 열등한 이유라고 생각했다. 잉글랜드 군대는 아일랜드의 남성들뿐만 아니라 특히 여성들도 직접 공격 목표로 설정했다. 들판과 마을을 모조리 불살라버리는 초토화 작전도 마다하지 않았다. 다른 지역의 사례를 보더라도 보복 공격을 당할 때면 결코 여자라고 예외가 될 수 없었다. 일본 시마바라 번(島原藩)에서 1637~1638년 반란이 일어나자, 일본 정부는 남자들뿐만 아니라 여자들과 아이들까지 모두 처형해버렸다. 그렇게 해서 시마바라 반도의 사람들을 모조리 제거한 뒤 중앙 정부는 충성을 바치는 자에게 토지를 나누어주었고 다른 지역의 백성들을 그곳으로 이주시켜 농사를 짓도록 했다.

　소작료 인상, 새로운 세금 부과 및 기존 세금 인상, 민가에 대한 군대 주둔 강요 등으로 전면적인 반란이 일어나지 않을 수 없었다. 예를 들어 중국 남부 지방에 1560년대에 연속적으로 흉년이 들고 1640년대에 또다시 흉년이 찾아오자, 농민은 지주를 공격하고 세금과 소작료 납부를 거부했다. 도로와 수로를 따라 방랑 생활을 하는 유민이 늘어났고, 정부에서는 이들을 유구(流寇, 떠돌이 도적)라고 불렀다. 농민 반란이 잇달아 일어났다. 이러한 반란 세력이 이자성(李自成)을 중심으로 세력을 규합해 북경을 점령했고, 명나라 왕조는 1644년에 막을 내렸다. 몇 달 후 반란 세력은 만주족의 청나라에 패했고, 명을 대신해 청나라가 중국을 접수했다. 한편 1640년 이베리아 반도 북부 카탈루냐(Catalunya)와 아일랜드 북부 얼스터(Ulster) 지역에서는 정부의 명령 때문에 반란이 일어났다. 민가에서 군인의 숙식을 제공하라는 명령을 내렸던 것이다. 18세기 식민지 멕시코 지역에서는 수백 개 마을이 반란에 참여했으며, 18세기 후반 남아메리카 북부 지역의 반란으로 스페인의 세금 정책이 바뀌기도 했다.

18세기가 저물어갈 즈음 대서양 연안 지역에서 연이어 반란이 일어났고, 반란의 불길이 일부 지역을 넘어 전국적으로 번져서 결국 정부가 전복되는 경우가 많았다. 반란 세력의 지도자들은 계몽사상의 영향을 받아 자유와 인권을 중시했고, 새로운 공공의 질서와 제도를 통해 이를 전방위적으로 실현하고자 했다. 또한 새로운 사회적 조건과 경제 위기에 대처하는 기존 정부의 무능함 등도 반란의 주요 원인이었다. 정치적으로 볼 때 이들의 반란은 획기적이었다. 대서양 지역의 혁명이 현대 정치 체제를 만들었다고 생각하는 사람들이 많다. 그러나 그들의 혁명 또한 여러 측면에서 기존의 사회적 저항 패턴을 그대로 반복한 것도 사실이다.

북아메리카 영국 식민지에서는 세금을 인상하고 차(茶)와 담배 무역 정책에 변화가 발생하자 반란이 일어났고, 급기야 1776년 독립을 선언했다. 당시의 연설과 문헌 기록들을 보면 자유와 평등이라는 이상을 주창하고 있다. 남자다운 애국자의 이상형이 만들어진 것도 이때였다. 자유를 위해 투쟁하는 식민지 개척자들의 이야기가 끊임없이 반복되었다. 이들이 나무 뒤에 숨어서 총을 쏘는 동안 영국의 "레드코트(red coat)"(미국 독립 전쟁 당시 영국군이 붉은색 코트를 입어서 레드코트가 이들의 별칭이 되었다 - 옮긴이)와 독일인 용병들은 멍청하게 한 줄로 서 있다 총에 맞았다. (반면 영국인의 시각을 반영하는 이야기에서 식민지 개척자들은 탈세를 일삼는 천박한 도둑놈들이었고, 영국 군대는 정식 훈련을 받은 모범적인 군인들이었다.) 처음에는 프랑스가, 그리고 나중에는 스페인과 네덜란드가 식민지 개척자의 편에 서서 미국 혁명을 도왔다. 카리브 해 지역, 인도 지역, 북아메리카 지역 등 곳곳에서 동시다발적으로 전투가 벌어졌다. 영국군은 영토 관리와 보급에 상당한 곤란을 겪었다. 영국군은 아일랜드에서 그랬던 것처럼 혹독한 탄압을 실시하려 했지만 쉽지 않았다. 혁명 세력과 반혁명 세력이 같은 공동체 출신이었기 때문이다(심지어 같은 가문 출신도 있었다). 인종이나 종교 등으로 서로를 구분할 수가 없었다. 질병 또한 핵심적인 역할을 했다. 전염병 천연두가 돌기 시작하자 조지 워싱턴(1732~1799) 장군은 신병들에게 종두법으로 예방 접종을 실시했다. 한편 영국군은 질병에 취약한 상태였다. 특히 말라리아에 약했는데, 남부 지역으로 진출했을 때 많은 군인이 말라리아에 감염되어 전투에 참여할 수 없을 정도였다. 1781년 버지니아 주 요크타운(Yorktown)에서 콘월리스(Cornwallis) 장군 휘하의 영국 군대가 미국-프랑스 연합군에게 항복했다. 상대방의 병력이 두 배나 많고 건강 상태도 훨씬 더 좋았기 때문에 항복은 불가피했다. 그로부터 2년 뒤 영국은 반란에 참여한 북아메리카의 영국 식민지 13개 주가 독립하는 것을 승인했다. 콜럼버스의 교환 과정에서 구대륙으로부터 신대륙으로 전파된 질병이 결국 신대륙 전투의 판세를 결정한 셈이다. 전투 참여 인원이 모두 구대륙 출신일 경우에도 이는 마찬가지였다.

프랑스는 미국 혁명 과정에 막대한 자금을 쏟아부은 탓으로 정부 부채가 더욱 늘어났다. 프랑스의 왕 루이 16세(재위 1774~1792)는 1789년 삼부회(三部會, États généraux)를 소집하여 세법을 고쳐 파산을 막아보려 했다. 중산층 대표자들은 귀족과 성직자가 이끄는 삼부회가 민심과 시대에 뒤떨어진 결정을 한다고 생각했다. 그래서 그들은 새롭게 국회(National Assembly)를 결성했다. 그러자 국왕은 무력을 동원하여 이를 해산하려 했다. 그러나 1788년 작황이 나빠서 빵 가격이 치솟아 오르자 많은 사람들이 일자리를 잃었고 여러 도시에서 폭동이 일어났다. 가장 드라마틱한 것은 파리의 폭동이었다. 1789년 7월 14일, 남녀 군중은 바스티유로 몰려갔다. 바스티유는 도심에 있는 요새이자 감옥이었다. 군중은 그곳에서 무기를 탈취하여 왕에게 맞서고자 했다. 같은 시기 시골에서는 농부들이 귀족 지주의 집을 약탈하고 세금과 부채를 기록해둔 장부를 불태워버렸으며, 막혀 있던 공유지를 개방했다. 국회는 농민의 의무를 덜어내는 대신 귀족에게 그만큼의 의무를 부과하고, 높은 목소리로 인권선언(Déclaration des droits de l'Homme et du citoyen)을 발표했다. 그러나 이러한 선언은 당장의 식량 및 경제 위기를 해결하는 데 별 도움이 되지 못했다. 10월이 되자 수천 명의 여인들이 창과 몽둥이를 들고 파리에서 베르사유 궁전을 향해 행진했다. 그들의 요구는 왕과 왕실 가족이 파리로 돌아와야 한다는 것이었다. 왕이 결정을 내리지 못하고 주저하는 사이 혁명은 점점 더 과격해졌다. 혁명 지도부는 왕을 폐위시키고, 왕과 왕비를 처형해 버렸다. 그리고 반혁명을 지원한 오스트리아 및 프로이센에 맞서 승리를 거두었다. 프랑스 혁명 정부는 공화정을 선포했고, 21세 이상 모든 남성에게 투표권을 부여했다. 여성은 혁명에 적극 참여했고, 공식적으로 고충 처리 목록을 만들었으며, 시위 참여는 물론 독자적인 정치 집단도 조직했다. 그러나 여성의 정치 세력화를 보고 보수주의자뿐 아니라 혁명주의자도 충격을 받았다. 혁명 기간 동안 작성된 여러 가지 헌법 초안에서 여성의 투표권을 인정한 경우는 하나도 없었다. 다만 이혼할 권리나 재산 소유권 같은 일부 시민의 권리를 인정할 따름이었다. (나폴레옹 집권 후에는 이마저도 취소되었다.)

파리의 가난한 노동자를 ("반바지를 입지 않은"이라는 뜻의) 상퀼로트(sans-culottes)라고 했는데, 부유층은 반바지를 입은 반면 그들은 긴 바지를 입었기 때문에 붙은 별명이다. 이들은 식량 문제를 보장할 수 있는 근본적 행동을 요구했다. 미국 독립 전쟁에서와 마찬가지로 혁명주의자는 서로 모순되는 두 가지 모습, 즉 아이들의 음식을 구하려고 고군분투하는 사람의 모습과 "단두대 만세"를 외치는 피에 굶주린 악마의 모습으로 인식되었다. 프랑스 정부는 당시 시민들이 여유 있게 지불할 수 있는 정도로 빵 가격을 고정시켰고, 인적·물적 자원을 모아 나라와 혁명을 지키기 위해 프랑스의 적들에 맞서는 투쟁을 준비했다. 공포정치(La Terreur) 기간에도 적들을 감옥에 가두고 처형을 계속했다. 이에 대한 반발로 1794년 반동 쿠데타가 일어났다. 새로 들어선 부르주아 중산층 지도부는 상퀼로트의 극단주의를 거부했다. 또한 지방의 정치 조직을 제한하고 군대를 동원해서 저항을 잠재웠으며, 남성 투표권도 제한했다. 왕은 사라졌지만 배고픔은 여전했다.

남아메리카와 카리브 해 지역에서는 원주민과 노예에 대한 억압, 사회적 불평등, 새로운 자유주의 사상의 유행 등이 혁명을 불러일으켰다. 18세기에 이르자 카리브 해 지역 인구의 대다수는 아프리카 출신 노예였다. 노예의 반란도 빈번하게 일어났다. 그중 한 사건으로 1791년에 투생 루베르튀르(Toussaint l'Ouverture, 1746~1803)라는 노예 출신 자유민이 주동한 아이티 혁명(Haitian Revolution)이 있었다. 노예제도를 철폐하고 독립국을 세우는 데 성공했지만, 투생 루베르튀르는 그 과정에서 체포되어 프랑스의 감옥에서 죽음을 맞았다. 아이티는 아메리카에서 두 번째로 독립국이 되었다. 그러나 첫 번째 독립국인 미국은 아이티를 외교적으로 인정하지 않았다. 당시 미국 대통령이었던 토머스 제퍼슨도 노예 소유주였는데, 아이티를 인정하면 노예의 반란이 확산될까 두려웠던 것이다.

특히 스페인의 식민 통치 지역에서 잇달아 혁명이 터져 나왔다. 18세기 안데스 지역 인구의 90%를 차지한 원주민은 유럽인 소유의 농장이나 광산에서 일하며 과도한 세금에 시달렸다. 스페인 정부가 세금을 크게 올리자 투팍 아마루 2세(Tupac Amaru II, 1740~1781)가 이끄는 반란이 일어났다. 그는 부유하고 교육을 많이 받은 인물이었는데, 잉카 제국의 마지막 황제의 후손을 자처했다. 그와 그의 아내는 혼혈인을 이끌고 반란을 일으켜 순식간에 페루의 몇 군데 지방을 차지했다. 스페인 세력은 이들 부부를 붙잡아 잔인하게 처형하고 반란군을 물리쳤다. 잉카 제국의 이름으로 반란이 일어났기 때문에 이후로는 잉카의 복식과 언어 등 잉카 문화 전통이 금지되었다. 그러나 반란은 계속해서 일어났고, 멕시코에서 파타고니아에 이르기까지 스페인으로부터 독립을 도모하는 세력의 일부가 되었다. 이러한 반란을 이끈 인물은 크레올이라 일컬어지던, 유럽인의 피를 물려받은 지방의 혼혈인이었다. 그중에는 시몬 볼리바르(Simon Bolivar, 1783~1830)나 호세 데 산 마르틴(José de San Martin, 1778~1850) 같은 인물들이 있었다. 이들은 19세기 초 스페인을 내쫓는 데 성공했다. 그러나 국민을 대표하는 정부를 만드는 데는 실패했으며, 자신들이 만든 제도 안으로 원주민을 흡수하지도 못했다.

근세(초기 근대)와 본격적인 근대

이번 장에서 다룬 역사 시기의 시작점을, 역사학자들은 지역에 따라 조금씩 다르게 설정하고 있다. 예를 들면 1453년 오스만 제국의 콘스탄티노폴리스 정복, 1501년 페르시아 시아파 왕조의 성립, 1517년 가톨릭 교회에 대한 루터의 첫 공개적 비판, 1520년대 무굴 제국의 확장, 1533년 이반 4세(Ivan Ⅳ, 폭군 이반)의 러시아 통치 시작, 1603년 도쿠가와 막부의 성립 등이다. 그러나 전 세계적 관점에서 보자면 분명한 시기 구분으로 1492년의 경쟁자가 없다. 콜럼버스 항해의 전면적 영향이 직접적으로 와 닿으려면 몇 세기의 시간이 흘러야 한다. 그러나 콜럼버스의 항해 직후부터 질병과 동식물 등이 대서양을 건너 오가며 양쪽의 자연계와 인간계 모두를 바꾸어놓았다.

신대륙의 중부와 남부 대부분 지역에서 아프리카인, 유럽인, 원주민 등이 서로 뒤섞여 귀금속을 채취하고 수출용 작물을 재배했다. 반면에 신대륙 북부에서는 상대적으로 사람 수가 적은 데다 출신지가 그렇게 많이 뒤섞이지도 않았다. 이들은 농사를 짓고, 사냥을 하고, 덫을 놓고, 물고기를 잡아서 머나먼 곳에 사는 소비자에게 상품을 공급했다. 당시 대서양을 건너 신대륙으로 들어간 수백만 명 중 대다수는 아프리카 사람들이었다. 아프리카에서는 노예 무역이 기존의 정치 및 사회에 혼란을 가져왔다. 그러나 그들과 그들이 만든 물품을 실어 나른 배는 유럽 사람들의 소유였다. 그 배에는 기독교 선교사와 성직자도 타고 있었다. 유럽에서는 프로테스탄트의 종교 개혁 및 지역별 풍습의 수용으로 기독교가 쪼개지고 있었지만, 신대륙 덕분에 기독교는 세계적인 종교로 발돋움했다. 사상도 대서양을 건너 온 사방으로 전파되었다. 새롭게 형성된 도시 환경에서 새로운 사상의 교류가 활발했다. 학술 모임, 잡지, 신문, 클럽, 살롱 등이 교환의 장을 열었다.

대서양 이외의 다른 곳에서도 물론 사람과 상품의 이동이 활발했다. 청 제국이 확장되면서 중국의 한족이 중앙아시아에 정착해서 감자와 고구마를 심었다. 러시아의 모피 무역상은 시베리아로 진출해서 흑담비와 밍크를 사냥했다. 코만치족, 샤이엔족, 라코타족 등의 북아메리카 원주민이 서부 평원 및 남서부 지역으로 진출하여 말을 타고 버펄로를 사냥했다. 오스만 제국은 유럽과 지중해 지역으로, 무굴 제국은 남아시아로 확장해 들어가 이슬람을 확산하고 새로운 형태의 정부를 만들었다. 네덜란드 및 영국의 무역상은 인도양 유역으로 진출한 뒤 점차 더 넓은 무역 네트워크를 장악해 나갔다. 해안에서 멀리 떨어진 도시라도 어디서나 초콜릿, 커피, 차, 담배, 설탕 등을 구하는 일은 어렵지 않았고, 심지어 하인들도 살 수 있을 만큼 저렴해졌다. 세계적으로 유통될 때는 멕시코 은화가 지불 수단이 되었다. 멕시코 은화는 전 세계에 유통되었다. 특히 중국에서는 멕시코 은화에 새겨진 뚱뚱한 통치자의 모습을 보고 부처님 같다고 했다.

자발적으로건 강제로건 사람들이 이주를 할 때면 관습, 언어, 신앙, 음식 풍습을 비롯한 문화적 요소가 함께 갔다. 이는 어디에서건 현지 문화와 융합되어 새로운 형태로 재탄생했다. 어떤 지역을 정복하거나 식민지를 건설할 경우, 통치자는 사람들이 서로 섞이는 것을 막아보고자 했지만, 결혼이나 여러 가지 이성 관계를 통해 사람들이 섞이는 것은 어찌할 수 없었다. 그래서 차별을 법제화하는 제도를 만들게 되었고, 이른바 "인종"을 근거로 하는 위계질서가 점차 주도적인 흐름으로 자리 잡았다.

그러나 이런 변화의 세기에도 거의 변하지 않은 삶의 요소들이 있었다. 전 세계적으로 해로를 통한 사람과 상품의 이동은 많아졌지만, 육로를 통한 상품의 대량 이동은 여전히 어려운 일이었다. 또한 지역에 따라 기근은 계속 확산되었고, 영아 및 유아 사망률은 여전히 높은 수준이었다. 전쟁 또한 끊임없이 벌어졌고, 많은 지역에서 화포가 사용되었으며, 질병과 기근 및 폭력이 전쟁을 따라다녔다. 문화적 전통과 종교적 사상은 여전히 주로 구전에 의해 교육되었다. 무역으로 축적된 막대한 부는 몇몇 개인 혹은 가문의 사회적 지위를 향상시켰지만, 토지를 근거로 주요 권력과 부를 장악한 전통적 귀족의 위계질서를 뒤엎지는 못했다. 상속 재산 및 세습 신분과 더불어 타고난 성별 또한 여전히 위계질서의 중요한 요소였다. 여자로 태어나느냐 남자로 태어나느냐에 따라 인생과 인생의 모든 단계마다 겪어야 할 일들이 완전히 달라졌다.

근세의 끝을 어디로 설정해야 할까? 다시 말해 진정한 근대의 시작은 언제라고 해야 할까? 세계사에서 이에 대한 뚜렷한 선을 긋기는 쉽지 않다. 굳이 1789년으로 설정하기도 하지만, 이는 서유럽 정치 상황에 입각한 연도일 뿐이다. 아마 1787년으로 설정해야 할 수도 있다. 그때는 영국의 죄수를 실은 배가 처음으로 오스트레일리아를 향해 출발한 해였다. 1000여 명의 사람들을 태운 그 배는 목적지가 새로운 대륙이라는 사실도 모르고 있었다(100년이 지난 뒤에야 그곳이 별도의 대륙임을 알게 되었다). 혹은 아이티 혁명이 시작된 1791년이나, 메리 울스턴크래프트(Mary Wollstonecraft, 1759~1797)가 처음으로 인류의 절반인 여성의 정치 권리를 분명하게 제기한 1792년일 수도 있다. 1789년도 중요한 획기였다. 그때는 잉글랜드의 발명가 에드먼드 카트라이트(Edmund Cartwright)가 두 번째 직조 기계를 발명한 해였다. 그가 발명한 기계는 결함이 많았고 채권자들이 그의 면직물 생산 공장을 차압한 상태였지만, 다른 발명가들이 재빨리 카트라이트의 기계 디자인을 모방해서 더 좋은 기계를 만들었고, 머지않아 직조 기계가 가득 찬 공장들이 영국 곳곳에 생겨나기 시작했다. 이들 공장과 함께 시작된 산업화가 근대를 만들었다면, 다른 어떤 해보다 더 중요한 연도는 곧 1789년일 것이다.

● 더 읽어보기

콜럼버스의 교환 입문서로는 다음의 책이 가장 좋다.
- Alfred W. Crosby, *The Columbian Exchange: Biological and Cultural Consequences of 1492,* 30th Anniversary edition (Westport, CT: Praeger, 2003)

또한 다음의 책들도 참고할 만하다.
- Crosby, *Ecological Imperialism: The Biological Expansion of Europe, 900 – 1900* (Cambridge: Cambridge University Press, 1986)
- Charles C. Mann, *1493: Uncovering the New World Columbus Created* (New York: Alfred A. Knopf, 2011)은 전문 과학 기자가 대중을 위해 저술한 책으로, 식량을 비롯한 여러 상품의 세계적 전파가 초래한 장기간의 영향 관계를 분석한 매우 탁월한 저서다.

질병에 대해서는 다음을 참조하라.
- Noble David Cook, *Born to Die: Disease and New World Conquest, 1492 – 1650* (Cambridge: Cambridge University Press, 1998)
- John R. McNeill, *Mosquito Empires: Ecology and War in the Greater Caribbean, 1620 – 1914* (Cambridge: Cambridge University Press, 2010)

이 장에서 언급하는 시대 범위에서 광범위한 환경 연구로는 다음을 참조.
- John F. Richards, *The Unending Frontier: An Environmental History of the Early Modern World* (Berkeley: University of California Press, 2003)

케임브리지 세계사 시리즈에도 이 주제에 관련된 논의들이 수록되어 있다.
- Jerry H. Bentley, Sanjay Subrahmanyam, and Merry E. Wiesner-

Hanks, eds., *The Construction of a Global World, 1400 – 1800 CE*, Volume 6 of the *Cambridge World History* (2015)

학생들을 위한 매우 훌륭한 입문서로는 다음이 있다.
- David R. Ringrose, *Expansion and Global Interaction, 1200 – 1700* (New York: Longman, 2001)
- Kenneth Pomeranz and Steven Topik, eds., *The World that Trade Created: Society, Culture, and the World Economy, 1400 to the Present*, 3rd edn. (Armonk, NY: M. E. Sharpe, 2012)

대서양 지역의 식민지에 대한 연구로는 다음을 참조하라.
- John H. Elliott, *Empires of the Atlantic World: Britain and Spain in America 1492 – 1830* (New Haven: Yale University Press, 2006)
- John R. Chávez, *Beyond Nations: Evolving Homelands in the North Atlantic World* (Cambridge: Cambridge University Press, 2009)

법률적 측면에 대해서는 다음을 참조하라.
- Lauren Benton, *Law and Colonial Cultures: Legal Regimes in World History, 1400 – 1900* (Cambridge: Cambridge University Press, 2002)

사회적 저항과 전쟁에 대해서는 다음을 참조하라.
- Geoffrey Parker, *Global Crisis: War, Climate Change and Catastrophe in the Seventeenth Century* (New Haven: Yale University Press, 2013)은 이 주제와 관련해서 이해하기 쉬운 책이다.
- Jane Landers, *Atlantic Creoles in the Age of Revolutions* (Cambridge, MA: Harvard University Press, 2010)은 혁명에 대한 비교 연구를 담고 있다.

마셜 호지슨의 "화약 제국(gunpowder empires)" 개념이 처음 발표된 지면은 다음 책이다.
- Marshall Hodgson, *The Venture of Islam*, Volume 3: *The Gunpowder Empires and Modern Times* (Chicago: University of Chicago Press, 1975)

최근 화약 제국에 대한 더 진전된 논의는 다음을 참조하라.
- Douglas E. Streusand, *Islamic Gunpowder Empires: Ottomans, Safavids, and Mughals* (New York: Westview Press, 2010)

중국의 팽창에 대해서는 다음을 참조하라.
- Peter C. Perdue, *China Marches West: The Qing Conquest of Central Eurasia* (Cambridge, MA: Belknap Press, 2005)

종교 개혁에 대해서는 훌륭한 연구가 많이 있다.
- Peter Matheson, ed., *Reformation Christianity*, Volume V of *A People's History of Christianity* (Minneapolis: Fortress Press, 2006)에서는 평범한 신도들의 종교 생활에 대한 내용을 담고 있다.

유럽과 식민지의 가톨릭에 대한 연구는 다음을 참조하라.
- R. Po-chia Hsia, *The World of Catholic Renewal, 1540 – 1770* (Cambridge: Cambridge University Press, 2nd edn. 2005)
- Merry E. Wiesner-Hanks, *Christianity and Sexuality in the Early Modern World: Regulating Desire, Reforming Practice* (London: Routledge, 2nd edn. 2010)

종교 혼합과 혼성화에 대한 보다 일반적인 연구는 다음을 참조하라.
- Serge Gruzinski, *The Mestizo Mind: The Intellectual Dynamics of Colonization and Globalization* (London: Routledge, 2002)

- James Sweet, *Recreating Africa: Culture, Kinship and Religion in the African-Portuguese World, 1441 – 1770* (Chapel Hill: University of North Carolina Press, 2003)
- John Thornton, *A Cultural History of the Atlantic World, 1250 – 1820* (Cambridge: Cambridge University Press, 2012)

북아메리카의 무역과 그 사회적 영향에 대한 고전적인 저서 두 편.
- William Cronon, *Changes in the Land: Indians, Colonists, and the Ecology of New England* (New York: Hill and Wang, 1983)
- Richard White, *The Middle Ground: Indians, Empires, and Republics in the Great Lakes Region, 1650 – 1815* (Cambridge: Cambridge University Press, 1991)

식민지 발전에 대한 최근의 연구로는 다음을 참조하라.
- Susan Sleeper-Smith, *Indian Women and French Men: Rethinking Cultural Encounter in the Western Great Lakes* (Amherst: University of Massachusetts Press, 2001))
- Sophie White, *Wild Frenchmen and Frenchified Indians: Material Culture and Race in Colonial Louisiana* (Philadelphia: University of Pennsylvania Press, 2012)
- Mark Kulansky, *Cod: A Biography of the Fish that Changed the World* (London: Penguin, 1998)은 일반 독자를 위한 흥미진진한 책이다.

마약성 중독 식품에 대해서는 다음을 참조하라.
- Wolfgang Schivelbusch, *Tastes of Paradise: A Social History of Spices, Stimulants, and Intoxication* (New York: Vintage, 1993)
- William G. Clarence-Smith and Steven Topik, eds., *The Global Coffee Economy in Africa, Asia, and Latin America* (Cambridge: Cambridge University Press, 2003)

- Sidney W. Mintz, *Sweetness and Power: the Place of Sugar in Modern History* (New York: Penguin Books, 1986)는 이 주제에 관한 고전적인 연구서다.

노예 무역에 관한 간략한 개괄로는 다음을 참조하라.
- A good brief survey of the slave trade is Herbert S. Klein, *The Atlantic Slave Trade* (Cambridge: Cambridge University Press, 1999)

더불어 젠더 문제에 대한 개괄은 다음을 참조하라.
- Jennifer Morgan, *Laboring Women: Reproduction and Gender in New World Slavery* (Philadelphia: University of Pennsylvania Press, 2004)

아프리카 사람들에 대한 보다 포괄적인 연구로는 다음을 참조하라.
- John Thornton, *Africa and Africans in the Making of the Atlantic World, 1400 – 1800* (Cambridge: Cambridge University Press, 1998)

인종 사상의 전개에 대한 훌륭한 입문서가 있다.
- Ivan Hannaford, *Race: The History of an Idea in the West* (Baltimore: Johns Hopkins University Press, 1996)

가족과 인종 문제에 대해서는 다음을 참조하라.
- Ann Laura Stoler, *Carnal Knowledge and Imperial Power: Race and the Intimate in Colonial Rule* (Berkeley: University of California Press, 2002)
- Tony Ballantyne and Antoinette Burton, eds., *Bodies in Contact: Rethinking Colonial Encounters in World History* (Durham, NC: Duke University Press, 2005)

CHAPTER 5

산업화, 제국주의, 불평등
(기원후 1800년부터 2015년까지)

1930년대 인도 독립 운동 지도자 자와할랄 네루(Jawaharlal Nehru, 1889~1964)는 정치적 이유로 감옥에 갇혀 있는 동안 딸에게 편지를 보냈다. 그의 딸 인디라(Indira)는 당시 10대의 소녀였다. 200통에 가까운 긴 편지에는 세계사 이야기가 담겨 있었다. 편지를 통해 네루는 딸에게 세계사에 대한 폭넓은 관점을 가르쳐주었다. 이들 편지를 모아서 1934년에 《세계사 편력(Glimpses of World History)》이라는 책이 출간되었다. 최초의 도시가 탄생한 때부터 네루 본인의 시대까지가 망라된 이 책을 펼치면, 약 3분의 1 정도 되는 대목에 "대형 기계의 탄생"이라는 제목의 편지가 있다. 이 편지에서 네루는, 다른 무엇보다도 산업화가 "삶의 모습을 바꾸어놓았다. … 그것은 모든 계층의 모든 사람에게 영향을 미친 혁명이었다. 그것 때문에 부자의 사치와 가난한 자의 빈곤은 예전보다 훨씬 더 큰 격차가 벌어졌다"고 말했다. 그 여파는 전 세계적이었다고 네루는 평했다. "자본주의 산업은 새로운 제국주의로 나아갈 수밖에 없었다. 그들은 공장에 사용할 원자재가 있는 곳이라면 어디든, 또한 공장에서 새로 만든 상품의 소비 시장이 있는 곳이라면 어디든지 뻗어 나갔다. … 그리하여 힘이 센 나라들끼리 새로운 영토를 차지하기 위해 쟁탈전이 벌어졌다. … 이들은 눈에 보이지 않는 경제 영토를 두고 싸우는 새로운 종류의 제국이었다. 이들은 겉으로 뚜렷하게 드러나는 징표도 없이 새로운 땅을 차지하고 주도권을 장악해 나갔다."

거의 100년이 지난 뒤 세계사 연구자들은 대체로 네루의 의견에 동의하게 되었다. 즉 산업화가 근대 세계를 만들었으며, 그때 당시의 세계는 물론 오늘날의 세계까지도 같은 맥락에 놓여 있다는 의견이었다. 화석 연료의 사용(처음에는 석탄, 나중에는 석유와 가스)으로 생산성이 폭발적으로 증대되었다. 인간들이 지난 수억 년 동안 땅속에 저장되어 있던 에너지를 꺼내 쓰게 된 것이었다. 산업은 세계의 정치, 경제, 사회, 물적 조건을 바꾸어놓았다. 산업화된 나라는 그렇지 못한 나라를 지배했다. 19세기에는 군사력을 이용한 정복 전쟁이 새삼 유행하게 되었다. 네루가 언급한 눈에 보이지 않는 경제 제국을 신제국주의 혹은 소프트 임페리얼리즘(soft imperialism)이라 하는데, 이 또한 전 세계로 확산되었다. 새로운 형태의 제국에서는 다국적 기업이나 국제적 단체가 전통적인 국가보다 더 중요한 경우가 많았다. 경제뿐만 아니라 사회와 문화 또한 이들에 의해 좌우되었다. 산업과 제국주의(군사적 제국주의hard imperialism든 경제적 제국주의soft imperialism든)가 동시에 작동하면서 불평등이 더욱 심화되었다. 한 국가 내의 불평등도 그랬고, 지역 간의 불평등도 마찬가지였다.

1800년대 이후의 세계사를 보자면 엄청나게 많은 정보가 남아 있다. 이번 장에서는 그중 세 가지 주제에 집중하고자 한다. 산업화, 제국주의, 불평등이 그것이다. 이들은 모두 최초의 산업화에서 시작되었고, 그 현장이 바로 잉글랜드였다. 그리고 지역에 따라 사정은 다르지만 전 세계적으로 산업화가 확산되는 과정도 살펴볼 것이다. 한 나라 안에서, 그리고 나라들 사이의 불평등이 심화되면서 사회 변화를 요구하는 문화 운동의 목소리도 더욱 높아졌다. 평등주의를 내세우며 노예 제도의 폐지와 여성의 권리를 주장하는 사람들도 있었지만, 반대로 불평등을 옹호하고 인종 차별과 심지어 인간의 선별 번식(품종 개량)을 주장하는 사람들도 생겨났다. 산업화를 통해서 제국주의의 정복뿐만 아니라 대규모 원거리 이주도 촉진되었다. 이는 기존의 사회 계층과 문화적 관습에 변화를 초래하는 동시에 오히려 이를 강화하기도 했다. 20세기로 접어들면서 이 장에서 주목해본 주제는 전 세계적 전쟁 문제다. 세계 전쟁이 현대 사회와 정치에 미친 영향을 살펴보고, 전후 세대의 특징이라 할 수 있는 사회 및 정치적 독립 투쟁과 함께 탈식민지화 과정을 추적해볼 것이다. 발전 도상에서 어떤 식으로든 불평등이 완화되기도 했지만, 산업화 및 후기 산업화 시대를 거치면서 경제적으로 자산 불평등이 워낙 크게 확대되었다. 긴밀하게 연결된 세계적 자본주의 네트워크 속에서 저임금 노동이 일반화되었기 때문이다. 사람들은 계속해서 이동하고, 도시는 메가시티로 성장하고, 종교적·언어적·사회적·민족적 다양성과 혼합 양상은 더욱 확대되고 있다. 종교적 근본주의자나 문화적 보수주의자, 일부 정치 지도자가 이를 막아보려 하지만 대세를 거스를 수는 없다. 제3천년기의 초입에서, 세계 인구가 70억을 넘어서고 가난과 번영이 동시에 성장하는 우리의 시대를 간략하게 검토함으로써 이번 장을 마감하고자 한다.

목화, 노예, 석탄

영국의 경제 및 정치 권력, 그리고 19세기 서양의 세계 주도는 모두 산업화를 바탕으로 이루어졌다. 핵심적인 질문은, 왜 하필 잉글랜드에서 최초의 산업화가 시작되었는가 하는 것이다. 산업화는 목화 생산과 함께 시작되었으니, 그 대답은 일정 부분 목화와 관련될 수밖에 없다. 또한 기술적 측면도 일부 대답이 될 것이다. 그러나 이에 못지않게 직물 생산 조직 체계와, 4장에서 언급한 글로벌 무역의 결과로 빚어진 새로운 소비 패턴도 중요한 이야기가 될 것이다.

17세기에 이르러 직물 생산은 세계 일부 지역에서 갈수록 상업화되었다. 그러나 생산 조직은 조금씩 달랐다. 중국과 일본은 농가에서 누에와 목화를 길렀다. 여성이 물레를 돌려 실을 자아내면 온 가족이 함께 천을 만들었다. 이 천으로 가족이 입을 옷을 만들고, 정부 세금도 냈다. 혹은 상인 조직을 통해 팔기도 했다. 중국 시골 가구의 절반 이상이 베틀을 가지고 있었다. 인도는 특정 마을의 특정 카스트가 목화와 목화-비단 혼방 제품 생산을 담당했다. 일반적으로 여성이 실을 잣고 남성이 직조를 담당했으며, 끝마무리는 남녀가 같이 했다. 가정에서 쓰고 남는 옷감은 상인에게 팔았다. 서유럽 시골에서는 상인이 털이나 아마를 (지역에 따라 목화나 명주솜을) 준비해서 여러 가정에 분배해주면, 그 가정의 여성이 그것으로 실을 잣고, 그 실을 다시 다른 가정에 가져다주면 천을 짜고 끝마무리를 해서, 다시 상인에게 그 천을 가져다주면 상인이 여러 지역으로 가져다가 팔았다. 경제사학자들은 이러한 시스템을 오두막 산업(cottage industry), 하청 시스템(putting out system), 가내 수공업(domestic industry), 원시 산업(proto-industry) 등의 여러 이름으로 부른다. 17세기에는 이상 모든 지역(중국, 일본, 인도, 서유럽)에서, 그리고 아마도 잘 알려지지 않은 다른 많은 지역의 시골 가정에서 더 많은 천을 생산하기 위해 막대한 노동력을 투입했을 것이다. 경제사학자 얀 드 브리스(Jan de Vries)는 이를 "성실성 혁명(Industrious Revolution)"이라 일컬었다.

가장 사치스런 직물은 여전히 비단이었지만, 가장 널리 거래된 직물은 인도의 면직물(cotton)이었다. 서아프리카 해안에서 노예를 살 때, 남아메리카에서 금과 은을 살 때, 동남아시아에서 향신료를 살 때, 어디서나 어느 상품을 살 때도 지불 수단으로 면직물이 사용되었다. 17세기 후반 네덜란드의 동인도회사와 잉글랜드의 동인도회사가 모두 인도에서 면직물을 수입하기 시작했다. 소비자는 서서히 그 매력을 깨달아가고 있었다. 가벼운 데다 피부에 닿는 촉감도 좋고, 염색이나 인쇄 혹은 그림을 그려도 색감이 잘 살아났다. 당시의 평가에 의하면 인도산 면직물 수요가 "캘리코 열풍(calico craze)"을 불러일으켰다고 한다. 평론가들은 모든 계층의 여인이 캘리코를 입기를 원하고 집을 캘리코로 장식하기를 원하므로, 사회 계층 간 신분 구분이 안 될 지경이라는 불평을 늘어놓았다. 커피하우스에서 뜨거운 논쟁이 불타올랐고, 신문 같은 인쇄 매체는 인도산 면직물이 가난한 사람들(특히 여성들)의 경망스러운 소비를 부추긴다는 여론을 조장했다. 런던의 직물업자들은 항의 시위를 전개했으며, 잉글랜드 동인도회사의 본부를 공격했고, 길거리를 지나가는 여인이 입고 있는 면직물 옷을 빼앗아 찢어버리거나 염산을 뿌리기도 했다. 1680년대부터 1720년대에 이르기까지 잉글랜드, 프랑스, 스페인, 프로이센 정부는 아시아산 면직물의 수입이나 착용을 금지했다. 그러나 실제 법 집행은 미약했다. 게다가 서유럽의 식민지나 아프리카 시장으로 인도 면직물 재판매를 금지하지 않았기 때문에 무역에서 이 법은 전혀 먹혀들지 않았다.

세계적인 거래 패턴에 변화가 찾아온 것은 법률 때문이 아니라 수입 대체 품목 때문이었다. 모방, 차용, 실험, 기계화 등을 통해서 처음에는 면직물 염색법이 전해졌고, 나중에는 실을 잣고 직조하는 기술까지 이전되었다. 인도에서 날염 기술을 배운 아르메니아인 기술자들이 이를 유럽에 전해주면서 유럽 현지의 기술자들과 함께 대규모 "공장제" 생산의 시대를 열었다. 수백 명의 남녀 노동자가 수공구와 인력 구동 기계를 가지고 날염을 하는 공장이었다. 기업가와 초보 기술자는 생산량을 늘리기 위해 새로운 기계를 연구했다. 마침내 여성이 한번에 실꾸리 한 개 이상을 자아낼 수 있는 기계가 만들어졌다. 그들은 때로 자연과학 논문에서 읽은 기계적 원리를 적용해보기도 했다. 1760년대에 이르면 이들이 발명한 기계를 가지고 자아낸 실이 질기고도 가늘어서 충분히 면직물을 생산할 정도가 되었다. 손으로 돌리는 기계도 있었지만 외부 동력을 이용하는 기계도 있었다. 흐르는 물의 낙차를 활용하는 방식이었기 때문에 방적기(紡績機, 실을 잣는 기계) 공장은 주로 강변을 따라 발전했다. 이런 기계는 처음 영국의 시골에 들어섰고, 나중에는 유럽의 다른 지역과 북아메리카까지 확산되었다.

산업혁명이라 하면 주로 기계와 발명 이야기가 주를 이루지만, 기존의 결혼 관습과 성별에 따른 역할 구분 또한 중요한 요소였다. 북유럽에는 독특한 결혼 풍습이 있었다. 남성이든 여성이든 20대 중반이 넘어서야 결혼을 했고, 결혼한 뒤에는 부모의 가정과는 별개로 완전히 독립된 가정을 꾸려 따로 살았다. 여성이 늦게 결혼하는 것은 매우 독특한 풍습이었다. 임신이 가능한 시기를 결혼 적령기로 하는 대부분 지역과 달리 훨씬 더 늦은 시기에 결혼을 했던 것이다. 여성은 결혼하기 전에 임금이나 물품을 모아두었다가 새로운 가정을 꾸릴 때 힘을 보탰다. 이들은 대부분 아버지나 가족 중 다른 남성이 상관하지 않는 곳에서 직업을 가졌는데, 세계의 다른 지역에서는 대부분 이 같은 상황을 받아들이지 못했다. 북유럽에서는 결혼을 아예 하지 못하는 사람들도 많았다. 그 비중이 전체 인구의 10~15%에 달했다. 곳에 따라 25%까지 되는 경우도 있었다. 17세기 잉글랜드에서는 결혼하지 않은 여성을 실 잣는 여인(spinster)이라 불렀다. 그런 여성이 대부분 그 일을 했기 때문이다. 이런 환경 가운데 방적 기계가 처음 발명되자 젊은 여성이 제일 먼저 그 일에 고용되었다. 이들은 순해서 말도 잘 들었고 낮은 임금도 기꺼이 감수하는 데다가 섬세한 기계를 다루는 반복적인 작업도 잘 참아냈기 때문이다.

방적기의 생산량은 수작업에 비해 100배 이상 많았다. 발명가들은 이제 방직기(紡織機, 천을 짜는 기계)에 주목하기 시작했다. 19세기 초에 이르자 방직기도 실용화되었다. 러다이트(Luddite)라는 이름으로 알려진 반산업화 운동가는 대체로 남성 방직 노동자였다. 이들은 대중 시위 과정에서 기계를 파괴했다. 그러나 다른 많은 사회 운동과 마찬가지로 이들도 군대에 의해 진압되었고, 기계 파손이 주요 범죄 행위로 간주되었다. 강물을 이용하기 좋은 위치에 있는 도시들이 직물 산업의 중심지로 발달했고 생산량은 급증했다. 1750년 영국에서 생산된 날염 캘리코는 5만 장(1장 길이는 약 25미터) 정도였는데, 1830년에는 800만 장을 넘어섰다. 도시의 인구 또한 급상승했다. 예를 들어 잉글랜드 북서부의 맨체스터(Manchester)는 영국 면직물 산업의 중심지 중 하나였는데, 1760년 당시 인구가 1만 7000명이었던 데 비해 1830년에는 18만 명으로 늘어났다. 공장 내부의 환경은 불쾌하고 건강에도 해로웠다. 섬유 조각이 공기 중에 날아다녔고, 하루 노동 시간이 13~14시간에 달했다. 일주일에 6일은 일을 해야 했다. 노동자 중에는 시골에서 올라오거나, 혹은 더 멀리서 이주해 온 사람들도 있었다. 그중 많은 수가 아일랜드 출신이었다. 아일랜드의 인구가 늘어나는 동시에 경제 상황이 나빠져서 젊은이들은 다른 지역에서 일자리를 찾아야 했다. 1840년대에 사람들이 생계를 의존하던 감자에 마름병이 돌자 아일랜드에서 기근과 질병으로 사망한 사람이 100만 명을 넘어섰다. 이후 더 많은 아일랜드 사람들이 잉글랜드의 산업 도시로 유입되었다. 혹은 산업화가 한창 진행 중인 미국 북부의 도시로 이주하기도 했다.

　이처럼 영국의 산업화는 이주 노동자들의 힘에 상당히 의존하고 있었다. 이주 노동자의 출신지는 영국의 범위에 국한되지 않았다. 생산량이 폭증하자 리넨이나 모직 천의 원자재를 충분히 공급하기란 불가능했다. 영국 전역에 아마를 심고 양 떼를 풀어 키운다 하더라도 그 수요를 감당하지 못했을 것이다. (같은 시기 중국은 대규모 공장제 생산이 아니었기 때문에 개별 농가에서 목화를 기를 수 있었다.) 그러나 면직물은 달랐다. 목화를 수입해서 원자재 수급을 충당할 수 있었기 때문이다.

17세기와 18세기에 걸쳐 영국은 카리브 해 및 북아메리카 지역에 식민지를 건설했다. 그곳은 목화를 재배할 수 있는 지역이었다. 목화 재배 조직은 이미 자리를 잡고 있었다. 플랜테이션 농장은 (4장에서 언급했듯이) 아프리카인 노예 노동력을 사용했다. 카리브 해 지역에 새로운 플랜테이션 농장들이 들어섰고, 자본과 인력이 그곳으로 몰려들었다. 노예도 있었지만 자유민도 있었다. 목화는 땅속 영양분을 많이 필요로 하는 작물이기 때문에 지력이 금세 소진되었다. 그래서 상업 작물이나 천연자원 개발이 그렇듯이 목화 재배 또한 반짝 경기로 끝나기 마련이었다. 목화 주산지는 금방 바뀌어서 특히 미국 남부 지역으로 이동했다. 그곳에서 1794년에 수동식 조면기(繰綿機, cotton gin, 줄임말로 engine)가 발명되어 조면 생산에 필요한 노동력이 그만큼 줄어들었다.

노예 제도는 지리적으로나 양적으로나 목화 생산과 함께 확산되었다. 1790년대 미국 남부의 노예는 아마도 70만 정도였을 것이다. 대부분이 메릴랜드와 버지니아 지역에 있었다. 몇몇 경제학자는 노예 제도가 폐지될 것이라는 예상을 내놓았다. 그만큼 경제성이 떨어진다고 봤던 것이다. 1850년에 이르자 노예 인구수는 400만으로 증가했고 대부분이 새로 개척된 앨라배마, 미시시피, 테네시, 루이지애나 등지에 거주했다. 그곳은 "킹 코튼(King Cotton, 목화 왕)" 지역이었다.[1] 세

---

1 킹 코튼(King Cotton)_ 미국 남북 전쟁 이전 남부 지역에 유행하던 정치적 슬로건이었다. 목화가 많이 생산되는 남부 지역이 목화 수출을 장악하고 있으면, 영국과 프랑스 등 목화 수입에 의존하는 국가들이 군사적으로 지원을 해줄 수밖에 없고, 북부와의 전쟁에서도 패배하지 않을 것이라는 정치적 견해가 있었다. 그래서 그 지역의 실질적인 왕은 바로 목화라는 정치적 슬로건이

계 목화 생산량의 거의 3분의 2가 이곳에서 생산되었다. 가격으로 따지면 미국 전체 수출의 절반을 목화가 차지했다. 목화 플랜테이션 농장의 흑인은 이전보다 더욱 가혹한 조건에서 일을 해야 했다. 더 길어진 노동 시간 내내, 여러 작물이 아니라 목화 단일 작물이 끝없이 펼쳐진 밭에서 고된 노동을 감내해야 했던 것이다. (일일 노동 시간은 직물 공장 노동자보다 조금 짧았지만 농부보다는 더 길었다.) 공장 노동자와 마찬가지로 노예도 1년 내내 강도 높은 노동을 계속했다. 목화는 1년에 세 번 수확하는데, 겨울에는 불순물을 제거하는 등 뒤처리를 해야 했다. 또한 밭에 거름도 주고, 농장 확장을 위해 숲의 나무도 베어야 했다. 미국에서는 19세기 초에 노예 수입을 금지했다. 그러자 기존의 노예상이 회사 조직이나 개인 노예상을 거쳐 미국 내에서 노예를 사고팔았다. 수십만 명의 노예가 강제로 이주해야 했고, 이 경우 대체로 가족 관계는 전혀 고려 대상이 되지 못했다. 미국 남부 지역에서는 말을 안 듣는 노예가 있으면 목화 농장에 팔아버리겠노라고 협박을 하곤 했다.

노예의 노동 생산성이 높아지고 증기선이나 화물 운송 기법의 발달로 운송비는 줄어들면서 미국의 목화 원자재 가격은 낮게 유지되었다. 미국이 남북 전쟁(1861~1865)을 치르는 짧은 기간 동안 영국에서는 목화를 수입하지 못해 공장 수백 곳이 문을 닫았다. 이때를 제외하면 언제나 미국산 목화가 시장을 주도했다. 미국 노예들(남북 전쟁 이

유행했고, 실제로 여기에 동조하는 사람들이 많아서 미국 남부 지역 7개 주는 1861년 2월 미국 연방 탈퇴와 독립국(CSA)을 선포했다. 결국 남북 전쟁이 일어났지만 이론과 달리 영국과 프랑스는 이들을 지원하지 않았고, 주지하듯이 북부가 전쟁에서 승리했다.

후에는 소작농으로 신분이 바뀜)이 채취하여 조면한 목화가 뉴욕, 뉴올리언스, 런던 등의 도시 내 상품 시장에서 사고팔리면서 돈이 돌았다. 1812년 영국과 미국의 전쟁 기간 동안 미국의 애국 캠페인으로 가정에서 면을 짜는 운동이 펼쳐졌다. 그러나 영국 공장에서 생산한 면직물이 품질도 더 좋고 가격도 저렴했기 때문에 시내 상점이나 국경 지역의 행상에게도 영국산 면직물은 필수 품목이었고, 유럽에서 온 이주민뿐만 아니라 아메리카 원주민도 영국산 면직물을 구입했다. 1850년에 이르면 영국의 면직물 생산량은 전 세계 생산량의 50%에 달했다. 그리고 그중 절반을 수출했다. 인도에서도 영국 면직물을 수입하면서 수백만 명이 생계 수단을 잃었다. 1750~1850년 캘커타 같은 공업 도시가 쇠락의 길을 걸었고 역-도시화(de-urbanization) 과정에서 수많은 도시 사람들이 시골로 이주했다. 이처럼 면직물 산업은 영국 공장의 노동자뿐 아니라 인도의 면직물 생산 가정이나 미국 노예의 일상생활을 바꾸어놓았다.

처음에는 산업화의 동력이 수력이었다. 그러나 수력에 의존하는 기계는 가뭄이 들거나 겨울에 물이 얼 때면 동력이 끊어지는 문제가 있었고, 지리적으로도 강가에 위치해야 하는 한계가 있었다. 그래서 새로운 동력을 찾고자 하는 강력한 동기가 생겨났다. 동시에 런던 같은 거대 도시에서는 요리와 난방을 위한 땔감 부족 문제가 심각했다. 해답은 석탄에 있었다. 유럽의 여러 지역에 석탄이 있었지만 가장 풍부한 곳이 잉글랜드와 웨일스였다. 영국의 기술자들이 깊이 굴착해 들어간 석탄 광산에서 물을 뽑아내기 위해 증기 기관을 발명하고 개선해 나갔다. 석탄을 가득 실은 수레를 처음에는 사람과 동물의 힘으로 끌었지만, 나중에는 석탄을 연료로 하는 증기 기관이 끌었다. 석탄 광산에서 시작된 증기 기관은 다른 곳으로 퍼져 나갔다. 증기선, 철로 위를 달리는 기관차 등에도 증기 기관이 이용되었다. 증기 기관을 이용한 교통수단은 사람과 상품과 사상을 더 빠르고 더 저렴하게 이동시켜주었다. 결과적으로 세상의 네트워크는 더욱 견고해졌다.

석탄은 언제나 철(iron)과 붙어 다녔다. 화약 무기가 확산되자 철 수요가 하늘 높은 줄 모르고 치솟았다. 19세기 초 영국의 철강업계에서는 석탄을 원료로 하는 송풍기를 비롯해 새로운 기계들을 개발했다. 이를 통해 철과 강철을 만드는 과정 자체가 새로워졌다. 나무로 제작되던 많은 기계 및 기계 부품이 이제는 더 오래가는 철이나 강철로 만들어졌다. 건축 자재도 돌 대신 철이 사용되기 시작했다. 인류 역사에서 철기 시대는 기원전 제2천년기에 시작된 것으로 나오지만, 실제로 일상생활 전반에 미치는 영향을 고려할 때 진정한 철기 시대는 19세기에 시작되었다고 보아야 한다.

초기의 증기 기관은 에너지 낭비가 너무 심했다. 그래서 철강 산업은 탄광 지역에서 성장할 수밖에 없었다. 그래야만 철강 생산에 필요한 연료인 석탄을 저렴하게 조달할 수 있고, 석탄을 멀리 운송하지 않아 운송비를 절약할 수 있기 때문에 경제적 효과를 볼 수 있었다. 뉴캐슬(Newcastle)이나 리버풀(Liverpool) 같은 도시는 놀라울 정도로 급성장했다. 도시는 지저분하고 주택도 충분하지 않았으며, 깨끗한 물이 부족한 데다 위생 환경도 아주 좋지 못했다. 이런 환경에서 티푸스

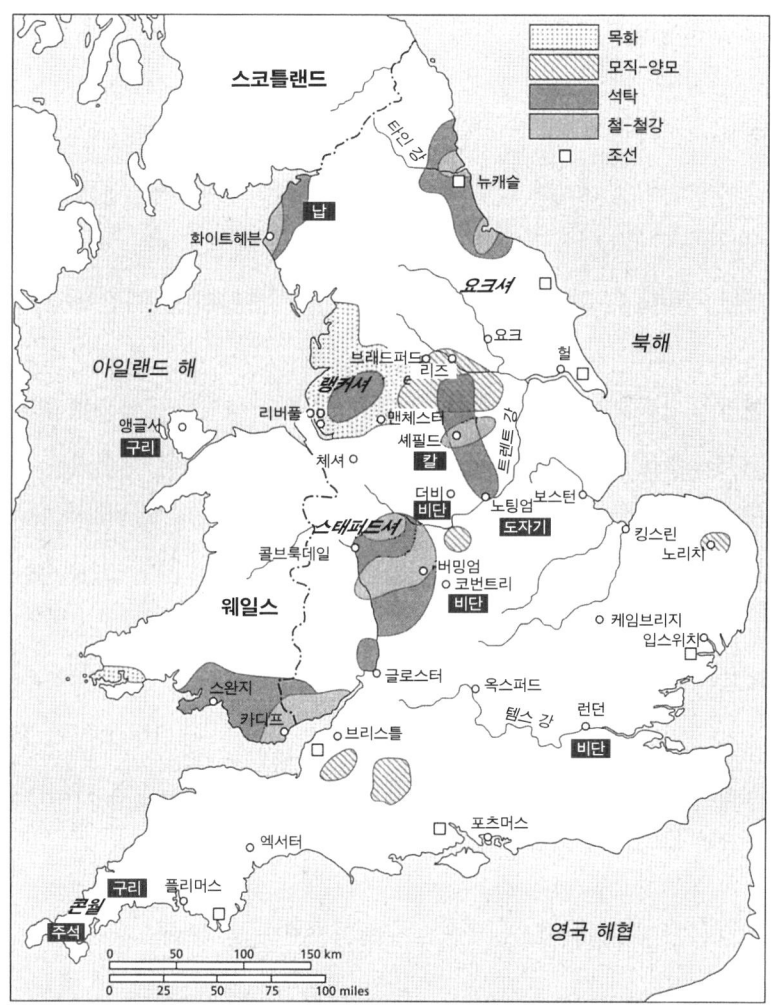

〔지도 5-1〕 잉글랜드와 웨일스의 산업 발달

나 결핵 같은 질병이 쉽게 확산되었다. 노동은 기계의 효율성을 위주로 편성되었다. 그래서 반복적인 노동이 많았다. 노동 시간도 수력을 끌어 쓰던 공장에 비해 석탄 연료를 사용하는 공장에서 더 길었다. 가내 수공업에 비하자면 말할 것도 없이 훨씬 더 길었다. 임금은 낮았지만 시골에 비하면 그래도 높았다. 부모나 가문의 통제에서 벗어날 수 있는 기회도 더 많았다. 그래서 여느 도시에서 그러했듯 신흥 산업 도시로도 젊은이들이 대거 몰려들었다. 영국 정부는 세금 정책을 통해 산업을 지원했다. 투자자에게 특혜를 주었고, 어디서든 공산품에 대해서 높은 세금을 매기거나 수입 금지를 할 수 없도록 했다. 해군력을 통해 영국의 식민지는 오직 영국하고만 무역을 할 수 있도록 했다. 1750년 영국은 전 세계 생산량의 2%를 담당했지만, 1860년에는 그 비중이 20%를 넘어섰다. 석탄은 세계의 3분의 2, 철은 세계의 2분의 1을 영국에서 생산했다.

이처럼 수많은 요인들, 일부 지역적 요인과 일부 세계적 요인이 결합되어 영국에서 최초로 산업화가 시작되었다. 요인들을 열거하자면 다음과 같다.

- 인도의 면직물이 그 자극제였다.
- 인구 성장과 이동이 소비 시장의 폭을 넓혀주었다.
- 결혼 방식과 젠더 풍습이 값싼 노동력을 제공해주었다. 게다가 이미 직물 산업에 익숙한 인력들이었다.
- 식민지는 원자재 공급처인 동시에 공장 생산 상품의 소비 시장이었다.

전쟁을 통해 식민지는 더욱 넓어지고 있었다.
- 다른 지역에서 생산된 원자재를 사용했기 때문에 폐쇄적이거나 배타적인 단일 문화적 사회 환경에 갇히지 않았다.
- 석탄이나 철광석 같은 천연자원이 풍부한 지역 가까이에 배를 운항할 수 있는 넓은 강이 있었다.
- 개혁적 분위기 속에서 기술자들에게 발명품으로 이익을 창출할 기회가 주어졌다.
- 상대적으로 넓은 지역을 관장하던 정치 체제가 상업적 이익과 기술 혁신을 지원해주었다.
- 유럽이 프랑스 혁명과 나폴레옹의 정복 전쟁으로 혼란스러울 때 영국에서는 전쟁이 거의 없었다.

이 모든 요인이 동전의 양면처럼 서로 결합되고 상호 작용을 함으로써 영국은, 경제사학자 조엘 모키어(Joel Mokyr)의 표현을 빌리자면, 산업화를 향한 "특별한 여정(peculiar path)"을 걸어갔다. 물론 그 의미가 무엇인지를 깨닫는 데는 많은 시간이 필요했다. 먼 미래를 내다보는 소수의 사람들도 그것만은 전혀 예측하지 못했다. 어느 누구도 의도적으로 산업화를 시작하지 않았다. 1750년에는 그게 뭔지 아는 사람이 하나도 없었기 때문이다.

산업의 확산과 변화
1815년 나폴레옹이 최종적으로 실각한 이후 유럽은 비교적 평화로운 시기로 접어들었다. 유럽의 다른 나라들은 앞서 영국이 나아간 산업화의 길을 따라가고자 했다. 영국은 기술자의 출국이나 기계 수출을 금지했다. 그러나 법망을 빠져나와 해외로 신기술을 전파한 사례가 적지 않았다. 유럽과 미국에서 파견된 산업 스파이들이 잉글랜드에 넘쳐났다. 그들은 기계의 설계도와 신기술을 머릿속에 기억한 채 본국으로 돌아가 본국 정부에서 상을 받았다. 프랑스와 프로이센 정부는 민영 철도 건설 비용을 지원해주었고, 영국산 상품에 높은 관세를 매기는 보호 무역 조치를 취했다. 덕분에 걸음마 단계의 신생 산업들이 발달할 수 있었다. 이런 측면 때문에 사람들은 민족주의를 좋아했다. 이는 매우 오래된 관념(제1장 참조)을 토대로 새롭게 만들어진 이데올로기였다. 즉 모든 민족은 각자의 문화와 각자의 정체성을 가지고 있으며, 이는 언어를 통해 표현되고, 민족끼리 혼인을 함으로써 민족성은 더욱 강화된다는 생각이었다. 유럽의 민족주의자는 (그리고 이후 전 세계의 모든 민족주의자는) 각 민족의 영토가 독립 국가의 영토와 일치해야 한다고 믿었다. 이들은 일부러 민족의 특성을 나타내는 상징과 의례를 만들어냈다. 이를테면 민속 축제, 깃발, 음식, 복장, 퍼레이드 등이었다. 민족 전통 풍습이라는 이름을 달고 등장한 많은 것이 사실은 19세기에 발명된 것이었다.

  민족주의 정치 지도자는 대중 교육을 통해 표준화된 민족 언어를 전파하려고 애썼다. 프로이센과 스웨덴에서 처음으로 대중 교육이 발달했다. 이곳의 학교에서는 정치권력과 종교적 권위에 복종하라고 공공연히 가르쳤다. 근대적 군대 체계가 발달하면서 근대적 병사가 필요해졌다. 이들은 신무기를 다룰 줄 아는 전문성과 함께 어릴 때부터 질문하지 않고 무조건 명령에 복종하는 훈련을 받은 군인이었다. 초기 산업화 단계에서는 정규 교육이 필요하지 않았다. 현실적으로 대부분이 미성년 노동에 의존했기 때문이다. 산업화가 발달하여 단계가 점차 복잡해지자 문맹률이 낮은 나라가 더 유리한 경쟁력을 갖게 되었다. 19세기에 개설된 학교들은 대체로 소녀보다는 소년을 위한 학교였다. 그러나 교육 개혁가는 여자 아이의 교육도 똑같이 중요하다고 주장했다. 왜냐하면 그들 소녀가 나중에는 어머니가 될 테고, 미래의 노동자 겸 병사의 양육을 책임질 사람들이기 때문이었다. 국민이 각자의 역할을 제대로 이해할 때 국가가 보다 더 강력해진다는 믿음 가운데, 여성 교육의 중요성도 국가의 성장과 궤를 같이했다.

19세기 민족주의는 때로 자유주의와 결합된 경우가 많았다. 18세기 혁명 사상에서 비롯된 자유주의는 개인의 자유와 정치적 평등, 대의 민주주의, 개인의 인권을 중시하는 사상이었다. 때로 자유주의는 사회주의와도 결합했다. 사회주의는 대규모 경제 정책, 사회적 평등, 기관의 공동 소유 혹은 공적 소유를 주장했다. 민족주의자는 갈수록 공격적으로 변해갔다. 자신의 민족이 다른 민족보다 우월하다고 주장하며, 유럽에서 전쟁을 수행하고 아프리카와 아시아에서 제국을 확장하여 민족의 우월성을 증명해줄 강력한 군대를 건설하고자 했다. (이런 의도는 실제로도 현실화되었다.) 모든 유파의 민족주의자는 경제 성장이 강력한 국가 건설의 밑바탕이 된다고 믿었다. 그래서 산업의 발달을 강력히 옹호했다.

대서양 건너편에서 새로 독립한 미국도 서서히 세력을 확장해 나갔다. 더 많은 영토를 확보하기 위해 다른 나라의 영토를 매입하거나 전쟁도 불사했으며, 아메리카 원주민을 상대로 음모와 협잡, 도둑질, 사기, 협박을 일삼았다. (일부 원주민이 생계를 의존하고 있던 바이슨의 생존을 위협하기도 했다.) 1900년 당시 미국에 살던 원주민의 수는 20만을 조금 웃도는 정도로 줄어들었다. 캐나다에서도 같은 일이 벌어졌다. 1867년부터 자치 정부를 수립한 캐나다는 허드슨베이회사 소유의 방대한 토지를 매입했으며, 곧이어 다른 주들을 병합하여 대서양 연안에서 태평양 연안까지 뻗어 나갔다. 미국식 민족주의는 이른바 "명백한 운명(manifest destiny)"이라는 표어로 등장했다. 신문 편집자가 만들어 낸 이 문안의 의미인즉, 신께서 미국의 운명을 미리 정해두었는데, 아메리카 대륙 전체로 뻗어 나가 다스리라는 것이었다. 이 같은 영토 확장과 산업의 성장 뒤에는 모두 정부의 지원이 있었다. 철도 건설에도 엄청난 지원이 있었는데, 그 철도가 전국 곳곳을 연결했다. 유럽, 멕시코, 중국 등지에서 온 이민자가 철도 건설에 참여했다. 미국에서 서부 진출이 활발해지자 남북 갈등이 더욱 심해졌는데, 새로 확장한 영토에서 노예 제도를 허용할지 여부가 갈등의 핵심이었다. 결국 남북 전쟁(1861~1865)이 터졌다. 전쟁은 북부의 승리로 끝났고, 미국 전역에서 노예 제도가 폐지되었다. 그렇다고 해도 아프리카인 후예들이 놓인 불평등한 처지는 거의 개선된 것이 없었다.

 1870년대에 들어서 새롭게 남북을 통일한 미국과 독일 연방을 통일한 독일 제국이 영국과 함께 이른바 "제2차 산업혁명"을 주도하게 되었다. 화학, 전자 제품, 의약, 음식, 군사 기술, 자동차 등이 전통적인 섬유 및 철강 산업과 더불어 산업화의 핵심 상품이 되었다. 조립 생산 라인의 도입으로 공장의 상품 생산 속도는 더욱 빨라졌다. 갈수록 거대 기업과 기업 연합체가 산업화를 주도했다. 예를 들면 독일의 크루프(Krupp) 가문이나 미국의 록펠러(Rockefeller) 가문 등이었다. 이들은 최신 기술을 이용한 공장 개설에 들어가는 막대한 자본을 동원할 수 있었고, 경기의 부침에 별로 영향을 받지 않았다. 1890년대의 극심한 경기 침체 때도 마찬가지였다. 당시 정치권에 줄이 닿는 공장주나 광산주는 임금을 삭감하고 노동자를 마음대로 해고하는 등의 방법으로 위기를 넘어서고자 했다. 노동조합이 극렬한 투쟁에 나섰지만, 기업주는 사적으로 용병을 고용해서 힘으로 원하는 바를 달성하는 경우가 많았다. 미국에서는 핑커톤 사설 경비 대행사(Pinkerton Private Detective Agency)가 대표적으로 그런 일을 했는데, 20세기로 넘어가는 시점에 이 회사가 확보한 인원은 미국 군대의 병사 수보다 많았다.

서유럽과 미국을 제외하고 가장 급속도로 산업화가 진척된 곳은 바로 일본이었다. 일본에서는 오랜 정치적 혼란기를 마감하고 1850년대에 개혁적 지방 귀족(사무라이)이 황제를 내세워 권력을 장악했다. 이를 메이지 유신(明治維新)이라 한다. 이들은 서양을 모델로 하여 일본을 "부민강군(富民强軍, 부유한 나라 강한 군대)"의 나라로 만들고자 했다. 여러 가지 계급적 특권이 폐지되었고, 사유 재산권과 조세 체계가 전면 개정되었다. 평민은 의무적으로 군대에 입대해야 했다. 수천 개의 학교가 문을 열었고, 학생들은 글과 산수뿐만 아니라 복종과 애국심도 배웠다. 1910년에 이르면 학령기의 소년 소녀 가운데 98%가 초등학교에 입학했다. 메이지 유신의 개혁가들은 정치 문화의 모델로 중국은 분명하게 배제했다. 대신 일본이 서양처럼 되도록, 혹은 일본과 서양을 섞어서 새로이 강력한 종합 문화를 만들고자 했다. 남자들과 일부 여자들도 서양식 옷을 입고 소고기를 먹기 시작했다. 소고기를 맛볼 수 있는 식당이 갈수록 늘어나서 소고기는 곧 "음식의 왕자"로 일컬어졌으며, 서양의 성공 비결이 바로 소고기에 있다고 믿었다. 농업에 세금을 부과해서 그 수입으로 정부는 철도, 광산, 공장 등에 투자했고, 나중에는 그렇게 설립된 공장의 대부분을 민영화했다.

1880년대부터 일본 정부는 서양의 자본 집중식 모델의 산업화를 일본 상황에 맞추어 변형을 가하기 시작했다. 노동력이 더 많이 투입되는 산업화 모델을 발전시켰던 것이다. 일본식 모델에서는 인력을 기계로 대체하는 대신 기계 공업과 수공업이 섞여 있는 생산 체제를 만들었다. 섬유나 소소한 물건을 만드는 경공업 분야는 금세 세계적 경쟁력을 갖추었다. 1933년에 일본은 세계 최대의 면직물 수출국이었다. 새롭게 갖추어진 농업 네트워크에 힘입어 비단 생산도 번창했다(20세기가 한참 진행되기까지도 비단은 일본의 최대 수출 품목이었다). 그러나 철강이나 화학 같은 중공업은 더 많은 자본과 에너지를 필요로 했다. 시골 출신의 저임금 노동자를 이런 곳에서 고용할 수는 없었다. 그래서 중공업은 경쟁력을 갖추지 못했고 정부, 특히 군부에 크게 의존할 수밖에 없었다. 일본 경제의 한 축인 거대 기업집단(자이바츠財閥)이 이를 도맡았고, 이런 방식은 오늘날까지도 그대로 유지되고 있다.

[그림 5-1] 일본의 실크 공장(1921년)
여성들이 거대한 기계를 이용해서 견사(비단실)를 뽑아내고 있다. 같은 공장에서 누에고치를 골라 풀어내는 일도 했는데, 그것은 수작업이었다. 일본은 노동 집약적 산업 구조여서 때로는 천을 짜는 일도 수작업으로 했다.

또 다른 한 축으로, 대개 가족끼리 소규모로 운영하는 기업이 있었다. 이들은 상대적으로 임금이 낮지만 기술력이 있는 노동자를 고용했으며, 서로 네트워크를 구축해서 다른 지역의 거대 기업집단과 같은 경제 규모를 만들어냈다. 그래서 소득이나 산업화 면에서 규모가 비슷한 서양 나라들에 비해 자영업의 비중이 월등히 높게 유지되었다. 서양의 대기업과 달리 일본에서는 관리자와 노동자의 구분이 그렇게 크지 않았고, 관리자의 역할을 하는 인력(주로 남성)이 훨씬 더 많았다.

다른 몇몇 나라들, 예컨대 러시아, 이집트, 페르시아, 오스만 제국, 그리고 남아메리카의 신생국들에서도 19세기의 정치 지도자와 기업가는 강력하게 산업화를 원했지만 거의 성공하지 못했다. 가격이 낮은 미국 및 유럽 수입산 제품과의 경쟁에서 실패했고, 정부는 독일이나 미국이 처음 산업화를 시도할 때처럼 높은 관세를 매길 만큼 충분한 힘이 없었다. 유럽과 미국 정부는 자국산 상품의 수입 시장 개방을 요구했고, 힘이 약한 나라에서 원자재와 농산물이 안정적으로 생산 및 유통되기를 원했다.

라틴아메리카와 카리브 해 지역의 원주민은 미국이나 캐나다에서처럼 자신의 땅에서 쫓겨나지 않았다. 그 대신 땅 소유주는 법령에 의해 극소수 부유층 엘리트로 등록되었다. 몇몇 개인이 막대한 부동산을 소유했다. 그들은 자신의 땅에서 일하는 노동자에게 현금 대신 상품권을 지급했다. 회사 소유의 상점에서만 쓸 수 있는 상품권이었다. 그런데 회사 상점의 물가는 매우 높았고, 노동자가 언제나 빚을 질 수밖에 없도록 사기를 쳤다. 빚에 얽매인 노예 신세는 환금 작물을 재배하는 플랜테이션 농장이나 광산, 혹은 아메리카 이외 다른 지역의 벌목업 등에서 흔히 볼 수 있는 현실이었다. 19세기 후반에 유럽과 미국의 기업 및 은행에서 남아메리카의 플랜테이션을 확장하고 수출용 환금 작물, 예컨대 커피, 대마, 사탕수수, 목화, 바나나, 고무 등을 재배했으며 육우를 키웠다. 이들은 광산에도 투자했는데, 주석, 구리, (비료나 폭약, 의약 등에 소용되는) 니트레이트(질산)를 비롯한 여러 광산이 산업화 과정을 거쳤다. 유럽과 미국 정부는 서유럽 경제가 주도하는 신식민지 시스템을 뒷받침하기 위해 투자, 대출, 기술, 군사 행동 등을 통해 서구에 친화적인 정권이 유지될 수 있도록 도왔다. 수출 기업화된 농장이나 광산에서는 여성보다 남성을 더 많이 채용했다. 남자들은 일자리를 찾아 거대 플랜테이션이나 다른 도시, 심지어 다른 나라로도 이주했고, 여자들은 마을에 남아 아이나 노인을 돌보며 무보수 농사일을 감당했다. 그렇지 않으면 다른 도시나 광산 지역으로 이주해서 술집이나 세탁소에서 일하거나 매춘부가 되기도 했다. 시골이 빈곤해지자 사회적 저항과 지방 반란이 잇달았다. 예를 들면 스페인 식민 지배에 저항해서 일어난 1895년의 쿠바 혁명, 1911~1920년의 멕시코 혁명 등이었다. 그러나 혁명에도 불구하고 대부분 사람들은 여전히 가난하게 살았다. 라틴아메리카의 경제는 산업화의 여파로 20세기 초 잠시 호황을 맞았으나, 사회적 불평등 또한 심화되었다. 자원을 소진하는 방식의 산업화, 단일 작물로 획일화된 농업은 지역 경제를 취약하게 만들었다. 뿐만 아니라 목재를 함부로 벌채하거나 플랜테이션 농장을 위한 도로를 내느라 숲을 파괴했기 때문에 자연환경에도 악영향을 초래했다.

이처럼 산업화는 다양한 경로를 거쳐왔다. 20세기가 한참 지나도록 세계의 많은 지역에서는 여전히 농업이 기본적으로 가족의 생계를 유지할 수 있는 대책이었다. 심지어 19세기에 산업화가 가장 앞섰던 나라에서도 산업화 이외의 부문에 종사하는 노동력이 사회에서 중요한 비중을 차지했다. 1880년대 영국에서는 산업화 부문 종사자가 44%에 불과했다. 독일은 그 비중이 36%, 미국은 20%였다. 그러나 인력이나 축력, 풍력, 수력이 아니라 기계를 이용함으로써 같은 양의 노동으로 훨씬 더 많은 상품을 생산할 수 있었고, 상품 소유주에게는 막대한 이윤을 축적할 수 있는 기회가 생겼다. 결과적으로 산업화된 나라에 사는 사람들은 그렇지 않은 나라에 사는 사람들보다 생활 수준이 높아졌다. 1820년부터 1913년까지 전 세계 GDP에서 아시아가 차지하는 비중이 60%에서 25%로 줄어들었다. 반면 같은 시기 서유럽은 20%에서 31%로 증가했으며, 북아메리카는 2%에서 20%로 성장했다.

산업화와 함께 신기술도 발달했다. 예를 들면 증기선이나 철도 같은 교통수단도 그런 신기술 중 일부였다. 이를 통해 먼 거리까지도 낮은 가격에 상품을 운송할 수 있었고, 세계 시장을 주도할 수 있었다. 새로운 도구 중에는 연발식 소총이나 기관총 같은 신무기도 있었다. 그래서 산업화된 몇몇 나라가 세계의 다른 많은 지역을 정복할 수 있었다. 신석기 시대에 농작물 재배에 성공함으로써 높은 생산력을 가진 세력이 주변의 비농업 세력을 지배했듯이, 화석 연료를 이용해서 생산력의 폭발적 증대를 가져온 산업화 국가들이 제국을 건설하여 세계의 다른 많은 지역을 직접 지배했고, 그 나머지 지역도 경제를 통해 간접적으로 영향력을 행사했던 것이다.

학계에 큰 영향을 미친 사회학자 이매뉴얼 월러스틴(Immanuel Wallerstein)은 19세기에 발달한 세계적 위계질서를 "세계체제(world system)"라는 개념으로 설명했다. 즉 산업화된 서유럽과 미국(핵심부)

이, 특히 식민지의 원자재를 이용(개발)하고 노동력을 착취함으로써 절반의 산업화를 이룬 독립 국가들(반-주변부)과 산업화되지 않은 국가들(주변부)을 지배했다는 이론이다. 월러스틴의 세계체제론은 많은 비판을 받기도 했다. 너무 획일적이고 물질 중심적이며, 서양에 지나치게 비중을 두고 특히 아시아를 비롯한 다른 지역은 소홀히 다루었다는 비판이었다. 그러나 이를 비판하는 학자들조차 산업화가 새로운 시대의 기반이 되었다는 사실 자체는 부정하지 못한다. 역사학자 케네스 포메란츠(Kenneth Pomeranz)는 이 새로운 시대를 "거대한 격차(great divergence)"라고 일컬었다. 소득 및 물질적 풍요의 측면에서 너무나 크게 벌어진 서양과 나머지 다른 세계의 격차가 근대 세계의 뚜렷한 특징이기 때문이다(이러한 현실은 지금도 계속되고 있다).

산업 사회에서의 계급, 젠더, 인종, 노동

산업화는 기존의 사회 및 성 역할 구조에 의해 더욱 촉진된 측면이 있다. 그러나 그 뒤에는 산업화 자체가 사회 구조 변화에 큰 영향을 미치게 되었다. 또한 사회 운영에 대한 새로운 사고를 이끌어냈다. 세습 귀족 계층은 사라지지 않았다(정치 혁명이 일어난 경우는 예외적으로 이들이 축출되었다). 그러나 시간이 지날수록 토지보다는 공장, 은행, 상업을 통해 부를 축적한 사람들이 사회 엘리트 계층으로 편입되었다. 이들은 스스로를 "중산층(middle class)"으로 인식했다. 그리하여 교육, 문화, 생활 풍습 면에서 하층민과 스스로를 분리시켰다. 중산층 아래에는 농촌 지역 평민(19세기에는 산업화가 진전된 나라에서도 인구 대부분이 비도시 지역에 살았다)뿐만 아니라 산업화를 통해 새롭게 등장한 "노동자 계층"이 있었다. 도시의 임금 노동자가 바로 그들이었다. 그래서 언어나 민족, 국가, 인종, 종교 등에 의해 형성되는 집단적 연대 의식(남들과는 다른 그들만의 집단 의식) 이외에 새로운 유형의 정체성과 집단 인식이 생겨났다. 바로 "계급(class)"이었다.

독일의 철학자 카를 마르크스(Karl Marx, 1818~1883)는 주변에서 벌어지는 일들을 바탕으로 새로운 이론을 만들었다. 모든 역사는 계급 투쟁의 역사이며, 산업 사회의 중산층(부르주아)이 귀족 계급을 상대로 승리했고, 미래에는 노동 계급(프롤레타리아)이 폭력 혁명을 일으켜 부르주아 계급을 정복함으로써 역사가 마감될 것이라는 이론이었다. 마르크스는 사회적인 모든 것이 물질적 조건에서 비롯된다고 생각했다. 종교, 법률, 가족 관계, 사상, 문화 등 모든 것이 마찬가지였다. 생산 수단(기계나 공장)을 소유한 부자와 이를 소유하지 못한 노동자의 분리, 자본주의가 초래한 극단적인 빈부의 격차 때문에 마르크스는 자본주의를 비난했다. 또한 민족주의에도 반대하며, 온 세상의 노동자가 국적에 상관없이 공통의 관심사를 가져야 한다고 주장했다.

마르크스의 사상은 사회주의 체제를 형성했고(마르크스가 보기에 사회주의는 너무 순진한 이상론이었으므로, 그 자신은 스스로를 사회주의자가 아니라 공산주의자라고 했다) 광범위한 추종자를 낳았다. 사회주의는 1848년 유럽을 휩쓴 연쇄적 대중 혁명의 도구가 되었다(결국 혁명은 성공하지 못했다). 19세기 후반에 사회주의자들은 정당을 창설했는데, 혁명보다는 노동조합, 선거, 법률을 통해 노동 조건을 향상하는 데 초점을 두었다. 사회주의보다 더욱 극단적 입장인 공산주의가 혁명을 이끈 나라는, 마르크스의 기대처럼 산업화된 국가가 아니라 중국이나 러시아 같은 농업 국가였다.

사회주의나 마르크스의 사상이 위험하다거나 잘못되었다고 생각하는 사람들도 계급 구분은 대체로 인정했다. 산업화된 나라에서 성공한 기업가와 그의 아내는 (혹은 그들처럼 되고 싶은 사람들은) 그들만의 전형적인 옷차림, 주택 장식, 요리법, 예절, 태도 등을 만들었다. 아이로니컬하게도, 그러나 당연하게도 이런 것들은 대부분 예전에 귀족의 관습에서 따온 것이었다. 당시 중산층은 스스로가 신사와 숙녀처럼 행동하고자 했고, 형편이 되면 최소한 하녀 한 명 정도는 고용했다. 중산층은 엄청나게 다양했다. 큰 기업을 소유한 부자도 있었고, 조그만 가게의 주인도 있었다. 그러나 이들은 공통의 행동 규범을 따랐다. 힘든 일은 남자가 맡고 규율에 엄격했으며, 여성을 대할 때는 신사처럼 친절했다. 여러 가지 코스로 짜인 복잡한 식사로 체면을 나타냈으며, 그것도 아침 점심 저녁 때에 따라 코스가 달라졌다. 하지만 대체로 공장에서 만든 음식을 이용했다. 예를 들어 일본 여성은 비교적 여유 있게 식사 준비를 할 수 있었다. 공장에서 만든 미소 된장, 밀가루 국수, 쌀 등을 이용했기 때문이다. 그래서 식사를 차릴 때 다른 정성을 많이 기울였는데, 공들여 장식한 상을 차려내곤 했다. 유럽 사람들, 그리고 다른 지역에 사는 유럽 출신의 사람들은 요리책이나 여성 잡지에 실린 레시피를 보고 요리를 했다. 달콤한 케이크나 푸딩을 만들 때는 대량 생산한 밀가루, 사탕무로 만든 설탕, 캔에 포장된 분유 등을 이용했다. 캔에 음식을 저장하는 기술은 19세기 초 군용으로 처음 등장했다. 군인들이 가지고 있던 칼로 캔을 따서 바로 먹을 수 있도록 개발된 제품이었다. 캔 저장 방식이 점점 더 안전하고 믿을 수 있을 만큼 발달한 데다 1870년 캔 따개까지 발명되자 일반 가정에서도 캔에 든 음식을 사 먹게 되었다. 이후로 사람들이 구할 수 있는 식재료는 엄청나게 다양해졌다.

19세기 후반의 (몇몇 여성도 포함된) 사회 지도층은 "사적" 영역과 "공적" 영역의 구분을 강조하기 시작했다. 중산층 가족을 중심으로 볼 때 사적 영역은 가정과 가족의 세계이며, 공적 영역은 회사 업무나 정치와 관련된 세계였다. 이러한 구분을 "영역 분리(separate spheres)"의 원칙이라 일컬었다. 결혼한 여성은 집 밖의 일을 자제하고, 자신의 가정을 산업화와 기업 경쟁의 "냉혹한 세상 속에서 안식처"로 만들어야 한다는 이데올로기였다. 유럽인과 미국인은 식민지 주민을 보고 여성을 집에 가둬둔다고 비판하곤 했는데, 정작 본인들은 사회 속에서 여성을 집 안에 가두는, 식민지 주민보다 더 강력한 이데올로기를 만들었던 것이다. 일본의 메이지 유신 개혁가들도 이와 유사하게 여성이 집 안에 머물러야 한다고 강조했다. "착한 아내 현명한 어머니(良妻賢母)"라고 하는 표어가 정부에서 표준이라며 내세운 여성의 역할이었다.

중산층의 이상형에서는 어머니와 아이의 유대, 그리고 아이들의 중요성을 강조했다. 역사학자들은 이를 두고 "어린이의 발견(discovery of childhood)"이라고 일컬었다. 그러나 동시에 노동자 계층의 아이들은 아주 어릴 때부터 공장이나 광산에 고용되어 노동을 했다. 20세기

[그림 5-2] 브레이커 보이(breaker boy)
1891년 펜실베이니아 셰넌도어에 있던 코히노어(Kohinore) 탄광에서, 소년들이 석탄을 일정한 형태로 쪼개며(break) 불순물을 골라내는 일을 하고 있다. 대부분 하루 10시간, 주 6일 근무였다. 기술의 발달, 의무 교육법 강화, 노동조합 활동 등으로 유럽과 아메리카 탄광의 아동 노동은 점차 줄어들어 1920년 거의 사라졌다.

초에 들어 공장 노동이 아이들의 건강에 미치는 악영향에 대한 우려, 무료 공립 학교의 개설, 의무 교육 시행법 제정 등으로 일부 산업화 국가에서 아동 노동이 줄어들기 시작했다. 그러나 가내 수공업, 플랜테이션 농장, 산업 원자재를 생산하는 농장 등지에서는 아동 노동이 지속되었다. 세계 어디서든 시골이나 도시의 가족 기업에서는 아이들의 노동이 계속되고 있다. 이는 어제오늘의 일이 아니라 1000년 동안 꾸준히 해오던 일이었다. 아이들의 노동은 가족의 생계를 위해 중요하며 부모나 친척, 형제자매들 옆에서 일을 하면서 필요한 기술을 배우는 것이다.

"영역 분리" 이데올로기에도 불구하고, 여러 산업 분야에서 여성도 중요한 노동력으로 활약했다. 예를 들어 일본에서는 양처현모(良妻賢母)라 하여 여성이 집에 머물도록 권장했지만, 여성의 낮은 임금이 기업가 입장에서는 매력적이었다. 1909년 당시 공장 노동자의 62%가 여성이었고, 대부분 비단 생산 공장에서 일했다. 미국은 1900년 당시 공장에서 일하는 여성 인구가 100만 명 이상이었다. 이외 다른 지역에서도 이와 비슷한 규모로 많은 수의 여성이 일을 하고 있었다. 이들 대부분은 미혼 여성이었다. 작업장과 가정이 분리되어 있어 젖먹이나 어린아이를 기르는 여성은 가족을 먹이고 입히고 보살피는 등의 의무적인 집안일과 공장 노동을 병행하기가 힘들었기 때문이다. 그러나 집에서 임금 노동을 계속하는 경우가 많았다. 바느질, 모자 장식 등 단순 노동을 하면서 매우 적은 임금을 받았다. 이런 일들을 "착취(sweated)" 노동이라 일컬었다. 이런 일이 아니면 하숙생을 들이기도 했다. 결혼한 여성 노동자에게 가정은 결코 안식처가 될 수 없었다.

공장의 작업 감독 업무는 주로 나이 많은 남성에게 주어졌다. 이전 사회의 가정에서 아버지가 했던 역할처럼, 작업 감독은 때로 노동자의 윤리적 문제를 살피고 여가 시간을 어떻게 활용하는지 감시하기도 했다. 중산층 관리자들은 남녀가 함께 뒤섞여 일하는 것을 우려했다. 그리고 탄광이 여성에게 특히 해롭다는 인식도 더해져서, 결국 여성이 지하 탄광으로 들어갈 수 없도록 규제하는 법이 만들어졌다. 이는 나중에 공장에서 여성의 노동 시간을 제한하는 법규로 발전했다. 철강이나 기계 및 기계 공업 같은 몇몇 중공업 분야의 노동자는 거의 모두 남성이었다. 이같이 노동은 성별에 따라 영역이 나뉘었다. 공장 안에서도 그러했지만, 산업 분야로도 구분이 되었다. 성별이나 결혼 유무와 함께 일부 지역에서는 인종이나 민족에 따라서도 구분을 했다. 1880년대 노스캐롤라이나의 담배 산업의 경우, 흑인 남성은 담배 포기 더미를 운반하고, 흑인 여성은 담배 포기에서 잎을 떼어내고, 백인 여성은 담배 만드는 기계를 조작하고, 백인 남성은 기계를 수리하거나 작업 과정 전체를 감독하는 일을 했다. 남아프리카공화국의 금광과 다이아몬드광에서는 1880년대부터 깊은 곳에 있는 원석을 캐내기 위해 대형 기계와 막대한 노동력이 동원되었는데, 백인은 기술직을 맡고 사택에서 가족과 함께 살았지만, 아프리카인 남성은 채굴을 담당하고 경비원이 감시하는 기숙사에서 숙식했다. 노동의 범위가 제한되면 일자리를 찾기가 어려워지고 임금을 올리기도 그만큼 어려워진다. 여성의 임금이 낮았기 때문에 도시가 성장하면서 매춘도 함께 늘어났다. 성행위를 통해 전파되는 질병들, 특히 매독과 임질이 널리 퍼졌다.

 산업화 때문에 기술 하락 현상도 나타났다. 고도로 숙련된 장인들이 하던 전통적 노동이 세분화되고 작업 과정에 기계화가 추가되어 개성이 줄어들게 되었다. 이러한 과정에 참여하는 노동자는 "비숙련 노동자" 대접을 받았고, 지위나 임금도 뚜렷하게 하락했다. "기술"에 대한 규정도 또 다른 성차별 혹은 인종 차별일 수 있었다. 예를 들어 여성은 어떤 특정 직무에서 배제되었는데, 말하자면 유리 자르기 같은 경우였다. 여성은 솜씨가 서투르고 "기술이 없다"고 해서 그랬지만, 바로 그 여성이 레이스를 만들거나 유리 자르기보다 더욱 섬세한 손기술과 집중력이 필요한 작업도 감당해냈다. 조직화된 작업 과정에서 여성이 하는 일은 기술이 낮다고 해서 임금도 더 낮게 주었다. 그러면 남성은 그 일을 더욱 기피하게 되고, 여성의 지위와 임금은 더더욱 낮아졌다. 섬유 산업과 신발 산업에서도, 공장이 아닌 다른 일터에서도 이런 일들이 벌어졌다. 비서 업무는 원래 남성 직종이었는데, 타자기가 개발된 후 19세기 말에 여성 직종으로 바뀌었다. 정부에서 의무 교육을 실시했을 때는 교사 직종에서도 이런 일이 있었다. 당시 여성 교사는 남성보다 훨씬 더 일을 적게 한다고 생각했다. 학교 교사는 주로 젊은 여성의 직업으로 인식되었다. 남성 교사는 결혼을 해도 괜찮았지만, 여성 교사는 결혼을 하면 해고였다. 20세기까지도 이런 관습이 유지된 곳이 적지 않았다. 이를 옹호하는 사람들은 여성이 결혼을 한 뒤에도 가장 소중한 제자들, 즉 자신이 낳은 아이들을 가르치는 일을 계속한다고 주장했다. 이들은 현대 교육 이론에 맞추어 엄마-교사를 위한 책을 출간하기도 했다. 이에 대해서 일부 역사학자들은 "엄마의 전문화"라고 일컬었다.

제2차 산업혁명 당시 정보 통신, 교통, 회계 기술이 발달했고, 타자기, 전화기, 전신기, 녹음기, 자동차, 비행기, 아날로그 계산기 등 새로운 기계들이 발명되었다. 이와 함께 20세기 초 도시 안에서 이들이 밀집해 있는 새로운 구역이 성장했는데, 대개 "탈공업화(post-industrial)" 구역이라고 했다. 탈공업화 구역에서는 상품 생산보다 서비스, 판매,

정보 전파가 더 중요했다. 주요 업무 공간도 공장이 아니라 상점이나 사무실이었다. 노동자들은 정해진 제복이나 장식을 착용해야 했다. 이런 직업을 화이트칼라(white-collar)라고 불렀다. 옷깃을 깨끗이 유지하기 위해 목깃만 (그리고 가능하면 소맷동도) 떼서 세탁해 다시 붙여 입곤 했다. 공장에서 일하는 블루칼라(blue-collar)나 전문적인 상인보다 화이트칼라의 수입이 훨씬 적은 경우도 많았지만, 어쨌든 화이트칼라는 중산층의 징표 같은 직업이 되었다. 탈공업화 구역의 업무 공간에도 성적 구별이 존재했다. 관리 및 영업직의 남성 사원은 경쟁과 팀워크를 중시했지만, 여성은 능력뿐만 아니라 외모와 단정한 태도도 중시했다.

19세기 말에 이르러 노동조합과 사회 개혁가들은 여러 지역에서 노동 일수 및 노동 시간 단축 운동에 성공했다. 그래서 산업화 도시들은 노동의 현장일 뿐만 아니라 레저와 여가의 도시가 되었다. 시내 중심가 백화점의 시초는 프랑스 파리의 봉마르셰(Bon Marché) 백화점이었다. 이후 다른 도시들에도 들어선 백화점에서는 깜짝 놀랄 만큼 다양한 상품을 진열해두고 정해진 가격표를 붙여둔 상태에서 장사를 했다. 반품과 교환도 자유로웠다. 그야말로 소매상의 혁신이었다. 손님을 끌기 위하여 백화점은 신문 광고에 많은 돈을 투자했다. 광고에는 백화점이 얼마나 멋지고 세련되고 혁신적인지를 보여주는 그림이 실렸다. 화려한 전등과 에스컬레이터, 우아한 장식이 등장하는 장면이었다. 시내의 중산층 여인을 끌어들이기 위해 점원도 여성으로 고용했다. 그들의 임금이 남성보다 낮은 것도 중요한 이유였다. 부에노스아이레스에서 도쿄에 이르기까지, 필요에 의해 쇼핑을 했지만 동시에 그 자체로 여가 생활이기도 했다. 도시의 중산층 사람들은 쇼핑을 하러 왔다가 콘서트, 연극, 오페라를 관람했고, 커피숍, 찻집, 박물관을 방문하기도 했다. 많은 도시에서 야외 맥주 가게가 생겨났고, 독일 이민자들이 세운 맥주 공장에서 생산한 라거 맥주를 판매했다. 노동자 계급의 사람들은 펍(pub)이나 선술집에서 시간을 보냈고, 축구나 경마 같은 스포츠를 관람했으며, 뮤직홀이나 소극장에 가기도 했다. 노동자 계급의 가족들은 집에 충분한 부엌 공간을 갖추지 못했으므로, 가게나 길거리에서 거의 조리된 음식을 사 먹었다. 유럽 및 유럽 이민자들이 가장 많이 구매한 길거리 음식은 바로 빵이었다. 빵에 소시지나 고기 파이 등을 얹은 것이었다. 영국에서는 피시앤칩스(생선과 감자 튀김)가 흔했는데, 옥수수 수프에 완두콩을 곁들여서 함께 먹었다. 1920년대 영국에는 피시앤칩스 가게가 3만 개에 달했다. 영국에서 잡히는 생선의 50%가 여기서 소비되었다.

    프로테스탄트 및 범프로테스탄트 국가들 내부에서 사회적 계급에 따른 분열이, 미국에서는 인종에 따른 분열이 가속화되었음에도 불구하고 중산층 및 노동자 계층 사람들은 모두 교회에 나갔다. 19세기는 세속주의가 성장한 시대로 기록되는 경우가 많다. 기독교 권역에서 일상생활 가운데 종교가 차지하는 중요성이 줄어들었기 때문이다. 몇몇 개인을 놓고 보자면 이러한 분석이 틀리지 않았다. 특히 교육을 많이 받은 엘리트층이 그러했다. 그러나 다른 많은 사람들에게는 종교가 더욱더 중요해졌다. 이들에게 종교는 모여서 예배를 하는 데 그치지 않고, 개인적으로 매일 지켜 나가야 할 일상생활의 일부였다. 예컨대 카리스마 넘치는 잉글랜드의 종교 개혁가 존 웨슬리(John Wesley, 1703~1791)는 공부와 기도와 성경 읽기를 통한 개인의 거듭남과 축성을 옹호했다. 감리교(Methodists)라는 그의 추종자들은 영어권 최대 규모의 프로테스탄트 교파가 되었다. 이들은 선교 활동이라 하면 어디로 가든 적극 후원했다. 선교사들은 교회와 학교를 세우고 신도들을 모았다. 일부 노동조합의 지도자들은 감리교를 비롯한 복음주의 프로테스탄트에 반대했다. 이들은 사회 변혁보다는 성령과 개인의 도덕성을 중시한다고 하면서, 변화의 열망을 누그러뜨리고 노동자 계급을 우습게 보는 것 같았기 때문이다. 그러나 감리교는 노예 제도 철폐, 알코올 중독 치료, 감옥 구조 개선, 공공 교육 등 실제로는 인본주의적 사회 문제를 해결하는 데 개입하는 경우가 많았다.

사회 변혁 운동

산업의 성장으로 야기된 문제들이 자유주의 및 사회주의 이데올로기와 결합해서 정치·사회적으로 더욱 평등한 사회를 위한 개혁 운동이 생겨났다. 인구가 밀집한 도시의 노동자들은 비좁은 집에서 생활했으며, 주거지는 공장과 벽을 맞댈 정도로 최대한 가까운 곳에 있었다. 집과 집 사이로 길이 지나가거나 덮개가 없는 도랑 혹은 배수구가 있었다. 아시아의 수많은 도시에서 인간과 동물의 배설물은 밭에서 거름으로 사용되었기 때문에, 배변을 수집하는 사람들이 신속하게 모아서 도시 밖으로 내가는 일을 맡았다. 그러나 유럽에서는 인간의 변이 그렇게 사용된 적이 없었다. 그래서 동네 어귀에 쌓아두었다가 비가 오면 다른 쓰레기나 동물의 똥과 뒤섞여 도로로 흘러 들어갔다. 의료 개혁가들은 이러한 오염이 질병의 원인이라고 생각했고, 지하에 하수도와 상수도를 건설하자고 주장했다. 이미 수천 년 전에 인도의 모헨조-다로나 고대 로마에서 실시된 도시 계획을 다시 들고 나온 것이었다. 19세기 후반 공중보건위원회가 설립되었고, 영국, 프랑스, 독일, 미국의 여러 도시에서 보건 체계가 만들어졌다. 사망률은 급격히 줄어들었다. 티푸스, 장티푸스, 콜레라, 이질 등 여러 가지 질병이 감소했다. 프랑스 파리에서는 조잡한 빈민가의 오두막집을 밀어버리고 넓은 도로를 냈다. 공원과 광장, 수로, 상수도 파이프도 설치되었다. 파리는 다른 도시의 모범이었다. 멕시코시티도 파리를 따라 건설되었다. 도심의 허름한 집을 헐어버리자 노동자는 공장에서 멀리 떨어진 곳에서 출퇴근을 해야 했다. 그러나 대중교통이 발달해서 출퇴근이 쉬워졌다. 처음에는 철로 위에 수레를 올려서 말이 끄는 방식이었는데, 1890년대 이후로는 전력으로 수레를 움직였다. 필요한 전기는 석탄을 때는 발전소에서 만들어 보냈다. 석탄 화력 발전소 때문에 공기가 오염되었고, 도시는 스모그 때문에 어둠에 휩싸이는 때가 많았다. 그것만 아니었다면 도시가 점차 살기 괜찮은 곳으로 변했을지도 모른다.

초기 산업화 시대에는 특히 두 가지 끔찍한 노동 조건이 있었다. 하루 12시간의 노동, 그리고 위험한 기계 및 화학 약품의 취급이었다. 이러한 조건에서 노동자들은 1820년대부터 노동자 조직을 결성해서 노동 시간 단축, 임금 인상, 안전한 노동 환경을 요구했다. 처음에는 정부에서 노동조합과 파업을 불법으로 규정했다. 그럼에도 노동자들은 조직을 다져 나갔고 집단행동과 단체 협상에 나섰다. 노동조합을 비롯한 여러 가지 노동자 조직은 노동 시간을 주 5일 하루 8시간까지 단축시켰다. 그 이전에는 주 6일 하루 12시간 노동이 보통이었다. 20세기 초반 대부분의 산업화 선진국에서는 하루 8시간 노동이 법으로 제정되었다. 노동조합은 투표권 확대를 위해서도 많은 노력을 기울였다. 원래 투표권은 재산에 따라 제한되어 있었다. 1914년에 이르러 백인 남성은 모두 참정권을 갖는 것이 대부분 국가에서 표준이 되었고, 이들이 선거를 통해 국가의 지도자를 선출했다. (캐나다의 선주민First People, 곧 원주민에게 투표권이 부여된 것은 1960년이고, 오스트레일리아 원주민도 1962년이 되어서야 투표권을 얻었다. 공식적으로는 투표권이 있지만 편견이나 관습 혹은 폭력에 의해 투표를 하지 못하는 집단의 사람들이 세계 곳곳에 남아 있다.)

노동조합은 대개 남성 조직이었다. 여성은 남성보다 조직하기가 더 어려웠다. 여성의 임금이 너무 낮아서 노동조합의 조합비를 내지 못하는 경우가 많았기 때문이다. 또한 집안일이 너무 바빠서 조합 회의에 나갈 수 없었고, 사회적인 일이 여성에게는 잠시 처리하는 임시적인 일로 간주되었으며, 남성의 권위에 도전하기도 어려웠다. 여성은 공장에서 담당하는 노동에 비해 노동조합에서 얻을 수 있는 지분이 매우 적었다. 여성도 남성과 마찬가지로 노동 조건의 개선을 요구하는 파업이나 시위에 참가했지만, 심지어 노조원이 아닌 것처럼 취급받을 때도 많았다. 과거 식량 반란 때도 마찬가지였다. 별도의 여성 노동조합이 결성된 곳도 있었다. 그것도 1900년에 이르러서야 비로소 생겨났다. 예를 들어 멕시코의 담배, 커피, 섬유 부문에서 여성 노동조합이 생겨났고, 푸에르토리코에서도 여성 노동조합이 결성되어 단체 협약을 인정해달라는 요구가 있었다.

남성 노동자가 그랬던 것처럼 여성 노동자도 투표권을 요구했다. "여성 문제"는 19세기 말에서 20세기 초까지 국제적 쟁점이었다. 그러나 지역에 따라서 중점이 달랐다. 인도의 개혁가들은 여자 아이를 대상으로 하는 영아 살해, 과부의 재혼 금지, 죽은 남편의 장례식에서 화장하는 불꽃 속으로 아내가 뛰어들도록 하는 사티(sati) 의식 등을 철폐하기 위해 노력했다. 유럽에서는 여성 명의로 재산을 소유하고 여성이 받은 임금은 여성이 알아서 쓸 수 있도록 하는 운동이 펼쳐졌다. 미국에서는 금주와 여성의 교육 참여 확대를 위해 노력했다. 라틴아메리카에서는 노동 조건을 향상하고, 여성의 토지 소유와 경제적 권리를 제한하는 법률 개정 운동이 벌어졌다. 그러나 세계의 어느 지역 개혁가라도 결혼과 육아가 여자 인생의 중심이 되어야 한다는 것은 논쟁거리로 삼지 않았다. 오히려 남자와 같은 권리를 주장하기 위해서 여자도 가정과 가족을 책임져야 한다고 생각했고, 그래야 나라가 부강해진다는 관념과도 얽혀 있는 경우가 많았다. 개혁가들은 가족과 아이들의 복지를 위해서라도 여성에게 투표권이 주어져야 하며, 여성이 집안을 깨끗이 청소하듯이 부패한 정치를 깨끗이 정화할 것이라고 주장했다. 20세기 초 일본에서 부르던 참정권 노래 가사에는 "여성은 현명한 민족의 어머니이자 누이, 여성의 사랑을 온 세상에 전하세. 남자에 의한 남자를 위한 낡고 부패한 정치를 깨끗이 청소하세"라는 내용이 나온다.

특히 여성의 정치적 권리를 주장하는 단체가 세계의 많은 나라에서 등장했다. 이들은 청원 운동, 편지 쓰기 캠페인, 시위, 행진, 단식 투쟁을 펼쳤고, 이들 단체 간 상호 교류를 통해 국제적인 여성 운동을 일으켰다. 여성 참정권 운동을 하는 사람들은 처음에 조롱거리가 되거나 신체적인 공격을 당했다. 많은 나라에서 여성 참정권 반대 운동 단체가 결성되었고, 이들도 같은 식으로 활동을 펼쳤다. 이런 반대 운동 단체에는 남자뿐만 아니라 여자도 포함되어 있었다. 여성은 역사상 본인의 참정권을 옹호하는 동시에 반대하는 운동을 펼친 유일한 존재였다. 그럼에도 불구하고 여성의 참정권 운동은 제1차 세계대전 같은 계기와 맞물려 결국 성공을 거두었다. 그리고 20세기 전반에 걸쳐 여성의 참정권은 점차 확대되어 나갔다.

다른 사회 운동에는 여성과 남성이 다 같이 참여했다. 보다 나은 노동 조건, 보다 폭넓은 정치적 권리를 요구하는 다양한 사회 변혁 운동이 이어졌다. 감옥의 개혁, 금주 운동, 무상 공교육 확대, 동물 보호 운동 등이었다. 노예 폐지 운동은 노예 출신 자유민인 올라우다 에퀴아노(Olaudah Equiano, 1745~1797)의 글과 연설에서 많은 영향을 받았다. 기독교의 활동가들과 인권 변호사들은 노예제 폐지와 노예 무역 중단을 요구하며 이 운동을 주도했다. 프랑스와 아이티의 혁명 정부는 노예제를 폐지했지만, 미국의 혁명 정부(영국으로부터 독립을 쟁취한 독립 정부)는 노예제를 폐지하지 않았다. 영국과 미국이 대서양을 통한 노예 무역을 금지한 때가 1807년이지만, 영국 식민지에서 노예 제도 자체가 폐지된 때는 1833년이며, 미국은 1865년이 되어서야 남북 전쟁의 결과로 노예제를 폐지하게 된다. 19세기 초 라틴아메리카에 새롭게 수립된 독립 국가들은 모두 노예제를 폐지했다. 프랑스 식민지에서는 1848년에, 최종적으로 쿠바와 브라질에서도 1880년대에 노예제가 폐지되었다.

노예제가 폐지되었다고 해서 아메리카 및 카리브 해 지역에 살던 아프리카인 후손들의 삶이 극적으로 개선되지는 않았다. 식민지 시대에 인종의 범주를 복잡하게 나누고 위계질서를 부여하는 관념이 발달했었다. 피부색이 좀 밝은 사람들은 사회 계층의 변화를 도모할 수 있었지만, 피부색이 어두운 사람은 밑바닥 계층에 고정되었다. 기존 노예들은 노예제가 폐지된 이후 소작농이 되거나 탄광 혹은 공장의 노동자가 되었다. 원주민이 원래 이런 처지였다. 미국에서는 남북 전쟁 직후 잠시나마 흑인에게 투표권이 주어졌고, 몇몇 흑인은 선출직에 당선되기도 했다. 곧이어 남부에서 세력을 모아 이른바 짐 크로 법(Jim Crow laws)을 통과시켰다. 문맹 검사, 인두세 납부 여부, 재산 등을 통해 투표를 제한하는 법이었다. 또한 이 법으로 인종 분리를 강제했다. 학교, 주택, 근무처 등 모든 일상생활 공간에서 흑인과 백인을 분리하도록 한 것이다. 예전의 노예는 대부분 백인 농장주의 땅에서 소작농이 되었고, 추수를 한 뒤에는 종자, 가축, 오두막집, 농기구 등의 사용료 명목으로 수확량의 절반을 땅 주인에게 바쳤다. 백인 가정에서 하인으로 일하는 흑인도 많았다. 그러나 매음굴이나 선술집,

[그림 5-3] 여성 참정권 반대 우편엽서
20세기 초 영국에서 여성의 참정권 반대를 홍보하는 그림. 여인이 술에 취한 조그만 남편을 위협하고 있다. 찬성측과 반대측에서 가능한 모든 매체를 동원하여 열띤 여론전을 펼쳤다.

화장실 등은 흑인과 백인 전용이 따로 있었다. 이처럼 미국에서 발달한 이원적 인종 분리 체제에서는 "흑인의 피"가 조금만 섞여도 흑인으로 간주되었다. 1896년 연방 대법원 "플레시 대 퍼거슨 사건(Plessy vs. Ferguson)" 판례에서 이를 확정해주었다. 뉴올리언스에서 흑인의 피가 8분의 1 섞인 남성이 열차 백인 전용 칸에 탔다가 "흑인 전용"으로 이동하라는 명령을 거부해서 벌어진 재판이 있었다. 1896년 연방 대법원에서 하급심을 인정함으로써 "분리하지만 평등하게(separate but equal)"라는 원칙이 인종 분리법들을 정당화했고, 모든 남부의 주에서 이 같은 법이 시행되었다. 그러나 학교나 기타 시설들에서 현실적으로 인종 분리는 결코 평등하게 시행되지 않았다.

19세기 말과 20세기 초에 걸쳐 인종 분리와 인종 차별은 과학적 근거를 갖추게 되었다. 영국의 과학자 찰스 다윈(Charles Darwin)은 《종의 기원(On the origin of Species by the Means of Natural Selection)》(1859)에서, 모든 생명체가 공통의 조상으로부터 자연 선택의 과정을 거쳐 진화해왔다는 이론을 주장했다. 개체 간 작은 차이 때문에 어느 개체는 먹이 확보를 비롯한 더 유리한 생활 조건을 획득하며, 유리한 조건에서 더 많은 후손을 생산할 수 있고, 그러한 특성이 유전자에 기록되어 다음 세대에 전해진다는 이론이다. 오늘날 자연 선택은 기본적인 생물학의 원칙으로 받아들여지지만, 다윈 당시에는 진화론에 인간도 포함되었다고 해서 격렬한 논쟁이 벌어졌다. 잉글랜드의 철학자 허버트 스펜서(Herbert Spencer, 1820~1903)를 비롯한 여러 학자들은 진화론을 인간 사회에 적용시켰다. 그래서 역사에도 "적자생존"의 원칙이 적용되어 강한 자는 승리하고 번성하며 약한 자는 정복당하고 가난하게 살 수밖에 없는 운명이라고 주장했다. 이러한 사회진화론(Social Darwinism, 나중에 이를 비판하는 사람들이 붙인 명칭)은 기존의 고정관념, 즉 피를 통해 우열이 전해 내려온다는 혈통론이나 인종 우월주의와 결합했다. 국가, 민족, 인종, 성별, 계급 등 모든 종류의 차별에 "적자생존"의 원칙이 적용되었다. 유럽과 미국의 과학자, 의사, 인류학이나 심리학 같은 신생 학문 분야의 학자들은 모두 이러한 차별의 근거를 입증할 과학적 데이터를 찾기 시작했다. 두개골, 뇌, 얼굴 각도, 앞이마의 높이(눈썹의 위치가 높다는 뜻의 highbrow가 교양 수준이 높은 사람을 지칭하고, 교양 수준이 중간 정도인 사람을 middlebrow, 교양 수준이 낮은 사람을 lowbrow라고 하는 등의 어휘가 여기서 비롯되었다) 등 온갖 신체 부위를 측정한 뒤 새로 발견한 사실을 학술지와 전문지에 발표하고 책으로 출간하거나 신문 기사를 통해 더 많은 대중에게 전파했다. 그들의 연구가 백인의 지성이 우월하다는 결론으로 나아갔음은 안 봐도 알 수 있는 바다. 흑인으로서 미국 사학자이자 사회 운동가인 듀보이스(W. E. B. Dubois, 1868~1963)는 이를 두고 "새로운 흰색 신봉 종교(new religion of whiteness)"라고 일컬었다. 그러나 흰색도 흰색 나름이었다. 과학자, 사상가, 정치 지도자 등은 현존 "북유럽 인종" 혹은 "아리아인"이 남부 유럽 사람들보다 우월하다는 증거를 찾고자 했다. 이들은 유대인을 "셈족(Semitic race)"이라 하여 유럽인과 구분했으며, 범죄자나 가난한 자는 해부학적으로 차이가 있는 사람들이라고 주장했다.

이러한 사상이 사회 및 정치의 변화를 초래했다. 더 이상의 평등은 안 된다고 생각하는 많은 사람들이 이러한 변화를 옹호했다. 미국에서는 중국인 노동자를 향한 적대감이 반란 등 여러 형태의 폭력 사태로 표출되었다. 그리고 출신지에 따라 이민을 제한하는 제도가 생겨났다. 1882년의 중국인 배척법(Chinese Exclusion Act)이 그 시작이었다. 중국인 노동자가 새로 미국에 들어오지 못하도록 하고 이미 들어와 있는 중국인 노동자에게는 시민권 발급을 금지하는 법이었다. 적어도 미국 의회에서는 소고기를 먹는 사람과 쌀을 먹는 사람을 구분했다. 그리고 소고기를 먹는 사람들은 영어권 전역에 걸쳐 스스로를 보호하기 위해 정기적으로 "황색 위기설(yellow peril)"을 퍼뜨렸다. 미국 동부는 주로 동유럽과 남부 유럽에서 이민 오는 사람들이 고민이었다. 이들은 주로 가톨릭이나 유대교 신자였다. 상원의 지도자이자 루즈벨트 대통령의 친한 친구이기도 한 상원의원 헨리 캐벗 로지(Henry Cabot Lodge)는 이민 문제를 두고 "우리의 인종(race)과 혈통(blood)이 사라지고 있다"는 우려를 표한 바 있다(여기서 말하는 "우리"란 앵글로색슨을 의미하는데, 당시에는 그것도 인종의 범주라고 믿었다). 1894년 하버드 대학교를 졸업한 지 얼마 되지 않는 세 사람에 의해 이민규제연맹(Immigration Restriction League)이 결성되었다. 이들은 이민 허가를 내줄 때 문장 이해 시험을 치르도록 하는 운동을 펼쳤다. 결국 1917년 이민법에 이들의 의견이 포괄적으로 수렴되었다. 같은 법에서는 "동성애자, 백치, 심신 미약자, 범죄자, 직업적 거지" 등의 이민을 금지했다. 또한 육체적·정신적으로 결함이 있는 사람, 터키에서 뉴기니에 이르는 "아시아 이민 금지 구역(Asiatic Barred Zone)" 출신자들의 이민도 금지되었다. 뒤이어 제정된 1924년 이민법에서도 이러한 금지는 그대로 유지되었다. 1890년 실시된 인구 조사 당시, 그러니까 동유럽이나 남부 유럽 이민자가 대거 유입되기 이전의 민족 구성 비율을 회복하고자 했다. 민족 구성 비율에 따른 이민 정책은 1965년까지도 그대로 유지되었다. 오스트레일리아는 1850년대에 독립적 지위를 얻었는데, 1901년 연방 이민법을 통해 아시아인의 이민을 전적으로 차단하고 "백호주의 정책(white Australia policy)"을 실시했다. 이 법은 1970년대까지도 그대로 유지되었다. 비슷한 법령이 1920년대 뉴질랜드와 캐나다에서도 시행되었다. 산업화된 국가들에서 정부는 자본과 상품의 자유로운 유통을 보장했지만 사람에 대해서는 그렇지 않았다.

브라질과 쿠바는 유럽에서 오는 이민을 장려하는 법률을 시행했다. 플랜테이션 농장이나 공장의 노동력을 확보하는 문제뿐만 아니라 이미 와 있는 사람들과의 결혼을 통해 좀 더 "백인화(whiten)"된 인구를 늘리고자 하는 목적을 공공연하게 표방했다. 세계 여러 지역에서 인종의 피부색을 구분하는 경계선이 그어졌다. 백인과 유색인의 구역을 나누는 경계선이었다. 서류에 기록해야 할 개인의 특성, 즉 인종, 출생지, 부모 등의 지표들이 점차 늘어났다. 이를 포함해서 사회적으로 인간의 생활을 감시 및 관리하는 기능이 점차 확대되었는데, 프랑스의 철학자 미셸 푸코가 언급한 생체권력(biopouvoir) 개념이 바로 그것이었다.

"적자생존"을 자연 선택이나 이민 금지 정도의 문제로 내버려두지 않으려는 사람들도 일부 있었다. 이들은 자연 선택이 아니라 인위적 선택으로 특정 유형의 인간을 만들고 적당하지 않은 사람들의 성관계를 금지하고자 했다. 이러한 사상은 우생학을 내세운 사회 운동으로 퍼져 나갔다. 20세기 초반에는 세계 여러 지역에서 이런 사상에 동조하는 사람들이 많았다. 정부나 대학, 혹은 카네기 재단이나 록펠러 재단 같은 주요 기업 부설 재단으로부터 지원을 얻어내기도 했다. 미국, 캐나다, 일본, 브라질, 대부분의 유럽 나라에서 범죄자나 "정신이 불안정한 사람들"이나 유전적으로 문제가 있는 사람들을 대상으로 불임 시술 명령을 내릴 수 있도록 하는 법이 시행되었다. 그 결과 수만 명이 강제 불임 시술을 받았다. 결혼 허가를 받으려면 건강진단서를 제출해야 했다. "순종(racial integrity)" 혹은 "우생종(racial hygiene)" 같은 우생학 용어가 일정 집단 사람들의 결혼을 금지하는 법조문에 그대로 들어갔다. 이외에도 여러 가지 적극적인 제도가 시행되었다. 적절한 아이를 낳은 부모에게는 면세 혜택을 주었고, "우량아(better baby)" 선발대회와 "건강 가족(fitter family)" 선발대회가 개최되었다. 신체나 특정 수행 능력을 평가하여 아이나 가족에게 상을 주는 행사였다. 독일의 나치(Nazi)는 다른 곳에서 시행된 여러 소극적 및 적극적 정책들을 그대로 받아들인 뒤 더욱 극단적으로 밀어붙였다. 신체적 및 정신적으로 불량하다고 판정되는 수십만 명에게 강제로 불임 시술을 시키거나, 아니면 그냥 죽여버렸다. 어린아이를 대상으로 하는 유전학 이론 실험을 실시했고, "아리아인"과 "비-아리아인"의 결혼은 "인종 오염(Rassenschande)"으로 간주되어 당연히 금지되었다. "아리아인" 어린아이를 많이 출산한 여성에게는 상을 주었다. 우생학은 나치에 협력했다는 비난을 많이 받았지만, 정신적으로 문제가 있는 개인을 대상으로

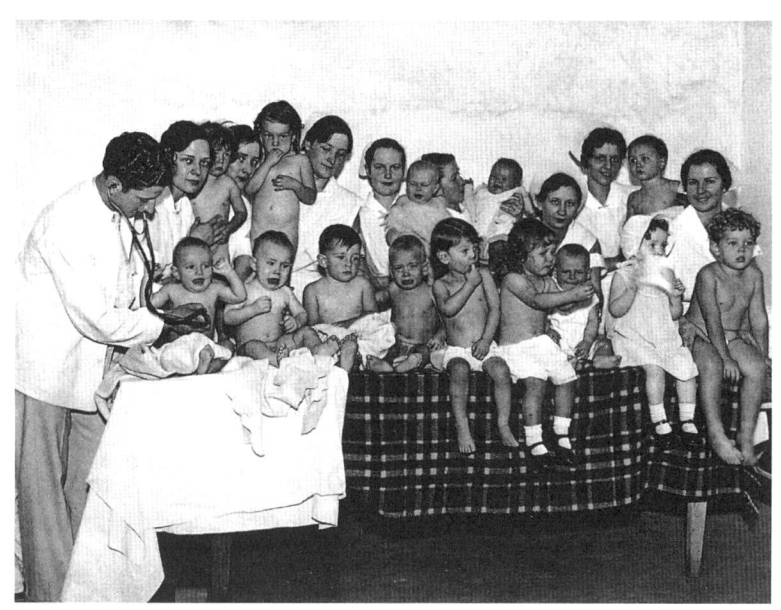

[그림 5-4] 우량아 선발대회(1931년 워싱턴)
프리메이슨의 한 지부인 칼폴리스 그로토(Kallpolis Grotto Masonic Lodge)가 후원했다. 신문에 수록된 사진 설명글에 의하면 40명의 의사와 간호사들이 "2개월 이상 5세 이하의 어린이 983명을 검사해야 하는 엄청난 임무에 직면했다"고 하면서, "모든 아이를 검사하려면 최소한 8시간 이상 소요될 것"으로 예상했다.

하는 강제 불임 시술은 1960년대까지 지속되었고, 아마 그 뒤에도 없지는 않았을 것이다.

인구 성장과 이주

우생학을 비롯한 인종주의 이데올로기와 달리 현실에서는 최상의 적자만 생존하지 않았다. 하나의 생물학적 종으로서 인류는 진화 과정에서 놀라운 성공을 보여주었다. 인류는 자신의 유전적 자원을 재생산하고 후손에게 매우 성공적으로 전달했다. 기근, 전쟁, 전염병이 지속되었음에도 불구하고 세계 인구는 1700년부터 성장하기 시작했다. 특히 1750년부터 꾸준한 상승세를 보였다. 유럽은 1750~1850년 다른 지역에서 대량 이민이 들어온 사례가 없고 아메리카 대륙으로 상당히 많은 인구가 빠져나갔음에도 불구하고, 1억 4000만에서 2억 7000만으로 인구가 늘어났다. 특히 잉글랜드의 인구는 세 배로 불어났다. 공중 보건 환경, 특히 상하수도 시스템에서 전염성 병원균이 줄어든 것이 핵심 요인 중 하나였다. 어린이는 전염병을 극복하기가 어려웠기 때문에, 병원균이 조금만 줄어들어도 성인 사망률보다 영아 사망률이 크게 개선되는 효과가 있었다. 여기서 두 배의 효과가 나타났는데, 아이들은 자라서 또 아이를 낳았기 때문이다. 늪이나 저습지의 물을 빼낸 것은 공중 보건을 위해서가 아니라 농지 확장을 위한 조치였지만 덕분에 모기와 파리의 개체 수가 줄어들었고, 그 결과 말라리아를 비롯한 곤충을 매개로 하는 전염병이 감소했다. 17세기에 짧은 기간 기온이 내려간 때를 제외하고는 대체로 기후 조건이 조금씩 좋아졌고, 그래서 식량 생산이 늘고 흉년의 재앙도 줄어들었다. 운하나 철도를 통해 식량 유통이 원활해지자 국지적 기근 사례도 감소했다. 18~19세기를 거치면서 군대 규모가 확대되고 무기의 살상력도 더 높아졌다. 그러나 직접 농사를 지어 식량을 해결하는 대신 보급을 받는 군대였으므로, 굳이 예전처럼 음식과 보급품을 약탈할 필요가 없었다. 역사학자와 인구학자 모두는 인구 증가의 여러 원인 가운데 무엇이 가장 중요한 요인이었는지를 두고 논쟁을 벌이고 있다. 그러나 상승 기조의 경향성만큼은 아무도 부정하지 않는다.

유럽에서 산업화와 함께 사망률이 하락하고 이에 따라 인구가 증가한 현상은 일본에서도 똑같이 나타났다. 1872년 메이지 유신 당시 일본의 인구는 (같은 시기 영국 인구와 비슷하고 미국이나 프랑스보다는 조금 적은) 3300만 정도였으나, 1935년에는 6900만으로 늘어났다. 이 무렵 일본 인구의 3분의 1이 600만 인구의 도쿄를 비롯한 도시에서 살았다. 벼 종자가 개량되고 재배 기술이 발달해서 쌀 수확량이 늘었고, 상하수도가 정비되어 공중 보건 환경도 개선되었다. 19세기 말에 철도가 건설되어 시골에서 새로 성장하는 도시로 쌀을 비롯한 식량을 실어 날랐고, 배를 이용해 해외에서 식량을 사들였다.

산업화가 고도로 진행되지 않았는데도 사망률이 떨어진 지역이 있었다. 중국은 18세기에 인구가 꾸준히 증가했다. 신대륙에서 전파된 옥수수나 고구마 등의 작물 덕분에 식량 사정이 좋아진 탓이기도 하고, 청나라 정부가 물류 네트워크를 개선하여 식량 부족이 발생한 지역에 적절하게 공급을 늘려주고 (당시 곡식으로 납부하던) 세금을 감면해주는 등의 적절한 조처를 취했기 때문이다. 중국 인구는 1700년에 1억 5000만~2억이었는데, 1900년에는 4억으로 늘어났다. 인도 인구도 1700년 무렵 1억 정도였는데 1900년에는 3억으로 늘어났다. 관개 시스템이 확장된 데다 철도 네트워크 덕분에 기근 지역에 식량을 공급할 수 있었기 때문이다.

사망률 감소는 전체 인구 규모의 증가뿐 아니라 부수적인 효과도 가져왔다. 삶과 죽음이 우연히 아무 때나 발생하기보다는, 삶의 과정이 규칙적이고 죽음은 나이 든 후에 찾아온다는 상식이 일반화되어갔다. 영아 사망률이 서서히 줄어들자, 가장 흔히 사망하는 나이가 5세 미만이던 시절은 지나갔다. 청소년과 성인의 사망률은 더욱 큰 폭으로 떨어졌다. 1750년 당시 프랑스에서 10세 어린이 네 명 가운데 한 명은 부모보다 먼저 사망했다. 그런데 1850년에 이르러 같은 기준의 사망 인구는 훨씬 더 줄어들었다(오늘날은 60명 가운데 한 명이다).

18~19세기를 거치면서 자국 인구가 늘어나고 있음을 알아챈 사회 지도층 인사들은 이를 축복할 만한 일이라고 생각했다. 인구가 국력의 원천이라고 믿었기 때문이다. 그래도 일부 인사들은 식량 초과 생산 속도보다 인구 증가 속도가 더 빠르다는 사실을 우려했다. 청나라의 학자 홍양길(洪亮吉, 1746~1809)과 잉글랜드의 성직자 겸 경제학자 토머스 맬서스(Thomas Malthus, 1766~1834)는 인구가 기하급수로 늘어나는 반면 식량 생산은 산술급수로 늘어난다며 걱정을 했다. 이들은 주장을 입증하기 위해 수학적 모델뿐만 아니라 역사적 사실에도 주목했다. 기근, 질병, 전쟁이 인구 성장을 꺾어놓은 사례를 여러 차례 확인했던 것이다. 인구 증가가 경제적으로 이른바 "맬서스 한계"에 봉착하면 고통스런 재앙적 사회 붕괴가 초래되는데, 맬서스는 이러한 붕괴를 늦출 수 있는 방안으로 예컨대 이주도 좋다고 제안했다. 또한 피임을 하면 출산율을 낮출 수 있겠지만, 맬서스는 그것이 "사악한" 방법이라며 윤리적 절제를 권장했다.

노동자 계급 가정에서 낮아진 영아 사망률은 축복인 동시에 부담이었다. 그래서 19세기 말에는 피임 수요가 높아졌다. 가정을 사적인 안식처라고 부르짖던 정치가들은 산아 제한을 매우 공공성이 높은 주제로 인식했다. 그러나 피임 도구 판매를 금지하고, 피임법을 전파하는 사람은 체포하는 법안을 통과시켰다. 특히 노동자 계층의 여성일 경우 체포를 피할 길이 없었다. 이 문제에 대해서 종교 지도자들도 입장을 표명했다. 1869년 교황 비오 9세(Pius PP. IX)는, 태아에게 영혼이 생겨나는 시점이 발길질을 할 때가 아니라 임신 즉시라고 선언했다. 그때까지 서양에서는 발길질을 할 때가 태아의 영혼이 생성된 때라는 상식이 통용되고 있었다. (산모가 태아의 발길질을 느끼는 때는 대개 임신 후 3~4개월이 지난 무렵이다. 영어로 태아의 발길질을 퀴커닝quickening이라 하는데, 퀵quick은 예컨대 산 자와 죽은 자the quick and the dead라는 관용구에서 알 수 있듯, 고대 영어에서 살아 있다는 의미였다.) 교황의 발표 이후, 이전까지 피임법으로 간주되어 죄가 조금 가볍다고 여겨진 온갖 종류의 임신 후 피임법이, 이제는 어떤 방식이든 낙태를 의미하게 되었다. 20세기 초반 산업화 국가에서 출산율이 조금 낮아지기는 했다. 1960년대에 이르러서야 피임이 문화적으로 받아들여지고 피임 방식도 안정적이며 누구나 접근할 수 있게 되었다. 이후 가구 인원수는 현저히 줄어들었다.

맬서스와 홍양길이 인구 과잉에 대비해서 제안한 또 한 가지 방법, 즉 이주는 피임보다 훨씬 더 쉬운 방법이었다. 압박과 빈곤에 시달리는 사람들뿐만 아니라 종교적 처벌, 전쟁, 정치적 혼란, 가족 문제, 기타 여러 가지 이유로 사람들은 고향을 떠나 이주했다. 이주민에게 더 나은 삶을 약속하는 희망의 땅이 몇 군데 있었다. 에이전트나 노동자 직업소개소, 광고 등이 높은 임금에 금세 부자가 된다는 달콤한 유혹을 흘렸다. 20세기 초 인종주의가 이민에 대한 히스테리에 군불을 지폈지만, 증기선의 발달로 원거리 이주가 훨씬 더 쉽고 비용도 저렴해졌기 때문에 기꺼이 이민을 떠난 사람들이 수백만 명에 이르렀다.

1914년 제1차 세계대전이 발발하기 전, 5000만~6000만 명의 유럽인이 이민을 떠났다. 20세기 최초의 10년 동안 이민의 물결이 이어졌다. 이들 중 일부는 결국 유럽으로 되돌아오기도 했지만(이민을 갔다가 돌아온 사람들의 통계는 없으므로 정확한 수치를 알 수 없다) 대부분은 현지에 정착했다. 이민자 중 절반은 미국으로 갔다. 그중에는 아일랜드 사람 400만 명도 포함되어 있었다. 이민에 감자 기근(potato famine, 아일랜드 대기근)이 겹쳐 아일랜드 인구는 절반으로 줄었다. 오스트레일리아와 뉴질랜드로 이민 간 브리튼 및 아일랜드인은 200만 명 규모였다. 미국 독립 전쟁 이후 영국의 죄수를 더 이상 북아메리카로 보낼 수 없게 되자, 보터니 베이(Botany bay, 오늘날 시드니)에 죄수를 수용할 식민지를 건설하고 1787년 1000여 명의 죄수를 보낸 것이 오스트레일리아 이민의 시작이었다. 오스트레일리아에는 이미 30만~80만 명 정도의 원주민이 살고 있었다. 그러나 영국은 이를 무시하고 오스트레일리아를 무인도로 간주했다. 1851년 금광이 발견되기 전까지도 오스트레일리아의 백인 인구는 소수에 그쳤다(그중 대부분은 자발적 이민자였고 죄수는 극소수에 불과했다). 기대가 한창 부풀어 오를 때는 미국 캘리포니아에서 건너오는 사람들도 있었다. 그로부터 2년 전에는 캘리포니아에서도 똑같은 붐이 일어난 적이 있었다. 골드러시 때문에 중국인 노동자도 오스트레일리아로 몰려들었다. 미국에서 철도가 그랬던 것처럼 오스트레일리아에서도 철도는 새로 온 정착민을 실어 날랐고, 성장 가도를 달리던 오스트레일리아의 목장과 농장에서 양털과 밀을 수출할 때도 철도를 이용했다. 또한 미국에서와 마찬가지로, 아시아인에 적대적인 인종주의자들이 반란을 일으켰고 아시아인의 이민을 제한하는 법령이 갈수록 강화되었다.

　수많은 남부 유럽 사람들이 남아메리카로 이민을 갔다. 부에노스아이레스나 리우데자네이루 같은 급성장 신흥 도시에서는 이들이 다수 인구의 자리를 차지했다. 그곳에서 이들은 고기 포장, 식량 가공, 양모 생산과 다른 원자재 산업 분야에 종사하며 하루에 12시간씩 일했다. 그러나 유럽에서 일하는 것보다 계급 상승의 기회가 더 많이 주어졌다. 점차 이들이 주도하는 산업 분야가 생겨났고, 중산층으로 진입하는 사람들도 있었다. 대부분 가족 단위로 움직인 북아메리카의 유럽 이민자들과 달리, 라틴아메리카와 카리브 해 지역에는 젊은 독신 남성 이민자들이 많았다. 그들은 원주민이나 아프리카인 혹은 혼혈 여성과 결혼했고, 민족 및 문화적 융합의 폭이 더욱 광범위해졌다. 오늘날 유전자 검사를 해보더라도 이런 사실이 확인된다. 예를 들어 21세기 브라질의 유전자 구성 비율을 보면, 75~80%는 유럽 기원이며, 아프리카 기원이 15%, 원주민 기원이 10% 정도 된다. 국가 인구 조사에서 어떻게 분류하든지, 혹은 겉으로 보기에 어떠하든지 대부분 사람들에게는 유럽, 아프리카, 원주민의 세 가지 유전자가 모두 섞여 있다. 아프리카 기원이나 원주민 기원 유전자는 대부분 모계에서 물려받았다.

유전자의 조합은 음악 형식에도 반영되어 아프리카와 유럽의 전통이 뒤섞여 있다. 아르헨티나의 탱고, 브라질의 삼바 같은 음악들이 그러하다. 이런 음악들은 또다시 이민 행렬과 함께 전 세계로 퍼져 나갔고, 가수와 밴드가 세계를 여행하면서 클럽이나 댄스홀에서 이들 음악을 연주하기도 했다. 브라질에도 "인종 오염" 같은 우생학적 사상에 동조하는 사람들이 없지 않았으나, 브라질의 사회학자 지우베르투 프레이리(Gilberto Freyre, 1900~1987)는 혼혈이 브라질에 문화는 물론 경제적 이점도 가져다주었다고 주장했다. 이러한 사상을 루소-트로피컬리즘(Luso-tropicalism)이라[2] 한다. 지우베르투 프레이리는 브라질의 현실적 인종 및 계급 차별을 도외시한 채 인종의 하모니와 민주주의라는 신화를 지어냈을 뿐이라는 비판을 받기도 했지만, 그의 사상은 나중에 포르투갈과 포르투갈 식민지 지역에서 널리 받아들여졌다.

19세기와 20세기 초에 아시아인도 역사상 유례가 드물 정도로 많은 수가 이민을 갔다. 중국인은 오래도록 중국 남서부에서 동남아시아 지역으로 이주해왔고, 동남아시아에 상업적 공동체를 건설했으며, 현지 여성과 장기간 혼인 관계를 유지하거나 민족적으로 그들만의 공동체를 형성하기도 했다. 동남아시아 지역이 유럽 식민 제국의 일부로 편입되자 중국 이민자들이 늘어났는데, 주석 광산 개발을 목적으로

---

2 루소-트로피컬리즘(Luso-tropicalism)_ 루소(Luso)란 라틴어로 이베리아 반도 지역을 뜻하는 루시타니아(Lusitania)에서 파생된 말로, 포르투갈 본토와 포르투갈 식민지 등 세계적 포르투갈어 사용 권역을 루소폰(lusophone)이라 한다. 루소트로피컬리즘을 직역하면 "루시타니아와 열대 지방의 특별한 관계론"이라는 의미다.

[그림 5-5] 플랜테이션 농장의 인도 노동자들
1891년 트리니다드의 스페인 항구에 도착한 인도 노동자들. 플랜테이션 농장에 고용된 계약직 노동자들이다. 1845년부터 이 같은 계약직 노동이 금지된 1917년까지 인도에서 트리니다드로 건너온 노동자는 13만 명이 넘고, 이들 중 상당수가 현지에 정착했다.

하는 부유한 상인에서부터 가진 것 한 푼 없이 광산에서 일자리를 얻고자 하는 노동자까지 다양했다. 노동자는 사탕수수, 담배, 코코아, 쌀, 차, 고무 등을 생산하는 플랜테이션 농장에서 현지인과 함께 일할 사람들이었다. 광산이나 플랜테이션에 일꾼을 소개하는 중개상이 중국을 여행하며 사람들을 모집했다. 이들은 하와이, 남아프리카, 브라질, 카리브 해 지역 등 어디로든 갈 수 있었다. 노예 제도가 폐지된 곳이라면 어디든지 인력난에 시달렸기 때문이다. 이들 대부분은 계약직 노동자였다. 5년 혹은 8년 기간을 한정해서 고용이 되는 대신, 임금은 거의 없었고, 음식도 거칠었으며, 도망치다 걸리면 족쇄를 채우는 경우도 많았다. 일본인은 하와이, 캘리포니아, 페루, 브라질 등으로 이민을 가서 플랜테이션 농장에 취업했다. 1924년 미국에서는 더 이상의 일본인 이민을 금지했다. 브라질에서도 비슷한 조치가 취해졌다. 인종적으로 자신의 나라를 더욱 희게 만들고자 했던 정치가들이 보기에 일본인과 다른 아시아인은 적당한 이민자가 못 되었다. 인도에서도 계약직 노동자를 모집하는 사람들이 있었다. 수만 명의 인도인이 인도양의 모리셔스(Mauritius) 제도나 남아프리카, 동아프리카, 말라야, 피지, 남아메리카 북부의 영국령 기아나(현재 가이아나)와 네덜란드령 기아나(현재 수리남), 카리브 해 지역, 특히 트리니다드(Trinidad)로 들어갔다. 이들도 플랜테이션 농장에서 일하고, 철도를 건설하고, 가게를 차렸다. 일부 인도인은 고국으로 돌아갔지만 많은 사람들이 현지에 그대로 정착해서, 전 세계적으로 퍼져 나간 인도인끼리 친족과 카스트의 네트워크를 만들고 이를 이용해서 무역과 사업 기회를 늘려 나갔다. 인도에서 처음 이민 바람이 불 때 나간 사람들은 주로 젊은 미혼 남성이었다. 이들은 현지 여성과 결혼하지 않고 고향에서 보내준 여성과 결혼했다. 오늘날 피지, 모리셔스, 트리니다드, 가이아나, 수리남은 최소한 절반 이상의 인구가 인도인 혹은 인도 혼혈인이며, 케냐, 남아프리카, 버마, 말레이시아, 싱가포르 등지에서도 이들은 상당히 비중 있는 소수 민족으로 자리 잡고 있다.

신제국주의

19세기와 20세기 초의 이민을 비롯한 사회 시스템이 만들어지는 데에는 인구 증가와 인종주의 이데올로기가 큰 역할을 했지만, 이에 못지않게 세계적인 유럽의 제국들이 있었기에 가능했던 일이다. 네루가 주장했듯이, 산업 기술의 발달 덕분에 만들어진 제국들이었다. 이들은 대개 일반 기업이 운영하는 비공식 제국으로 시작했다가 나중에는 관료나 군인이 운영하는 공식 제국의 형태를 취했다. 이러한 제국들의 사회 구조는 몇 가지 측면에서 근세의 제국들과 사뭇 달랐다. 일단 여성이 남편이나 아버지를 따라 신대륙으로 건너왔다. 현지 여성과 백인 남성의 성적 관계는 결혼 등 공식적 관계가 아니라 매춘으로 간주되었다. 가족 단위로 유럽에서 건너온 사람들은 가능하다면 "고향"을 재현하고자 했다. 유럽에서 수입해 온 음식을 먹고 유럽의 풍습과 날씨에 따라 만든 옷을 입었다. 유럽 이민자 가족 중에는 기독교 선교사들도 있었는데, 예전과 달리 가톨릭뿐만 아니라 프로테스탄트 선교사들도 있었다. 프로테스탄트 선교사들은 개종을 권했을 뿐만 아니라, 스스로 모범적인 가정의 모습을 보여주고 주변 사람들을 "교양 있는 문화인으로 만들고자(civilize)" 했다.

    식민 제국 당국은 남성성과 여성성의 문화적 형태를 구축했다. 이는 식민 지배자나 피지배자 모두에게 해당되는 것으로, 공공연하게 혹은 내밀하게 진행되었다. 유럽인(나중에는 미국인) 관료, 상인, 선교사 등은 열대 지방 여성의 옷차림이 느슨한 것을 보고 성적으로도 느슨할 것으로 생각했다. 남성의 얼굴에 수염이 적거나 바지가 짧으면 남자답지 못하다고 여겼다. 또한 일부일처제가 아닌 다른 방식의 혼인 풍습은 문화적으로 열등한 것으로 간주했다. 광범위한 식민지 전역에서 그들은 남성성과 여성성에 대한 유럽식 고정관념을 정착시키려 했다. 그들이 설립한 학교에서는 서양식 가치관을 가르쳤고, 세금이나 인허가 서류와 각종 등록 서류를 통해 서양식 가족 구조를 강제했다.

남아시아에서 지방 정부는 거의 독립적이었으며, 외부 세력들도 들어와서 18세기 무굴 제국을 더욱 약화시켰다. 영국 동인도회사는 지방 군주들과 연맹을 맺고 영토를 점점 더 넓혀 나갔다. 동인도회사는 인도산 면직물을 배에 가득 실어 수출했다. 그러나 중국에서는 동인도회사가 싣고 간 물품 중에서 은 말고는 거의 수요가 없었으므로, 영국 상인은 인도에서 중국으로 넘어가는 아편 밀무역에 손을 댔다. 1839년 중국 정부는 아편 중독 확산을 막기 위해 아편 수입을 금지하려 했다. 그러자 영국은 전함을 동원해서 주요 해안 도시들을 점령하고 중국에 (아편을 포함해) 자유 무역을 하라고 압박했다. 급격히 산업화가 진행되던 당시 영국은 차(茶) 수요가 급증했다. 영국 입장에서는 중국의 무역 개방만으로 수지를 맞추기가 어려웠다. 그래서 동인도회사에서는 식물학자를 중국으로 파견해서 차나무를 훔쳐 오도록 했다. 또한 차를 제조하는 과정도 배웠다. 영국이 지배하던 스리랑카(실론), 네덜란드가 통치하던 자와, 나중에는 사람이 거의 살지 않는 인도 북동부 아삼(Assam) 지역의 밀림에서도 차를 재배하기 시작했다. 유럽인은 경작할 땅을 지정해주었고, 플랜테이션 농장에서 원주민은 강제 이주 혹은 강제 노동을 해야 했다. 이는 미국이나 멕시코의 플랜테이션 농장과

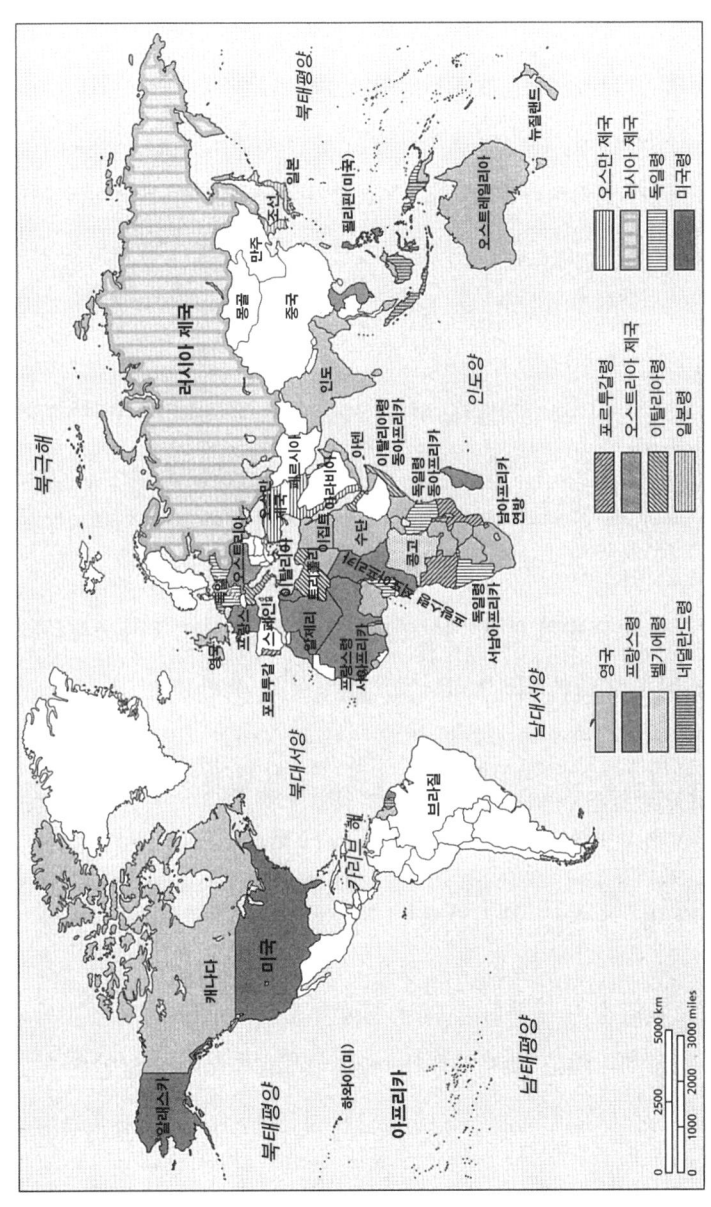

〈지도 5-2〉 주요 세계 제국(1914)

CHAPTER 5 - 산업화, 제국주의, 불평등　　515

거의 같은 방식이었다. 즉 군대를 동원하거나, 빚을 안겨 노예화하거나, 원주민의 포레이징 활동을 범죄화하여 처벌하는 수법이었다.

영국 정부는 정책적으로 동인도회사를 지원했지만 동시에 회사 내부의 부패가 심각하다는 인식도 늘어갔다. 1857년 영국 정부는 인도를 직접 통치하기로 결정했다. 비공식적 제국과 공식적 제국을 하나로 통합하기로 한 것이다. 관료 체제의 상급자는 모두 백인이었다. 그들은 영국에서라면 감히 누리기 어려운 사치스러운 생활을 누렸다. 집안에 요리사, 운전기사, 정원사, 하녀를 거느렸는데, 영국에서라면 대부분 중산층 가정에 기껏해야 집안일을 돕는 소녀 한 명이 고작이었다. 영국인 관리는 불과 수천 명이 수억 명을 다스려야 했으므로 인도의 관료나 귀족에 의존하지 않을 수 없었다. 선교사와 사회 개혁가는 인도에 영어 학교 수천 곳을 개설했으며, 상위 카스트의 힌두교도나 유복한 집안의 이슬람교도가 여기에서 서양식 교육 과정을 이수했다. 많은 사람들이 대학교에 입학해 법학을 비롯한 여러 가지 전공 교육을 받았다. 영국은 철도와 관개 시설을 건설하여 농경지 확대를 지원했다. 특히 커피, 설탕, 목화, 아편, 차 등 환금 작물을 재배하는 플랜테이션 농장에 지원이 집중되었다.

19세기 후반기에 대영 제국의 영토는 더욱 확장되었다. 버마, 말라야, 보르네오 섬의 일부분이 대영 제국에 편입되었다. 목재를 수확하고, 주석을 채굴하고, 고무나무와 벼를 재배하기 위해 영국인은 인도와 중국에서 계약직 노동자를 데려왔다. 같은 시기 프랑스는 베트남을 점령하고 뒤이어 라오스와 캄보디아까지 차지해서 1887년 프랑스령 인도차이나가 형성되었다. 네덜란드 정부도 자와 섬을 직접 통치 영역으로 편입했다. 동남아시아에서는 시암 왕국(태국)만이 독립국으로 남았다. 식민 정부는 세금을 못 낸 시골 사람들을 잡아다가 플랜테이션 농장이나 광산에서 일을 시켰고, 정부 독점 상품을 판매하기도 했다. 예를 들면 베트남을 통치하던 프랑스 식민 정부는 각 마을 단위로 정해진 양의 아편과 술을 정부 관리에게서 구입하도록 했다. 결과적으로 아편과 알코올 중독이 증가했다.

아프리카에서는 제국주의 확대가 다른 방식으로 이루어졌다. 1830년대에 대서양을 건너 노예를 사고파는 무역이 줄어들었다. 영국 식민지나 미국에서 노예 생활을 하다가 풀려나 자유의 몸이 된 사람들이 다시 아프리카로 건너와 시에라리온과 라이베리아 해안 지역에 조그만 정착지가 만들어졌다. 유럽 식민지들은 해안을 따라 좁은 지역에 국한되어 있었는데, 말라리아 등의 풍토병 때문에 유럽인은 내륙으로 들어가기가 어려웠다. 수출을 위해 노예를 대신할 다른 상품을 찾다가 영국과 미국 및 현지 상인이 서아프리카에 야자나무 플랜테이션 농장을 건설했다. 여기서 팜유를 채취하여 기계의 윤활유, 화장품, 비누 등을 만들었다. 이러한 플랜테이션 농장 때문에 노예 제도가 지속되었다. 지역 군벌들은 노예 사냥을 계속했고, 잡아 온 노예를 아메리카 대신 아프리카 현지의 농장이나 금광으로 보내 일을 시켰다. 지역 내에서 상품을 유통할 때에도 노예를 일꾼으로 이용했다. 여성 역시 노동에 동원되거나 첩실로 들어갔다. 역사적으로 이 지역의 여성은 언제나 그런 취급을 받아왔다. 오늘날 나이지리아에 속하는 소코토(Sokoto)

주의 플랜테이션 농장 중 몇 곳이 카리스마 넘치는 무슬림 지도자의 수중에 들어갔다. 그는 토속적인 풍습과 애니미즘 의례를 통해 순수 이슬람을 주창했고, 많은 신도를 모았다. 더욱 정통을 내세우는 이슬람이 이 지역에서 문화적 세력을 확대했다. 이들은 규칙적으로 예배를 하고 여성의 얼굴을 가려야 한다고 주장했다. 이러한 이슬람 문화는 노예 제도의 지속을 가능하게 했는데, 무슬림이 아닌 자들을 노예로 부려도 좋다는 교리가 있기 때문이다. 동아프리카에서도 노예 제도가 지속되었다. 아랍인이 잔지바르(Zanzibar) 섬에 근거지를 두고 동아프리카로부터 노예와 상아, 천연자원을 사들여 인도양을 건너 무역을 했다.

이러한 관행이 1880~1914년에 급격히 바뀌었다. 영국, 프랑스, 독일, 벨기에, 스페인, 이탈리아가 뒤얽혀, 벨기에의 왕 레오폴드 2세(Leopold Ⅱ)의 말처럼 "아프리카라는 이 훌륭한 케이크"를 삼키려 들었다. 유럽 군대는 끈질기게 아프리카 내륙으로 밀고 들어갔다. 1914년에 이르러 에티오피아와 라이베리아를 제외한 대부분의 아프리카가 그들의 손에 들어갔다. 산업혁명의 원인이 여러 가지였던 것처럼, 새로운 형태의 제국주의가 등장한 원인 또한 한두 가지가 아니었을 것이다. 그러나 여러 원인 대부분이 산업화와 직접적인 연관이 있었던 것도 사실이다. 유럽의 기업들은 원자재와 농산물을 아프리카 무역상의 손을 거치지 않고 직접 조달하고자 했다. 한 나라가 영토를 차지하면 다른 나라는 관세를 우려할 수밖에 없었다. 또한 미래의 기회를 빼앗기는 느낌도 들었다. 그래서 이웃 나라도 자신의 영토를 차지하게 되었다. 산업화의 결과로 만든 무기들, 특히 개틀링(gatling) 기관총은 수동으로 총열을 회전시키는 방식이었지만 1분에 1000발 정도를 쏠 수 있었고, 맥심(maxim) 기관총은 자동 장전이 가능했다. 이런 무기를 들고 나가서 창이나 칼, 혹은 기껏해야 라이플 소총으로 무장한 사람들을 상대로 싸우면 거의 학살에 가까운 승리를 거두었다. 영국-프랑스계 작가이자 군인 겸 역사학자인 힐레어 벨록(Hilaire Belloc, 1870~1953)은 그의 시 〈현대의 여행자(The Modern Traveller)〉에서 블러드(Blood)라는 인물의 목소리로 이렇게 말했다. "어쨌든 우리에게는 맥심 기관총이 있고, 그들에게는 그게 없다네(Whatever happens, we have got / The Maxim gun, and they have not)."[3] 퀴닌(quinine) 성분이 말라리아에 효과가 있다는 사실도 새로 밝혀졌다. 증기선과 나중에 건설된 철도 덕분에 인력과 의약품, 무기 등 필요한 물자가 더욱 신속하게 보급되었다. 유럽 정부 대표단은 조약을 맺거나 뇌물을 써서 평화롭게 땅을 차지하고자 했다. 인력을 전쟁에 낭비하는 것을 원치 않았다. 그러나 아프리카의 지도자들은 폭력 저항이 일어날 것을 알고 있었다. 소코토에서 실제로 정치 및 군사적 저항이 있었다. 때로는 무슬림이나 토착 종교 지도자들이 이를 주도했다. 아샨테(Ashante) 왕국(오늘날 가나)에서 저항이 일어났고, 수단 서부에서는

---

3 1893~1894년에 있었던 제1차 마타벨레 전쟁에서 맥심 기관총이 처음 사용되었다고 한다. 영국 남아프리카 주식회사와 은데벨레(마타벨레) 왕국(오늘날 짐바브웨) 사이의 전쟁이었다. 은데벨레 왕국은 창을 든 무사 8만과 소총수 2만, 도합 10만의 병력을 보유하고 있었다. 그러나 훈련이 거의 되지 않은 상태였다. 샹가니(Shangani) 전투에서 영국군 700명이 기관총 4정을 가지고 무려 5000명의 적을 사살했다고 한다. 거의 학살에 가까운 전투 결과 영국이 전쟁에서 승리했고, 이후 19세기 영국의 아프리카 식민지 개척이 급속도로 진행되는 계기가 되었다.

만딩고족(Mandinka), 남아프리카에서는 쇼나족(Shona)과 은데벨레족(Ndebele)이 침략에 맞섰다. 이들 때문에 유럽의 아프리카 정복이 다소 늦추어지기는 했다.

제국주의 행태에는 신기술뿐만 아니라 사상도 중요한 영향을 미쳤다. 민족주의자가 득세하고 "적자생존"을 외치는 분위기에서 어느 나라도 약하거나 어수룩해 보이고 싶어 하지 않았다. 언론인과 정치 지도자는 정복의 당위성을 대중에게 호소했다. 식민지 개척은 유럽인 플랜테이션 농장주나 광산 소유주뿐만 아니라 현지인에게도 도움이 된다는 논리였다. 기독교 선교사는 책을 통해 과거 노예 무역의 공포를 알렸다(아프리카 지원의 당위성을 역설했다는 뜻이다 – 옮긴이). 유럽과 미국은 스스로 성스러운 임무를 수행한다고 믿었다. 스코틀랜드의 의료 선교사이자 탐험가인 데이비드 리빙스턴(David Livingstone)은 "암흑으로 가득한 아프리카에 상업과 기독교와 문명을" 가져다준다고 말했다. 잉글랜드의 관리이자 시인인 러디어드 키플링(Rudyard Kipling)은 이를 "백인에게 주어진 의무(the white man's burden)"라고 했다. 이 표현은 나중에 투명한 비누로 유명한 피어스 비누(Pear's Soap) 광고 문구로 쓰였는데, 이 비누가 "문명의 발달과 함께 세상의 어두운 구석을 밝혀주는 특효약"이라는 내용도 포함되어 있었다. 유럽과 미국에서 제국주의를 비판하는 목소리가 없었던 것은 아니지만, 지극히 미미할 따름이었다.

이 새로운 제국주의는 아프리카를 급격히 바꾸어놓았다. 정부 관료와 사기업은 폭력을 행사하여 땅을 빼앗고 권력을 장악했다. 그리고 아프리카인에게 장시간 노동과 위험한 일들을 강요했다. 유럽 세력은 "효율적 정부"라는 명분을 내세우며 강력한 권위주의 통치를 실시했다. 아프리카인으로 구성된 군대와 경찰을 조직해서 재산을 보호하고 반란을 제압했으며, 관료 체제를 구축해서 세금을 징수했다. 20세기 초에 철도가 건설되었는데, 이를 통해 내륙의 원자재를 항구로 실어 날랐다. 나중에는 도로를 내어 트럭으로도 운송했다. 노예 제도는 서서히 사라졌다. 많은 지역에서 노예를 대신하여 강제 노동이 이루어졌다. 아프리카인은 임금을 받고 일하거나, 혹은 세금이나 물건 값 대신 직접 노동력을 제공했다. 수출용 상업 작물 재배 농장이나 광산 모두 여성보다는 남성 인력을 필요로 했다. 남자들은 몇 년씩 마을을 떠나 코코아 농장에서 일하거나, 광산에서 금이나 다이아몬드를 캐거나, 철도를 건설했다. 그사이 여자들은 마을에 남아 농사일을 계속했다. 성별에 따른 노동의 구분이 라틴아메리카의 패턴과 비슷해졌다. 날씨가 그리 덥지 않은 지역, 예를 들면 영국령 동아프리카(오늘날 케냐)나 남아프리카 같은 곳은 유럽과 인도에서 건너온 이민자의 인구 규모가 꽤 커지면서 도시의 전문직과 상인 계층이 형성되었다. 다른 지역, 예컨대 황금해안(Gold Coast, 오늘날 가나) 같은 곳에는 이민자가 그리 많지 않았다. 그래서 서양식 교육을 받고 변호사, 회사원, 공무원이 된 아프리카 엘리트와, 선교사 교육 기관이나 드물지만 유럽 대학에서 전문 교육을 받은 사람들이 경제적 자원에 대한 통제권을 획득했다. 남아시아에서와 마찬가지로 제국주의 세력은 피지배층 사람들 중 일부 개인이나 집단에게 특권을 부여함으로써 자신의 세력을 유지하는 도구로 이용했다. 그리고 그들에게 헤게모니 시스템이라고 하는 새로운 시스템이 이익이 되거나 더 낫다는 확신을 심어주었다.

19세기 말에서 20세기 초의 신제국주의는 주로 유럽인이 나서서 추진한 일이었다. 미국과 일본도 해외 영토를 획득하기는 했지만 이들은 주도 세력이 아니었다. 미국과 일본에서도 사회 지도자들은 영토 확장이 강한 국가를 만드는 원천이라고 주장했다. 사탕수수 농장주들을 중심으로 하는 미국인과 미국 군대가 1893년 하와이 여왕을 몰아내자, 미국은 하와이를 자국 영토로 편입했다. 미국-스페인 전쟁(1898~1902) 때 미국은 쿠바와 필리핀에서 스페인 지배에 반대하는 혁명 세력을 흡수했고, 괌과 푸에르토리코 등도 공식 식민지 혹은 사실상의 식민지로 편입했다. 일본은 한국과 대만에 대한 중국의 영향력을 성공적으로 차단하고, 마침내 1910년 한국과 대만을 모두 식민지로 편입했다. 한국에서는 일본의 통치와 문화 말살 정책에 반대하는 운동이 다양한 방식으로 표출되었다. 정치적 시위와 기독교 개종, 그리고 순수한 한국 "인종" 혹은 혈통(한국어로 민족)을 강조하는 강력한 민족 중심 국가주의가 일어났다.

전면전과 현대 문화

민족주의에 눈먼 유럽의 여러 나라는 전 세계 어디에나 가능하면 많은 곳에 자국의 깃발을 꽂으려 했다. 이는 전례 없이 광범위한 지역에서 전쟁을 촉발했다. 또한 이에 맞서 싸우느라 전 세계적으로 반-제국주의적 민족주의가 강화되었다. 그럼에도 불구하고 곳곳에서 권위주의 정부가 들어섰다. 이들은 완전히 다른 종류의 사회를 만들어 나갔다. 발칸 지역의 민족주의자들이 제1차 세계대전(1914~1918)의 불꽃을 터뜨렸다. 이들은 다민족 국가인 오스트리아-헝가리나 오스만 제국에서 민족 국가를 독립시키고자 한 자들이었다. 연이어 벌어진 발칸 지역 전쟁들이 제1차 세계대전의 전주곡인 셈이었다. 마침내 유럽의 모든 나라와 러시아까지 전쟁의 구렁텅이로 끌려 들어갔다. 전쟁은 엄청나게 파괴적이었다. 민족주의 선전물은 젊은이들을 선동하여 자원 입대를 부추기고 전쟁 분위기를 조성했다. 선전물에서 전쟁은 매우 영웅적인 순간으로 묘사되었다. "칼집에서 빠져나온 칼날의 번쩍임"은 일거에 남자들을 "욕구 탐닉이나 불평불만으로부터" 건져 올릴 것이었다. 전투가 벌어지면 대규모 병력이 동원되었고, 참호든 들판이든 수백만 명이 목숨을 잃거나 부상을 당하거나 포로가 되어 감옥에 갇혔다. 무기와 보급품에는 온갖 종류의 산업화 결과물이 포함되었다. 육중한 대포, 거대한 전함, 독가스, 캔에 저장된 음식, 대량 생산된 제복, 합성고무 제품 등이었다. 영국 시인 월프레드 오언(Wilfred Owen)은 전쟁이 끝나기 일주일 전에 전사했다. 그는 가스 마스크를 제때 착용하지 못한 군인이 독가스를 마시고 죽어가는 장면을 시로 표현했다.

(방독면 안경의) 두껍고 흐릿한 녹색 유리 너머로, 희미한
마치 초록빛 바닷속처럼 희미한 가운데 잦아드는 그를 보았다
… 두 눈의 흰자위가 얼굴에서 요동치고
… 거품 가득한 폐에서부터 울컥울컥 피가 올라왔다.

병사를 모집하는 일은 국가 차원에서 전쟁에 대응하는 여러 가지 일 가운데 하나일 뿐이었다. 식량과 기타 생필품을 배급하고, 생산을 통제하고, 노동력을 할당하고, 임금을 책정하고, 아이들은 시설에 맡기고 더 많은 여성이 유급 노동에 나서도록 독려했다. 징병이든 용병이든 식민지 출신으로서 유럽 및 유럽 식민지에서 벌어진 전쟁에 동원된 인원이 100만 명 이상이었다. 당시 식민지에서는 유럽이 우월하다는 느낌이 여지없이 무너졌고, 헛되이 목숨을 잃은 수많은 사람들을 보면서 분노가 일어났다.

동부 전선에서 3년 동안 피의 학살이 자행된 뒤, 1917년 혁명군과 농민 및 도시민이 힘을 합쳐 러시아 차르 정부를 무너뜨렸다. 뒤이은 혼란 속에서 블라디미르 레닌(Vladimir Lenin, 1870~1924)이 이끄는 볼셰비키 공산당이 권력을 잡았다. 이들은 나라의 이름을 러시아에서 소비에트 사회주의 공화국 연방(Union of Soviet Socialist Republic)으로 바꿨다. 레닌과 공산당 지도자들은 제국주의가 산업 자본주의의 직접적인 결과라고 주장하며, 공산당 혁명이 식민지 확장의 종식을 가져올 것이라고 선언했다. 이런 레닌의 사상은 전 세계적으로 호응을 얻었다. 그러나 동시에 반-공산주의 정부의 "적색 공포(Red Scares)"를 불러일으켜, 노동 운동 지도자, 이민자, 인권 운동가 등이 탄압을 받았다.

러시아가 전쟁에서 손을 뗀 직후에 미국이 전쟁에 개입했다. 이로써 힘의 균형은 연합국에 더 유리하게 기울었다. 1919년 프랑스 파리에서 체결된 베르사유 조약은 독일과 오스트리아가 전쟁에 책임이 있다고 선언했다. 이들은 배상금을 지불하고, 독일 식민지는 프랑스, 영국, 일본(영국의 동맹)에게 넘길 것이며, 제국으로서의 독일은 인정하지 않기로 했다. 오스트리아-헝가리 제국과 오스만 제국은 해체되고, 장차 전쟁을 방지하기 위해 국제연맹(League of Nations)을 설립했다. 미국은 여기에 참여하지 않고 정치적 고립주의를 선택했다. 제1차 세계대전을 거치면서 미국 경제는 유럽을 뛰어넘었다. 1919년 당시 전 세계 총 생산량의 42%를 미국에서 생산했는데, 이는 유럽 모든 나라를 합친 것보다 더 많았다.

영국과 프랑스는 식민지 사람들에게 전쟁 지원의 대가로 자치, 독립, 토지, 일자리 등을 약속했지만 그 내용은 분명하지 않았다. 파리 강화 회의(Paris Peace Conference)에서는 개인 자격으로 참가한 베트남 지도자의 청원서를 접수조차 해주지 않았다. 나중에 호찌민(胡志明, 1890~1969)이라는 이름을 가지게 될 이 청년은 민족자결주의를 주장했다. 연합국은 승전국의 자격으로 오스트리아-헝가리 제국과 오스만 제국으로부터 독립한 나라들의 독립을 승인했다. 그러나 이들은 아시아나 아프리카까지 독립의 원칙을 확대 적용하는 것을 거부했다. 그들의 입장에서 아시아-아프리카인은 "스스로를 통치할 능력이 결여된 사람들"이라는 이유였다. "이러한 사람들의 복지와 발전을 위하여" 언젠가 미래의 불특정 시점까지 "선진국들"이 이들의 통치를 보장해주어야 한다고 했다. 민주주의를 표방한 국가들에 대해 가졌던 환상이 깨져버린 뒤 호찌민은 프랑스 공산당과 인도차이나 공산당의 설립자로 동시에 참여했다.

프랑스는 오스만 제국에 속했던 레바논과 시리아를 위임 통치 형식으로 지배했다. 영국도 같은 방식으로 요르단, 이라크, 팔레스타인을 통치했다. 여기서 영국은 유대인의 민족 국가 수립을 약속했다. 유럽의 많은 유대인이 팔레스타인으로 이주했다. 아랍인이 조금씩 정치적 자치권을 얻어냈지만, 경제는 대부분 서양 세력이 장악하고 있었다. 새로 발굴된 유전 지대도 물론 그랬다. 유럽인은 터키의 일부 지역도 점령했다. 그러나 무스타파 케말(Mustafa Kemal, 1881~1938)이 이끄는 혁명 세력이 유럽인을 몰아내고 오스만 제국의 술탄을 폐위시킨 뒤 세속주의 국가를 수립했다. 서양의 영향을 받아 창설된 법령이 이슬람 율법을 대신했다. 결혼도 새로운 법령에 의거해서 이루어졌고, 세속의 학교에서 문자 교육을 실시해서 아랍 문자 대신 터키 문자를 가르쳤다. 일본의 메이지 유신에서 그랬던 것처럼, 복장도 서양식으로 바꾸고 정부 관료는 제복을 착용했으며, 여성은 베일을 쓰지 않고도 공공장소에 갈 수 있었다. 한편 아라비아는 터키와 다른 방향으로 나아갔다. 강력한 부족 지도자 압둘 아지즈 이븐 사우드(Abdul Aziz Ibn Saud, 1902~1969)가 이끄는 군대가 아라비아 반도를 점령했다. 이들은 엄격하고 반서구적인 이슬람을 내세웠는데, 이를 와하비즘(Wahhabism)이라 한다. 사우디는 그들이 오염되지 않은 이슬람의 본령이라고 생각하는 정책을 엄격히 시행했다. 술과 담배를 금지했고, 여성은 베일을 쓰고 남성을 동반할 때에만 공공장소에 갈 수 있었다. 그럼에도 그들은 물질적 혁신은 환영했다. 그러나 혁신적 신제품은, 1935년 세계 최대 규모의 석유 매장량이 사우디에서 발견된 이후, 주로 왕실 가족과 그 주변 세력의 손으로 흘러 들어갔다.

남아시아와 동남아시아에서는 교육을 많이 받은 엘리트들이 갈수록 자치를 강하게 요구했다. 유럽의 민족주의자들이 요구한 독립과 같은 의미였다. 또한 노동조합 활동으로 노동자 계급이 쟁취한 것과 같은 정치적 권리도 요구했다. 이러한 엘리트들 중에 모한다스 간디(Mohandas Gandhi, 1869~1948)라는 인물이 있었다. 그는 잉글랜드에서 법학을 공부했고, 남아프리카의 영국 식민지 나탈(Natal) 지역에서 인도 이민자의 권리를 위한 운동에 참여했다. 그 뒤 1920년에 영국의 인도 통치에 반대하는 비폭력 운동을 시작했다. 그 일환으로 여러 가지 활동을 했지만, 그중 영국의 수입 옷감을 사지 말고 자신의 옷은 직접 실을 잣고 옷감을 짜서 만들어 입자는 운동도 있었다. 민족주의 독립 운동은 대중적 운동으로 성장했다. 모든 카스트의 사람들은 물론 카스트 체제 바깥의 "불가촉천민"도 운동을 지지했다. 간디는 이들의 참여도 환영했다. 1920~1930년대, 그리고 제2차 세계대전 기간의 대부분 동안 간디와 네루 등 여러 지도자들이 반란 선동 혐의로 구금되었다. 그러나 영국은 이들과 협상에 들어갔다. 프랑스령 인도차이나 정부는 1930년대에 모든 민족주의 그룹을 억압했다. 오직 공산주의자만 살아남았다. 이들은 베트남에서 프랑스와 싸웠고, 제2차 세계대전 중에는 그곳을 점령한 일본과 싸웠으며, 마침내 미국과 싸웠다. 베트남은 외세의 정복자들에게 항거한 오랜 저항의 역사를 가지고 있다. 공산주의자들은 시, 노래, 연설, 그림 등으로 베트남 저항의 역사와 스스로를 연결시켰다. 네덜란드령 동인도에서도 민족주의자들이 독립을 요구했다. 이들은 다양한 문화가 공존하는 방대한 이 지역에서 교역을 위한 공용어로 사용되던 말레이어(Malay) 대신 통일된 민족 언어를 지정했다. 그 언어를 인도네시아어(Indonesian)라고 일컬었다. 독립 운동의 분파들 중에는, 보다 엄격한 이슬람을 적용해서 서양적 요소든 이슬람 전래 이전의 토착 요소든 가릴 것 없이 이슬람 이외의 요소는 모두 인도네시아에서 몰아내자고 주장하는 사람들도 있었다. 혹은 마르크스주의 사상을 받아들이자는 사람들도 있었고, 이 모든 사상을 융합해서 인도네시아 민족주의를 주장하는 사람들도 있었다.

제1차 세계대전의 여파로 식민지 지역에서 정치 및 문화적으로 민족주의가 확산될 무렵, 서양은 문화적 격변을 겪고 있었다. 서양의 젊은이들이 보기에 기성세대는 산업화를 통해 개발한 신무기로 전쟁을 벌여 전대미문의 대학살극을 빚어냈다. 그래서 그들은 기성세대의 가치관에 정면으로 대항했다. 재즈 같은 새로운 유형의 음악을 (라이브 공연이나 축음기를 통해) 들었고, 좀 더 자유롭게 옷을 입었으며, 시내 영화관에서 활동사진을 감상했다. 활동사진에는 찰리 채플린(Charlie Chaplin)이나 루돌프 발렌티노(Rudolph Valentino) 같은 세계적인 스타들이 출연했다. 그들은 심지어 부모 세대에서 이상적으로 여긴 신체 유형도 거부했다. 부유한 사회 지도층의 이미지는 제1차 세계대전 이전에는 이른바 "돈(힘)깨나 있는 사람(men of substance)"이라고 하는 몸집이 큰 남성이었는데, 이제는 날씬한 사람이었다. 자전거 덕분에 (여성을 포함한) 젊은이들은 부모의 감시에서 벗어나 여행할 수 있었고, 돈이 더 많은 사람들은 자동차를 이용했다. 노동과 여가 활동의 이동성이 더욱 증대되었다. 작가와 예술가는 기존의 양식과 가치를 거부하고 충격과 도전을 의도하는 작품, 극단적인 사회 변혁을 촉발하는 작품, 근본 요소들을 모두 떨쳐내버린 작품을 창작했다. 이러한 예술 경향을 모더니즘(modernism)이라 했다. 모던 건축과 가구는 장식 요소를 모두 제거한 직선을 적용했고, 모던 미술과 음악 및 문학은 영웅보다 고뇌에 찬 인물을, 찬미나 찬양보다 풍자를, 조화나 통일성보다 불협화음을 추구했다. 그래서 이들은 터무니없는(부조리한) 작품으로 보였다. 유럽이 서구 세계 너머의 세상에 익숙해지면서 특히 미술에서 이를 반영한 작품들이 나왔다. 미술가들이 식민지를 여행하고, 식민지 유물이 유럽으로 실려 와 박물관에 전시되었다. 예를 들어 프랑스 파리에서는 스페인의 화가 파블로 피카소(Pablo Picasso, 1881~1973)가 아프리카 원주민의 마스크를 본떠 입체파 작품을 그렸다. 입체파 그림은 지그재그형 라인과 각진 평면의 중첩을 특징으로 한다. 또한 화가와 문학가는 지그문트 프로이트(Sigmund Freud, 1856~1939)의 영향을 많이 받았다. 프로이트는 오스트리아의 정신과 의사로서 정신분석학의 창시자였다. 그는 인간의 행동이 부분적으로 이성의 통제를 받지만, 또한 강력한 무의식적 욕망의 영향을 받는다고 주장했다. 예를 들면 공격과 쾌락을 추구하는 본능인데, 사람들은 사회에서 평화롭게 지내기 위해 이러한 욕망을 억압한다는 이론이다.

   역사학자들이 이른바 "근대적" 성담론(사실은 서양 근대의 성담론을 의미한다)이라고 일컫는 것 중에서 가장 중요한 부분은 프로이트의 사상이다. 상식적 규범에서 벗어나는 성적 욕망이나 행위는 더 이상 죄

[그림 5-6] 자전거 포스터(1921년)
프랑스의 자전거 회사 드 디옹-부통(De Dion-Bouton)의 포스터. 1920년대의 광고에는 현대적 옷차림의 젊은이들이 등장해서 이동성과 자유를 강조하는 내용이 많다.

악이 아니라 "성적 변태(degeneracy)" 혹은 "성적 도착(perversion)"으로 이해되었다. 그래서 과학적으로 훈련을 받은 전문가, 특히 의사를 찾아가서 교정을 받거나 예방을 해야 할 대상으로 인식되었다. 근대의 연구자들은 성을 거론할 때 산업이나 기계의 비유를 사용하곤 했다. 육체에서 정력이 솟구치는 것을 성의 "수력 모델(hydraulic model)"로 설명하면서, 엔진에서 스팀이 솟구치는 것이나 관을 통해 물이 솟구치는 것으로 비유했다. 서양의 지도자들은 공중 보건의 수준을 높일 수 있는 방법을 찾고자 했다. 이를 통해 강력한 국가를 건설하기 위해서였다. 강성대국 건설을 벗어나는 모든 행위에 대해서는 공적으로 문제를 처리해야 한다고 생각했다. 영국군 장교로서 아프리카와 인도에서 근무한 경력이 있는 로버트 베이든-파월(Robert Baden-Powell)은 1908년 보이스카우트를 창설했는데, 그 목표는 영국 소년들에게 무엇이 제대로 된 남자다운 행동인지를 가르치기 위해서라고 명확히 밝혔다. 즉 소년들에게 자위행위, 여성화, 신체적 허약, 동성애를 금지하려는 것이었다. 그는 영국 식민지의 비-백인 백성들과 도시에 사는 영국 남자들 사이에 이런 일들이 만연해 있다고 보았다. 동성애나 다른 유형의 "빗나간" 성적 지향을 "치료"하기 위해서 투약, 수술, 심리 치료가 시행되었다. 그러나 동시에 동성애 욕망은 그 개인이 과연 동성애 문화, 동성애 집단에 속할 수 있는지를 결정하는 문제이기도 했다. 즉 동성애는 단지 성행위의 문제가 아니라 정체성의 문제가 되었다. 물론 "이성애자"라고 하는 것도 마찬가지로 하나의 정체성일 뿐이었다. 누구나 태생적으로 자기만의 "성적 지향"을 갖는다는 생각은 결국 오늘날 서양에서 자아 개념의 중요한 일부가 되었다.

　1920년대의 경제 상황을 보고 많은 사람들이 금융에 관심을 가졌다. 은행가와 투자자는 물론 재산이 변변치 않은 사람들도 돈을 빌려서 주식을 샀다. 1929년 뉴욕의 주식 시장에서 마침내 거품이 꺼졌다. 여기서 시작된 전 세계적 금융 위기로 생산성이 저하되며 무역량이 곤두박질쳤다. 대량 실업의 위기가 닥쳤고, 길고도 혹독한 경기 침체가 이어졌다. 대공황(Great Depression)이 그나마 연약하게 버티던 유럽 정치를 흔들어버렸다. 유럽 여러 지역의 사람들은 기꺼이 권위주의 지도자를 옹립했다. 독일, 이탈리아, 스페인, 포르투갈, 소련, 대부분의 동유럽 국가, 라틴아메리카, 일본 등 수많은 지역에 전체주의 정권이 들어섰다. 이들은 시민의 생사여탈권을 손에 쥐고 야심에 찬 자신의 목표를 이루는 데 시민을 동원했다. 그들의 야망은 전쟁을 통해서야 이룰 수 있는 것이었다.

소련에서 이오시프 스탈린(Иосиф Сталин, 1879~1953)은 1920년대 지독한 내부 권력 투쟁에서 승리했다. 그의 지도 아래 공산당은 경제개발 5개년 계획을 잇달아 실시했다. 목표는 소련 경제를 개별 농민 위주의 농업 경제에서 국가 농장과 산업 주도 경제로 탈바꿈하는 것이었다. 농민들은 땅과 가축을 몰수당하고 집단 농장 소속으로 전환되었고, 여기에 저항하는 사람들은 체포되어 강제 노동 수용소로 보내졌다. 수백만 명이 수용소로 끌려갔다. 그중에는 스탈린과 정치적으로 대립한 자들도 있었고, 예술가, 지식인, 언론인, 노동조합 지도자, 군대 장교, 공산당 하급 관료도 있었다. 집단 농장에서 생산량이 더 늘어날 것으로 예상했지만 실제로는 그렇지 않았다. 대규모 기근이 닥쳤고, 특히 우크라이나에서 기근이 극심했는데, 스탈린이 소련 통치에 대한 우크라이나의 저항을 억누르기 위해 강제로 집단 농장을 실시했기 때문이다. 농민들이 경제개발 5개년 계획에 따라 설립된 공장 노동자나 도시 노동자로 파견되기도 했다. 1930년대 소련에서 2500만 명 이상이 공장 노동자로 전환되었고, 산업 생산량은 네 배로 늘어났다. 공산당은 각급 학교와 대학을 설립하여 기술자, 전문 노동자, 관리자, 신기술 엘리트 등을 양성했다. 스탈린주의 선전물, 포스터, 정부에서 지원하는 음악과 예술, 정부에서 관리하는 출판사 등에서는 끊임없이 서구 자본주의보다 공산주의가 우월하다는 주장을 쏟아냈고, 사회주의의 성과를 강조했다.

일본은 인구밀도가 굉장히 높았는데, 세계 경제가 무너지자 음식이나 연료 같은 생필품을 구하기가 갈수록 어려워졌다. 지도자들은 점차 공격적으로 변해갔다. 일본은 수십 년 전 서양이 그랬던 것처럼 제국주의 확장 정책을 본받아 1931년 중국의 만주 지역을 점령하고 그곳의 석탄, 철광, 토지를 장악했다. 그 뒤 중국 동부 지역으로 거친 공격을 전개하여 대량 학살을 마다하지 않았다. 군부는 권위주의 통치를 실시하고 반대 세력을 억압했으며, 생산을 조직화하고 군인의 명예와 희생을 숭상하며 일본 황제와 일본인의 성스러운 기원을 선전했다. 독일의 아돌프 히틀러(Adolf Hitler, 1889~1945)와 나치(Nazi Party)는 제1차 세계대전 배상금과 베르사유 평화조약을 둘러싼 대중적 불만과 경제 불안을 이용했다. 끊임없는 선전 및 선동과 인종주의적 감정에 대한 호소로 폭넓은 대중적 지지 기반을 다진 히틀러는 정부를 뒤엎고 정권을 잡았다. 히틀러는 이탈리아 극우 전체주의자들의 1935년 에티오피아(아프리카에 마지막으로 남은 독립국) 공격을 지원했고, 스페인의 극우 세력을 돕기 위해 군대를 파견했다.

처음에 히틀러는 독일 바깥에 살고 있는 게르만족의 권리를 옹호하기 위해서라는 명분으로 확장 정책을 정당화했다. 그러나 1939년 히틀러가 폴란드를 침공하자 그의 의도는 명백해졌다. 영국과 프랑스는 전쟁을 선포했다. 나치 군대가 벨기에를 점령했고, 네덜란드와 프랑스도 그들의 손에 들어갔다. 그 뒤 나치 군대는 동쪽으로 방향을 돌려 소련을 공격했다. 히틀러의 의도는 인종주의적 제국주의를 기반으로 한 새로운 질서를 유럽 전역에 수립하는 것이었다. 새로운 질서란 "가장 위대한 인종"인 "아리안족"이 열등한 라틴 민족과 그보다 더 열등한 슬라브족을 통치하는 것이었다. 새로운 질서에 도움이 되지 않는 사람들, 즉 여호와의 증인(19세기 미국 성서학자 테이즈 러셀을 중심으로 설립된 기독교의 일파 – 옮긴이), 로마인(집시), 사회주의자, 공산주의자 등은 모두 죽일 셈이었다. 1941년 히틀러가 "유대인 문제에 대한 최종적 해결책"을 발표한 뒤 체계적 학살이 시행되었다. 유대인을 비롯한 수많은 사람들을 수용소로 옮겨서 총으로 쏘아 죽이거나 가스실에 몰아넣어 살해했다. 홀로코스트(Holocaust) 와중에 약 600만 명의 유대인이 살해되었고, 이외에도 수백만 명이 목숨을 잃었다. 이 과정에 수많은 독일인과 비-독일인 관료가 개입되었다. 나치 제국 내부에서든 외부에서든 이에 저항하는 목소리는 거의 없었다.

일본은 독일 및 이탈리아와 동맹을 맺고 동남아시아 지역의 육지와 섬들을 공략했다. 아시아가 다 같이 번영하자는 이른바 대동아공영권(大東亞共榮圈)을 명분으로 내세웠다. 그러나 실제로는 원자재를 탈취하고 인력을 징발하여 병역과 노동을 강요하는 것이었다. 그중에는 "위안부(comfort women)"라는 여성들도 있었는데, 이들은 일본 군인의 성교를 위해 동원된 인력이었다. 1941년 일본은 미 해군 본부가 있는 진주만(Pearl Harbor)을 공격했고, 미국도 전쟁을 선포했다. 미국의 산업 생산 능력과 대규모 인구를 기반으로 소련과 영국 등이 연합군을 결성함으로써 마침내 독일과 일본을 누르고 승리했다. 일본 패망에는 제2차 산업혁명의 결과물로 생산된 원자폭탄도 기여를 했다. 이처럼 군수 산업의 수요가 산업혁명의 중요한 동력이 되었다. 따라서 산업화의 팽창은 끝내 세계 역사상 가장 많은 사람들이 희생된 전쟁으로 귀결되었다. 군인과 시민을 합쳐 사망한 사람들이 5000만 명에 이르렀다.

 제1차 세계대전과 마찬가지로 제2차 세계대전 또한 전면전이었다. 전체주의 정권뿐만 아니라 민주주의 국가에서도 정부가 경제를 통제하고 교육, 문화, 가족의 사생활을 통제했다. 정부에서는 새로운 의사소통 수단을 사용했는데, 특히 라디오와 영화가 전쟁을 지원하는 강력한 도구로 활용되었다. 연설을 방송으로 내보내고, 영화 제작자들을 전선으로 보내 실제 전투 장면을 뉴스로 방송했다. 나치는 현대 예술을 특히 혐오했다. 유대인의 영향을 받아 예술이 "퇴화"되었다고 생각해서 때로는 예술을 파괴하기도 했다. 그들은 적대 관계이던 소련과 마찬가지로 영웅주의적 리얼리즘을 선호했다. 군인, 노동자, 그리고 그들의 어머니가 멀리 빛나는 미래를 쳐다보는 장면이 주로 연출되었다. 독일, 이탈리아, 일본에서는 피임이 금지되었고 대가족은 사회 모범으로 권장되었다. 동시에 바람직하지 않다고 생각되는 인물은 거세하거나 처형했다. 연합군 측에서도 여성을 모집하여 군수품 공장이나 비행기 부품 공장에서 일을 시켰다. 여성은 부상자를 간호하거나 전투 부대를 보조하는 일도 맡았다. 전쟁 자금을 마련하려고 저축을 했고, 병사들에게 집에서 기른 식재료로 음식을 만들어 보내기 위해 "승리의 텃밭"을 가꾸기도 했다. 전쟁이 끝날 무렵 미국에서 소비되는 채소의 3분의 1이 텃밭에서 재배되었다. 여성이 공장에서 일을 하게 되자 무기 및 군대 보급품 생산량이 크게 늘어났다. 그러나 전쟁이 끝나자 거꾸로 "정상적인" 역할로 돌아가자는 캠페인이 벌어졌고, 여성 고용률도 줄어들었다. 그러자 전후 출산율이 급격히 치솟아서 "베이비 붐"세대가 생겨났다.

탈식민지화와 냉전

제2차 세계대전은 유럽과 일본 등 폭탄이 투하되거나 육탄전이 벌어진 곳을 폐허로 만들었으며, 연합국에게는 전후 세계 질서에 대한 심각한 갈등을 남겼다. 미국은 동유럽에서 자유선거를 요구했고, 스탈린이 요청한 협상을 거부했다. 이에 대한 대응으로 소련 점령군은 동유럽에서 소련을 지지하는 공산당 지도자들을 임명했다. 독일을 반으로 나눈 동부 독일에서도 마찬가지였다. 미국을 비롯한 연합국 측에서는 "봉쇄" 정책으로 이에 맞섰다. 더 이상의 공산주의 확산을 막기 위한 방책이었다. 제2차 세계대전 이후 40년 동안, 세계 대부분 지역에서 정치와 경제는 물론 문화를 형성한 바탕에는 지정학적 혹은 군사적 대립이 자리 잡고 있었다. 이를 냉전(Cold War)이라 하는데, 소련과 미국이 서로 대립한 전쟁을 일컫는다. 양측 모두 각자 자신이 정의의 수호자라고 외쳤고, 다른 나라들이 자신을 따르도록 압박을 가했다. 소련은 마르크스주의의 영향을 받은 민족주의자들을 지원했다. 이들은 식민 지배 혹은 서양의 경제적 주도권에 종식을 고하고 이전보다 공평한 자원 분배에 기초한 새로운 경제 질서를 만들고자 했다. 한편 미국은 공산주의자들과 싸우며, 자유 무역과 사유 재산, 민주적 선거 제도를 유지하겠다는 지도자들을 지원했다. 이러한 상황에서 학자들은 전 세계를 개념적으로 다음과 같이 구분했다. 즉 제1세계는 부유한 산업화 민주주의 국가들, 제2세계는 공산주의 국가들, 제3세계는 가난하고 산업화를 이루지 못한 식민지 혹은 신식민지 경제 체제의 국가들이었다. 1950년대에는 아프리카, 아시아, 라틴아메리카, 카리브 해 지역의 대부분 국가가 제3세계에 속했다. 그리고 마지막으로 제4세계는 절대빈곤국들이었다. 개발 가능한 자원도 거의 없는 아이티와 말리 같은 나라들이다. 그러나 이러한 구도로는 국가 내부의 격차를 설명할 수 없다는 문제가 있다. 제3세계와 제4세계에서도 일부 사람들은 제1세계의 시민들과 같은 수준의 삶을 누리고 있지만, 간편하다는 이유로 이러한 구분법이 널리 사용되었다.

초강대국 두 나라는 각기 무기고를 건설해서 막대한 양의 재래식 무기와 핵무기를 저장했고, 다른 나라들과 군사 동맹을 맺었다. 동맹을 위해서라면, 그들이 얼마나 강압적인지 혹은 얼마나 부패했는지 상관하지 않고 병력과 자금 지원을 아끼지 않았다. 그 결과 국지적으로 "대리전"이 확대되었다. 이는 양측 초강대국끼리의 직접 충돌을 대신하는 전쟁이었다. 초강대국의 전쟁은 자칫 핵전쟁으로 비화될 위험이 있었으므로 피했던 것이다. 많은 나라에서 국방비는 가장 큰 비중을 차지하는 예산이었다. 그 때문에 다른 예산은 여유가 거의 없었다. 이러한 문제를 1953년 (나치를 물리친 장군 출신의) 미국 대통령 드와이트 아이젠하워(Dwight Eisenhower, 1890~1969)가 지적했다. "세상의 모든 총기는, 진수된 모든 전함은, 발사된 모든 로켓은 결국 도둑질을 의미하게 되어 있습니다. 굶주리면서도 먹지 못하는 사람들, 추위에 떨면서도 입지 못하는 사람들의 몫을 빼앗은 것입니다. 세상의 무기를 만드는 데에는 단지 돈만 소비되는 것이 아닙니다. 노동자의 땀과 과학자의 재능과 아이들의 희망이 소비되는 것입니다. … 그러나 이것은, 진정한 의미에서라면 결코 삶을 위한 길이라고 볼 수 없습니다." 아이젠하워는 "군산복합체"라는 용어를 사용하면서, 그들의 성장과 세력화를 경고했다.

초강대국들의 투쟁은 글로벌 무대에서 탈식민지화로 나타났다. 전 세계 식민지는 정치적 독립을 요구했다. 1945~1965년에 세계의 거의 모든 식민지가 공식적으로 독립을 이룩했다. UN(United Nations)이 이 과정을 지원했다. UN은 1945년 국제 분쟁을 중재하기 위해 결성된 조직이었다. UN 총회는 민족주의 지도자들이 식민 세력과 신식민지 경제를 성토하는 장이 되었다. 또한 UN은 경제개발, 보건, 영양실조 방지, 질병 퇴치 등을 위한 산하 기구를 설치했다. 전 세계의 여러 분쟁 지역에 평화 유지를 위해 군대를 파견하기도 했다. 제국 혹은 보호국에 속했던 아시아, 아프리카, 중동의 여러 나라가 독립국의 지위를 얻게 되자 종교적·민족적 분쟁이 복잡하게 얽혔다. 이처럼 문화 및 사회 문제들이 탈식민지화 과정에서 큰 영향을 미쳤다.

남아시아에서 간디는 독립연방국을 기대했다. 그러나 무슬림 지도자들은 절대다수를 차지하는 힌두교 세력이 권력을 장악하는 것을 우려해서 별도의 국가를 설립하도록 압력을 가했다. 힌두교와 이슬람은 "서로 다른 문명"이며, 각자가 자신의 나라를 세울 만한 자격이 있다는 주장이었다. 영국은 분리주의를 지지했고, 1947년 인도와 파키스탄은 각각 독립적인 정치권력을 수립했으며, 파키스탄은 두 개의 하위 지방으로 다시 나뉘었다. 실제로는 "서로 다른 문명"이 많은 지역에서 서로 섞여 살았다. 특히 카슈미르, 펀자브, 벵골 지역이 그러했다. 독립 이후 유혈 충돌과 대규모 추방 사태가 이어졌다. 각 진영에서 더욱 통일성이 강화된 국가 수립을 지향했기 때문이다. 수백만 명이 난민으로 전락하거나 강제 이주를 당했다. 동파키스탄과 서파키스탄의 정치적·경제적·민족적 분쟁이 갈수록 더 극심한 폭력과 더 많은 피난민을 낳았다. 결국 동파키스탄은 1971년 독립하여 방글라데시가 되었다. 방글라데시는 과거에도 그랬지만 지금까지도 극단적으로 인구밀도가 높은 나라다. 나라의 중심지가 갠지스 강 하류 삼각주 지역에 있어서 홍수나 태풍 같은 자연재해의 피해가 많다. 또한 매우 가난해서 빈곤을 완화할 수 있는 다양한 정책이 시도되었다. 초등 교육을 확대하거나, 소규모 대출로 사람들이 마을에서 사업을 펼칠 수 있는 기회를 주기도 했다. 이를 통해 조금씩 형편이 나아지는 사람들이 생겨났다.

　네루는 인도의 초대 수상이 되었으며, 정치적 왕국을 수립했다. 그의 딸 인디라 간디(Indira Gandhi, 모한다스 간디와는 아무 관련이 없다)와 손자 라지브 간디(Rajiv Gandhi)도 나중에 총리의 자리에 올랐다. 네루는 비동맹운동(Non-Aligned Movement, NAM)의 지도자 중 한 사람이었다. 비동맹운동을 통해 아시아와 아프리카에서 뒤늦게 독립한 나라들은 소련도 미국도 아닌 "제3세력"에 가입하고자 했다. 이들은 자본주의와 사회주의를 적절히 섞어서 산업 개발과 농업 개혁을 추구하고자 했다. 인도는 공식적으로 세속적 민주 국가를 표방했지만, 여성과 불가촉천민에 대한 처우 개선은 매우 느리게 진행되었다. 대부분의 인도 사람들은 시골 마을에서 살았다. 관개 시설을 개선하자 밀과 쌀 생산량이 크게 늘었다. 이를 포함해서 이른바 녹색 혁명으로 1960년대 농업 생산량이 뚜렷이 증가했다. 이와 함께 인구도 증가했다. 인구 증가는 백신 개발에 따른 유아 사망률 감소, 항생제 사용, DDT 살포에 따른 곤충 매개 질병 감소 등 공중 보건이 강화된 덕분이었다.

중동에서는 종교 분쟁이 더욱 극심해졌다. 1940년대 프랑스와 영국은 통치권을 행사하던 대부분 지역에 대해서 독립을 약속해주었다. 그러나 영국은 UN에 기대어 팔레스타인 문제를 방치했다. UN은 대안으로 두 개의 국가 정책을 제시했는데, 유대인의 이스라엘과 무슬림의 팔레스타인을 독립시키는 방안이었다. 유대인은 이 방안에 찬성했지만, 아랍 세력은 받아들이지 않았다. 유대인은 이스라엘 건국을 선포하고 1948년, 1967년, 1973년 아랍 연합국과의 전쟁에서 승리를 거두었다. 수많은 팔레스타인 사람들이 이스라엘에서 도망쳤고, 또한 많은 사람들이 추방당했다. 이들은 난민이 되어 주변의 아랍 국가들로 피란한 뒤 고향으로 돌아가기 위한 투쟁을 시도했다. 아랍의 전쟁 패배로 이집트에서는 민족주의 혁명이 일어났다. 이후 이집트는 아랍 세계의 주도 국가로 부상했다. 이집트는 소련과 미국 양측에서 막대한 지원금을 얻었다. 그러나 권위주의 지도자들이 연이어 통치를 하는 동안 비상계엄이 지속되었다. 인권이 제한되었고, 경찰력이 강화되었으며, 표현의 자유가 억압되었다. 그러다 보니 군부나 부패한 권력자들에게 권력이 집중되어 경제가 썩어갔다. 다른 중동 국가들도 대체로 부패, 일당 독재, 빈부 격차가 극심했다. 이란도 예외가 아니었다. 1950년대 이란에서는 샤(shah)라고 하는 세습 군주가 근대화 사업을 시작했다. (그는 한때 선거를 통해 선출된 세력에게 실권을 내주었다가 미국 비밀 정보 당국의 지원에 힘입어 권력을 되찾은 적이 있었다.) 재원은 막대한 석유 수익이었는데, 미국 회사들이 이를 관리했다. 샤와 그의 관료들은 세속주의 학교를 개설하고 여성의 권리를 옹호하며 시장 경제를 권장했다. 그러나 동시에 그 어떤 비판 세력도 허용하지 않았고, 외국 자본과 석유 수익의 상당 부분을 빼돌려 사치스런 생활을 누렸다. 그 사이 대부분의 농부는 여전히 가난했고 땅을 소유하지 못했다.

아프리카에서도 식민 통치에 대한 저항과 민족주의가 결합하여 제2차 세계대전 이후 신생 국가를 수립하려는 움직임이 활발했다. 그 과정은 평화로운 방식에서 폭력적인 방식까지 다양했다. 20세기 전반기에 아프리카의 지식인들과 세계 각지에 흩어져 사는 아프리카인 후손들이 범아프리카주의(pan-Africanism)를 지지했다. 이들은 각지에 살고 있는 모든 흑인 간 연대를 주장하며 "아프리카인을 위한 아프리카"를 목표로 모든 아프리카인이 아프리카 대륙 전체에서 단일한 연방제 국가를 만들고자 했다. 사회진화론에서는 아프리카인이 인종 위계에서 가장 아래에 있다고 주장했는데, 이에 대립하여 흑인의 특성(negritude)을 이론적으로 옹호하는 사람들도 나타났다. 즉 흑인의 인종적 특성 및 창의성과 아프리카 전통문화에 대한 자부심을 강조하는 이론이었다. 제2차 세계대전 이후의 아프리카 지도자들은 유럽이나 미국에서 교육받은 사람들이 많았으며, 당시 존재하던 정치적 경계선을 그대로 받아들이려는 경향이 강했다. 그것이 가능한 한 빠른 시일에 독립을 쟁취할 수 있는 현실적 방안이라고 생각했기 때문이다. 이런 움직임이 처음 나타난 곳은 황금해안 지역이었다. 그곳에서 콰메 은크루마(Kwame Nkrumah, 1909~1972)는 대중 정당을 설립했다. 그는 파업과 정치 행동을 이끌었고, 마침내 영국은 선거를 허용했다. 은크루마의 정당이 절대적 지지를 얻었고, 은크루마는 과도 정부와 새로 독립한 국가 가나(Ghana)의 수장이 되었다. 곧이어 영국과 프랑스의 아프리카 식민지 대부분이 독립했고, 상당히 빠른 시일 안에 민주적 국가 기구들이 설치되었다. 다만 백인 거주자가 많은 케냐, 알제리, 로디지아 같은 곳과 콩고에서 유혈 사태가 벌어졌다. 유럽 제국주의자들이 제정한 정치적 경계선은 과거 아프리카 왕국의 경계선이나 민족적 구분과도 차이가 있었다. 그러나 정당이나 정치적 분파는 지역과 종족에 따라 결성되었으므로 종종 폭력 사태가 벌어졌다. 많은 지도자들이 권위주의 통치를 선택했고, 일당 독재가 유일하게 국가 질서를 유지할 수 있는 길이라 생각했다. 그리고 일부 국가에서는 군부가 과거 제국주의 통치 기간에 가장 발전한 조직이었기 때문에 결국 군부가 권력을 차지하기도 했다.

아프리카 토지 대부분을 환금 작물이 차지한 바람에, 원조나 무역을 통해 들어오는 식량이 생존을 위해 필수적인 경우가 많았다. 유아 사망률은 일반 산업화 국가들에 비해 크게 높았다. 그럼에도 몇몇 보건 정책이 사망률을 낮추었고, 그 결과 인구 성장이 경제 성장을 월등히 앞질렀다. 식민지에서 해방된 나라들은 대부분 식민지 당시보다 더 많은 교육 기회를 제공해주었다. 1960년대에는 문맹률이 서서히 낮아지기 시작했다. 남자 아이들보다 여자 아이들이 글을 더 늦게 배웠다. 남자 아이들보다 여자 아이들이 학교 수업에 참석하지 못하는 날이 더 많았고, 학교에 다니는 기간도 더 짧았기 때문이다. 개발 계획을 세울 때도 대체로 여성은 배제되었다. 국제기구는 개발 계획을 세울 때 (서양 기준으로 생각을 해서) 남자들이 주로 농사일을 할 거라고 예상했다. 그래서 대부분 농사일을 여성이 담당하는 지역임에도 불구하고 남성에게 "현대 농법"을 가르침으로써 새로운 농사 기법이나 곡물 처리 방식을 도입하려는 경우가 많았다.

　라틴아메리카와 카리브 해 지역 대부분 나라들의 독립은 19세기에 이루어졌지만, 그들의 경제 상황은 아프리카와 다를 바가 없었다. 대체로 한두 가지 작물이나 천연자원 수출에 편중되어 있었기 때문이다. 그래서 주기적으로 원자재 가격이 폭락할 때마다 실업이라든가 사회 불안, 심지어 기근 등의 고통을 겪어야 했다. 이런 상황에서 경제적 민족주의가 대두되었다. 즉 미국이나 유럽 주도 경제에서 벗어나고, 과거 영국의 산업혁명을 초래한 주요 산업 대체 정책으로 산업화를 이루어 경제 성장을 도모하고자 했다. 이러한 움직임은 1930년대 멕시코에서 처음 시작되었다. 원주민 빈민 가정 출신의 대통령 라사로 카르데나스(Lázaro Cárdenas, 1895~1970)는 석유 산업을 국유화하고 산업화를 장려했다. 브라질과 아르헨티나도 멕시코를 따라 비슷한 정책을 실시했다. 아르헨티나의 후안 페론(Juan Perón) 같은 포퓰리스트들은 급속한 경제 성장과 높은 임금을 약속했다. 1959년 쿠바의 공산주의 혁명이 성공하자 라틴아메리카의 보수적 정치 지도자, 기업가, 군인은 공포에 휩싸였다. 공산주의가 확산되고 자신들이 가지고 있는 재산을 빼앗길까 두려웠던 것이다. 아프리카처럼 라틴아메리카에서도 민선 정부를 뒤엎는 쿠데타나 군부의 개입이 벌어졌고, 우익 군부 독재자들이 권력을 잡았다. 여기에는 암묵적으로 혹은 공공연하게 미국 정부의 뒷받침이 있었다. 미국 정부가 모든 사태를 냉전의 안경을 쓰고 보던 시대였다.

    중국에서도 권위주의적 일당 독재 체제가 수립되었다. 공산당 지도부는 사회 구조와 문화 양식의 혁명적 변화를 추구했다. 애초에 민족주의 정부가 일본 및 외국의 제국주의 세력과 대립하며 공화국을 수립했다. 그러나 모택동(毛澤東, 마오쩌둥, 1893~1976)이 이끄는 공산당이 내전을 벌인 끝에 1949년 국민당 정부를 무너뜨렸다. 국민당 지도부와 200만에 이르는 피난민이 대만으로 들어갔다. 공산당은 지주나 부농에게서 토지를 빼앗아 수억 명의 가난한 농민에게 재분배했으며, 소련의 영향을 받아 집단 농장을 설립하고 경제개발 5개년 계획을 실시했다. 서양에 필적할 만한 경제 성장을 이루는 것이 목표였다. 중국은 두 번째로 강력한 공산주의 국가가 되었고, 한국 전쟁(1950~1953) 때

[그림 5-7] 《모택동어록》을 읽는 젊은이들
1968년 중국 문화대혁명 당시 사진 촬영을 위해 연출된 장면. 버스를 기다리며 책을 읽는 중이다. 《모택동어록》은 크기가 작고 표지가 붉은색이라 서양에서는 "조그만 붉은 책(Little Red Book)" 이라 했다. 학교, 공장, 군대 단위 필독서로 지정되었기 때문에 10억 부 이상 인쇄되었다고 한다.

는 미국과 UN군에 맞서 군대를 파견했다. 한국 전쟁은 냉전 체제의 대리전이었다. 휴전을 한 뒤에는 한국이 남북으로 분단되었다. 1958년 모택동은 소비에트 방식을 중단했다. 그 대신 대약진운동(大躍進運動)을 전개했는데, 산업화의 중심을 대형 공장이 아니라 집단 거주 농민이 운영하는 소규모 공장이나 작업실로 옮기는 조치였다. 이는 재앙을 초래했다. 기술이 없는 노동자들이 농사 대신 공장 생산을 시도했기 때문이다. 기근이 닥쳐 굶어 죽은 사람이 3000만 명에 달했다. 1960년대 모택동이 추진한 문화대혁명(文化大革命)은 더욱 큰 혼란을 초래했다. 청소년들이 홍위병(紅衛兵, 붉은 근위병)을 조직하여 혁명 간부를 자처했고, 모택동 사상에 충실하지 못하다고 생각되는 사람들을 혹독하게 비판했다. 무엇이든 "봉건적"이라든가 "부르주아 문화"라고 생각되는 모든 것은 의심의 대상이 되었고, 예술 작품과 책들이 파괴되었다. 대학교는 폐쇄되었고, 수백만 명이 시골의 강제 노동 수용소로 보내졌다.

중국에서 공산주의가 승리했을 때 일본에서는 자본주의가 승리했다. 1945~1952년 미군정이 일본을 통치했다. 미군정의 명령에 따라 일본의 새로운 헌법은 군대 설치를 금지했다. 대신 천황은 상징적 국가 지도자로서 유지되었다. 또한 미군정은 일본 관료 체제를 그대로 인정했고, 거대 기업들도 그대로 유지했다. 과거 일본에서는 기업과 정부의 밀접한 관계가 특징이었는데, 미군정 치하에서도 이러한 특징이 그대로 유지되었다. 일본은 한국 전쟁 기간 동안 미국의 군사 기지로 이용되었고, 이후 공산주의에 맞서 싸울 때 중요한 동맹이라는 인식이 점차 강화되었다. 일본 경제는 1950년대부터 1980년대까지 놀라운 속도로 성장했다. 세계 역사상 가장 빠른 경제 성장이었다. "월급쟁이"들은 평생 고용이 보장되었고, 그들의 사회생활은 회사 주변을 떠나지 않았다. 오랜 시간 일하고 오랜 시간 술을 마시는 동안 아내들은 집에서 가정을 지켰다.

일본이 재건된 것처럼 서유럽도 회복기에 들어섰다. 미국의 경제 원조가 있었고, 지중해 지역 이민자들이 노동력 부족을 메워주었다. 그 결과 전쟁의 폐허로부터 놀라운 회복이 가능했다. 주택을 다시 지었고, 생산성과 임금이 올랐고, 새로운 공장이 문을 열었으며, 브리티시 페트롤륨(British Petroleum)이나 스탠더드 오일(Standard Oil) 같은 영미 석유 회사가 중동에서 수입한 석유로 석탄을 대신했다. 화학, 의약, 전자 등 신산업 분야에서 일자리들이 쏟아졌다. 이런 직종에서는 관리직 비중이 컸다. 광산이나 중공업 등 전통 산업 분야에 비해, 블루칼라보다 고등 교육을 받은 인력이 필요했던 것이다. 고등 교육에 대한 정부 지원이 늘어나 노동자 계급 출신의 젊은이들이 새로운 분야의 일자리를 얻을 수 있었다. 그러나 나이 많고 교육을 제대로 받지 못한 노동자들의 처지는 위태로워졌다. 서유럽에서는 노동자와 가족의 안전을 위해 정부가 나서서 사회 안전망을 구축했다. 사회 불안이 나아가 파시즘과 전쟁으로 비화된 경험을 바탕으로 이를 방지하고자 했던 것이다. 주로 노동자 계층에 귀 기울이는 온건 사회주의 정당이 이러한 정책을 이끌었다. 고용 보험, 가족 수당, 노령 연금, 정부 지원 보건, 저렴한 공공 임대 주택 등이 시행되었다. 이렇게 해서 서유럽은 이른바 "복지 국가" 건설에 나섰다.

제1세계의 주도 국가로서 미국은 일본이나 서유럽과 비슷한 전후 호황을 겪었고, 세계 최대 경제 단위가 되었다. 인구 성장에도 불구하고 노동자 1인당 생산성과 실질 임금은 1945년부터 1975년까지 꾸준히 성장했다. 사람들은 (주로 도시 근교 지역에) 주택을 짓고 자가용으로 출퇴근했고, 새로 난 고속도로를 타고 여가를 즐겼으며, 집에는 소비재 상품을 가득 채웠다. 소비 지출은 미국 경제를 이끄는 기관차가 되었고, 미국 문화에서 상당한 비중을 차지했으며, 그것이 지속됨으로써 전 세계적으로도 영향을 미쳤다. 월급을 많이 주는 공장 일자리에 이끌려 남부의 아프리카 출신 미국인이 북부의 도시로 이주했다. 이를 일컬어 대이동(Great Migration, 흑인 대이동)이라 한다. 그러나 흑인들은 북부에서도 남부에서와 마찬가지로 차별과 분리를 겪어야 했다. 1950년대부터 흑인 지도자들은 인권 운동을 전개하여 이에 저항하기 시작했다. 이들은 간디를 비롯한 반식민지 운동의 지도자들에게 영감을 얻어 그들의 전략을 차용했다. 그리고 평등을 확대하기 위해 노력했다. 학교, 투표, 주택, 고용 등 삶의 모든 부문에서 이러한 운동이 펼쳐졌다. 1960년대 중반에 차별을 금지하는 법이 통과되었다. 그리고 빈곤 완화와 사회 안전망 강화도 법으로 규정했다. 그러나 서유럽의 수준에는 결코 이르지 못했다. 예컨대 의료 보험은 여전히 고용주나 개인이 부담해야 할 문제로 남아 있었고, 고등 교육도 대부분 사적으로 감당해야 했다.

소련과 제2세계에서 공산주의는 평등을 강조했다. 교육과 보건을 모든 사회 계층이 폭넓게 이용할 수 있었다. 공산당원이나 관료는 좀 더 쉽게 주택과 소비재를 얻었다. 그러나 문제는 공급 부족이었다. 경제 계획을 입안하는 사람들은 주로 중공업에 집중했을 뿐 소비재의 수급에는 별로 관심을 두지 않았다. 공산주의는 또한 성 평등도 강조했다. 남성으로 국한되던 직업에 여성도 참여할 수 있게 되었다. 예를 들면 기술자나 의사 등이었다. 그러나 대부분 집안일은 여전히 여성의 몫이었다. 게다가 식량과 가정생활에 필요한 소비재가 부족했기 때문에 퇴근 후에는 매일 배급을 타기 위해 줄을 서는 데 시간을 보내야 했다. 이 같은 "이중 근무(second shift)"[4] 때문에 여성은 여유가 없었고, 공산당에서 주최하는 회의에 참석하거나 직장 내 승진을 위한 추가 업무를 감당할 수 없었다. 예컨대 1970년대 소련에서 여성 노동자의 비중은 전체 임금 노동자의 50%를 넘었으나 그중 관리자는 0.5%에 불과하여, 같은 시기 서양 민주주의 국가들과 비슷한 수치였다.

제2차 세계대전 직후 소련 주도로 동유럽에 스탈린주의 체제가 도입되었다. 생산 시설의 국유화, 집단 농장 건설, 종교 행사 제한, 언론과 교육 통제 등이었다. 쿠바 혁명으로 1950년대 쿠바에 들어선 공산주의 정권도 마찬가지로 사유재산을 폐지하고 정부에 반대하는 의견을 억압했다. 공산주의 국가에서 공산당은 크든 작든 문화계와 학계를 통제했다. 개혁가, 학생, 노동자, 정치적 반대 세력의 목소리가 전방위로 확대된 뒤에야, 혹은 1956년 헝가리가 그랬던 것처럼 동유럽 국가들이 소련의 손아귀에서 벗어나려 했을 때에야 비로소 통제 체제가 무너지고 자유화 시대가 찾아왔다.

제2차 세계대전 이후 전 세계 대부분 지역에 걸쳐 냉전 구도에서의 분쟁과 반식민지 투쟁이 동시에 일어났다. 과테말라와 콩고, 특히 베트남이 대표적인 사례였다. 1945년 호찌민은 일본의 점령이 종식된 뒤 베트남을 독립국으로 선포했다. 프랑스는 식민 지배를 계속하려 했지만 1954년 마침내 전쟁에서 패했다. 이후 전국적인 선거가 실시될

---

4 이중 근무(second shift)_ 1989년에 초판이 발간된 혹실드(A. R. Hochschild)의 책 제목으로, 20세기 직장에 다니는 엄마들이 이중적으로 시달리는 문제를 연구한 책이다.

예정이었으나, 미국은 호찌민이 선거에서 승리할 것을 우려하여 남베트남의 반공 정권 수립을 지원했다. 한편 러시아와 중국은 북베트남을 지원했다. 미국은 대규모 군사 원조를 실시했다. 수만 명의 군인을 베트남으로 파병하고 북베트남에 폭탄을 퍼부었으며, 육탄전이 벌어졌다. 미국의 여론은 처음부터 강력하게 전쟁을 지지했다. 그러나 1960년대에 대학 캠퍼스를 중심으로 반전 운동이 확산되었다. 캠퍼스와 도심에서 항의 시위가 조직되었고, 전쟁은 곧 범죄라며 비난을 퍼부었다. 양측의 대규모 희생에도 불구하고 미국의 승리는 불투명했다. 결국 미군은 베트남에서 철수했고, 베트남은 1975년 통일 공산 국가를 수립했다.

베트남전 반대 운동은 미국뿐만 아니라 세계 여러 지역에서 일어났다. 이는 전후 베이비 붐 세대 젊은이들이 대거 참여하는 국제 청년 운동의 일부였다. 1960년대 후반의 젊은이들은 부모 세대가 국가에 순응하는 태도를 비판했다. 그들은 복장과 헤어스타일로 반문화적 가치를 드러냈으며, 새로운 형식의 음악을 들었다. 재즈보다는 로큰롤이나 포크 음악이 유행이었다. 반전 운동은 다른 시위와도 연결되었다. 여성의 권리나 미국 내 소수 인종의 권리를 옹호하는 시위, 아르헨티나·브라질·멕시코의 우익 정권에 반대하는 시위, 프랑스에서 학생 및 노동자의 권리를 옹호하는 시위, 오스트레일리아와 서유럽의 핵에너지 확대를 반대하는 시위 등이었다. 심지어 가톨릭 교회의 조직 내부에서도 급진적 변화가 나타났다. 라틴아메리카의 신학자들과 성직자들이 만든 해방 신학이 바로 그것이었다. 해방 신학은 종교 및 정치 지도자들에게 빈곤층의 고통과 억압에 관심을 기울이고 사회 정의 확대에 나서도록 촉구했다. 대중매체의 발달과 저렴해진 교통 비용 덕분에 정치 활동을 하는 학생들의 교류가 더 편리해졌다. 이들은 모택동이나 호찌민 같은 마르크스주의 지도자들을 이상화하면서 사회적 평등과 혁명적 변화를 강조했다. 그러나 공산주의 치하에서도 급진적 변화를 요구하는 목소리가 터져 나왔다. 예컨대 1968년 체코슬로바키아 공산당 내부에서 개혁가들은 "인간의 얼굴을 한 사회주의"를 표방하며 인권 신장과 억압 완화를 주장했다.

해방과 자유화

1960년대 말의 시위는 혁명적 사회 변혁의 가능성을 보여주었다. 그러나 그런 일은 일어나지 않았다. 소련의 탱크가 프라하 시내로 들어갔으며, 개혁 운동은 박살이 나고 엄격한 일당 독재가 다시 시작되었다. 멕시코 정부는 학생 시위대를 향해 총을 발사했다. 미국 대학 캠퍼스에서도 경찰들은 총을 발사한 적이 있다. 해방 신학을 지지하던 성직자와 수녀들은 억압적 정권의 손에 목숨을 잃었다. 한편 로마 교황청의 신앙교리성(信仰敎理省, Congregatio pro Doctrina Fidei)은 해방 신학이 마르크스주의 사상을 차용한 부분이 있다는 이유로 유죄 판정을 내렸다(당시 신앙교리성 장관이었던 요제프 라칭거Joseph Ratzinger는 이후 교황 베네딕토 16세가 되었다). 브라질 군사 정권은 계엄령을 선포했으며, 아르헨티나의 군사 정권은 이른바 더티 워(Dirty War, 더러운 전쟁)로 일컬어지는 탄압을 자행했는데, 정치적 반대편을 감금 및 고문하고 살해하는 만행이었다. 아프리카의 여러 신생 독립국도 내전, 부패, 민족 갈등으로 안정을 이루지 못했다.

그러나 사회의 평등을 외치는 목소리는 더욱 커져갔다. 1960년대의 학생 운동과 시민 운동이 그랬던 것처럼, 1970년대의 여성 운동 또한 세계적으로 조직화되었다. 이들은 함께 행진을 하고 시위를 하며 이른바 "여성 해방"을 목표로 투쟁에 나섰다. 여성 운동은 정치적·법적·경제적으로 여성의 완전한 평등을 요구했다. 한편 성폭력 피해 상담소나 여성 인신매매 보호소를 설치하고, 고용과 임금에서의 성차별 철폐, 성폭력 처벌법 추진, 여성을 위한 중고등 교육 확대 등을 위한 노력을 기울였다. 여성 운동이 활기를 띠자 여러 나라에서 이에 반발하는 보수적 움직임이 대두되었다. 주로 "전통"이라는 말을 내세우면서 "여성 운동가들" 때문에 이혼율, 사생아, 가정 폭력, 비행 청소년이 늘어난다고 비난했다. 이러한 주장으로 일부 법률 개정이 저지되기도 했지만, 정치 참여나 교육 혹은 고용에서의 양성 평등은 전 세계적 대세로서 거스를 수 없는 경향이었다. 많은 나라에서 게이나 레즈비언의 권리를 주장하는 운동이 시작된 때도 1970년대였다. 성적 지향을 이유로 차별을 받아서는 안 된다는 주장이었다. 결혼의 권리 또한 마찬가지였다.

아프리카 남부에서 소수 백인의 지배는 서서히 붕괴되었다. 포르투갈은 식민지 해방을 저지하려 했지만 무장 게릴라 운동이 식민 통치 군대를 몰아내었고, 새로운 나라가 건설되었다. 새 나라의 지도자들은 대체로 마르크스주의자였다. 이들은 중앙 계획 경제나 사회주의와 아프리카 전통을 혼합해서 자산을 공유하는 실험을 전개했다. 남아프리카공화국에서 아프리카너(Afrikaner, 네덜란드계 백인) 주도 정부는 흑인의 토지 소유를 제한했다. 그래서 전국적으로 원주민 소유 토지의 비중은 매우 적었으며, 광물이 생산되는 땅은 전혀 없었다. 제2차 세계대전 이후 보다 엄격한 백인 우월주의와 인종 차별이 공식적으로 실시되었다. 이러한 정책을 아파르트헤이트(apartheid)라 했다. 이에 저항하는 강력한 정치 행동이 터져 나왔고, 넬슨 만델라(Nelson Mandela, 1918~2013)를 비롯한 지도부와 수천 명의 사람들이 감옥에 갇혔다. 외부 세계의 제재와 국내 저항 세력이 힘을 합쳐 협상을 이끌었다. 넬슨 만델라는 석방되었고, 마침내 1994년 남아프리카공화국 최초의 흑인 대통령이 되었다.

여성도 반제국주의 투쟁에 나섰지만 신생 아프리카 독립국에서 여성의 역할은 대체로 제한적이었다. 젊은 남성 민족주의자들은 전통을 변혁하는 데 성공했다. 예를 들면 고통스러운 통과 의례를 비롯하여 전통적으로 전해 내려오는 악습 등을 철폐했다. 그러나 남자가 여자를 지배한다는 관습 혹은 여성의 행동은 제한되어야 한다는 선입관은 변함이 없었다. 카르멘 페레이라(Carmen Pereira)는 1970년대 기니비사우(Guiné-Bissau)에서 포르투갈에 대항해 싸웠다. 그녀는 남성 우월적인 관습에 변함이 없음을 깨닫고 "여성은 두 가지 식민주의와 싸우고 있다"고 말했다. 하나는 민족 해방 투쟁이며, 또 하나는 여성 해방 투쟁이었다. 1990년대 아프리카 여러 지역에서 개혁과 민주주의 확대를 요구하는 흐름에 힘입어 여성은 공식 정치 과정에서도 상당히 주도적인 위치로 올라섰다. 주로 태어난 나라에서 대학 교육을 받은 도시의 중산층 남성과 전문직 여성이 사회 지도층의 특권과 부패에 맞서 싸우는 운동을 지도했다. 라틴아메리카에서와 마찬가지로 여성도 군사 독재에 저항하는 대중 시위를 이끌었다. 그중 가장 유명한 사람들은 아마도 아르헨티나의 "마요(Mayo) 광장의 어머니들"일 것이다. 이들은 매주 실종된 자녀들의 이름을 새긴 흰색 기저귀 천을 머리에 쓰고 모여서 벽에다 실종자들의 얼굴을 그렸다. 대중적 저항과 군부 지도자들의 무능이 복합적으로 작용해서 1980년대 대부분의 라틴아메리카에는 민주적 선거를 통한 민주 정부가 회복되었다.

정치 및 사회적 자유가 확대되고 평등이 강조되는 분위기에서 경제도 자유화되었다. 자유 경제에서 자산과 경제력은 줄어들기보다 오히려 확대되는 방향으로 변해갔다. 경제 자유화를 흔히 "신자유주의(neoliberalism)"라고 한다. 구체적으로 말하자면, 상품과 자본의 자유로운 유통과 규제 완화 및 국영 기업의 민영화를 선호하며, 대체로 복지 예산 삭감을 통해 정부 지출을 줄이고자 하는 경제 정책이다. 보수적 정치인뿐만 아니라 진보적 정치인도 이러한 정책을 지지했다. 특히 1970년대 석유 파동 이후 이러한 정책에 불이 붙었다. 서구의 기업이 소유한 자원 통제권을 되찾고자 많은 석유 수출국들이 기업을 국유화하고 산유국끼리 석유수출국기구(OPEC)라는 카르텔을 형성했다. 1973년 아랍-이스라엘 전쟁 기간 동안 이들이 석유 수출을 중단하자 기름 값이 네 배로 치솟았다. 전 세계의 기업은 에너지 비용을 충당하기 위해 생산량을 줄였으며, 이에 따라 실업이 증가하고 물가가 치솟

〔그림 5-8〕 마요 광장의 어머니들
1986년 이른바 "전면중단법(Ley de Punto Final)"에 항의하는 시위를 벌이고 있다. 전면중단법은 아르헨티나 군사 정권 당시 정치적 폭력과 인권 탄압으로 고발된 사람들에 대한 조사와 처벌을 전면 중단한다는 내용이었다. 이 법은 2003년에야 폐지되었고, 정부는 몇 가지 인권 범죄 수사를 다시 시작했다.

았다. 서유럽에서는 복지 시스템 덕분에 대중적인 고난을 피했지만 세금 인상으로 정부 지출을 감당할 수가 없었다. 지도자들은 점차 불경기를 견뎌내기 위한 긴축 정책으로 기울었다. OPEC 회원국은 다국적 은행에 수출 대금을 예치해두었다. 이를 "석유달러(petrodollar)"라고 한다. 다국적 은행의 본사는 대체로 미국에 있다. 각국 정부는 다국적 은행에서 돈을 빌려 기반 시설을 건설하고, 원자재 및 (여전히 많은 나라에서 최대 수출 품목인) 농산물 가격을 안정화시키고, 무기를 수입하며, 부패한 독재자의 주머니를 채우는 데 사용했다. 그래서 산업화 국가들은 두 가지 문제에 직면했다. 하나는 높은 에너지 비용이고, 또 하나는 공적 부채의 급증이었다. 결국 많은 가난한 나라들이 부채를 감당하지 못했다. 더 많은 대출을 받거나 기존 대출 일부를 면제받으려면 국제통화기금(IMF)이나 세계은행(World Bank), 혹은 다른 금융 기관의 제안을 받아들일 수밖에 없었다. 이들은 전 세계에 걸쳐 신자유주의적 정책을 시행했다. 각국은 산업의 구조조정을 시행하고, 국가 경제를 개방하여 사적 투자와 외국인 투자를 받아들이며, 국가 부채를 낮추고, 사회 보장에 따른 정부의 지출을 줄여야 했다.

서양 전역에서 기업가들은 경제 위기에 대응하기 위해 임금 인상 속도를 늦추었다. 화이트칼라와 블루칼라 노동자를 막론하고 이때부터 임금이 거의 오르지 않았다. 생산성은 계속 증가했지만 추가 수익은 주주나 기업 경영진의 주머니 속으로 들어갔다. 그러자 소득 불평등이 다시 19세기 말 수준으로 커졌다. 이러한 상황에서 가정 경제는 대출을 통해 유지되었으며, 신용 대출이 점점 더 쉬워졌다. 그리고 그만큼 노동 시간도 늘어났다. 또한 더 많은 가족 구성원이 노동 시장에 나서야 했다. 중산층 살림을 유지하려면, 혹은 대출을 내서 구입한 주택에서 쫓겨나지 않으려면 두 사람이 돈을 벌지 않을 수 없었다. 많은 나라의 노동 시장에서 아이가 있는 기혼 여성이 급격히 늘어났다. 예를 들면 미국의 경우 1950년에 비해 1995년에 세 배로 늘어났고, 그 비중도 20% 이하에서 60% 이상으로 증가했다. 유급 여성 노동 시장은 대체로 저임금 서비스 직종에 집중되었다. 사무 보조, 상점 점원, 아이 돌보기, 머리 손질, 청소 등이다(이른바 "핑크칼라 빈민가pink collar ghetto"라 한다). 그래서 여성의 전업 노동 평균 임금은 남성에 비해 낮을 수밖에 없었다. 이 같은 여성의 노동 시장 진출은 여성 해방과 동시에 자유 경제 정책의 확대로 나타난 결과였다.

경제 자유화, 특히 자유 시장 경제의 발전은 자본주의 국가뿐만 아니라 공산주의 국가로도 퍼져 나갔다. 문화대혁명의 참화 이후 중국 지도부는 1970~1980년대에 걸쳐 농민에게 소규모 개인 농장을 허용했으며, 식량 생산이 현저히 증가했다. 대규모 기업은 여전히 정부 소유로 남아 있었지만 중국 남부에서 외국 자본 소유의 공장이 허용되었다. 시골에서 젊은 노동자가 도시로 몰려들었다. 19세기 초 잉글랜드와 20세기 초 일본에서 일어난 현상과 비슷했으나, 규모는 그보다 훨씬 더 컸다. 그러한 공장 대부분이 연료로 석탄을 사용했기 때문에 환경 악화도 과거 영국의 산업 도시 못지않았다. 어쩌면 그보다 더 심했을지도 모른다. 경제 분야의 자유가 확대된다고 해서 다른 분야의 자유까지 확대되지는 못했다. 중국 지도부는 인구 증가가 경제 성장을 초과하는 현실을 우려해, 한 자녀 정책(계획생육정책計劃生育政策)을 실시해서 한 명 이상의 아이를 낳은 가정에 벌금을 부과하거나 혜택을 축소했다. 이 정책은 도시 지역을 중심으로 엄격하게 시행되었다. 또한 정부에서는 이 정책의 결과로 빚어진 남녀 성비의 불균형을 해소하기 위해 노력했는데, 남아 선호 사상 때문에 남녀 성비(여성 인구수 대비 남성 인구수)가 점점 더 높아졌기 때문이다. 그 원인이 성별 선택적 낙태 탓인지, 아니면 여자 아이를 등록하지 않은 경우가 많은 탓인지는 여전히 논란이 있다. 중국의 지도자들은 정치적 불만 세력이나

1989년 천안문(톈안먼) 광장의 학생 시위를 엄격히 단속했다. 이들을 체포 및 구금하거나 때로는 정부 비판을 이유로 처형하기도 했다. 그럼에도 불구하고 중국 경제 개방은 지속되었고, 소비와 사기업 육성도 확대되었다. 거대 규모의 공장에서 전자 제품, 의류, 화학 제품, 장난감 등 세계 시장을 겨냥한 상품들이 생산되었고, 생활 수준(standard of living)이 올라갔으며, 2011년에는 중국이 일본을 넘어 세계 두 번째 경제 규모를 달성했다. 1980년대 베트남의 지도자들도 중국에서 그랬던 것처럼 계획 경제에서 벗어나 개방 경제와 사적 소유를 허용하는 방향으로 나아갔다. 공산당 지도부가 정치권력을 그대로 유지한 상태에서 베트남 경제는 자본주의 경제로 전환되었다.

한국에서도, 그리고 대만과 싱가포르에서도 반공 민족주의 독재 정권이 다국적 기업 자본과 은행 및 재벌 등과 결탁하여 농업 경제를 산업화 경제로 바꾸어놓았다. 특히 하이테크 산업과 전자 기기 제품에서 급속한 발전을 이루었다. 이들의 성장 속도가 워낙 빨라서 "아시아의 호랑이"라는 별명을 얻었다. 싱가포르는 시장 개방, 계획 경제, 공적 질서, 사회 복지가 어우러진 그들만의 독특한 질서를 만들어냈다. 예를 들어 대학을 졸업한 남성이 대학을 졸업하지 않은 여성과 결혼할 경우, 대학을 졸업한 여성이 결혼과 출산을 하지 못함으로써 국가 인력 자원에 손해를 가져오게 된다고 판단했다. 그래서 1984년 정부는 대학을 졸업한 남녀를 대상으로 특별히 데이트를 시켜주는 정책을 실시했고, 대졸 여성이 엄마가 되면 세금 우대를 비롯한 각종 혜택을 주었다. 그럼에도 싱가포르의 전체 출산율은 세계 최하위에 머물고 있다.

1980년대 경제 위기가 동유럽으로 확산되었다. 이는 경제 분야뿐만 아니라 정치 및 사회 분야에도 드라마틱한 결과를 초래했다. 시작은 폴란드였다. 폴란드는 소비에트의 집단화 정책의 가장 강력한 반대 세력이었고, 가톨릭 교회의 영향도 강하게 남아 있었다. 경제적 혼란은 노동자들로 하여금 독립적이고 민주적인 노동조합을 결성하게 했는데, 이 조직을 솔리다르노시치(Solidarność, 連帶)라고 했다. 처음에 폴란드 정부는 솔리다르노시치의 지도자들을 체포했지만, 경제 위기가 계속되고 비폭력 저항과 노동자, 학생, 지식인, 교회 지도자 등의 강력한 대중적 지지가 지속되자 의원 자유선거를 허용했다. 1989년 선거에서 공산당은 권력을 잃었다. 동유럽의 다른 공산주의 정권들도 대체로 평화 혁명의 과정을 거쳐 무너졌고, 민주적 선거가 실시되었다. 1990년대 초 반공산주의 운동이 소련 내부에서도 거세게 일어났다. 소련 역시 극심한 경제 혼란의 와중에 있었다. 주된 이유는 과도한 군비 지출이었다. 중국과 달리 소련 정부는 변화를 멈추게 할 수 없었다. 소련, 즉 소비에트 연방이 해체되어 각각의 독립국으로 쪼개졌고, 각국에서는 스스로 지도자를 선출하여 국정 목표와 정책을 새로 정했다.

　소련에서 공산주의가 무너지자 동유럽에서 개인의 자유가 더욱 확대되었다. 그러나 그 결과로 경제적 불평등과 사회 혼란도 더욱 심해졌다. 국영 기업이 사기업으로 전환되자 몇몇 기업 소유자들, 특히 석유 산업 소유주들은 엄청난 부자가 되었다. 때로는 상대방을 협박했는데, 경제적 수단을 동원할 뿐만 아니라 물리적 위해를 가하기도 했다. 이를 금권정치(plutocracy) 혹은 부자들이 장악한 정치라고 한다. 대부분 사람들에게 공산주의의 종식은 물가 상승, 식량 부족, 보건 혜택 축소, 정부 지원 탁아소 같은 지원 시설 축소, 소득 감소, 술주정뱅이와 거리 폭력 증가, 매춘업의 폭발적 증가를 의미할 따름이었다. 1991년 러시아의 기대 수명은 69세였지만 2007년에는 59세로 떨어졌다. 일부 학자들은 이러한 수치를 기반으로 러시아가 제3세계에 편입되었다고 주장하기도 했다.

제2세계에 소속된 많은 지역에서 민족 및 종교 갈등이 불타올랐다. 가장 처참한 참화는 유고슬라비아 내전이었다. 공산당 통치하에 지역 연맹으로 묶여 있던 이 나라는 1990년대에 상호 적대적인 두 나라로 쪼개졌다. 결과적으로 전쟁이 일어나 살인, 강간, 무자비한 폭행, 강제 수용 등의 만행이 벌어졌고, 강제 이주와 특히 성년 및 미성년 남성을 중심으로 인종 학살도 자행되었다. 이를 주도한 자들은 자신들의 행위를 "인종 청소"라고 했는데, 특정 지역에서 원치 않는 민족 집단을 제거한다는 의미였다. 서양 세력의 군사 개입으로 전쟁은 종식되었고, 일부 지도자들은 네덜란드 전범 재판소에 반인류 범죄 혐의로 기소되었다. 그러나 지금도 여전히 양측의 긴장 상태는 해소되지 않았다.

종교의 다양성과 근본주의

유고슬라비아 내전은 20세기 후반 경제 자유화의 확대와 함께 전 세계에 닥쳐올 또 하나의 위험을 예고했다. 바로 종교적 근본주의였다. "근본주의(fundamentalism)"는 20세기 초 기독교에서 사용한 용어였다. 즉 복잡한 이론을 뒤로하고 성서의 근본 가르침으로 돌아가자는 입장으로, 근대 문화의 변화에 반대하며 보수주의적 사회를 지향했다. 이 용어는 기독교뿐 아니라 다른 종교의 유사한 경향에 대해서도 널리 쓰이게 되었다. 대부분 종교에서, 즉 유대교, 기독교, 이슬람교, 힌두교 등에서도 20세기 후반에 내부 갈등이 빚어졌다. 특히 성별에 따른 규범을 옹호하거나 세속적 가치를 거부하며 그들이 주장하는 핵심 경전의 근본으로 돌아가자는 근본주의 분파와, 이에 맞서 성 평등을 옹호하고 다른 종교에 대해서도 관용적으로 대하며 사회 및 경제적 정의를 강조하는 자유주의 분파의 대립이었다. 근본주의자들은 민족주의, 민족 정체성, 반식민주의, 경제적 불만 등과 결합해 행동에 나섰고, 때로는 폭력과 극단적 행위도 서슴지 않았다.

 이란에서는 경기 침체 끝에 1979년 파업과 저항 시위가 잇달았다. 샤(이란의 국왕)는 달아났고, 권력은 점차 근본주의적 시아파 이슬람의 지도자 아야톨라 루홀라 호메이니(Ayatollah Ruhollah Khomeini, 1902~1989)에게 집중되었다. 이들은 샤가 추진하던 근대화 정책과 세속의 법률을 폐지하고 이슬람 율법(샤리아)을 실시했다. 알코올을 금지하고 여성의 베일 착용을 의무화했으며, 여성이 공적 장소에서 남성과 함께 어울리는 것을 금지했다. 언론을 감시하고, 반대파는 감금하거나 처형했다. 이란 혁명을 보고 서양 세력은 물론 이란의 이웃 나라들도 깜짝 놀랐다. 이웃 나라들은 대부분 수니파 이슬람 세력이었다. 1980년 이라크가 이란과의 전쟁에 돌입했다. 외세를 끌어들였음에도 전쟁은 근본적으로 결론이 나지 않았다. 그러다가 이라크는 미국이 수행한 두 차례 전쟁의 목표물이 되었다. 짧지만 많은 희생을 치른 1991

년의 전쟁과, 이보다 더 오래간 2003년의 전쟁이 그것이다. 사우디아라비아에서는 근대화와 종교적 근본주의가 서로 대립하기보다 공존하는 모양새였다. 사우디 왕실은 석유를 수출해 학교, 병원, 쇼핑몰을 세웠다. 그러면서 동시에 와하비즘을 옹호했다. 왕실과 미국 지도자들이 가까운 관계를 유지했지만 와하비즘 지도자들은 사우디아라비아 영토 내 미군 주둔을 반대했고, 때로는 폭력 사태가 일어나기도 했다. 2001년 미국에 대한 9·11 공격에 가담한 대부분 젊은이들은 사우디의 고학력 중산층 출신이었다. 이들의 가장 중요한 동기는 종교 문제였는데, 공격 전날 쓴 편지에서 자신들의 계획을 설명하면서 "신(God)"이라는 단어를 100회 이상 언급했다.

이슬람 내부의 근본주의 운동에서는 보수적 성차별을 서양의 문화적 제국주의와 상업주의에 맞서는 순수 이슬람의 상징으로 여긴다. 이런 경향의 여파도 있고 해서 중동 지역은 여성의 유급 노동 참여가 가장 늦어지는 지역이 되었다. 2000년도를 기준으로 중동 지역의 유급 여성 노동 인구 비중은 2~10%에 불과했다. 그중 대부분은 교사나 간호사 같은 고등 교육이 필요한 직종이나, 성별이 분리된 환경에서 다른 여성의 일을 보조하는 직종이었다. 말레이시아 같은 중동 이외 무슬림 국가의 젊은 여성들은 이중적 가치관에 갇혀 있었다. 공장에서 일하는 여성의 수입은 가족의 생계에 필수적이었으므로 임금의 대부분은 집으로 보내졌다. 그러면서도 무슬림의 규범에 따라 그러한 여성을 업신여기는 분위기가 있었다. 여성의 옷차림이 뜨거운 이슈가 되기도 했다. 세계 많은 지역에서 무슬림 여성은 베일을 쓰거나 신체를 가리는 복식을 해야 하는 경우가 많다. 이는 여성의 사회적 지위와 윤리적 가치관을 표현하는 수단이며, 이런 복장을 하지 않고 외출하면 남성의 폭력에 노출될 위험이 더 크다. 그래서 무슬림 여성은 그들의 복장을 권리의 일부라고 생각한다. 한편 달리 생각하는 사람들은 (무슬림이거나 무슬림이 아니거나) 여성 억압의 상징으로 간주한다. 그래서 일부 지역에서는 머리나 신체를 가리는 복장을 금지하기도 한다. 다른 종교적 상징이 그러하듯이 무슬림 여성의 베일 또한 복합적 의미를 지니며, 이는 개인이나 정치적 환경에 따라 매우 다양한 양상을 띠고 있다.

이슬람 근본주의가 정치 및 사회적 영향력 면에서 가장 유명하지만, 다른 종교의 근본주의도 갈수록 세력을 얻었고, 때로는 폭력 사태를 유발하기도 했다. 1990년대에 인도의 힌두교 보수파 정당이 세를 키우기 시작했다. 이들은 인도의 학교, 법률 체제, 문화 등 삶의 다양한 측면이 힌두교 원리에 좀 더 충실해야 한다고 주장하며, 서양과 무슬림의 영향을 모두 거부하는 입장이다. 이스라엘에서는 유대교 우익 극단주의자들이 1995년 이츠하크 라빈(Yitzhak Rabin) 총리를 암살했다. 무슬림 팔레스타인과의 평화 협정 체결을 막기 위한 행동이었다. 하레디파(Haredi)로 알려진 엄격한 유대교 원리주의자들은 이스라엘 인구의 약 10%를 차지하고 있다. 이들은 버스 회사에 압력을 넣어서 버스 광고에 여성이 등장하지 못하도록 했으며, 최근까지도 대중교통 버스에 남녀의 좌석을 분리해서 남자는 앞좌석에, 여자는 뒷좌석에 앉도록 했다. 2011년에 앞좌석에 앉은 여성 승객이 뒷좌석으로 이동하지 않겠다고 해서 폭력 사태가 벌어졌고, 행정 명령으로 버스 안에서의 남녀 차별을 불법으로 규정했다. 그러나 통곡의 벽을 비롯한 유대교 성소나 미국 내 하레디파 공동체 건물 안에서는 여전히 남녀 분리가 시행되고 있다. 미국의 기독교 극단주의자들은 낙태 시술을 하는 사람들을 총으로 쏘고 병원에 폭탄을 던졌다. 인도 북서부의 나갈랜드(Nagaland) 주에서는 사람들에게 폭력을 동원해서 개종을 강요했다. 우간다에서는 미국 기독교 근본주의자들이 동성애 반대 강연회를 개최한 직후 동성애자 처벌을 대폭 강화하는 법안이 제출되었고, 2014년에 정식 법령으로 공포되었으며 최고 사형까지 선고할 수 있게 되었다. 불교 승려들은 스리랑카에서 모스크 공격을 지휘했으며, 버마에서 무슬림 가정의 주택을 불태우고 거주자를 살해했다. 무슬림인 로힝야족(Rohingya)은 버마의 탄압을 피해 이웃 나라로 도망치거나 난민 캠프에 수용되었다. 종교를 빙자한 폭력은 다른 종교에 대해서뿐만 아니라 같은 종교 내 다른 분파에 대해서도 자행되었다. 오히려 이런 경우 더욱 극심한 적대감을 표출하기도 한다. 아일랜드 북부의 프로테스탄트와 가톨릭 분파주의자는 수십 년 동안 지속적으로 분열해왔으며, 시아파 무슬림과 수니파 무슬림의 갈등도 많은 나라에서 분출되고 있다.

종교적 근본주의와 타 종교에 대한 증오가 확대된 이유는, 적어도 부분적으로는 종교의 다양성이 확대되었기 때문이다. 이주민들이 다양한 종교 전통을 가지고 들어오거나, 선교사들이 전도를 하거나, 개인 차원에서 다양한 전통이 뒤섞이기도 했다. 아프리카의 토착 종교는 광범위한 풍습으로 지속되었다. 서아프리카 해안의 대부분 지역에서는 부두교(Vodun)가, 나이지리아에서는 요루바족(Yoruba)의 종교가

[그림 5-9] LGBT 행진(2014년 8월)
제3회 연례 LGBT(Lesbian, Gay, Bisexual, Transgender, 성소수자) 행진 모습이다. 우간다에서 가혹한 동성애 금지법이 제정된 이후 최초로 개최된 행사였다.

자리 잡고 있었다. 이들 두 종교는 자연과 인간을 모두 지배하는 정령을 중심으로 한다. 죽은 자의 영혼도 그 정령에 포함되는데, 이들이 산 자의 생활을 돕는다고 믿는다. 기독교와 이슬람도 아프리카에서 교세를 확장했다. 기독교는 식민지 시대가 끝난 직후부터 식민지의 잔재라 해서 거부되는 경우가 많았지만, 20세기 말에는 이러한 분위기도 바뀌기 시작했다. 현재 아프리카는 기독교 교회가 가장 급성장하는 지역인데, 이들 대부분은 전통적인 가톨릭이나 프로테스탄트가 아니라 교파를 알 수 없는 근본주의적 입장이다. 물론 다른 지역에서도 기독교는 계속해서 성장해왔다. 2000년도를 기준으로 세계 기독교인의 약 3분의 2가 유럽과 북아메리카가 아닌 다른 지역에 거주하는 사람들이다. 결혼 문제나 여성의 사제 임명 같은 사안에 대해서는 교회가 해당 지역 문화를 받아들이고 있다.

20세기 후반 라틴아메리카의 종교 생활은 더욱 다양해졌다. 앞서 4장에서 살펴보았듯, 대부분 사람들이 가톨릭 영세를 받았다. 이들은 현재와 융합된 가톨릭 관습을 이어받았다. 종교의 축제, 성자숭배, 가족 제단 등에서는 토착 문화와 아프리카 전통이 유럽 문화와 융합되었다. 가톨릭의 영성은 여전히 강하게 남아 있지만, 복음주의 프로테스탄트, 특히 예배에서 소리 내어 기도와 신앙고백을 하는 오순절주의(Pentecostalism)가 전도를 열심히 해서 급격히 세력을 확장했다. 처음에는 주로 미국에서 선교사가 파견되었지만, 오늘날 선교사의 대부분은 현지인이다. 신흥 종교, 특히 카리브 해 지역의 신종교에도 독실한 신자들이 생겼다. 부두교도 그러한 종교 중 하나로, 아이티의 노예들이 만든 종교다. 이들은 서아프리카 부두교와 기독교적 요소를 뒤섞어서 새로운 종교를 만들었다. 두 종교에 공통된 의례들도 그대로 차용했다. 헌금이나 가족을 위한 제단 설치, 음악과 춤을 곁들인 정성들인 종교 의식 등이 그러한 예다. 라스타파리(Rastafari)도 이러한 신흥 종교 중 하나다. 1930년대 자메이카의 빈민들이 만든 종교로, 이들은 에티오피아의 황제 하일레 셀라시에(Haile Selassie, 1892~1975)를 구세주로 받든다. 당시 에티오피아는 아프리카에서 유일하게 식민주의자들에게 정복되지 않은 독립국이었다. 라스타파리 종교 운동가들은 자산 분배와 흑인의 아프리카 귀환을 주장했다. 육체가 안 된다면 영혼이라도 아프리카로 돌아가고자 했다. 라스타파리와 서아프리카 부두교도 이주민들과 함께 전 세계로 퍼져 나갔다. 물론 다른 많은 종교들도 전 세계로 전파되었다. 몽족(Hmong) 샤먼이 미니애폴리스 병원에서 치유 의식을 행하고, 몬테비데오, 몬트리올, 만하임에도 시크교 사원(구루드와라)이 설립되어 있다. 신종교들은 최근의 카리스마 넘치는 지도자들과 그들의 사상에 집중하는 경향이 있다. 모르몬교(Mormonism)나 사이언톨로지교(Scientology)는 수많은 신도를 확보하고 전 세계에 걸쳐 사원을 건축했다. 타고난 언어나 피부색 혹은 민족적 출신과 달리 종교적 신앙은 어느 정도 변경이 가능하고 선택도 할 수 있다. 가장 열렬한 신도는 개종자인 경우가 많다. 그리하여 오늘날 종교의 모습은 매우 복합적이다. 매우 다양하기도 하고, 종교와 종교 간, 그리고 종교 내부의 분쟁도 많다.

후기 산업 사회와 빈곤

20세기 후반에 이르러 전통적 공업 지역 중 상당수가 쇠락을 면치 못하고 낡은 기계와 늙은 노동자만 남은 이른바 "러스트 벨트(Rust Belts)"(러스트는 녹이 슬었다는 뜻으로, 쇠락한 공업 지역을 일컫는 말 – 옮긴이)로 전락했다. 중국, 방글라데시, 베트남, 푸에르토리코, 멕시코 등 임금이 낮은 곳이면 어디든 거대한 공장이 새로 들어섰다. 초기 산업혁명 당시에는 성인 여성들과 소녀들이 공장 노동력의 상당 부분을 차지했었지만, 후기 산업 사회의 서비스 중심 경제에서는 사람들이 굳이 거대한 공장에 모여서 일하지 않았다. 컴퓨터와 정보 통신 기술의 발달로 많은 노동자가 집이나 다른 마음에 드는 장소에서 업무를 수행하는 경우가 많았다. 예전 산업화 이전 시대에 가내 수공업에서 그러했던 것처럼, 이런 식의 일자리는 노동 시간이 아니라 작업 결과에 따라서 임금을 지불했다. 이 경우 노동 시간이 훨씬 불규칙하고 그만큼 노동 착취가 손쉽게 이루어졌다. 휴일 근로 제한 같은 것도 없었고, 건강 보험 같은 보장성 급여도 제외되었다. 이러한 "재택근무자" 중에는 정보 통신 같은 신성장 산업에 종사하는 고학력 고임금 인력도 소수 포함되었지만, 대다수는 정해진 데이터 입력이나 단순 컴퓨터 작업, 혹은 옷이나 신발을 만드는 옛날식 수공업에 종사했다. 컴퓨터 및 휴대 전화와 함께 재봉틀도 이러한 탈중심 경제에서 효과적인 도구였고, 면직물은 여전히 중요한 상품으로 남아 있었다. 컴퓨터를 사용하든 재봉틀을 사용하든, 집에서 하는 일은 공식 통계에 포착되기도 했지만 그렇지 않은 경우가 더 많았다. 통계를 벗어난 이러한 노동이 많은 나라에서 중요한 비중을 차지하고 있는데, 고도로 산업화된 선진국도 마찬가지다. 이탈리아의 경우 공식적으로 확인되지 않은 상품 및 용역 거래가 확인된 거래와 거의 같은 규모일 것으로 추정된다. 거래 내용도 실생활에 필수적인 품목들이다. 사업이 점점 글로벌화하고 세계 경기가 양호한 상태로 유지되는 동안 많은 지역에서 남자들의 일자리도 여성화되는 현상이 나타났다. 즉 임금이 낮아지고 장기 계약이나 정년 보장이 없는 경우가 많아졌다. 20세기 중반부터 노동조합 탈퇴 비율이 급격히 증가했다. 노동조합 설립을 가로막거나 영향력을 약화시킨 지역에서는 일자리 불안이 더욱 가중되었다.

직업에서의 남녀 구분이나 인종 구분 혹은 특정 직종에 대한 선입관, 예컨대 교사, 간호사, 보육 교사 등은 여자가 담당한다는 인식 때문에 해당 분야에서는 저임금 기조가 유지되었다. 또한 정원 관리나 잡역부 같은 백인 남성이 별로 없는 직종의 임금도 낮았다. 지난 수십 년 동안 성별에 따른 임금 격차는 꾸준히 감소해왔지만, 그럼에도 2010년 선진국 전업 남성의 평균 임금은 같은 조건의 여성에 비해 17.6% 더 높았다. 격차가 가장 큰 나라는 일본과 한국이었다. 이들 나라에서는 2010년 기준 격차가 30% 이상이었다. 이런 이유로 일본에서는 고학력 여성이 일본을 떠나는 경우가 많았다. 저임금이 유지되는 직종에는 성별과 인종 문제가 모두 개입되어 있다. 특히 비백인 이민자 여성이 많은 비중을 차지하는 일들, 예를 들면 가사 노동, 육아 도우미, 호텔이나 사무실 청소, 손톱 관리, 성 노동 같은 일들이다. 남성 위주의 업무에서는 이와 정반대 현상이 나타난다. 타자기로 하는 일은 여성의 업무로 간주되었지만, 컴퓨터 작업은 남성의 일로 인식되어서 갈수록 급여와 사회적 지위가 올라갔다. 컴퓨터가 수학, 기계, 전쟁 등 전형적인 남성 분야와 관련되면서 같은 키보드를 두드리는 일이지만 성별의 전환이 이루어진 셈이다. 그래서 그 업무의 명칭 자체도 "타이핑"이 아니라 "데이터 프로세싱"으로 바뀌었다. 컴퓨터 잡지에서도 판매하는 컴퓨터가 얼마나 다루기 쉬운가를 강조할 때만 여성이 키보드를 두드리는 장면이 등장한다. 컴퓨터와 온라인 전쟁 게임은 컴퓨터 분야의 남성화에 중요한 역할을 했다. 전쟁 게임은 기술적으로 점차 복잡해졌다. 그러나 이 같은 "군사 오락(militainment)"은 대중문화에서 갈수록 군사 문화의 비중을 높인다는 비판을 받기도 한다. 서구 사회에서 동아시아와 남아시아 출신 인력이 하이테크 산업에 대거 진출하면서 컴퓨터 노동자의 인종 문제는 백인-비백인의 양자택일 문제를 넘어서 더욱 복잡한 양상으로 전개되고 있다. 아시아 지역에서도 키보드 노동의 남성화가 비슷한 양상으로 전개되고 있다. 현재 하이테크 기업 노동자의 다양성은 다른 분야에 비해 훨씬 경직되어 있다. 듣기 좋은 말로 능력 위주라고는 하지만, 특히 고위 관리직으로 갈수록 그러한 경직성은 더욱 뚜렷해진다.

20세기 말까지 전 세계 대부분의 산업은 물론, 그리고 후기 산업 경제는 더더욱 글로벌 자본주의 네트워크의 일부분으로 연결되었다. 신자유주의 정책이 승리한 것이다. 시장 개방, 자유 무역, 공공 산업의 사기업화, 정부 지출 축소 등의 조건이 충족되어야 유럽연합(EU)에 가입할 수 있었다. 유럽연합은 애초 경제적 동맹이면서 단일 통화를 사용하는 경제 공동체였지만 정치 분야까지 결속되기를 희망했다. 과거 소비에트 연방에 소속되었던 동유럽 국가들도 공산주의가 무너진 뒤에는 유럽연합에 가입하기를 원했다. 규제 철폐와 공기업 사유화는 일부 지역의 경제가 성장하는 데 도움이 되었다. 예를 들어 인도의 몇몇 지역은 글로벌 정보 통신 산업의 중심지로서 하이테크 산업이 집중된 도시로 성장했다. 북아메리카나 유럽에 살던 고학력 중산층 인도인은 인도로 되돌아갔다. 인도의 신흥 도시에도 아메리카 대륙의 도시 주변부에 형성된 것과 비슷한 도시 외곽 변두리 지역이 생겨났고, 인도로 귀국한 사람들은 그곳에 자리 잡아야 했다. 그러나 이러한 경제 성장을 인도 인구의 4분의 3이 거주하는 시골 마을에서는 경험할 수 없었다. 전 세계적으로 정부 예산을 줄여 사회 복지를 축소하자, 어린이, 여성, 노인 등에게 부정적인 영향을 미쳤다. 경제학자들은 이런 현상을 "빈곤의 여성화(feminization of poverty)"라 일컬었다.

인구 증가도 빈곤의 중요한 이유 중 하나였다. 1950년 이후 아시아, 아프리카, 라틴아메리카에서 인구가 폭발적으로 증가했다. 백신 같은 의약품이 발달해서 영유아 사망률이 극적으로 낮아졌기 때문이다. (세계 인구는 1950년 25억에서 2012년 70억을 돌파했다. 인구 증가의 대부분은 세계 최빈국 그룹에서 이루어졌다.) 이러한 인구 성장은 소득 성장을 넘어서 경제를 위협할 뿐만 아니라, 가정 단위에서 국가 단위에 이르기까지 모든 제도를 위태롭게 한다. 인구 구성이 왜곡되어 미성년 인구의 비중이 지나치게 커지기 때문이다. 아이들을 많이 낳아서 일을 시키고 노후에 아이들의 도움을 받고자 하는 생각, 그리고 피임 도구가 없거나 있더라도 너무 비싸거나 혹은 피임이 사회적으로 바람직하지 않다는 생각도 널리 퍼져 있다. 엄격한 정부 규제나 보조금 정책으로 극빈국에서 인구 성장이 어느 정도 둔화되기는 했다. 그러나 국제기구가 시행하는 정책을 원조 제공국에서 반대하는 경우도 있었다. 윤리 및 종교적 이유로 정치적 압력이 가해졌기 때문이다. 국제기구에서 파악한 바로는, 출산율을 낮추는 가장 효과적인 수단은 바로 여성의 교양 및 기술 교육 수준을 높여주는 것이었다. 또한 여성에게 소규모 대출을 해줌으로써 재봉틀이나 가축 혹은 휴대전화를 구입해서 경제적으로 독립하게 해주는 방법도 있었다. 1980년대의 원조 프로그램은 매우 작은 규모의 정책으로 여성들에게 직접적 도움이 될 수 있는 방안을 실시했다. 예를 들면 조그만 도랑을 파서 물을 끌어다 주거나, 가축을 기르는 시설을 개선해주거나, 신용 조합을 세우거나, 소규모 대출을 해주는 식이었다. 그러나 전쟁, 환경 위기, 재정 감소, 문화적 관습 등의 문제들 때문에 이런 소규모 정책으로 여성을 돕는 데는 뚜렷한 한계가 있었다.

인구 급증은 새로운 질병의 발생과 확산을 넘어서서 이루어진 일이었다. 새로운 질병은 건강뿐 아니라 사회 및 문화적으로도 큰 영향을 미쳤다. 1980년대에 성관계를 통해 감염되는 에이즈(AIDS, 후천성면역결핍증)라는 병이 발생했다. HIV(Human Immunodeficiency Virus)를 통해 전염되는 병이었다. 이 질병은 전 세계적으로 성관계 및 그에 대한 인식에 큰 영향을 미쳤다. 서양의 초기 에이즈 감염 환자 중에는 동성애자와 마약 주사 사용자가 많았다. 세상 사람들은 그들이 잘못한 대가를 받는 것이라고 생각했다. 의학계의 방대한 연구 끝에 1990년대에 치료 약이 발명되었다. 약을 살 능력이 되는 사람들에게 에이즈는 사망 선고가 아니라 일시적 질환에 불과했다. 빈곤국의 경우 에이즈는 초기에 매춘 종사자와 그 고객들 사이에서 전염되었지만, 국제적인 섹스 관광을 통해 전 세계로 빠르게 확산되었다. 약값은 너무나도 비쌌고, 콘돔 사용을 거부하는 남자들이 많았으며, 치료 약은 신속하게 공급되지 못했다. 마침내 막대한 규모의 사람들이 에이즈에 감염되고 말았다. 특히 남아프리카공화국에서 많은 환자가 나왔다. 그곳에서는 여러 상대와 성관계를 맺는 것이 금기가 아닌 데다 특히 남성들은 더더욱 많은 상대를 취했기 때문이다. 사회적 분쟁과 가뭄 등으로 발생한 대규모 이주에 따라 질병은 더욱더 빠르게 확산되었다. 에이즈 때문에 남아프리카공화국의 기대 수명이 낮아졌다. 1990년대를 기준으로 인근 국가들에 비해 10년 정도 낮았다. 세계보건기구(WHO)에 따르면, 지금도 15~44세 가임기 여성들의 주요 사망 원인이 에이즈라고 한다.

세계 어느 지역을 막론하고 시골에서 젊은이들이 늘어날 기미는 보이지 않는다. 언제 어디서나 젊은이들이 가고자 한 곳은 도시였다. 도시 인구는 놀랄 만큼 빠른 속도로 증가했다. 때로는 불과 10년 만에 두세 배로 늘어난 경우도 있었다. 2000년 기준으로 세계에서 가장 도시 편중이 심화된 지역은 라틴아메리카였다. 전체 인구의 75%가 도시에 거주한다. 아프리카 나이지리아의 예전 수도 라고스(Lagos)는 1965년 인구가 100만이 채 되지 않았는데 오늘날 약 2000만으로 늘어나 아프리카 최대 도시가 되었다. 라고스를 비롯해 나이로비, 다카르, 멕시코시티, 리우데자네이루 등의 메가시티에서는 식수와 하수, 전기, 치안, 소방, 주택 문제가 불거졌고, 심지어 거리 청소를 감당하지 못하는 일이 여전히 일어나고 있다. 이 같은 도시에서는 소규모 부유층과 중산층이 쾌적한 아파트나 교외 저택에 살면서 전망이 좋은 사무실에서 일을 한다. 그러나 대부분 사람들은 좁아터진 아파트에서 몰려 살거나, 아니면 자신의 땅도 아닌 곳에 박스나 나무 조각, 포장지, 옷감 등 온갖 폐기물을 모아 "자립 주택"을 짓기도 한다. 대부분은 임시방편으로 살아가야 한다. 도시의 빈민은 노점 같은 조그만 가게에서 물건을 팔거나 노동력을 제공하고 심지어 성을 팔기도 하지만 언제나 이

상황을 벗어날 수가 없다. 도시는 다양한 출신과 배경을 가진 사람들을 한데 모아 새로운 혼성 문화를 창조하는 동시에 적대감을 조장하기도 하는데, 이는 스피커, 휴대전화, 인터넷을 비롯한 현대 미디어 기술에 의해 강화된다.

도시로 나간 젊은이들은 광범위한 가족 체계에서 벗어나게 되고, 가족과의 끈이 약해져서 독립적인 생활을 해야 한다. 도시 가정은 시골 가정에 비해 훨씬 규모가 작고, 결혼은 가족의 일이기보다 개인의 결정에 따르는 경우가 많다. 또한 도시로 나간 사람들은 생활 기반이 약해지는데, 경제적으로나 감정적으로 뒷받침해줄 사람들을 잃어버리기 때문이다. 동호회, 청년 단체, 교회, 여성 단체 등이 도시에 설립되어 시골에서 온 사람들을 돕고자 하지만, 그들이 일자리를 찾기란 쉽지 않고 가난을 벗어나기란 더더욱 어렵다.

제3천년기 속으로

제3천년기의 시작에 즈음하여 오늘날 세계의 상황을 표현하는 대표적인 유행어는 "세계화"다. 세계 각 지역이 통합된 하나의 체계로 수렴되는 과정을 일컬어 세계화라 한다. 세계사 연구자를 비롯해 많은 연구자는 세계화가 역사적으로 매우 오랜 과정이며 콜럼버스의 교환 당시부터 시작된, 혹은 아시아를 가로지르는 실크로드의 역사와 함께 시작된 일이라고 본다. 심지어 호모 사피엔스의 전 지구적 확산을 그 시초로 보는 견해도 있다. 그러나 대부분 연구자는 최근 수십 년간 교통과 통신의 발달에 따른 현상으로 세계화를 이해하고 있다. 이를 통해 다국적 기업과 다국적 금융 기관이 생겨났고, 정부 단체뿐 아니라 민간 조직의 국제기구가 탄생했으며, 이들의 중요성이 갈수록 커지고 있다. 거대 다국적 기업은 오늘날 많은 사람들의 실생활에 관여하고 있으며, 기업 활동이 활발하지 않은 나라의 시민들에게도 어김없이 이들의 영향력이 미치고 있다. 예를 들면 기업 활동이 금지된 북한이나, 2014년 기준 세계 최빈국으로 기록되어 기업 활동이 활발하지 못한 부룬디 같은 나라도 예외가 아니다. DHL에서 개발한 세계연결지수(Global Connectedness Index)에 따르면, 2012년 기준으로 세계화가 가장 적게 진행된 나라가 부룬디였다. 반대로 가장 세계화가 많이 진행된 나라는 네덜란드였는데, 브룬디보다 연결지수가 수십 배 높게 나타났다. 세계연결지수는 무역, 자본, 정보, 인원의 교류(무역) 범위와 양을 고려하여 수치화하고 있다. UN에서 1인당 GDP를 기준으로 세계에서 가장 부유한 나라 17개국을 선정했는데, 네덜란드도 이들 나라 중 하나다. 네덜란드의 기아 지수는 매우 낮아서 국제식량정책연구소(IFPRI)가 조사 발표하는 세계기아지수(Global Hunger Index)에서 아예 수치로 포착되지 않는다.

정치 분석가들은 연결지수, 자산 분포, 기아지수라는 세 가지 지표가 서로 연결되어 있다고 말한다. 원인과 결과의 화살표가 양 방향으로 연결되어 있는 것이다. 부룬디의 빈곤과 기아는 연결지수가 낮기 때문이다. 마찬가지로 연결지수가 낮은 이유는 그 나라가 빈곤하기 때문이다. 빈곤 그 자체는 이번 장에서 검토한 두 가지 과정, 즉 산업화와 제국주의의 영향이다. 마찬가지로 네덜란드의 부 또한 이 두 가지

순위	국가/지역	연결지수	순위	국가/지역	연결지수
1	네덜란드	89	121	보스니아헤르체고비나	28
2	싱가포르	83	122	니제르	26
3	룩셈부르크	82	123	우즈베키스탄	25
4	아일랜드	81	124	키르기스스탄	25
5	스위스	80	125	볼리비아	24
6	영국	78	126	이란	24
7	벨기에	76	127	시리아	23
8	스웨덴	75	128	베네수엘라	23
9	덴마크	74	129	엘살바도르	23
10	독일	73	130	베냉	22
11	노르웨이	71	131	라오스	22
12	홍콩	71	132	타지키스탄	22
13	몰타	69	133	네팔	21
14	한국	69	134	보츠와나	21
15	태국	67	135	파라과이	20
16	말레이시아	66	136	부르키나파소	18
17	프랑스	65	137	미얀마	15
18	이스라엘	65	138	르완다	14
19	오스트리아	65	139	중앙아프리카공화국	12
20	아이슬란드	64	140	부룬디	10

〔표 5-1〕 2012년 DHL 세계연결지수(상위 20개국과 하위 20개국)
출처: Pankaj Ghemawat and Steven A. Altman, "DHL Global Connectedness Index 2012," Deutsche Post DHL, November 2012.

과정을 통해 축적된 것이다. 세계 일부 지역에서 대두된 후기 산업 사회 경제와 정치적 제국주의의 퇴조는 불평등 격차를 더욱 벌려놓았을 뿐이다. 생활 수준 지수를 비롯한 보건, 영유아 사망률, 기대 수명, 문맹률, 정치 안정성, 폭력 피해 구제 등 삶의 질을 나타내는 온갖 지표

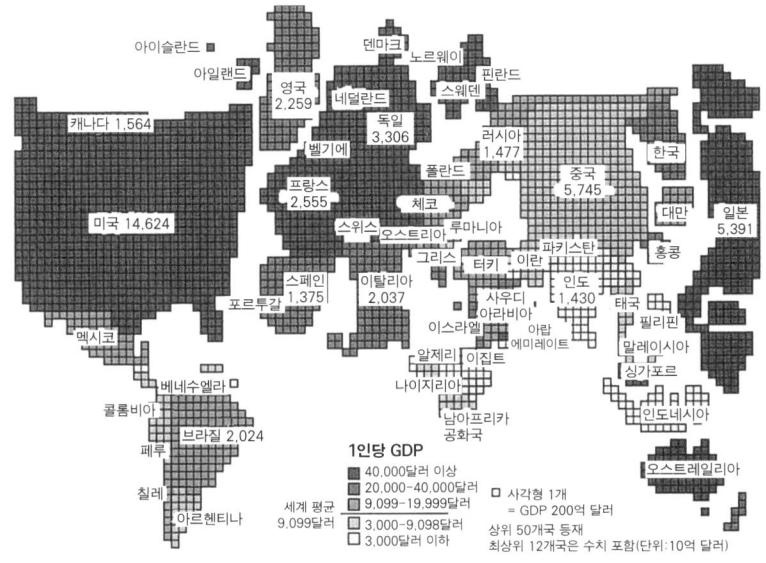

〔지도 5-3〕 **글로벌 GDP 분포(2010)**

를 기준으로 보면 1950년대에 세계 최상위 국가들은 오늘날도 최상위의 자리를 지키고 있다. 국가 간 불평등 또한 지속되고 있다. 예를 들면 라틴아메리카에서 멕시코는 스스로를 메스티소의 후손으로 자처하며, 쿠바와 브라질 등 다른 나라들도 인종 차별이 전혀 없다고 스스로 주장하지만, 실제로 피부색이 밝은 사람들은 여전히 소득 상위 구간에 집중되어 있고 피부색이 어두운 사람들은 소득 하위 구간에 머물러 있다. 2007년 브라질 인구 조사에서 백인으로 분류된 사람들의 소득은 흑인이나 혼혈로 분류된 사람들에 비해 두 배 더 높았다.

 인구 문제도 불평등의 원인이자 동시에 결과이기도 하다. 출산을 통제하는 도구가 1960년대부터 도입되었는데, 특히 "피임약"이 있었고 자궁 내에 삽입하는 도구(IUD)도 있었다. 이들은 모두 매우 효과적이었다. 2000년도 기준으로 대략 전 세계 인구의 3분의 2가 어떤 식으로든 피임을 경험해본 것으로 추정된다. 그러나 세계 최빈국의 출산율은 여전히 가장 높다. (UN 추정에 따르면) 2009년 기준 부룬디 여성의 출산 인원은 평균 6.8명이었다. 이는 세계 평균 대비 네 배나 높은 수치다. 네덜란드는 1.7명으로 세계 155위에 머물고 있다. 2005년 이후 대부분 지역에서 출산율은 현상 유지 이하 수준으로 떨어졌다. 중국에서 한 자녀 정책이 너무나 효과를 발휘하는 바람에 이제는 (인구의 "고령화" 문제로 일컬어지기도 하는) 너무 낮은 출산율을 걱정하고 있다. 그래서 출산에 따른 혜택을 늘리기 위해 노력하기도 한다. 그럼에도 두 아이를 기르는 비용 부담과 주택 부족 때문에 도시에 거주하는 부부는 둘째 아이 출산을 꺼리고 있다. 중국 인구는 아직 증가 추세인데, 전체 인구 비중에서 가임기 여성의 비중이 여전히 높기 때문이다. 반면 일본은 출산율이 너무 낮고 인구가 실제로 감소하고 있다. 일본은 문화적으로 동질성이 강하고, 정부 정책적으로도 이민(인구 축소 문제 해결책으로서의 외부 인구 유입)을 결코 선호하지 않았다. 그래서 이 문제를 해결하기 위한 다양한 하이테크 산업이 발달하고 있다. 예를 들면 로봇이라든가 전자 모니터링 시스템이 오늘날 노인 간병 등에 활용되고 있는 것이다. 인도는 도시 거주 중산층 가족이 피임을 거부하지 않았고, 현재 소가족 형태를 유지하고 있다. 그러나 시골은 여전히 대가족 형태를 띠고 있다. 인구학 예측에 따르면, 2050년 인도의 인구는 중국을 넘어서 세계 1위로 올라서고 총 인구수는 15억에 달할 것이라 한다. 오늘날 세계에서 출산율이 가장 낮은 나라는 부유하고 첨단 산업이 발달한 동아시아 인구 밀집 국가들이다. 즉 싱가포르, 홍콩, 마카오, 일본 등이 해당한다. 한편 동유럽과 과거 소비에트 연방에 소속되었던 국가들에서는, 사회학자들이 "불안정한 파트너(partner instability)"라고 부르는 이론을 비롯한 불확실성 때문에 여성들이 출산을 기피하고 있다. 프랑스, 이탈리아, 독일, 폴란드, 러시아, 대만, 싱가포르 등의 나라에서는 출산을 장려하는 정책을 채택했으며, 약간의 상승 기운도 나타나고 있다. 그러나 특히 오늘날 세계 인구의 대다수가 살고 있는 도시 지역을 중심으로 생활비가 올라가고 여성들도 임금 노동에 참여하지 않을 수 없으며 사회적으로도 소가족 형태를 선호하는 이상, 산업 사회의 낮은 출산율 현상은 앞으로도 당분간 그대로 지속될 것이다. 이 모든 경향을 고려할 때 다음 세기 세계의 인구 규모가 어느 정도가 될지 예측하기는 어렵다. 현재 수준을 유지하리라는 견해가 있는가 하면, 지금보다 더 급격하게 성장할 것으로 예측하는 입장도 있다.

이민과 여행 때문에 에이즈는 더 쉽게 전 세계로 퍼져 나갔다. 이외에도 에이즈만큼 치명적이지는 않지만 새롭게 등장한 여러 가지 질병들도 같은 경로를 거쳤다. 이민과 여행은 또한 가족 구조의 변화에도 큰 영향을 미쳤다. 많은 지역에서 여전히 인종적·종교적 갈등이 지속되고 있는데도, 또 어떤 지역에서는 서로 다른 인종, 민족, 종교에도 불구하고 결혼을 하거나 함께 거주하는 경우가 많아졌다. 그래서 수백 년간 지속되어온 가족 및 친족의 경계가 흔들리기 시작했다. 이 같은 이질적 집단 간 결합은 대체로 원거리 이민이나 산업화가 그 이유였다. 그러나 인터넷을 통한 성관계, 데이트, 결혼 소개 산업 등의 영향도 무시할 수 없다. 수많은 기업이 이러한 분야에서 사업을 펼치고 있다. 어떤 경우에는 인터넷이 족내혼(endogamy)을 강화하기도 한다. 힌두교의 상위 카스트나 유대교 정통파(orthodox Jews)에서는 인터넷을 통해 적당한 배우자를 검색하고, 전통 방식의 중매쟁이뿐만 아니라 인터넷 광고를 통해서도 배우자를 찾는다. 또한 새로운 개념의 부족 집단(공상과학 동호회, 새 관찰 동호회, 게이 경찰관 등)에서도 인터넷을 통해 마음에 드는 배우자를 물색하고 있다.

오늘날의 가정은 부부와 그들이 낳은 아이들로 구성되지 않은 경우가 많다. 50년 전의 가정과는 전혀 다른 모습이다. 효과적인 피임 수단이 발달하자 전 세계적으로 성관계와 가족의 재생산을 분리해서 생각하는 사람들이 많아졌다. 여러 상대방과 혼전 성관계를 갖는 일이 점점 더 많은 지역에서 용납되고 있다. 여성의 경우도 마찬가지다. 1970년 이후 혼인율은 세계 대부분의 지역에서 조금씩 하락했다. 혼전 동거와 혼외 자식을 용인하는 사람들이 많아질수록 혼인 연령은 점차 늦어지고 생에 한 번도 결혼하지 않는 사람들도 많아졌다. 이혼율도 점차 늘어나고 있다. 2000년대 미국에서는 결혼한 두 쌍 중 한 쌍이, 아랍 세계에서는 네 쌍 중 한 쌍이 이혼을 한다. 각 가정에는 여러 가지 이유로 생산된 아이들이 가족 구성원으로 포함되어 있다. 배우자가 죽은 뒤 재혼을 해서 "혼성" 가족이 만들어지는 경우도 있고, 할아버지나

할머니의 손에 자란 아이들, 게이나 레즈비언이 키운 아이들, 성전환자 개인 혹은 부부가 키운 아이들, 입양한 아이들, 한부모(대체로는 어머니) 슬하의 아이들, 결혼할 의사가 없는 남녀가 낳은 아이들 등 사연은 다양하다. 2013년 미국의 통계에 의하면, 신혼 가정 중 15%가 타인종 간 결합이며, 전체 가정의 19%가 결혼한 부부와 아이들로 구성되어 있고, 성인의 51%가 결혼했으며(1960년대에는 성인의 72%가 결혼했다), 미혼 여성에게서 태어난 아이들의 비중은 41%다.

교통과 통신 체계가 발달해서 전 세계적으로 은행 업무가 가능해졌고 데이트도 할 수 있게 되었다. 덕분에 유례가 없을 만큼 엄청나게 다양한 문화가 전 세계적으로 혼합되고 확산되고 있다. 음악, 영화, 텔레비전 프로그램, 인터넷 사이트, 라디오 방송, 인터넷을 통한 소셜 네트워크, 인터넷 강좌 등 수많은 경로에서 전 세계의 시청자들을 끌어들이고 있다. 신기술을 예측하는 사람들은 (대학, 미술관, 책, 음반 같은) 과거의 문화적 형식들이 머지않아 사라질 것이며, 컴퓨터나 휴대전화를 기반으로 하는 교육이나 정보 유통이 이를 대신할 것으로 내다보고 있다. 이러한 발전을 옹호하는 사람들은 이를 통해 민주화가 확장될 것이며, 디지털 기술과 창의적 아이디어를 통해 누구에게나 개방될 것이라고 주장한다. 그러나 비판하는 입장에서는 "디지털 차별"을 강조한다. 세계 인구의 대부분이 여전히 컴퓨터에 접근하지 못하는 처지이며, 해를 거듭할수록 휴대전화 사용 인구가 늘어나기는 하지만, 이는 세계 문화의 균질성을 강화할 뿐 개별 지역 문화를 활성화하는 데는 도움이 되지 않을 것이라는 비판이다.

네루가 감옥에서 쓴 편지의 마지막 편은 1933년 8월에 집필되었다. 세계 경제 공황의 와중에 일본 군대가 중국을 침략하고 나치가 독일에서 막 권력을 차지한 때였다. 그런 상황에서 네루가 쓴 다음과 같은 대목이 놀라울 것은 없다. "우리 세대는 … 의심과 불확실성과 의문으로 가득한, 미몽에 빠진 세대다." 어쩌면 그가 제3천년기의 시작을 예고했는지도 모르겠다. 오늘날 텔레비전, 컴퓨터, 휴대전화를 통해 전 세계의 사람들은 일상적으로 타인의 행복과 불행을 감상할 수 있다. 국왕의 행렬처럼 예전 같으면 수도에 가야만 볼 수 있었던 일들이다. 신석기 시대 이후 (혹은 그보다 더 이전부터) 불평등은 인류 사회의 핵심적 양상이었다. 그러나 최근 수백 년 동안 평등주의 이념은 그것이 잘못되었다고 외쳤다. 사람들은 불평등을 줄여보기 위해 노력했으며, 일정 부분 성공을 거두기도 했다. 미래에도 과연 평등이 가능할지는 모르겠다. 연결지수, 자산 분포, 기아지수 면에서 부룬디와 네덜란드의 간격이 좁혀질지 더 벌어질지, 과연 두고 봐야 할 일이다.

● 더 읽어보기

근대 사회에 대한 입문서는 매우 많다. 그중에서도 정치·경제 문제뿐만 아니라 사회·문화적인 측면도 다루는 최고의 입문서들은 다음과 같다.
— Christopher Bayly, *The Birth of the Modern World, 1780 – 1914* (Malden, MA: Wiley-Blackwell, 2004)
— Eric Hobsbawm, *The Age of Extremes: A History of the World, 1914 – 1991* (New York: Pantheon, 1994)

케임브리지 세계사 시리즈에도 이 주제와 관련된 논의들이 수록되어 있다.
— J.R. McNeill and Kenneth Pomeranz, eds., *Production, Destruction, and Connection, 1750 – Present*, Volume 7 of the *Cambridge World History* (2015)

근대 사회 구조의 핵심적 변화 양상에 대한 연구로는 다음을 참조하라.
— Joan Smith and Immanuel Wallerstein, *Creating and Transforming Households in the World Economy* (Cambridge: Cambridge University Press, 1992)
— Susan Bayly, *Caste, Society, and Politics in India from the Eighteenth Century to the Modern Age* (Cambridge: Cambridge University Press, 1999)
— Susan Bayly, "Forum: Transnational Sexualities," *American Historical Review* 114/ 15 (2009): 1250 – 1353

사회 문화적 측면을 포함하는 지역 연구는 다음과 같다.
— Sugata Bose and Ayesha Jalal, *Modern South Asia: History, Culture, Political Economy* (London: Routledge, 3rd edn. 2011)
— Norman Owen, ed., *The Emergence of Southeast Asia: A New*

History (Honolulu: University of Hawai'i Press, 2004)
- James L. Gelvin, *The Modern Middle East: A History* (New York: Oxford University Press, 3rd edn. 2011)
- Teresa A. Meade, *A History of Modern Latin America: 1800 to the Present* (Malden, MA: Wiley-Blackwell, 2009)
- Richard Reid, *A History of Modern Africa: 1800 to the Present* (Malden, MA: Wiley-Blackwell, 2nd edn. 2012)

산업혁명의 원동력 및 추진력이 되었던 면직물 산업에 대해서는 다음을 참조하라.
- Giorgio Riello, *Cotton: The Fabric that Made the Modern World* (Cambridge: Cambridge University Press, 2013) 이 책에는 뛰어난 컬러 사진이 포함되어 있다.
- Prasannan Parthasarathi, *Why Europe Grew Rich and Asia Did Not: Global Economic Divergence 1600 – 1850* (Cambridge: Cambridge University Press, 2011)

폭넓은 지역에서의 산업 발전에 대한 연구로는 다음이 있다.
- Jan de Vries, *The Industrious Revolution: Consumer Behavior and the Household Economy, 1650 to the Present* (Cambridge: Cambridge University Press, 2008)
- Robert C. Allen, *The British Industrial Revolution in Global Perspective* (Cambridge: Cambridge University Press, 2009)
- Joel Mokyr, *The Enlightened Economy: An Economic History of Britain* (New Haven: Yale University Press, 2010)
- Jack A. Goldstone, "Efflorescences and Economic Growth in World History: Rethinking the 'Rise of the West' and the Industrial Revolution," *Journal of World History* 13: 2 (2002): 323 – 90에는 방대한 참고문헌이 수록되어 있다.

유럽 산업화 이후의 사회 변화를 검토한 책으로는 다음이 있다.
- Jordan Goodman and Katrina Honeyman, *Gainful Pursuits: The Making of Industrial Europe, 1600 - 1914* (London: Edward Arnold, 1988)
- Joyce Burnette, *Gender, Work and Wages in Industrial Revolution Britain* (Cambridge: Cambridge University Press, 2008)

유럽 이외 지역의 산업화에 대해서는 다음을 참조하라.
- Tessa Morris-Suzuki, *The Technological Transformation of Japan: From the Seventeenth to the Twenty-first Century* (Cambridge: Cambridge University Press, 1994)
- Atul Kohli, *State-Directed Development: Political Power and Industrialization in the Global Periphery* (Cambridge: Cambridge University Press, 2004)
- Marcel van der Linden, ed., *Workers of the World, Essays toward a Global Labor History* (Boston, MA: Brill Academic Publishers, 2008)

대기업의 역할에 대해서는 다음을 참조하라.
- Geoffrey Jones, *Multinationals and Global Capitalism: From the Nineteenth to the Twenty-first Century* (Oxford: Oxford University Press, 2005)

이매뉴얼 월러스틴의 고전적인 저서 및 최근의 논의는 다음과 같다.
- Immanuel Wallerstein, *The Modern World System* (New York: Academic Press, 1974, 1980, 1989)
- Immanuel Wallerstein, "Globalization or the Age of Transition? A Long Term View of the Trajectory of the World System," *International Sociology* 15: 2 (2000): 251 - 67

케네스 포메란츠의 주요 저작은 다음과 같다.
- Kenneth Pomeranz, *The Great Divergence: China, Europe, and the Making of the Modern World Economy* (Princeton: Princeton University Press, 2000)

18세기의 사회 발달과 민족주의 이행 문제에 대한 베네딕트 앤더슨의 논의는 매우 영향력이 컸다.
- Benedict Anderson, *Imagined Communities: Reflections on the Origin and Spread of Nationalism* (London: Verso, 1983)

그러나 정치적 민족주의가 매우 오래되었음을 반증한 다음의 저서를 참조하라.
- Azar Gat, *Nations: The Long History and Deep Roots of Political Ethnicity and Nationalism* (Cambridge: Cambridge University Press, 2013)

민족이라는 개념 속에서 소외되는 자의 차별에 대해서는 다음을 참조하라.
- Ida Blom, Karen Hagemann, and Catherine Hall, eds., *Gendered Nations: Nationalisms and Gender Order in the Long Nineteenth Century* (Oxford: Oxford International Publishers, 2000)
- Andreas Wimmer, *Nationalist Exclusion and Ethnic Conflict* (Cambridge: Cambridge University Press, 2002)
- Martin Manalansan and Arnaldo Cruz-Malave, eds., *Queer Globalizations: Citizenship and the Afterlife of Colonialism* (New York: New York University Press, 2002)
- Rogers M. Smith, *Stories of Peoplehood: The Politics and Morals of Political Membership* (Cambridge: Cambridge University Press, 2003)
- Don H. Doyle and Marco Antonio Pampalona, eds., *Nationalism in the New World* (Athens, GA: University of Georgia Press, 2006)

오늘날의 민족주의 문제는 다음을 참조하라.
- Craig Calhoun, *Nations Matter: Culture, History, and the Cosmopolitan Dream* (London: Routledge, 2007)

사회 운동을 다룬 책들은 매우 많다. 옥스퍼드 대학 출판부의 Very Short Introduction 시리즈는 좋은 입문서이다. 특히 다음을 참조하라.
- Michael Newman, *Socialism* (2005)
- Leslie Holmes, *Communism* (2009)
- Manfred B. Steger, *Neoliberalism* (2010)

여성 운동에 대해서는 다음을 참조하라.
- Estelle Friedman, *No Turning Back: The History of Feminism and the Future of Women* (New York: Ballantyne Books, 2003)

이주 문제에 대해서는 다음을 참조하라.
- Marilyn Lake and Henry Reynolds, *Drawing the Global Colour Line: White Men's Countries and the International Challenge of Racial Equality* (Cambridge: Cambridge University Press, 2008)

우생학 문제에 대해서는 다음을 참조하라.
- Alison Bashford and Philippa Levine, eds., *The Oxford Handbook of the History of Eugenics* (Oxford: Oxford University Press, 2010)

이민자 문제에 대한 훌륭한 개론서는 다음과 같다.
- Dirk Hoerder, *Cultures in Contact: World Migrations in the Second Millennium* (Durham, NC: Duke University Press, 2003)

보다 상세한 연구로는 다음을 참조하라.
- Pamela Sharpe, ed., *Women, Gender, and Labour Migration:*

Historical and Global Perspectives (New York: Routledge, 2001)
- Philip A. Kuhn, *Chinese among Others: Emigration in Modern Times* (London: Rowman & Littlefield, 2008)
- Tony Ballantyne and Antoinette Burton, eds., *Moving Subjects: Gender, Mobility, and Intimacy in an Age of Global Empire* (Urbana: University of Illinois Press, 2009)
- Marjory Harper and Stephen Constantine, *Migration and Empire* (Oxford: Oxford University Press, 2010)

유럽 제국주의 문제는 이 분야의 고전인 다음의 책부터 보는 것이 좋다.
- Eric R. Wolf, *Europe and the People without History* (Berkeley: University of California Press, 1982, reissued 2010)
- H.L. Wesseling, *The European Colonial Empires, 1815 – 1919* (London: Routledge, 2004)는 19세기 유럽의 식민지에 대한 훌륭한 개론서다.
- Philip D. Curtin, *The World and the West: The European Challenge and the Overseas Response in the Age of Empire* (Cambridge: Cambridge University Press, 2000)에서는 유럽 식민지 정책에 대한 저항을 연구했다.
- Tony Ballantyne and Antoinette Burton, *Empires and the Reach of the Global, 1870 – 1945* (Cambridge, MA: The Belknap Press, 2014)는 영국, 일본, 오스만의 식민지 정책을 인종, 성별, 경제적 측면에서 비교 연구했다.

이번 장에서 논의된 제국주의 문제는 많은 책들 가운데 특히 다음 책들을 참조했다.
- Daniel Headrick, *The Tools of Empire: Technology and European Imperialism in the Nineteenth Century* (Oxford: Oxford University Press, 1981)

- Catherine Hall and Sonya Rose, eds., *At Home with the Empire: Metropolitan Culture and the Imperial World* (Cambridge: Cambridge University Press, 2006)
- Mrinalini Sinha, *Specters of Mother India: The Global Restructuring of an Empire* (Durham, NC: Duke University Press, 2006)
- Rachel Laudan, *Cuisine and Empire: Cooking in World History* (Berkeley: University of California Press, 2013)

20세기의 전면전에 대해서는 가능한 많은 관점에서 검토가 이루어졌다. 특히 문화적 영향을 다룬 고전적인 연구는 다음과 같다.
- Paul Fussell, *The Great War and Modern Memory* (Oxford: Oxford University Press, 1970, reissued 2013)
- Modris Ecksteins, *Rites of Spring: The Great War and the Birth of the Modern Age* (Boston, MA: Houghton Mifflin, 1989)

식민지 해체 과정에 대한 개괄은 다음을 참조하라.
- Raymond F. Betts, *Decolonization* (London: Routledge, 2nd edn. 2004)

다음 책에는 식민지 해체 과정을 연구한 연구자들과 식민지 해체 과정의 주역들, 예컨대 네루, 호찌민, 콰메 은크루마 등의 글이 함께 실려 있다.
- Prasenjit Duara, ed., *Decolonization: Perspectives from Now and Then* (London: Routledge, 2013)

냉전에 대해서는 다음을 참조하라.
- Odd Arne Westad, *The Global Cold War: Third World Interventions and the Making of Modern Times* (Cambridge: Cambridge University Press, 2005)

7대 종교에서의 근본주의 문제를 연구한 책은 다음과 같다.
- Gabriel A. Almond, R. Scott Appleby, and Emmanuel Sivan, *Strong Religion: the Rise of Fundamentalisms around the World* (Chicago: University of Chicago Press, 2003)

종교적 극단주의를 분석한 책은 다음과 같다.
- Mark Juergensmeyer, *Terror in the Mind of God: The Global Rise of Religious Violence* (Berkeley: University of California Press, 3rd edn. 2003)

신자유주의와 경제 발전 문제에 대해서는 다음을 참조하라.
- Vito Tanzi and Ludger Schuknecht, *Public Spending in the Twentieth Century: A Global Perspective* (Cambridge: Cambridge University Press, 2000)
- Alfred D. Chandler and Bruce Mazlish, eds., *Leviathans: Multinational Corporations and the New Global History* (Cambridge: Cambridge University Press, 2005)
- Maxine Molyneux and Shahra Razavi, eds., *Liberalism and its Discontents: Gender Justice, Development, and Rights* (New York: Oxford University Press, 2002)
- Kevin Bales, *Disposable People: New Slavery in the Global South* (Berkeley: University of California Press, 2nd edn. 2012)

도시에 대해서는 다음을 참조하라.
- David Clark, *Urban World/ Global City* (London: Routledge, 2003)

세계화의 사회 문화적 영향에 대한 연구로는 다음을 참조하라.
- Ulf Hannerz, *Transnational Connections: Culture, People, Places* (New York: Routledge, 1996)

- Saskia Sassen, ed., *Globalization and its Discontents* (New York: The New Press, 1998); Pierre Hamel et al., eds., *Globalization and Social Movements* (London: Palgrave Macmillan, 2000)
- Frank J. Kechner and John Boli, *World Culture: Origins and Consequences* (Malden, MA: Blackwell, 2005)
- Jennifer Cole and Deborah Lynn Durham, eds., *Generations and Globalization: Youth, Age, and Family in the New World Economy* (Bloomington: Indiana University Press, 2007)
- Will Kymlicka, *Multicultural Odysseys: Navigating the New International Politics of Diversity* (Oxford: Oxford University Press, 2007)

이상의 문제들에 대한 최근의 논평이나 연구들이 다양한 대중매체를 통해 발표되고 있다. 세계화를 가능하게 했던 것도 바로 그 대중매체들이었다. 독자 여러분의 손길이 쉽게 닿을 곳에 그러한 대중매체들이 유통되는 장치들이 놓여 있을 것이다. 비록 이 책은 그 장치로 읽은 것이 아니겠지만.

찾아보기

가나(Ghana) 164, 197, 219, 242, 248, 260, 291, 519, 521, 542
가리도, 후안(Garrido, Juan) 373
가부장제(patriarchy) 106, 107, 236
가부키 395
가우초(gauchos) 382
가이아나(Guyana) 218, 512
간다라(Ghandhara) 202
간디, 모한다스(Gandhi, Mohandas) 527, 539
간디, 인디라(Gandhi, Indira) 457, 539
감리교(Methodism) 491
감옥 구조 개선(prison reform) 491
감자(potato) 89, 90, 267, 273~378, 396, 447, 464, 490, 508
갑골문 144
강간(rape) 109, 133, 167, 286, 372, 560
강제 노동 220, 354, 401, 514, 521, 532, 546
개 91
객가(客家, 하카) 377
갬블, 클라이브(Gamble, Clive) 42, 59
거석 문화(megalith culture) 114
건륭제(乾隆帝, 청나라의 황제) 352
검투사 192, 193
게르만족(Germanic people) 175, 196, 212, 214, 215, 217, 256, 533
게이(Gay) 394, 552, 580, 581
게이샤(藝者) 394
겐지 이야기(源氏物語) 259, 262, 265, 305
결혼 26, 74, 76, 77, 97, 111~113, 117, 127, 133, 134, 139, 145, 156, 157, 160~168, 170, 173~177, 182, 184, 192, 195, 196, 200, 209, 230, 235, 236, 242, 246, 249, 250, 252, 261, 264, 265, 268, 278~280, 282, 285~287, 292, 296, 305, 315~317, 321, 353, 364, 385~387, 407, 412, 414, 418, 420~422, 427, 428, 430, 432~435, 448, 462, 463, 470, 484, 486~488, 494, 501, 502, 509, 512, 513, 526, 552, 558, 566, 574, 579~581
결혼 계약 165
계몽 393, 436, 441
계약 노동(indentured laborer) 398

고구마(sweet potato) 277, 374, 375, 377~380, 447, 505
고기 42~44, 47, 67, 85, 91, 92, 99~101, 108, 137, 143, 233, 277, 278, 281, 282, 298, 301, 302, 323, 388, 418, 447, 476, 490, 500, 509
고노이케 신로쿠(鴻池新六) 362
고래잡이(whaling) 388
고아(Goa) 353, 354, 359
고인류(hominin) 39, 41~44, 57, 58, 66, 107, 116, 118
고트족(Goths) 212, 215
골반(pelvis) 45, 46
공산주의 28, 482, 483, 524, 527, 533, 534, 536, 537, 544, 546, 548, 549, 551, 557, 559, 560, 570
공자 125, 158, 196
공중 보건(public health) 504, 505, 530, 540
과거 시험 257
과달루페의 성모(Virgin of Guadalupe) 424~426, 431
과부(widow) 165, 170, 171, 230, 373, 374, 494
관개 시설(irrigation) 131, 132, 269, 280, 284, 305, 516, 540
관음보살 204
광고 387, 489, 508, 520, 530, 563, 580
광산(mining) 187, 189, 192, 354, 382, 437, 445, 467, 468, 475, 476, 478, 479, 484, 510, 511, 517, 520, 521, 547
광주(廣州, 광저우) 289, 297, 358, 364, 395
괴베클리 테페(Göbekli Tepe) 95, 96
교조주의화(confessionalization) 409, 410
교황 228, 248, 254, 313, 314, 318, 362, 406, 409, 438, 507, 551
구디, 잭(Goody, Jack) 148, 149
구석기(Paleolithic) 20, 22, 25, 37, 38, 58, 60, 66~70, 72, 74, 75, 79, 81~83, 85, 107
구술 전통(oral tradition) 15, 150
구슬 62, 70, 72, 76, 90, 150, 294, 330
구아만 포마, 펠리페(Guaman Poma de Ayala, Felipe) 267
구자라트(Gujarat) 358, 364

국제연맹(League of Nations) 525
국제연합(United Nation, UN) 538, 540, 545, 575
군디치마라(Gunditjmara) 282
군산복합체(military-industrial complex) 538
굽타 제국 216, 218
궁정 27, 159, 160, 187, 227, 233, 247~259, 261~263, 265, 266, 268, 281, 306, 323, 324, 326, 328~331, 334, 392
귀족 20, 111, 129, 143, 145, 154, 156, 157, 161, 180, 185, 188, 248, 249, 251, 252, 255~257, 259, 260, 267, 269, 299, 303, 315, 351, 355, 362, 370, 377, 384, 399, 412, 415, 443, 448, 475, 481~483, 516
글래스고(Glasgow) 398
그리스 15, 81, 97, 126, 139, 140, 147, 149, 154, 168, 169, 170, 196, 202, 203, 208, 211~213, 215, 219, 220, 227, 232, 235, 238, 239, 248, 290, 342, 365, 405, 423, 577
그리오(griot) 150
근대의 성담론(modern sexuality) 529
근본주의(religious fundamentalism) 459, 560, 561, 562, 563, 564, 565, 590
근친 금기(incest taboo) 181
금욕 181
기근 179, 348, 349, 352, 353, 368, 370, 371, 372, 375, 378, 438, 448, 464, 504, 505, 506, 508, 532, 543, 545
기니비사우(Guiné-Bissau) 553
기독교 26, 126, 149, 197, 198, 207~214, 217, 220, 229, 230, 233, 235~241, 243, 252, 262, 266, 270, 279, 280, 286, 289~292, 297, 298, 304, 309, 313~320, 322, 329, 331, 337, 353, 362, 365, 404~407, 409, 412, 414, 416~418, 420, 421, 422~424, 427, 429, 432, 433, 436, 447, 490, 495, 513, 520, 522, 534, 560, 561, 564~566
기후 변화 62, 63, 217, 269, 270, 306
길드 293, 297, 305

나나크(Nanak, 구루) 413, 414, 415
나라이(Narai, 아유타야의 왕) 420
나시 가문(Nasi family) 364, 365→멘데스 가문
나시, 그라시아(Naci, Gracia) 364
나이지리아(Nigeria) 517, 564, 573, 577
나일 강(Nile River) 88, 114, 128, 137, 154, 211, 234
나치(Nazi) 74, 165, 167, 270, 279, 310, 344, 384, 481, 502, 533~535, 538, 571, 582
나폴레옹(Napoleon) 292, 444, 471
낙태(abortion) 404, 507, 557, 564
난 싱(Nan Singh) 419
날란다 사원(Nalanda monastery) 310, 312
남북 전쟁(미국) 465, 466, 474, 496
남아프리카(South Africa) 71, 357, 487, 511, 512, 515, 519, 520, 521, 527, 553, 572, 573, 577
납타 플라야(Nabta Playa) 114
냉전 536, 544, 545, 549, 589
네덜란드(Netherland) 356~359, 364, 376, 380, 385, 386, 387, 391, 403, 408, 411, 420, 432, 433, 442, 447, 461, 512, 514, 515, 517, 527, 534, 553, 560, 575~578, 582
네덜란드령 동인도 527
네루, 자와할랄(Nehru, Jawaharlal) 457, 458, 513, 527, 539, 582, 589
네스토리우스(Nestorius) 286, 304, 314, 315, 317
네안데르탈인(Neanderthals) 51, 53~56, 59, 64, 119
네트워크(network) 25, 26, 77, 90, 105, 134, 156, 212, 225, 229, 230, 289, 321, 322, 324, 328~330, 337, 343, 355, 360, 364, 389, 437, 447, 459, 468, 476, 477, 505, 512, 570, 581
네팔(Nepal) 184, 576
노동 17, 18, 21, 24, 25, 39, 50, 53, 68, 69, 88, 90, 94, 96, 100, 105, 106, 109, 110, 116, 117, 120, 130, 131, 133, 139, 141, 147, 148, 150, 175, 177, 180, 183, 187~189, 195, 217, 219, 220, 243, 249, 264, 265, 274, 280, 284, 293, 297, 324, 325, 344, 348, 353, 354, 361, 388, 389, 394, 395, 396, 398, 400, 401, 403, 404, 437, 438, 444, 459, 461~467, 470, 473, 475~482, 484~487, 489~496, 500, 501, 506, 507, 509, 511, 512, 514, 516, 517, 521, 524, 527, 528, 532, 534, 535, 538, 545~547, 549, 550, 556, 557, 559, 562, 567~570, 573, 579
노동조합(labor union) 475, 482, 485, 489, 491, 493, 494, 527, 532, 559, 568
노르웨이(Norway) 315, 359, 376, 576, 577
노름 389
노브고로드(Novgorod) 384

노예 무역(slave trade) 186, 356, 399, 401~404, 447, 454, 495, 496, 520
노예 반란(slave revolt) 194
노예 폐지 운동(abolitionist movement) 495
노예(slave) 16, 24, 26, 106, 109, 110, 112, 113, 127, 130, 133, 140, 161, 165, 166, 168, 179, 185~196, 198, 219, 220, 224, 244~247, 253, 269, 293, 299, 303, 321, 322, 324, 325, 328, 344, 346, 348, 352, 356, 357, 360, 373~375, 380~382, 388, 393, 398~405, 432~435, 445, 447, 454, 459, 461, 465~467, 474, 478, 491, 495, 496, 511, 515~518, 520, 521, 566
녹색 혁명(Green Revolution) 540
농노(serfdom) 247
뉘른베르크(Nürnberg) 294
뉴줄파(New Julfa) 362, 364
뉴질랜드(New Zealand) 66, 276, 379, 380, 501, 508, 515
뉴캐슬(Newcastle) 468, 469
니벨룽의 노래(Niebelungenlied) 250
니코, 장(Nicot, Jean) 397, 399
닐로트족(Nilot people) 174

다르마(dharma) 182, 201, 202
다윈, 찰스(Darwin, Charles) 498
다이아몬드, 재레드(Diamond, Jared) 99, 270
달라이 라마(Dalai Lama) 415, 416
달력 145, 146, 213
담배(tabacco) 301, 343, 395, 397~399, 404, 441, 447, 487, 494, 511, 526
대공황(Great Depression) 531
대만(Taiwan) 276, 522, 544, 558, 577, 579
대승(大乘) 불교 311
대중교통(public transportation) 492, 563
대학교(university) 291, 406, 430, 500, 516, 546
데 메나, 루이스(de Mena, Luis) 431
데니소바인(Denisovans) 55, 56
데리코, 프란체스코(d'Errico, Francesco) 53, 59
델리 술탄 왕조(Delhi sultanate) 246
델리(Delhi) 234, 246, 289, 290, 307
도교 196, 205, 206, 418
도미니크공화국(Dominican Republic) 400
도브리스, 마샤 앤(Dobres, Marcia-Anne) 62
도시화(urbanization) 127, 130, 131, 142, 163, 165, 186, 216, 290, 467
도쿠가와(德川) 가문 356, 360, 369, 370, 394, 446
독신(celibacy) 235, 297, 317, 407, 435, 509
독일 52, 53, 197, 250, 279, 294, 314, 341, 369, 392, 396, 406~409, 436, 441, 474, 475, 478, 480, 482, 490, 492, 502, 515, 518, 524, 525, 532~536, 576, 577, 579, 582
동굴 35~38, 52, 55, 60, 78~80, 117
동물 사육 37, 39, 85, 89, 94, 98,'99, 117
동방정교회(Orthodox christaianity) 313, 409
동성애(same-sex) 111, 168, 235, 261, 389, 500, 531, 564, 565, 572
동인도회사(East India Company) 356, 398, 432, 433, 461, 514, 516
두뇌 크기(brain size) 57, 61, 62, 151
뒤러, 알브레히트(Dürer, Albrecht) 371
듀보이스(Dubois, W. E. B.) 499
드 브리스, 얀(de Vries, Jan) 461
드레이크, 프랜시스(Drake, Francis) 356
디지털 152, 581

라고스(Lagos) 573
라반 바 사우마(Rabban Bar Sauma) 317
라빈, 이츠하크(Rabin, Yitzhak, 이스라엘의 총리) 563
라스타파리(Rastafari) 566
라시드 앗 딘(Rashid al-Din) 227~230, 242, 286, 331, 332
라이더(Lidar) 130
라이베리아(Liberia) 517, 518
라지아(Raziya) 246
라코타족(Lakota people) 382, 447
라틴아메리카(Latin America) 430, 432, 478, 479, 494, 496, 509, 521, 532, 537, 543, 544, 550, 554, 566, 571, 573, 577
라파누이(Rapa Nui, 이스터 섬) 66
랭엄, 리처드(Wrangham, Richard) 48
러다이트(Luddite) 463
러시아(Russia) 69, 281, 315, 324, 355, 356, 359, 370, 384~388, 393, 446~478, 483, 515, 523, 524, 550, 560, 577, 579
런던(London) 30, 289, 295, 353, 358, 364, 391, 393, 395, 397, 398, 438, 461, 467, 469
레닌, 블라디미르(Lenin, Vladimir) 524

레바논(Lebanon) 87, 147, 526
레오폴드 2세 (Leopold Ⅱ, 벨기에의 왕) 518
레즈비언 552, 581
레콩키스타(reconquista) 315
로디지아(Rhodesia) 542
로마 가톨릭(Roman Catholic Christianity) 313, 314, 409
로마 제국(Roman Empire) 160, 164, 172, 179, 194, 207, 209~211, 213~215, 217~220, 256, 298, 313, 322, 355, 368
로마(Rome) 15, 126, 135, 136, 147, 153, 154, 160, 164, 166, 172, 179, 187, 191~196, 207~209, 210, 211, 213~220, 227, 238, 239, 244, 248, 254, 256, 290, 296, 297, 298, 313, 314, 317~319, 322, 355, 359, 368, 393, 409, 438, 492, 534, 551
로욜라, 이냐시오 데(Loyola, Ignacio de) 409
로젠버그, 마이클(Rosenberg, Michael) 87
로지, 헨리 캐벗(Lodge, Henry Cabot) 500
로카셰마(Lokaksema, 支婁迦讖) 205
로페즈, 알마(Lopez, Alma) 426
록펠러 가문(Rockefeller family) 475, 502
루바족(Luba people) 150, 564
루소-트로피컬리즘(Luso-tropicalism) 510
루이 16세(Louis XVI, 프랑스의 왕) 245
루이 7세(Louis VII, 프랑스의 왕) 443
루즈벨트, 테오도르(Roosevelt, Theodore) 500
루카사(lukasa) 150
루터, 마르틴(Luther, Martin) 406, 407, 408, 446
르네상스(Renaissance) 215, 227, 362
리그베다(Rig Veda) 15, 181
리버풀(Liverpool) 468, 469
리빙스턴, 데이비드(Livingstone, David) 520
리우데자네이루(Rio de Janeiro) 509, 573
린나이우스, 카롤루스(Linæus, Carolus) 435
린네, 카를 폰(Linné, Carl von) 435, 436
마네토(Manetho, 이집트의 역사가) 154
마누 법전(Manusmrti) 171, 172
마다가스카르(Madagascar) 176, 276, 359, 403
마르코 폴로(Marco Polo) 192, 307~309, 326, 331, 332
마르크스, 카를(Marx, Karl) 482, 483, 528, 536, 551, 552
마리 앙투아네트(Marie Antoinette, 프랑스의 왕비) 376
마법(witchcraft) 195, 211, 219, 410
마야(Maya) 129, 135, 145~147, 163, 216, 218, 219, 270, 272
마오리족(Maori people) 379
마요 광장의 어머니들(Mothers of the Plaza de Mayo) 555
마우리아 제국(Mauryan Empire) 201, 202
마을(village) 25, 26, 85~88, 90, 92, 94, 97, 98, 108, 125, 128~131, 179, 220, 221, 265, 266, 268~271, 273, 275, 278~282, 288, 304, 316, 346, 347, 358, 367, 386, 387, 389, 418, 422, 440, 441, 460, 479, 517, 521, 539, 540, 570
마음 이론(theory of mind) 41
마이크로웨어 분석(microwear analysis) 38
마카오(Macao) 354, 579
마하야나(대승)불교 205
만데족(Mandé people) 150
만델라, 넬슨(Mandela, Nelson) 553
만딩고족(Mandinka people) 520
만주족(Manchus) 77, 351, 352, 355, 428, 440
말(馬) 89, 186, 254, 268, 274, 279, 284, 324, 367, 381~383, 393, 419, 447, 492
말라리아(malaria) 345, 442, 504, 517, 519
말레이 반도(Malay) 185, 241, 242, 289
말루쿠(Maluku) 289, 323
말리(Mali) 135, 242, 308, 537
맘루크(Mamluk) 228, 244, 245, 246, 247, 257, 318, 319, 334
매독(syphilis) 350, 368, 487
매춘(prostitution) 189, 296, 306, 397, 479, 487, 513, 560, 572
매킨토시, 로드(McIntosh, Rod) 137
매킨토시, 수전(McIntosh, Susan) 137
맥루한, 마셜(McLuhan, Marshal) 148, 149
맥브리어티, 샐리(McBrearty, Sally) 60
맥주 102, 103, 143, 395, 396, 397, 490
맨체스터(Manchester) 464, 469
맬서스, 토머스(Malthus, Thomas) 506, 507
메디치 가문(Medici family) 341, 361, 362, 365
메르카토르, 게라르두스(Mercator, Gerardus) 342
메소아메리카(Mesoamerica) 83, 88, 89, 128, 130, 141, 145, 146, 163, 216, 248, 271, 291, 294, 328, 389

메이지 유신(明治維新) 475, 476, 484, 505, 526
메카(Mecca) 231~234, 289, 307, 308, 354
멕시카인(Mexica people) 300, 301, 302
멕시코 혁명(Mexican Revolution) 425, 479
멕시코(Mexico) 90, 134, 135, 288, 299, 300, 306, 343, 347, 359, 360, 373, 381, 424~426, 431, 441, 446, 448, 474, 479, 492, 494, 514, 543, 544, 550, 551, 567, 573, 577
멕시코시티(Mexico City) 288, 306, 424, 492, 573
멘데스 가문(Mendes family) 364
멸종 40, 52, 53, 67, 68, 386
명나라 160, 327, 351, 369, 372, 399, 415, 440
명예혁명(Glorious Revolution) 412
모더니즘(modernism) 529
모라비아(Moravia) 315
모로코(Morocco) 60, 307, 308
모리셔스(Mauritius) 512
모세(Moses) 198, 199, 233
모유 수유 75
모체(Moche) 154, 178
모키어, 조엘(Mokyr, Joel) 471
모택동(毛澤東) 544~546, 551
모피 294, 299, 322, 383~388, 432, 447
모헨조-다로(Mohenjo-Daro) 136, 138, 492
목축(pastoralism) 89, 91, 98, 114, 116, 117, 269, 281, 284, 365, 382
목화 89, 271, 280, 343, 404, 459, 460, 464~467, 469, 478, 516
목화 생산 460, 465, 466
몬터규, 메리 워틀리(Montague, Mary Wortley) 352
몬테수마 1세(Montezuma I, 아즈텍의 황제) 253
모르몬교(Mormonism) 20, 567
몸바사(Mombasa) 242, 289
몽골(Mongol) 22, 227~229, 241, 244, 248, 282~288, 306, 324~327, 336, 343, 355, 359, 415, 416, 515
무굴 제국(Mughal Empire) 15, 355, 368, 369, 415, 418, 446, 447, 514
무라드 4세(Murad IV, 오스만 제국의 술탄) 391, 398
무라사키 시키부(紫式部) 259, 332
무슬림(Muslim) 15, 20, 220, 231, 232, 233, 234, 235, 236, 237, 238, 239, 242, 244, 245, 247, 248, 254, 256, 260, 261, 262, 269, 279, 287, 290, 297, 303, 307, 312, 315, 318, 319, 320, 322, 323, 325, 327, 328, 329, 331, 361, 389, 391, 397, 403, 404, 413, 416, 417, 418, 420, 425, 427, 429, 518, 519, 538, 540, 562, 563, 564 →이슬람
무역(trade) 20, 25, 27, 90, 129, 134, 138, 141, 143, 147, 176, 177, 180, 185, 186, 200, 202, 205, 212, 216, 229, 232, 242, 271, 284, 287~289, 305, 307~309, 320~330, 337, 338, 341, 343, 344, 346, 353~358, 360~362, 364~366, 368, 370, 381, 385~388, 399, 401~404, 418, 426, 437, 441, 447, 448, 453, 454, 460, 462, 470, 472, 495, 496, 512, 514, 517, 518, 520, 531, 537, 543, 570, 575
무역로(trade route) 129, 202, 205, 229, 232, 271, 288, 289, 309, 320, 325~327, 381, 426
무종(武宗, 당나라의 황제) 310
무함마드(Muhammad) 230, 231, 232, 233, 235~237, 239, 283, 322, 412
문신(tatooing) 84
문자(writing) 16, 22, 25, 78, 104, 106, 108, 109, 127, 128, 134, 135, 141~152, 154, 166, 173, 179, 183, 186, 197, 212, 221, 223, 260, 266, 347, 526
문화대혁명 545, 557
믈라카(Melaka) 234, 242, 324, 354, 357, 379
미국 독립 전쟁 358, 441, 444, 508 →미국 혁명
미국(United States) 90, 93, 100, 151, 189, 287, 358~360, 368, 374, 399, 400, 434, 435, 441~445, 464~467, 472, 474, 475, 478~480, 484, 486, 490, 492, 494~496, 498~500, 502, 505, 508, 509, 512~515, 517, 520, 522, 524, 525, 527, 534, 536~538, 540~548, 550, 551, 555, 556, 561, 562, 564, 566, 577, 580, 581
미국 혁명 442, 443
미시시피 강(Mississippi River) 271, 357, 385
미시시피 유역의 고분(Mississipipian mound) 273
민족주의(nationalism) 28, 472~474, 482, 520, 522, 523, 527, 528, 536, 538, 540, 541, 543, 544, 553, 558, 561, 586, 587
밀가루 전쟁(Flour War) 438

바구니 71, 100, 101
바그다드(Baghdad) 234, 238, 239, 251, 289,

290, 322, 325
바이킹(Viking) 260, 270, 298, 324
바퀴(wheel) 103, 377
반고(班固) 126, 159, 216
반란 27, 160, 179, 186, 193, 194, 201, 210, 245, 256, 297, 318, 327, 351, 369, 416, 417, 437~442, 445, 446, 479, 493, 500, 509, 521, 527
반소(班昭) 125, 126, 216, 288
발트제뮐러, 마르틴(Waldseemüller, Martin) 341, 342, 436
발효 101, 102, 116, 192, 274, 395, 396
방글라데시(bangladesh) 539, 567
배(선박) 64, 66, 91, 113, 176, 186, 241, 393
백거이(白居易) 304
백화점(department store) 489
버마(Burma, 미얀마) 356, 392, 512, 516, 564
버지니아(Virginia) 398, 433, 434, 436, 442, 465
범아프리카주의(pan-Africanism) 541
베네치아(Venezia) 234, 289, 291, 292, 299, 307, 320, 322, 324, 364, 391
베네딕토 16세, 교황(Benedicto XVI, pope) 551
베냉(Benin) 251, 355, 576
베다(Vedas) 15, 180, 181
베두인족(Bedouins) 283
베르사유 조약(Treaty of Versailles) 524
베스푸치, 아메리고(Vespucci, Amerigo) 341, 342, 436
베이든-파월, 로버트(Baden-Powell, Robert) 531
베일(veiling) 235, 236, 526, 561~563
베트남(Vietnam) 185, 220, 257, 327, 356, 516, 517, 525, 527, 549, 550, 558, 567
벨록, 힐레어(Celloc, Hiaire) 519
보노보 40, 118
보르네오(Borneo) 176, 289, 516
보살 50, 116, 132, 204, 205, 207, 212, 243, 268, 284, 311, 312, 486
보이스카우트(Boy Scout) 531
복지 국가(welfare state) 547
볼리바르, 시몬(Bolivar, Simon) 446
부간다(Buganda) 355
부두교(Vodun) 564, 566, 567
부룬디(Burundi) 575, 576, 578, 582
부에노스아이레스(Buenos Aires) 490, 509

북경(北京) 234, 288, 289, 307, 317, 329, 351, 418, 440
북아메리카(North America) 64, 66, 89, 90, 95, 97, 99, 128, 175, 178, 265, 271~273, 281, 291, 328, 342, 356, 357, 358, 365, 368, 373, 382, 383, 385~387, 404, 432~435, 441, 442, 447, 453, 462, 465, 480, 508, 509, 565, 570
불교 26, 149, 173, 200~207, 212, 214, 216, 220, 228~230, 235, 237, 241, 254, 266, 289, 304, 305, 309~313, 316, 318, 320, 322, 325, 329, 337, 393, 394, 415, 416, 418, 420, 564
불임 시술(sterilization) 502, 503
불평등(inequality) 28, 99, 106, 107, 111, 179, 445, 455, 458, 459, 474, 479, 556, 559, 576, 577, 582
브라질(Brazil) 20, 189, 353, 359, 391, 400, 401, 403, 496, 501, 502, 509, 510~512, 515, 544, 550, 551, 577
브룩스, 앨리슨(Brooks, Alison) 60
블라디미르 1세(Vladimir I) 315
비너스 상(Venus figures) 71, 81
비단(silk) 258, 280, 284, 299, 306, 322, 347, 356, 360, 409, 460, 461, 469, 476, 477, 486
비동맹운동(Non-Aligned Movement, NAM) 539, 540
비버 전쟁(Beaver Wars) 386 →이로쿼이 전쟁
비오 9세(Pius PP. IX, 교황) 507
비옥한 초승달 지대(Fertile Crescent) 87~89, 91, 92, 97
비자야나가르(Vijayanagar) 290
비잔틴 제국(Byzantine Empire) 215, 217, 235, 241, 248, 252, 254, 255, 257, 313~315, 318, 319, 328
빅맨(Big Man) 75, 103, 105
빚에 얽매인 노예(debt peonage) 478

사냥 35, 46, 47, 64, 67~69, 74, 82, 91, 93, 95, 137, 271, 281, 282, 348, 382, 384~386, 388, 389, 401, 410, 447, 517
사르곤(Sargon, 아카드의 왕) 129, 152
사마르칸트(Samarkand) 234, 242, 289, 325
사마천(司馬遷) 15
사무라이(武士) 255, 256, 311, 369, 370, 394, 475
사미족(Sami people) 281

사산 제국(Sassanid Empire) 217
사산조 페르시아(Sassanid dynasty) 254, 290
사아군, 베르나르디노 데(Sahagún, Bernardino de) 347
사우디아라비아(Saudi Arabia) 562
사이언톨로지교(Scientology) 567
사치품(prestige goods) 84, 105, 134, 187, 299, 303, 322, 323, 324, 326, 328, 330, 343, 356, 358, 360, 401
사티 의례(sati) 494
사파비 왕조(Safavid Dynasty) 354, 362, 368, 413, 417
사하라 사막(Sahara Desert) 241, 275, 308, 324, 328
사회 운동(social movement) 28, 406, 463, 495, 499, 502, 587
사회주의(socialism) 473, 482, 483, 491, 524, 533, 534, 540, 547, 551, 552
사회진화론(Social Darwinism) 499, 541
산 마르틴, 호세 데(San Martin, José de) 446
산로렌소(San Lorenzo) 134, 136
산아 제한 404, 507
산업혁명(industrious revolution) 462, 474,488, 518, 535, 543, 567, 584
산업화(industrialization) 28, 449, 455, 457~460, 463, 464, 467, 470~473, 475~485, 487, 489, 492, 493, 501, 505, 507, 514, 518, 523, 528, 535, 537, 543~545, 555, 558, 568, 575, 580, 585
산티아고 데 콤포스텔라(Santiago de Compostela) 317
살롱(salon) 27, 392, 447
삼각 무역(triangle trade) 360
상(商)나라 135, 143, 153, 155
상속(inheritance) 105, 110~113, 117, 155, 161, 167, 169, 172, 175, 177, 178, 188, 195, 219, 248, 269, 274, 403, 423, 430, 448
상업 혁명 320
상인 40, 138, 147, 149, 180, 185, 188, 191, 205, 211, 212, 228, 229, 230, 232, 241~243, 254, 292~297, 299, 301, 303~305, 307, 309, 310, 319~325, 327, 329~331, 354~356, 360, 362, 364, 366, 374, 377, 379, 383, 384, 388, 397, 398, 400, 401, 404, 412, 420, 432, 433, 437, 460, 489, 511, 513, 514, 517, 521 →무역

상징(symbol) 36, 40~42, 49, 50, 58~61, 63, 81, 83, 95, 109, 113, 115, 117, 118, 121, 132, 147, 161, 163, 165, 214, 248, 264, 301, 371, 382~384, 426, 472, 546, 562, 563
상해(上海, 샹하이) 133, 306
샤먼(shamans) 80, 81, 82, 103, 104, 116, 278, 567
샤이엔족(Cheyenne people) 382, 447
샤자르 알-두르(Shajar al-Durr) 245, 246, 247, 250
서안(西安) 289, 290
서울(Seoul) 288, 306
석유수출국기구(OPEC) 554
선교사(missionary) 200, 201, 211~213, 314, 315, 329, 385, 405, 418, 420~425, 447, 491, 513, 516, 520, 521, 564, 566
선불교 311
선주민(First People) 493
선페스트(bubonic plague) 217, 345
설탕(sugar) 72, 394, 399, 400, 401, 402, 447, 483, 516
성경(성서) 15, 92, 126, 172, 198, 199, 208, 209, 212, 228, 314, 371, 375, 407, 414, 491, 534, 560
성년식 35
성상(Icon) 263, 264, 318
성직자(priest) 16, 103, 104, 116, 132, 133, 148, 149, 180, 181, 185, 207, 211, 213, 214, 220, 235, 257, 268, 277, 296, 314, 316~318, 353, 397, 407, 417, 421, 422, 424, 425, 428, 443, 447, 506, 550, 551
세계대전(World War I, II) 16, 495, 508, 523, 525, 527, 528, 533, 535, 536, 541, 542, 549, 553
세계체제론(world-system theory) 481
세계화(globalization) 20, 574, 575, 590, 591
세네감비아(Senegambia) 360
세습 왕조 26, 127, 132, 154, 155, 161, 170, 216, 219, 220, 248
셀라시에, 하일레(Selassie, Haile, 에티오피아의 황제) 566
셀주크 투르크(Seljuk Turk) 244, 318
셰익스피어, 윌리엄(Shakespeare, William) 261
소남 갸초(Sonam Gyatso) 415, 416
소련(Soviet Union) 532, 534~536, 540, 541, 544, 548, 549, 551, 559
소르칵타니 베키(Sorghaghtani Beki, 唆魯合貼

尼妃) 286
소비 혁명(consumer revolution) 358, 360, 383
소빙하(little ice age) 348
소승 불교 420
손 그림 동굴(Cueva de las Manos) 35~37
송가이 제국(Songhay Empire) 242, 329, 355
송(宋)나라 257, 261, 263, 305, 326
쇼나족(Shona people) 520
수도승 20, 201, 206, 329
수도원 206, 207, 212, 214, 314, 316, 317, 421, 430
수리남(Suriname) 512
수메르(Sumer) 131~135, 141~143, 152, 153, 160, 186, 221
수피즘(Sufism) 240, 312, 412
순다(Sunda) 185, 306
순례(pilgrimage) 182, 205, 207, 213, 229, 233, 240, 241, 243, 307, 308, 309, 311, 317, 318, 425
쉴레이만 대제(Süleyman the Magnificent) 364, 365
스리랑카(Sri Lanka) 184, 206, 207, 354, 514, 564
스와힐리 해안(Swahili coast) 241, 307, 323, 324
스웨덴(Sweden) 356, 357, 359, 376, 472, 576, 577
스위스(Switzerland) 376, 408, 576, 577
스코트, 제임스(Scott, James C.) 439
스코틀랜드(Scotland) 279, 353, 398, 412, 469, 520
스탈린, 이오시프(Сталин, Иосиф) 532, 533, 536, 549
스톤헨지(Stonehenge) 114
스트링거, 크리스(Stringer, Chris) 58
스파르타(Sparta) 136, 140, 168, 169, 193, 194
스페인(Spain) 15, 50, 52, 54, 150, 151, 238, 244, 250, 253, 262, 267, 274, 279, 302, 303, 324, 331, 345, 346, 353~359, 373~375, 377, 379, 382, 389, 393, 397, 401, 409, 417, 421, 424, 425, 428~430, 435, 441, 442, 445, 446, 461, 479, 511, 515, 518, 522, 529, 532, 533, 577
스펜서, 하버트(Spencer, Herbert) 498
스포츠(sports) 297, 490
슬라브(Slavs) 175, 218, 255, 298, 299, 324, 534
승리의 텃밭(victory garden) 536

시리아(Syria) 153, 160, 238, 244, 307, 314, 526, 576
시마 데 로스 우에소스(Sima de los Huesos) 52
시마바라(島原) 417, 440
시베리아(Siberia) 53, 55, 56, 64, 356, 359, 384~387, 447
시암 왕국(Shiam dynasty) 517
시에라리온(Sierra Leone) 359, 517
시장 27, 131, 186, 292, 294~296, 298, 300, 301, 306, 324, 374, 383, 457, 462, 466, 467, 470, 478, 480, 531, 541, 556~558, 570
시크교(Sikhism) 27, 413~415, 418, 419, 567
식물 재배 37, 39, 85, 88~90, 94, 95, 100, 117, 265
식민지 16, 24, 150, 176, 189, 346, 353, 354, 355, 356~358, 366, 373, 382, 383, 387, 391, 393, 398, 400, 403, 405, 416, 421, 426, 428~430, 432~437, 441, 442, 448, 451~453, 459, 462, 465, 470, 471, 479, 481, 484, 496, 508, 510, 514, 517, 519, 520, 522, 524, 525, 527~529, 531, 536~538, 542, 543, 548, 549, 552, 565, 588, 589
식습관 78, 101, 350
신도(神道) 311
신석기(neolithic) 22, 25, 37, 81, 85, 92, 96, 113, 114, 116, 117, 120, 121, 265, 360, 383, 480, 582
신성로마제국(Holy Roman Empire) 359
신자유주의(neoliberalism) 554, 556, 570, 590
실론(ceylon) 514 → 스리랑카
실크로드(Silk Road) 202, 205, 216, 224, 242, 315, 320, 325, 326, 338, 574
심괄(沈括) 306
십자군(Crusades) 245, 319, 320, 322
싱가포르(Singapore) 512, 558, 576, 577, 579
쌀(rice) 88, 89, 100, 137, 185, 280, 304, 374, 391, 395, 399, 404, 438, 483, 500, 505, 511, 540

아나사지(Anasazi) 270
아동 노동 485 → 어린이
아디 그란트(Adi Granth) 414
아르메니아(Armenia) 218, 298, 314, 362, 364, 462
아르잔 데브(Arjan Dev) 414
아르헨티나(Argentina) 35, 36, 117, 382, 510, 544, 550, 551, 554, 555, 577

찾아보기 599

아리스토텔레스(Aristroteles) 189, 190, 196
아리아인(Aryans) 180, 181, 183, 499, 502
아마르 다스(Amar Das) 414
아마존 유역(Amazonia) 20, 88, 89, 97, 271, 272, 274
아마테라스(天照) 255
아미타불 204, 205, 311
아바스 1세(Abbas I) 354, 362
아바스 왕조(Abbasid dynasty) 238, 239, 240, 251
아브라함(Abraham) 198, 199, 232
아샨테 왕국(Ashante Kingdom) 519
아소카(Ashoka) 201, 202
아왕 롭샹 갸초(Ngawang Lobsang Gyatso, 달라이 라마) 416
아우구스투스(Augustus) 194, 195
아유타야 왕국(Ayuttaya(Ayuthia) Kingdom) 420
아이슬란드(Iceland) 315, 329, 359, 576, 577
아이젠슈타트, 사무엘(Eisenstadt, Shmuel N.) 196
아이젠하워, 드와이트(Eisenhower, Dwight) 538
아이티(Haiti) 359, 445, 449, 495, 537, 566
아일랜드(Ireland) 279, 287, 324, 376, 377, 412, 439, 440, 442, 464, 469, 508, 564, 576, 577
아즈텍 제국(Aztec Empire) 272, 301, 346
아즈텍 종교(Aztec Religion) 248, 253, 272, 300, 301, 302, 346, 347, 389, 425
아크바르(Akbar) 418, 419
아테네(Athens) 136, 139, 140, 149, 168~171, 189, 190, 195, 196, 244, 299
아파르트헤이트(apartheid) 553
아편(opium) 398, 514, 516, 517
아폰소 1세(Afonso Ⅰ, 콩고의 왕) 423
아후라마즈다(Ahuramazda) 203, 204
악숨(Aksum) 212, 218
안데스 지역(Andes region) 89, 90, 151, 153, 177, 218, 248, 267, 273, 274, 354, 375, 396, 422, 445
안양(安陽) 135, 136
안정동위원소 분석(stable isotope analysis) 38, 53
알-타바리, 아부 자파르(al-Tabari, Abu Ja'far) 15

알공킨족(Algonquin people) 386
알렉산드로스 대왕 170, 202
알제리(Algeria) 515, 542, 577
알코올(alcohol) 102, 395, 396, 491, 517, 561
알탄 칸(Altan Khan) 415, 416
알파벳 147~149, 202 →문자
알폰소 6세(Alfonso VI, 스페인의 왕) 315
암스테르담(Amsterdam) 357, 358, 420, 433, 436
앙코르 와트(Anghor Wat) 252
앙코르 톰(Anghor Thom) 290
애니미즘(Animism) 80, 422, 518
야스퍼스, 카를(Jaspers, Karl) 196, 197
양(羊) 137, 142, 143, 174, 284, 365, 381, 464, 509
어린이(아동) 16, 18, 46, 47, 68, 69, 72, 74, 75, 94, 111, 113, 116, 155, 158, 165, 167, 169, 172, 174~178, 187, 193, 219, 228, 266, 268, 278, 294, 301, 302, 321, 351, 353, 370, 387, 389, 397, 403, 404, 406, 427~429, 433, 435, 437, 440, 444, 484, 485, 488, 494, 503, 504, 506, 524, 538, 543, 571, 580, 581
어업 388
언어 20, 39, 41, 59, 61~63, 77, 78, 117, 120, 142, 147, 149, 151, 170, 171, 173, 176, 207, 279, 280, 307, 313, 314, 322, 325, 341, 364, 414, 421, 445, 448, 459, 472, 482, 528, 567
에도(江戶, 도쿄) 370
에드워드 1세(Edward I, 잉글랜드의 왕) 319
에레트, 크리스토퍼(Ehret, Christopher) 59
에이즈(AIDS) 572, 573, 579
에자나(Ezana, 악숨의 왕) 212
에콰도르(Ecuador) 83
에퀴아노, 올라우다(Equiano, Olaudah) 495
에티오피아 58, 211, 212, 314, 318, 359, 389, 518, 533, 566
엑소가미→족외혼
엔도가미→족내혼
여가(leasure) 389, 394, 395, 397, 404, 486, 489, 490, 528, 547, 562
여성 운동(women's right movement) 495, 552, 587
여성 통치자(female ruler) 155, 162
여성(women) 16, 18, 24, 25, 27, 52~55, 61, 68~70, 74, 75, 76, 80, 81, 83, 92, 94, 95, 97,

106, 107, 109~113, 116, 134, 140, 148, 155, 161~163, 165~172, 175, 176, 185, 187, 188, 192, 195~197, 201, 206, 207, 235, 236, 242, 243, 246, 247, 249, 259, 261~264, 269, 274, 275, 279, 286, 287, 293, 297, 299, 301, 308, 309, 312, 316, 321, 325, 342, 352, 360, 364, 367, 372, 386, 387, 392, 394, 399, 402, 403, 404, 410, 422~424, 428, 430~436, 439, 440, 444, 449, 459, 460~463, 473, 477, 479, 483, 484, 486~489, 493~495, 497, 502, 507, 509, 510, 512~514, 517, 518, 521, 524, 526, 528, 531, 534, 535, 536, 540, 541, 543, 548, 549, 550~553, 554, 556~558, 561~563, 566~569, 571~574, 578~581, 587
여행기(travel writing) 125, 308, 309, 332
연대기 15, 228, 249, 253, 265, 267, 279, 348
염소 86, 89, 91, 92, 98, 137, 142, 174, 284, 381
영아 사망률 94, 349, 504, 506
영아 살해(infanticide) 75, 494
영역 분리 원칙(doctrine of separate spheres) 484
예루살렘(Jerusalem) 208, 228, 234, 317, 318, 417
예멘(Yemen) 389
예수 그리스도(Jesus Christ) 232
예수회(Jesuit) 409, 419, 421
오도아케르(Odoacer) 215
오두막 산업(cottage industry) 460
오순절주의(Pentecostalism) 566
오스만 제국(Ottoman Empire) 352, 359, 362, 364, 368, 391, 397, 413, 417, 446, 447, 478, 515, 523, 525, 526
오스만 투르크(Ottoman Turk) 246, 354
오스트랄로피테쿠스(Australopithecus) 42~46
오스트레일리아 원주민 218, 282, 493
오스트레일리아(Australia) 20, 64, 67, 89, 218, 282, 358, 359, 380, 449, 493, 501, 508, 509, 515, 550, 577
오스트리아-헝가리 제국(Austro-Hungarian Empire) 525
오언, 윌프레드(Owen, Wilfred) 523
옥스퍼드(Oxford) 316, 469, 587
옥양목(calico) 358, 360
올라프 2세(Olaf II, 노르웨이의 왕) 315
옹, 월터(Ong, Walter) 148, 149
와이나 카파크(Wayna Qhapaq) 346

와이어드 잡지(Wired magazine) 152
와인(wine) 102, 103, 395, 396
와하비즘(Wahhabism) 526, 562
요루바족(Yoruba people) 564
요르단(Jordan) 87, 526
요리 40, 46~49, 52, 53, 69, 70, 72, 94, 100, 101, 119, 187, 193, 247, 274, 374, 376, 377, 388, 467, 483, 516
우간다(Uganda) 564, 565
우랑아 선발대회 503
우루크(Uruk) 131, 136, 143
우르남무(Ur-Nammu, 수메르의 왕) 133, 186, 187
우생학 502, 503, 510, 587
우크라이나(Ukraine) 532
우키요(浮世) 394, 395
우파니샤드(Upaishads) 181
울스턴크래프트, 메리(Wollstonecraft, Mary) 449
울제이투(Öljaitü, 일칸국의 왕) 227, 230, 244
울필라스 주교(Bishop Ulfilas) 212
워싱턴, 조지(Washington, George) 399, 442, 503
원(元)나라 306, 307, 326, 327
원주민 65, 175, 180, 218, 270, 282, 345~348, 354, 360, 365, 380~387, 397, 401, 421~423, 425, 426, 428, 429, 431~434, 445~447, 467, 474, 478, 493, 496, 508, 509, 514, 516, 529, 544, 553
월러스틴, 이매뉴얼(Wallerstein, Immanuel) 480, 481, 585
웰스(Wells, H.G.) 16, 28
위계(hierarchy) 24~26, 75, 84, 103~107, 109, 111, 113, 116, 117, 121, 126~128, 131, 133, 138, 139, 152, 158, 159, 169, 174, 179, 185, 196, 206, 211, 221, 236, 245, 249, 251, 269, 273, 293, 313~315, 383, 428, 448, 449, 480, 496, 541
위안부(comfort woman) 534
윌리엄 블라이(William Bligh) 381
유고슬라비아(Yugoslavia) 560
유교 26, 108, 157~159, 172, 188, 205, 206, 220, 254, 257, 258, 264, 324, 418
유대교(Judaism) 26, 198, 199, 212, 227, 228, 233, 235, 270, 304, 320, 331, 364, 417, 500, 561, 563, 564, 580

찾아보기　　　　　　　　　　　　　　　　　　　　　*601*

유대인 상인(Radhanites) 322
유대인(Jews) 172, 196~199, 207~210, 212, 213, 220, 232, 238, 297, 298, 319, 322, 331, 364, 365, 417, 420, 427, 429, 499, 526, 534, 535, 540
유럽 15, 21, 37, 40, 50, 53, 64, 65, 81, 93, 97, 98, 113, 114, 147, 151, 166, 175, 186, 212, 213, 215, 219, 220, 228, 238, 244, 248, 252, 256, 260, 262, 278, 279, 281, 289, 291, 294, 295, 297, 298, 299, 301, 313~317, 319, 320, 322~324, 326, 328, 341, 342~347, 350, 351, 354~356, 358, 360, 361, 365, 366, 367~369, 372~375, 377, 380, 381, 383~389, 391, 393~395, 397, 398, 400~402, 404, 406, 408, 409, 414, 416, 418, 420, 421, 422, 424, 427~430, 432, 433, 435, 436, 439, 445, 446, 447, 449, 452, 460~463, 467, 471~475, 478~480, 482~485, 490, 491, 494, 499, 500, 501, 502, 504, 505, 508, 509, 510, 513, 514, 517~527, 529, 531, 532, 534, 536, 542, 543, 546~550, 555, 559, 565, 566, 570, 579, 585, 588
유모(wetnurse) 427
유목민(nomad) 98, 101, 103, 172, 173, 174, 202, 221, 229, 232, 282, 283, 288, 365, 393, 412
유스티니아누스(Justinianus) 217, 298
유인원(hominin) 39~42
유일신론(monotheism) 198, 199, 231, 232, 418
은(銀) 354
은데벨레족(Ndebele people) 520
은크루마, 콰메(Nkrumah, Kwame) 542, 589
음악 20, 23, 228, 240, 251, 252, 254, 258, 362, 389, 510, 528, 529, 533, 550, 566, 581
의례(ritual) 26, 27, 35, 39, 49, 51, 58, 78~81, 83, 86, 90, 101, 103, 104, 116, 117, 119, 121, 129, 132, 135, 139, 144~146, 148, 150, 156, 158, 159, 163, 169, 171, 177, 180~183, 199, 200, 203, 206, 207, 209, 210, 212, 235, 236, 238, 240~243, 248, 250~254, 256, 264, 268, 273~275, 278, 285, 288, 292, 300, 304, 309, 310, 316, 317, 321, 330, 373, 394, 396, 406, 414, 417, 418, 422, 423, 472, 518, 553, 566
이누이트(Inuit people) 281
이라크(Iraq) 87, 142, 526, 561
이란(Iran) 17, 18, 58, 64, 78, 87, 125, 126, 139, 140, 156, 164, 173, 199, 200, 201, 203, 204, 212, 232, 233, 246, 248, 303, 354, 413, 423, 437, 541, 561, 576, 577

이로쿼이 전쟁(Iroquois Wars) 386
이븐 바투타(Ibn Battuta) 307, 308, 309, 327, 332
이븐 사우드, 압둘 아지즈(Ibn Saud, Abdul Aziz) 526
이사벨 1세(Isabel I de Castilla) 417
이스라엘(Israel) 48, 49, 52, 60, 87, 540, 554, 563, 576, 577
이스마일(Ismail) 412, 413
이스탄불(Istanbul) 354, 364
이스파한(Isfahan) 234, 289, 355, 362
이슬람(Islam) 26, 149, 198, 220, 227, 229~238, 240~246, 260, 268, 283, 287, 289, 298, 304, 309, 312, 316, 318, 322, 323, 325, 329, 334, 368, 369, 398, 403, 412, 413, 414, 433, 447, 516, 518, 526, 528, 539, 561~563, 565
이자성(李自成) 440
이민 279, 349, 351, 358, 474, 490, 500, 501, 504, 508~510, 512, 513, 521, 524, 527, 546, 569, 578, 579, 580, 587
이주 16, 25, 27, 49, 51, 91, 97, 112, 117, 120, 130, 150, 183, 185, 200, 212, 217, 219, 229, 231, 266, 275, 277, 279, 280, 284, 287, 288, 299, 305, 314, 330, 346, 348, 353, 362, 364, 365, 378, 421, 422, 426, 428, 432, 438, 440, 448, 459, 464, 466, 467, 479, 503, 506~508, 510, 514, 526, 539, 548, 560, 564, 567, 573, 587
이집트 107, 108, 114, 128, 129, 137, 147, 153, 154, 162, 163, 166, 170, 172, 186, 188, 197, 198, 203, 211, 244, 245, 246, 248, 288, 318, 359, 478, 515, 540, 541, 577
이케노 다이가(池大雅) 378
이탈리아(Italia) 192, 193, 215, 227, 298, 299, 307, 313, 320, 324, 327, 331, 336, 350, 359, 361, 362, 396, 515, 518, 532~535, 568, 577, 579
이혼 166, 167, 170, 178, 236, 317, 318, 407, 424, 444, 552, 580
인구(population) 17, 28, 63, 72, 73, 93~95, 97, 105, 115, 117, 127, 130, 131, 135, 139~141, 149, 168, 188, 189, 192, 216, 217, 219~221, 243, 249, 266, 273, 277, 280, 282, 283, 285, 287, 288, 290, 294, 298, 301, 305, 326, 344, 345, 347, 348, 352, 353, 358, 360, 368~370, 373, 375, 379, 381, 398, 403, 404, 412, 435, 436, 445, 459, 463, 464, 465, 470, 481, 486, 491, 501, 503~509, 512, 513,

521, 533, 535, 539, 540, 543, 547, 557, 562, 563, 570~573, 577, 578, 579, 581
인더스 강(Indus river) 90, 138, 232, 234
인도(India) 15, 49, 54, 56, 62~64, 89, 111, 154, 160, 166, 171, 173, 176, 180, 183~186, 200~203, 205~207, 210, 212, 216, 228, 234, 239, 240, 241, 246, 259, 260, 275, 287, 289, 291, 299, 304, 307, 310, 312, 314, 320, 322~327, 329, 331, 343, 346, 354, 355~358, 359, 360, 361, 364, 368, 372, 381, 386, 393, 394, 396, 398, 399, 401, 403, 404, 413~415, 421, 432, 433, 436, 442, 447, 457, 460~462, 467, 470, 483, 492, 494, 496, 505, 508, 510~512, 514~518, 521, 525, 527, 528, 531, 539, 540, 554, 563, 564, 570, 577, 578
인도네시아(Indonesia) 49, 56, 63, 111, 176, 323, 528, 577
인본주의(humanism) 491
인쇄(printing) 16, 307, 310, 331, 341, 407, 461, 545
인종 청소(ethnic cleansing) 560
인클로저(enclosure) 운동 437
인형 69, 70, 72, 81, 83, 116, 178, 252, 296
일본 69, 163, 205, 220, 248, 254~257, 259, 261, 304, 305, 309, 310, 311, 356, 359~362, 369, 370, 378, 383, 393~395, 417, 418, 421, 438, 440, 460, 461, 475~478, 483, 484, 486, 494, 502, 505, 512, 515, 522, 525~527, 532~536, 544, 546, 547, 549, 557, 558, 569, 577, 578, 579, 582, 588
일칸국(Ilkanate) 227~230, 233, 242, 244, 326
입양 78, 113, 155, 167, 386, 581
잉글랜드 114, 228, 261, 279, 280, 287, 314, 319, 357, 385, 396, 400, 408, 410~412, 435, 437, 439, 440, 449, 458, 460, 461, 463, 464, 467, 469, 472, 491, 498, 504, 506, 520, 527, 557
잉카 제국(Inca empire) 248, 253, 267, 272, 274, 346, 396, 445

자메이카(Jamaica) 190, 358, 566
자본주의 360, 361, 365, 366, 437, 457, 459, 482, 524, 533, 540, 546, 557, 558, 570
자와(Jawa) 49, 185, 234, 289, 357, 391, 517
자유주의(liberalism) 445, 473, 491, 554, 556, 561, 570, 590
자전거 528, 530
잔지바르(Zanzibar) 234, 359, 518

장안(長安) 126, 187, 315
전쟁(War) 15, 16, 18, 27, 28, 105, 109, 138, 141, 144, 145, 160, 186, 191, 229, 244, 245, 250, 252, 260, 274, 283, 284, 288, 301, 303, 307, 318~320, 324, 325, 327, 330, 344, 348, 350, 351, 354, 355, 358, 366~369, 371, 372, 375, 376, 383, 386, 388, 393, 401, 402, 408, 417, 425, 426, 438, 441, 444, 448, 451, 458, 459, 465, 466, 467, 471, 473, 474, 496, 504, 506~508, 519, 522~525, 528, 532~535, 536, 537, 540, 544~547, 549~551, 554, 560, 561, 562, 569, 572
전족 263, 264, 335
전체주의(totalitarianism) 532, 533, 535
정보 기술(information technology) 127, 140, 141
정착 생활(sedentism) 85, 91, 120
정화(鄭和) 156, 160, 327, 494, 555
제3세계(Third World) 537, 560
제국주의 28, 421, 455, 457~459, 513, 517, 518, 520, 521, 522, 524, 533, 534, 542, 544, 553, 562, 575, 576, 588
제노바(Genova) 234, 289, 291, 320, 324, 330, 331
제퍼슨, 토머스(Jefferson, Thomas) 399, 445
제후(vassal) 256, 327
젠네-제노(Djenne-Djeno) 131, 135~138, 222, 289
젠더 18, 24, 27, 30, 80, 106, 161, 169, 333, 430, 454, 470, 481
조로아스터교(Zoroastrianism) 203, 304, 320, 418
조상(ancestor) 47, 52, 57, 63, 78, 80, 115, 140, 156~158, 161, 162, 165, 174, 183, 184, 206, 243, 341, 424, 429, 430, 435, 498
조선 327, 356, 359, 469, 515 →한국
조지아(Georgia) 50, 357
족내혼(endogamy, 엔도가미) 63, 77, 78, 112, 580
족외혼(exogamy, 엑소가미) 77, 286
존 웨슬리(John Wesley) 491
종교(religion) 20, 25~28, 77, 78, 95, 104, 117, 127, 129, 140, 145, 148, 149, 151, 156, 161, 165, 169, 172, 179, 181~183, 185, 192, 196~200, 202, 204, 207~209, 211~214, 220, 224, 227, 229, 230, 232, 233, 235, 236, 238, 240,

242, 243, 248, 252, 253, 268~270, 275, 277, 279, 286~289, 291, 293, 296, 297, 298, 303, 307~309, 311~314, 316, 318, 320~322, 325, 329, 330, 331, 336, 344, 350, 367, 373, 389, 394, 396, 405~418, 420~422, 423, 427, 429, 442, 447, 448, 452, 459, 472, 482, 490, 491, 499, 507, 519, 538, 540, 549, 550, 560~567, 571, 579, 590
종교개혁(Reformation) 27, 230, 344, 406~409, 418, 421, 423, 427, 447, 452, 491
주(周)나라 153, 155
주석(tin) 90, 187, 195, 197, 236, 328, 437, 469, 479, 510, 516
중가르 칸국(Zunghar Khanate) 352
증기기관(steam engine) 467, 468
지게베르트 1세(Sigebert I, 프랑크의 왕) 250
지구사(global history) 18, 21, 23, 29, 30
지참금(bridewealth) 134, 164~167, 173
진구(神功) 163
진화론 61, 63, 498, 499, 541
질병 27, 92, 93, 97, 130, 216, 217, 243, 275, 326, 342, 344, 345, 349, 350~352, 368, 370, 372, 375, 442, 446, 448, 450, 464, 470, 487, 492, 506, 538, 540, 572, 573, 579
짐 크로 법(Jim Crow laws) 496
짐바브웨(Zimbabwe) 323, 519

차(茶) 393, 399, 441, 514
차빈(Chavin) 154
참족(Cham people) 185
창세기 15, 57, 92
채집17, 46, 50, 64, 66~69, 72, 74, 93, 95, 97, 128, 281, 380
채프먼, 조나단(Chapman, Jonathan) 374
채플린, 찰리(Chaplin, Charlie) 528
찰스 1세(Charles I, 영국의 왕) 411
찰스 2세(Charles II, 영국의 왕) 391
천명(天命) 156
천연두(smallpox) 92, 93, 217, 345~347, 351, 352, 384, 386, 442
천일야화(千一夜話) 261
철강(iron) 468, 469, 475, 476, 487
철도(railroad) 472, 474, 476, 480, 504, 505, 509, 512, 516, 519, 521
청교도(Puritans) 411
청(淸)나라 351, 352, 369, 372, 376, 399, 416,
418, 428, 440, 505, 506
체코공화국(Czech Republic) 69, 70
체코슬로바키아(Czechoslovakia) 551
초콜릿 48, 301, 389, 393, 399, 447
축의 시대(Axial Age) 196, 197, 224
축제 84, 86, 101, 165, 169, 171, 213, 252, 315, 395, 472, 566
출산율 94, 130, 195, 349, 506, 507, 536, 558, 571, 578, 579
친족 17, 25, 39, 54, 62, 73~78, 87, 88, 104, 107, 113, 117, 119, 127, 138, 140, 152, 154, 155, 161, 163, 173, 175, 176, 221, 242, 245, 257, 274, 364, 402, 427, 434, 512, 580
칠면조(turkey) 89, 301, 381
침팬지 40, 61, 77, 106
칭기즈 칸 227, 282, 283, 284, 285, 286, 287, 336, 355

카니슈카 대왕(kanishka the Great) 205
카누 176, 300, 385
카랄(Caral) 154
카르데나스, 라사로(Cárdenas, Lázaro) 544
카리브 해 189, 272, 343, 345, 356, 357, 368, 373, 380, 391, 393, 400, 401, 404, 429, 430, 442, 445, 465, 478, 496, 509, 511, 512, 515, 537, 543, 566
카스타(castas) 180, 429, 430, 431
카스티야(Castilla) 315
카이로(Cairo) 234, 245, 247, 249, 257, 289, 290, 320, 322
카트라이트, 에드먼드(Cartwright, Edmund) 449
카팁 첼레비(Katib Chelebi) 398
카호키아(Cahokia) 272, 273, 291
칸발리크(Khanbaliq, 大都) 288, 326
칸지(Kanzi, 보노보 원숭이) 40, 41, 118
칸트, 임마누엘(Kant, Immanuel) 234, 242, 289, 325, 436
칼뱅, 장(Calvin, Jean) 409, 410
캐나다(Canada) 359, 388, 474, 478, 493, 501, 502, 515, 577
캔(통조림) 483, 484, 523
캘리코 461, 464 →옥양목
커피(coffee) 27, 48, 389, 390, 391~393, 397~399, 447, 461, 478, 490, 494, 516

케냐(Kenya) 52, 512, 521, 542
케말, 무스타파(kemal, Mustafa) 526
카이사르, 율리우스(Caesar, Julius) 194
케임브리지(Cambridge) 29, 122, 316, 338, 450, 469, 583
코, 도로시(Ko, Dorothy, 高彦頤) 264
코란(Qur'an) 231~233, 235~237, 240, 242, 247, 260
코르도바(Córdoba) 234, 238, 239, 242, 290, 322
코만치족(Comanche people) 382, 447
코뱅, 자크(Cauvin, Jacques) 115
코아틀리쿠에(Coatlicue) 425
코이산족(Khoisan people) 174
코카(coca) 396
콘스탄티노폴리스(Constantinopolis) 27, 136, 213~215, 217, 234, 289, 290, 297~299, 301, 313, 314, 319, 320, 322, 354, 446
콘스탄티누스(Constantinus) 213, 214, 297
콜럼버스, 크리스토퍼(Columbus, Christopher) 22, 27, 270, 342~345, 373, 379~381, 388, 389, 395, 397, 399, 400, 402, 405, 407, 417, 442, 446, 450, 574
콜럼버스의 교환(Columbian Exchange) 27, 343, 344, 345, 373, 379, 381, 389, 395, 399, 402, 442, 450, 574
콥트 교회(Coptic church) 318
콩고(Congo) 355, 421, 423, 515, 542, 549
쿠바(Cuba) 359, 479, 496, 501, 522, 544, 549, 577
쿠빌라이 칸(Khubilai Khan) 284, 286, 415
쿠샨(Kushans) 202, 203, 205, 216
쿠스코(Cuzco) 253, 274
쿠시(Kush) 왕국 211, 218
쿡 제도(Cook Islands) 379
쿡, 제임스(Cook, James) 380
퀘벡(Quebec) 359, 385
크로스비, 알프레드(Crosby, Alfred) 343
크롬웰, 올리버(Cromwell Oliver) 411
크루프(Krupp) 475
크메르 왕국(Khmer kingdom) 252
크테시폰(Ctesiphon) 290
클라인, 리처드(Klein, Richard) 58
키푸(khipu) 150, 151
킴파 비타, 베아트리즈(Kimpa Vita, Beatriz) 423

타브리즈(Tabriz) 228, 233, 234, 242, 326
타이노족(Taino people) 343, 345
타히티(Tahiti) 379, 380
탄소-14 연대측정(carbon-14 dating) 38, 39, 275
탄자니아(Tanzania) 60, 82
탈식민지화 459, 536, 538
태평양(Pacific Ocean) 66, 89, 91, 175, 217, 234, 265, 272, 275~277, 287, 343, 348, 359, 360, 368, 379, 380, 387, 399, 474, 515
터키(Turkey) 86, 87, 95, 328, 381, 500, 526, 577
테노치티틀란(Tenochtitlan) 27, 253, 291, 299, 300, 301, 303, 304, 306, 346, 374, 424
테라 아마타(Terra Amata) 52
테라바다(소승) 불교 206, 207, 420
테베(Thebes) 129
테오도시우스(Theodosius) 214
테오티우아칸(Teotihuacan) 135, 136, 138, 216, 291, 300
텐진 갸초(Tenzin Gyatso, 달라이 라마) 416
토기(pottery) 69, 70, 101, 103, 105, 114, 133, 137, 145, 178, 300
토바 화산 폭발(Toba explosion) 63
톨루이 칸(Tolui khan) 286
톰센(Thomsen, C. J.) 37
투르크족(Turks) 228, 241, 244, 282, 283, 312, 325
투생 루베르튀르(Toussaint l'Ouverture) 445
투팍 아마루 2세(Tupac Amaru II) 445
투표(voting) 434, 444, 493, 494, 496, 548
트랜스젠더(transgender) 80
트루바두르(troubadour) 262
트리니다드(Trinidad island) 511, 512
틀라텔롤코(Tlatelolco) 299
틀락스칼란(Tlaxcalan people) 346
티무르(Timur, Tamurlane) 283
티베트(Tibet) 218, 310, 311, 312, 355, 359, 415, 416, 418
티송데첸(Trisong Detsen, 티베트의 왕) 311
티와나쿠(Tiwanaku) 154
팀북투(Timbuktu) 234, 242, 289

파르망티에, 앙투안 오귀스탱(Parmentier, Antoine Augustin) 376, 377
파리(Paris) 291, 296, 316, 391, 392, 393, 395, 443, 444, 489, 492, 504, 524, 525, 529, 566
파울루스(Paulus, Paul of Tarsus, 바울) 209, 210
파키스탄(Pakistan) 202, 413, 539, 577
파푸아뉴기니(Papua New Guinea) 77, 88, 97, 276, 379
팔레스타인(Palestine) 526, 540, 563
패터슨, 올랜도(Patterson, Orlando) 190, 192
페니키아(Phoenicia) 147
페레이라, 카르멘(Pereira, Carmen) 553
페론, 후안(Perón, Juan) 544
페루(Peru) 150, 178, 217, 347, 359, 373, 445, 512, 577
페르난도 2세(Fernando II de Aragon) 417
포레이저(forager) 17, 25, 33, 39, 54, 66, 67, 72~75, 77, 85, 86~88, 91, 93~97, 103, 105, 110, 116, 117, 173, 221
포로 생활 이야기(captivity narratives) 386
포르투갈(Portugal) 180, 324, 331, 341, 353~355, 357, 359, 364, 374, 379, 388, 400, 421, 423, 428, 429, 430, 432, 435, 510, 515, 532, 552, 553, 577
포메란츠, 케네스(Pomeranz, Kenneth) 481, 586
포토시(Potosí) 354, 396
포풀 부(Popul Vuh) 15
폰티우스 필라투스(Pontius Pilatus, 본디오 빌라도) 209
폴란드(Poland) 279, 359, 533, 559, 577, 579
폴리네시아(Polynesia) 270, 277, 278, 379, 380, 381
표트르 대제(Peter the Great) 370
푸거 가문(Fugger family) 362, 365, 437
푸에르토리코(Puerto Rico) 494, 522, 567
푸코, 미셸(Foucault, Michel) 501
프레이리, 지우베르투(Freyre, Gilberto) 510
프랑스 22, 52, 71, 76, 79, 114, 215, 228, 245, 262, 279, 295, 307, 319, 350, 356~360, 370, 376, 377, 380, 385~387, 389, 391~393, 397, 402, 408, 420, 421, 429, 430, 432, 435, 438, 442~445, 461, 465, 466, 471, 472, 489, 492, 495, 496, 501, 505, 506, 515~519, 524, 525~527, 529, 530, 533, 534, 540, 542, 549, 550, 576, 577, 579
프로방스(Provence) 262
프로이센(Preussen) 369, 376, 377, 443, 461, 472
프로이트, 지그문트(Freud, Sigmund) 529
프리메이슨(freemason) 392, 393, 503
프리슬란트인(frigian) 322
플라톤(Plato) 189, 196
플랜테이션(plantation) 344, 353, 357, 360, 382, 394, 398, 400, 401, 403~405, 465, 466, 478, 479, 485, 501, 511, 512, 514, 516~518, 520
플로레스 섬(Flores) 56
피그멘토크라시(pigmentocracy) 430
피부 색(skin color) 183, 430
피임 75, 94, 506, 507, 535, 571, 578, 580
피지(Fiji) 231, 512, 513, 521
피카소, 파블로(Picaso, Pablo) 529
필리핀(Philippines) 68, 276, 327, 346, 354, 359, 360, 377, 379, 422, 515, 522, 577
필립 4세(Philip IV, 프랑스의 왕) 319
핑커톤 사설 경비 대행사(Pinkerton Private Detective Agency) 475

하기아 소피아(Hagia Sophia) 298
하디자(Khadija) 230, 235, 236
하라파(Harappa) 138
하버마스, 위르겐(Habermas, Jürgen) 392
하와이(Hawaii) 66, 276, 277, 282, 511, 512, 515, 522
하트셉수트(Hatshepsut) 162, 163
학교(school) 142, 143, 145, 193, 236, 242, 288, 291, 310, 312, 406, 413, 430, 472, 473, 475, 476, 485, 488, 491, 496, 498, 500, 514, 516, 526, 532, 541, 543, 545, 546, 548, 562, 563
한국(Korea) 17, 38, 77, 205, 220, 248, 257, 261, 305, 310, 311, 338, 355, 393, 394, 522, 544~546, 558, 569, 576, 577
한(漢)나라 125, 153, 157~161, 188, 205, 216, 217, 223, 288
할란 체미(Halan Çemi) 86, 87, 95, 120
함무라비 법전(Hammurabi's Code) 112, 144, 166, 167, 188
항주(杭州) 27, 289, 295, 304, 305~307
해방신학(liberation theology) 550, 551
해적(piracy) 186, 327, 356~358

허드슨베이회사(Hudson's Bay Company) 387, 474
헝가리(Hungary) 279, 437, 523, 525, 549
헤로도토스(Herodotos) 15
헨리 8세(Henry VIII, 잉글랜드의 왕) 408
혁명(Revolution) 20, 22, 58, 59, 61, 63, 148, 151, 152, 285, 320, 354, 358, 360, 383, 393, 412, 425, 437, 441~445, 449, 451, 457, 461, 462, 471, 473, 474, 479, 481~483, 488, 495, 518, 522, 524, 526, 535, 540, 543~546, 549, 551, 557, 559, 561, 567, 584
현생인류의 행동양식(behavioral modernity) 54, 58~60, 63, 118
호기심 캐비닛(cabinet of curiosity) 380
호메이니, 아야톨라 루홀라(Khomeini, Ayatollah Ruhollah) 561
호지슨, 마셜(Hodgeson, Marshall) 368, 452
호찌민(胡志明) 525, 549, 550, 551, 589
홍양길(洪亮吉) 506, 507
화약 무기 366, 468
화약 제국 368, 452
화이트컬라(white-collar) 489
화장품 258, 517
화전 농법(slash and burn cultivation) 98
환관 160, 327,
황태후 여씨(皇太后 呂氏) 159, 160
후기 산업 경제(postindustrial economy) 570
후기 산업 사회(postindustrial society) 567, 576
후안 디에고 쿠아우틀라토아친(Juan Diego Cuauhtlatoatzin) 424
훈족(Huns) 215, 216, 282
휴런족(Huron people) 386
흑사병(Black Death) 298, 326, 345, 351, 368
히미코(卑彌呼) 163
히브리어(Hebrews) 172, 365
히스파니올라(Hispaniola) 345, 381
히즈라(hijra) 231
히틀러, 아돌프(Hitler, Adolf) 533, 534
힌두교(Hinduism) 26, 182, 185, 200, 201, 203, 233, 241, 243, 252, 257, 312, 320, 323, 325, 329, 413~415, 418, 516, 539, 561, 563, 580

케임브리지 세계사 콘사이스
— 글로벌 시대 새로운 세계사를 위하여

2018년 3월 5일 1판 1쇄

메리 위스너-행크스 지음
류형식 옮김

펴낸곳 : (주)소와당笑臥堂 | 신고 번호 : 제313-2008-5호
주소 : (03994) 서울시 마포구 월드컵북로 2길 65(동교동) 5층
전화 : (02)325-9813
팩스 : (02)6280-9185
전자우편 : sowadang@gmail.com

저작권자와 맺은 협의에 따라 인지를 생략합니다.
값은 뒤표지에 적혀 있습니다.
잘못 만든 책은 서점에서 바꾸어 드립니다.

ISBN 978-89-6722-023-5 03900